金程考研

金融硕士（MF）复习全书

金融硕士（MF）考试辅导用书

金程考研专业课教研中心 编

上海财经大学出版社

图书在版编目(CIP)数据

金融硕士(MF)复习全书/金程考研专业课教研中心编. —上海:上海财经大学出版社,2019.4

ISBN 978-7-5642-3221-4/F · 3221

Ⅰ.①金… Ⅱ.①金… Ⅲ.①金融学-硕士生入学考试-自学参考资料 Ⅳ.①F830

中国版本图书馆 CIP 数据核字(2019)第 046335 号

□ 责任编辑 石兴凤

□ 封面设计 钱伊贝

金融硕士(MF)复习全书

金程考研专业课教研中心 编

上海财经大学出版社出版发行

(上海市中山北一路 369 号 邮编 200083)

网 址:http://www.sufep.com

电子邮箱:webmaster @ sufep.com

全国新华书店经销

上海叶大印务发展有限公司印刷装订

2019 年 4 月第 1 版 2019 年 4 月第 1 次印刷

787mm×1092mm 1/16 35 印张 830 千字

定价:88.00 元

【金程考研辅导课程体系】

<table>
<tr><th colspan="4">金鹰密训营</th></tr>
<tr><td>寒假密训营</td><td colspan="2">数学/英语/431 金融学综合</td><td>1 月</td></tr>
<tr><td>春季密训营</td><td colspan="2">数学/英语/431 金融学综合</td><td>3–6 月</td></tr>
<tr><td rowspan="2">暑期密训营</td><td>暑期公共课</td><td>数学/英语/政治/199 管理类联考综合</td><td>7–8 月</td></tr>
<tr><td>暑期专业课</td><td>431 金融学综合/复旦 801/复旦 856/上财 801</td><td>8 月</td></tr>
<tr><td rowspan="3">秋季密训营</td><td>提高班</td><td>数学/英语/政治/专业课/199 管理类联考综合</td><td>9–10 月</td></tr>
<tr><td>冲刺班</td><td>数学/英语/政治/专业课/199 管理类联考综合</td><td>10–11 月</td></tr>
<tr><td>模考点题班</td><td>数学/英语/政治/专业课/199 管理类联考综合</td><td>12 月</td></tr>
<tr><th colspan="4">金鹰孵化营（大二营）</th></tr>
<tr><td colspan="2">金鹰孵化营</td><td>数学/英语/政治/431 金融学综合/复旦 801/复旦856/上财 801/上财 810/199 管理类联考综合/396 经济类联考综合</td><td>大二–考前</td></tr>
<tr><th colspan="4">个性化辅导</th></tr>
<tr><td>定向协议班</td><td colspan="2">定向协议班 A 班/ 定向协议班 B 班/ 定向协议班 C 班/ D 班（复试）</td><td>随报随学</td></tr>
<tr><td>私密一对一</td><td colspan="2">初试一对一/复试一对一</td><td>随报随学</td></tr>
<tr><th colspan="4">金融大师班</th></tr>
<tr><td>金融大师班</td><td colspan="2">导学+基础+提高+冲刺+模考</td><td>1–12 月</td></tr>
<tr><th colspan="4">金石特训营</th></tr>
<tr><td>金石特训营</td><td colspan="2">暑期集训+个性化一对一</td><td>1–12 月</td></tr>
<tr><th colspan="4">飞鹰计划</th></tr>
<tr><td>飞鹰计划</td><td colspan="2">飞鹰周末班+强化班+冲刺班+模考点题班</td><td>当年 10 月–次年 12 月</td></tr>
<tr><th colspan="4">标准畅读班</th></tr>
<tr><td>公共课畅读班</td><td colspan="2">数学/英语/政治/199管理类联考综合/396 经济类联考综合</td><td>当年 10 月–次年 12 月</td></tr>
<tr><td>金融畅读班</td><td colspan="2">预备班/基础班/提高班/冲刺班/模考班</td><td>5–12 月</td></tr>
</table>

金融硕士(MF)考试辅导通关宝®系列

编 委 会

“金融硕士(MF)考试辅导通关宝®系列”书序

一、“金融硕士(MF)考试辅导通关宝®系列”丛书概述

为应对考生在择校、复习及参加考试过程中可能面临的信息不对称问题，金程考研凭借十余年来在金融经济专业方面的学术沉淀及多年的教学研发经验，为考生定制了本套分阶段的“金融硕士(MF)考试辅导通关宝®系列”丛书。针对考生复习备考的各个阶段(基础－强化－冲刺－模考)，本套丛书都配备了相关的资料，以便使考生的复习能达到事半功倍的效果。

本套丛书严格按照全国考试大纲编写，另外适当加入大纲中没有的常考知识点，参考了多本431金融学综合考试参考书目，适合报考清华大学、中国人民大学、复旦大学、上海财经大学、上海交通大学、厦门大学、南开大学、南京大学、中山大学以及其他参考全国考试大纲命题的院校的431金融学综合考生。

二、“金融硕士(MF)考试辅导通关宝®系列”丛书分册介绍

本套丛书共有六本，分别为：

(一)《金融硕士(MF)复习全书》(原白皮书)(预计发售时间:4月)

本书是整套丛书的核心书籍，是考生在基础、强化阶段复习的必备书籍之一，主要作用是帮助考生巩固并深入理解已经学过的参考书上的基本知识点，复习后期也可起到备查的作用，是贯穿研究生考试复习过程的重要辅导资料。

本书是在金程考研原白皮书即《金融硕士(MF)辅导》的基础上进行了修订，将以更高的质量和新的面貌呈现在广大考生面前。本书每章内容都是按照全国考试大纲的章节进行编写的，全面覆盖了所有知识要点，并结合历年真题和经典例题对高频考点进行更为深入的讲解，使本书更加具有考试的实用性，以帮助考生搭建系统知识体系框架，夯实专业基础。

(二)《金融硕士(MF)习题及详解》(预计发售时间:4月)

本书是重要的习题训练，真题虽然重要，但是数量有限。因为习题训练是夯实基础、强化学习效果的重要手段，所以备考过程中相应数量的习题训练必不可少。

本书习题参照高频考点、经典例题等资料而编写，符合真题思路，帮助考生更好地巩固学习效果。

(三)《金融硕士(MF)真题及详解》(预计发售时间:4月)

在考研备考过程中，真题的重要性不言而喻。对于任何考试，把握命题人的意图都是决定性的环节，而真题是最能体现这些意图的权威资料。因此本书适合考生在强化及冲刺阶

段使用,以便洞悉命题规律和趋势。

(四)《金融硕士(MF)知识汇总及热点专题》(原红皮书)(预计发售时间:10 月)

本书是适合考生复习中后期强化知识体系的参考书,有助于考生牢固掌握考试基础知识点及考试热点。

本书主要由两部分内容组成。第一部分是知识汇总,即对每章知识点进行了深度总结和串联,帮助考生强化记忆。第二部分是热点专题,该部分内容为考生总结了近阶段发生的金融热点问题,并结合知识点和考点进行分析,不仅可以帮助考生了解热点问题,更重要的是帮助考生在遇到此类热点真题时,学会如何理论联系实际,运用理论知识和相关模型进行解答和论述。

(五)《金融硕士(MF)全真模拟 5 套卷》(内部发行)(预计发售时间:11 月)

本书适合考生在冲刺阶段使用,目的是帮助考生提前熟悉考试题型,以便进行全真模拟和实战演练。本套全真模拟题是按照各高校考试重点和命题趋势研发而成,在考试题型、分值分布和考试重难点把握上完全贴合真题,可帮助考生在最后阶段突破考试壁垒,快速进入临考状态。

(六)《金融硕士(MF)最后密押 3 套卷》(内部发行)(预计发售时间:12 月)

本书适合考生在最后冲刺阶段使用。主要作用是超前预测必考题和常考题,帮助考生快速判断"题眼"、找到"陷阱",只"猜"必考和常考的知识点。

本书通过对各大名校历年考研真题的考点、题型、分值等进行统计和分析,全力凸显命题规律,以此为方向精选习题,并将最新热点问题改编为试题,其风格、难度、考查重点等与考研真题具有极强的相似度。考生认真做完本卷后,对考研真题风格的把握将会更加准确。

由于编者水平有限,本书肯定还存在诸多不当之处。如果您在学习过程中发现错误或有其他建议,请发邮件至 jckytushu@sina.com 沟通。我们衷心希望金程考研金融硕士系列书籍继续得到大家的认可,也诚恳地希望大家多提改进建议,以便我们在今后的修订中不断完善。

目　录

第一篇　金融学

第一章　货币与货币制度/3

一、货币的起源与发展/4

二、货币的职能/6

三、货币制度/7

四、国际货币体系/11

第二章　利息与利率/28

一、信用概述/29

二、利息和利率/31

三、利率的决定/37

四、利率的结构理论/41

第三章　外汇与汇率/47

一、外汇的基本内涵/48

二、汇率的基本内涵/54

三、汇率决定理论/61

第四章　金融市场/77

一、金融市场及其要素/78

二、货币市场/82

三、资本市场/87

四、衍生工具市场/93

五、金融机构的种类和功能/104

第五章　商业银行/108

一、商业银行的概述/108

二、商业银行的业务与管理/110

三、商业银行的风险与监管/119

第六章　中央银行/128
一、中央银行的产生和发展/128
二、中央银行的职能/129
三、中央银行的业务/131

第七章　货币供求与均衡/138
一、货币层次的划分/139
二、商业银行的存款创造/140
三、货币供给的理论模型/143
四、中国的货币供给/151
五、货币需求/154
六、通货膨胀/162
七、通货紧缩/173

第八章　货币政策/178
一、货币政策目标/179
二、货币政策工具/183
三、货币政策传导机制/187
四、货币政策的有效性/189

第九章　国际收支与国际资本流动/192
一、国际收支/193
二、国际收支理论/200
三、国际收支调节/210
四、国际储备的基本内涵/214
五、国际储备的作用/216
六、国际储备的供给/217
七、国际储备的需求/218
八、国际储备的结构管理/219
九、国际资本流动概述/222
十、国际资本流动理论/228
十一、债务危机和货币危机/232

第十章　金融监管/241
一、金融监管理论/241
二、金融市场监管/242

补充章节一　开放经济条件下的宏观经济政策/246
一、开放经济条件下的政策目标、工具和调控原理/246
二、开放经济条件下的财政、货币政策——蒙代尔—弗莱明模型分析/258
三、开放经济条件下的汇率政策/262
四、宏观经济政策国际协调方案/271

第二篇　公司财务

第一章　公司财务概述/281
一、公司金融概述/282
二、公司资产负债表/283
三、财务活动的相关人/285
四、公司的组织形式/287
五、企业的财务目标/289
六、公司理财的原则/290
七、公司金融理论/291
八、公司理财专题/293

第二章　财务报表分析/297
一、财务报表分析的目的/297
二、财务分析的种类与步骤/298
三、财务报表/300
四、常用的财务比率分析/307
五、杜邦分析法/311

第三章　长期财务规划/314
一、财务规划概述/314
二、财务预测/315
三、销售百分比法/316
四、外部融资与增长/321

第四章　折现与价值/326
一、现金流与折现/328
二、债券的估值/334
三、股票的估值/353
四、衍生品估值/371

第五章　资本预算/391
一、资本预算概述/392
二、投资决策的分析评价方法/392
三、增量现金流/404
四、净现值法的实际应用/410
五、资本预算中的风险分析/412

第六章　风险与收益/432
一、多样化组合的构成/433
二、风险的市场价格/445
三、投资基金和业绩评估/463

第七章　加权平均资本成本/470
一、资本成本概述/470
二、贝塔(β)的估计/472
三、个别资本成本/476
四、加权平均资本成本($WACC$)/481

第八章　有效市场假说/486
一、有效市场假说/486
二、资本资产定价模型与有效市场假说/488
三、业绩测定和战胜市场/488

第九章　资本结构与公司价值/490
一、债务融资与股权融资/491
二、资本结构/496
三、MM 定理/498
四、其他资本结构理论/509
五、资本结构决策/513

第十章　公司价值评估/517
一、公司价值评估的主要方法/517
二、APV 法、FTE 法和 $WACC$ 法的比较/520

补充章节一　股利政策/526
一、股利政策的含义/526
二、股利的支付方式/527
三、股利政策的决定/529

四、传统股利政策的重要理论/530
五、现代股利政策理论/530
六、股利分配的方式/531

补充章节二　营运资本管理/534
一、营运资本的有关概念/534
二、流动资产管理/540

第一篇

金融学

- 第一章　货币与货币制度
- 第二章　利息与利率
- 第三章　外汇与汇率
- 第四章　金融市场
- 第五章　商业银行
- 第六章　中央银行
- 第七章　货币供求与均衡
- 第八章　货币政策
- 第九章　国际收支与国际资本流动
- 第十章　金融监管
- 补充章节一　开放经济条件下的宏观经济政策

扫码听课

第一章　货币与货币制度

考试要求

- 了解：货币的产生，货币的本质，货币形式的演进
- 掌握：货币的地位和作用，货币制度的内容
- 熟练掌握：货币的职能，国际货币制度，国际货币体系的演进和发展

本章知识点框架

- 货币与货币制度
  - 货币的起源与发展
    - 货币的产生
    - 货币的本质
    - 货币形式的演化
  - 货币的职能
    - 价值尺度（基本职能）
    - 流通手段（基本职能）
    - 储藏手段
    - 支付手段
    - 世界货币
  - 货币制度
    - 含义及构成要素
    - 演变和发展
      - 银本位
      - 金银复本位
      - 金本位
      - 信用货币
  - 国际货币体系
    - 金汇兑本位下的国际货币体系
    - 布雷顿森林体系
    - 牙买加体系
    - 欧洲货币联盟与欧元（最适货币区理论）

考情分析

本章属于常考章节，考查题型为名词解释、选择题以及简答题，且难度较低。需重点掌握的是基本概念，论述题一般围绕国际货币制度展开，考生应当熟练掌握各种国际货币制度的利弊，并能够结合当前的经济状况，给出观点。

一、货币的起源与发展

(一)货币的产生

1. 简单价值形式

一种商品的价值偶然地表现在另一种商品上。

2. 扩大的价值形式

一种商品的价值经常地表现在一系列商品上。

3. 一般价值形式

一切商品的价值都在某一种商品上得到体现,这种商品就是一般等价物,它具有完全的排他性,实际起着货币的作用,只是充当一般等价物的商品可能还不固定。

4. 货币形式

从交替充当一般等价物的众多商品中分离出一种经常起着一般等价物作用的商品,这种特殊商品就是货币。

5. 对货币产生的理论观点

(1)创造发明说:货币是国家规定或人为创造的;

(2)协商说:货币是人们为了克服物物交换的困难协商出来的;

(3)交换说:货币是商品交换自发的产物。

从货币的产生过程看,货币不是某个聪明人设计创造出来的工具,而是广大商品生产者自发的共同交往行为的结果,同时也是商品经济内在矛盾进一步发展的结果;它解决了物物交换的困难,但又使商品经济的矛盾进一步发展,使商品的价值和使用价值的对立表现为商品和货币的对立。

(二)货币的本质

1. 货币的本质定义

货币是固定地充当一般等价物并体现一定的社会关系的特殊商品。它是在商品交换中自发产生的,其根源在于商品本身,也是价值形式发展和商品生产与交换发展的必然产物。

2. 货币的本质特征

(1)货币作为一般等价物的两个特征(与普通商品相比)。

第一,货币是表现一切商品价值的材料,是以价值的体现物出现的,在商品交换中直接体现商品的价值;

第二,货币具有直接同所有商品相交换的能力,是财富的代表,拥有它,就意味着能够去换取各种使用价值。

(2)货币体现一定的社会关系:货币作为一般等价物,反映了商品生产者之间的交换关系,体现着产品归不同所有者占有,并通过等价交换来实现他们之间的社会联系,即社会生产关系。

(三)货币形式的演化

商品成为货币必须满足的条件:宜于标准化、能够被分割、宜于携带、不会变质、被广泛接受。

1. 商品货币

(1)实物货币:兼具货币和商品双重身份的货币;

(2)金属货币:从实物货币到贱金属货币,再过渡到贵金属货币;

(3)贵金属货币:从称量货币过渡到铸币;

(4)铸币:从足值货币过渡到不足值货币。

2. 代用货币

代用货币是在贵金属货币流通制度下,代替金属货币流通的货币符号。它本身的价值低于货币面值,但可以与所代表的金属货币自由兑换。代用货币通常是纸制的,相当于一种实物收据,可由政府或银行发行,但要求有足量的金属保证,以满足代用币随时兑现。代用币由银行发行时称为银行券。与贵金属货币相比,代用货币有以下几个优点:

(1)代用币的印刷成本远低于铸币的铸造费用;

(2)避免了日常自然的磨损和人为有意的毁损;

(3)容易保管、携带和运送,节省了流通费用。

但代用币的发行量受贵金属准备的限制,不能满足经济发展的需要。随着金本位制的崩溃,代用货币也就退出了历史舞台,为信用货币所取代。

3. 信用货币(债务货币)

信用货币本身的价值低于货币价值,且不代表任何金属货币,它只是一种信用凭证,完全依靠银行信用和政府信用而流通。最显著的特征是作为商品的价值与作为货币的价值是不相同的。它是不可兑现的,只是一种符号,是通过法律确定其偿付债务时必须被接受,即法偿货币。

信用货币有广义和狭义之分:广义的信用货币是指由借贷行为产生的,具有一定流动性的信用凭证,包括国家信用凭证(纸币和政府短期负债)、银行信用凭证(活期、定期等各类存款)和高级别的商业信用凭证(商业票据、银行承兑汇票等);狭义的信用货币仅指纸币和银行的活期存款。

真题回顾

(中国人民大学 2015)下列哪些说法不属于信用货币的特征?(　　)

A. 可代替金属货币　　　　B. 是信用凭证

C. 依靠国家信用流通　　　　D. 是足值货币

参考答案:D。信用货币其本身价值远远低于其货币价值,因此不是足值货币。

4. 信用货币的未来——电子货币

电子货币是指用电脑贮存和转移的资金。电子资金调拨系统具有迅速、安全和节约等优点,大大节省了银行处理现金和支票所花费的时间和成本。它和活期存款一样,也是银行的债务记录,但是可执行银行的各项职能。因此,电子货币将是信用货币未来的主要形态和发展方向。

【例 1—1—1】　一种商品的价值表现在一系列商品上,这是(　　)价值形式;当一切商品的价值都在某一种商品上得到体现,这又被称为(　　)价值形式。

参考答案:扩大的;一般。考查货币的产生形式,主要有四种:简单价值形式、扩大的价值形式、一般价值形式和货币形式。

二、货币的职能

1. 交换媒介(流通手段)

通过流通手段实现商品价值,必须是现实的货币。这是货币在商品经济发展中最重要的职能,解决了物品交换中介的问题,正是由于流通手段作用的存在,刺激了经济的发展。当金银等贵金属退出流通舞台之后,没有实际价值的纸币行使流通手段,这就容易产生实际需要的货币数量和流通在外的货币数量的背离。

流通中所需的货币量取决于三个因素:(1)待流通的商品数量;(2)商品价格;(3)货币流通速度。它们之间的关系如下:

货币作为流通手段的必要量=(商品价格×待流通的商品数量/货币流通速度)

一旦二者发生背离,则容易引起通货膨胀或通货紧缩(结合货币供给理论)。

2. 价值尺度

所有商品借助于价值尺度来表现其价格,货币执行价值尺度时,人们可以在观念语言中用货币来衡量商品的价值,而并不需要现实货币的存在。为了便于比较不同商品的价格就需要规定一个价格标准。

3. 支付手段

价值的单方面转移,而非伴随着商品运动。它源于商业信用(商品赊销、延期付款等),当赊购者偿还欠款时,货币就执行支付手段职能。

支付制度:经济社会中进行交易的方法的演化:金属货币—纸币—支票—电子支付系统(电子资金调拨系统EFTS—清算银行间支付系统CHIPS)。

货币执行支付手段的职能中直接产生了信用货币。信用货币是代替金属货币充当流通手段和支付手段的信用证券(如本票、汇票、支票等)。流通中所需要的货币量为:

流通中所需要的货币量=(商品价值总额－赊销商品价值总额＋到期支付总额－相互抵消的支付总额)/货币流通速度

4. 价值储藏手段

它是一种超越时间的购买力的储藏。货币并非独一无二的价值储藏手段,是以支付手段职能存在为前提的。

足值的金属货币成为社会财富的一般代表,具有自发调节货币流通的作用(蓄水池),因此不会发生通货膨胀。也只有在金属货币流通的条件下,货币才能自发地进出流通领域,发挥蓄水池的作用。信用货币则不存在这种功能。如果通货膨胀水平较低,并且预期通货膨胀水平也很低,信用货币是可以被"储藏"起来的,但这种暂歇在居民手中的货币不是储藏货币,它仍然被计算在市场流通量中。由于信用货币不能自发地调节流通中的货币量,因而也就失去了储藏功能。

无论纸币如何发展,它只是代替金属货币流通的符号,本身并没有任何的价值,因此,人们还是倾向用贵金属作为财富的真实代表,储存起来,进行保值。

5. 世界货币

(1)作为国家间一般的支付手段,用以平衡国际收支差额(这是主要职能)。

(2)作为国家间一般的购买手段，用以购买外国商品。作为购买手段的货币在此时当作货币商品与普通商品相交换。

(3)作为国家间财富转移的一种手段，比如战争赔款、输出货币资本等。

真题回顾

(上海财经大学 2013)下列行为中，货币执行流通手段的是(　　)。

A. 交付租金　　B. 就餐付账　　C. 付息　　D. 分期付款

参考答案：B。支付手段和流通手段最大的区别在于，支付手段可以理解为延期支付，而流通手段可以认为是现收现付。

复习提示及知识补充一

货币的五种职能不是孤立的，而是具有内在联系的。其中，价值尺度和流通手段职能是两个基本职能。任何商品都要首先借助货币的价值尺度来表现其价格，然后再通过流通手段实现商品价值。正因为货币具有流通手段职能，随时可以购买商品，货币能作为交换价值独立存在，可用于各种支付，所以人们才储藏货币，货币才能执行储藏手段职能。支付手段职能是以储藏手段职能的存在为前提的。世界货币实际上就是在国际市场上行使货币的四种职能。

三、货币制度

货币制度(monetary system)是国家法律规定的货币流通的规则、结构和组织机构体系的总称。完善的货币制度能够保证货币和货币流通的稳定，保障货币正常发挥各项职能。依据货币制度作用的范围不同，货币制度包括国家货币制度、国际货币制度和区域性货币制度；根据货币的不同特性，货币制度分为金属货币制度和不兑现的信用货币制度。

(一)货币制度的构成要素

1. 货币种类

(1)本位币：本位币又称主币，是按照国家规定的货币单位所铸成的，是足值货币，具有无限法偿能力。本位币的自由铸造、自由熔化和超差兑换能够使铸币价值与铸币所包含的金属价值保持一致。

(2)辅币：是主币以下的小额通货，供日常零星交易和找零之用，只能由国家铸造。

2. 货币材料

选择什么金属作为本位币的币材，就会构成什么货币本位制度。现在世界各国都实行不兑现的货币制度，法令中也没有任何商品充当币材的规定。也就是说，过去货币制度中最重要的一个构成要素消失了。

3. 货币单位

货币单位包括两个方面：货币单位的名称和货币单位的币值。

4. 货币发行与流通

金属货币制度下本币与辅币的铸造。

银行券：是在商业信用基础上由银行发行的信用货币。银行券通过商业票据贴现的方式投入流通领域，但银行券的发行是有信用保证的，持券人可随时向发行银行兑换金属货币。

纸币：是银行和政府发行并依靠其信誉和国家权力强制流通的价值符号。纸币是不足值的信用货币，发行不需要黄金准备，因此可以用来弥补财政赤字，也就可能导致通货膨胀。

5. 货币的支付能力

(1)有限法偿：国家以法令形式规定在一定限额内辅币可与主币自由兑换，但超过一定数额后出售者或债权人有权拒绝接受。

(2)无限法偿：国家规定本位币有无限支付的能力，不论支付额多少，出售者和债权人都不得拒绝接受。

货币作为支付手段，最初主要是为商品流通服务，用于商品生产者之间清偿债务，并且其职能不断地扩大，极大地促进了商品交换。但同时，它也使商品经济的矛盾进一步复杂化。在商业信用盛行时，商品生产者之间的债务债权关系也就普遍存在，在债务债权链条中，如果有一部分生产者不能按期偿还债务，就有可能引起整个支付链条的崩断，以致给商品生产和流通带来严重的后果。

真题回顾

(中国人民大学 2012)下列说法中，哪项不属于法定货币的特征？(　　)

A. 可代替金属货币　　　　B. 代表实质商品或货物

C. 发行者没有将其兑现为实物的义务　　D. 不是足值货币

参考答案：A。法定货币仅仅是官方用来交易和计价的货币，可以是金属货币，不能认为其可以代替金属货币。

(二)货币制度的演变和发展

1. 银本位制

银本位制是以白银为本位货币的一种货币制度。以白银作为本位币币材，银币是无限法偿货币，其名义价值与实际含有的白银价值是一致的，分为银两本位制和银币本位制，16世纪开始盛行，因白银产量激增，银价不稳定而崩溃。

2. 金银复本位制

金银复本位制是以黄金和白银同为本位货币的货币制度。金银两种铸币都是本位币，均可以自由铸造和自由兑换，并且都是无限法偿货币。

(1)平行本位制

金银两种货币均按其所含金属的实际价值任意流通的货币制度。国家不规定两种货币的兑换比例，任由市场供求关系决定。由于市场价格变动频繁，使得这种平行本位制极不稳定，容易造成交易混乱。

(2)双本位制

这是金银两种货币按法定比例流通的货币制度。

格雷欣法则(Gresham's Law):双本位制以法定形式固定金币与银币的比价,本意是为了克服平行本位制下金银比价频繁波动的问题,却形成了官方比价与市场价格并存的局面,而官方比价较市场价格缺乏弹性。当金银的实际价值与名义价值相背离时,从而使法律上被低估的货币(良币)被人收藏、熔化或输往国外而退出流通领域,而法律上高估的货币(劣币)则独占市场,即"劣币驱逐良币"。此时,市场上实际上只有一种货币在流通,很难有两种货币同时并行流通。这也是向金本位制转变的动因。

真题回顾

(上海财经大学 2012)如果金银的法定比价为 1∶13,而市场比价为 1∶15,这时充斥市场的将是(　　)。

A. 银币　　B. 金币　　C. 金币和银币　　D. 都不是

参考答案:A。根据格雷欣法则,如果劣币驱逐良币,那么法律上高估的货币——银币将会充斥市场。

(3)跛行本位制

金币可以自由铸造,而银币不允许自由铸造,并且金币与银币以固定的比率兑换。实际上,银币已经降到辅币的地位,银币的价值通过固定的比例与金币挂钩。因此,这是由金银复本位制向单金本位制过渡的一种中间形式而已。

3. 金本位制

金本位制是指以黄金作为本位货币的货币制度。

(1)金币本位制

金币本位制是以黄金作为货币金属的一种典型的金本位制。英国 1816 年最早实行,美国 1900 年才实行。其稳定的货币自动调节机制效率很高(物价—金币流动机制)。崩溃的原因:一是各国政治、经济发展不平衡;二是黄金产量不能适应世界经济发展的需要。

金币本位制的主要特点有:

第一,金币可以自由铸造、自由熔化。这样可以自发调节流通中的货币量,从而保证商品流通的顺利进行和经济的平稳运行。

第二,流通中的辅币和价值符号可以自由兑换金币。这样不仅保证了辅币与价值符号的稳定,不会导致通货膨胀,同时也节约了黄金。

第三,黄金可以自由输入与输出。在实现金本位制的国家之间,汇率是根据两国货币的含金量计算出来的(金平价)。这样汇率比较稳定,有利于国际贸易的顺利开展。

(2)金块本位制

金块本位制是指没有金币的铸造和流通,而由中央银行发行、以金块为准备的纸币流通的货币制度。

它与金币本位制的区别:

第一,金块本位制以纸币或银行券作为流通货币,不再铸造、流通金币,但纸币或银行券仍然规定含金量;

第二,金块本位制不再实行辅币和价值符号同黄金的自由兑换,规定黄金由政府集中储存,居民可按本位币的含金量在达到一定数额后兑换金块,如英国1925年规定银行券一次至少兑换400盎司的金块。

(3)金汇兑本位制

金汇兑本位制是指以银行券作为流通货币,通过外汇间接兑换黄金的货币制度。它与金块本位制的共同点是规定货币的含金量,国内流通银行券,没有铸币流通。不同点在于,它规定银行券不能兑换黄金,但可换取外汇。本国中央银行将黄金与外汇存在另一个实行金本位制的国家,允许以外汇间接兑换黄金,并规定本国货币与该国货币的法定比率,通过固定价买卖外汇以稳定币值和汇率,实际是使本国货币依附于一些经济实力雄厚的外国货币。

金块本位制和金汇兑本位制,由于没有金币流通,从而失去了货币自动调节流通需要量的作用,币值自动保持稳定的机制也就不复存在。

真题回顾

(中国人民大学2012)国内只流通银行券且不能兑换黄金,国际储备除黄金外还有一定比重的外汇,外汇在国外才可兑换黄金,黄金是最后的支付手段,这是(　　)制度的特点。

A. 金块本位　　B. 金币本位　　C. 金条本位　　D. 金汇兑本位

参考答案:D。该国货币一般与另一个实行金币本位制或金块本位制国家的货币保持固定的比价并在后者存放外汇或黄金作为平准基金,从而间接实行了金汇兑本位制。实际上,它是一种带有附属性质的货币制度。

4. 信用货币制度

信用货币制度是指以不兑换黄金的纸币或银行券为本位币的货币制度。不兑现的纸币一般由中央银行发行,国家法律赋予无限法偿能力。银行券完全纸币化了,流通中的全部是不兑现的纸币,黄金已不用于国内流通。

(1)由于纸币与黄金毫无联系,因而货币的发行一般根据国内经济发展的需要由中央银行控制

信用货币是中央银行对货币持有人的负债,通过商业银行放款程序投入到流通领域中去。如果银行放松银根,信用货币投放过多就可能出现通货膨胀,物价上涨;如果银行紧缩银根,就可能出现通货紧缩,物价下跌。可见,信用货币流通量的多少能够影响经济的发展,国家应对银行信用加以调控,保证货币流通量,适应经济发展的需要。

(2)黄金非货币化的意义

不兑现的信用货币代替黄金成为本位货币,黄金完全退出流通领域的现象叫黄金非货币化。它的意义在于政府不再只是经济运行的旁观者,而是可以利用纸币发行流量来调节和干预经济的参与者与操纵者。但该货币制度是一把“双刃剑”,在使得国家获得干预经济手段的同时,也使通货膨胀成为可能。

(3)信用货币制度是经济发展的必然选择

首先,金属货币制度本身存在着不可克服的缺点和矛盾:

①金属储藏量和产量的有限性与商品生产和交换扩大的无限性的矛盾,是金本位制崩

溃的根本原因；

②金属货币的价值稳定是相对的；

③金本位制不利于国家实行独立的经济政策。

其次，信用货币制度取代金属货币制度的原因具体有：

①解决了金属铸币流通中磨损或损耗存在的名义价值与实际价值背离的矛盾；

②不兑现的纸币能够执行货币的各项职能。

第一，它以不兑现的纸币为本位币，一般是授权中央银行发行的。国家法律规定纸币是无限法偿货币，即可用于任何数额的交易，任何人不得拒收。

第二，不兑现纸币不代表任何贵金属，不能兑换黄金等贵金属。纸币发行实行发行准备制度。

第三，非现金结算占据主导地位。信用货币的性质使得保证流通中的货币量与经济增长的需求量相符这一任务，从金本位制下的金属货币自发调节转移到由各国政府人为控制。由于采取扩张性的经济政策，因而造成了严重的通货膨胀问题。

四、国际货币体系

进行国家间政策协调的一个重要内容是设计出具有特定规则的国家间协调方案。当国家间政策协调方案从货币金融角度对各国实现内外均衡中的一些基本问题都作了比较完整的规定时，若这一方案成为现实，就构成了新的国际货币制度。

（一）国际货币制度的基本内容

1. 国际货币制度的概念

国际货币制度是调节各国货币关系的一整套国际性的规则、安排、惯例和组织形式。它一般包括三方面内容：

(1)国际储备资产的确定。用以满足国际支付和调节国际收支的需要，必要时用于干预外汇市场，稳定本币汇率。

(2)汇率制度的确定。即各国货币间汇率的确定、变化和维持机制。

(3)国际收支的调节方式。各国应安排适当的银行制度、金融市场，以及遵守一定的政策运行规则，以保证国际储备货币在国家间顺利循环周转、平衡国际收支并实现储备货币在各国间的分配。此外，在国际货币制度中心，还需要有某种力量影响和调节国际储备货币的流动，或监督、协调各参加国间的宏观经济政策。

2. 国际货币制度的分类

根据储备货币或本位货币的形式，可分为金本位制度、金汇兑本位制度和信用本位制度；根据汇率制度分类，可分为固定汇率制度和浮动汇率制度，以及介于两者之间的可调整盯住汇率制度、管理浮动汇率制度等。

在实际中，往往是同时以国际储备和汇率制度来作为国际货币制度的分类标准，例如，金本位条件下的固定汇率制度、以不兑现的纸币（如美元）为本位的固定汇率制度、以黄金和外汇为储备的可调整的固定汇率制度或管理浮动汇率制度，以及完全不需保有国际储备资产的纯粹自由浮动汇率制度等。

(二)国际货币制度的历史演进

1. 国际金本位制度

(1)国际金本位制度的基本特征

①黄金充当国际货币,是国际货币制度的基础。金币可以自由铸造、自由兑换、自由输出入。

②各国货币之间的汇率由它们各自的含金量比例决定。汇率的波动自动维持在由金平价和黄金运输费用所决定的黄金输送点以内。因此,国际金本位制度是严格的固定汇率制度。

③本国的货币供应量受本国黄金储备的制约,因此也与其国际收支状况相联系,即逆差时,黄金流出,货币供应量减少;顺差时,黄金流入,货币供应量增加。这使国际金本位制度有自动平衡国际收支的技能,可以保证国际收支的失衡能自动得到纠正。

(2)国际金本位制度的崩溃

1914 年第一次世界大战爆发,各国均实行黄金禁运和纸币停止兑换黄金,国际金本位制度暂时停止实行。战后各国先后着手恢复金本位制,但各国越来越重视国内均衡目标,不愿遵守金本位的规则,阻断黄金流入与流出同国内货币供应间的联系,使自动调节机制的作用进一步受到限制,国际金本位制度的可信性也大大下降。而可信性的下降使国际资本流动也日益成为破坏金本位制稳定的威胁。第一次世界大战后,勉强恢复的金汇兑本位制,终于在 1929 年爆发的世界性经济危机和 1931 年的国际资本流动冲击引起的金融危机中彻底崩溃。

(3)对国际金本位制度的评价

国际金本位制盛行之时,正值资本主义自由竞争的全盛时期。金本位制度所带来的稳定的价格水平和汇率水平,极大地促进了世界各国的经济增长和贸易发展。但金本位制本身也存在许多缺陷:

①国际金本位制度的自动调节机制受许多因素制约,它要求各国政府对经济不加干预,或者干预的目标是以维持对外均衡为前提的。然而,在金本位制度末期,各国政府经常设法抵消黄金流动对国内货币供应量的影响,使自动调节机制难以实现。

②金本位制下的价格稳定只有当黄金与其他商品的相对价格较为稳定时才能实现。经验研究表明,国际金本位时期,价格并不是长期稳定的,其波动与世界黄金产量的波动直接相关。

③金本位制下,黄金是最重要的储备资产和最后的结算手段。该制度的成功与否取决于货币黄金的增加能否满足经济发展的需要。当世界黄金产量的增长满足不了世界经济的增长和维持稳定汇率的需要时,金本位制就显得非常虚弱,难以经受各种冲击。

④在国际金本位条件下,根据"价格—铸币流动机制",国际收支失衡使盈余国出现通货膨胀,赤字国出现通货紧缩,从而引起国内生产和就业水平的变化,进而恢复收支平衡。这种机制虽能恢复国际收支平衡,却不利于国内经济的稳定。

复习提示及知识补充二

国际金本位制之前还有银本位制、金银复本位制等。国际货币制度主要是按照储备货币来分的。金银本位制都是以金属货币为储备，而下面的两种货币体系都是以纸币作为国际储备。

2. 布雷顿森林体系

(1)布雷顿森林体系的主要特征

①建立了一个永久性的国际金融机构——国际货币基金组织(International Monetary Fund，IMF)，旨在促进国际货币合作。

②以美元作为最主要的国际储备货币，实行美元—黄金本位制。美元与黄金直接挂钩，各国政府或中央银行随时可用美元向美国按官价(每盎司黄金等于35美元)兑换黄金；其他国家的货币与美元挂钩，规定与美元的比价，从而间接与黄金挂钩，进而决定各成员国货币之间的平价关系。

③实行可调整的固定汇率制度。IMF规定各成员国货币与美元的汇率如果发生波动，范围则不得超过平价的±1%。超过时，除美国外，各成员国中央银行有义务维持本国货币同美元的汇率的稳定，但是在出现国际收支的基本不平衡时，经IMF批准可以进行汇率调整。实际上在平价10%以内的汇率变动可以自行决定而无需IMF的批准。

④国际货币基金组织向国际收支逆差国提供短期资金融通。成员国在需要贷款时可用本国货币向IMF按规定程序购买一定数额的外汇，将来在规定期限内，以用黄金或外汇购回本币的方式偿还借用的外汇资金。

(2)布雷顿森林体系崩溃的内在原因——“特里芬难题”

布雷顿森林体系是建立在黄金—美元基础之上的，美元既是一国的货币，又是世界的货币。作为一国的货币，美元的发行必须受制于美国的货币政策和黄金储备；作为世界的货币，美元的供应又必须适应世界经济和国际贸易增长的需要。

由于规定了双挂钩制度，黄金的产量和美国黄金储备的增长跟不上世界经济和国际贸易的发展，于是美元便出现了一种进退两难的状况：为满足世界经济增长和国际贸易发展，美元的供应量必须不断地增加；美元供应量的不断增加，使美元同黄金的兑换性难以日益维持。美元的这种“两难”，是美国耶鲁大学教授罗伯特·特里芬首先预见到的，故又被称为“特里芬难题”。

“特里芬难题”指出了布雷顿森林体系的内在不稳定性及危机发生的必然性和性质。这个危机的性质就是美元的可兑换性危机，即美元无法按固定的比价维持同黄金兑换。随着流出美国的美元日益增加，美元同黄金的可兑换性(按固定价格)必将日益受到人们的怀疑，美元的可兑换性信誉必将受到日益严重的削弱。

换言之，布雷顿森林体系的根本缺陷是美元的双重身份和双挂钩制度，由此导致的体系危机是美元的可兑换性危机，或可称为人们对美元可兑换性的信心危机。美元危机的程度，同流出美国的美元数额有关。流出的美元超过美国黄金储备的余额，被称为“悬突额”。悬突额是预测美元危机的一个很好的指标，也是以后国际货币体系许多改革建议所力图解决的问题之一。

(3)对布雷顿森林体系的评价

布雷顿森林体系是国际货币合作的产物,它消除了第二次世界大战前各个货币集团相互对立,进行外汇倾销、货币战、汇率战的局面,稳定了第二次世界大战后国际金融混乱的动荡局势,有利于国际贸易和国际投资的发展。然而,布雷顿森林体系也存在一些缺陷:

①其确定的国际货币体系不能反映资本主义国家经济发展不平衡的规律。刚开始,美国在世界经济中处于绝对领先的地位。随着日、德、法等其他工业国实力的增强和对外贸易的发展,世界上对这些国际货币的需求也相应地增加。但布雷顿森林体系却强行把其他货币排除在储备货币之外,这必然会招致适得其反的结果。

②清偿力和信心之间的矛盾。信心和清偿力同时实现是有矛盾的。美元供给太多,则会有不能兑换黄金的危险,发生信心问题;美元供给太少,则不能满足国际经济发展对清偿力的需求,发生清偿力不足的问题,即“特里芬难题”。这是任何以一种货币为国际储备货币的货币制度的弱点。

③国际收支调节机制效率不高。在布雷顿森林体系下,固定汇率的多边性增加了调整平价的困难,且汇价的波动只允许在平价上下各 1%,显得过于刚性。一国发生逆差时,往往不得不采用牺牲国内经济目标的财政货币政策来进行调节,而且调节也是不对称的。若逆差国是美国,则它只需通过输出美元即可弥补逆差,如此美国还能获得大量的铸币税;但若逆差国是其他国家,为了维持与美元的固定汇率,中央银行必须在外汇市场卖出美元、购进本国货币,从而缩减了国内货币供给,往往导致衰退和失业。

(三)当前的国际货币制度

1976 年,IMF“国际货币制度临时委员会”在牙买加召开会议,并达成《牙买加协议》。同年 4 月,IMF 理事会通过了 IMF 第二次修正案,从而形成了国际货币关系的新格局。

1.《牙买加协议》的主要内容

(1)取消货币平价和各国货币与美元的中心汇率,确认浮动汇率的合法性,允许成员国自由选择汇率制度。

(2)黄金非货币化,取消黄金官价,各会员国央行可按市场价格自由进行黄金交易,取消会员国时间,以及会员国与 IMF 之间须用黄金清算债权债务的义务。

(3)提高特别提款权(SDR)的国际储备地位,修订 SDR 的有关条款,以使 SDR 逐步取代黄金和美元而成为国际货币制度的主要储备资产。

(4)扩大对发展中国家的资金融通。除了出售黄金所得收益设立“信托基金”来向发展中国家提供贷款或援助外,还扩大了 IMF 普通信用贷款的限额,并放宽“出口波动补偿贷款”额度。

(5)增加会员国的基金份额,从原有的 292 亿 SDR 增加到 390 亿 SDR,各成员国的份额比例也有所调整,主要是增加了前联邦德国、日本和石油输出国的份额比例,减少了美国和其他西方国家的份额比例。

2.《牙买加协议》后国际货币制度的运行特征

(1)多元化的国际储备体系

美元在各国国际储备中的份额已经减少,但仍是主导货币,以前美元一枝独秀的局面被以美元为首的多种储备货币取代,黄金的储备地位继续下降。

(2)多种形式的汇率制度安排

根据 1978 年 IMF 协议修正案，IMF 成员国可以自行安排汇率。从目前各国实际汇率安排情况看，发达工业化国家多数采取浮动汇率(单独或联合)，但绝不是纯粹的自由浮动；发展中国家多数是盯住某种单一货币或 SDR 等合成货币的汇率制度，实行单独浮动的很少。在盯住汇率制和浮动汇率制之间，发展中国家还有多种弹性程度不同的汇率制度，如宽波幅浮动、滑动平价或爬行钉住。

(3)多样化的国际收支调节方式

①总需求调节。逆差国家会形成国内货币紧缩的压力，利率会趋于上升，总需求会有所紧缩，通货膨胀会受到压制，这些都有助于纠正国际收支失衡。利率上升，能够吸引外部资金流入，总需求的减少和物价上涨率的降低能够促进出口、压缩进口。对发达国家而言，它们仍然必须依靠总需求对国际收支的调节，但用总需求调节来平衡国际收支，会以牺牲国内经济目标为代价。总的来说，发达国家对总需求调节国际收支的依靠，目前比以往任何时期都弱。

对发展中国家而言，它们对总需求调节手段的依赖程度要比发达国家高得多。发展中国家一般没有发达的金融市场，从而难以利用利率引导短期资金的流入与流出来缓冲暂时的国际收支困难。而且汇率变化对经常账户的影响，也不像发达国家那样明显。

②汇率机制调节。汇率调节作为平衡国家收支的手段，目前对任何国家都比以往重要。国际收支的失衡可以来自国家之间价格水平或生产成本变化的差异，汇率的调整可以使价格变动的差异抵消。然而利用汇率机制调节国际收支也是有代价的，汇率的波动会对国际贸易和投资形成不确定的因素，在某些情况下，偏离潜在的均衡汇率水平，剧烈波动，会给国内经济带来不利的冲击。

发达国家有相对完善的市场价格机制，进出口商品的需求和供给弹性也都比较充分。同时它们又采用浮动汇率安排，市场汇率相对接近均衡汇率水平，因而对汇率机制的依赖性更强些。多数发展中国家则采取了弹性程度不同的固定汇率制度，汇率调节几乎不起作用。

③对商品贸易和资本流动实施管制。当今进口关税仍是包括发达国家在内的各国控制贸易支付的手段。不过对于发展中国家而言，直接控制更有特殊作用。发展中国家国内经济基础相对薄弱，产业结构不完善，市场机制也不够发达，要尽快发展经济，就必然有一定程度的外汇管制和贸易直接控制，以保证其国内产业政策的顺利执行。但依靠直接控制的办法会干扰和破坏市场机制的调节机能，可能导致资源分配低效率，还可能形成国内外价格体系的长期脱节，对正常的经济发展非常不利。

复习提示及知识补充三

牙买加体系可以用“多样”来概括其特征。国际储备、汇率制度、国际收支调节方式都多样，反映了牙买加体系灵活的特点。牙买加体系被称为“无秩序的体系”“没有体系的体系”。

3. 对当前国际货币体系的评价

《牙买加协议》后的国际货币制度运行 20 多年来，对维持国际经济运转和推动世界经济发展起到了积极作用。

(1)多元化的储备体系基本上摆脱了布雷顿森林体系时期基准货币国与依附国相互牵连的弊端,并在一定程度上解决了"特里芬难题"。

(2)以主要货币汇率浮动为主的多种汇率安排体系能够比较灵活地适应世界经济形势多变的状况;自由的汇率安排能使各国充分考虑本国的宏观经济条件,并使宏观经济政策更具独立性和有效性。

(3)多种国际收支调节机制并存,各种调节机制相互补充,比较能适应各国经济发展水平相差悬殊,各国发展模式、政策目标和客观经济环境都不相同的特点。

但同时也存在许多问题,表现在:

(1)汇率纪律荡然无存。浮动汇率加剧了世界性通货膨胀,汇率的频繁波动不仅影响对外贸易和资本流动,而且使发展中国家的外汇储备和外债问题都变得复杂化。

(2)造成储备货币管理的复杂性。多种储备体系具有内在的不稳定性:储备货币的汇率经常波动对发展中国家很不利;储备多样化增大了国际金融市场的汇率风险,致使短期资金移动频繁;且多样化本质上并没有解决储备货币同时担负世界货币和本币的双重身份所造成的两难。

(3)缺乏有效的国际收支调节机制。牙买加体系寄希望于通过汇率的浮动来形成一个有效的和灵活的国际收支调节机制。但实践结果表明,这一机制并没有起到预期的效果。

首先,汇率的过度浮动只是增加了市场上的不稳定性,甚至恶化了各国的国际收支状况。其次,国际货币基金组织的贷款机制并不能很好地促进国际收支的平衡。最后,目前的国际收支调节任务仍然大部分落在逆差国家身上。近年来由于发生经常项目逆差的国家大多是发展中国家,外汇短缺的问题本来就很严重,如果不发生债务危机,就只能紧缩国内经济,但这样一来就会使刚刚起步的经济陷于停滞状态,所以只得依靠外债来应付局面,从而沦落为重债国。

(四)欧洲货币一体化

1. 最优货币区理论

根据区域内各国货币合作的程度,可将货币一体化分成三个层次:

一是区域货币合作,指有关国家在货币问题上实行的协商、协调乃至共同行动,它在合作形式、时间和内容等方面都有较大的选择余地。

二是区域货币同盟,这是区域货币合作形式的深入发展,指根据法律文件(共同遵守的国际协议)就货币金融某些重大问题进行的合作。

三是通货区,它是货币一体化的一种高级表现形式,其特征是成员国货币之间的名义比价相对固定,由一种占主导地位的货币作为各国货币汇率的共同基础,主导货币与成员国货币相互间可充分地自由兑换,存在一个协调和管理机构,成员国的货币政策主权被削弱。

与货币一体化直接相关的理论是最适度通货区理论,最早见于对固定汇率安排和浮动汇率安排的争论中,其内容主要是结合某种经济特征来判断汇率安排的优劣,并说明何种情况下实行固定汇率安排和货币同盟或货币一体化是最佳的。

下面介绍两种衡量最适度通货区的分析方法。

(1)最适度通货区的单一指标法

利用单一指标对最适度通货区进行分析在理论界有很大的争议,各方的分歧主要在于确定最适度通货区标准的不同。

①要素流动性分析。这是1961年由罗伯特·蒙代尔(Robert Mundell)最早明确提出的一种最适度通货区理论，他主张用生产要素的高度流动性作为确定最适度通货区的标准。

蒙代尔认为，需求转移是一国出现外部失衡的主要原因。假定有A、B两个区域，若原来对B区域产品的需求现在转向A区域产品，则B区域的失业增加；如果A区域正巧是A国，B区域正巧是B国，则B国货币汇率的下跌将有助于减轻B国的失业，A国货币汇率的上升有助于降低A国的通货膨胀压力；但如果A、B是同一国家内的两个区域，它们使用同一种货币，则汇率变动无法同时解决A区域的通货膨胀和B区域的失业。

因此，蒙代尔认为浮动汇率只能解决两个不同通货区之间的需求转移问题，而不能解决同一通货区内不同地区之间的需求转移；同一通货区内不同地区之间的需求转移只能通过生产要素的流动来解决。这样，若要在几个国家之间维持固定汇率并保持物价稳定和充分就业，就必须要有一个调节需求转移的机制，而这个机制只能是生产要素的高度流动。

不过，世界各国的经济发展是不平衡的，生产要素的高度流动反而可能使货币同盟中的富国越富、穷国越穷，因为穷国在经济增长上得到的坏处可能会超过贸易上得到的好处。此外，在蒙代尔的理论中没有对资本流动和劳动力流动的重要性进行区分。

②经济开放性分析。1963年，罗纳德·麦金农提出以经济的高度开放性作为确定最适度通货区的标准。

麦金农将社会总产品区分为可贸易商品和不可贸易商品，经济开放性与可贸易商品在社会总产品中的比重成正相关关系，该比重越高，经济越开放。

他认为，一个经济高度开放的小国难以采用浮动汇率制有两方面的理由：一是由于经济高度开放，市场汇率稍有波动，就会引起国内物价的剧烈波动；二是在一个进口在消费中占有很大比重的高度开放的小国中，汇率波动对居民实际收入的影响非常大，使得存在于封闭经济中的货币幻觉消失，进而汇率变动在纠正对外收支失衡方面会失去作用。为此，麦金农强调，一些相互间贸易关系密切的经济开放国家应组成一个相对封闭的共同货币区，在区内实行固定汇率安排，而对与其贸易往来关系不大的地区则实行浮动(弹性)汇率安排。

麦金农理论的局限性表现在以下三个方面。

首先，他是以世界各国物价普遍稳定为前提来考察汇率变动后果的。但是，这一假设是缺乏现实依据的，即便在20世纪60年代中期以前相对稳定的情况下，发达国家也可以通过固定汇率向外传递通货膨胀和经济不稳定性，如果将这个前提颠倒过来，则经济高度开放的国家恰恰应以浮动汇率隔绝外来的不稳定影响。

其次，麦金农的分析以经济高度开放的小国为对象，如果一个小国的贸易伙伴主要是一个大国，并且其汇率钉住该大国的货币，或几个小国彼此在贸易上有密切联系而结成货币同盟，则经济开放性标准是有意义的；但若一个小国的贸易分散于几个大国而这些国家的货币又彼此浮动，则麦金农的指标就失去了意义。

最后，麦金农分析的重点在贸易账户方面，忽略了资本移动对汇率安排和国内经济的影响。

③低程度的产品多样性分析。彼得·凯南于1969年提出，以低程度的产品多样性作为形成一个最适度通货区的标准。

与蒙代尔一样，凯南的建议也是以国际收支失衡的主因是宏观经济的需求波动这一假设为基础的。他认为，一个产品相当多样化的国家，出口也是多样化的。

在固定汇率安排下，对一个高程度产品多样性的国家而言，由于出口产品的多样性，单一品种的出口商品在整个出口中所占的比重不大，其需求的下降不会对国内就业产生太大影响；相反，对低程度产品多样性的国家来说，其出口产品的多样性也是低程度的，若外国对本国出口商品的需求下降，则它必须对汇率作较大幅度的变动，才能维持原有的就业水平。可见，出口产品的多样性使外部动荡对内部经济的影响在平均化作用下变小了，出口收益可以相当稳定。因此，高程度产品多样性的国家可以承受固定汇率的后果；而低程度产品多样性的国家则不能，它们适宜采用汇率灵活安排的独立(最适度)通货区。

凯南这一理论的基本出发点在于按照国际货币的被动性权力来划分最适度通货区，忽略了对国际货币的主动性权力在汇率安排选择中作用的考虑。事实上，世界经济的复杂性要求各国必须综合权衡自己的国际货币被动性权力、主动性权力和阻止性权力，才能确定最后的汇率安排。另外，凯南同麦金农一样，也忽视了资本移动对国际货币被动性权力的影响，没有考虑到国内经济比世界经济具有更大不稳定性的情况，因而在最适度通货区分析中犯了与麦金农类似的错误。

④国际金融一体化程度分析。针对以上实物标准分析无法圆满解释最适度通货区理论的情况，詹姆斯·伊格拉姆于 1969 年指出，在决定通货区的最优规模时，有必要考察一国的金融特征(而不是真实的特征)，并进而在 1973 年提出以国际金融高度一体化作为最适度通货区标准的理论。

伊格拉姆认为，一个区域内各国国际收支的不平衡与资金的移动状况有关，尤其同缺乏长期证券的自由交易有关。如果国际金融市场的一体化是不充分的，那么外国居民会以买卖短期外国证券为主，因为买卖短期证券的外汇风险可以通过远期市场的抛补来避免，这样，各国长期利率的结构就会出现明显的差异。但是，假如国际金融市场高度一体化(尤其是长期资本市场高度一体化)，只要国际收支失衡导致利率发生小幅变动，就会引起均衡性资本(非投机性短期资本)的大规模流动，从而可以使汇率的波动得以避免。

伊格拉姆的金融高度一体化标准只强调了资本要素的流动，但资本要素的流动不一定能成为国际收支的一种有效调节机制，而且他还忽视了对经常账户的考虑。同蒙代尔一样，伊格拉姆是从固定汇率的维持机制来分析最适度通货区标准的，但是，其局限性在于将资金融通看作平衡国际收支的唯一方法。事实上，在现实世界中，即使是货币同盟内部，顺差国也不是愿意无止境地向逆差国提供融资的。

⑤政策一体化程度分析。1970 年，爱德华·托尔和托马斯·威莱特提出以政策一体化作为确定最适度通货区的标准。

他们认为，一个具有不太完善的内部调节机制的通货区能否成功，关键在于其成员国对通货膨胀和失业增长的看法以及对这两个指标之间交替能力的认识是否具有合理的一致性。换句话说，一个不能容忍失业的国家是难以同另一个不能容忍通货膨胀的国家在政策取向上保持一致的。

这个建议是以政策合作来作为国际收支平衡机制的，它要求建立一个超国家的、统一的中央银行和统一的财政制度，这在现实世界中显然是困难的。而且，即便建立起这样的机构和制度，各国的国际收支失衡问题未必一定能够得到解决，反而可能恶化。通过区域中央银行实现的银行业务集中化，也不一定能够促进短期利率的均衡化和整个通货区内均衡性资本的流动，这些都可由部分发达国家长期存在非常不发达地区的事实得到证明。此外，政策一体化标准的明确含义到底是什么，也还是一个没有明晰的问题。

⑥通货膨胀率相似性分析。1970 年，哈伯勒提出以通货膨胀率的相似性作为确定最适度通货区的标准。

哈伯勒认为，国际收支失衡最可能是由于各国发展结构不同、工会力量不同和货币政策不同所引起的通货膨胀的离散趋势造成的，它除了会导致国际收支基本账户的失衡外，还会引起短期资本的投机性移动，即通货膨胀率差异是国际收支失衡和汇率波动的主要原因。因此，若区域内各国通货膨胀率趋于一致，就可以避免汇率的波动。

该分析将注意力从宏观经济的供需条件波动转移到宏观经济的货币现象方面，这与当时正在形成中的国际收支货币分析法不无关系。货币分析法认为，国际收支失衡本质上是一种货币现象，因此，应运用货币理论来分析国际收支失衡的原因。

不可否认，通货膨胀会使国际收支恶化，但是，把通货膨胀说成是国际收支失衡的最经常、最主要的原因也是不完全符合现实的。

货币分析法关于货币需求函数是稳定的以及市场上具有完善的传递超额需求的机制等假定前提都是令人怀疑的，该方法颠倒了货币流通和商品流通的关系，从而得出一个商品流通从属于货币流通的片面认识。而且事实也证明，通货膨胀不一定是国际收支失衡的主要原因，以它作为最适度通货区的唯一标准是缺乏依据的。实际上，国际收支逆差是由滥用国际货币发行特权、各国经济结构差异、国际交换关系不平等、劳动生产率差异、利率差异和通货膨胀率差异等因素共同作用的结果，而且，前面几项因素有时甚至是更加重要的。

(2)最适度通货区的综合分析法

上文的分析表明，以某一指标作为最适度通货区的唯一标准是存在片面性和局限性的，虽然所有这些指标都从一个角度或多或少反映出国际经济形势的客观变化，却无法对区域性货币合作做出完满的理论解释与说明。但是，若把上述标准综合起来，则能对该问题做出较为圆满的说明。因此，可以说，只有在对这些指标进行综合分析的基础上，才能判断某一地区是否适宜实行货币一体化。

①经济一体化与固定汇率区的收益分析。固定汇率安排的最主要收益是可以简化经济活动中的计算步骤，方便交易顺利实现，并能够给人们提供一个较浮动汇率安排条件下更容易进行预测的决策基础。可以想象一下，如果中国的每一个省(直辖市、自治区)都发行各自的货币，而且它们彼此之间的汇率是实行浮动安排的，那么，中国消费者和企业将会为此耗去大量的时间和资源。不同国家在区域间或国家间的情况与此假设相类似。

从这个意义上讲，一国加入一个实行固定汇率安排的通货区的货币效率收益，就等于参加国对浮动汇率安排下各种不确定性、混乱、计算及交易成本的节约。虽然在实践中很难对加入通货区的货币效率收益得出一个确切的数值，但至少有一点是肯定的，即这一收益一定高于该国在不加入通货区条件下与通货区成员国进行贸易的收益。而且，如果生产要素在通货区成员国间是可以自由流动的话，则这种货币效率收益会更高。

由此可以认为，一国与一个实行固定汇率安排的通货区的经济一体化程度越高，该国通过其货币与通货区内其他货币汇率实行固定安排所得到的货币效率收益也就越大，而且这一收益与国际贸易和生产要素在国家间的流动成正相关关系。我们可以借助 *GG* 曲线对此作进一步的说明，如图 1—1—1 所示。

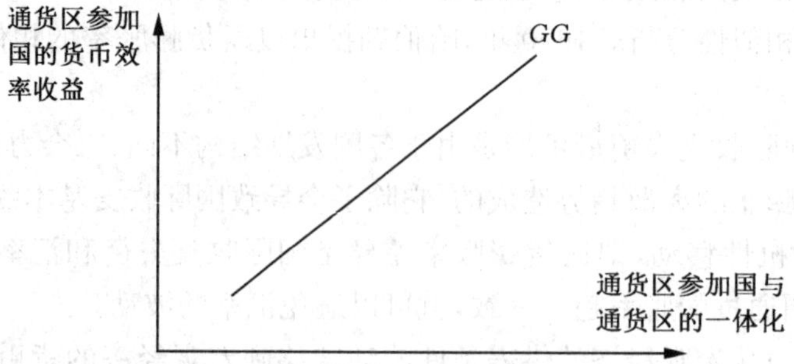

图 1—1—1　*GG* 曲线

GG 曲线是一条向右上方倾斜的曲线，它反映了一国同实行固定汇率安排通货区的经济一体化程度与其加入通货区的货币效率收益之间的关系，曲线斜率为正的特性说明，如果该国与通货区之间的经济一体化程度提高，则其加入通货区的货币效率收益也随之上升。

以上分析隐含了如下假设，即通货区的规模越大，其价格水平的稳定性和可预测性也越高。如果这一假设不成立，那么一国伴随其加入通货区决策而产生的价格水平易变性，会将其从通货区中获得的一部分货币效率收益抵消掉。

另外，如果通货区参加国做出的固定汇率承诺没有得到市场充分信任的话，则汇率变动方面的某些不确定性会继续存在，其货币效率收益也将比事先预期的要少。因此，只有在通货区内价格水平稳定且各国固定汇率承诺有保证的前提下，参加国才能从固定汇率安排中获益，而且各国市场的联系越紧密，这种货币效率收益也越高。此外，我们还可以发现，参加国与一个低通货膨胀区的结合程度越高，其国内低通货膨胀的目标越容易实现，这是因为，通货区参加国经济的紧密结合，导致区域内价格水平的收敛，并使各参加国价格水平的变动范围缩小。

②经济一体化与固定汇率区的成本分析。一国加入通货区获得收益的同时，也要相应地付出一定的成本，这在低通货膨胀区中也是不可避免的事情。因为一国在加入通货区时，必须放弃其运用汇率工具和货币政策实现稳定国内产出和就业目标的一部分自主权，这种因固定汇率安排而产生的不稳定性被称作经济稳定性损失，它同样是和参加国与通货区其他成员国经济的一体化程度有关联的。我们可以用另一条曲线 *LL* 对此进行说明，如图 1—1—2 所示。

在运用 *LL* 曲线时，我们必须了解通货区参加国与通货区的经济一体化程度如何影响该国经济稳定性损失的规模。

假设一个通货区参加国面临总需求下降的局面，则其需求曲线发生向左的位移，如果通货区内其他参加国的需求曲线同时向左移动，那么通货区成员国货币对通货区以外国家货币联合贬值，通货区的稳定性得以实现；但是，如果通货区内其他参加国不采取货币贬值措施，那么面临总需求下降情况的那个国家只有经历一段时间的高成本经济衰退后才能使充

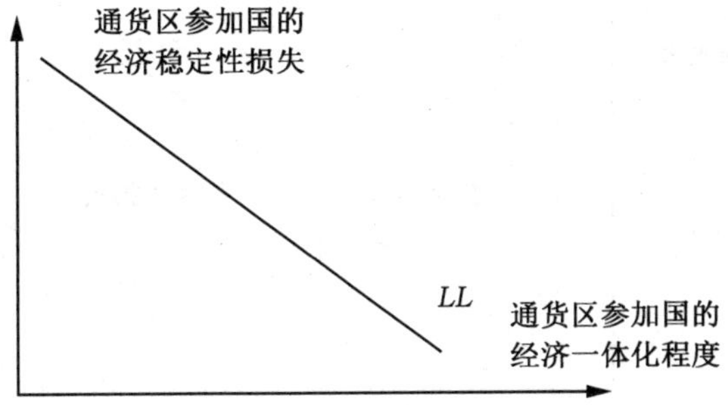

图 1—1—2　*LL* 曲线

分就业目标重新实现，在衰退期间，该国的商品价格和工资水平都会下降。

至于经济衰退的程度，则取决于该国与通货区内其他成员国的经济一体化水平。一体化水平越高，该国经济衰退的幅度越小，而且其对应于总需求变化的调整成本也越低。以上分析同样适用于通货区内一国出现总需求增加（即该国需求曲线发生向右位移）的情况。不过，一个通货区参加国如果与整个通货区保持较大数量的贸易关系的话，其加入通货区的经济稳定性损失就会小得多，因为假如该国工人的相当部分消费是通过自通货区其他国家的进口来解决，那么其货币与通货区其他货币间汇率的变动会迅速改变国内名义工资，从而降低对就业的影响。

例如，若该国货币对通货区其他货币贬值，在其自通货区进口数量较大的情况下，会使该国国内生活水平急剧下降，这样工人将要求投资方提高工资以弥补他们的损失，使整个经济维持稳定；而在浮动汇率安排下，该国无法在宏观经济方面实现这种稳定性。由此我们可以认为，一国与一个实行固定汇率安排通货区保持较高的经济一体化程度，可以保证该国在加入通货区后，因产出品市场干扰而形成的经济稳定性损失得以降低。*LL* 曲线的形状也反映了这一事实。

从图 1—1—2 中可以看到，*LL* 曲线是一条向右下方倾斜的曲线，其斜率为负，这表明一国加入固定汇率安排通货区的经济稳定性损失与它同通货区的经济一体化程度成负相关关系。

③是否加入通货区的决策。将 *GG* 曲线、*LL* 曲线像图 1—1—3 那样结合在一起，就可以看到一国是否加入通货区的决定是怎样形成的。

分析图 1—1—3，一国在其与通货区的经济一体化程度高于（至少等于）水平 θ_1 时，决定加入通货区，因为，若经济一体化程度小于 θ_1，*LL* 曲线位于 *GG* 曲线上方，加入通货区所经历的产出与就业的不稳定性损失要高于从中获得的货币效率收益，该国会留在通货区之外；若经济一体化程度高于（或等于）水平 θ_1，*GG* 曲线表示的加入通货区的货币效率收益高于（或等于）*LL* 曲线表示的加入通货区所损失的稳定性，该国决定加入通货区。由此，决定一国加入通货区的最低经济一体化水平为 θ_1，即 *GG* 曲线与 *LL* 曲线的交点所对应的经济一体化水平，高于水平 θ_1，加入通货区的国家可得到净收益。

图 1—1—4 展示了一国经济环境的变动如何影响该国加入通货区并实行固定汇率安排的意愿。假设外部经济环境的变化推动 *LL* 曲线由 LL_1 右移至 LL_2，则在同一经济一体化

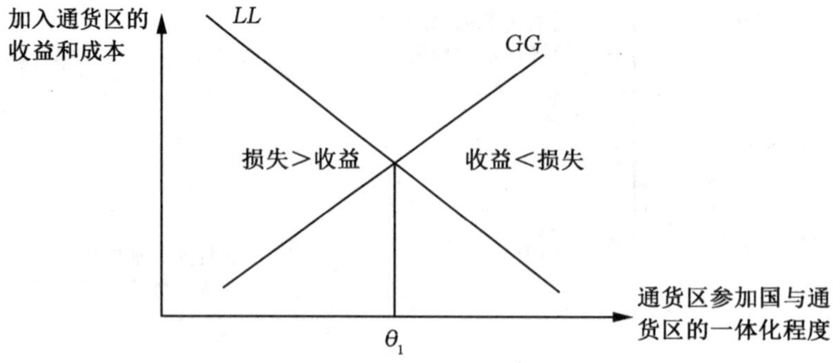

图 1—1—3　是否加入通货区的决策

水平上，曲线 LL_2 上的产出与就业不稳定性损失较曲线 LL_1 有所提高，因而决定一国加入通货区的最低经济一体化水平也相应地由 θ_1 提升至 θ_2，即曲线 GG 与曲线 LL_2 的交点。

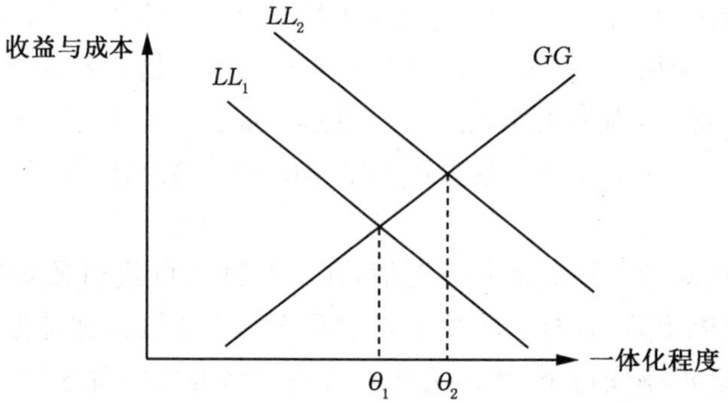

图 1—1—4　外部经济环境变动的影响

需要指出的是，虽然 GG－LL 模型是最适度通货区分析的有力工具，但该方法并未包含所有影响最适度通货区的因素，比如，它所忽略的经济结构的相似性和财政政策的一致性等因素，也对最适度通货区的维持有着重要的作用。

以上介绍了衡量最适度通货区的两种分析方法，虽然它们在具体内容上各有差异，但目的却是一致的，即更好地解决一国内部均衡与外部均衡的关系，减少两者间的矛盾。考虑到现实经济的复杂性，宏观经济决策理论体系下的成本—收益分析，更符合货币一体化发展的实际情况，同时，也为有关国家加入通货区提供了理论支持。但从与现实经济的符合情况来看，该方法也同样处在不断发展、不断充实、不断完善的过程之中。

20 世纪 90 年代以来最适度通货区理论的发展，还是以早期理论研究为出发点的。同早期理论一样，新理论仍然认为，如果在要素流动、金融交易和商品贸易方面高度一体化，经济高度开放的国家之间组成货币联盟，将会更有效地解决内部均衡和外部均衡的关系，从而降低经济成本和提高经济收益。与早期理论相比，新理论的发展体现为将宏观经济学的新观点引入最适度通货区的分析，从而解决了过去无法克服的一个障碍，即加入通货区的成本问题。另外，新理论重点说明的是有关采用单一货币的成本与收益，这与欧洲货币一体化的发展密切相关，下面的介绍就主要沿这一发展进程展开。

2. 欧洲货币一体化的沿革

根据欧洲货币一体化由低层次向高层次演进的过程，可将其分为四个发展阶段：

(1)第一阶段(1960—1971 年)：跛行货币区。跛行货币区虽然开始了欧洲货币一体化的尝试，但由于其内部缺乏支持其稳定存在的基础，在整个货币一体化的发展进程中，它的地位并不重要。尽管欧洲经济共同体在 20 世纪 60 年代已首次提出建立欧洲货币联盟的概念，并倡议建立使逆差国能从顺差国获取信贷资助的体系，但在实践中，欧洲货币一体化并没有取得实质性进展。

(2)第二阶段(1972—1978 年)：联合浮动。1970 年 10 月，欧共体负责此项工作的专门委员会向理事会提交了《魏尔纳报告》。该报告作部分修改后，于 1971 年 2 月 9 日经欧共体部长会议通过。根据这一计划，欧共体建立了欧洲货币合作基金和欧洲货币计算单位，并于 1972 年开始实行成员国货币汇率的联合浮动，这些成了未来欧洲货币体系的基础。

复习提示及知识补充四

联合浮动："隧道中的蛇"，成员国之间波动幅度为 1.125%；IMF 规定的波动幅度是 2.25%。

(3)第三阶段(1979—1998 年)：欧洲货币体系。联合浮动极易受美元汇率波动的冲击，为制止汇率的剧烈波动，促进欧共体成员国经济的发展，欧共体各国在 1978 年 12 月 5 日的布鲁塞尔首脑会议上达成协议，决定于 1979 年 1 月 1 日建立欧洲货币体系(EMS)。后因前联邦德国与法国在农产品贸易补偿额问题上发生争执，该体系延至 1979 年 3 月方正式成立。欧洲货币体系主要包括三方面的内容，即欧洲货币单位、稳定汇率机制和欧洲货币合作基金，其中，以稳定汇率机制最为重要。

(4)第四阶段(1999 年以后)：欧洲单一货币。自 20 世纪 80 年代下半期起，欧洲经济一体化步伐开始加快。1985 年 12 月，通过《单一欧洲法案》，将欧洲货币体系确定为深化货币合作的出发点。1989 年 6 月，欧洲理事会马德里会议批准了《欧洲共同体经济和货币联盟的报告》(又称《德洛尔报告》)，认为货币联盟应是一个货币区，区域内各国的政策要受到统一的管理，以实现共同的宏观经济目标，并提出了建立欧洲中央银行体系(ESCB)的设想。报告指出，货币联盟的建立必须具备三个条件：

①保证货币完全的和不可取消的自由兑换。

②在银行和其他金融市场充分一体化的基础上，实现资本的完全自由流动。

③取消汇率的波动幅度，实行不可改变的固定汇率平价。

欧共体成员国的首脑们于 1991 年 12 月在荷兰的马斯特里赫特城召开会议，正式修订作为欧洲经济共同体成立基础的《罗马条约》，并在《德洛尔报告》的基础上签署了《欧洲联盟条约》(又称《马斯特里赫特条约》，简称《马约》)。

《马约》的核心内容有：

①于 1993 年 11 月 1 日建立欧洲联盟，密切各国在外交、防务和社会政策方面的联系；

②于 1998 年 7 月 1 日成立欧洲中央银行，负责制定和实施欧洲的货币政策，并于 1999 年起实行单一货币；

③实行共同的外交和安全防务政策等。

《马约》的签署与实施，标志着欧洲货币一体化进程进入了一个崭新的阶段。

3. 欧洲货币体系(EMS)

(1)欧洲货币体系的建立

布雷顿森林体系瓦解之际，欧洲经济共同体有关国家为了减少世界货币金融不稳定对区内经济的不利影响，也为了实现西欧经济一体化的整体目标，于 1969 年提出建立欧洲货币联盟(EMU)的建议。1970 年 10 月，负责此项工作的专门委员会向理事会提交了一份报告，即《魏尔纳报告》，为 EMU 的实现规划了一个 10 年的过渡期，分三个阶段实现。

第一阶段从 1971 年初至 1973 年底，主要目标是缩小成员国货币汇率的波动幅度，着手建立货币储备基金，以支持干预外汇市场稳定汇率的活动，并开始加强货币政策和经济政策的协调；

第二阶段从 1974 年初至 1976 年底，主要目标是集中成员国的部分外汇储备以充实货币储备基金，进一步稳定各国货币间的汇率并促使欧共体内部的资本流动逐步自由化；

第三阶段从 1977 年初至 1980 年底，目标是使共同体成为商品、资本和劳动力完全自由流动的统一体，汇率趋于完全稳定，并着手规划统一货币，货币储备基金向统一的中央银行发展。

在布雷顿森林体系崩溃、石油危机及经济危机的多重冲击下，这一计划最后以夭折而告终。但第一阶段建立的联合浮动汇率制(对内实行可调整的中心汇率制，对外则实行联合浮动，又称“蛇形浮动”)、欧洲货币合作基金(EMCF)、欧洲计算单位(EUA)等成为未来 EMS 的基础。欧共体在 1978 年 12 月 5 日的布鲁塞尔首脑会议上提出建立 EMS 的动议。1979 年 3 月，EMS 正式建立。

(2)欧洲货币体系的主要内容

①创设欧洲货币单位(ECU)。ECU 实质上是一个货币篮子，由 12 个成员国的货币组成，权重依据各成员国的国民生产总值、各国对欧共体的贡献及在欧共体内贸易额的比重大小而定，5 年调整一次。

②实行稳定的汇率机制。EMS 通过平价网体系和篮子汇价体系的双重机制稳定成员国之间的货币汇率。平价网体系又称格子体系，要求成员国货币之间彼此确定中心汇率，各成员国相互之间的汇率只能在中心汇率上下浮动。篮子汇价体系又称中心汇率体系，规定成员国货币对 ECU 的中心汇率，然后计算每种货币对这一中心汇率所允许的最大偏离程度，当成员国货币与 ECU 的偏离达到一定程度时，就要进行干预。这种双重稳定机制更加稳定，且在成员国间均摊了调节责任。

③建立欧洲货币基金(EMF)。欧共体理事会曾决定以两年为限建成 EMF，以使成员国能够在必要时有能力干预市场，稳定汇率，以及对发生国际收支困难的成员国提供援助。EMF 没有按计划建成，所以至今仍沿用过去的“欧洲货币合作基金(EMCF)”的名称。

(3)欧洲货币体系的缺陷

20 世纪 90 年代初，欧洲货币体系爆发了两次汇率危机，迫使欧共体允许成员国间的汇率对中心汇率的波幅扩大。这说明 EMS 的汇率机制本身存在一定的局限性，主要表现在：一是汇率机制缺乏灵活性，各成员国不能随意根据本国的经济和国际收支状况调整汇率；二是政府干预能力有限；三是欧共体成员国经济发展不平衡，EMS 的汇率机制不能准确地反映各国财政和货币金融上的差异。

(4)欧洲货币机制的运行情况

欧洲货币单位是欧洲汇率机制的中心，各国货币间汇率以其与欧洲货币单位的中心汇率为基础，形成一个网状的平价体系(有人称之为“平价网体系”)，从而为稳定汇率机制规定了运行框架。

除欧洲货币体系成立之初对各国货币汇率做出的最大允许波动幅度的限制以外，1978 年 7 月，欧共体不来梅首脑会议上制定的偏离指标也是稳定汇率机制的重要组成部分。该指标表示一国货币汇率与其中心汇率的偏离程度，在欧洲汇率机制中发挥着预警作用。

由于最大允许波幅(即干预点)和偏离临界值的双重限制，使稳定汇率机制的干预方式有两种形式：一种是边际干预，另一种是边际内干预。边际干预是指成员国货币汇率波幅达到或接近最大允许波幅时，其货币当局应采取强制性的市场干预，使汇率重新接近中心汇率。由于干预点的分布是对称的，所以边际干预也是对称的。

边际内干预是指当成员国货币汇率的波幅达到偏离临界值时，有关国家的货币当局应进行磋商，采取相应的预警措施，这是一种预防性的干预，不具备强制性约束力，但对减少欧洲汇率机制内的汇率波动和推动欧洲货币一体化进程都有重要的意义。不过，由于偏离临界值在成员国间的分布是不对称的，边际内干预也具有不对称的成分，或许当弱币已达到偏离临界值时，强币却还没有收到预警信号；或许预警信号错误地发向一种“无辜”的货币，而使理应对这种偏离负责的货币未得到警告。

此外，还可能由于汇率波动过于剧烈，使波幅提前达到干预点水平，而偏离临界值的预警作用无从发挥。各国货币当局在实施市场干预时，可以要求欧洲货币合作基金向其提供信贷支持，以帮助它们克服国际收支困难，提高干预市场的能力。

4. 欧洲单一货币和欧元

(1)《马斯特里赫特条约》规定的三个阶段(见表 1—1—1)

表 1—1—1　　《马斯特里赫特条约》的欧洲货币联盟计划

阶　段	时　间	主要目标
第一阶段	1990 年 7 月 1 日至 1993 年年底	实现所有成员国加入欧洲货币体系的汇率机制，实现资本的自由流动，协调各成员国的经济政策，建立相应的监督机制。
第二阶段	1994 年 1 月 1 日至 1997 年	进一步实现各国宏观经济政策的协调，加强成员国之间的经济趋同性；建立独立的欧洲货币管理体系——欧洲货币局(EMI)，作为欧洲中央银行的前身，为统一货币做技术和程序上的准备；各国货币汇率的波动在原有基础上进一步缩小并趋于固定。
第三阶段	1994 年至 1999 年 1 月 1 日	最终建立统一的欧洲货币和独立的欧洲中央银行。

(2)欧元的诞生

1995 年 12 月中旬，欧盟各国首脑在马德里会议上达成欧洲货币联盟建设进入第三阶段的协议，确定从 1999 年 1 月 1 日开始逐步实施单一货币，同时确定了欧盟单一货币的名称为“欧元”(Euro)，结束了关于单一货币名称的争论。

1996 年 12 月中旬，欧盟成员国首脑又在都柏林会议上就欧元的法律地位、欧元与暂不参加单一货币的欧盟成员国货币之间的兑换机制以及约束货币联盟参加国的财政纪律的预算稳定公约达成了一致意见。在 1997 年 6 月中旬的阿姆斯特丹会议上，欧盟各国首脑正式批准了《稳定和增长公约》、《欧元的法律地位》和《新的货币汇率机制》三个文件。这些文件对欧洲货币联盟的建设和正常运行具有关键性意义，是货币联盟进入第三阶段和保障未来单一货币的稳定，以及保证成员国与非成员国货币汇率相对稳定和统一大市场秩序的重要举措。

1998 年 5 月 2 日，欧盟 15 国首脑在布鲁塞尔举行的特别会议上，决定接受欧盟委员会和欧洲货币当局(EMI)的推荐，确认奥地利、比利时、芬兰、法国、德国、爱尔兰、意大利、卢森堡、西班牙、荷兰和葡萄牙这 11 个国家于 1999 年 1 月 1 日率先进入欧洲经济货币联盟第三阶段，组成欧元区，成为欧元创始国。而欧盟另外 4 个国家，英国和丹麦根据《马约》选择暂时不加入 EMU 第三阶段；瑞典和希腊则因为没有达到《马约》规定的一致性标准，而暂时不能进入 EMU 第三阶段。

1999 年 1 月 1 日至 2001 年 12 月 31 日，为欧元区内各国货币向欧元转换的过渡期。欧元同成员国货币的汇率固定下来，而且不能改变。1999 年 1 月 1 日起，欧元以支票、信用卡、股票和债券方式流通，欧洲货币单位将按 1∶1 的比例兑换成欧元。欧洲中央银行(ECB)实施独立的货币政策。2002 年 1 月 1 日，欧元纸币和硬币作为法定货币，进入了流通领域，同尚存的各国货币一并流通。从 2002 年 3 月 1 日起，欧元区各国货币全部退出了流通领域，市场只流通单一货币欧元，欧洲统一货币正式形成。

2002 年 7 月，欧元成为欧元区唯一的合法货币。欧元区共有 18 个成员国，包括奥地利、比利时、芬兰、法国、德国、爱尔兰、意大利、卢森堡、荷兰、葡萄牙、西班牙、希腊、斯洛文尼亚、塞浦路斯、马耳他、斯洛伐克、爱沙尼亚、拉脱维亚，人口超过 3.3 亿。

(3)欧元启动的意义

欧元将给欧洲国家带来巨大利益，对欧盟政治、经济稳定带来有利的影响，表现为：

①低通胀、低利率的宏观环境有利于欧盟的经济稳定增长。

②单一货币将促进欧盟尤其是欧元区成员国之间的贸易和投资。因为单一货币意味着商品的价格可以在成员国的套期保值成本。

③欧元实施可以增强经济透明度和市场竞争力，提高效率。商品、劳动力、资本在欧元区内的高度流动性将使欧洲企业面临巨大的竞争压力，但从长期看，资源的最优配置可以增强企业的竞争力。

④欧洲将拥有一个巨大而统一的资本市场。欧元将成为重要的国际货币，在国际货币体系中的作用日益突出。欧元的出现可以使外汇储备货币多元化，是国际金融体系实现更大的具有稳定性的良机。欧元对世界金融市场也将产生重大而深远的影响。以德、法为主的欧元区将对英国的金融业地位形成挑战和压力，并使欧洲金融业的分布格局发生变化。

但是，欧元区自身尚存的一些问题影响了欧元的作用，欧元暂时不会代替美元。在长期，欧元启动后所可能产生的影响在现实中能否实现，很大程度上则取决于未来欧元能否成为一种稳定而有信用的货币。

从目前看，仍存在一些不利因素影响欧元的稳定及欧洲货币联盟的成功。这些因素包括：

①经济发展不平衡的问题仍没有完全解决，欧元区成员国在GDP增长率和失业率方面相差很大，使欧洲中央银行单一货币政策在执行过程中面临难题。

②劳动力流动性差。在正式发行欧元纸币和硬币前的3年过渡期，欧元与区内各国货币保持固定汇率，如果劳动力能够自由流动，就可以降低在面临不对称性冲击时维持固定汇率的成本。但是，由于语言、文化差异，专业资格的相互承认和人员迁移的成本等问题，限制了劳动力的流动。

③货币统一与经济政策协调之间的平衡问题。欧元区没有统一的联邦政府、税收和工资系统，且不再拥有货币政策的自主权。因此，如果没有财政、税收、社会劳工政策等方面的必要协调，将会产生麻烦。

【本章参考习题】

1. 格雷欣法则起作用于以下哪一种货币本位制度？（　　）

A. 平行本位制　　B. 双本位制　　C. 跛行本位制　　D. 单本位制

2. 货币的产生是（　　）。

A. 由金银的天然属性决定的

B. 国家的发明创造

C. 商品交换过程中商品内在矛盾发展的产物

D. 人们相互协商的结果

3. 货币在（　　）时执行价格尺度的职能。

A. 商品买卖　　B. 缴纳税款

C. 支付工资　　D. 表现和衡量商品价值

4. 货币的本质特征是充当（　　）。

A. 普通商品　　B. 特殊商品　　C. 一般等价物　　D. 特殊等价物

5. 货币执行支付手段职能的特点是（　　）。

A. 货币是商品交换的媒介

B. 货币运动伴随商品运动

C. 货币是一般等价物

D. 货币作为价格的独立形式进行单方面的转移

6. 金本位制下，（　　）是决定两国货币汇率的基础。

A. 货币含金量　　B. 铸币平价　　C. 中心汇率　　D. 货币实际购买力

7. 以金为货币金属，以金币为本位币，不铸造、不流通金币，银行券可兑换成外币汇票的是（　　）。

A. 金块本位制　　B. 金本位制　　C. 金汇兑本位制　　D. 银行券制

参考答案：

1. B；2. C；3. D；4. C；5. D；6. B；7. C。

第二章　利息与利率

扫码听课

考试要求

◆ 了解:信用的产生与发展,信用的形式和工具,利率的分类

◆ 掌握:信用的作用,利息的本质,利率的决定理论,利率的风险结构和期限结构及其理论解释

◆ 熟练掌握:利率的计算,利率的作用,利率的决定

本章知识点框架

- 利息与利率
  - 信用和利息
    - 信用概述
    - 利息本质的理论
    - 利息的计算
      - 单利 $V_n = V_0 \times (1 + i \times n)$
      - 复利 $V_n = V_0 \times (1 + i)^n$
      - 连续复利 $\lim\limits_{m \to \infty} L\left(1 + \frac{r}{m}\right)^{mn} = L\mathrm{e}^{rn}$
    - 利息的分类
      - 市场利率与官定利率
      - 公定利率
      - 固定利率与浮动利率
      - 名义利率与真实利率
      - 一般利率与优惠利率
      - 存款利率与贷款利率
    - 作用
  - 利率的决定
    - 利率决定理论
      - 古典学派的储蓄投资理论
      - 凯恩斯的流动性偏好理论
      - 可贷资金理论
      - $IS-LM$ 模型
    - 货币供给对利率的影响
      - 流动性效应
      - 收入效应
      - 价格水平效应
      - 预期通货膨胀效应
  - 利率的结构理论
    - 利率风险结构
    - 利率的期限结构理论
      - 预期理论
      - 市场分割理论
      - 偏好理论

考情分析

通过历年的考试情况，本章属于常考章节，但可以预见，不同的内容考查的方式不同。在单利和复利部分，考试的内容会结合各种资产定价使用的现金流贴现法进行考查，这属于考生必备的基本技能；利率的定价理论部分一般可以通过选择题、简答题进行考查，但务必注意，模型是宏观经济学中最基本的模型，掌握并熟练应用，也是考生的一般技能之一；利率的期限结构部分内容，可以结合的考点较多，容易理解，但不容易运用，所以考生要锻炼该知识点与其他知识点相结合的能力。当然，简答题、选择题也是该部分的出题形式，但难度不大。

一、信用概述

(一)信用的本质及其产生的基础

信用是一种借贷行为，在商品经济条件下，这种借贷行为一般表现为以偿还为条件的商品或货币的让渡形式，并且由于商品或货币的所有者暂时转让出其对商品或货币的使用权，承借者因此要付一定的利息作为补偿。所以，信用是一种特殊的价值运动形式，是以偿还和付息为条件的单方面的价值转移。

商品货币关系的发展，产生了货币的支付手段职能。商品的买卖能够做到钱货不必两清，因此，形成商品卖出者的债权和商品买入者的债务，信用也就由此而产生，依次经历了高利贷信用、资本主义信用和社会主义信用几个发展阶段。

(二)现代信用的主要形式

1. 商业信用

商业信用是企业之间在买卖商品时，以延期付款或预付货款等形式提供的信用。

2. 银行信用

银行信用是银行以货币形式提供给工商企业的信用。它是在商业信用基础上发展起来的，是现代信用经济中的重要形式。

3. 国家信用

国家信用是以国家为主体进行的一种信用活动。国家按照信用原则以发行债券等方式，从国内外货币持有者手中借入货币资金，因此，国家信用是一种国家负债。

4. 消费信用

消费信用是由商业企业、商业银行以及其他信用机构以商品形态向消费者个人提供的信用，目的是解决消费者支付能力不足的困难，主要用于耐用消费品、支付劳务费用和购买住宅等方面的需要。

5. 租赁信用

租赁信用是指租赁公司或其他出租者将其租赁物的使用权出租给承租人，并在租期内收取租金，到期收回租赁物的一种信用形式。现代租赁主要有经营性租赁、融资性租赁和服务租赁。

经营性租赁是指出租人将自己经营的设备或用品出租的租赁形式，目的在于对设备的使用。租赁公司常常要承担经常维修管理的责任，还要承担设备提前淘汰的风险，其租赁费率较高。租期期满后,租赁物由出租人收回,承租人没有购买的权利。

融资性租赁是出租人按承租人的要求购买租赁物,然后再出租给承租人使用的一种租赁形式。在租期内,出租人以租金形式收回对出租物的全部投资,并实现利润。在租赁期满后,承租人可以选择续租、退租或购买,选择购买时,出租人可以把租赁物的所有权转让给承租人。而在租赁期内租赁双方不得中止或取消合同。由于这种租赁具有对承租人融资的性质,因此称为融资性租赁。

6. 国际信用

国际信用是国与国之间相互提供的信用。在国际信用中,授信国往往通过借贷资本的输出来推动商品输出,从而实现利润;而受信国则希望利用外资,购买所需商品来促进本国经济的发展。国际信用的主要形式有出口信贷、银行信贷、政府信贷、国际金融机构信贷等。

出口信贷是指出口国银行对出口贸易所提供的信贷,以促进本国商品的出口,可分为卖方信贷和买方信贷。卖方信贷自出口国银行向出口商提供贷款,出口商用来向进口商提供分期付款。买方信贷是出口方银行直接向进口商或进口方银行提供的信用。进口商获得该贷款后用来向出口商付清货款,然后按规定的还款期限偿还出口方银行的贷款本息。

银行信贷是进口商为从国外引进先进的技术设备而从外国银行(或银团)取得的贷款。银行信贷要签订协议,贷款可以自由运用,不一定与特定的进口项目相联系。实务中,进口企业往往通过进口方银行出面取得贷款。

政府信贷是一主权国家政府对另一主权国家政府提供的信用。这种信用一般是非生产性的,如用于解决财政赤字或国际收支逆差,必要时还用来应付货币信用危机等。

国际金融机构信贷主要指国际货币基金组织、国际开发协会、世界银行、国际金融公司等国际金融机构所提供的信用。这种信用一般有特定的用途,贷款期限较长,并且贷款条件优惠。

(三)信用工具

1. 商业票据

商业票据是以商业信用进行交易时所开出的一种证明债权债务关系的书面凭证。

商业票据分为商业本票(又叫商业期票)和商业汇票。商业本票是指债务人向债权人发出的承诺在一定时期内支付一定数额款项的债务凭证。它涉及两个关系人,即出票人(债务人或其代表)和受票人(债权人)。

商业汇票是指债权人通知债务人支付一定款项给第三人或持票人的无条件支付一定金额的书面命令。它一般有三个关系人,即出票人(债权人)、付款人(债务人)和持票人(受款人)。汇票一般须经过付款人承兑才能生效。所谓承兑,是指汇票的付款人在汇票上签名,用以表示到期付款的意愿的行为。凡由商业企业承兑者称为商业承兑汇票;凡由银行承兑者称为银行承兑汇票。银行承兑的汇票大大提高了商业票据的信用能力,增强了其流通性。

商业票据可以背书,进行流通转让。持票人在票据背面签字以表明其转让票据权利的意图,并依此转让票据。进行背书者称为背书人。背书人同出票人一样对票据负完全债务责任。如果出票人或承兑人不能按期支付款项,票据持有者有权向背书人进行追索,要求背书人付款。这一措施促进了商业票据的流通。此外,票据的持有人还可提请银行贴现,以取得现款,银行则扣除自贴现日到票据到期日的利息。

2. 支票

支票是以银行为付款人的即期汇票。支票的出票人必须在付款银行拥有存款，并且签有支票协议。因此，支票是由银行的支票存款储户根据协议向银行开立的付款命令。支票可以是记名支票，银行只对支票上所指定的人支付现款。这种支票必须经由持票人的背书，银行才能付款。支票也可以是不记名支票，银行对任何持这种支票的人付款。这种支票如果遗失，很容易被冒领。因此，出现了划线支票。划线支票是出票人或持票人可以在支票上划两条横向条线，这样的划线支票就只能通过银行收款，而不能由持票人直接提取现款。如果支票由付款银行加上"保付"字样并签字，就成为保付支票。付款银行保付后就必须付款，不会因存款户无存款发生退票拒付的情况，从而有利于流通。

3. 银行票据

银行票据是在银行信用基础上产生的，由银行承担付款义务的信用流通工具。

银行票据包括银行本票和银行汇票。银行本票是由银行签发并负责兑现，用以替代现金流通的一种票据。它有两个关系人，即银行(发票人)与受款人(持票人)。银行本票可分为记名本票、不记名本票，或定期本票、不定期本票。银行汇票是指由银行签发的汇款凭证。它由银行发出交由汇款人寄给异地收款人，向指定银行兑取汇款的凭证。它涉及四个关系人，即汇款人、发票人(汇出银行)、持票人(受款人)和付款人(兑付银行)。

4. 股票

股票是股份公司发放给其投资者，证明其所投入的股份金额并取得股息收入的凭证。

股票是资本市场上借以实现长期投资的信用工具，同时，股份公司利用发行股票来筹集资金，投入经营。股票不具有偿还性，即投资者选择股票投资后，不能要求股份公司购回股票。但股票可以转让，因此具有很强的流动性。

股票的收益主要包括两个方面：一是股息收入，股息收入来源于股份公司的利润；二是资本利得，即投资者通过股票市场的买卖获得买卖差价的收入。股票的收益水平是比较高的，但其风险相应也较大。如果股份公司经营破产，则股东将在公司债务清偿后才能获得补偿，但这时往往所剩无几，除了企业的经营风险，还承受财务风险，股份公司资产负债情况的恶化必定影响该公司股票的市场价值。

5. 债券

债券是由债务人签发的，证明债权人有按约定的条件取得固定利息和收回本金的权利凭证。债券是现代经济中一种重要的融资工具，主要分为公司债券、政府债券和金融债券。

【例1－2－1】　下列信用工具中，属于短期信用工具的有(　　)。

A. 优先股　　B. 商业汇票　　C. 公债券　　D. 保付支票

参考答案：BD。商业汇票和保付支票都是流动性很强的信用工具，属于短期信用工具。而优先股和公债券是长期信用工具。

二、利息和利率

(一)利息的来源和本质

关于"利息本质是什么"这个问题的争论已经有几百年的时间，虽然西方经济学家们对利息的本质提出了各种学说，但他们都没有深入分析利息产生的真正原因，没有把利息和利润区分开来。只有马克思才真正揭示了利息的本质，指出利息不是产生于货币的自行增值，而是产生于它作为资本的使用。

(二)利息本质理论

1. 古典经济学的利息本质理论

古典经济学派对利息的认识有两个角度：其一，认为利息是与借贷货币资本相联系的一个经济范畴，并且从借贷资本的表面运动来分析利息的来源和本质，代表人物有配第、洛克、坎蒂隆、诺思等。其二，对利息来源的分析，认为利息是与分配理论相联系的一个范畴，利息是社会总收入的一部分，是资本所有者的报酬，代表人物有马西等。

2. 近现代西方经济学的利息本质理论

相对于古典经济学派主要从借贷关系和分配关系来研究利息的产生和本质，近现代西方经济学家主要从资本的范畴、人的主观意愿以及心理活动角度来研究利息的本质。

3. 马克思关于利息本质的理论

马克思的利息本质理论包括三个方面内容：(1)利息直接来源于利润；(2)利息只是利润的一部分而不是全部；(3)利息是对剩余价值的分割。

马克思的利息本质理论认为，从形式上看，利息是借贷资本的价格；从本质上看，利息是利润的一部分，是剩余价值的转化形态，体现着借贷资本家和职能资本家共同对工人的剥削。

(三)利率的计算

1. 单利

(1)定义：单利是只计算本金所带来的利息，而不考虑利息再产生的利息。

(2)单利终值，是指一定时期以后的本利和。其计算公式为：

$$V_n = V_0 \times (1 + i \times n) \tag{1—2—1}$$

其中，V_0 表示现值，V_n 表示终值，i 表示利率，n 表示计息期数。

(3)单利现值，是指未来的一笔资金其现在的价值。其计算公式为：

$$V_0 = V_n \times \frac{1}{1 + i \times n} \tag{1—2—2}$$

其中，V_0 表示现值，V_n 表示终值，i 表示利率，n 表示计息期数。

2. 复利

(1)定义：复利即本能生利，利息在下期也转作本金并与原来的本金一起再计算利息，如此随计息期数不断下推，即通常所说的“利滚利”。

(2)复利终值，是在“利滚利”基础上计算的现在的一笔收付款项未来的本利和。其计算公式为：

$$V_n = V_0 \times (1 + i)^n \tag{1—2—3}$$

其中，V_0 表示现值，V_n 表示终值，i 表示利率，n 表示计息期数，$(1+i)^n$ 称为复利终值系数。

(3)复利现值，是指未来发生的一笔收付款项其现在的价值。其计算公式为：

$$V_0 = V_n \times \frac{1}{(1 + i)^n} \tag{1—2—4}$$

其中，V_0 表示现值，V_n 表示终值，i 表示利率，n 表示计息期数；$\frac{1}{(1+i)^n}$称为复利现值系数。

3. 连续复利

(1)连续复利的概念。

假设 L 为本金，r 为利率，n 为投资期，如果利息按每一年记一次复利，则终值是 $L(1+r)^n$；如果每年记 m 次复利，终值就是 $L(1+\frac{r}{m})^{mn}$。

当 m 趋向于无穷大时(也就是说，每年计息次数为无穷大)，就称为连续复利，即：

$$\lim_{m\to\infty} L\left(1+\frac{r}{m}\right)^{mn}=Le^{rn} \qquad (1-2-5)$$

利率 r 的意义就变成，当时间可以无限分割时的复利利率，即连续复利。从实用目的来看，通常可以认为连续复利与每天计复利等价。

(2)连续复利与一般复利的关系。

令 r_m 为每年计 m 次复利的年利率，则

$$L\left(1+\frac{r_m}{m}\right)^{mn}=Le^{rn}$$

$$\Rightarrow r_m=m(e^{r/m}-1) \qquad (1-2-6)$$

$$\Rightarrow r=m\ln\left(1+\frac{r_m}{m}\right) \qquad (1-2-7)$$

复习提示及知识补充一

【例 1－2－2】 每季度计一次复利的年利率为 14%，请计算与之等价的每年计一次复利的年利率和连续复利年利率。

根据题意，$m=4$，$r_4=14\%$，所以与之等价的每年计一次复利的年利率 r_1 可以这样计算：

$$L\left(1+\frac{r_m}{m}\right)^m=L(1+r_1)\Rightarrow r_1=\left(1+\frac{r_m}{m}\right)^m-1=\left(1+\frac{0.14}{4}\right)^4-1=14.75\%$$

同理，其等价的连续复利 r 可以这样计算：

$$L\left(1+\frac{r_m}{m}\right)^m=Le^r\Rightarrow r=m\ln\left(1+\frac{r_m}{m}\right)=4\ln(1+\frac{0.14}{4})=13.76\%$$

真题回顾

【1】(清华大学 2015)一家银行每季度支付的年利率(APR)为 8%，其有效年利率(EAR)是(　　)。

A. 8%　　B. 8.24%　　C. 8.25%　　D. 8.54%

参考答案：B。$EAR=(1+8\%/4)^4-1=8.24\%$。

【2】(华东师范大学 2014)某项投资年百分比利率为 12%,按季度复利计息,则有效年利率为(　　)。

A. 3%　　B. 12%　　C. 12.75%　　D. 12.55%

参考答案:D。有效年利率为:$\left(1+\frac{12\%}{4}\right)^4-1=12.55\%$。

【3】(华东师范大学 2017)将 10 000 元存入银行,年利率为 8%,复利计息,则 3 年后本息和是(　　)元。

A. 12 597　　B. 12 400　　C. 10 000　　D. 15 620

参考答案:A。根据复利终值计算公式,则三年后的本息和为 $10\ 000\times(1+8\%)^3=12\ 597$(元)。

(四)利率的分类

1. 市场利率与官定利率

(1)市场利率是随市场上货币资金的供求关系而变动的利率。

(2)官定利率是由政府金融管理部门或中央银行确定的利率,它是国家为了实现宏观调控目标的一种政策手段。

2. 公定利率

由民间金融组织如银行公会所确定的利率是行业公定利率。

3. 固定利率与浮动利率

(1)固定利率是指在整个借贷期间内,利率不随资金供求状况而变动的,它是传统采用的,适用于短期借贷。

(2)浮动利率是指在借贷期间内随市场利率的变化而定期调整的利率,它适用于借贷时期较长或市场利率多变的借贷关系。

4. 名义利率与真实利率

(1)名义利率就是一定时点上对物价变动率因素未作剔除的利率。放开物价水平不变的前提,如果考虑通货膨胀对投资收益的影响,那么名义利率并不能反映投资者所获得的实际收益率水平的差异,将这种差异反映出来要用真实利率。

(2)根据物价水平的实际变化进行调整的利率称为事后真实利率;根据物价水平的预期变化进行调整的利率称为事前真实利率。经济学家使用的真实利率概念通常是指事前真实利率。

(3)费雪方程式:

$$\text{真实利率}=\text{名义利率}-\text{预期通货膨胀率}$$

令 r 为名义利率,r' 为实际利率,π^e 为预期通货膨胀率。假定本金是 1 元,名义利率和考虑了通货膨胀因素的实际利率关系如下:

$$1\times(1+r)=1\times(1+r')(1+\pi^e)$$

$$1+r=1+r'+\pi^e+r'\cdot\pi^e$$

因为 $r'\cdot\pi^e$ 非常小,所以约等于 0。

得费雪方程式为:

$$r=r'+\pi^e\Rightarrow r'=r-\pi^e \tag{1-2-8}$$

该式意味着名义利率对通货膨胀率进行了充分的调整，但是现实中这种调整很可能并不充分，取决于通货膨胀是否具有一定的持续性。

根据 $r=r'+\pi^e$，费雪效应是指通货膨胀预期导致名义利率上升的现象，是从名义利率和预期通货膨胀率关系的角度分析。

复习提示及知识补充二

即期利率与远期利率

(1)即期利率是指某个给定时点上无息债券的到期收益率。顾名思义，即期利率可以看作与一个即期合约有关的利率水平。这种合约一旦签订，资金立即从债权人转移到借款人手里，由借款人在将来某个特定时点按照合约中标明的利率水平连本带利全部还清，这一利率水平就是即期利率。

(2)远期利率是指未来两个时点之间的利率水平。顾名思义，远期利率可以看作与一个远期合约有关的利率水平。这种合约一旦签订，就对资金在将来某个时点从债权人转移到借款人手里，以及在到期后由借款人按照合约规定的利率水平偿付作出了规定。因此，远期利率相当于从现在起将来某个时点以后一定期限上通行的借款利率，也就是将来的即期利率。

5. 一般利率与优惠利率

以利率是否带有优惠性质为标准划分。银行优惠利率是指略低于一般贷款利率的利率。优惠利率一般是提供给信誉好、经营业绩佳且有良好发展前景的借款人。优惠利率的授予也与国家的产业政策相联系。在国际金融领域，外汇贷款利率的优惠以伦敦同业拆借市场的利率作为衡量标准，低于该利率的可称优惠利率。

6. 存款利率与贷款利率

在中国各种类型的利率中，存、贷款利率是唯一的“官定利率”，它不仅是中央银行审慎对待的一类利率，而且也是人们心目中具有威信的和影响力的一类利率。在某种意义上讲，存、贷款利率才是人们心目中真正的“基准利率”。

(五)利率的作用

1. 利率的经济效应

(1)成本效应

主要是指投资对利率变动做出的反应。根据投资函数 $I=a-hr$，投资是利率的减函数，当市场利率上升时，利率的成本效应会显现出来，人们将比较资本边际效率与利率的变化，前者小于后者，投资下降，小于储蓄，则收入会减少；反之，当市场利率下降时，资本边际效率大于利率，储蓄将转化为投资，从而使收入增加。储蓄又是收入的递增函数，是投资扩大、经济增长的动力。

(2)资产组合调整效应

利率的变化会使得人们的资产组合的相对收益率发生变化，因此，原有的均衡被打破，从而产生新的均衡。

(3)财富效应

由利率的变化导致的资产价格变化所引发的人们拥有财富的变化。

(4)利率的预期效应

利率的变化特别是方向性的变动,往往使得人们对未来形成一定的预期,比如经济增长缓慢或者衰退时期的第一次降息,往往是后续降息的信号,由此导致人们对未来进入降息周期的预期。

(5)利率的汇率效应

根据利率平价关系,利率变化所导致的汇率变化。

2. 利率对宏观经济和微观经济的杠杆作用分析

(1)从宏观的角度看,利率的经济杠杆功能的主要表现有:

①积累资金的功能。商品经济条件下,资金短缺会制约一国的经济发展,但同时,社会上也存在着一定数量的游资,通过利率可以有偿地使用这些闲置资金,投入生产,满足经济发展需要。

②调整信用规模的功能。中央银行的贷款利率、再贴现率作用于中央银行对商业银行和其他金融机构的信用规模;商业银行的贷款利率、贴现率作用于商业银行对顾客的信用规模。

③调整国民经济结构的功能。主要是通过采取差别利率和优惠利率来实现资源的倾斜配置。

④抑制通货膨胀的功能。当通货膨胀发生或预期通货膨胀将要发生时,通过提高贷款利率调节货币供求量,使得货币需求下降、信贷规模收缩,促使物价趋于稳定。如果通货膨胀不是由于货币供应量不平衡所致,而是由于商品供求结构失衡所致,则对于供不应求的短线产品的生产可降低对其贷款的利率,促进企业扩大再生产,增加有效供给,迫使价格回落。

⑤平衡国际收支的功能。当国际收支严重逆差时,可将本国利率调到高于其他国家的程度,一方面,可阻止本国资金流向国外;另一方面,可吸引国外的短期资金流入本国。当国内经济衰退与国际收支逆差并存时,一方面,降低长期利率,鼓励投资,刺激经济复苏;另一方面,提高短期利率,阻止国内资金外流并吸引外资流入,从而达到内外部同时均衡。

(2)从微观的角度看,利率的经济杠杆功能的主要表现有:

①激励企业提高资金使用效率的功能。

②影响家庭和个人的金融资产投资的功能。

③作为租金计算基础的功能。资产所有者贷出资产,在到期后收回并取得相应的租金。租金的度量通常是参照利率来确定的。

3. 利率发挥作用的条件

(1)市场化的利率决定机制

利率主要是通过市场和价值规律机制由市场供求因素决定。市场上资金供不应求,利率就会上扬;资金环境相对宽松,利率就会下降。

(2)灵活的利率联动机制

利率体系中,各种利率之间相互联系、相互影响,特别是基准利率变动引起的变化最为明显。

(3)适当的利率水平

利率水平过高,会抑制投资,阻碍经济的发展与增长;利率水平过低,又不利于发挥利率对经济的杠杆调节作用。在市场化利率决定机制形成的过程中,应逐步确定并适时调节适当的利率水平，一方面能真实反映社会资金供求状况，另一方面使资金借贷双方都有利可图，从而促进利率作用的发挥，推动经济持续、稳定发展。

(4)合理的利率结构

合理的利率结构，包括利率的期限结构、利率的行业结构以及利率的地区结构，可以体现经济发展的不同时期、区域、产业及风险差别，弥补利率水平变动作用的局限性。

三、利率的决定

(一)利率的决定理论

1. 古典学派的储蓄投资理论

资本供给和需求相等，也就是储蓄和投资相等时的利率就是自然利率。自然利率对物价保持中立，相当于资本的预期收益率，也就是保持适度投资规模的利率。货币利率是现实市场的利率，也就是资金供求均衡的利率。两种利率相等是实现经济均衡的重要条件。但货币利率常与自然利率背离，从而导致经济波动。

2. 凯恩斯的流动性偏好理论

凯恩斯的流动性偏好模型根据货币市场的均衡分析利率水平的决定，该理论认为均衡的利率水平由货币供给和经济体中公众持有货币的需求相互作用决定。

(1)货币市场及其均衡

假定大多数公众持有财富的方式有两种：货币和债券。凯恩斯使用的货币定义为 M_1（现金通货和活期存款），并且假定货币的收益率为0；债券是货币的唯一替代资产，是指那些长期的、流动性差的有利息支付的金融资产，其预期收益率用利率水平 r 来衡量。

公众对流动性的需求决定经济中对货币的需求。根据凯恩斯理论，公众持有货币的主要原因有三种：交易动机、预防动机和投机动机，也就是经济中的个人和企业为了交易的方便，预防未来的不确定性，以及对付息金融资产的套利行为决定了对货币的需求。

交易动机、预防动机和投机动机又受到经济中公众的收入和对价格变动的预期（通货膨胀预期）的影响。凯恩斯以 L 表示货币需求，又由于交易动机和预防动机的货币需求 L_1 是收入的增函数，而投机动机货币需求 L_2 是利率的递减函数。在凯恩斯主义中，货币供给 M 为外生变量，当货币市场均衡，即 $M=L=L_1(y)+L_2(r)$ 时，可决定利率水平（见图1－2－1）。

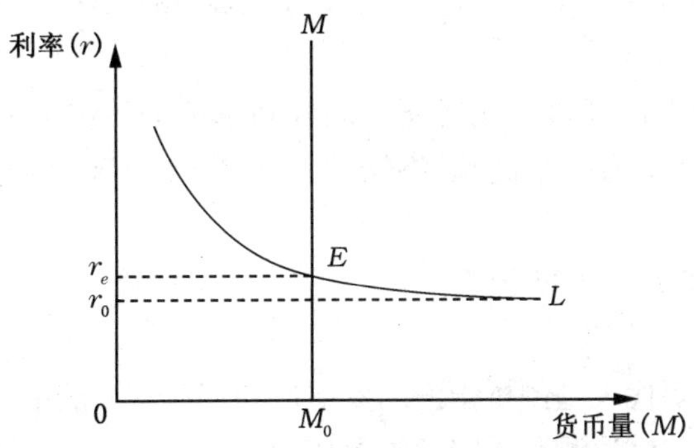

图1－2－1 货币市场供求及其均衡

虽然不支付货币利息，但货币的需求却与利息率的变动成反向的关系。在较低的利率水平上，人们持有更多的货币是因为此时持有货币的成本降低(人们不会损失太多的利息收入)，同时较低的利息率使人们预期的利率上升，债券价格下降的风险增加，人们宁愿持有货币而不去持有债券。相反，利率上升，人们持有货币的动机减弱，一是利息上升增加了持有货币的机会成本，二是利息升高使公众预期利率降低，金融资产的价格将上升。因此，货币需求曲线向右下方倾斜。

在流动性偏好理论中货币的供给完全由中央银行决定，而且不受收益率变动的影响，所以货币供给曲线是一条垂直于横轴的直线。

货币市场在货币需求曲线和货币供给曲线交点处实现均衡，E 点为均衡点，r_e 为均衡利率，M_0 为均衡货币量。与债券市场一样，货币市场同样有趋于均衡的趋势。当利率高于 r_e 时，存在货币的超额供给，人们希望将持有的多余货币数量购买债券，因此，债券价格上升、利率下降；反之，利率低于 r_e 时，存在货币的超额需求，人们希望抛售部分债券以满足货币需求，债券价格下降而利率水平上升。

凯恩斯认为经济中的财富总量必定等于债券总量和货币总量之和，即 $W=B^s+M^s$；同时在资源不闲置的情况下，债券需求量和货币需求量之和必定等于财富总量，即 $W=B^d+M^d$。综合以上得到的结论是：$B^s-B^d=M^d-M^s$，说明如果货币市场处于均衡($M^d-M^s=0$)，那么债券市场也处于均衡状态($B^s-B^d=0$)。这就是可贷资金模型和流动性偏好模型的联系所在。

(2)影响货币供求曲线的因素

①货币需求曲线的影响因素(见表 1—2—1)。

表 1—2—1　　货币需求曲线影响因素分析

影响因素	影响途径	结　果
收入水平 Y	经济扩张→Y↑→W↑→M^d↑	M^d 曲线右移
价格水平 P	P↑→若名义货币供给不变，$\frac{M}{P}$实际货币余额↓→要求$\frac{M}{P}$不变，则 M↑→M^d↑	M^d 曲线右移

②货币供给曲线的影响因素。由于货币供给由中央银行控制，中央银行政策是导致货币供给曲线发生移动的唯一基本因素，扩张性的货币政策→M^s↑→货币供给曲线右移；紧缩性货币政策则相反。

③对流动性偏好模型的评价。凯恩斯学派的利率理论纠正了古典学派忽视货币因素的偏颇，然而同时它也走向了另一个极端，将储蓄、投资等实质因素完全不予考虑，这显然也是不合适的。

3. 可贷资金模型和 $IS-LM$ 模型

(1)可贷资金模型

可贷资金模型的主要代表是剑桥学派的罗伯逊和瑞典学派的俄林。作为新古典学派的利率理论，一方面，肯定了古典学派考虑储蓄与投资对于利率的决定作用，但指出忽视货币因素是不当的；另一方面，指出凯恩斯学派完全否定实质性因素是不对的，但是肯定了其关于货币因素对利率的影响作用的论述。总之,可贷资金模型同时考虑了货币因素和实质因素。

①债券市场及其均衡。可贷资金模型通过观察债券市场的供求过程来分析利率水平,首先要弄清以下几种关系:

A. 债券价格和债券供需的关系:在其他经济变量不变的前提下,当债券价格上升时,债券需求量减少而债券供给量增加;当债券价格下降时,债券需求量增加而债券供给量减少。

B. 债券价格和利率的关系:债券价格与按照到期收益率衡量的利率水平负相关,利率上升,持有债券的机会成本上升;另一方面,利用利率为贴现率计算得到的债券现值也下降。

C. 可贷资金与债券供需的关系:债券的发行人发行债券,需要从债券购买者手中获得贷款,即债券供给等价于可贷资金需求;同理,债券需求等价于可贷资金供给。

从以上关系我们可以总结出利率水平与可贷资金需求量和可贷资金供给量的关系,如果用横轴表示可贷资金量,纵轴表示利率水平,那么图 1—2—2 和图 1—2—3 使用可贷资金这一概念来描述了债券市场的均衡。其中,L^s 为可贷资金供给,B^d 为债券需求;L^d 为可贷资金需求,B^s 为债券供给。

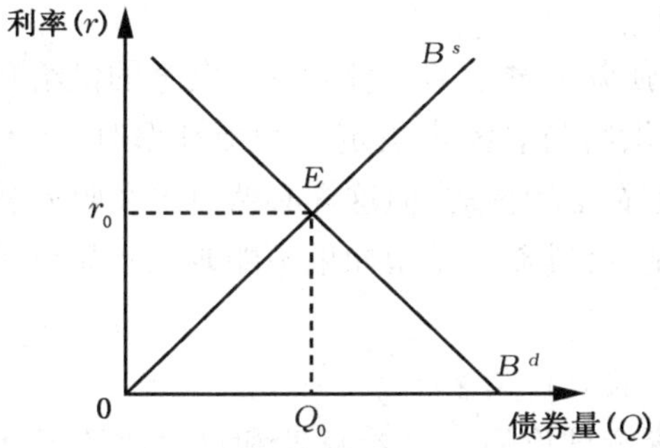

图 1—2—2 利率与债券市场均衡

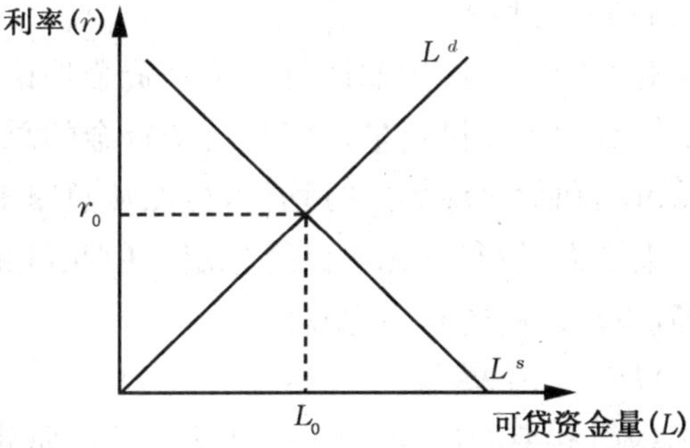

图 1—2—3 可贷资金模型

②影响债券供求曲线的因素。金融市场中可贷资金的供给主要由以下几个方面组成:居民、企业、政府的储蓄量;国外流入本国金融市场的资金量,即外国居民的储蓄;银行系统新创造的货币量。以上三部分一段时期内的总量构成了一定时期内可贷资金的总供给。可贷资金的需求同样由金融市场中的个人、企业和政府对资金的需求组成。

A. 债券需求曲线(可贷资金供给曲线)的影响因素。

根据资产组合理论,影响债券需求的因素主要有财富量、风险、流动性和预期收益率,如表 1—2—2 所示。

表 1—2—2 债券需求曲线影响因素分析

影响因素	影响途径	结 果
财富量 W	经济扩张→Y 和 W↑→B^d↑	B^d 曲线右移
风险 R	债券投资风险 R↑→B^d↓	B^d 曲线左移
流动性 L	债券市场流动性 L↑→B^d↑	B^d 曲线右移
预期收益率 R^e	预期利率 r^e↑→债券的 R^e↓→B^d↓	B^d 曲线左移

B. 债券供给曲线(可贷资金需求曲线)的影响因素(见表1—2—3)。

表1—2—3　　债券供给曲线影响因素分析

影响因素	影响途径	结果
预期有利可图的投资机会	经济扩张→投资机会↑→B^s↑	B^s 曲线右移
预期通货膨胀率 π^e	π^e↑→实际利率 r^e↓→B^s↑	B^s 曲线右移
政府活动规模 G_a	G_a→财政赤字↑→赤字融资↑→B^s↑	B^s 曲线右移

③均衡利率的决定。金融市场上均衡的利率水平和均衡的信贷量由可贷资金的供给和需求决定。如图1—2—3所示,可贷资金的供给和需求曲线决定了均衡利率水平 r_0 和均衡的可贷资金量 L_0。当利率高于均衡利率水平时,资金的供给将大于需求,贷款者要贷出多余的资金就要压低价格(利率)。在降低的利率水平上,对资金的需求会因为资金成本的降低而增加,直到对资金的供给和需求达到相等时,资本市场达到均衡。反之,当利率低于均衡利率水平时,借款人为了获得短缺的资金不得不抬高借款的价格(利率),直到利率达到 r_0 时,市场才会均衡。

④对可贷资金模型的评价。可贷资金理论强调金融市场上参与者对资金的供给和需求决定了均衡利率和投资量。但是可贷资金的总供给与总需求决定了均衡利率时,并不能保证商品市场和货币市场同时均衡,虽然从总量上看是均衡的,但这样必然对国民收入和经济活动产生推力,使利率无法保持稳定。由此可见,可贷资金模型如果不能兼顾商品市场和货币市场,该理论则还是不完善的。

(2)$IS-LM$ 模型

①均衡利率的决定。新古典学派的可贷资金理论后来由希克斯和汉森改造成著名的 $IS-LM$ 模型。该理论认为,利率是一种特殊的价格,必须从整个经济体系来研究它的决定,因此需要将非货币因素和货币因素结合起来,运用一般均衡的方法来探索利率的决定。有关利率决定的数学方程式为:

A. 投资函数:$I=I(r),\frac{dI}{dr}<0$;

B. 储蓄函数:$S=S(y),\frac{dS}{dy}>0$;

C. 货币需求函数:$L=L(r,y),\frac{dS}{dy}>0,\frac{dL}{dr}<0$;

D. 货币供应量:$M=\overline{M}$。

均衡条件为 $I=S$ 和 $L=\overline{M}$,将以上各式分别代入,得 $I(r)=S(y)$ 和 $L(r,y)=\overline{M}$。在商品市场上,投资与利率负相关,储蓄与收入正相关。根据投资与储蓄的恒等关系,可以得到一条向下倾斜的 IS 曲线,线上任何一点代表商品市场上投资与储蓄相等条件下的局部均衡利率和收入水平。在货币市场上,货币需求与利率负相关,与收入正相关,而货币供应量一定。根据货币需求与货币供应的相等关系,可以得到一条向上倾斜的 LM 曲线,曲线上任一点意味着货币市场上货币供求相等情况下的局部均衡利率和收入水平。IS 曲线与 LM 曲线相交就可以得到货币市场与实物市场同时均衡时的一般均衡利率和收入水平。

如图1—2—4所示，由于收入和利率存在着相互决定的关系，只有在 IS 曲线和 LM 曲线交点 E 的收入（Y_e）和利率（r_e）才是均衡的收入水平和利率水平，因为这时商品市场和货币市场都是均衡的。任何偏离 E 点的情况都会导致经济的自发调整，从理论上讲，将产生向 E 点逼近的压力，促使利率和收入在相互决定的过程中达到均衡。

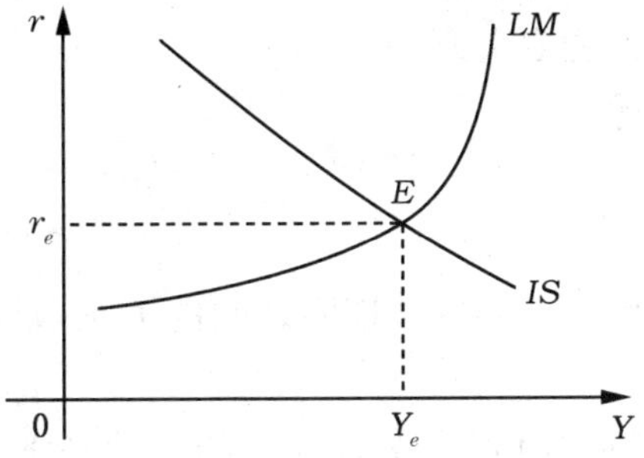

图1—2—4　*IS*—*LM* 模型

②对 $IS-LM$ 模型的评价。$IS-LM$ 模型既克服了古典学派的利率理论只考虑商品市场均衡的缺陷，又克服了凯恩斯学派的利率理论只考虑货币市场均衡的缺陷，同时还克服了新古典学派的利率理论在兼顾商品市场和货币市场时忽视两个市场各自均衡的缺陷，因而该模型被认为是解释名义利率决定过程的最成功的理论。

(二)货币供应对利率的影响

(1)流动性效应：货币供给增加、利率降低的现象。

(2)收入效应：指货币供给增加对经济产生扩张性影响，提高了收入和财富，物价水平也相应地上升。而物价水平上升将导致利率上升。

(3)价格水平效应：货币供给增加导致价格水平上升，这将导致利率上升。

(4)通货膨胀预期效应：货币供给增加的通货膨胀预期效应将导致利率上升。

四、利率的结构理论

(一)利率的风险结构概述

1. 利率的风险结构

利率风险结构是指相同期限的债券与不同利率水平之间的关系，反映了债券所承担的风险大小对其收益率的影响。利率的风险结构可以由三个因素解释：违约风险、流动性和债券利息收入的所得税待遇。

(1)违约风险。违约风险是指债券发行人违约的可能，也就是说，无力支付利息或在债券到期时无法偿还本金所导致的风险。

(2)流动性。流动性资产是指能以较低的成本迅速转化为现金的资产。公司债券的流动性次于国债的流动性，因为任何一种公司债券的交易量都相对较小，这样在紧急条件下出售公司债券的成本都很高，这是因为很难迅速找到合适的买主。如果公司债券流动性降低，将会导致其与国债的利差变大。

(3)所得税因素。市政债券不是无风险债券，其流动性也赶不上国债。但是市政债券的利率都要比国债低。原因在于市政债券的利息收入是免征联邦所得税的,这导致了市政债券的预期收益率上升,并对其需求量产生了同样的影响。

2. 风险溢价及其决定

具有违约风险的利率和无违约风险的利率之间的差距称为风险溢价,指的是人们因为持有某种风险债券必须获得的额外利息。具有违约风险的债券总是存在正的利率溢价,其违约风险的上升导致风险溢价随之上升。

(二)利率的期限结构概述

1. 利率的期限结构

(1)定义

利率的期限结构是指利率与金融资产期限之间的关系,是在一个时点上因期限差异而产生的不同的利率组合。

利率的一般结构是指在特定时点由普遍存在的各种经济因素所决定的不同的利率组合。在利率期限结构的分析中,仅考虑了流动性和市场风险这两个因素对利率水平的影响,但是影响利率水平的因素远不止这些。

(2)收益率曲线及其主要形状

①收益率曲线的定义。收益率曲线是描述利率期限结构的重要工具,一般而言,在风险、流动性、税收特征方面相同的债券,由于债券期限不同,利率也会有所不同。根据这些债券的收益率绘成的曲线就是收益率曲线。收益率曲线的横轴是金融资产的期限(至到期日的时间),纵轴是收益率。

②收益率曲线的主要形状。收益率曲线的主要形状有向上倾斜、平缓、向下倾斜三种基本情况。当收益率曲线向上倾斜时,长期利率高于短期利率;向下倾斜则相反。收益率曲线大多数是向上倾斜的。

2. 解释利率期限结构的理论

(1)预期理论(假说)

①假设前提:

A. 投资者对债券期限无偏好,其投资行为由预期收益决定;

B. 所有市场参与者都有相同的预期;

C. 在投资人的资产组合中,期限不同的债券是可以完全替代的,完全替代的债券具有相等的预期收益率;

D. 金融市场完全竞争,无税收、无交易成本并无违约风险。

②基本命题:预期假说认为,长期利率相当于在该期限内人们预期出现的所有短期利率的平均数,收益率曲线反映所有金融市场参与者的综合预期。

③关系推导:假定某人面临两个不同的投资决策:

A. 决策 A——在 t 期购买一份利率为 r_t 的一期债券,到期后再购买另一份一期债券,第 $t+1$ 期的预期利率为 r_{t+1}^e。

决策 A 的预期收益 $=(1+r_t)(1+r_{t+1}^e)-1\approx r_t+r_{t+1}^e$($r_t \cdot r_{t+1}^e$ 的值很小,忽略不计)

B. 决策 B——在第 t 期购买利率为 r_{2t} 的两期债券。

决策 B 的预期收益 $=(1+r_{2t})^2-1\approx 2r_{2t}$($r_{2t}^2$ 忽略不计)

C. 根据预期假说，如果A、B对于投资者无差异，那么决策A和B的预期收益必然是相等的，即 $r_{2t}=\frac{r_t+r_{t+1}^e}{2}$。

将这种关系推广，期限不再局限于两期，则可以得到 n 期债券的利率等于 n 期债券的期限内出现的所有债券利率的平均数。

$$r_{nt}=\frac{r_t+r_{t+1}^e+r_{t+2}^e+\cdots+r_{t+n-1}^e}{n} \qquad (1-2-9)$$

④主要结论：

A. 预期假说解释了收益率曲线存在不同形态的原因。

对收益率曲线向上倾斜的解释：短期利率预期在未来呈上升趋势，即 $r_{t+1}^e>r_t, r_{t+2}^e>r_t, \cdots, r_{t+n-1}^e>r_t$，则根据上面的等式，必然有 $r_{nt}>r_t$，表现在收益率曲线上就是倾斜向上。

对收益率曲线向下倾斜的解释：短期利率预期在未来呈下降趋势，即 $r_{t+1}^e<r_t, r_{t+2}^e<r_t, \cdots, r_{t+n-1}^e<r_t$，则根据上面的等式，必然有 $r_{nt}<r_t$，表现在收益率曲线上就是倾斜向下。

对收益率曲线水平状态的解释：短期利率预期在未来保持不变，即 $r_{t+1}^e=r_t, r_{t+2}^e=r_t, \cdots, r_{t+n-1}^e=r_t$，则根据上面的等式，必然有 $r_{nt}=r_t$，表现在收益率曲线上就是水平状态。

B. 预期假说解释了长期利率与短期利率同向变动的原因。

一般而言，短期利率水平如果在即期上升，那么往往在未来会更高。因此，短期利率水平的提高会提高人们对未来短期利率的预期。根据预期假说，长期利率相当于各个预期短期利率的平均数，因此，短期利率水平上升也会使得长期利率水平上升，从而导致两者同方向变化。

真题回顾

【1】(上海财经大学2013)按照预期假说，如果人们预期未来短期利率下降，债券回报率(债券利率)曲线呈(　　)趋势。

A. 平坦　　B. 递增　　C. 下降　　D. 隆起

参考答案：D。参考戴国强的《货币金融学》，根据预期假说，如果长期的利率水平受到短期利率水平的影响，那么，人们预期短期利率下降，债券的回报率呈隆起趋势。

【2】(华东师范大学2015)利率的变动只能影响社会总需求，要调整总供给的结构和趋向，需要(　　)。

A. 市场化的利率决定机制　　B. 灵活的利率联动机制

C. 适当的利率水平　　D. 合理的利率结构

参考答案：D。本题是黄达的《金融学》里的知识点。如果希望通过利率来影响总供求的结构和趋向，则必须具备合理的利率结构，题干中既然提到了结构，本题自然要从利率的结构这个角度出发来回答。

(2)市场分割理论(假说)

①假设前提：

A. 投资者对不同期限的债券有不同的偏好，期限不同的债券不是完全替代的；

B. 期限相同的债券，投资者根据预期收益水平的高低选择；

C. 理性投资者对其投资组合的调整有一定的局限性，许多客观因素使得这种调整滞后于收益水平的变动。

②基本命题：期限不同的债券市场是完全分离的或独立的，每一种债券的利率水平在各自的市场上由对该债券的供给和需求所决定，不受其他不同期限的债券预期收益变动的影响。

③主要结论：

A. 市场分割假说解释了收益率曲线存在不同形态的原因，是由于对不同期限债券的供给和需求不同。

对收益率曲线向上倾斜的解释：对短期债券的需求高于对长期债券的需求。结果是短期债券具有较高的价格和较低的利率水平，长期利率高于短期利率。

对收益率曲线向下倾斜的解释：对长期债券的需求高于对短期债券的需求。结果是长期债券具有较高的价格和较低的利率水平，短期利率高于长期利率。

B. 市场分割假说解释了收益率曲线通常向上的原因。

大多数人通常宁愿持有短期债券而非长期债券，即偏好于短期债券，因而收益率曲线通常向上倾斜。

(3)偏好理论(偏好停留假说)

①假设前提：

A. 期限不同的债券之间可以相互替代，一种债券的预期收益率会影响到其他不同期限的债券的利率水平(与市场分割假说的区别)；

B. 投资者对不同期限的债券有不同偏好，表现为对某种期限债券的“偏好停留”(与预期假说的区别)；

C. 投资者依据预期收益率的高低而不是对期限的偏好进行投资决策；

D. 大多数时候投资者存在偏好短期债券的倾向，投资者只有获得一个正的时间溢价，才会转而投资长期债券。

②基本命题：长期债券的利率水平等于在整个期限内预计出现的所有短期利率的平均数，再加上由债券供给与需求决定的时间溢价。

偏好停留假说是预期假说和市场分割假说的进一步完善和折中。

③关系推导：根据以上假设和基本命题，长期利率 r_{nt} 等于在该期限内预计出现的所有短期利率的平均数加上一个正的时间溢价 K_{nt}($K_{nt}>0$)。

$$r_{nt}=\frac{r_t+r_{t+1}^e+r_{t+2}^e+\ldots+r_{t+n-1}^e}{n}+K_{nt} \qquad (1-2-10)$$

④主要结论：

A. 偏好停留假说解释了收益率曲线存在不同形态的原因。

对收益率曲线向上倾斜的解释：当收益率水平比较低时，投资者总是预期利率水平将来会上升到某个正常水平，未来预期短期利率的平均数高于现行的短期利率水平，再加上一个正的时间溢价，收益率曲线往往比较陡峭地向上倾斜。

对收益率曲线向下倾斜的解释：当收益率水平比较高时，投资者总是预期利率水平将来会回落到某个正常水平，未来预期短期利率的平均数低于现行的短期利率水平，在这种情况下，在短期利率预期未来会有大幅度下降的情况下，即使时间溢价为正，长期利率仍然可能低于短期利率的水平。所以，时间溢价水平 K_{nt} 大于 0 与收益曲线有时向下倾斜的事实不矛盾。

B. 偏好停留假说解释了收益率曲线通常向上的原因。

由于投资者对持有短期债券有较强的偏好，只有加上一个正的时间溢价作为补偿时，才会愿意持有长期债券，因此，时间溢价大于 0。即使短期利率在未来平均水平保持不变，长期利率仍然会高于短期利率，因而收益率曲线通常是向上倾斜的。

C. 偏好停留假说解释了长期利率与短期利率同向变动的原因。

在时间溢价水平 K_{nt} 一定的情况下，短期利率的上升意味着，平均看来短期利率水平将来会更高，从而长期利率也会随之上升。

(4)三种理论的比较

这三种理论主要是用于解释以下几个事实：

①收益率曲线存在向上倾斜、平缓、向下倾斜三种基本形态；

②收益率曲线通常是向上的；

③不同期限(短期和长期)的债券利率的变化是同向的。

对于这三种理论的不同点和缺陷的比较，主要是从对以上现象的解释力的角度入手，是比较重要的考点，出现在选择题中的概率比较大，请大家注意。

表 1—2—4　　利率期限结构理论的比较

	收益率曲线存在向上倾斜、平缓、向下倾斜三种形态	收益率曲线通常向上	不同期限的债券利率的变化是同向的
预期假说	√	×	√
市场分割假说	√	√	×
偏好停留假说	√	√	√

注：“×”表示无法解释；“√”表示能够解释。

【本章参考习题】

1. 某企业持有一张 180 天后到期的汇票，面额为 2 000 元，到银行请求贴现，银行确定该票据的贴现率为年利率 5%，则企业获得的贴现金额为(　　)元。

A. 2 000　　B. 1 951　　C. 1 900　　D. 1 850

2. 下列因素中，(　　)不影响可贷资金的供给。

A. 财政赤字　　B. 家庭储蓄

C. 中央银行的货币供给　　D. 利用外资

3. 下列关于利率决定理论的说法，正确的是(　　)。

A. 凯恩斯的利率理论强调投资与储蓄对利率的决定作用

B. 窖藏与反窖藏是古典利率理论中决定利率的两大因素

C. 可贷资金利率理论偏重于实物领域对利率的决定作用

D. 流动性偏好理论强调货币供求对利率的决定作用

4. 现代经济中占主导地位的信用形式是(　　)。

A. 国家信用　B. 商业信用　C. 银行信用　D. 国际信用

5. 国家信用的主要形式是(　　)。

A. 发行政府主要债券　B. 短期借款

C. 长期借款　D. 自愿捐款

6. 利率水平的变动只能影响社会总供给的总体水平,要调整总供给的结构和趋向,需要(　　)。

A. 市场化的利率决定机制　B. 灵活的利率联动机制

C. 适当的利率水平　D. 合理的利率结构

参考答案:

1. B;2. A;3. D;4. C;5. A;6. D。

第三章　外汇与汇率

扫码听课

考试要求

◆ 了解:外汇的概念、种类及其标价方法,汇率及其种类,影响汇率变化的主要因素,外汇市场与外汇交易的基本知识

◆ 理解:汇率决定的主要理论,并且能运用相关理论知识分析改革开放后人民币汇率的决定与变化

本章知识点框架

- 外汇与汇率
  - 外汇的基本内涵
    - 外汇的概念
    - 外汇的种类
      - 自有外汇与记账外汇
      - 贸易外汇和非贸易外汇
      - 即期外汇(现汇)与远期外汇(期汇)
  - 汇率的基本内涵
    - 汇率的标价方法
      - 直接标价法
      - 间接标价法
      - 美元标价法
    - 汇率的种类
  - 汇率决定理论
    - 购买力平价说
    - 利率平价说
      - 抛补利率平价
      - 非抛补利率平价
    - 国际收支说
    - 资产市场说
      - 货币论
      - 资产组合平衡说

考情分析

本章内容严格来说属于《国际金融》部分的核心章节,考查题型多样,最需要注意的是,该章节内容可以与其他部分联合出题(在431全国大纲中主要是与第九章联合出题,毕竟汇率是国际金融的研究核心)。另外,考生在复习本章内容的时候,务必注意联系时事变化,可能在2020届考研中遇到2012年同样的题目,但由于政策变化,而导致答案侧重点不同,甚至完全相反。

另外,本章中的其他考点较多,虽然不难,但考查频率也较高,如套算汇率的题型,以此引申出多国汇率套利的题目。最后,浮动汇率制和固定汇率制也是重点,并且一般不会单独

考查,但是对于其优、缺点必须熟练掌握,对于相关专业也要深入研究。

一、外汇的基本内涵

(一)外汇的概念和种类

1. 外汇的概念

外汇是国际汇兑的简称,有动态和静态两种含义。静态外汇又有广义和狭义之分。

动态的外汇是指人们为了清偿国家间的债权债务关系,将一种货币兑换成另一种货币的行为。广义的静态外汇泛指可以清偿对外债务的一切以外国货币表示的资产或债权。

例如,国际货币基金组织(IMF)对一国“国际清偿力”项下的外汇,即外汇储备所下的定义是:“外汇是货币行政当局(中央银行、货币管理机构及财政部)以银行存款、财政部国库券、长短期政府债券等形式所保有的、在国际收支逆差时可以使用的债权”。

狭义的外汇是指以外币表示的,可直接用于国际债权债务关系清偿的支付手段。其前提条件有两个:第一,以外币表示的资产。第二,可直接用于国际结算。以外币表示的有价证券不能直接用于国际结算,故不属于狭义的外汇;外国钞票也不能算作狭义的外汇,因为正常国际交易使用的是银行存款,不用现钞。从这一定义看,狭义外汇的主体是在国外银行的外币存款,它还包括对银行存款的索取权具体化了的外币票据,如银行汇票、支票等。

外汇的基本特征:外国货币当局发行的,各国政府和居民普遍接受的,能够在外汇市场上自由交易的货币资产。

2. 外汇的种类

(1)自由外汇与记账外汇

根据可否自由兑换,外汇分为自由外汇与记账外汇两类。

自由外汇是指无需货币发行国批准便可以随时动用,或可以自由兑换成为其他货币,向第三国办理支付的外汇。自由外汇的根本特征是可兑换货币。目前世界上有50多种货币是可兑换货币,如美元、英镑、日元、瑞士法郎等。

记账外汇也称协定外汇或清算外汇,是指未经货币发行国批准不能自由兑换成其他货币或对第三国进行支付的外汇。例如,两个友好国家政府为了节省使用自由外汇,签订了一个用于双边贸易结算的双边支付协定,开设账户记载彼此间的债权和债务,并在一定时期(如年终)集中冲销,从而结出贸易差额。对顺差国来说,当顺差额被转入下一年度用于抵销其以后的债务时,这一差额便是顺差国的外汇。由于它被记载在双方指定的银行专门开设的清算账户上,故称记账外汇。

(2)贸易外汇和非贸易外汇

根据外汇的来源不同,可将外汇划分为贸易外汇和非贸易外汇。贸易外汇是指通过货物出口取得的外汇。非贸易外汇是指通过对外提供劳务(运输、保险、旅游等)、汇回投资收益(利息、股息、利润等)和侨汇等途径取得的外汇。对个别国家而言,非贸易外汇是其外汇收入的主要来源。

(3)即期外汇(现汇)和远期外汇(期汇)

根据外汇交易的交割日期不同,外汇可以分为即期外汇和远期外汇。即期外汇又称现汇,是指在买卖成交后的两个营业日内办理交割手续的外汇。远期外汇又称期汇,是指买卖双方先按商定的汇率和数量签订买卖合同，约定到将来（如 30 天、60 天、90 天等）办理交割手续的外汇。

（二）外汇市场

1. 外汇市场的基本内涵

（1）外汇市场的概念

外汇市场是金融市场的重要组成部分，是指从事外汇买卖、外汇交易和外汇投机的系统。

（2）外汇市场的功能

①外汇买卖的中介；

②平衡外汇供求，即通过汇率的变动对外汇的供求起着平衡作用，在外汇市场上，汇率（外汇的价格）和外汇供求相互作用；

③干预的渠道；

④保值及投机场所。

（3）外汇市场的特征

从地理分布看，伦敦、纽约和东京为三大外汇交易中心。全球一半以上的外汇交易集中在英、美、日这三大外汇交易中心。除了这三大市场外，新加坡、中国香港、瑞士苏黎世和德国法兰克福的外汇交易额也极其可观。

从交易类型看，远期交易的比例不断增长。从传统的外汇交易类型看，远期交易（包括单边远期和外汇掉期）占总交易额的比例不断增长。目前，远期交易已经超过现汇交易，成为主要的外汇交易种类。

2. 外汇市场的构成

（1）外汇交易的主要参与者

在外汇市场上，外汇交易的参与者主要有以下四类：

①外汇银行。为外汇市场的主体，主要包括专营或兼营外汇业务的本国商业银行和开设在本国的外国商业银行分支机构。

②外汇经纪人。即介于外汇银行之间或外汇银行与顾客之间，为买卖双方接洽外汇交易而收取佣金的中间商。他们并不以自有资金在外汇市场上买卖外汇，而是利用各种通信工具和交通工具，与各外汇银行、进出口商等保持密切联系，掌握外汇市场的供求信息，对外汇的买卖双方达成交易起媒介作用。

③顾客。外汇银行的顾客包括：交易性的外汇买卖者，如进出口商、国际投资者、旅游者等；保值性的外汇买卖者，如套期保值者、投机性的外汇买卖者，即投机商。

④中央银行。中央银行是一国行使金融管理和监督职能的专门机构。基于管理外汇市场的重任，中央银行经常通过参加外汇市场的交易来干预市场，把汇率保持在目标水平上。

由此，外汇市场的交易可以分为三个层次：银行与顾客之间，银行同业之间，银行与中央银行之间。这三个层次交易的功能是不同的，下面我们分别简单地予以论述。

（2）外汇市场的交易层次

①银行与顾客之间。顾客出于各种各样的动机，需要向外汇银行买卖外汇。其中，交易性外汇买卖常常是与国际结算联系在一起的，故主要是本币与外汇之间的相互买卖。银行

在与顾客的外汇交易中，一方面从顾客手中买入外汇，另一方面又将外汇卖给顾客，实际上是在外汇的终极供给者与终极需求者之间起中介作用，赚取外汇的买卖差价。这一层次的外汇交易构成了零售外汇市场。

②银行同业之间。银行在为顾客提供外汇买卖的中介服务中，难免会在营业日内出现各种外汇头寸的"多头"或"空头"，统称"敞口头寸"，即一些币种的出售额低于购入额，另一些币种的出售额多于购入额。为了避免汇率变动的风险，银行就需要借助同业间的交易及时进行外汇头寸调拨，轧平各币种的头寸，即将多头抛出、空头补进。更重要的是银行还出于投机、套利、套汇等目的从事同业的外汇交易。银行同业间的外汇交易构成了绝大部分的外汇交易。狭义的外汇市场指的是银行同业间从事外汇买卖的交易场所，有时也称批发外汇市场。

银行同业间的外汇买卖差价一般要低于银行与顾客之间的买卖差价。通常的情况是，在批发外汇市场的买卖价的基础上，银行对顾客报出零售外汇市场的买卖价。

③银行与中央银行之间。中央银行在外汇市场上买卖外汇的行为，称为外汇干预。中央银行干预外汇市场所进行的交易是它进入批发外汇市场，与外汇银行之间进行的。通过这种交易，中央银行可以使外汇市场自发供求关系所决定的汇率相对地稳定在某一期望的水平上。如果某种外币兑本币的汇率低于期望值，中央银行就会向外汇银行购入这种外币，增加市场对该外币的需求量，促使银行调高其汇率；反之，如果中央银行认为该外币的汇率偏高，就向银行出售该外汇的储备，促成其汇率下降。

中央银行对外汇市场的干预，在固定汇率制下是为维持货币平价而承担的一种义务；在浮动汇率制下则是出于维护本国经济利益的目的而主动进行的。中央银行外汇干预活动主要受两个因素的制约：一是该国的国际储备总量及该国政府向国际金融组织和别国政府融通资金的规模，这决定了中央银行外汇干预能力的大小；二是市场汇率变动的性质，这决定了中央银行外汇干预的效果如何。

(三)外汇交易

1. 即期外汇交易

即期外汇交易，又称现汇交易，是指买卖双方成交后，在两个营业日内办理交割的外汇买卖。交割方式分为即日交割、翌日交割和第二个营业日交割三种。交割的日期也称为起息日，一般为成交日之后的第二个营业日；如果恰逢银行非营业日或节假日，则顺延其后的第一个营业日。买卖双方也可以将起息日约定为成交当日或成交次日。

2. 远期外汇交易

(1)远期外汇交易的含义

远期外汇交易，又称期汇交易，是指买卖双方成交后，并不立即办理交割，而是按照所签订的远期合同规定，在未来的约定日期办理交割的外汇交易。远期交易与即期交易的主要区别在于起息日不同。凡起息日在两个营业日以后的外汇交易均属期汇交易，有时也有长至1年、短至几天的。远期交易所适用的汇率就是各种不同交割期限的远期汇率。

(2)远期外汇交易的分类

远期外汇交易根据交割日是否固定，又可分为固定交割日的远期外汇交易和选择交割日的远期外汇交易。

①固定交割日的远期外汇交易，是指双方约定的交割日期是确定的。进出口商从订立贸易契约到支付货款，通常都要经过一段时间，才能获得外汇收入或支付外汇款项。

②选择交割日的远期外汇交易，又称择期交易。它没有固定的交割日，客户可以在成交日的第三天起至约定的期限内任何一个营业日内要求银行按双方约定的远期汇率进行交割，但必须提前两天通知报价行。这种交易与固定交割日的远期外汇交易相比，在交割日期上具有灵活性，适于收付款因故不能确定的对外贸易。

(3)远期外汇交易的作用

进出口商和资金借贷者为避免商业或金融交易遭受汇率变动的风险而进行远期买卖；外汇银行为平衡期汇头寸而进行远期买卖；投机者为谋取汇率变动的差价而进行远期交易。

①进出口商和资金借贷者为避免商业或金融交易遭受汇率变动的风险而进行远期买卖。在国际贸易中，自买卖合同签订到货款清算之间有相当一段时间。在这段时间内，如果计价货币的汇率出现变动，进出口商就不能做出正确的成本和利润估计，而且还可能招致损失。为了避免汇率变动可能带来的损失，进出口商在签订买卖合同时，就可向银行买入或卖出远期外汇。到支付或收进货款时，进出口商就可以按原先约定的汇率来办理交割。

在国家间的资金借贷业务中，资金贷放者和借入者就会分别拥有国外的债权和债务。如果这些债权和债务是以外币来计值的话，那么不论债权人还是债务人都会面临到期收回或偿还资金时因外汇汇率变动而蒙受损失的风险。如果他们在贷出资金或借入资金时，就相应地卖出或买入相同期限的远期外汇，则可消除汇率风险。

②外汇银行为平衡期汇头寸而进行远期买卖。进出口商等顾客利用期汇交易，实际上是将汇率变动的风险转嫁给外汇银行。外汇银行在对顾客进行期汇交易时，同一种货币、同一种交割期限的买卖金额很难一致，这样汇率变动以后可能遭受损失的就是银行。银行为避免这种损失，就需要轧平各种货币、各种交割期限的期汇头寸，即将多头抛出、空头补进。

③投机者为谋取汇率变动的差价而进行远期交易。套期保值者是为避免汇率变动的风险而轧平对外债权和债务的头寸；而投机者则相反，他们根据自己对汇率变动的预期有意识地持有外汇多头或空头以期获取利润。

3. 掉期外汇交易

(1)掉期交易的概念

掉期交易，是指将货币相同、金额相同，而方向相反、交割期限不同的两笔或两笔以上的外汇交易结合起来进行，也就是在买进某种外汇时，同时卖出金额相同的这种货币，但买进和卖出的交割日期不同。进行掉期交易的目的也在于避免汇率变动的风险。掉期交易通常是为抵补已购入或售出的某种外汇所可能发生的风险而进行的。它通常与套利交易配合进行。

(2)掉期交易的形式：即期对远期、远期对远期

即期对远期，即买进或卖出一笔现汇的同时，卖出或买进一笔期汇。期汇的交割期限大多为一个星期、一个月、两个月、三个月、六个月，这是掉期交易常见的形式。在短期资本输出与输入中，如果将一种货币调换成另一种货币，通常需要做这种形式的掉期交易，即在期汇市场上抛售或补进，以避免外币资产到期时外币汇率下跌，或外币负债到期时外币汇率上涨。

远期对远期，是指对不同交割期限的期汇双方作货币、金额相同而方向相反的两笔交易。

(3)掉期交易与一般的套期保值的区别

可以看出，掉期交易实质上也是一种套期保值的做法，但与一般的套期保值不同。

①掉期第二笔交易须与第一笔交易同时进行，而一般的套期保值发生在第一笔交易之后。

②掉期的两笔交易金额完全相同，而一般的套期保值交易金额却可以小于第一笔，即做不完全的套期保值。

4. 套汇和套利交易

(1)套汇交易的含义

套汇是指利用同一时刻不同外汇市场上的汇率差异，通过买进和卖出外汇而赚取利润的行为。它分为直接套汇和间接套汇两种。

(2)直接套汇和间接套汇

直接套汇，又称双边或两角套汇，是最简单的套汇方式，指利用两个外汇市场上某种货币的汇率差异，同时在两个外汇市场上一边买进一边卖出这种货币。例如，在纽约外汇市场上，100 美元等于 190.7500 德国马克；法兰克福外汇市场上，1 美元等于 1.9100 德国马克。在同一时间，德国马克在纽约价高，在法兰克福价低。这样，套汇者在纽约以 USD100＝DEM190.7500 的汇率卖出德国马克、买进美元，在法兰克福同时以 USD1＝DEM1.9100 的汇率卖出美元、买进德国马克。进行套汇买卖后，每 1 美元就可以得 0.0025 德国马克的利润。

间接套汇，也称三角套汇，是利用三个不同地点的外汇市场上的汇率差异，同时在三地市场上高卖低买，从中赚取汇率差价的行为。

例如，在纽约外汇市场上，100 美元等于 500.0000 法国法郎；巴黎外汇市场上，1 英镑等于 8.5400 法国法郎；在伦敦外汇市场上，1 英镑等于 1.7200 美元。那么，套汇者可首先在纽约市场上卖出美元、买进法国法郎，然后在巴黎市场卖出法国法郎、买进英镑，再立即在伦敦市场上卖出英镑、买进美元。套汇的结果是，如果在纽约市场上卖出 1 000 万美元，最后则可收回(1 000÷100×500÷8.54×1.72＝)1 007.0257 万美元，净获套汇利润 70 257 美元。

(3)套利的含义

套利是指在两国短期利率出现差异的情况下，将资金从低利率的国家调到高利率的国家，赚取利息差额的行为。

(4)抛补套利和非抛补套利

为了防止资金在投入期间出现汇率变动的风险，投资者可以将套利交易与掉期交易结合进行。这种在进行套利交易的同时进行外汇抛补以防汇率风险的行为，称为抛补套利，而具有投机性质的纯粹套利交易称为非抛补套利。

投资者对抛补套利进行可行性分析时，所采纳的一般原则是：

①如果利率差大于较高利率货币的贴水幅度，那么，应将资金由利率低的国家调往利率高的国家。其利差所得会大于高利率货币贴水给投资者带来的损失。

②如果利率差小于较高利率货币的贴水幅度，则应将资金由利率高的国家调往利率低

的国家。货币升水所得将会大于投资于低利率货币的利息损失。

③如果利率差等于较高利率货币的贴水幅度，则人们不会进行抛补套利交易。因为它意味着利差所得和贴水损失相等，或者是升水所得与利差损失相等。无论投资者如何调动资金，都将无利可图。

④如果具有较高利率的货币升水，那么，将资金由低利率国家调往高利率国家，可以获取利差所得和升水所得双重收益，但这种情况一般不会出现。这是因为它所诱发的抛补套利交易会影响各国货币的利率和汇率。如果不考虑投机因素的影响，抛补套利的最终结果是使利率差与较高利率货币的贴水幅度趋于一致。

真题回顾

（复旦大学 2016）某公司进口美国电脑，成本为 100 美元/台，30 天后付款，当前汇率 1 美元等于 6.5 元人民币（$e=6.5$），公司每台可得利润 50 美元。

（1）若一个月后即期汇率为 1 美元等于 6 元人民币（$e=6$），问：公司的利润为多少？若 30 天后即期汇率 1 美元等于 7 元人民币（$e=7$），问：公司的利润为多少？

（2）若单位利润带来的效用 $U=\sqrt{\pi}$，预计一个月后即期汇率为 1 美元等于 6 元人民币和 1 美元等于 7 元人民币的概率各为 50%，此时有一份 $e=6.7$ 的远期协议，问：你会签这份协议吗？

参考答案：（1）当汇率 $e=6.5$ 时，每台可得利润 50 美元，则

每台电脑当前售价 $=(100+50)\times6.5=975$（元）

当 30 天后的汇率 $e=6$ 时，公司利润 $\pi=975-100\times6=375$（元）

当 30 天后的汇率 $e=7$ 时，公司利润 $\pi=975-100\times7=275$（元）

（2）签订远期合约的公司利润 $\pi=975-100\times6.7=305$（元）

则单位利润带来的效用 $U_1=\sqrt{\pi}=\sqrt{305}$

不签订远期合约的公司利润 $\pi=975-(100\times6\times50\%+100\times7\times50\%)=325$（元）

则单位利润带来的效用 $U_2=\sqrt{\pi}=\sqrt{325}$

因为 $U_1<U_2$，所以不签这份协议。

5. 外汇投机交易

（1）外汇投机的含义

外汇投机是指根据对汇率变动的预期，有意保持某种外汇的多头或空头，希望从汇率变动中赚取利润的行为。它的主要特征是，投机者进行外汇交易，并没有商业或金融交易与之相对应。外汇投机利润具有不确定性，当投机者对某种外汇汇率是趋于上升还是趋于下降的预测准确时，就可以赚取汇率变动的差价收益；但如果预期失误，则要蒙受损失。外汇投机有即期投机和远期投机两种。

（2）即期投机和远期投机

即期投机是指外汇经营者根据自己对汇率的预测，买进或卖出某种现汇，希望这种货币的汇率不久将出现上升或下降的外汇交易。如果投机者预期不久后某一货币的现汇汇率将

高于目前的现汇汇率,就在市场上购入这一看涨的货币,希望到时以高价抛出。如果投机者预期今后一段时期的现汇汇率会低于目前的现汇汇率,就在市场上卖出这种看跌的货币,希望到时以低价补进。

远期投机是基于预期未来某一时点的现汇汇率与目前的期汇汇率不同而进行期汇交易的。它与即期外汇投机有一个显著的不同点,那就是利用买卖现汇的方式来进行投机,必须持有本币或外币资金。因为即期外汇交易必须在两个营业日内交割完毕,所以即期外汇投机的交易数额受手中所持有的资金量限制。而远期外汇交易在成交时无需付现,并不发生现金流动(只是偶尔需在银行存入少量保证金),一般都是到期轧抵,计算盈亏,支付差额。所以,即使没有巨额资金做本,亦可进行大规模的外汇投机。这就决定了远期外汇投机交易具有更大的风险性。

二、汇率的基本内涵

(一)汇率的概念和标价方法

1. 汇率的概念

汇率,又称汇价或外汇行市,就是两种不同货币之间的折算比价,也就是以一种货币表示的另一种货币的相对价格。

2. 汇率的标价方法

(1)直接标价法与间接标价法

①直接标价法。以一定单位(1 个或 100 个、1 000 个、100 000 个单位等)的外国货币作为标准,折成若干数量的本国货币来表示汇率的方法。也就是说,在直接标价法下,是以本国货币表示外国货币的价格。目前,世界上除了英国和美国外,各国都采用直接标价法。

假定 A 货币是本国货币,B 货币是外国货币,用公式表示外币的直接标价法:

汇率＝A 货币/B 货币

在直接标价法下,一定单位的外国货币折算的本国货币的数额增大,说明外国货币币值上升,或本国货币币值下降,称为外币升值,或称本币贬值;反之,一定单位的外币折算的本国货币的数额减少,称为外币贬值,或称为本币升值。

【例 1－3－1】 USD1＝CNY8.2

USD1＝CNY8.11

这说明美元贬值,人民币升值。

②间接标价法。以一定单位的本国货币为标准,折算成若干数额的外国货币来表示汇率的方法。也就是说,在间接标价法下,以外国货币表示本国货币的价格。目前,世界上只有英国和美国采用间接标价法。

假定 A 货币是本国货币,B 货币是外国货币,用公式表示外币的间接标价法:

汇率＝B 货币/A 货币

在间接标价法下,一定单位的本国货币折算的外国货币数量增多,称为外币贬值,或本币升值;反之,一定单位的本国货币折算的外国货币数量减少,称为外币升值,或本币贬值。

【例 1－3－2】 GBP1＝DEM2.3

GBP1＝DEM2.2

这说明马克升值，英镑贬值。

(2)美元标价法

以一定单位的美元折成若干数量的各国货币来表示各国货币汇率的方法。

【例 1—3—3】 USD1＝FRF5.5540

USD1＝DEM1.5630

USD1＝CAD1.1860

3. 法定升值与升值、法定贬值与贬值的含义

法定升值是指政府通过提高货币含金量或明文宣布的方式，提高本国货币对外的汇价。例如，第二次世界大战后西德马克和瑞士法郎都曾被宣布法定升值。升值是指由于外汇市场上供求关系的变化造成的货币对外汇价的上升。两者的区别在于动因，而汇率值变化的表现却是一致的。因此，有时笼统地将两者混称为“升值”或“上浮”。

法定贬值是指政府通过降低货币含金量或明文宣布的方式，降低本国货币对外的汇价。例如，美国政府曾分别在 1971 年和 1973 年两度实行法定贬值，降低美元对外的汇价。贬值是指由于外汇市场上供求关系的变化造成的货币对外汇价的下降。同样，有时也笼统地将两者混称为“贬值”或“下浮”。

当某货币的汇价持续上升时，我们习惯称之为“趋于坚挺”，称该货币为“硬通货”；反之，则习惯称之为“趋于疲软”和“软通货”。

真题回顾

【1】(华东师范大学 2017)目前世界上采用间接标价法的国家和地区是(　　)。

A. 美国和英国　　B. 美国和日本

C. 英国和中国香港　　D. 英国和日本

参考答案：A。英国和美国采用的是间接标价法，B、C、D 选项中的其他国家采用的都是直接标价法。

【2】(上海财经大学 2013)在直接标价法下，如果需要比原来多的本国货币才能兑换一定数量的外币，表明本币(　　)、汇率(　　)。

A. 升值 上升　　B. 升值 下降　　C. 贬值 上升　　D. 贬值 下降

参考答案：C。如果需要比原来多的本币兑换成外币，那么说明本币贬值，直接标价法下，贬值汇率上升。

【3】(华东师范大学 2016)长期以来，一直采用间接标价法来表达其官方汇率的国家是(　　)。

A. 美国　　B. 日本　　C. 英国　　D. 德国

参考答案：C。英国一直采用间接标价法，美国自 1978 年 9 月 1 日起也改用间接标价法，若该题选项里有美国仍选英国。

(二)汇率的种类

(1)基本汇率和套算汇率

按制定汇率的方法不同，划分为基本汇率与套算汇率。

①基本汇率。外国货币的种类很多，如果制定或报出本国货币与每一种外国货币之间的汇率，既不方便也无必要，因此，就选择出一种与本国对外往来关系最为紧密的货币即关键货币，并制定或报出汇率。本币与关键货币间的汇率称为基本汇率。关键货币通常是可自由兑换的，并且是该国国际收支中使用最多、在该国外汇储备中比重最大的货币。大多数国家都把美元当作关键货币，把本币与美元之间的汇率作为基本汇率。

②套算汇率，又称为交叉汇率。有两种含义：

A. 它是指各国在制定出基本汇率后，再参考主要外汇市场行情，推算出的本国货币与非关键货币之间的汇率。例如，我国某日制定的人民币与美元的基本汇率是：

USD1＝CNY5.72

而当时伦敦外汇市场英镑对美元的汇率为：

GBP1＝USD1.7816

这样，就可以套算出人民币与英镑间的汇率为：

GBP1＝CNY(1.7816×5.72)＝CNY10.19

B. 由于西方外汇银行报价时采用美元标价法，为了换算出各种货币间的汇率，必须通过各种货币对美元的汇率进行套算。例如，中国香港某外汇银行的外汇买卖报价是：

USD1＝DEM1.7720

USD1＝CHF1.5182

据此可以套算出马克和瑞士法郎之间的汇率：

DEM1＝CHF(1.5182/1.7720)＝CHF0.8568

(2)买入汇率、卖出汇率、中间汇率和现钞汇率

从银行买卖外汇的角度，划分为买入汇率、卖出汇率、中间汇率和现钞汇率。

①买入汇率(也称买入价)：指银行从同业或客户买入外汇时所使用的汇率。

②卖出汇率(也称卖出价)：指银行向同业或客户卖出外汇时所使用的汇率。

③中间汇率：指银行买入价和银行卖出价的算术平均数，主要用于新闻报道和经济分析。

④现钞汇率：指银行买卖外国钞票的价格。银行的现钞买入价要比一般的外汇买入价低。

(3)电汇汇率、信汇汇率和票汇汇率

按外汇的汇付方式不同，划分为电汇汇率、信汇汇率和票汇汇率。

①电汇汇率：是以电汇方式买卖外汇时所使用的汇率。电汇是银行以电讯(电报、电传等)方式通知国外分支行或代理行付款给收款人的汇款方式。国内银行间以电汇方式卖出外汇时，由于付款快，不占用客户的资金，能减少客户的汇率波动风险，因此，国际支付绝大多数用电汇方式。电汇汇率是外汇市场中计算其他各种汇率的基准。

②信汇汇率：是以信汇方式买卖外汇时所使用的汇率。信汇是银行以信函方式通知国外分支行或代理行付款给收款人的汇款方式。由于信汇方式所需的邮程长，银行可以在一定时期内占用客户资金，因此，信汇汇率比电汇汇率要低些。

③票汇汇率：是以票汇方式买卖外汇时所使用的汇率。票汇是银行在卖出外汇时，开立一张命令其国外分支行或代理行付的汇票，并将其交给汇款人，由汇款人自带或寄往国外取

款的方式。

(4)即期汇率和远期汇率(现汇汇率和期汇汇率)

按外汇交易交割日不同,划分为即期汇率和远期汇率。

①即期汇率:也称现汇汇率,是指买卖双方成交后,在两个营业日以内办理交割所使用的汇率。

②远期汇率:也称期汇汇率,是指买卖双方成交时,约定在未来某一时间进行交割所使用的汇率。

(5)固定汇率和浮动汇率

①固定汇率:是指政府用行政或法律手段选择一个基本参照物,并确定、公布和维持本国货币与该单位参照物之间的固定比价。充当参照物的东西可以是黄金,也可以是某一种外国货币或某一组货币时,我们就称该货币钉住一揽子货币或钉住在货币篮子上。

②浮动汇率制:是指汇率水平完全由外汇市场上的供求决定,政府不加任何干预的汇率制度。但在实际经济中,每个国家都会以不同的程度与方式干预外汇市场。

(6)单一汇率和复汇率

①单一汇率:指一种货币(或一个国家)只有一种汇率,这种汇率通用于该国所有的国际经济交往中。

②复汇率:指一种货币(或一个国家)有两种或两种以上汇率,不同的汇率用于不同的国际经贸活动,它是外汇管制的一种产物。

(7)名义汇率、实际汇率和有效汇率的含义

①名义汇率:就是现实中的货币兑换比率。它可能由市场决定,也可能由官方制定。名义汇率是两种货币之间的双边汇率,运用名义汇率值的变化说明汇率的变动幅度和趋势存在一定的局限性。

②实际汇率:是名义汇率用两国价格水平调整后的汇率,即外国商品与本国商品的相对价格,反映了本国商品的国际竞争力。名义汇率 R 与实际汇率 e 之间的关系是:

$$R=e\cdot\frac{P_f}{P_d} \tag{1-3-1}$$

其中,P_f 和 P_d 分别代表外国和本国的有关价格指数,R 和 e 都是直接标价法下的汇率。人们提出实际汇率的概念是为了说明一国国际竞争力的变化。例如,在本国货币相对于外国货币贬值即 R 变大时,如果其他条件不变,则本国商品的竞争力提高。但是,如果本国的相对价格上涨率大于本国货币的对外贬值幅度,则本国的国际竞争力仍然下降。由于考虑到两国价格水平的相对变动,实际汇率能够较好地反映本国商品的国际竞争力。实际汇率值越大,本国商品的国际竞争力越强。

③有效汇率:是一种以某个变量为权重计算的加权平均汇率指数,它指报告期一国货币对各个样本国货币的汇率以选定的变量为权数计算出的与基期汇率之比的加权平均汇率之和。通常可以一国与样本国双边贸易额占该国对所有样本国全部对外贸易额的比重为权数。有效汇率是一个非常重要的经济指标,以贸易比重为权数计算的有效汇率所反映的是一国货币汇率在国际贸易中的总体竞争力和总体波动幅度。公式为:

$$A国的有效汇率=\sum_{i=1}^{N}\left(A国货币对i国货币的汇率\times\frac{A国同i国的贸易值}{A国的全部对外贸易值}\right)$$

真题回顾

(上海财经大学2013)美元指数是综合反映美元在国际外汇市场汇率情况下的指标,用来衡量美元对一篮子货币的汇率变化程度。据此判断,美元指数是(　　)。

A. 双边汇率　　B. 实际汇率　　C. 有效汇率　　D. 基础汇率

参考答案:C。美元指数复合有效汇率的定义,是本币相对一篮子货币的加权汇率。

(三)远期汇率的升水、贴水和平价

银行一般都直接报出即期汇率,但对远期汇率的报价有两种方式:

一是直接报价,即直接将各种不同交割期限的期汇的买入价和卖出价表示出来,这与现汇报价相同。日本、瑞士等国银行采用这种方法。

二是用远期差价或掉期率报价,即报出期汇汇率偏离即期汇率的值或点数。英、美、德、法等国采用此法。远期差价有升水、贴水和平价三种形式。升水表示期汇比现汇贵,贴水表示期汇比现汇便宜,平价表示两者相等。银行报出的远期差价值在实务中常用点数表示,每点为万分之一,即0.0001。

采用此法的银行通常只报出两个信息:第一,直接报出即期汇率;第二,报出远期差价值。而远期汇率则由交易者自己计算。这是因为即期汇率和远期汇率同升同降,远期差价值取决于两国利率的差异,通常保持不变。这样的报价就避免了即期汇率变动时,还要同时改报远期汇率的麻烦。

在直接标价法下:远期汇率=即期汇率+升水-贴水

在间接标价法下:远期汇率=即期汇率-升水+贴水

例如,在巴黎外汇市场上,美元即期汇率为USD1=FRF5.1000,三个月美元升水500点,六个月美元贴水450点;则在直接标价法下,三月期美元汇率为USD1=FRF(5.1000+0.0500)=FRF5.1500,六月期美元汇率为USD1=FRF(5.1000-0.0450)=FRF5.0550。

再如,在伦敦外汇市场上,美元即期汇率为GBP1=USD1.5500,一月期美元升水300点,二月期美元贴水400点;则在间接标价法下,一月期美元汇率为GBP1=USD(1.5500-0.0300)=USD1.5200,二月期美元汇率为GBP1=USD(1.5500+0.0400)=USD1.5900。

在实际外汇交易中,也要报出远期外汇的买入价和卖出价。这样,远期差价的升水值或贴水值也都有一大一小两个数字。在直接标价法下,如远期外汇为升水,则报出的远期差价形如"小数~大数";如远期外汇为贴水,则报出的远期差价形如"大数~小数"。在间接标价法下,如远期外汇为升水,则报出的远期差价形如"大数~小数";如远期外汇为贴水,则报出的远期差价形如"小数~大数"。

例如,某日香港外汇市场外汇报价如下:

即期汇率:USD1=HKD7.7800~7.8000(直接标价法)

一月期USD升水:　30~50　(小数~大数)

三月期USD贴水:　45~20　(大数~小数)

则远期汇率的计算方法为：

（直接标价法）（银行买入USD价）（银行卖出USD价）

即期汇率： USD1＝HKD7.7800～7.8000

升水（＋） 0.0030～0.0050

一月期远期汇率：USD1＝HKD7.7830～7.8050

（直接标价法）（银行买入USD价）（银行卖出USD价）

即期汇率： USD1＝HKD7.7800～7.8000

贴水（－） 0.0045～0.0020

三月期远期汇率：USD1＝HKD7.7755～7.7980

再例如，某日纽约外汇市场外汇报价为：

即期汇率：USD1＝FRF7.2220～7.2240（间接标价法）

六月期FRF升水： 200～140 （大数～小数）

九月期FRF贴水： 100～150 （小数～大数）

则远期汇率的计算方法为：

（间接标价法）（银行卖出FRF价）（银行买入FRF价）

即期汇率： USD1＝FRF7.2220～7.2240

升水（－） 0.0200～0.0140

六月期远期汇率 USD1＝FRF7.2020～7.2100

（间接标价法）（银行卖出FRF价）（银行买入FRF价）

即期汇率： USD1＝ FRF7.2220～7.2240

贴水（＋） 0.0100～0.0150

九月期远期汇率：USD1＝ FRF7.2320～7.2390

有些外汇银行报价时并不说明远期差价是升水还是贴水。例如，巴黎某外汇银行报价为：

即期汇率： USD1＝DEM1.8410～1.8420

三个月： 200～300

六个月： 300～100

这时如何计算远期汇率呢？通过前面的观察可以得出，如果远期差价形如"小数～大数"，说明基准货币升水，标价货币贴水，远期汇率等于即期汇率加远期差价；如果远期差价形如"大数～小数"，说明基准货币贴水，标价货币升水，远期汇率等于即期汇率减远期差价。根据这个原理计算可得：

三月期远期汇率：USD1＝DEM 1.8610～1.8720

六月期远期汇率：USD1＝DEM 1.8110～1.8320

(四)影响汇率变化的主要因素

1. 国际收支状况

国际收支状况是影响汇率变化的一个直接也是主要的因素。当一国国际收支顺差时，该国货币有升值趋势；当一国国际收支逆差时，该国货币趋于贬值。

2. 通货膨胀率差异

通货膨胀意味着该国货币代表的价值量下降，发生货币对内贬值。在其他条件不变的情况下，货币对内贬值必然引起对外贬值。国内外通货膨胀率的差异是决定汇率长期趋势的主要因素。一般来说，相对通货膨胀率持续较高的国家，表示其货币的国内价值的持续下降速度相对较快，其汇率也将随之下降。

3. 利率差异

作为资本的价格，利率的高低直接影响金融资产的供求。如果一国的利率水平相对于他国提高，就会刺激国外资金流入增加，本国资金流出减少，由此改善资本账户，提高本国货币的汇价；反之，如果一国的利率水平相对于他国水平下降，则会恶化资本账户，造成本币汇率下降。

4. 经济增长率差异

国内外经济增长率差异对汇率变动的作用是多方面的。就它对商品、劳务的进出口而言，一方面，当一国经济增长率较高时，意味着收入增加，从而进口需求增加；另一方面，高的经济增长率往往伴随着劳动生产率的提高，这会使生产成本降低，从而使本国产品竞争能力增强，有利于出口，净影响要看两方面作用的力量对比。经济增长率的差异也会对资本流动产生影响，一国经济增长率高时，在国内对资本的需求较大，国内外投资者也愿意将资本投入这一有利可图的经济中，于是资金流入。总的来说，在长期，高的经济增长率会对本国币值起到有力的支持作用，并且这种影响的持续时间也较长。

5. 外汇市场投机

外汇市场上的投机活动，对汇率的变动有十分重要的影响。特别是在今天的世界资金市场上充斥着数万亿美元的“游资”，这些资金根据各种信息和投机者对汇率变化的预期，在短期内从一种货币转换成另一种货币，以获取投机利润，并在实际上引起了汇率的变动。

6. 中央银行干预

各国货币当局为保持汇率稳定，或为操纵汇率的变动以服务于某种经济政策目的，都会对外汇市场进行干预，如在外汇市场买进或卖出外汇，或发表影响外汇心理预期的声明等。这些行动虽然无法从根本上改变汇率的长期走势，但对汇率的短期走势会产生一定的影响。

7. 其他因素(如预期因素或财政政策等)

预期因素是影响国际资本流动的一个重要因素。随着国际资本流动的规模日益庞大，预期因素对汇率的影响越来越大。预期变化受到政治和经济因素的影响。如果市场上预期某国通货膨胀率将比别国提高，实际利率将比别国降低或者经常项目将发生逆差等不利因素时，该国的货币就会在市场上大量被抛售，其汇率就会下跌；反之，其汇率就会上涨。人们对某种货币的预期心理往往会引起市场投机活动，从而加剧市场汇率波动。

复习提示及知识补充一

财政赤字的增加或减少，也会影响汇率的变动方向。财政赤字往往导致货币供应增加和需求增加，因此，赤字的增加将导致本国货币汇率的下降。但与国际收支等其他因素一样，赤字增加对货币汇率的影响也并非是绝对的。如果赤字增加的同时伴有利率上升，则其对货币汇率的影响就很难说了。

三、汇率决定理论

(一)汇率决定理论的演变发展

汇率决定理论研究的是一国货币的汇率水平受什么因素决定和影响，它是国际金融理论的核心之一。随着经济背景和经济学基础理论的演变，它经历了不同的发展阶段，主要有国际借贷说(葛逊，1861)、购买力平价说(卡塞尔，1922)、汇兑心理说(阿夫塔里昂，1927)、利率平价说(凯恩斯，1923；爱因齐格，1931)、国际收支说(源于国际借贷说，布雷顿森林体系崩溃以后兴起)和资产市场说(含货币分析法和资产组合分析法)等。以上这些理论为人们分析、预测汇率行为，为各国货币当局制定汇率政策提供了理论依据。

真题回顾

【1】(上海财经大学 2011)下列理论中，哪一个不属于汇率决定理论？(　　)

A. 货币论　　B. 国际借贷论　　C. 吸收论　　D. 利率平价论

参考答案：C。吸收论是国际收支理论中的一种。

【2】(东北财经大学 2018)由铸币平价决定的汇率是(　　)。

A. 名义汇率　　B. 实际汇率　　C. 法定汇率　　D. 基础汇率

E. 浮动汇率

参考答案：B。由铸币平价决定的汇率就是相应货币的实际汇率。

(二)购买力平价说理论

1. 开放经济中的一价定律

(1)一价定律的含义

如果不考虑交易成本等因素，则以同一货币衡量的不同国家的某种可贸易商品的价格应是一致的，这就是开放条件下的“一价定律”，用公式可以表示为 $P=E\times P^*$，式中，P 为本国某种可贸易产品的价格，P^* 为外国可贸易产品的价格。

(2)一价定律的实现机制

商品套购，是指利用两国货币汇率与某一商品两国的价格之比不一致的情况，即 $P\neq E\times P^*$，通过在价格相对较低的国家买入一定数量的该商品，然后在价格相对较高的国家售出，以获得差额利润的投机行为。简言之，如果两国货币汇率与某一商品两国的价格之比发生偏差，则必然会出现套购活动，该套购活动将一直持续到两国货币汇率等于某一商品两国的价格之比，即一价定律成立为止，此时两国间的商品套购已无利可图。

在固定汇率制下，套购活动会带来两国物价水平的调整；而在浮动汇率制下，套购活动引起的外汇市场供求变化将迅速引起汇率的调整，从而通过汇率调整而不是价格水平调整实现平衡。

2. 购买力平价的绝对形式

绝对购买力平价的前提包括：第一，对于任何一种可贸易商品，一价定律都成立；第二，在两国物价指数的编制中，各种可贸易商品所占的权重相等。

这样，两国由可贸易商品构成的物价水平之间存在着下列关系：

$$\sum_{i=0}^{n}\alpha_i p_i = e\cdot\sum_{i=0}^{n}\alpha_i p_i^* \qquad (1-3-2)$$

式中，α 项表示权数。如果将这一物价指数分别用 P、P^* 表示，则有

$$P = e\times P^* \qquad (1-3-3)$$

上式的含义是：不同国家的可贸易商品的物价水平以同一种货币计量时是相等的。将上式变形，即

$$e = P/P^* \qquad (1-3-4)$$

这就是绝对购买力平价的一般形式，它意味着汇率取决于以不同货币衡量的可贸易商品的价格水平之比，即不同货币对可贸易商品的购买力之比。注意：上述购买力即一国一般物价水平的倒数。

3. 购买力平价的相对形式

相对购买力平价认为，各国间存在交易成本，同时各国的贸易商品和不可贸易商品的权重存在差异，因此，各国的一般物价水平以同一种货币计算时并不完全相等，而是存在着一定的偏离，即

$$e = \theta P/P^*，\theta \text{ 为偏离系数}$$

对上式取变动率(将 e_1 除以 e_0)，即得下式：

$$\frac{e_1}{e_0} = \frac{p_1}{p_1^*}\Big/\frac{p_0}{p_0^*} \qquad (1-3-5)$$

上式为相对购买力平价的一般形式，它说明的是汇率变动的依据，将汇率在一段时间内的变动归因于两个国家在这一段时期中的物价水平和货币购买力的变化。具体来说，相对购买力平价意味着汇率的升值与贬值是由两国的通胀率的差异决定的。如果本国通胀率超过外国，则本币贬值[也可以对方程 $e=\theta P/P^*$ 两边取对数，得到 $\ln e=\ln\theta+\ln P-\ln P^*$，取微分得到 $de/e=(dp/p-dp^*/p^*)$]。与绝对购买力平价相比，相对购买力平价更具有应用价值，因为它避开了前者过于脱离实际的假定(一价定律)，并且通胀率的数据更加易于得到，因此其适用范围更广。

如果购买力平价的相对形式是正确的，则绝对形式不一定正确；但如果绝对形式成立的话，那么相对形式也一定是成立的。

注意，与绝对购买力平价相比，相对购买力平价并不要求一价定律成立(为什么)。

4. 对购买力平价理论的检验、分析与评价

(1)对购买力平价(PPP)理论的检验

第一，购买力平价在计量检验中存在着技术上的困难，主要包括：

①物价指数的选择不同，可以导致不同的购买力平价。

②商品分类上的主观性和差异性可以扭曲购买力平价。

③在计算相对购买力平价时，基期年的选择至关重要。

第二，从短期看，汇率会因为各种原因而暂时偏离购买力平价。

第三，从长期看，实际经济因素(生产率的变动、消费偏好的变动、自然资源的发现、本国对外国资产的积累、对国际贸易的管制措施的变动，等等)的变动会使名义汇率与购买力平价产生永久性的偏离。

在实证研究中，一般只有在高通胀时期(如20世纪20年代)，购买力平价才能成立。而对战后尤其是20世纪70年代以来工业化国家汇率的分析，一般的结论是：

第一，在短期内，高于或低于购买力平价的偏差经常发生，并且偏离幅度很大；

第二，从长期看，没有明显的迹象表明购买力平价成立；

第三，汇率变动非常剧烈，这一变动幅度远远超过价格变动的幅度。

以上的分析可以归结到一点：购买力平价一般并不能得到实证检验的支持。

(2)对购买力平价(PPP)理论的分析

第一，购买力平价理论的基础是货币数量说。在购买力平价中，一般假设单位货币的购买力是由货币的发行数量决定的。在社会可供商品总量已定的情况下，货币的供应量越多，单位货币的购买能力就越低。因此，货币数量通过决定货币购买力和物价水平从而决定汇率。

第二，由于汇率完全是一种货币现象，物价的变动会带来名义汇率在相反方向上的等量调整，所以名义汇率在剔除货币因素后所得的实际汇率是始终不变的。

第三，购买力平价决定中长期内的均衡汇率，或者其本身就是长期均衡汇率。

(3)对购买力平价(PPP)理论的评价

①贡献：

第一，购买力平价(PPP)理论在各国放弃金本位的情况下，指出以国内外物价对比作为汇率决定的依据，说明货币的对内贬值必然引起货币的对外贬值，揭示了汇率变动的长期原因。

第二，开辟了从货币数量角度对汇率进行分析的先河。

②缺陷：

第一，它忽略了国际资本流动的存在及其对汇率的影响。

第二，它忽略了非贸易品的存在及其影响。从上面的介绍中可以看出，购买力平价说实际上采用了同质商品的假设，即本国和外国均生产一种完全相同的商品，这种商品是可贸易的。现实情况是，由于运输成本的存在、贸易壁垒政策的实施和商品自身不可移动的属性，各国均有不能进行贸易的商品。这类非贸易品的主要特性就是其价格不可能像贸易品价格那样通过国际贸易在各国趋于一致。

第三，购买力平价说还忽略了贸易成本和贸易壁垒对国际商品套购所产生的制约。由于贸易成本(运输成本、信息成本等)的存在，即使不考虑非贸易品，贸易品的价格及其变动在国家间也难以通过套购活动而完全趋于一致。况且，在国际贸易的现实中，各国为了维护本国利益，还往往对进出口贸易实行关税、限额等各种关税和非关税壁垒。这都使得国内外贸易品之间不具有完全的可替代性，其价格的差异自然也难以消除。

第四，在计算购买力平价时，编制各国物价指数在方法、范围、基期选择等方面存在着诸多技术性困难。这使得购买力平价说的具体应用受到限制。

第五，对于汇率与价格水平之间的因果关系，即究竟是相对价格水平决定了汇率，还是汇率决定相对价格水平，还是两者同时被其他变量外生决定，并没有在购买力平价理论中阐述清楚。

真题回顾

【1】(上海财经大学 2013)若绝对购买力平价成立,那么实际汇率必定为(　　)。

A. 常数　　B. 0　　C. 1　　D. 正数

参考答案:C。如果绝对购买力平价成立,那么实际汇率 $\varepsilon=\frac{eP^*}{P}=1$。

【2】(中国人民大学 2014)根据相对购买力平价理论,通胀率高的国家的货币远期有(　　)。

A. 贬值趋势　　B. 升值趋势

C. 先升值后贬值趋势　　D. 不能确定

参考答案:A。通胀率高的国家货币购买力下降得更快,因此有贬值趋势。

【3】(上海财经大学 2012)关于购买力平价,下列说法正确的是(　　)。

A. 在对不同国家的收入水平进行比较时,采用汇率的方法与采用购买力的方法结果是一致的

B. 购买力平价的意思是同样的一笔钱在不同国家所能购买的商品或其组合数量是一样的

C. 购买力平价可解释汇率的短期波动

D. 购买力平价若成立,则实际汇率为 1

参考答案:D。A 选项是指购买力平价成立时的结论,B 描述的主要是一价定律的内容,B 项错误。购买力平价可解释汇率的长期状况,C 项错误。故本题选 D。

(三)利率平价说

与购买力平价理论相比,利率平价理论是一种短期的分析,主要从金融市场角度分析汇率与利率间的关系,可分为抛补(Covered Interest Parity,CIP)利率平价和非抛补(Uncovered Interest Parity,UIP)利率平价两种。

中长期:货币数量→购买力(商品价格)→汇率

短期:货币(资金)供求数量→利率(资产价格)→汇率

1. 抛补利率平价(CIP)

(1)抛补利率平价理论的基本观点

①抛补利率平价的一般形式:

$$\rho=i_d-i_f \qquad (1-3-6)$$

其中,ρ 为即期汇率与远期汇率之间的升(贴)水,i_d 为本国货币的利率,i_f 为外国货币的利率。

我们来做一道例题,以加深对抛补利率平价的理解。

【例 1—3—4】 设即期汇率 1 美元=1.9980 马克,马克利率为 12%,美元利率为 18%。试问:当 3 个月美元比马克的远期汇率为多少时,才可实现货币和外汇市场之间的均衡?

解析:假设有 1 美元,投资于美元货币市场共 3 个月,本利和为:1+(1×18%×91/360)=1.0455;投资于马克货币市场共 3 个月,获利为 1.9980+(1.9980×12%×91/360)=2.0587,故 3 个月的美元比马克的远期汇率=2.0587/1.0455=1.9691。

其实可以利用公式检验汇率变动率：

$$\rho=(i_d-i_f)\times\frac{D}{360} \tag{1-3-7}$$

②抛补利率平价的经济含义。汇率的远期升(贴)水率等于两国货币利率之差，并且高利率货币在外汇市场上表现为贴水，低利率货币在外汇市场上表现为升水。也就是说，汇率的变动会抵消两国间的利率差异，从而使金融市场处于平衡状态。

在两国货币利率，尤其是短期利率存在差异的情况下，资金将从低利率国家流向高利率国家，以谋取利润。为了避免汇率变动的风险，套利者往往将套利与掉期交易结合进行，实施所谓的抛补套利，以保证所赚取的是无风险的收益。大量的掉期外汇交易的结果，是低利率货币的即期汇率下浮，远期汇率上浮；而高利率货币的即期汇率上浮，远期汇率下浮。这意味着低利率货币出现远期升水，高利率货币出现远期贴水。随着抛补套利的不断进行，远期差价最终等于两国利差，使抛补套利活动不再有利可图。这时抛补利率平价成立。

(2)对抛补利率平价的评价

抛补利率平价对于我们理解远期汇率的决定，理解各国利率、即期汇率、远期利率之间的关系有着重要的意义。它被作为指导公式广泛运用于外汇交易中，在国际外汇市场上作为造市者的大银行基本上就是根据各国间的利率差来确定远期汇率的升贴水额的。在实践检验中，除了外汇市场的剧烈动荡时期，抛补利率平价理论基本上都是成立的。但这一理论也存在一些缺陷，主要表现在：

第一，抛补利率平价没有考虑交易成本。然而，交易成本是影响套利收益的一个重要因素。如果考虑各种交易成本，国家间的抛补套利活动在达到利率平价之前就会停止。以资金流出为例，与抛补套利有关的交易成本有四类：

①国内筹资的交易成本；

②购买即期外汇的交易成本；

③购买外国证券的交易成本；

④出售远期外汇的交易成本。

第二，抛补利率平价假定不存在资本流动的障碍，资金在国家间具有高度的流动性(Perfect Mobility)，即资金能不受限制地在国家间流动。但事实上，在国际资本流动高度发展的今天，也只有少数发达国家存在完善的远期外汇市场，资金流动基本不受政府的管制。

第三，抛补利率平价还假定套利资金规模是无限的，套利者能不断进行抛补套利，直到利率平价成立，但能够用于抛补套利的资金往往是有限的，因为：①与持有国内资产相比，持有国外资产具有额外的风险。随着套利资金的增加，这种风险是递增的。②套利还存在机会成本。用于套利的资金金额越大，为预防和安全之需可持有的资金就越少，而且这种机会成本也是随着套利资金的增加而递增的。

(3)抛补利率平价的成立情况及其原因

由于上述因素，现实世界中，抛补利率平价并非时时处处都存在。

2. 非抛补利率平价(UIP)

(1)非抛补利率平价的基本观点

①非抛补利率平价的一般形式：

$$\pi_e = i_d - i_f \tag{1-3-8}$$

其中,π_e 为预期的远期汇率变动率。

该理论假设非抛补套利者为风险中立者。通过定义投资者对未来预期汇率的预测值 $E(e)$,并经过类似CIP的推导,得出预期的汇率变动率

$$\pi_e = i_d - i_f$$

其中,i_d 为本国利率,i_f 为外国利率,$\pi_e = \frac{[E(e_{si}) - e_s]}{e_s} = \frac{i_d - i_f}{1 + i_f}$,我们取一个大约值为 $i_d - i_f$。这样,当非抛补利率平价(UIP)成立时,如果本国利率高于外国利率,则意味着市场预期本币在远期将贬值。

在对抛补利率平价的分析中,我们假定投资者的投资策略是进行远期交易以规避风险。而在非抛补利率平价的分析中,我们假定投资者根据自己对未来汇率变动的预期计算预期收益,在承担一定汇率风险的情况下进行投资活动。

②非抛补利率平价的经济含义。预期的汇率远期变动率等于两国货币利率之差。在非抛补利率平价成立时,如果本国利率高于外国利率,则意味着市场预期本币在远期将贬值;如果本国政府提高利率,则当市场预期未来的即期汇率不变时,本币的即期汇率将升值。

(2)对非抛补利率平价的评价

非抛补利率平价对于我们理解当前汇率、预期汇率、国内外资产流动之间的关系无疑具有重要意义,但它同样存在着抛补利率平价所具备的缺陷。此外,与抛补利率平价相比,非抛补利率平价还存在一个严格的假设:非抛补套利者为风险中立者。由于投资者在进行非抛补套利时承担着汇率风险,如果投资者为风险厌恶者的话,那么对于所承受的这一额外风险,往往要求在持有外币资产时有一个额外的收益补偿,即所谓的"风险补贴"(risk premium),这一风险补贴的存在,显然会导致非抛补利率平价不成立。实证研究已趋于表明,在现实中抛补利率平价接近成立,而非抛补利率平价却是经常不成立的。

由于预期的汇率变动在一定程度上是一个心理变量,很难获得可信的数据进行分析,在理论分析中用非抛补利率平价(UIP)进行分析的意义不大。

3. 利率平价说的应用:即期汇率的决定

根据非抛补利率平价(UIP)的结论 $\pi_e = i_d - i_f$,可以得到

$$e_s = \frac{E(e_{si})}{1 + i_d - i_f} \tag{1-3-9}$$

式中,$E(e_{si})$为投资者对未来即期汇率的预测值,e_s 为当前即期汇率。

显然,给定汇率预期值、国内外利息率,就会有一个相应的即期汇率值。该式表明,当前的汇率水平与汇率预期、外国利率成正比,与本国利率成反比。当外币利率上升,或人们预期外汇汇率将会提高时,外币资产的预期收益率就高于本币资产的预期收益率,由此促使人们在外汇市场上将本币换成外币,带来外币价格的上升。随着外币价格的上升,人们购买外币的成本提高,外币资产的预期收益率降回到原有的水平,与本币资产的收益率重新保持相等。同样地,当本币利率上升时,外币价格下降。

4. 利率平价说的应用:远期汇率的决定

远期外汇汇率取决于远期外汇的供给和需求。远期外汇交易的参与者主要有三类:投

机者、抛补套利者和进出口商。前者为了获取汇率变动的差价进行远期外汇买卖，后两者基于保值的需要进行远期外汇买卖。现代远期汇率决定理论认为，正是它的投机和保值行为共同决定着远期汇率的水平。

5. 对利率平价说的评价

首先，利率平价说从资金流动的角度指出了汇率与利率之间的密切关系，有助于正确认识现实外汇市场上汇率的形成机制。由于现实的外汇市场上资金流动非常迅速而频繁，使利率平价（主要是套补的利率平价）的前提始终较好地成立，具有坚实的分析基础。

其次，利率平价说不是一个独立的利率决定理论，它只是描述了汇率与利率之间相互作用的关系，即：不仅利率的差异会影响到汇率的变动，汇率的改变也会通过资金流动影响不同市场上资金的供求关系，进而影响利率。更为重要的是，利率和汇率可能会同时受到更为基本的因素（例如货币供求等）的作用而发生变化，利率平价只是在这一变化过程中表现出来的利率与汇率之间的联系。

再次，利率平价说具有特别的实践价值。由于利率的变动非常迅速，同时利率又可对汇率产生立竿见影的影响，利率与汇率间存在的这一关系就为中央银行对外汇市场进行灵活的调节提供了有效的途径，即培养一个发达的、有效率的货币市场，在货币市场上利用利率尤其是短期利率的变动来对汇率进行调节。例如，当市场上存在着本币将贬值的预期时，就可以相应提高本国利率，以抵消这一贬值预期对外汇市场的压力，维持汇率的稳定。

真题回顾

（中国人民大学 2015）根据利率平价理论，假如人民币的名义利率比美元高，通货膨胀率也比美元高，长期来看，人民币将（　　）。

A. 升值　　B. 贬值　　C. 不变　　D. 以上都不对

参考答案：B。若人民币资产利率比美元资产利率高，则人民币预期升值；反之，若人民币资产利率低于美元资产利率，则人民币预期贬值。

另外，利率平价里面的利率，指的是名义利率。利率平价的本质是无风险套利，所以本质上不涉及通货膨胀的影响，也就不存在实际利率，即应该是名义利率。

（四）国际收支说

1. 国际收支说的渊源：国际借贷说

国际借贷说出现和盛行于金币本位制时期，其实质可以概括为：汇率作为外汇的价格，是由外汇市场上的供求关系决定的，而外汇供求是由国际收支引起的，由此，一国国际收支赤字，意味着在外汇市场上外汇供不应求，本币供过于求，将导致外汇汇率上升；反之，一国国际收支盈余，意味着在外汇市场上外汇供过于求，本币供不应求，将带来外汇汇率的下降。

具体而言，商品的进口、债券的买卖、利润、捐赠和旅游的收支、资本交易等，都会引起国际收入和支出。而只有已进入支付阶段和收入阶段的国际收支，才会影响外汇的供求。当一国进入支出阶段的外汇支出大于进入收入阶段的外汇收入时，外汇的需求大于供应，因而本国货币汇率下降；反之，则本国货币汇率上升。当进入收支阶段的外汇供求相等时，汇率便处于稳定状态。这种进入支出阶段的外汇支出又称为流动债务，进入收入阶段的外汇收入又称为流动债权。葛逊的理论实际上就是汇率的供求决定论，但他并没有说清楚哪些因素具体影响到外汇的供求，这就大大限制了这一理论的应用价值。

2. 国际收支说的原理

(1)国际收支说的基本模型

假定汇率完全自由浮动，政府不对外汇市场进行任何干预。

如果以 y 代表国民收入，P 代表价格，i 代表利率，e 代表汇率，影响国际收支的主要因素可以表示为：

$$BP=f(y,y^*,P,P^*,i,i^*,e,Ee_f) \quad (1-3-10)$$

如果将除汇率外的其他变量均视为已给定的外生变量，则汇率将在这些因素的共同作用下变化至某一水平，从而起到平衡国际收支的作用，即：

$$e=g(y,y^*,P,P^*,i,i^*,Ee_f) \quad (1-3-11)$$

(2)影响均衡汇率变动的因素

①国民收入的变动。当其他条件不变时，本国国民收入的增加将通过边际进口倾向而带来进口的上升，这导致对外汇需求的增加，本币贬值；外国国民收入的增加将带来本国出口的上升，本币升值。

②价格水平的变动。本国价格水平的上升将带来实际汇率的升值，本国产品竞争力下降，经常账户恶化，从而本币贬值；外国价格水平的上升将带来实际汇率的贬值，本国经常账户改善，本币升值。

③利率的变动。本国利率的提高将吸引更多的资本流入，本币升值；外国利率的提高将造成本币贬值。

④对未来汇率预期的变动。如果预期本币在未来将贬值，资本将会流出以避免汇率损失，这带来本币即期的贬值；如果预期本币在未来将升值，则本币币值在即期将升值。

复习提示及知识补充二

$Y\uparrow\rightarrow$本币贬值；$Y^*\uparrow\rightarrow$本币升值；

$P\uparrow\rightarrow$本币贬值；$P^*\uparrow\rightarrow$本币升值；

$i\uparrow\rightarrow$本币升值；$i^*\uparrow\rightarrow$本币贬值；

$E(e)\uparrow$(预期本币在未来将贬值)$\rightarrow$本币即期贬值。

3. 对国际收支说的评价

国际收支说带有浓厚的凯恩斯主义色彩，它是凯恩斯主义的国际收支理论在浮动汇率制度下的变形，对它的评价主要有以下三方面：

(1)国际收支说指出了汇率与国际收支间存在的密切关系，有利于全面分析短期内汇率的变动和决定；

(2)与购买力平价理论和利率平价理论一样，国际收支说也不是完整的汇率决定理论；

(3)国际收支说是关于汇率决定的流量理论。

(五)资产市场说

1. 资产市场说的基本思想

资产市场说是在国际资本流动获得高度发展的背景下产生的，因此，特别重视金融资产市场均衡对汇率变动的影响。

基本思想：

一国金融市场供求存量失衡后，市场均衡的恢复不仅可以通过国内商品市场的调整来完成，在各国资产具有完全流动性的条件下，还能通过国外（金融）资产市场的调整来完成。汇率作为两国资产的相对价格，其变动有助于资产市场均衡恢复，消除资产市场的超额供给或超额需求。均衡汇率是指两国资产市场供求存量保持均衡时两国货币之间的相对价格。

资产市场说的一个重要分析方法是一般均衡分析。它较之传统理论的突破在于将商品市场、货币市场和证券市场结合起来进行汇率决定分析。基于国际商品和资本流动的高度发展，国内外这六个市场的相互作用和联系大大加强。在这些市场中，国内外商品之间和资产之间有一个替代程度的问题。在一个国家的三种市场之间，则有一个在受到冲击后进行均衡调整的速度快慢对比问题。对替代程度和调整速度的不同假设，就引出了各种资产市场说的模型。

资产市场分析有三个假设前提：

第一，外汇市场是有效的，即市场当前价格反映了所有可能得到的信息；

第二，一国的资产市场包括本国货币市场、本币资产（主要是本国债券）市场和外币资产（包括外国债券和货币存款）市场；

第三，资金完全流动，抛补利率平价始终成立。

2. 汇率的货币论（Monetary Approach to Exchange Rate）（假设国内外资产之间具有完全的替代性）

（1）弹性价格货币模型（Flexible Price Monetary Approach）

①基本模型。该模型建立在三个基本假设基础上：垂直的总供给曲线，稳定的货币需求，购买力平价成立。其基本模型为：

$$\ln e=\alpha(\ln y^{*}-\ln y)+\beta(\ln I^{*}-\ln I)-(\ln Ms^{*}-\ln Ms)(\partial>0,\beta<0) \qquad (1-3-12)$$

这说明本国与外国之间的实际国民收入水平、利率水平以及货币供给水平通过影响各自的物价水平，最终决定汇率水平。这样，弹性货币分析法就将货币市场上的一系列因素引进了汇率水平的决定之中，如图1—3—1所示。

②上述因素变动对汇率水平的影响。

A. 在其他因素不发生变动时，本国货币供给水平的一次性增加，会造成现有价格水平上的超额货币供给，公众将会增加支出以减少他们持有的货币余额。由于产出不变，额外的支出会使价格水平同比例上升。由于购买力平价的成立，本国价格水平提高又将带来本国货币的同比例贬值，本国产出与利率则不发生变动。

B. 当其他因素不变时，本国国民收入的增加，意味着货币需求的增加，在现有价格水平上，由于货币供给没有相应地增加，因此，国民持有货币的实际余额降低，支出将减少。这一支出的减少会造成本国价格水平的下降，直至实际货币余额恢复到原有水平为止。同样，本国价格水平的下降会通过购买力平价造成本国汇率相应上升。

C. 当其他因素不变时，本国利率的上升会降低货币需求，在原有的价格水平与货币供给水平上，会造成支出的增加、物价的上升，从而通过购买力平价关系造成本国货币的贬值。

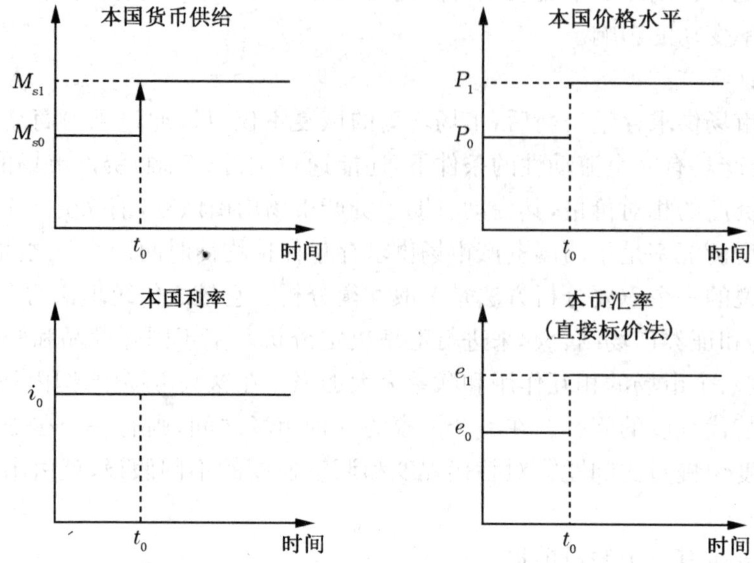

图1—3—1　弹性价格货币模型中本国货币供应量一次性增加的影响

复习提示及知识补充三

A. M_s↑(P 不变)→公众支出(Expenditure)↑→P↑→本币贬值

B. 收入(Y)↑(P 不变)→M_d↑(M_s 不变)→公众支出↓→P↓→本币升值

C. i↑(P 不变)→M_d↓(P 不变)→公众支出↑→P↑→本币贬值

注意:各种实际因素的变化最终通过影响物价水平,根据购买力平价对汇率产生影响。

③评价。

第一,贡献。货币模型不是购买力平价的简单翻版,而是具有诸多创新的独立的汇率决定理论,在现代汇率理论中具有重要地位,这体现在:

A. 货币模型将购买力平价引入资产市场上,将汇率视为一种资产价格,从而抓住汇率这一变量的特殊性质,在一定程度上符合资金高度流动的客观事实,对现实生活中汇率的频繁变动提供了一种解释。

B. 货币模型引入了诸如货币供给量、国民收入等经济变量,分析了这些变量的变动对汇率造成的影响,从而较购买力平价在现实分析中得到更广泛的运用。

C. 货币模型是一般均衡分析。在该模型中,实际上包含了商品市场、货币市场和外汇市场的平衡,这使得它比局部均衡模型更有效。

D. 货币模型作为资产市场说中最为简单的一种形式,反映了这一分析方法的基本特点。简单使得它在各种分析中被经常使用,同时也使它成为更为复杂的汇率理论的基础。

第二,缺陷。货币模型在实证检验中总的来说并不令人满意(从三个假设入手):

A. 它是以购买力平价为理论前提的。事实上,无论在长期还是短期,均没有充分的证据证明购买力平价的成立,这使得货币模型对现实的解释也大打折扣。

B. 它假定货币需求是稳定的，这一点至少在实证研究中存在争议。

C. 它假定价格水平具有充分弹性(灵活性)，这一点尤其受到众多研究者的批评。大量的研究结果显示，商品市场上的价格调整不同于金融资产市场上的价格变动，它一般是比较缓慢的，在短期内显示出黏性。

(2)黏性价格货币模型(Sticky Price Monetary Approach)(汇率超调)

①基本结论。汇率超调模式是美国麻省理工学院教授鲁迪格·多恩布什于1976年提出的，它同样强调货币市场均衡对汇率变动的作用。多恩布什认为，货币市场失衡后，商品市场价格具有黏性，而证券市场反应极其灵敏，利息率将立即发生调整，使货币市场恢复均衡。正是由于价格短期粘住不动，货币市场恢复均衡完全由证券市场来承受，利息率在短时间内就必然超调，即调整的幅度要超出其新的长期均衡水平。

如果资本在国家间可自由流动，利息率的变动就会引起大量的套利活动，由此带来汇率的立即变动。与利息率的超调相适应，汇率的变动幅度也会超过新的长期均衡水平，亦即出现超调的特征。

②动态调整过程。货币市场出现失衡后，由于短期内价格粘住不变，实际货币供应量就会增加。要使货币市场恢复均衡，人们对实际货币余额的需求就必然增加。实际货币需求是国民收入和利息率的函数。在国民收入短期内难以增加而保持不变的情形下，利息率就会下降，人们愿意拥有所增加的实际货币余额。在各国资本具有完全流动性和替代性的情况下，利息率下降就会引起资金外流，进行套利活动，由此导致外汇汇率上浮、本币汇率下浮。然而，外汇汇率并不会永久高居在这一短期均衡水平上，而会逐渐回落，出现与最初反方向的变化。

这时，商品市场并没有处于均衡状态，而是出现超额需求(原因：A. 利率下降会刺激总需求；B. 外汇汇率上升使世界商品市场偏离一价定律，产生商品套购机会，由此使世界需求移向本国商品，从而带来总需求的上升)。在产量不变的情况下，由于商品市场的超额需求，最终将带来价格的同比例上升。价格上升的过程中实际货币供应量相应地逐渐下降，带来利息率的回升，结果是资本内流和外汇汇率的下浮。由此，价格、利率和汇率相互作用，直到汇率达到购买力平价所说明的长期均衡水平上。最终来看，货币扩张所引起的仅仅是价格、汇率等名义变量的同幅度上升，而实际变量如实际汇率、实际货币供应量等则恢复到最初的水平。

③评价。

第一，贡献。超调模型在现代汇率理论中具有极为重要的地位。

A. 超调模型在货币模型的框架内展开分析；但它采用了商品价格黏性这一被认为更切合实际生活的分析方法，对开放条件下的宏观经济作了较为全面、系统的描述。

B. 超调模型首次涉及了汇率的动态调整问题，从而创立了汇率理论的一个重要分支——汇率动态学。继超调模型之后，研究者又从各个角度将汇率动态调整的研究推向深入，这使汇率动态学的内容逐步丰富，成为汇率理论中一个相对独立的研究领域。

C. 超调模型具有鲜明的政策含义。超调是在资金自由流动条件下汇率自由调整的必然现象，完全放任资金自由流动、完全自由浮动的汇率制度不是最合理的，政府有必要对资金流动、汇率乃至整个经济进行干预与管理。

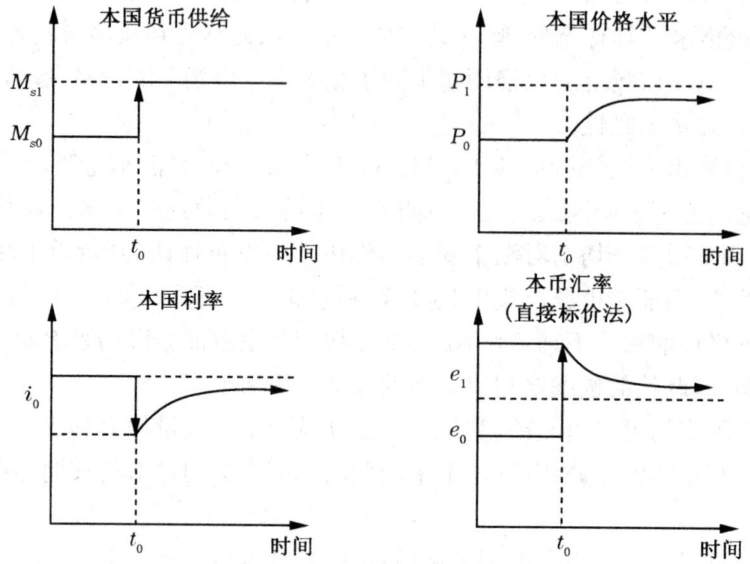

图 1—3—2 超调模型中本国货币供应量一次性增加的影响

第二,缺陷。超调模型是建立在货币模型分析基础上的,因此它也具有与货币模型相同的一些缺陷。比如,作为存量理论的超调模型同样忽略了对国际收支流量的分析。从实际研究角度看,由于该模型较为复杂,加上现实生活中冲击太多,对超调模型很难进行计量检验,难以确定这一模型的解释力。

3. 资产组合平衡说

(1)资产组合平衡模式的基本思想

认为短期内资产市场失衡是通过资产市场内部国内外各种资产的迅速调整加以消除的,汇率正是使资产市场供求存量保持和恢复均衡的关键变量。

假定本币资产与外币资产是不完全替代的,风险等因素使非套补的利率平价不成立。

①分析前提:对象是小国,国外利率 I^* 是给定的,本国居民持有三种资产:本币 M、本国债券 B、外币面值债券 F。

②一国总财富 $W=M+B+E\times F$,E 为直接标价法下的汇率。

M 的需求与 I 和 I^* 是负相关的,与 W 是正相关的。B 的需求与 I^* 是负相关的,与 I 和 W 是正相关的。F 的需求与 I 是负相关的,与 I^* 和 W 是正相关的。

在以上三个市场中,不同资产供求的不平衡都会带来相应的变量——主要是本国利率与汇率——的调整。由于各个市场是相互关联的,因此,只有当三个市场都处于平衡状态时,该国的资产市场整体上才处于平衡状态。

(2)资产市场的各种失衡影响汇率变动的途径

①当外国资产市场失衡致使外国利息率上升时,外国资产所占财富比例就会提高,而本国资产所占财富比例则相应会下降。这样,在原先的资产组合上,国内货币和证券就会出现超额供给,而国外净资产则出现超额需求,当公众重新平衡其资产组合时,就会拿本国货币和证券去换国外资产,由此导致外汇汇率上升,使国外净资产额上升,直到资产组合重新符

合公众意愿；反之，当外国利息率下降到引起公众资产组合调整时，外汇汇率就会下降。

②当一国经常账户出现盈余时，私人部门持有的净国外资产就会增加。在重新平衡资产组合时，人们就会拿超额的净外汇资产去换本国货币和证券，结果是外汇汇率下降，直到净国外资产额愿意为公众所拥有；反之，经常账户赤字时，同理。

③当一国出现政府赤字而发行政府债券时，本国证券相应地增加。在政府向中央银行出售证券的情况下，公众拿出新增的一部分货币去换本国证券和国外资产。对国外资产的需求增加，会引起汇率的提高。但如果政府债券由私人部门认购，那么以本国证券形式持有的财富额就会增加。净影响取决于国外资产的需求财富弹性与国外资产对本国利率的交叉需求弹性何者为大。

④当中央银行通过购入政府债券且增加货币供给时，私人部门就会发现本国货币供过于求，而证券却供不应求。当它们用超额货币来交换本国证券时，利率就会下降，从而导致外汇汇率上升。当中央银行通过购入国外资产来增加货币供给时，本国货币就会供过于求，国外资产就会供不应求，从而引起居民拿本国货币去交换国外资产，同样也导致外汇汇率上升；反之，中央银行减少货币供给时，外汇汇率就会下降。

⑤当各种因素引起私人部门预期汇率将上升或下降时，他们就会愿意提高或降低外国资产持有率，相应地降低或提高本国资产持有率。当重新平衡资产组合时，人们就会用本国货币和证券去换国外资产，或用国外资产去换本国货币和证券，由此导致外汇汇率上升或下降。汇率变动后，以本币表示的国外资产额就调整到与新的需求额相一致的水平。

综上所述，资产组合平衡模型关于外国利率、各种国内外资产存量变动以及汇率预期对汇率的影响的比较静态分析可以概括为：

$$e=e(\overset{+}{i_f},\overset{\pm}{N},\overset{+}{M},\overset{-}{F},\overset{+}{\pi_e}) \qquad (1-3-13)$$

式中，i_f 为国外利率，N 为本国债券总额，M 为基础货币总额，F 为一国对外净资产总额，π_e 为预期货币贬值率，＋表示与汇率同方向变化，－表示与汇率反方向变化。

(3)对资产组合说的评价

第一，贡献。

①资产组合分析法具有两个突出的优点。它既区分了本国资产与外国资产的不完全替代性，又将经常账户这一流量因素纳入存量分析之中，从而将汇率模型对各种因素的综合程度提高到前所未有的程度，使原有的各种理论者能较好地被融入这一模型之中。

②资产组合分析法具有特殊的政策分析价值，被广泛运用于货币政策的分析中。由于较好地符合了现实中本国资产与外国资产的不完全替代性，这一分析法对政策效应的研究更为细致，为许多国家的政府决策提供了全新的依据。

第二，缺陷。

①该模型过于复杂，这在很大程度上制约了对它的运用，影响了实证检验的效果。为了简化分析，资产组合分析法建立在许多特定前提之下。同时，该模型的某些变量极难获得统计数据，这使实证分析格外困难。

②该模型虽然纳入了流量因素，但是并没有对流量因素本身作更为专门的分析。资产组合模型仍带有较多的货币主义特征，在汇率理论重新重视对流量因素进行分析的新趋势

中,它仅是一个过渡性的模型。

复习提示及知识补充三

表 1—3—1　　　　汇率决定理论知识梳理表

	购买力平价说	利率平价说	国际收支说	资产市场说		
				弹性价格货币模型	黏性价格货币模型	资产组合平衡说
基本思想	货币的价值在于其购买力,因此,不同货币之间的兑换比率取决于其购买力之比,也就是说,汇率与各国的价格水平之间具有直接的联系。			一国金融市场供求存量失衡后,市场均衡的恢复不仅可以通过国内商品市场的调整来完成,在各国资产具有完全流动性的条件下,还能通过国外(金融)资产市场的调整来完成。汇率作为两国资产的相对价格,其变动有助于资产市场均衡恢复,消除资产市场的超额供给或超额需求。		
假设前提	①一价定律:交易成本$=0$,以同一货币衡量,不同国家,可贸易商品,价格是一致的,$P=e\times P^*$;②实现机制:商品套购	①无交易成本; ②假定不存在资本流动的障碍; ③假定套利资金规模是无限的; ④非抛补套利者为风险中立者	①汇率完全自由浮动; ②政府不对外汇市场进行任何干预	本币资产与外币资产是完全替代的 ①垂直的总供给曲线;②稳定的货币需求;③购买力平价成立	本币资产与外币资产是完全替代的 ①商品市场价格具有黏性; ②证券市场反应极其灵敏	①本币资产与外币资产是不完全替代的; ②风险等因素使非套补的利率平价不成立
基本模型和基本观点	①绝对形式:$e=P/P^*$ ②含义:汇率取决于以不同货币衡量的可贸易商品的价格水平之比,即不同货币对可贸易商品的购买力之比。 ③相对形式: $\frac{e_1}{e_0}=\frac{p_1}{p_1^*}/\frac{p_0}{p_0^*}$ $de/e=dp/p-dp^*/p^*$ 含义:说明的是汇率变动的依据,将汇率在一段时间内的变动归因于两个国家在这一段时期中的物价水平和货币购买力的变化	①$CIP:\rho=i_d-i_f$ 含义:汇率的远期升(贴)水率等于两国货币利率之差,并且高利率货币在外汇市场上表现为贴水,低利率货币在外汇市场上表现为升水。 ②$UIP:\pi_e=i_d-i_f$ 含义:预期的汇率远期变动率等于两国货币利率之差	$e=g(y,y^*,P,P^*,i,i^*,Ee_f)$ y 代表国民收入,P 代表价格,i 代表利率,e 代表汇率	$\ln e=\alpha(\ln y^*-\ln y)+\beta(\ln i^*-\ln i)+(\ln M_s-\ln M_s^*)(\alpha>0,\beta<0)$	汇率的动态调整过程	$e=e(i_f,N,M,F,\pi_e)$

续表

	购买力平价说	利率平价说	国际收支说	资产市场说		
				弹性价格货币模型	黏性价格货币模型	资产组合平衡说
其他		①即期汇率的决定 ②远期汇率的决定				

【本章参考习题】

1. 根据货币主义汇率理论，下列各项中可能导致本币汇率下降的有(　　)。

A. 本国相对于外国的名义货币供应量增加

B. 本国相对于外国的实际国民收入减少

C. 本国相对于外国的实际利率下降

D. 本国相对于外国的预期通胀率下降

2. 下列对购买力平价的叙述中，正确的是(　　)。

A. 购买力平价是从货币数量角度对汇率进行分析的

B. 购买力平价在汇率理论中处于基础的地位，并为实证检验所支持

C. 购买力平价理论认为实际汇率是始终不变的

D. 购买力平价理论认为货币之间的兑换比率取决于各自具有的购买力的对比

3. 以下关于汇率理论的看法，不正确的是(　　)。

A. 购买力平价理论把汇率的变化归结于购买力的变化

B. 利率平价理论侧重研究因利率差异引起的资本流动与汇率决定之间的关系

C. 国际收支说是从国际收支角度分析汇率决定的理论

D. 在资产市场说中，汇率超调被认为是由金融市场价格黏性引起的

4. 根据多恩布什的“汇率超调论”，汇率之所以在受到货币冲击后会作出过度反应，是因为(　　)。

A. 购买力平价不成立

B. 利率平价不成立

C. 商品市场的调整快于金融市场的调整

D. 金融市场的调整快于商品市场的调整

5. 下列表述中，最为正确的是(　　)。

A. 如果 PPP 成立，那么只要各国用以计算物价水平的商品篮子相同，一价定律对于任何商品都成立

B. 如果一价定律对于任何商品都成立，那么只要各国用以计算物价水平的商品篮子相同，PPP 将自动成立

C. 如果一价定律对于任何商品都成立，那么 PPP 将自动成立

D. 如果一价定律不是对于所有商品都成立,那么只要各国用以计算物价水平的商品篮子相同,PPP 将不成立

参考答案:

1. AB;2. ACD;3. D;4. D;5. B。

扫码听课

第四章　金融市场

考试要求

◆ 了解：金融、直接融资、间接融资的基本概念，债券和股票的基本知识

◆ 掌握：金融市场的构成和分类，金融市场的重要作用，货币市场、资本市场的概念，金融衍生市场的主要工具，资产组合的基本原理

◆ 熟练掌握：金融市场上的主要交易工具

本章知识点框架

- 金融市场
  - 金融市场及其要素
    - 金融市场的概念
    - 金融市场的分类
    - 金融市场的功能
      - 汇集和分配资金功能
      - 资金期限转换功能
      - 分散与转移功能
      - 价格发现功能
      - 信息集散功能
  - 货币市场
    - 货币市场的特征
      - 融资期限短
      - 流动性强
      - 风险性小
      - 可控性强
    - 货币市场的参与者
    - 货币市场的主要工具
      - 短期信贷市场
      - 短期证券市场
      - 贴现市场
      - 同业拆借市场
      - 大额可转让定期存单市场
      - 债券回购市场
  - 资本市场
    - 资本市场的特征
      - 融资期限长
      - 风险性大
      - 流动性差
    - 资本市场的参与者
    - 资本市场的工具
      - 中长期信贷市场
      - 债券市场
      - 股票市场
  - 衍生工具市场
    - 金融衍生工具的概念
    - 期货市场
    - 期权市场
    - 互换
  - 金融机构的种类和功能

考情分析

本章内容的综合性较强，详细内容会涉及《金融市场学》《货币银行学》《国际金融》等部分。通过分析历年的考题可以发现，该章的内容考查面较散，主要以概念为主，因此，考查题型一般为名词解释、选择题、简答题等，甚少会以该章为核心考查论述题。

本章中最重要的内容为资本市场和衍生工具。衍生工具的定价这部分内容一直是难点，也是各参考书常常重点讲的地方，一旦考到，也不能认为超纲。

此外，该章内容中有关保证金的计算也是平时习题较多的考点，不能忽视，计算较为简单，但公式变量容易混淆，考生应当精确记忆。

一、金融市场及其要素

(一)资金的融通

1. 盈余单位和赤字单位

任何一个经济社会，总是由家庭住户、企业和政府这几种基本经济单位组成，每一种经济单位又有自己的预算结构。在某一个时期内，总有一部分经济单位或由于收入增加、或由于缺乏适当的消费和投资机会、或为了预防不测、或为了将来需要而积累，因而处于总收入大于总支出的状态，这类单位称为盈余单位。同时，又有一些经济单位或由于收入减少、或由于消费超前、或由于进行额外投资、或由于发生意外事故等，因而处于总收入小于总支出的境地，这类单位称为赤字单位。

2. 资金的融通

资金在盈余单位和赤字单位之间实现有偿的调动(或让渡)，就是资金的融通，即“金融”，或称之为资金余缺调剂的信贷活动。

经济活动是大量商品、劳务和生产资源不断互换的交易活动，它包含“实物流”和“资金流”两方面，如图 1—4—1 所示。其中，虚线表示“资金流”，实线表示“实物流”。

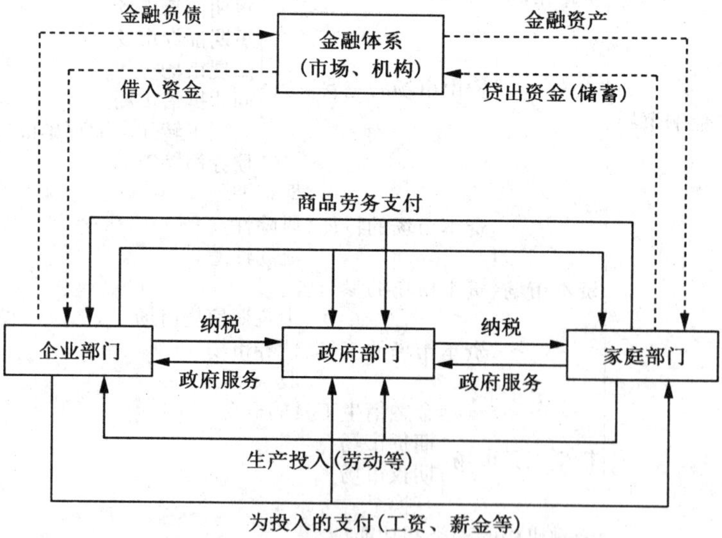

图 1—4—1 经济体系中的“实物流”和“资金流”

3. 直接融资和间接融资

(1)直接融资

由赤字单位(最终借款人)直接向盈余单位(最终贷款人)发行(出卖)自身的金融要求权,其间不需经过任何金融中介机构;或虽有中介人,但明确要求权的仍是赤字单位和盈余单位,双方是对立当事人,这种资金融通的方式称为直接融资。这里的"中介人"称为"媒人",在盈余单位和赤字单位之间起帮助寻找资金融通单位并迅速、敏捷地转送金融要求权的作用,本身并不卖出或买进金融要求权。

(2)间接融资

盈余单位和赤字单位无直接契约关系,双方各以金融中介机构为对立当事人,即金融机构发行(卖出)自身的金融要求权,换取盈余单位的资金,并利用所得的资金去取得(买进)对赤字单位的金融要求权,这种资金融通的方式称为间接融资。

4. 资金融通的特点

资金融通作为盈余单位和赤字单位之间资金调剂的重要方式,最重要的作用是重新分配社会的闲置资源和动员此种资源以加速资本的形成。金融在起这种作用的过程中有其独特的特点:

(1)回收性

授信人原则上要按等值收回原来贷出的货币资金(本金)。

(2)期限性

资金融通一般有约定的期限。在现实经济中,也有无期限的,如英国统一公债和股票。

(3)收益性

授信人除可以等值收回原来付出的货币资金之外,还可以得到额外的收入,即受信任支付的利息或股息。

(4)风险性

授受信用双方都有蒙受意外损失的可能性,比如违约风险、通货膨胀风险、市场风险等。

真题回顾

(清华大学 2015)下列哪种行为属于直接融资行为?(　　)

A. 你向朋友借了 10 万元

B. 你购买了 10 万元的余额宝

C. 你向建设银行申请了 10 万元的汽车贷款

D. 以上都是

参考答案:A。直接融资指的是不通过金融中介,资金供给方与资金需求方直接完成资金融通的行为。

(二)金融市场的形成

金融市场是商品经济高度发展的产物。随着商品流通和交易的发展,生产日益扩大和社会化,社会资本迅速地转移,资金融通的形式也日益多样化,种类繁多的信用工具也不断地涌现。信用工具作为金融商品在金融市场上交易就自然而然地出现了。多种融资形式和

多种信用工具的运用和流通,导致金融市场的形成。具体来说,金融市场的形成大体需要具备以下五个条件:

(1)商品经济的高度发达。

(2)完善和健全的金融机构体系。

(3)金融交易的工具丰富,交易形式多样化。

(4)健全的金融立法。

(5)合理的市场管理。

(三)金融市场的构成

1. 金融市场的概念

金融市场是指以金融资产为交易对象而形成的供求关系及其机制的总和。它包括如下三层含义:

(1)它是金融资产进行交易的一个有形和无形的场所;

(2)它反映了金融资产的供应者和需求者之间所形成的供求关系;

(3)它包含了金融资产交易过程中所产生的运行机制,其中最主要的是价格(包括利率、汇率及各种证券的价格)机制。

2. 金融市场的主体

(1)政府部门

在各国的金融市场上,通常该国的中央政府与地方政府都是资金的需求者,它们主要通过发行财政部债券或地方政府债券来筹集资金,用于基础设施建设,弥补财政预算赤字等。政府部门在一定的时间内也可能是资金的供应者。

(2)工商企业

在不少国家,国有或私营的工商企业是仅次于政府部门的资金需求者,它们既通过市场筹集短期资金从事经营,以提高企业的财务杠杆比例和增加盈利;又通过发行股票或中长期债券等方式筹措资金,用于扩大再生产和经营规模。另外,工商企业也是金融市场上的资金供应者之一。它们在生产经营过程中会发生暂时闲置的资金,为了使其保值或获得盈利,它们也会将其暂时让渡出去。

(3)居民个人

个人一般是金融市场上的主要资金供应者。个人有时也有资金需求,但数量一般较小,常常是用于耐用消费品的购买及住房消费等。

(4)存款性金融机构

存款性金融机构是指通过吸收各种存款而获得可利用资金,并通过将之贷给需要资金的各经济主体及投资于证券等途径而获取收益的金融机构。它们是金融市场的重要中介,也是套期保值和套利的重要主体。存款性金融机构一般包括商业银行、储蓄机构、信用合作社等类别。

(5)非存款性金融机构

非存款性金融机构的资金来源和存款性金融机构吸收公众存款不一样,主要是通过发行证券或以契约的方式聚集社会闲散资金,主要包括保险公司、养老基金、投资银行、投资基金。

(6)中央银行

中央银行在金融市场上处于一种特殊的地位，它既是金融市场的行为主体，又大多是金融市场上的监管者。从中央银行参与金融市场的角度来看，首先，作为银行的银行，它充当最后贷款人的角色，从而成为金融市场资金的提供者。其次，中央银行为了执行货币政策，调节货币供应量，通常采取在金融市场上买卖证券的做法，进行公开市场操作。中央银行的公开市场操作不以营利为目的，但会影响到金融市场上资金的供求及其他经济主体的行为。

真题回顾

(上海财经大学 2012)下列属于契约型金融机构的是(　　)。

A. 投资银行　　B. 封闭型基金　　C. 保险公司　　D. 信用社

参考答案:C。常见的契约型金融机构有保险公司，退休或养老基金公司等。

(四)金融市场的功能

1. 聚敛功能

聚敛功能是指金融市场引导众多分散的小额资金汇聚成为可以投入社会再生产的资金集合功能。在这里，金融市场起着资金"蓄水池"的作用。

2. 配置功能

金融市场的配置功能表现在以下三个方面：

(1)资源的配置。金融市场通过将资源从低效率的部门转移到高效率的部门，从而使一个社会的经济资源能最有效地配置在效率最高或效用最大的用途上，实现稀缺资源的合理配置和有效利用。

(2)财富的再分配。政府、企业及个人通过持有金融资产的方式来持有财富，在金融市场上的金融资产价格发生波动时，其持有数量也会发生变化。

(3)风险的再分配。在现代经济活动中，风险无时不在、无处不在。而不同的主体对风险的厌恶程度是不同的，利用各种金融工具，风险厌恶程度较高的人可以把风险转嫁给风险厌恶程度较低的人，从而实现风险的再分配。

3. 调节功能

调节功能是指金融市场对宏观经济的调节作用。

(1)金融市场具有直接调节作用。在金融市场中，只有符合市场需要、效益高的投资对象，才能获得投资者的青睐。而且，投资对象在获得资本后，只有保持较高的经济效益和较好的发展势头，才能继续生存并进一步扩张。否则，它的证券价格就会下跌，继续在金融市场上筹资就会面临困难，发展就会受到后续资本供应的抑制。

(2)金融市场的存在及发展为政府实施对宏观经济活动的间接调控创造了条件。货币政策属于调节宏观经济活动的重要宏观经济政策，其具体的调控工具有存款准备金、再贴现、公开市场操作等，这些政策的实施都以金融市场的存在、金融部门及企业成为金融市场的主体为前提。

4. 反映功能

金融市场历来被称为国民经济的"晴雨表"和"气象台"，是公认的国民经济信号系统。

这实际上就是金融市场反映功能的写照。金融市场的反映功能表现在如下几个方面：

(1)证券价格的涨跌在一个有效的市场中实际上是反映着其背后企业的经营管理情况及发展前景。所以,金融市场首先是反映微观经济运行状况的指示器。

(2)金融市场交易直接和间接地反映国家货币供应量的变动。货币的紧缩和放松均是通过金融市场进行的,货币政策实施时,金融市场会出现波动,表现为紧缩和放松的程度。

(3)由于证券交易的需要,金融市场上有大量的专门人员长期从事商情研究和分析,并且他们每日与各类工商业直接接触,能了解企业的发展动态。

(4)金融市场有着广泛而及时地收集和传播信息的通信网络,整个世界金融市场已连成一体,四通八达,从而使人们可以及时地了解世界经济发展变化情况。

二、货币市场

(一)货币市场的特征

1. 融资期限短

一般在一年以内,这是货币市场的基本特点。

2. 流动性强

从市场的目的性看,货币市场是流动性金融资产交易和组合的场所,通过对金融机构在中央银行的账户存款、商业票据、国库券、大额定期存单的买卖,为金融机构、企业、政府、家庭等提供了流动性转换和配置的条件。

3. 风险性小

货币市场交易的金融产品与资本市场的债券和股票相比,具有收益水平低、安全性高的特点。

4. 可控性强

货币市场是商业银行、中央银行、财政部门直接大量参与的市场,货币市场在满足参与者调剂资金余缺、补充流动性等要求的同时,也为货币政策和财政政策的实施创造了条件。商业银行的同业拆借、票据贴现等活动直接决定着货币市场的供求价格。中央银行的公开市场业务、财政部的国库券发行等也直接影响着货币市场的运行。因此,与资本市场相比,上述机构对货币市场的影响和控制力要大得多。但是,货币市场金融工具的有效性,却要以一个成熟、完善的资本市场作依托。例如,公开市场操作中的金融工具,政府债券是货币市场工具,但是需要一个健全的债券市场作为保证,由于大多数债券都是长期债券,因此公开市场操作的有效实施,也需要一个成熟的资本市场。

(二)货币市场的参与者

1. 货币市场的资金供给者

主要是五类短期融资工具的买方:(1)商业银行(交易最活跃、交易量最大、采用的金融工具最多、对资金供求和利率的波动影响最大);(2)其他金融机构;(3)企业;(4)个人;(5)中央银行(采用公开市场操作、贴现和再贷款等形式为市场融通资金)。

2. 货币市场的资金需求者

主要是三类短期融资工具的卖方：

(1)国家政府:政府财政收入有先支后收和季节性因素,有时会出现资金不足,于是就向货币市场发行国库券等筹措短期资金。此外，国家政府的一部分长期债务在财政收入低估时到期，为了偿还这种债务，也发行短期债券。

(2)企业：企业在生产经营中会经常出现临时性和季节性的资金需要，于是在货币市场上发行商业票据、公司债券等来筹措所需资金。

(3)商业银行：商业银行发生流动性困难时，就到货币市场上来寻觅资金。在货币市场无法提供足够的流动性时，商业银行再转向中央银行求助。

(三)货币市场的主要功能

货币市场的主要功能是调剂暂时性的资金余缺；另外，货币市场也是中央银行进行公开市场操作、贯彻货币政策意图的重要场所。

在货币市场中，短期金融工具的存在及发展是其发展的基础。短期金融工具将资金供应者和资金需求者联系起来，并为中央银行实施货币政策提供操作手段。在货币市场上交易的短期金融工具，一般期限较短，最短的只有一天，最长的也不超过一年，较为普遍的是3－6个月。正因为这些工具期限短，可随时变现，有较强的货币性，所以，短期金融工具又有“准货币”之称。

(四)货币市场的划分及主要工具

1. 短期信贷市场

主要是通过银行获得短期的资金融通。

2. 短期证券市场(短期政府债券市场)

(1)短期政府债券市场的概念

短期政府债券，是政府部门以债务人身份承担到期偿付本息责任的、期限在一年以内的债务凭证。从广义上看，政府债券不仅包括国家财政部门所发行的债券，还包括地方政府及政府代理机构所发行的证券。狭义的短期政府债券则仅指国库券。一般来说，短期政府债券市场主要指的是国库券市场。

短期政府债券以贴现的方式发行，投资者的收益是证券的购买价与证券面额之间的差额。考生要注意的是，在我国，不管是期限在一年以内还是在一年以上由政府财政部门发行的政府债券，均有称为国库券的习惯。但在国外，期限在一年以上的政府中长期债券称为公债，一年以内的债券才称为国库券。

(2)短期政府债券市场的主要特征

①违约风险小。由于国库券是国家的债务，因而它被认为是没有违约风险的。国库券无违约风险的特征增加了对投资者的吸引力，还间接地影响到投资者对国库券的需求，因为各种法令和条例赋予了国库券在投资者中的特殊地位。

②流动性强。国库券之所以具有这一特征，是因为它是一种在高组织性、高效率和竞争市场上交易的短期同质工具(Short Term Homogeneous Instrument)。这一特征使得国库券能在交易成本较低及价格风险较低的情况下迅速变现。

③面额小。在美国，国库券的最小面额目前为10 000美元；其面额远远低于其他货币市场票据的面额(大多为10万美元)。对许多小投资者来说，国库券通常是他们能直接从货币市场购买的唯一的有价证券。

④收入免税。主要是指免除州及地方所得税。国库券免税优点的体现取决于投资者所

在州及地方税率的高低水平。州及地方税率越高，国库券的吸引力越大。

3. 贴现市场

(1)商业票据市场

①商业票据市场的概念。

商业票据是大公司为了筹措资金，以贴现的方式出售给投资者的一种短期无担保承诺凭证。美国的商业票据属于本票性质，英国的商业票据则属于汇票性质。由于商业票据没有担保，仅以信用作保证，因此，能够发行商业票据的一般都是规模巨大、信誉卓著的大公司。商业票据市场就是这些信誉卓著的大公司所发行的商业票据的交易市场。

②商业票据市场的主要特征。

A. 商业票据的发行视经济及市场状况的变化而变化。一般来说，高利率时期发行数量较少，市场利率较低时，发行数量较多。

B. 大多数商业票据的发行面额都在 100 000 美元以上。二级市场上商业票据的最低交易规模为 100 000 美元。

C. 商业票据的期限较短，一般不超过 270 天。市场上未到期的商业票据平均期限在 30 天以内，大多数商业票据的期限在 20 至 40 天之间。

D. 尽管在投资者急需资金时，商业票据的交易商和直接发行者可在到期之前兑现，但商业票据的二级市场并不活跃，主要是因为商业票据的期限非常之短，购买者一般都计划持有到期；另一个原因是商业票据是高度异质性的票据，不同经济单位发行的商业票据在期限、面额和利率等方面各有不同，其交易难以活跃。

E. 商业票据的发行要获得信用评级公司的评级。

(2)银行承兑汇票市场

①银行承兑汇票市场的概念。在商品交易活动中，售货人为了向购货人索取货款而签发的汇票，经付款人在票面上承诺到期付款的“承兑”字样并签章后，就成为承兑汇票。经银行承兑的汇票即为银行承兑汇票。由于银行承兑汇票由银行承诺承担最后的付款责任，实际上是银行将其信用出借给企业，因此，企业必须交纳一定的手续费。这里，银行是第一责任人，而出票人则只负第二手责任。以银行承兑票据作为交易对象的市场即为银行承兑票据市场。

②银行承兑汇票市场的主要特征。

A. 银行承兑汇票最常见的期限有 30 天、60 天和 90 天等几种；另外，也有期限为 180 天和 270 天的。交易规模一般为 10 万美元和 50 万美元。

B. 银行承兑汇票的违约风险较小，但有利率风险。

C. 为国际贸易创造的银行承兑汇票占银行承兑汇票的绝大部分。

D. 银行承兑汇票二级市场的参与者主要是创造承兑汇票的承兑银行、市场交易商及投资者。

E. 银行法规定出售合格的银行承兑汇票所取得的资金不要求缴纳准备金。

4. 同业拆借市场

(1)同业拆借市场的概念

同业拆借市场，也称为同业拆放市场，是指金融机构之间以货币借贷方式进行短期资金融通活动的市场。同业拆借的资金主要用于弥补短期资金的不足、票据清算的差额以及解决临时性的资金短缺需要。同业拆借市场交易量大，能敏感地反映资金供求关系和货币政策意图，影响货币市场利率，因此，它是货币市场体系的重要组成部分。

国际上最有代表性的同业拆借利率是伦敦银行同业拆借利率(London Interbank Offered Rate, LIBOR)，它是伦敦金融市场上银行间相互拆借英镑、欧洲美元及欧洲其他货币时的利率，由报价银行在每个营业日的上午 11 时对外报出，分为存款利率和贷款利率两种报价。资金拆借的期限为 1 个月、3 个月、6 个月和 1 年等几个档次。自 20 世纪 60 年代初，该利率即成为伦敦金融市场借贷活动中的基本利率。目前，伦敦银行同业拆借利率已成为国际金融市场上的一种关键利率，一些浮动利率的融资工具在发行时也以该利率作为浮动的依据和参照物。

(2)同业拆借市场的主要特征

①同业拆借市场的资金借贷程序简单、快捷，借贷双方可以通过电话直接联系，或与市场中介人联系，在借贷双方就贷款条件达成协议后，贷款方可直接或通过代理行经中央银行的电子资金转账系统将资金转入借款方的资金账户上，数秒钟即可完成转账程序。

②同业拆借市场的参与者首推商业银行。由于同业拆借市场期限较短、风险较小，许多银行都把短期闲置的资金投放于该市场，以及时调整资产负债的结构，保持资产的流动性。特别是那些市场份额有限、承受经营风险能力脆弱的中小银行，更是把同业拆借市场作为短期资金运用的经常性场所。非银行金融机构也是金融市场上的重要参与者，例如，券商、互助储蓄银行、储蓄贷款协会等。

③同业拆借市场的拆借期限通常以 1—2 天为限，短至隔夜，多则 1—2 周，一般不超过 1 个月，当然也有少数同业拆借交易的期限接近或达到 1 年的。同业拆借的拆款按日计息，拆息额占拆借本金的比例为“拆息率”。拆息率每天不同，甚至每时每刻都有变化，其高低灵敏地反映着货币市场资金的供求状况。

5. 大额可转让定期存单市场

(1)大额可转让定期存单市场的概念

大额可转让定期存单(Negotiable Certificates of Deposits，简称 CDs)是 20 世纪 60 年代以来金融环境变革的产物。由于 20 世纪 60 年代市场利率上升而美国的商业银行受 Q 条例的存款利率上限的限制，不能支付较高的市场利率，大公司的财务主管为了增加临时闲置资金的利息收益，纷纷将资金投资于安全性较好，又具有收益的货币市场工具，如国库券、商业票据等。这样，以企业为主要客户的银行存款急剧下降。为了阻止存款外流，银行设计了大额可转让定期存单这种短期的有收益的票据来吸引企业的短期资金。

(2)传统的定期存款与大额可转让定期存单的不同点

①定期存款记名，不可流通转让；而大额定期存单则是不记名的，可以流通转让。

②定期存款金额不固定，可大可小；而可转让定期存单金额较大，在美国向机构投资者发行的 CDs 面额最少为 10 万美元，二级市场上的交易单位为 100 万美元，但向个人投资者发行的 CDs 面额最少为 100 美元。在香港最少面额为 10 万港元。

③定期存款利率固定；可转让定期存单利率既有固定的，也有浮动的，且一般来说比同期限的定期存款利率高。

④定期存款可以提前支取，提前支取时要损失一部分利息；可转让存单不能提前支取，但可在二级市场上流通转让。

(3)大额可转让存单的市场特征

①利率和期限。

20世纪60年代，可转让存单主要以固定利率的方式发行，存单上注明特定的利率，并在指定的到期日支付。这在当时利率稳定时深受投资者的欢迎。那些既注重收益又要求流动性的投资者购买短期可转让存单，而那些更注重收益的投资者则购买期限稍长的存单。

20世纪60年代后期开始，金融市场利率发生变化，利率波动加剧，并趋于上升。在这种情况下，投资者都希望投资于短期的信用工具，可转让存单的期限大大缩短。20世纪60年代，存单的期限为3个月左右，1974年以后缩短为2个月左右。

②风险和收益。

对投资者来说，可转让存单的风险有两种：一是信用风险，二是市场风险。信用风险指发行存单的银行在存单期满时无法偿付本息的风险。在美国，虽然一般的会员商业银行必须在联邦存款保险公司投保，但由于存单发行面额大，而每户存款享受的最高保险额只有10万美元，因此存单的信用风险依然存在，更不用说没有实行存款保险制度国家的银行所发行的存单了。而且，由于近年来国际金融风波不断，信用风险还有加大的趋势。市场风险指的是存单持有者急需资金时，存单不能在二级市场上立即出售变现或不能以较合理的价格出售。尽管可转让存单的二级市场非常发达，但其发达程度仍比不上国库券市场，因此并非完全没有市场风险。

一般地说，存单的收益取决于三个因素：发行银行的信用评级、存单的期限以及存单的供求量。另外，收益和风险的高低也紧密相连。可转让存单的收益要高于同期的国库券收益，主要原因是国库券的信用风险低，并且具有免税优惠。另外，国库券市场的流动性也比存单市场高。

6. 债券回购市场

(1)债券回购市场的概念

回购市场是指通过回购协议进行短期资金融通交易的市场。所谓回购协议，指的是在出售证券的同时，与证券的购买商签订协议，约定在一定期限后按原定价格或约定价格购回所卖证券，从而获取即时可用资金的一种交易行为。从本质上说，回购协议是一种抵押贷款，其抵押品为证券。

还有一种逆回购协议，实际上与回购协议是一个问题的两个方面，它是从资金供应者的角度出发相对于回购协议而言的。回购协议中，卖出证券取得资金的一方同意按约定的期限以约定的价格购回所卖出的证券。在逆回购协议中，买入证券的一方同意按约定的期限以约定的价格出售其所买入的证券。从资金供应者的角度看，逆回购协议是回购协议的逆进行。

(2)回购市场的主要特征

①回购协议的期限从一日至数月不等。若证券购回的时间为一天，则称为隔夜回购；如果时间长于一天，则称为期限回购。

②回购协议市场没有集中的有形场所，交易以电讯方式进行。大多数交易在资金供应

方和资金获得者之间直接进行，但也有少数交易通过市场专营商进行。

③大银行和政府证券交易商是回购协议市场的主要资金需求者，银行利用回购协议市场作为其资金来源之一。银行利用回购协议所取得的资金不属于存款负债，不用缴纳存款准备金。

④对于中央银行来说，通过回购交易可以实施公开市场操作，所以回购市场是其执行货币政策的重要场所。

⑤尽管回购协议中使用的是高质量的抵押品，但是交易的双方当事人也会面临信用风险。

真题回顾

【1】(复旦大学 2015)货币市场的主要功能是(　　)。

A. 短期资金融通　B. 长期资金融通　C. 套期保值　D. 投机

参考答案:A。货币市场上交易的是期限在一年以下的投资工具，因此，其主要功能是进行短期资金融通。

【2】(华东师范大学 2014)可转让存单首创于下面哪家银行？(　　)

A. 英国英格兰银行B. 美国第一银行　C. 汇丰银行　D. 美国花旗银行

参考答案:D。第一张可转让存单产生于花旗银行，本题选 D。

【3】(华东师范大学 2015)银行同业拆借市场的期限一般不超过(　　)。

A. 7 天　B. 1 个月　C. 4 个月　D. 1 年

参考答案:D。基本概念题，银行同业拆借市场是指银行之间短期的资金借贷市场。市场的参与者为商业银行以及其他各类金融机构。拆借的期限较短，有隔夜、7 天、14 天等，最长不超过 1 年。

三、资本市场

(一)资本市场的特征

(1)融资期限长。

(2)风险性大。

(3)流动性差。

(二)资本市场的参与者

资本市场的参与者主要是个人、企业、金融机构和政府。个人作为资金供给方，又作为资金需求方，在资本市场中的作用比在货币市场上更显著。个人在资本市场上的投资额大大超过政府和企业的投资额；个人在资本市场上的借入额仅次于企业。

商业银行在资本市场上发放抵押贷款，进行股票和债券买卖，向企业与消费者发放中期贷款等。

投资银行主要承担股票和债券发行业务，此外，还涉及不动产的抵押贷款、项目融资等各种资本市场活动。

经纪商和代理商在资本市场中起着“中间人”的作用。

保险公司、信托公司、养老基金等金融机构,作为机构投资者活跃在资本市场上。

(三)资本市场的定义和主要功能

1. 资本市场的定义

资本市场是中长期(期限在一年以上)的资金融通或中长期的金融证券买卖的市场。

2. 资本市场的功能

资本市场的基本功能是促进资本的形成,实现并优化投资与消费的跨时期选择。它有效地动员民众储蓄,将其合理地分配于经济部门。资本市场的完善与否影响到一国的投资水平、资源的合理分配和使用,从而影响到国民经济的协调发展。

真题回顾

(上海财经大学 2013)在我国出借资金供其买入上市证券或出借上市证券供其卖出,并收取担保物的经营活动为(　　)。

A. 资产管理业务　B. 证券经纪业务　C. 融资融券业务　D. 公司自营业务

参考答案:C。基本概念题,由题意知,出借资金或证券的业务属于"融资融券"业务。

(四)资本市场的划分及主要工具

1. 中长期信贷市场

这是借款人向国内外银行筹措资金所形成的市场,银行直接向借款人发放用于投资的中长期贷款,以解决借款人的中长期资金需求。在中长期信贷市场上,工商企业扩充设备所需要的中长期资金以及消费者较长时期的资金需求可以得到满足。按贷款对象和贷款方式不同,可划分为工商业贷款、不动产贷款、消费者贷款等。中长期信贷由于数额巨大、风险很高,所以对银行的日常经营来说尤为重要,对其信誉的调查、风险的控制应当高度重视。

2. 债券市场

(1)债券市场的概念、特点与分类

债券市场是发行和买卖债券的场所。债券市场是金融市场的一个重要组成部分。根据不同的分类标准,债券市场可分为不同的类别。最常见的分类有以下几种:

①根据债券的运行过程和市场的基本功能,可将债券市场分为发行市场和流通市场。债券发行市场,又称一级市场,是发行单位初次出售新债券的市场。债券流通市场,又称二级市场,指已发行债券买卖转让的市场。债券一经认购,即确立了一定期限的债权债务关系,但通过债券流通市场,投资者可以转让债权,把债券变现。

②根据市场组织形式,债券流通市场又可进一步分为场内交易市场和场外交易市场。证券交易所是专门进行证券买卖的场所,如我国的上海证券交易所和深圳证券交易所。在证券交易所内买卖债券所形成的市场,就是场内交易市场。场外交易市场是在证券交易所以外进行证券交易的市场。柜台市场为场外交易市场的主体。许多证券经营机构都设有专门的证券柜台,通过柜台进行债券买卖。在柜台交易市场中,证券经营机构既是交易的组织者,又是交易的参与者。此外,场外交易市场还包括银行间交易市场,以及一些机构投资者通过电话、电脑等通信手段形成的市场等。目前,我国债券流通市场由三部分组成,即沪深证券交易所市场、银行间交易市场和证券经营机构柜台交易市场。

③根据债券发行地点的不同,债券市场可以划分为国内债券市场和国际债券市场。国内债券市场的发行者和发行地点同属一个国家,而国际债券市场的发行者和发行地点不属于同一个国家。

(2)政府债券市场的概念、特点与分类

政府债券是指中央政府、政府机构和地方政府发行的债券,它以政府的信誉作保证,因而通常无需抵押品,其风险在各种投资工具中是最小的。

政府债券市场可以划分为中央政府债券市场(国家公债)、政府机构债券和地方政府债券。

①中央政府债券市场。中央政府债券是中央政府财政部发行的以国家财政收入为保证的债券,也称为国家公债。其特点首先表现为一般不存在违约风险,故又称为“金边债券”;其次是可享受税收优惠,其利息收入可豁免所得税。

②政府机构债券。在美国、日本等不少国家,除了财政部外,一些政府机构也可发行债券。这些债券的收支偿付均不列入政府预算,而是由发行单位自行负责。这些与政府有关的机构或政府资助企业有某些社会功能,它们通过发行债券增加信贷资金以及降低融资成本,其债券最终由中央政府作后盾,因而信誉也很高。

③地方政府债券。在多数国家,地方政府都可以发行债券,这些债券也是由政府担保,其信用风险仅次于国债及政府机构债券,同时也具有税收豁免的特征。

(3)公司债券市场的概念与特点

公司债券,是指公司依照法定程序发行的,约定在一定期限内还本付息的有价证券。

公司债券的特征有以下几个:

①契约性。公司债券代表一种债权债务的责任契约关系,它规定债券发行人在既定的时间内必须支付利息,在约定的日期内必须偿还本金,从而明确债务双方的权利、义务和责任。

②优先性。债券持有者是公司的债权人,有权按期取得利息,且利息分配顺序优先于股东。公司破产清理资产时,债券持有者也优先于股东收回本金。

③风险性。公司债券与政府债券或金融债券相比较,风险较大。

④通知偿还性。一部分公司债券附有通知偿还的规定,即债券发行人具有选择在债券到期之前偿还本金的权利。

⑤可转换性。一部分公司债券,允许其持有者在一定条件下转换成另一种金融工具,如公司股票等。发行可转换的公司债券,转换条件须事先在契约中明确。

(4)市政债券市场的概念、特点与分类

市政债券是有财政收入的市政府为筹集资金而发行的一种债券。这种债券以市财政收入作为还本付息的来源。市政债券的利息收入一般都免缴所得税,所以越来越多的个人也加入购买者的行列。

从理论上讲,偿债资金来源于两个方面:第一,发债资金投向的项目本身会产生收益,大多数收入债券的设计就是以此为基础的。第二,对于非营利项目来说,债务的偿还主要依靠政府本身的税收收入。

市政债券一般分为一般责任债券、收入债券、产业发展债券。

3. 股票市场

(1)一级市场

证券发行市场又称为“一级市场”或“初级市场”,是发行人以筹集资金为目的,按照一定的法律规定和发行程序,向投资者出售证券所形成的市场。在发行过程中,证券发行市场作为一个抽象的市场,其买卖成交活动并不局限于一个固定的场所。为了在一级市场上发行证券,公司必须向公众投资者公布招股说明书,这是包含了公司经营计划和其他信息的法律文件,有助于投资者做出谨慎的投资决策。

在一级市场上,普通股的发行有两种方式:新发和增发。新发是指一种证券第一次提供给公众投资者,通常称为IPO;增发是指增加发行一种已发行的证券。

(2)二级市场

证券流通市场又称为“二级市场”或“次级市场”,是已发行的证券通过买卖交易实现流通转让的场所。证券流通市场一般由两个子市场构成:一是证券交易所,其交易有固定的场所和固定的交易时间,是最重要的集中的证券流通市场;二是场外交易市场,是证券经营机构开设的证券交易柜台,不在证券交易所上市的证券可申请在场外进行交易。证券流通市场是各种证券保持其活力的场所,也是发行市场得以持续运转的基础。

(3)有组织的交易所

证券交易所(Securities Exchange)是证券买卖双方公开交易的场所,是一个有组织、有固定地点的、集中进行证券交易的次级市场,是整个证券市场的核心。

证券交易所本身并不买卖证券,也不决定证券价格,而是为证券的集中和有组织交易提供一定的场所和设施,配备必要的管理和服务人员,并对证券交易进行周密的组织和严格的管理,为证券交易顺利进行提供了一个稳定、公开交易的高效率市场。

(4)报价方式

①指令驱动:证券的开盘价格和随后的交易价格都是竞价形成的,即由交易系统内部形成的。

②报价驱动:证券的开盘价格和随后的交易价格都是由做市商报出的,即由交易系统外部形成的。

(5)场外交易市场的组织

证券交易所通常被称为第一市场,柜台市场(OTC)则被称为第二市场。早期在银行业与证券业未分离前,由于证券交易所尚未建立,许多有价证券的买卖都是在银行柜台上进行的,称为柜台交易。实行分业制后,这种以柜台进行的证券交易转由证券公司承担,因此有人称之为柜台市场或店头市场。随着通信技术的发展,目前许多场外交易市场并不直接在证券公司柜台前进行,而是由客户与证券公司通过电话进行业务接洽,故又称为电话市场。

场外交易市场的功能主要有:①场外交易市场是证券发行的重要场所。②场外交易市场为已发行又未上市的证券提供流通转让的机会。③场外交易市场是证券交易所的必要补充,是二级市场的重要组成部分。

真题回顾

【1】(中国人民大学2015)下列哪一个是场外交易?(　　)

A. 隔夜回购　　B. 期权　　C. 期货　　D. 外汇掉期

参考答案:D。回购、期权、期货均有场内交易,也有场外交易,但隔夜回购一般在证券交易所和银行间债券市场进行,属于场内交易。掉期形式灵活多样,一般不在规范的交易所内进行。

【2】(中国人民大学 2012)以下产品进行场外交易的是(　　)。

A. 股指期货　　B. 欧式期权　　C. 外汇掉期　　D. ETF 基金

参考答案:C。外汇掉期是在场外交易的,是非标准化的交易合同。

【3】(中山大学 2012)股票交易中,限价委托方式的优点是(　　)。

A. 成交迅速　　B. 没有价格上的限制,成交率高

C. 委托执行后才知道实际的执行价格　　D. 以投资者预期价格或更有利的价格成交

参考答案:D。限价委托指投资者事前指定成交价格,因此,股票如果成交,则将以投资者预期的价格。

(6)中国股票的交易制度

①指令驱动机制。指令驱动制度,指证券交易价格由买方指令和卖方指令共同驱动,市场交易中心以买卖双向价格为基准进行撮合。指令驱动机制本质上是竞价机制,证券买卖双方能在同一市场上公开竞价,充分表达自己的投资意愿,直到双方都认为已经得到满意、合理的价格,撮合才会成交。在指令驱动制度中,价格的形成是以买卖双方的竞价指令为基础,由交易系统自动生成的,买卖不需要中间方。

②集合竞价和连续竞价。集合竞价时,成交价格的确定原则为:A. 成交量最大的价位;B. 高于成交价格的买进申报与低于成交价格的卖出申报全部成交;C. 与成交价格相同的买方或卖方至少有一方全部成交。两个以上价位符合上述条件的,上海证券交易所取其中间价为成交价,深圳证券交易所取距前收盘价最近的价位为成交价。集合竞价的所有交易以同一价格成交。

在连续竞价交易时段中,投资者做出买卖决定并输入委托后,如果最高买入申报与最低卖出申报价格相同,则以该价格为成交价;否则,按如下两种方法确定成交价:

A. 买入申报价格高于即时揭示的最低卖出申报价格时,以即时揭示的最低卖出申报价格为成交价。

B. 卖出申报价格低于即时揭示的最高买入申报价格时,以即时揭示的最高买入申报价格为成交价。

③涨跌幅限制。普通股票的涨跌幅限制为 10%,ST 股票为 5%,S 股为 5%。其中,S 股在我国是指没有进行股权分置改革的股票,在股名前加 S,日涨跌幅为上下 5%。此标记从 2006 年 10 月启用。

④交易原则和交易指令。

A. 价格优先,时间优先;

B. 当日有效指令。

当日有效指令是发出委托指令的当天收盘前有效。市价指令就是当日有效指令的一种。投资者若不在委托单上注明委托有效期,证券商均按当日有效办理。我国目前的合法委托为当日有效委托。最后,我国 A 股实行 T+1 交易制度,B 股实行 T+3 交易制度。

(7)股票发行

①公募和私募。股票发行按发行对象分类,可以分为公募发行和私募发行。

公募发行(Public Issue)又称公开发行,是指发行人向不特定的社会公众投资者发售证券的发行。在公募发行的情况下,任何合法的投资者都可以认购拟发行的证券。采用公募发行的有利之处在于:首先,以众多投资者为发行对象,证券发行的数量多,筹集资金的潜力大;其次,投资者范围大,可避免发行的证券过于集中或被少数人操纵;再次,只有公开发行的证券可申请在证券交易所上市,公开发行可增强证券的流动性,有利于提高发行人的社会信誉。公募发行的不足之处在于发行程序比较复杂,登记核准的时间较长,发行费用较高。为了保障投资者的利益,一般对公募发行的要求比较严格,只有具有较高信用、经营状况良好并经证券主管部门核准的发行人才能进行公募发行。

私募发行又称不公开发行或私下发行、内部发行,是指以特定少数投资者为对象的发行。私募发行的对象有两类:一类是公司的老股东或发行人的员工,另一类是投资基金、社会保险基金、保险公司、商业银行等金融机构以及与发行人有密切往来关系的企业等机构投资者。私募发行有确定的投资者,发行手续简单,可以节省发行时间和发行费用。其不足之处是投资者数量有限,证券流通性较差,而且不利于提高发行人的社会信誉。

公募发行和私募发行各有优劣。公募发行是证券发行中最常见、最基本的发行方式,适合于证券发行数量多、筹资额大、准备申请证券上市的发行人。然而在成熟的证券市场中,随着投资基金、养老基金、保险公司等机构投资者的增加,私募发行也呈逐年增长的趋势。

②首次公开发行(IPO)及过程。在一级市场上,普通股的发行有两种:新发和增发。新发是指一种证券第一次提供给公众投资者,通常被称为 IPO。增发是指增加发行一种已发行的证券。

IPO 的过程包括定义公司概念,发展股权故事,重组,尽职调查,确定估价区间,撰写分析报告和招股说明书,编制股权故事/路演推介,根据订单定价及分销和后市支持。

③信息不对称。

A. 投资银行较发行公司具有信息优势——道德风险。

当投资银行较发行人拥有更多的有关市场需求的信息时,就可能出现投资银行买方独家垄断的道德风险问题。新发行股票的价值因市场需求和投资银行销售努力程度而受到影响,投资银行较上市公司拥有更多的有关新股市场需求的信息,而且发行人无法观察到承销商推销新股的努力程度,当二者利益不一致时,便会产生代理和激励问题。研究表明,当投资银行比发行人更具信息优势时,新股将会被投资银行折价发行,而且发行人在对新股发行的市场需求不确定性越大时,越趋于愿意接受越低的 IPO 折价。

B. 部分投资者较其他投资者更具信息优势——逆向选择。

假定部分投资者较其他投资者拥有更多的关于发行公司的信息,就可能会导致逆向选择问题——信息灵通投资者利用信息优势在 IPO 中获取超常收益,非信息灵通投资者有所觉察而在投资时表现格外谨慎,从而导致 IPO 市场不能正常运作。

C. 发行人较投资者更具信息优势——信号传递。

若发行人拥有比外部投资者关于公司更多的信息,理性的投资者将会担心“柠檬问题”:只有低于平均质量的公司才愿意以平均价格出售其股票。由于低质量公司较易利用注册申请表和招股说明书披露虚假信息而伪装成高质量公司，因而高质量公司试图通过某些信号(特别是低质量公司不易模仿的)向潜在的投资者传递有关公司质量的信息，以区别于低质量公司。

④IPO的折价。IPO折价(Under-pricing)是中外证券市场上普遍存在的一种现象。所谓IPO折价，是指一只股票在首次公开发行后第一个交易日的收盘价格远高于发行价格的现象。

四、衍生工具市场

金融衍生工具(Derivative Security)，也称衍生金融工具或金融衍生产品，是在货币、债券、股票等传统金融工具的基础上衍化和派生的，以杠杆和信用交易为特征的金融工具。

(一)金融期货市场

1. 概述

金融期货交易是发达国家金融创新的主要品种。将期货交易引入证券市场，不仅增加了交易的品种，提高了交易量，而且拓展了证券市场功能。

(1)期货交易的定义

期货交易(Futures Trading)是买卖双方约定在将来某个日期按成交时双方商定的条件交割一定数量某种商品的交易方式。期货合约(Futures Contract)是交易双方约定在将来某个日期按双方商定的条件接受或付出一定标准数量和质量的某一具体商品的可转移的协议。

(2)期货交易的特征

①交易对象。期货交易的对象是期货合约。期货合约并不是一种有形的书面合同，而是由期货交易所设计的一种具有固定内容和形式的统一协议书，买卖双方如果愿意接受合约上规定的条件，就在经纪公司开立账户并作相应的记载，期货交易是通过入账和销账来记录交易情况的。

②交易目的。期货交易活动既不能提供筹资的渠道，也不能提供真正的投资机会，而是为不愿承担价格风险的生产者或经营者提供稳定的成本，保住盈利，从而保证生产和经营活动正常进行的保值机会，它同时也为一部分投机者提供了获利的机会。

③交易了结方式。期货交易中，仅有极少数的合约在到期时进行实物交割，接近98%的期货合约是做相反的交易平仓了结的，这种以结清差价平仓了结的方式称为“对冲”。

期货交易方式产生和存在的前提条件是存在价格风险，即金融资产存在利率、汇率和价格变动的风险。因为存在风险，所以才有人要利用期货交易来转移风险，达到保值目的；也有人要利用价格变动从中获取投机利润。价格风险越大，对期货交易的需求越大；价格越稳定，期货交易越趋于平淡。但是，期货交易的发展，特别是期货市场上的投机活动，又会影响金融资产的汇率、利率和价格的变动程度。

(3)期货交易参与者

各种生产企业、商业企业、进出口商、金融机构和个人都可以参加期货交易。按他们参加期货交易的目的不同，可以将期货交易的参加者分为套期保值者和投机者。

①套期保值者。套期保值者是指那些把期货市场当作转移价格风险的场所，利用期货

合约的买卖,对其现在已拥有或将来会拥有的金融资产的价格进行保值的法人和个人。

套期保值者的目的不是在期货市场上赚取盈利,而是转移价格风险,保障正常的利润。对于一个资深的套期保值者而言,确立一个保护其投资收益的目标比获得额外的利润更重要。

套期保值者一般都是拥有证券、债权,将来需要收取一定的款项或负有债务需要还款的法人或个人,主要有银行、工商企业、证券公司、保险公司、基金管理公司等。事实上,任何单位和个人都可能面临证券价格、利率、汇率等变动带来的风险,都可能成为套期保值者。

②投机者。投机者(Speculator)是那些自认为可以正确预测金融资产价格变化的未来趋势,愿意利用自己的资金冒险,不断地买进或卖出期货合约,希望从价格的经常变动中获取利润的人。

投机者参与期货交易的目的是为了获取盈利,而不惜承担风险。投机者以对期货价格的预期为依据,按"低买高卖"的原则不断买进或卖出期货合约,从价格变动中赚取差价利润。他们一般没有现实的金融资产或其他商品需要保值,他们关心的只是期货价格的变动趋势。他们既没有这些商品需要保值,也不准备买进或卖出这些商品。他们买进期货合约,是因为预期相关商品的价格将要上涨或下跌,希望获取差价收益。

(4)远期合约与期货合约

远期合约与期货合约的区别如表1—4—1所示。

表1—4—1　　远期合约与期货合约的区别

区　别	远期合约	期货合约
标准化程度不同	遵循"契约自由"的原则,具有很大的灵活性;但流动性较差,二级市场不发达	标准化合约,流动性强
交易场所不同	没有固定的交易场所,是一个效率较低的无组织分散市场	在交易所内交易,一般不允许场外交易。期货市场是一个有组织的、有秩序的、统一的市场
违约风险不同	合约的履行仅以签约双方的信誉为担保,违约风险很高	合约的履行由交易所或清算公司提供担保,违约风险几乎为零
价格确定方式不同	交易双方直接谈判并私下确定,信息不对称,定价效率很低	在交易所内通过公开竞价确定,信息较为充分、对称,定价效率较高
履约方式不同	绝大多数只能通过到期实物交割来履行	绝大多数是通过平仓来了结
合约双方关系不同	必须对双方的信誉和实力等方面作充分的了解	可以对对方完全不了解
结算方式不同	到期才能进行交割清算,其间均不进行结算	每天结算,浮动盈利或浮动亏损通过保证金账户体现

复习提示及知识补充一

将远期合约进行标准化,从而诞生了期货合约,这是金融产品的一大飞跃。尽管大纲并没有将远期合约列入考核范围,但对照远期来学习期货,将会加深对期货市场的理解。

2. 期货市场的社会功能

期货交易最主要的功能是价格发现和风险转移。

(1)价格发现

所谓价格发现功能(Price Discovery),是指在一个公开、公平、高效、竞争的期货市场中,通过期货交易形成的期货价格,具有真实性、预期性、连续性和权威性的特点,能够比较真实地反映出商品价格的变动趋势。

(2)风险规避(转移)

风险转移功能是指套期保值者通过期货交易将价格风险转移给愿意承担风险的投机者,这是期货交易最基本的功能。

期货交易之所以能转移价格风险,其基本原理就在于某一特定商品或金融资产的期货价格和现货价格受相同的经济因素影响和制约,它们的变动趋势是一致的。另外,市场走势的收敛性也是重要原因,即当期货合约临近到期日时,现货价格与期货价格逐渐趋合,它们之间的价差,即基差接近于零。

真题回顾

(复旦大学 2015)简述金融期货市场的基本功能。

参考答案:一般来说,成功运作的金融期货市场具有价格发现和风险转移两大功能。考生可以围绕这两个基本功能的定义、特征、实例进行展开。具体内容请参考《金融硕士(MF)真题及详解》。

(二)金融期权市场

1. 看涨期权和看跌期权

期权有看涨期权(Call Option)(也称买入期权)和看跌期权(Put Option)(也称卖出期权)之分。

看涨期权是指赋予期权的购买者在预先规定的时间内以执行价格从期权出售者手中买入一定数量的金融工具的权利的合约。为取得这种买的权利,期权购买者需要在购买期权时支付给期权出售者一定的费用。因为它是人们预期某种标的资产的未来价格上涨时购买的期权,所以被称为看涨期权。

而看跌期权是指期权购买者拥有一种权利,在预先规定的时间内以执行价格向期权出售者卖出规定的金融工具。为取得这种卖的权利,期权购买者需要在购买期权时支付给期权出售者一定的费用。因为它是人们预期某种标的资产的未来价格下跌时购买的期权,所以被称为看跌期权。

无论是看涨期权还是看跌期权,都有合约的买方(也称合约持有人)和卖方(合同让与人),期权合约的买方是从卖方处购进一种承诺,表明卖方将在约定的时期内随时准备依买方的要求按协定价格买进(或卖出)标准数量的金融工具。期权合约的买方为取得这一承诺要付出一定的代价,即期权费(Premium)。但是合约的买方除了付出期权费以外,只享受购买或出售金融工具的权利,而没有其他义务,即不是合约到期时非买或非卖不可。

2. 期权术语

与其他的金融工具不同,期权引进了一系列术语。这些术语包括看涨期权、看跌期权、期权买方、期权卖方、执行价格、到期日、美式期权、欧式期权、期权费、内在价值、时间价值、实值期权、虚值期权和平价期权等。

3. 期权合约

期权合约(Option),是指赋予其购买者在规定期限内按双方约定的价格[简称协议价格(Strike Price)或执行价格(Exercise Price)]购买或出售一定数量的基础资产(Underlying Assets)的权利的合约。

4. 内在价值

期权价格可以分为两部分:内在价值(Intrinsic Value)和时间价值(Time Value)。一份期权合约的价值等于其内在价值与时间价值之和。

期权的内在价值是指多方行使期权时可以获得的收益的现值,它通常指标的资产的市场价格与执行价格之间的关系。

内在价值有两个特点:(1)没有必要知道期权费以决定期权的内在价值,我们要知道的只是交割价格、对应的资产价格以及是看涨期权还是看跌期权;(2)欧式期权和美式期权内在价值的定义是一样的,虽然欧式期权在到期日前不能行使,但内在价值的定义是一样的。下面我们直接给出内在价值的汇总表(见表1—4—2)而省略证明。

表1—4—2　　期权的内在价值

			内在价值
欧式期权	看涨期权	无收益资产	$S-Xe^{-r(T-t)}$
		有收益资产	$S-D-Xe^{-r(T-t)}$
	看跌期权	无收益资产	$Xe^{-r(T-t)}-S$
		有收益资产	$Xe^{-r(T-t)}-S+D$
美式期权	看涨期权	无收益资产	$S-Xe^{-r(T-t)}$
		有收益资产	$S-D-Xe^{-r(T-t)}$
	看跌期权	无收益资产	$X-S$
		有收益资产	$X-S+D$

其中,S 表示标的资产的当前市价,X 表示执行价格,r 是无风险利率水平,$T-t$ 表示到期时间,D 表示在期权有效期内标的资产现金收益的现值。

当标的资产的市场价格低于执行价格时,期权多方是不会行使期权的,因此期权的内在价值应大于等于0。

真题回顾

【1】(复旦大学2016)期权到期日期权损益表示方法正确的是(　　)。

A. 欧式看涨期权空头 $\max(S_t-X,0)$

B. 欧式看涨期权多头 $\min(S_t-X,0)$

C. 欧式看跌期权多头 $\max(S_t - X, 0)$

D. 欧式看跌期权空头 $\min(S_t - X, 0)$

参考答案:D。欧式期权到期日期权损益如表1—4—3所示,故本题选D。

表1—4—3 欧式期权到期日期权损益

	亏损	盈利
欧式看涨期权空头	$\text{Max}(S_t - X, 0)$	C
欧式看涨期权多头	C	$\text{Max}(S_t - X, 0)$
欧式看跌期权多头	P	$\text{Max}(X - S_t, 0)$
欧式看跌期权空头	$\text{Max}(X - S_t, 0) = \min(S_t - X, 0)$	P

【2】(中国人民大学2012)如果你购买了W公司股票的欧式看涨期权,协议价格为每股20元,合约期限为3个月,期权价格为每股1.5元。若W公司股票市场价格在到期日为每股21元,则你将(　　)。

A. 不行使期权,没有亏损　　B. 行使期权,获得盈利

C. 行使期权,盈利小于期权费　　D. 不行使期权,亏损等于期权费

参考答案:C。股价大于期权的执行价格可以盈利,但盈利小于期权费,因此行使期权可以减少亏损。

5. 时间价值

金融期权的时间价值,也称"外在价值",是指期权的买方购买期权而实际支付的价格超过该期权内在价值的那部分价值。在现实的期权交易中,各种期权通常是以高于内在价值的价格买卖的,即使是平价期权或虚值期权,也会以大于零的价格成交。期权的买方之所以愿意支付额外的费用,是因为希望随着时间的推移和标的物市场价格的变动,该期权的内在价值得以增加,使虚值期权或平价期权变为实值期权,或使实值期权的内在价值进一步提高。

期权的时间价值不易直接计算,一般以期权的实际价格减去内在价值求得。

6. 期权费

期权费(Option Premium)是指期权买方为获取期权合约所赋予的权利而向期权卖方支付的费用。这一费用一旦支付,则不管期权购买者是否执行期权均不予退回。它是期权合约中唯一的变量,大小取决于期权合约的性质、到期月份和执行价格等。对于卖方而言,它是期权的报酬;对于买方而言,它是买入期权所遭受损失的最高限度。

在金融期权交易中,期权费的决定是一个既重要又复杂的问题。因此,区分期权费和执行价格是十分重要的。执行价格指的是期权合约中标的资产的价格;而期权费是期权合约的价格,更确切地说,是期权合约所赋予的权利的价格。

7. 执行价格

执行价格又称协议价格(Striking Price),是指期权合约所规定的、期权买方在行使权利时所实际执行的价格。这一价格一旦确定,则在期权有效期内,无论期权标的物的市场价格上升到什么程度抑或下降到什么程度,只要期权购买者要求执行期权,期权出售者就必须以执行价格履行相应的义务。

在金融期权交易中，交易所内交易的合约的执行价格是由交易所根据标的资产的价格变化趋势确定的；场外交易的执行价格则由交易双方商定。

8. 期权溢价(实值期权)

按执行价格与标的资产市场价格的关系划分，期权可以分为实值期权(In-the-money Options)、平价期权(At-the-money Options)和虚值期权(Out-of-the-money Options)。

下面以股票买卖为例来说明期权合约的盈亏状态。

【例 1—4—1】 假设有一投资者利用看涨期权来买股票，该期权的要素为：协议购买价格 X，$X=20$ 元/股，期权费用 4 元(平均摊到每股上)，如图 1—4—2 所示。

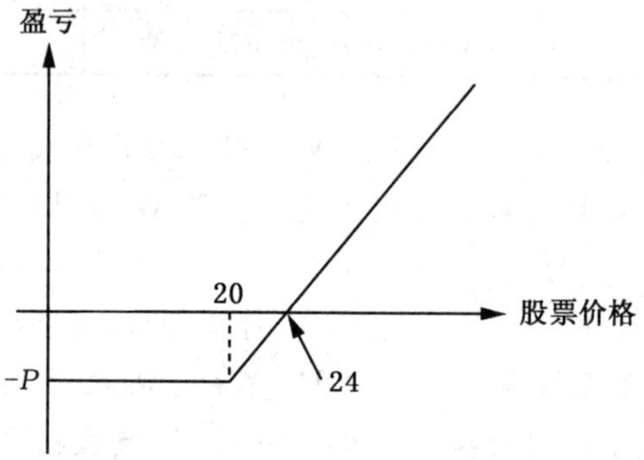

图 1—4—2 看涨期权多头的盈亏状态

则当期权到期时：

当股票价格 S 为 24 元时，该投资者保本；当股票价格小于 24 元时，该投资者亏损，最大亏损为 4 元；当股票价格大于 24 元时，该投资者盈利，金额为 $S-24$。

从上例可以看出，如果不考虑时间因素，期权的价值(即盈亏)取决于标的资产市场价格与协议价格的差距。

对于看涨期权来说，为了表达标的资产市价(S)与协议价格(X)的关系，我们把 $S>X$ 时的看涨期权称为实值期权(In the Money)，把 $S=X$ 的看涨期权称为平价期权(At the Money)，把 $S<X$ 的看涨期权称为虚值期权(Out of the Money)。

同理，对于看跌期权而言，$X>S$ 时的看跌期权称为实值期权；把 $X=S$ 时的看跌期权称为平价期权；把 $X<S$ 时的看跌期权称为虚值期权。

实值期权是指如果期权立即被执行，买方具有正的现金流；平价期权是指买方此时的现金流为零；而虚值期权是指买方此时具有负的现金流。三者与看涨期权和看跌期权的对应关系如表 1—4—4 所示。

表 1—4—4 期权价值与看涨期权和看跌期权的关系

	看涨期权	看跌期权
实值期权	市场价格>执行价格	市场价格<执行价格
平价期权	市场价格=执行价格	市场价格=执行价格
虚值期权	市场价格<执行价格	市场价格>执行价格

实值期权、平价期权和虚值期权描述的是期权在有效期内的某个时点上的状态，随着时间的变化，同一期权的状态也会不断变化，有时是实值期权，有时是平价期权，有时又变成虚值期权。

9. 期权交易所

20 世纪 50 年代至 70 年代，随着一些国家由证券期权交易发展到实物商品期权交易，随着世界主要金融证券期货市场的发展，一些国家决定设立固定的期权交易场所，实现期权转让的标准化交易。

期权交易所的设立，为实行集中交易、清算和履约、监督和检查提供了基本的前提条件。同时，现代期权交易所大多采用了由计算机网络组成的交易系统、信息管理系统、结算系统、审计检测跟踪系统等。在处理日常的交易业务时，计算机网络系统可以把交易过程中的交易者的姓名、交易合约的种类、合约交易数量、成交合约的价格、履约时间等立即显示出来，使期权管理现代化、科学化。

复习提示及知识补充二

金融期权交易与期货交易的区别

金融期权交易和期货交易都是衍生性金融工具，它们之间既有密切的联系，又有显著的区别，正确地认识它们的联系和区别，有助于更好地理解和掌握它们。

(1)权利和义务

期货合约的双方都被赋予相应的权利和义务，除非用相反的合约抵消，这种权利和义务在到期日必须行使，也只能在到期日行使，期货的空方甚至还拥有在交割月选择在哪一天交割的权利。而期权合约只赋予买方权利，卖方则无任何权利，只有在对方履约时进行对应的标的物买卖的义务。特别是美式期权的买者可在约定期限内的任何时间执行权利，也可以不行使这种权利；期权的卖者则必须准备随时履行相应的义务。

(2)标准化

期货合约都是标准化的，因为它都是在交易所中交易的，而期权合约则不一定。在美国，场外交易的现货期权是非标准化的，但在交易所交易的现货期权和所有的期货期权则是标准化的。

(3)盈亏风险

期货交易双方所承担的盈亏风险都是无限的。而期权交易卖方的亏损风险可能是无限的(看涨期权)，也可能是有限的(看跌期权)，盈利风险是有限的(以期权费为限)；期权交易买方的亏损风险是有限的(以期权费为限)，盈利风险可能是无限的(看涨期权)，也可能是有限的(看跌期权)。

(4)保证金

期货交易的买卖双方都必须缴纳保证金。期权的买者则无须缴纳保证金，因为他的亏损不会超过他已支付的期权费，而在交易所交易的期权卖者则也要缴纳保证金，这与期货交易一样。场外交易的期权卖者是否需要缴纳保证金则取决于当事人的意见。

(5)买卖匹配

期货合约的买方到期必须买入标的资产，而期权合约的买方在到期日或到期前则有买入(看涨期权)或卖出(看跌期权)标的资产的权利。期货合约的卖方到期必须卖出标的资产，而期权合约的卖方在到期日或到期前则有根据买方的意愿相应卖出(看涨期权)或买入(看跌期权)标的资产的义务。

(6)套期保值

运用期货进行套期保值的时候，在把不利风险转移出去的同时，也会把有利风险转移出去。而在运用期权进行套期保值的时候，只把不利风险转移出去而把有利风险留给自己。

复习提示及知识补充三

按期权购买者执行期权的时限划分，期权可分为欧式期权(European Options)和美式期权(American Options)。

欧式期权是指期权的购买者只有在期权到期日才能执行期权(即行使买进或卖出标的资产的权利)，既不能提前，也不能推迟。若提前，期权出售者则可以拒绝履约；若推迟，期权则将被作废。

而美式期权则允许期权购买者在期权到期前的任何时间执行期权。美式期权的购买者既可以在期权到期日这一天行使期权，也可以在期权到期日之前的任何一个营业日执行期权。当然，超过到期日，美式期权也同样被作废。

不难看出，对期权购买者来说，美式期权比欧式期权更为有利。因为买进这种期权后，它可以在期权有效期内根据市场价格的变化和自己的实际需要比较灵活而主动地选择履约时间。相反，对期权出售者来说，美式期权比欧式期权承担着更大的风险，它必须随时为履约做好准备。因此，在其他情况一定时，美式期权的期权费通常要比欧式期权的期权费高一些。同时，也正是由于上述原因，美式期权与欧式期权在定价方法上也有着很大的不同。

从上面的分析可以看出，所谓的“欧式期权”和“美式期权”实际上并没有任何地理位置上的含义，而只是对期权购买者执行期权的时间有着不同的约定。因此，即使在欧洲国家的金融期权市场上也同样交易着美式期权；在美国的金融期权市场上也同样交易着欧式期权。世界范围内，在交易所进行交易的多数期权均为美式期权；而在大部分场外交易中采用的则是欧式期权。

(三)金融互换市场

1. 概述

(1)互换和对手方

互换(Swap)是有关的双方或三方约定对将来某一段时间内的现金流进行交换的一种协议。同意进行互换的参与方称为对手方。互换有两种基本类型:利率互换和货币互换。

①利率互换。利率互换是指交易双方在债务币种相同的情况下，互相交换不同形式利率的一种预约业务。利率互换由于双方交换的利率币种是同一的，故一般采取净额支付的方法来结算。利率互换有两种形式：

A. 息票互换(Coupon Swaps)，即固定利率对浮动利率的互换。

B. 基础互换(Basis Swaps)，即双方以不同参照利率互换利息支付(例如，美国优惠利率对 LIBOR)。

②货币互换。

货币互换是指交易双方互相交换不同币种、相同期限、等值资金债务的货币及利率的一种预约业务。交易双方在期初交换两种不同货币的本金后按预先规定的日期，进行利息和本金的分期互换。互换程序：A. 初期本金互换；B. 利息互换；C. 到期日本金的再次互换。通常两种货币都使用固定利率。

(2)互换市场

互换交易开始成为一个独立的市场是在 20 世纪 70 年代之后的英国，其最初的形式是平行贷款(Parallel Loan)和背对背贷款(Back to Back Loan)。

20 世纪 70 年代初，由于国际收支恶化，英国实行外汇管制并采取了对外投资扣税的办法，以控制资金外流。于是一些银行为满足企业逃避外汇管制的需求，推出了平行贷款：两个母公司分别在国内向对方公司在本国境内的子公司提供金额相当的本币贷款，并承诺在指定的到期日各自归还所借货币。平行贷款既可满足双方子公司的融资需要，又可逃避外汇管理，因此深受欢迎。但平行贷款存在信用风险，这是因为平行贷款包含两个独立的贷款协议，它们分别具有法律效力，其权利、义务不相联系，当一方出现违约时，另一方仍不能解除履约义务。

背对背贷款是为了解决平行贷款中的信用风险问题而产生的。在背对背贷款的做法中，处于两个不同国家的双方互相提供一笔价值相等、期限相同、以放款人所在国货币标价的贷款，其目的是为了绕过当时英国政府所实行的外汇管制。比如，有两家公司(美国公司和英国公司)各自面临一个困境：美国公司在英国的子公司获取英镑资金较困难，而英国公司在美国的子公司获取美元资金成本较高，为此有些银行或互换经纪人就安排了平行贷款(或背对背贷款)，即英国公司贷英镑给这家美国公司在英国的子公司，相应地，该美国公司也贷款给英国在美国的子公司，以此贷款去美国投资，具体流程如图 1—4—3 所示。

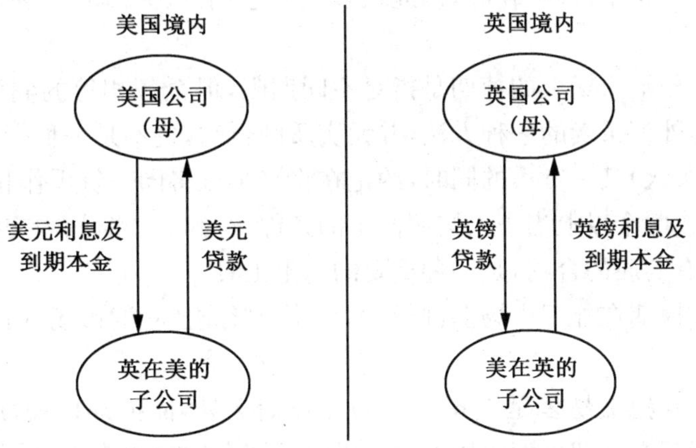

图 1—4—3　平行贷款或背对背贷款

1979 年，英国取消外汇管制后，平行贷款(或背对背贷款)便作为一个金融创新在国际金融市场上作为长期外汇有效的保值工具而继续流行，慢慢演变为后来的货币互换交易。

货币互换交易在两个方面改进了背对背贷款:一是在背对背贷款中,每笔贷款在资产负债表上都反映为一笔新的债务,而互换交易作为表外科目,通常不影响资产负债表上的资产或负债;二是在对外贷款中,借款人常涉及退税问题,而互换则避免了这方面的问题。

利率互换晚于货币互换,利率互换是在1981年才出现的,这是一种5—7年期的以6个月LIBOR为基准的浮动利率对固定利率的互换。1983年初,利率互换开始作为一种标准的"国际性"交易,在美国市场上进一步得到发展。

①互换交易的功能。

A. 通过金融互换可在全球各市场之间进行套利,从而一方面降低筹资者的融资成本或提高投资者的资产收益,另一方面促进全球金融市场一体化。

B. 利用金融互换,可以实现浮动利率与固定利率资产和负债的调整以及本币与外币资产和负债的调换,以管理资产负债组合中的利率风险和汇率风险。

C. 金融互换为表外业务,可以逃避外汇管制、利率管制及税收限制。

②互换市场的内在局限性。

A. 为了达成交易,互换合约的一方必须找到愿意与之交易的另一方。如果一方对期限或现金流等有特殊要求,他常常会难以找到交易对手。

B. 由于互换是两个对手之间的合约,因此,如果没有双方的同意,互换合约是不能更改或终止的。

C. 对于期货和在场内交易的期权而言,交易所对交易双方都提供了履约保证,而互换市场则没有人提供这种保证。因此,互换双方都必须关心对方的信用。

③互换市场的特点。

A. 互换不在交易所交易,主要是通过银行进行场外交易。

B. 互换市场几乎没有政府监管。

(3)互换与掉期的不同

互换和掉期在英文中都叫Swap,因此很多人将它们混为一谈。实际上,两者有很大的不同。

①性质不同。外汇市场上的掉期是指对不同期限,但金额相等的同种外汇做两笔反方向的交易。它只是外汇买卖的一种方法,并无实质的合约,更不是一种衍生工具。它是在一个交割日卖出(或买入)某一货币的同时,约定在将来某日将同一货币作相反交易,使资金回流;而互换是两个或两个以上当事人按照商定的条件,在约定的时间内交换一系列现金流的合约。因此,互换有实质的合约,是一种重要的衍生工具。

②市场不同。掉期在外汇市场上进行,本身并未形成独立的市场,而互换则在单独的互换市场上交易。

③期限不同。互换交易多是一年以上的中长期交易,而掉期以短期为主,极少超过1年。货币互换一般是在远期外汇市场不能提供中长期合约时才使用,利率互换也是在期货、期权市场不能提供较为灵活的条件时才使用,故互换交易主要是对中长期货币或利率的交换。

④形式不同。互换有两种基本形式:货币互换和利率互换,其中,货币互换包含一系列利息支付(或收取)的交换,而掉期并不包含利息支付及其交换。

⑤汇率不同。掉期的前后两笔交易牵涉到不同的汇率，而互换中的货币互换前后两笔交易的汇率是一样的。

⑥交易目的不同。掉期的主要目的是管理资金头寸，消除汇率风险。而互换的主要目的则是降低筹资成本，进行资产负债管理，转移和防范中长期利率和汇率变动风险。

⑦发挥的作用不同。外汇市场中的掉期交易在国际贸易与国际投资方面，通过交易来改变外汇币种，规避风险，主要用于进出口商的套期保值和银行及其他金融机构的资金头寸管理；而互换交易在国际金融市场上是降低长期资金筹措成本及资产负债管理中防范利率和汇率风险的有效的金融工具之一，它集外汇市场、证券市场、短期货币市场和长期资本市场于一身，既是融资工具的创新，又是金融风险管理的新手段。

2. 互换的动机

(1)商业需要

如前所述，货币互换不仅消除了跨国借贷的汇率风险，它还基本上消除了在平行贷款中存在的信用风险。因此，汇率和利率方面持续存在的不确定性和高波动性使得对有效风险管理技术的需求日益增长。取消管制和金融市场的全球化趋势则去除了曾经压抑创新进程的各种限制。最后，银行及其客户在金融技术方面的日益发展使互换被越来越多的人接受，并且刺激了对互换及其他衍生产品的需求。

(2)比较优势

比较优势(Comparative Advantage)理论是由英国著名经济学家大卫·李嘉图(David Ricardo)提出的。他认为，在两国都能生产两种产品，且一国在这两种产品的生产上均处于有利地位，而另一国均处于不利地位的条件下，如果前者专门生产优势较大的产品，后者专门生产劣势较小(即具有比较优势)的产品，那么通过专业化分工和国际贸易，双方仍能从中获益。

李嘉图的比较优势理论不仅适用于国际贸易，而且适用于所有的经济活动。只要存在比较优势，双方就可通过适当的分工和交换使双方共同获利。人类进步史，实际上就是利用比较优势进行分工和交换的历史。

互换是比较优势理论在金融领域最生动的运用。根据比较优势理论，只要满足以下两个条件，就可进行互换：(1)双方对对方的资产或负债均有需求；(2)双方在两种资产或负债上存在比较优势。

3. 互换参与方

金融互换市场交易的参与方一般由互换经纪人、互换交易商、互换银行和直接用户组成。三者运用互换市场的动机不同。

①互换经纪人。互换经纪人是以代理人身份从事交易活动的。一项互换交易要成功，互换双方的需求必须完全吻合。对于一个可能参与互换交易的交易者而言，由于其特定的互换需求，要找到完全吻合的对手方是有难度的。正是由于寻求互换对手方存在困难，使互换经纪人有了用武之地。总的来说，互换经纪人主要起媒介作用，为互换双方寻找合适的对手方，所以互换经纪人本身并不承担金融风险。

②互换交易商。互换交易商履行互换经纪人的所有职责。此外，互换交易商由于是交易的一方，因此往往还承担金融风险。互换交易商承担风险是为了完成互换交易，如果互换

交易留有风险,交易商会想方设法抵消这种风险。互换交易商起着金融媒介作用,通过帮助完成互换交易来获得利润。

③互换银行。银行特别是大型商业银行,掌握大量的金融信息,对客户的信用状况和资金需求有较为详细的了解,可迅速进行操作,因此可为大多数公司之间的金融互换提供中介服务。(一些大公司之间的互换业务是直接进行的。)

④直接用户。直接用户利用互换市场的主要目的是:

A. 获得低成本的筹资;

B. 获得高收益的资产;

C. 对利率、汇率风险进行保值;

D. 进行短期资产负债管理;

E. 进行投机。

直接用户包括银行、公司、金融和保险机构、国际组织代理机构和政府部门等。

4. 互换市场的特征

互换市场虽然发展迅速,但互换并不在交易所交易,而是通过主要银行进行场外交易。

虽然我们看到互换与期货很相似,但期货市场受到严格的监管,而互换市场却几乎没有政府监管。美国的商品期货交易委员会已正式宣布它将不寻求对互换市场的管辖权。

互换市场也有其内在局限性。首先,为了达成交易,互换合约的一方必须找到愿意与之交易的另一方。如果一方对期限或现金流等有特殊要求,他常常会难以找到交易对手。在互换市场发展初期,互换市场的最终用户通常是直接进行交易,这个问题就特别突出。为了解决这个问题,近年来,互换市场出现了专门进行做市(Make Market)的互换交易商(Swap Dealer)。其次,由于互换是两个对手之间的合约,因此,如果没有双方的同意,互换合约是不能更改或终止的。最后,对于期货和在场内交易的期权而言,交易所对交易双方都提供了履约保证,而互换市场则没有人提供这种保证。因此,互换双方都必须关心对方的信用。

五、金融机构的种类和功能

(一)银行类金融机构

1. 中央银行

详见第六章——中央银行。

2. 商业银行

详见第五章——商业银行。

(二)非银行类金融机构

1. 投资银行

(1)定义

投资银行,是指经营某些资本市场业务的金融机构,证券承销和收购兼并是其业务重点。那些业务范围仅限于帮助客户在二级市场上出售或买进证券的金融机构不能称作投资银行,而只能叫做“证券经纪公司”。

(2)主要业务

①证券发行。证券发行是投资银行最重要的也是最主要的业务,主要包括三方面的内

容:A. 提供信息和咨询。B. 公开销售。公开销售证券的方式一般可分为代销、余额包销和全额包销三种。C. 私募发行。在证券销售中,投资银行往往针对一些机构客户,如投资基金、养老金和保险公司等定向销售证券,使发行过程得以顺利进行。

②证券交易。投资银行在二级市场上的业务主要充当证券经纪商和自营商角色。在发达的证券市场中,投资银行一般都有一定的专业分工,只有少数几家证券公司兼营证券批发商和零售商的职责,大多数证券经营机构则根据其财务结构、业务水平,确定专业化的业务品种,证券批发业务和零售业务相对分开。同时,投资银行还在货币市场中参与买卖银行承兑汇票、国库券、政府债券和大额定期存单等业务。

③企业并购。企业并购正日益成为投资银行的核心业务。在企业并购过程中,投资银行发挥了重要的金融中介作用。投资银行介入企业并购活动的主要途径有五种:

A. 帮助企业设计并购方案;

B. 设计反并购和防卫措施;

C. 确定合理的价格;

D. 安排融资;

E. 风险套利。

投资银行的其他业务还包括基金管理、理财顾问、创业投资、项目融资、金融工程业务等。

2. 保险机构

(1)定义

保险公司是办理保险业务,在风险发生时对投保人或被保险人按照保险合同约定给予赔偿或支付的金融中介机构。

(2)分类

①按实施形式,可分为法定(强制)保险公司和自愿保险公司;也可分为社会保险公司和普通保险公司。

②按立法形式,我国《保险法》将保险公司分为财产保险公司和人身保险公司;日本的《商法》将保险公司分为损害保险公司和人寿保险公司;美国的《保险法》将保险公司分为财产和意外保险公司与人寿和健康保险公司。基本职能:分散风险、补偿损失、积累资金、防灾防损。

③按所有权形式,可分为公营保险公司和私营保险公司。

④按业务承保形式,可分为原保险公司和再保险公司。

3. 信用社

(1)定义

信用社是由个人集资联合组成,以互助为主要宗旨的合作金融组织,如农村信用合作社、城市信用合作社。

(2)经营目标

是以简便的手续和较低的利率,向社员提供信贷服务,帮助经济力量薄弱的个人解决资金困难。信用合作社的职能一般为信用中介、补充功能和服务功能。

4. 信托投资公司

信托公司作为非银行金融机构，除办理一般信托业务外，其突出的特点在于经营投资业务。美、英等国除一些专营信托公司外，相当部分的信托业务由各商业银行的信托部门来办理。信托投资业不同于一般委托、代理和借贷业务，它具有收益高、风险大、程序烦琐、管理复杂等特点。因此，对一般重点经营投资业务的信托投资公司，在机构设置、经营管理水平、人员素质、信息来源和信息处理能力等方面都有很高的要求。

信托投资公司的职能主要有:(1)财产管理职能。指信托受委托人之托，为之经营管理或处理财产的功能，这是信托业的基本功能。(2)融通资金的职能。融通资金的功能是指信托业作为金融业的一个重要组成部分，本身就被赋予调剂资金余缺的作用，并作为信用中介为一国的经济建设筹集资金。(3)协调经济关系的职能。(4)社会投资职能。(5)为社会公益事业服务的职能。

5. 财务公司

财务公司的短期资金来源主要是通过银行借款和出售公开市场票据，长期资金则来源于推销企业股票、债券和发行公司本身的证券。多数财务公司接受定期存款。当前西方各国财务公司的业务经营范围几乎与投资银行无异，大的财务公司还兼营外汇、联合贷款、包销证券、不动产抵押、财务及投资咨询服务等。

6. 投资基金

(1)定义

投资基金是一种利益共享、风险共担的集合投资方式，即通过发行基金单位，集中投资者的资金，由基金托管人托管，由基金管理人管理和运用资金，从事股票、债券、外汇、货币等金融工具投资，以获得投资收益和资本增值。投资基金在不同的国家或地区称谓有所不同，美国称为“共同基金”，英国和中国香港称为“单位信托基金”，日本和中国台湾称为“证券投资信托基金”。

(2)特点

投资基金是一种间接的金融投资机构或工具，其机制特点是组合投资、分散风险、专家理财、规模经济。投资基金具有积累个人财富、价值储藏和获取高收益的投资功能。投资基金的独特优势使其在市场经济发达的国家发展十分迅速。

7. 资产管理公司

资产管理公司是指以解决不良资产为目的的金融性公司，也是在资本市场上运作的投资银行类公司。资产管理公司的主要任务是:收购、管理、处置商业银行剥离的不良资产，以最大限度地保全资产，以减少损失为主要经营目标。为解决银行的不良资产过多和国有企业资产负债率过高等问题，我国于 1999 年先后由财政部代表国家出资组建了长城、华融、信达、东方四家管理公司，负责接管四大国有银行剥离的不良资产。

(三)政策性银行

所谓政策性银行，系指那些多由政府创立、参股或保证的，不以营利为目的，专门为贯彻、配合政府社会经济政策或意图，在特定的业务领域内，直接或间接地从事政策性融资活动，充当政府发展经济、促进社会进步、进行宏观经济管理工具的金融机构。

1. 开发银行

开发银行是专门满足经济建设长期投资需要的政策性银行，分为国际开发银行(如国际复兴开发银行）、区域性开发银行（如亚洲开发银行）、本国开发银行（如我国的国家开发银行）。

2. 农业政策性银行

农业政策性银行是指专门为农业提供中长期低息贷款，以贯彻和配合国家农业扶持政策和保护政策的政策性金融机构。

3. 进出口政策性银行

进出口政策性银行是一个国家支持和推动进出口尤其是出口，促进国际收支平衡，以带动经济增长的重要金融机构，承担着商业性金融机构的普通出口商不愿或无力承担的高风险，弥补了商业银行金融机构的不足，改善了本国出口融资的条件，增强了本国的出口竞争力。

【本章参考习题】

1. 以下关于货币市场工具的说法中，错误的是（　　）。

A. 货币市场工具的流动性较好

B. 货币市场工具的交易量往往比较大

C. 货币市场工具通常是以折扣的方式出售的

D. 货币市场工具的年折扣率大于购买该工具所得到的年实际收益率

2. 属于资本市场工具的是（　　）。

A. 国库券　　B. 可转让大额定期存单

C. 债券　　D. 回购协议

3. 下列各项中，不属于可转让大额定期存单特点的是（　　）。

A. 不记名

B. 利率略低于同等期限的定期存款利率

C. 金额固定，面额大

D. 允许买卖、转让

4. 有价证券的二级市场是指（　　）。

A. 货币市场　　B. 证券发行市场　　C. 资本市场　　D. 证券转让市场

5. 股票的流动性首先依赖于（　　）。

A. 转让市场的发达程度　　B. 股票自身的质量

C. 对未来经济态势的预测　　D. 股票收益的保障程度

6. 金融市场最基本的功能是（　　）。

A. 合理地分配和引导资金

B. 灵活地调度和转化资金

C. 有效地实施宏观调控

D. 满足社会再生产过程中的投融资需求，促进资本集中与转换

7. 投资银行的主要业务是（　　）。

A. 短期贷款　　B. 转账结算

C. 代销证券　　D. 证券投资、长期贷款、包销证券

参考答案：

1. D；2. C；3. B；4. D；5. A；6. D；7. D。

第五章　商业银行

扫码听课

考试要求

◆ 了解：商业银行的产生、发展，商业银行的各项任务

◆ 掌握：商业银行面临的主要风险，《巴塞尔协议》，存款保险制度，信息不对称问题

◆ 熟练掌握：商业银行的经营安全与监管问题

本章知识点框架

- 商业银行
  - 商业银行的概述
  - 商业银行的业务
  - 商业银行的管理理论
    - “三性”方针
    - 资产管理
    - 负债管理
    - 资产负债联合管理
  - 商业银行的风险与监管
    - 信息不对称
    - 主要风险
    - 监管方法
    - 存款保险制度
    - 《巴塞尔协议》

考情分析

根据431的考试大纲要求及理念真题的考查状况，可以发现，本章的内容集中考查商业银行的各项业务，在复习过程中，建议同学们要从商业银行的资产负债表出发来理解本章内容。另外，不同学校参考书本有关本章的内容差异较大，所以尽量使用报考院校的参考书目，一般的《货币银行学》大体内容相差不大，但是有关银行业务管理理论方面有不少书本并不涉及。

有关商业银行风险方面，虽然大纲强调在本章考查，但大纲中并没有涉及《巴塞尔协议》的内容，但是，一般有关商业银行风险的内容，都与《巴塞尔协议》相关，所以我们也补充了相关内容，供考生阅览。

一、商业银行的概述

(一)商业银行的产生

(1)早在古巴比伦和中世纪的一些文明国家，尤其是罗马，银行业就已经存在。我国古

代也曾有过钱庄、银号、票号,从事汇兑、放债业务,但由于封建社会漫长,未能实现向现代银行业的转化。

(2)近代银行业起源于文艺复兴时期的意大利,当时的意大利处于欧洲各国国际贸易的中心地位。然而,近代银行经营的高利息、以政府为主要对象的贷款业务无法满足日益发展的资本主义工商业的需要。

(3)英国的银行是从替顾客保管金银首饰的金匠店发展而来的。1694 年,在英国政府的支持下由私人创办的英格兰银行是最早出现的股份制银行,它的贴现率一开始就规定为 4.5%—6%,大大低于早期银行业的贷款利率。英格兰银行的成立标志着现代银行制度的产生。

(二)商业银行的组织制度

(1)单元制。银行业务完全由总行经营,不设任何分支机构,这种制度以美国为代表。

单元制的优点在于不易产生垄断,从而能提高银行服务质量;独家银行经营成本较低;在单元制下,独家银行可以为当地经济很好地服务,与当地的经济息息相关,主观上和客观上都能促进当地经济的发展。

(2)分支行制。在大城市设立总行,在国内各地区及国外普遍设立分支行。各分支行的业务经营和内部事务管理统一按照总行的要求进行。目前世界上大多数国家的商业银行都采用这种制度。

分支行制的优点是银行规模可以按业务发展而扩充,实现规模经济效益;在资金运用方面,各分支行之间能互相调度资金,提高资金的使用效率;由于贷款和投资分散于各地,符合风险分散的原则,银行的安全性大大提高。

(3)银行持股公司。由某一集团首先成立一家持股公司,再由该公司控制或收购一家或几家银行。这是 20 世纪 60 年代以来首先在美国迅速发展起来的银行制度。作为规避对开设分支行限制的一种策略,银行持股公司已经成为美国的一种非常重要的银行组织形式。

银行持股公司的优点是:①与小银行相比,大银行的资金利用的效率更高,母公司可以通观全局,统一调配资金;②持股公司可以同时控制大量的非银行企业,这就为它所控制的银行提供了稳定的资金来源和客户关系;③通过持股公司的方式,集团可以同时经营非银行业务,增加盈利。

(4)代理行制。银行相互签有代理协议,委托对方银行代办指定业务,双方互为代理行。

(5)连锁银行。表面上不存在控股公司,事实上由某个人或集团购买这些银行的股份,控制这些银行的经营决策权。法律上,这些银行保持独立,经营上实际由某个人或集团控制。

(三)商业银行的作用(商业银行的特殊地位)

(1)商业银行是金融体系中规模最大的金融机构。

(2)商业银行经营项目最多,资产负债业务方面多样化的程度最高,经营领域广,被称为“金融百货公司”。

(3)商业银行与中央银行共同构成全国支票结算中心。

(4)商业银行是货币创造者之一,其经营活动强烈地影响货币供应量,对货币供应量的水平和变化至关重要。因此,商业银行也就成为中央银行管理货币信贷的主要对象。

作为最重要的金融机构，商业银行在一国的国民经济中扮演着重要的角色，承担着全国几乎大部分公民的储蓄，直接制约宏观经济的运行，其经营管理的安全性也关乎一个国家的社会稳定，所以，无论是商业银行自身经营，还是政策部门对其监管，都相当重要。

(四)商业银行的发展趋势

1. 日趋集中，全能化已成为不可逆转的趋势

20 世纪 80 年代以来，特别是进入 90 年代，国际银行兼并活动如火如荼。一系列的合并直接导致集商业银行、投资银行和保险业务于一身的“全能银行”的产生。

2. 电子化

20 世纪 90 年代起，人类步入信息革命的时代。世界各大商业银行强化了信息技术的投入，普及自动化系统，开拓家居电子银行服务，发展电子货币，构思电子货币联网系统等。

3. 国际化

信息技术把企业界融为一体，一个全时区、全方位的一体化国际金融市场正在形成，国际各大商业银行都以全球的眼光来发展业务，无一例外都是国际化的银行。

4. 股权开放

工业化国家的商业银行基本是上市公司，很少有个人或家族独资经营的。

二、商业银行的业务与管理

(一)商业银行的资产负债表

资产负债表是银行的主要会计报表之一，它反映银行总的资金来源和资金运用情况，包括三大类项目：资产、负债和所有者权益(股东权益)，且资产＝负债＋所有者权益。商业银行通过负债业务取得资金，再利用这些资金提供资产业务。银行资产业务的收益率应高于负债业务的成本，两者的差异构成银行的利润来源。另外，有一部分银行业务在该表中得不到反映，即中间业务。

表 1—5—1　　资产负债表的基本科目

资　产	负债与股东权益
现金(一级准备)	存款
流动性证券资产(二级准备)	交易账户存款
投资证券	储蓄存款
贷款	定期存款
消费者贷款	非存款性借款
不动产贷款	权益资本
商业贷款	股票
农业贷款	资本盈余
金融机构贷款	留存收益
其他资产(房地产、设备等)	资本储备

资产负债表的恒等式表示如下：

现金＋证券投资＋贷款＋其他资产＝存款＋非存款性借款＋权益资本

(二)商业银行的负债业务

存款货币银行的负债业务，是商业银行组织资金来源的业务。其全部资金来源包括自有资金和吸收的外来资金两部分。

1. 资本金业务

自有资金包括其成立时发行股票所筹集的股份资本以及公积金、未分配的利润。我国存款货币银行主要是国有独资商业银行，他们的自有资金是由国家拨付的，由国家核准从利润中积累的部分。一般来说，存款货币银行的资金来源中自有资金所占比重很小，不过却是吸收外来资金的基础。外来资金的形成渠道主要是吸收存款，向中央银行借款，向其他银行和货币市场拆借及从国际货币市场借款等，其中又以吸收存款为主。

2. 存款业务

存款是企业、政府、家庭和个人对银行的债权，是银行负债的主要组成部分。银行资产总额中有70%—80%来自存款，有些银行甚至更高。

(1)交易账户

交易账户，通常是指私人和企业为了交易目的而开立的支票账户，客户可以通过支票、汇票、电话转账、自动出纳机等提款或对第三者支付款项。

①传统的交易账户存款又称为活期存款或支票账户，是指存款人无须事先以书面形式通知银行便可以支用或转账的存款的。

②可转让支付命令账户(NOW)，是一种对个人、非营利机构开立的计算利息的支票账户，也称付息的活期存款。可转让支付命令账户最主要的特点是：其一，转账或付款不使用一般的支票，而是使用支付命令；其二，可以按存款账户的平均余额支付利息。

③超级可转让支付命令账户(SNOW)，是指有最低存款余额的规定并支付较高利息的可转让支付命令账户。它与可转让支付命令账户一样可以随时开出支付命令，区别在于：该账户要保持2 500美元的最低余额，且利率较高。该账户只允许个人和非营利组织开立。

④货币市场存款账户(MMDAs)起源于美国，其性质介于储蓄存款和活期存款之间。要求开户时的最低金额为2 500美元，账户平均余额不低于2 500美元。对存款的最高利率没有限制，利率每周按货币市场利息调整，每天复利，于月底打入该账户；但若账户余额低于2 500美元，存款利率则改按储蓄存款计息。对存款不规定最短期限，但银行规定客户提取存款应提前7天通知银行。存户使用该账户进行收付，每月不得超过6次，其中，使用支票付款不得超过3次。存户对象不限，个人、非营利机构、工商企业等都可开户。

⑤自动转账制度(ATS)出现在1978年以后，是由早期的电话转账制度演变而来的。其主要内容是：存户可以同时在银行开立储蓄存款账户和活期存款账户，活期存款账户的最低余额为1美元，其余存款存入储蓄账户以取得利息收入。当需要签发支票时，存户可用电话通知银行。该账户与NOW账户类似，都属于转账账户，银行需交存款准备金，对于银行提供的转账服务，存户要支付一定的服务费。

(2)非交易账户

非交易账户是指存款能够生息，但是不能签发支票的存款。

①存折储蓄账户(Passbook Savings Deposit)，是储户持现金、支票、债权、股票到银行

开立存款账户,银行开立存折为凭证,存折不能流通转让,利率较低,定期结息,利息可纳入本金计算复利。存款可随时支取,银行还可代理储户支付有关的费用开支。存折储蓄账户是一种具有高流动性的非交易账户存款。

②定期存款有固定的到期日,凭银行签发的定期存款单提取,存单不可转让流通,但可作为银行贷款的抵押物。定期存单到期才能支取,如果提前支取利息则要受损失。由于该账户的存款流动性较低,客户很少提前支取,所以利息率较高。利率水平根据期限的长短而定,期限越长,利率越高。

③大额可转让定期存单(CDs)。作为定期存款的发展,1961 年 2 月,纽约花旗银行首先开始发行大额可转让定期存单,它是作为逃避政府最高利率限制与存款准备金规定的一种手段。定期存单的面额通常为 10 万美元以上,而在二级市场上,定期存单的面额至少要有 100 万美元。定期存单一般是按面额发行,并载明息票利率,存单利息根据实际天数计算。对存款者来说,持有定期存单既可以获得高利息收入,又可以在货币市场上出售,从而在需要时获得所需资金,并且还可藉此加强与银行的业务联系。目前,大额可转让定期存单已经成为西方国家中的公司、养老金协会、政府机构以及个人的主要投资对象。

④通知存款,是指客户必须按规定提前若干天通知银行才能支取的一种存款,这种存款是介于定期存款与活期存款之间的一种非交易账户存款。通知存款必须事先确定一个最短存期,在存期内不得支取,存期过后可以通知银行支取。国外常见的是 7 天通知存款,通知期为 2 天,也就是说,7 天为定期存款,7 天后在支取的前 2 天通知银行。

⑤定活两便存款,是一种灵活的既有定期存款的收益性,又有活期存款的便利性的存款。其特点是存款期限、存款利率、存款数额没有限定,不能使用支票存取。客户存款时,规定一个基本期限,客户可以根据自己的意愿随时支取,利率高于活期存款的利率,低于定期存款的利率。

3. 借款业务

(1)同业拆借

同业拆借是银行常用的获取短期资金的简便方法。由于银行在日常的经营中有时会出现暂时的资金闲置,有时又会发生临时性的资金不足,同业拆借资金市场恰好满足了资金供求双方的需要:临时发生流动性不足的银行通过同业拆借获取资金;而临时有资金闲置的银行通过拆借方式使资金得以运用。通常,同业拆借要在会员银行之间通过银行间资金拆借系统完成。

(2)中央银行的贴现借款

商业银行为了满足资金需求,还可以从中央银行取得贴现借款。此时,商业银行需持中央银行规定的票据向中央银行申请抵押贷款。商业银行获得贴现借款的利率由中央银行规定,而这一利率恰是中央银行调节商业银行准备金的最重要的利率之一。如果中央银行调高它的贴现率,则意味着中央银行将实施紧缩的货币政策;相反,降低贴现率,则意味着货币政策的放松。因此,通过调节中央银行的贴现率,可以起到紧缩或放松银根的作用。

(3)证券回购

回购协议,是指商业银行在出售证券等金融资产时与证券的购买者签订协议,约定在一定期限后按约定价格购回所卖证券,以获得即时可用资金的交易方法。回购协议可以是隔夜回购，也可以是较长时期的回购，但一般不超过半年。利用回购协议进行资金融通，不仅可以使商业银行能够充分利用这些流动性强、安全性好的优质资产进行融资，并且由于其利率一般低于同业拆借的利率，回购协议可以为商业银行带来更高的收益。当然，回购协议也不是绝对安全的，有时也会发生违约风险。

(4)国际金融市场融资

商业银行利用国际金融市场获取所需的资金，最典型的是欧洲货币存款市场。当银行所接受的存款货币不是本国货币时，该存款就叫做国际货币存款。欧洲货币存款最早起源于欧洲，但是目前已经突破欧洲范围而遍及世界各地。银行从国际金融市场融资，既可以通过专门的机构进行，也可以通过自己的海外分支机构完成。

(5)发行中长期债券

发行中长期债券，是指商业银行以发行人的身份，通过承担债券利息的方式，直接向货币所有者举借中长期债务的一种融资方式。银行发行中长期债券的好处是能够保证银行资金的稳定，但是其所承担的利息成本较其他融资方式要高，并且资金成本的提高又会迫使商业银行不得不去经营风险较高的资产业务，这就从总体上增大了银行的经营风险。

(三)商业银行的资产业务

商业银行的资产业务是指商业银行将吸收的资金加以运用的业务，这是商业银行取得收入的主要途径。由于商业银行资金来源的特殊性，所以银行的资金运用要把营利性和流动性有机地结合。

1. 现金资产

现金资产指商业银行的一线准备。一线准备是满足银行流动性需要的第一道防线，包括库存现金、存放在中央银行的存款准备金、同业存款和托收过程中的资金。作为一线准备的现金资产具有流动性强、非营利性的特点。商业银行从其经营目标出发，通常尽可能地把一线准备降到法律所允许的最低限度。

2. 证券投资

证券投资是指商业银行在金融市场上购买有价证券的经营活动。证券投资是商业银行重要的资产业务，也是收入的主要来源之一。商业银行进行证券投资，主要是为了增加收益和资产的流动性，即充当二线准备。二线准备是满足商业银行流动性需要的第二道防线。当商业银行的资产不能满足流动性需要时，可抛售短期证券。作为二线准备的短期资产，既能保持一定的盈利，又能在短期内变现。

3. 贷款

贷款是指商业银行将其所吸收的资金按一定的利率贷放给客户并约期归还的业务。贷款是商业银行最重要的资金运用业务，其在总资产中的比重一般占首位。贷款在资产组合中对银行的风险结构和收益结构影响很大，贷款比重的提高会增加银行的预期盈利，但同时也增加了银行的风险。所以，盈利与风险是贷款业务中考虑的核心。

真题回顾

【1】(华东师范大学 2017)商业银行的本源业务是(　　)。

A. 中间业务　　B. 理财业务　　C. 存贷款业务　　D. 表外业务

参考答案:C。商业银行的本源业务是存贷款业务。

【2】(上海财经大学 2013)下列属于商业信用转化为银行信用的是(　　)。

A. 票据贴现　　B. 股票质押贷款　　C. 票据背书　　D. 不动产质押贷款

参考答案:A。商业票据本来是商事交易使用的信用结算工具,票据持有单位将票据向银行贴现后,银行就成为债权人,商业信用也就转化为银行信用。

(四)商业银行的中间业务

商业银行的中间业务是指银行不需要运用自己的资金,而只代理客户承办收付其他委托事项,收取手续费的业务。

(1)结算业务,是商业银行最基本的传统中间业务。结算是指各部门、单位和个人因为商品交易、劳务供应和资金调拨所发生的货币收付行为和债权债务的清算。结算分为现金结算和转账结算两类,转账结算又可分为国内结算和国际结算。

(2)委托代理业务,是指商业银行接受政府、单位和个人的委托,代理客户交办的经济事务的业务。

(3)租赁业务。传统的租赁业务主要是出租人以土地或其他不动产及财产向承租人出租,是租赁业务的初级形式。第二次世界大战后,除了传统的经营性租赁外,又产生了融资租赁(即金融租赁)。金融租赁是指由银行出资金购买设备再出租给承租人使用并定期收回租金的行为。金融租赁是以商品资金的形式表现的借贷资金运动形式,是集融资和融物为一体的信用方式。目前,世界上许多公司企业以将利用租赁来筹资视作一种重要的融资手段。

(4)咨询业务,是指商业银行凭借其雄厚的实力和较高的信誉,以及多方面的专业人才和信息资源的优势,为客户提供顾问和咨询服务。

(5)保管业务,是指商业银行利用自己的保管设施,代委托人管理或托管重要财物或资金,其主要形式有仓库保管和出租保管箱。

(6)投资银行业务,是指商业银行为客户提供财务咨询、担保或投资顾问,从事企业产权交易和企业并购、重组等中介服务的业务。投资银行业务是一种多种金融服务相结合的业务,是商业银行经营观念转变的产物,是一种高附加值的高级智力服务。

(7)信托业务,是商业银行代理他人运用资金、买卖证券、发行证券、管理财产的一种信用委托业务。西方国家的大型商业银行普遍经营信托业务,我国有关法律规定商业银行不得从事信托业务。

(8)信用卡业务。信用卡是商业银行或发卡公司发行的具有储蓄、支付、结算、信贷、购物等多种功能的信用流通工具。

真题回顾

(上海财经大学 2012)信托与租赁属于商业银行的(　　)。

A. 资产业务　　B. 负债业务　　C. 中间业务　　D. 表外业务

参考答案:C。常见的中间业务主要有代收、租赁、信托、信息咨询等,故本题选 C。

(五)商业银行的表外业务

表外业务是指商业银行从事的，按通行的会计准则不列入资产负债表内，不影响其资产负债总额，但影响银行当期损益，改变银行资产报酬率的经营活动。

1. 担保业务

即银行应某一交易中的一方申请，承诺当申请人不能履约时由银行承担对另一方的全部义务的行为。担保业务不占用银行的资金，但形成银行的或有负债，当申请人(被担保人)不能及时完成其应尽的义务时，银行就必须代为履行付款等职责。银行在提供担保时，要承担违约风险、汇率风险以及国家风险等多项风险，因此是一项风险较大的表外业务，《巴塞尔协议》将银行担保业务的信用转换系数定为100%。银行的担保业务主要有备用信用证、商业信用证等。

2. 票据发行便利

票据发行便利是一种具有法律约束力的中期周转性票据发行融资的承诺，属银行的承诺业务。借款人根据事先与商业银行等金融机构签订的一系列协议，可以在一定期限内(一般期限为5—7年)，以自己的名义周转性地发行短期票据，从而以较低的成本取得中长期的资金融通。承诺包销的商业银行依照协议负责承购借款人未能按期售出的全部票据，或承担提供备用信贷的责任。银行的包销承诺为票据发行人提供了转期的机会，从而有力地保障了企业获得资金的连续性。就银行借款者而言，票据通常是短期存款证，而对非银行借款者来说，票据通常采取本票的形式。

3. 金融衍生业务

如远期利率协议、互换、期货与期权。

4. 其他业务

贷款承诺是银行与借款客户之间达成的一种具有法律约束力的正式契约，银行将在有效承诺期内，按照双方约定的金额、利率，随时准备应客户的要求向其提供信贷服务，并收取一定的承诺佣金。贷款承诺业务也是银行承诺业务之一。贷款出售是指商业银行传统的经营哲学，视贷款为可销售的资产，在贷款形成以后，进一步采用各种方式出售贷款债权给其他投资者，出售贷款的银行将从中获得手续费收入。

真题回顾

(上海财经大学2013)以下不属于商业银行负债创新的是(　　)。

A. NOW账户　　B. ATS账户　　C. CDs账户　　D. 票据发行便利

参考答案：D。票据发行便利不属于商业银行的金融创新，仅仅是商业银行的表外业务。

(六)商业银行的经营方针

1. 营利性原则

(1)含义

营利性原则是指商业银行作为一个企业，其经营追求最大限度的盈利。营利性既是评价商业银行经营水平的核心指标，也是商业银行最终效益的体现。影响商业银行营利性指标的因素主要有存贷规模、资产结构、资本金规模,以及资本金管理体制和经营效率等。

(2)营利性衡量指标

资产净利率=银行净利润/银行当年平均资产总额(反映总体盈利水平)

净资产收益率=银行净利润/银行当年平均净资产(反映权益回报水平)

利差收益率=(利息收入-利息支出)/赢利资产(银行特有的赢利指标)

资本成本率=(利息支出+其他费用)/总负债(反映银行成本水平)

2. 流动性原则

(1)含义

流动性是指商业银行随时应对客户提现和满足客户借贷的能力,包含两层含义:资产的流动性和负债的流动性。资产的流动性是指银行资产在不受损失的前提下随时变现的能力。负债的流动性是指银行能经常以合理的成本吸收各种存款和其他所需资金。一般情况下,我们所说的流动性是指前者,即资产的变现能力。

(2)流动性衡量指标

存贷比=贷款余额/存款余额(指标越高,流动性越低)

流动比率=流动性资产/流动性负债(指标越高,流动性越高)

速动比率=速动资产/流动性负债(指标越高,流动性越高)

超额准备金

流动资产-易变性负债

存款增加额-贷款增加额

3. 安全性原则

(1)含义

安全性是指银行的资产、收益、信誉及所有经营生存发展的条件免遭损失的可靠程度。安全性的反面就是风险性,商业银行的经营安全性原则就是尽可能地规避和减少风险。影响商业银行安全性原则的因素主要有客户的平均贷款规模、贷款的平均期限、贷款方式、贷款对象的行业和地区分布及贷款管理体制等。

(2)安全性衡量标准

存贷比=贷款余额/存款余额(该指标越高,风险越大)

杠杆比率=资产/资本(该指标越高,风险越大)

不良贷款率=问题贷款/全部贷款(该指标越高,风险越大)

资本充足率=资本/风险加权资产(该指标越高,风险越小)

负债/流动性资产(该指标越高,风险越大)

4.“三性”的对立统一

商业银行的“三性”原则既有相互统一的一面,又有相互对立的一面。

统一面:流动性是商业银行正常经营的前提条件,是商业银行资产安全性的重要保证。安全性是商业银行稳健经营的重要原则,离开安全性,商业银行的营利性也就无从谈起。营利性原则是商业银行的最终目标,保持盈利是保持商业银行流动性和保证银行安全性的重要基础。

对立面:(1)商业银行的安全性与流动性之间存在负相关。流动性较大的资产,风险就小，安全性也就高。(2)商业银行的营利性与安全性和流动性之间呈反方向变动。营利性较高的资产，由于时间一般较长，风险相对较高，因此，流动性和安全性就比较差。

(七)商业银行资产管理理论

资产管理理论强调负债是银行既定的前提，资产的规模受负债规模的制约，银行管理层所能做的只是在既定的资产规模基础上努力实现资产结构的优化调整。它十分注重使资产在期限上与负债相匹配，注重保持资产的流动性及分层次的准备金，还注重银行资本的充足性。

1. 真实票据论

这种理论又叫商业贷款理论，源于亚当·斯密 1766 年发表的《国富论》一书。该理论认为，银行的资金来源主要是同商业流通有关的闲散资金，都是临时性的存款，为了保障随时偿付提存，银行资产必须具有较大的流动性，因而银行只适宜发放短期的与商品周转相联系的商业贷款。这种贷款具有自偿性，即随着物资周转、产销过程完成，贷款自然地从销售收入中得到偿还。

据此，该理论强调贷款必须以商业行为为基础，以真实的商业票据为抵押；一旦企业不能偿还贷款，银行即可根据所抵押的票据，处理有关商品。根据这一理论，银行不能发放不动产贷款、消费贷款、长期设备贷款和农业贷款，更不能发放用于证券投资的贷款。在相当长的时期内，真实票据理论占据着商业银行资产管理理论的支配地位，对于自由竞争条件下银行经营的稳定起到了一定的作用。

然而，随着经济的发展，这一理论的缺陷也越来越明显。首先，它未考虑到短期存款的沉淀部分和长期存款的比重上升，忽略了银行资金来源的潜力。其次，它对贷款多样性的否定是不利于经济增长的。再次，自偿性贷款未必能保证贷款的收回，有时长期贷款更可靠。最后，自偿性贷款随商业周期而波动，将影响金融体系的稳定。

2. 转换理论

这种理论认为，银行能否保持流动性，关键在于银行持有的资产能否转让变现。只要银行所掌握的证券易于在市场上出售，或易于向央行再贴现，只要银行的贷款有可以拍卖的抵押品，或可转让给中央银行，那么，银行资产就不必非限于短期商业贷款不可。

这一理论为银行的证券投资、不动产贷款和长期贷款打开了大门。在转换理论的影响下，银行资产的范围显著扩大，业务经营更加灵活多样。但转换理论片面强调证券的转手，而忽略证券和贷款资产的真正质量，忽略了物质保证，为信用膨胀创造了条件。同时，它没有重视经济发展状况的影响，未考虑到在危机期间证券的大量抛售和价格暴跌而引发银行资产的巨额损失的可能性。

3. 预期收入理论

该理论认为，任何银行资产能否到期偿还或转让变现，归根到底是以未来的收入为基础的。只要预期的未来收入有保障，通过分期偿还的形式，长期项目贷款和消费信贷都会保持一定的流动性和安全性；反之，如果未来收入没有保障，即使短期贷款也有偿还不了的风险。这一理论意味着银行资产可以不受期限和类型的影响，可以不考虑资产的自偿性和转换性，只要强调预期收入就够了。正是在这种理论的影响下，第二次世界大战后，分期付款的中长期设备贷款、住宅抵押贷款、消费贷款和租赁贷款等资产业务迅速发展起来，成为支撑经济增长的重要因素。

不过,预期收入理论也有缺陷。首先,它把资产经营完全建立在银行预测的基础上,缺乏足够的可靠性。其次,在资产期限很长的情况下,不确定性增加,债务人的收入状况可能会恶化,未来的偿付能力可能比预期的要小。因此,预期收入理论必须慎重使用。

4. 超货币供给理论

银行购买资产,从来都被视作提供货币的行为,银行仅仅是用信用方式供给货币的机构。但随着货币形式的多样化,能够提供货币的非银行金融机构越来越多,银行的信贷市场竞争的压力日益加剧,银行再也不能就事论事供给货币了。该理论认为,银行信贷提供货币只是达到它经营目标的手段之一,除此之外,它不仅有多种可供选择的手段,而且有广泛的同时兼达的目标。因此,银行资产管理应该超越货币的狭隘眼界。

(八)商业银行负债管理理论

负债管理理论认为,银行可以主动管理负债,通过积极的竞争去争取活期存款、定期存款和储蓄存款以及向欧洲美元市场、联邦资金借款来影响资金来源。这种理论一改过去的方针,主动调整负债结构,强调借入资金来满足存款的提取和增加放款的需求,保持资金清偿能力和流动性,并获取最大利润。

1. 购买理论

银行购买资金的主要目的是增强流动性,而资金的供应者是十分广泛的,抬高资金价格是实现购买行为的主要手段;面对日益庞大的贷款需求,通过购买负债,摆脱存款数额对银行的限制。

购买理论的盛行代表了富于进取心和冒险精神的新一代银行家的崛起。购买理论被称为银行负债思想的创新、银行业的革命。然而,这种理论的效果也有两面性:一方面,商业银行更加积极、主动地吸收资金,有助于信用扩张和经济增长,增强了商业银行的实力;另一方面,它又刺激商业银行片面扩大负债,盲目竞争,加重债务危机和通货膨胀。

2. 销售理论

销售理论的内容包括:客户至上,以客户的利益和需要作为银行的出发点和归宿。客户及其需要的多样性要求金融产品具有多样性。银行要善于通过服务途径,利用其他商品和劳务的配合,来达到吸收资金的目的。要依靠信息的沟通来推销产品。要把资产和负债两方面联系起来考虑设计金融产品。总之,销售理论贯穿的是一种市场服务概念。

(九)商业银行资产负债联合管理理论

20 世纪 70 年代末,银行经营管理理论又一次出现了重大转变,资产负债联合管理理论产生了。该理论的基本思想是从资产和负债两方面综合考虑,对应地进行分析。根据银行经营环境的变化,协调各种不同的资产和负债在利率、期限、风险和流动性等方面的搭配,作出最优化的资产负债组合,以满足营利性、安全性和流动性的要求。

资产负债联合管理理论的核心内容在于分析资产和负债两方面之间的“缺口”,并围绕缺口探索解决途径。

1. 利率敏感性缺口

利率敏感性缺口指的是浮动利率资产与浮动利率负债之间的差额。当浮动利率资产金额大于浮动利率负债金额时,银行有正的资金缺口。这种策略的预期收益较零缺口高,但利率风险也较大。当市场利率上升时，由于按较高收益重新制定利率的浮动利率资产金额超过浮动利率负债金额，盈利能力将提高。利率下降则对净收益有相反的作用。

资金负缺口状况的预期收益和变动性也大于收支相抵状况，只是其净利息收益按市场利率水平的变动而反向变动。

2. 流动性缺口

与上面分析的实质一样，只是这里分析的是流动性问题。

3. 期限匹配和利差

如果资产负债的期限是匹配的，则只要用到期资产来偿付到期负债，资产、负债之间的利差就是收益。如果期限不匹配（现实中多为这种情况），则银行必须预测利率的变化趋势，调整利率敏感性不同的资产负债的搭配。例如，预计利率上升时吸收固定利率负债，投入浮动利率资产，就能增加将来的收益。另外，一定的长期利率和短期利率、固定利率和浮动利率的组合，能够对市场变化作出有利于保持或扩大利差的反应。

4. 金融衍生品交易

在利率频繁波动的时期，使用金融期货进行套期交易可以帮助银行对某一项资产或负债进行管理，但不能解决整个资产负债管理的问题。

当预计利率将下降时，银行可通过多头套期来抵消资产收益的下降。银行购入合约，进行多头套期，在利率下降时，合约价格会上涨。这样，银行出售这份合约所获得的收益可以抵消资产收益的下降。

当预计利率将上涨时，银行可通过空头套期来抵消借入成本的增加。同样，金融衍生品交易也可以消除汇率波动带来的影响。总的来说，银行进行套期保值的一般做法是在期货市场上做一笔与现货市场金额相同但方向相反的交易，这样就可以锁定成本，减少损失，但也同时失去了获得更多利润的机会。

三、商业银行的风险与监管

（一）商业银行面临的主要风险

1. 信用风险

信用风险，又称违约风险。这是对银行的存亡至关重要的风险，主要源于两种情况：

(1)存款者挤兑而银行没有足够的现金可以支付；

(2)贷款逾期不能归还，出现呆账、坏账，导致银行资产损失。

2. 市场风险

市场风险，又称利率风险。这是一种因市场利率变化引起资产价格变动或银行业务使用的利率跟不上市场利率变化所带来的风险。当市场利率上升时，银行持有现金的机会成本上升，原长期贷款由于利率相对的下降蒙受损失，同时存款资金的成本也会上升；如果不提高存款利率，将面临存款流失。

3. 外汇风险

外汇风险，又称汇率风险。这是因汇率变动而出现的风险。

4. 购买力风险

购买力风险，又称通货膨胀风险。这是因通货膨胀引起的货币贬值而带来的风险。银行具有借贷者和放款者的双重身份，通胀带来的损益可以相互抵消，但不会完全抵消，因为存贷不会完全相等。同时，通胀导致实际利率下降，可能影响银行的资金来源。

5. 内部风险

内部风险，又称管理风险，主要有战略决策失误风险、新产品开发风险、营业差错风险、贪污盗窃风险。它们主要与经营管理不当有关。

6. 政策风险

政策风险，也称国家风险。国家政府的更替、政策的变更都可能导致银行经营大环境的变化，直接影响银行的效益。

在以上六种风险中，信用风险是时常发生的；市场风险在经济波动时较明显；外汇风险对于浮动利率下有大量外汇业务的银行的影响尤其大；购买力风险体现在高通胀时期；管理水平低下的银行面临较大的内部风险；政局动荡下的政治风险影响最为重大。

(二)金融监管的方法

金融监管的方法是监管当局实施金融监管的工作方法和手段。商业银行作为主要的存款性金融机构，适用于金融监管的基本方法主要有以下几种：

(1)事先检查筛选法：主要是指金融机构建立之前的严格审查和注册登记。

(2)定期报告分析法。

(3)现场检查法：由中央银行派出检查小组，到各银行实地检查，主要检查资本充足状况、资产质量、管理质量、收入和盈利状况、清偿能力等。

(4)自我监督管理法：强调金融机构根据法律自我约束、自我管理，在自觉的基础上实现自我监管，是外部监管的补充。

(5)内外部稽核相结合法：稽核是一种监督检查的系统方法。世界上很多国家的公司法要求公司或企业定期接受国家注册稽查人员对其账目报表进行审查。内部稽核是企业或银行自己进行的审查与核对。

(6)发现问题及时处理法：当银行或其他金融机构的业务经营活动违反金融法规规定，中央银行通过采取相应的措施，督促金融机构纠正偏差，改变现状。

真题回顾

(中国人民大学 2012)商业银行在经营中由于借款人不能按时还贷而遭受损失的风险是(　　)。

A. 国家风险　　B. 信用风险　　C. 利率风险　　D. 汇率风险

参考答案：B。考查信用风险的定义，由于借款人违约不能按时偿还本息的风险是信用风险。

(三)《巴塞尔协议》

1.《巴塞尔协议》的发展和演变

(1)《巴塞尔协议》

1988 年 7 月，由比利时、英国、加拿大、法国、荷兰、日本、瑞典、德国、美国、意大利十国集团和瑞士、卢森堡等中央银行组成的“巴塞尔委员会”(全称是巴塞尔银行监管委员会，Basel Committee on Banking Supervision)通过制定的《关于统一国际银行资本衡量和资本标准的协议》(简称《巴塞尔协议》),它实际上已成为国际金融业必须共同遵守的"公约"。

《巴塞尔协议》的主要内容可分为四个部分:①资本的组成。②资产的风险及加权计算。③资本比例的目标标准比率(资本充足比率)。④过渡期与实施安排。

(2)《巴塞尔协议》的补充协议

1995年12月11日,十国集团国家的中央银行行长签署《"巴塞尔资本充足协议"的补充协议》(简称《补充协议》),《补充协议》于1996年1月正式公布,于1997年底生效。

《补充协议》的主要内容是在原资本充足仅对信用风险测定的基础上新增了对市场风险的测定因素,明确要求银行应有适当的资本支持其承受的市场风险。在计算银行的资本充足性时,对银行项目的资本要求仍按1988年《巴塞尔协议》所规定的风险权重,对各类表内外项目进行计算。对交易项目,《补充协议》提出两种风险测定方法:一种为标准测定法,另一种为风险价值法,各央行可选择其中一种来测量风险。

(3)《巴塞尔协议Ⅱ》

近年来,各种为规避资本充足率的金融创新层出不穷,特别是1997年的东南亚金融危机暴露出1988年协议的诸多不足,突出表现在:过分强调资本充足率,忽视了其他的风险;没有对同类资产不同信用等级作出区分;对国家信用风险权重处理过于简单等。为了增强协议规则中的风险敏感性,巴塞尔委员会对《巴塞尔协议》进行了适时的修改。1999年6月公布的《新巴塞尔资本协议》征求意见稿(第一稿)及其以后的两个征求意见稿,称为《新巴塞尔协议》,国际上称为《巴塞尔协议Ⅱ》,以资本充足率、监管部门监督检查和市场约束三大要素为主要特点,代表了资本监管的发展趋势和方向。

2.《新巴塞尔资本协议》的主要思想和三大支柱

(1)最低资本要求

①《新巴塞尔资本协议》继承了旧巴塞尔协议以资本充足率为核心的监管思路,将最低资本要求视为最重要的支柱。

②《新巴塞尔资本协议》主要针对银行的市场风险、信用风险和操作风险提出资本要求。

③监管资本的定义将继续沿用1988年协议的规定,总的资本比率不得低于8%,二级资本仍然不得超过一级资本,即限制在一级资本的100%以内。

④在计算资本比率时,市场风险和操作风险的资本要求乘以12.5(即最低资本比率8%的倒数),再加上针对信用风险的风险加权资产,就得到分母,即总的风险加权资产。分子是监管资本,两者相除得到资本比率的数值。

⑤信用风险度量。

A. 信用风险度量的标准法。

标准法沿用了旧版本的划分信贷风险的方法,但是作了适度的调整,新的资本协议将信贷资产划分为12种,增加2种:对证券公司贷款和高风险贷款。标准法中考虑到信用缓释技术的作用:抵押、担保、信用衍生工具。

B. 信用风险度量的内部评级法。

内部评级方法又分为初级法和高级法。有资格采用IRB法的银行可以根据自己对风险要素的估计值决定对特定暴露的资本要求,风险要素包括违约损失率、违约暴露、违约率以及年期。

IRB初级法规定,银行自己估计违约概率,其他的风险因素取决于监管当局的估计值。

IRB高级法规定,银行在满足最低标准的前提下自己估计违约概率、违约损失率、违约风险暴露和期限。

⑥操作风险度量。操作风险是由于内部程序、人员、系统不足或者运行失当,以及因为外部事件的冲击等导致的直接或间接损失的风险,这一定义包含法律风险,但不包含战略风险和声誉风险,这是为了计量方便。

《新巴塞尔资本协议》以较大的篇幅介绍了多种资本配置要求的计算方法,主要有三种方法,即单一指标法、标准法、高级计量法。

A. 操作风险度量的单一指标法。

银行持有的操作风险资本就等于前三年总收入的平均值乘上一个固定的比例。

B. 操作风险度量的标准法。

银行账户的业务分为8个产品线:公司金融、交易和销售、零售银行业务、商业银行业务、支付和清算、代理服务、资产管理和零售经纪。总资本要求是各产品线监管资本的简单加总。

C. 操作风险度量的高级计量法。

将银行业务划分为若干类型,确定操作损失类型;为每种业务/损失类型规定一个风险指标(EI),通过一定的方法计算每种业务/损失发生的概率参数(PE)和一个代表损失程度的事件损失程度值(LGE),将上述三个指标相乘,计算出预期损失;由监管部门规定一个业务/损失系数,利用它将预期损失转换成资本要求。

(2)监管部门的监督检查

《新巴塞尔资本协议》强化了各国金融监管当局的职责,提出了较为详尽的配套措施。

①巴塞尔委员会希望监管当局担当起三大职责:全面监管银行资本充足状况,培育银行的内部评级体系,加快制度化进程。

②监管当局监督检查的四大原则。

A. 银行应具备与其风险状况相适应的评估总量资本的一整套程序,以及维持资本水平的战略;

B. 监管当局应检查和评价银行内部资本充足率的评估情况及其战略,以及银行监测和确保满足监管资本比率的能力;

C. 监管当局应希望银行的资本高于最低监管资本比率,并有能力要求银行持有高于最低资本标准的资本;

D. 监管当局应争取及早干预,从而避免银行的资本低于抵御风险所需的最低水平。

(3)市场约束

为了确保市场对银行约束的效果,巴塞尔委员会提出全面信息披露的理念。新协议在适用范围、资本构成、风险暴露的评估和管理程序以及资本充足率四个领域制定了更为具体的定量及定性的信息披露内容。新协议还将披露信息划分为核心信息与附加信息:核心信息包括银行集团内部风险控制系统的细节信息、实收资本数量、已披露储备量、信贷损失措施、资本构成等。附加信息是指信贷风险方面的细节信息,包括区域性经济崩溃、地区和部门的坏账、信用风险、不利于资产管理的技术、信用风险调节策略、市场风险管理等。

3.《巴塞尔协议Ⅲ》的主要内容

(1)强化资本充足率监管标准

①提高监管资本的损失吸收能力。

②扩大资本覆盖风险的范围。

③提高资本充足率监管标准。

(2)引入杠杆率监管标准

(3)建立流动性风险量化监督标准

流动性覆盖率(LCR),用于度量短期压力情境下单个银行的流动性状况,目的是提高银行短期应对流动性中断的弹性。

净稳定融资比率(NSFR),用于度量中长期内银行解决资金错配的能力,覆盖整个资产负债表,目的是激励银行尽量使用稳定资金来源。

(4)确定新监管标准的实施过渡期

(5)强化风险管理实践

真题回顾

(中国人民大学 2015)商业银行的核心资本不包括(　　)。

A. 普通股　　B. 资本公积　　C. 一般准备　　D. 未分配利润

参考答案:C。核心资本包括实收资本或普通股、资本公积、盈余公积、未分配利润和少数股权。

(四)存款保险制度

存款保险制度和预防性风险管理、最后贷款人制度一起构成了金融监管的三道防线。

存款保险制度,就是为存款人提供保险的机制。它是由各金融机构提供一定数额的保险费交给存款保险机构,万一有入保的金融机构因经营不善而倒闭时,存款人可要求存款保险机构索赔,从而避免或减少损失。它是旨在保护存款人的利益,维护银行的信用,保证金融稳定的一种先进的保险制度。

预防性风险管理主要是指金融机构设立前后,为保证其经营安全性和流动性而对其设立条件、组织、业务范围、营业区域、资本要求以及金融预警系统等进行规定和管理。

最后贷款人制度是中央银行在商业银行陷入流动性困境时作为最后贷款人对其给予流动性援助,即当其他人无法向银行提供储备时,为了阻止银行倒闭,中央银行向其提供储备,清除集体行为的非理性造成的金融恐慌及其传染和导致系统崩溃。

(五)信息不对称

信息不对称是指交易的一方对交易的另一方不充分了解,这种信息的不平等称为不对称,由此将影响到交易双方的准确决策。信息不对称的存在造成的问题可能发生在两个阶段:交易之前和交易之后。在交易之前称为逆向选择;在交易之后称为道德风险。

1. 逆向选择和道德风险

逆向选择是交易之前发生的信息不对称问题。潜在的不良贷款风险来自那些积极寻找贷款的人。因此，最有可能导致与期望相违的结果的人往往就是最希望从事这笔交易的人。

逆向选择会产生“次品车问题”。在二手车市场上，买主常常不能估计车的质量，因而车主所付的价格必定是市场上全部二手车的平均质量对应的价格。而二手车的主人了解他的车，如果是次品车，车主自然很乐意按买主愿意付的价格卖掉；如果是好车，车主就不愿意出售。这种逆向选择的结果使得市场上很少出现好的二手车，而次品车又没有人愿意购买，该市场的成交量会很小，二手车市场的运作就会很差。证券市场上也会出现“次品车问题”，后果类似于二手车市场。

道德风险是在交易发生之后出现的。放款者发放贷款之后，将面对借款者从事那些从放款者观点来看并不期望进行的活动，因为这些活动可能是用贷款难以归还的。由于道德风险降低了贷款归还的可能性，放款者宁可做出不贷款的决定。

2. 道德风险和“委托一代理问题”

股票合约易受到被称为“委托一代理问题”的道德风险的影响。拥有大部分公司股权的股东(委托人)是同公司的管理者(代理人)相分离的。这种所有权和控制权的分离涉及的道德风险在于，掌握控制权的经理们可能会按照自己的利益而不是股东的利益来行事。比如，追求个人利益以及追求能扩大个人权力但不增加公司盈利能力的公司战略，例如，购买其他公司。“委托一代理问题”的解决方法有：

(1)监管。监管实际上是一种信息生产。问题是监管过程要花费大量的时间和金钱，并且存在“搭便车”的问题。

(2)债务合约。与股权合约相比，债务合约只要求借款人必须定期向贷款人支付固定的金额。只要经理的活动不影响公司按时偿付债务的能力，贷款者就不会介意，所以债务合约的信息监管成本要低得多。

(3)金融中介。金融中介机构有能力避免道德风险中的“搭便车”问题。风险资本公司将其合伙人的资金聚合起来，并运用这些资金帮助新生的企业启动事业。公司将风险资本投放到新企业中，得到的是新企业的股份。风险资本公司通常委派若干自己的代表人到该企业的管理机构，成为董事会的成员，以便确切地把握企业的活动。当风险资本公司向企业提供了启动资金，企业股份就不能卖给他人，只能卖给风险资本公司，这样其他投资者就不能“搭便车”。

3. 信息不对称增大商业银行贷款的信用风险

(1)信贷市场存在“逆向选择”问题，也就是最有可能造成“逆向”结果的人常常就是那些被“选中”得到贷款的人。如果项目成功，那些有着巨大风险的投资项目的借款人将大有好处，因而这些人最急于得到贷款；然而，他们有极大可能难以偿还贷款。

(2)信贷市场存在“道德风险”问题，也就是借款人可能有积极性去从事那些被贷款人认为不合意的活动，比如高风险的投资，而高风险使得他们更有可能偿还不了贷款。

由于贷款是银行主要的盈利来源，所以银行不能不发放贷款，而信息不对称就通过“逆向选择”和“道德风险”增加了贷款的信用风险。银行解决信息不对称问题的方法有：

①信用审核。“逆向选择”问题的存在要求银行将风险小的借款人从风险大的借款申请人中筛选出来，从而使银行放款有利可图。为了进行有效筛选，银行必须从每一位借款人那里收集可靠的信息。因此，有效筛选和信息收集构成信用风险管理的一项重要原则。

②贷款专业化。贷款专业化是指一些银行常常专门对当地企业或者某一特定行业发放贷款。尽管从某一角度来说，这种行为意味着银行没有把贷款组合分散化，从而使自己面临更多的风险，是不合理的。但是从信息收集的角度来说，收集当地企业的信息并确定它们的信用度，较之一家遥远的企业要容易得多；将贷款集中于特定的企业，银行对这些企业会有更多的认识，从而更容易判断哪些企业具有按时偿还贷款的能力，因而专业化又是合理的。

③限制性条款。银行在贷款合约中写入限制借款者从事风险活动的条款，即限制性条款；并通过对借款者从事的活动进行监控，审视借款者是否遵循限制性条款，一旦他们不执行，则强制他们执行。这样，银行就能保证借款者不从事那些有损于银行利益的风险活动。

④与客户的长期联系。与客户的长期联系减少了信息收集成本，因而监控长期客户的成本比监控新客户的成本低得多；长期联系能使客户受惠，比如，能以较低的利率取得贷款；长期客户将主动规避风险活动，以便在未来获得低利率，取得贷款，从而使银行可以防范那些限制性条款没有预见到的道德风险。与客户的长期联系是信用风险管理的另一重要原则。

⑤贷款承诺。贷款承诺，就是银行同意在未来某一时期里以某种与市场利率相关联的利率向企业提供某一限额之内的贷款的承诺。大部分工商业贷款都是在贷款承诺安排下发放的。银行可以通过向商业客户提供贷款承诺来创造长期联系和收集信息，是减少信息收集成本的有力手段。

⑥抵押和补偿性余额。对贷款来说，抵押要求是信用风险管理的重要工具，因为抵押物弱化了逆向选择的后果。银行在发放工商业贷款时所要求的一种特殊的抵押叫做补偿性余额，即取得贷款的企业必须在其银行支票账户上保留某一最低规模的资金。

补偿性余额具有抵押功能，一旦企业违约，银行可用补偿性余额来弥补部分贷款损失；补偿性余额有助于银行进行监控，从而使道德风险降至最小。特别是，如果要求借款者使用其在该发放贷款的银行的支票账户，银行就可以观察企业的支付活动，得到大量有关借款者财务状况的信息。

4. 信息不对称与对商业银行的监管

就商业银行本身而言，也存在"道德风险"问题，即使用储户的资金去投向高风险的项目。一旦银行从事风险投资并引发公众的信心下降，可能造成挤兑和银行倒闭，并且这种效应是连锁的。对整个银行体系来说，对商业银行进行有效监管是十分重要的。银行监管普遍存在的四种方式：

(1)存款保险

存款保险是解决公众信心问题的手段。政府担保无论发生什么事情，存款者的资金都能够得到全额偿付。这样存款者即使对银行的运营有所疑问，也用不着赶着提款。存款保险有效地抑制了银行挤兑现象和由此诱发的银行恐慌。

但由于存款者不会针对银行的经营状况，通过提款的方式给银行施加压力，事实上加剧了银行的道德风险；存款保险带来了逆向选择问题，即最想利用存款保险优点的银行正是那些最想进行风险活动的银行；存款保险产生了"太大而不能倒闭"的政策，即由于大银行的倒闭对整个金融体系而言破坏力太大，监管当局不希望大银行倒闭，这直接导致了大银行道德风险动机的增加，同时对中小银行也是不公平的。

(2)资产和资本的限制

对资产的限制包括限制银行持有风险资产，鼓励银行资产的多样化。对资本的要求包括对资本资产比率的最低要求，按照不同的风险权数综合计算的资本要求(详细内容参见《巴塞尔协议》)。

(3)注册、审查

监管机构通过详细的调查评价，确定要申请注册成立的银行是否健全，可以防止以投机活动为目的来设立银行。一旦银行被批准设立之后，监管机构还将对其进行经常性检查，以监督银行是否符合资本要求和资产持有的规定，是否抑制道德风险。常用的银行评价方法有 CAMEL 评级方法，即资本充足率(Capital)、资产质量(Assets)、管理状况(Management)、收益(Earnings)、流动性(Liquidity)，它可以比较全面地反映银行状况。

(4)分业经营

由于投资银行业务有内在风险，所以商业银行经营这类业务可能会增大产生道德风险的可能性。因此，许多国家禁止商业银行从事证券、保险等被认为是有风险的非银行业务。

真题回顾

(清华大学 2015)通常，向商业银行申请贷款会比银行掌握更多关于自身投资项目的信息。这种信息上的差异成为(　　)，它会产生(　　)问题。

A. 逆向选择 风险分担　　B. 不对称信息 风险分担

C. 逆向选择 道德风险　　D. 不对称信息 逆向选择

参考答案：D。信息上的差异就是信息不对称，由于此时贷款还没有申请完成，是在交易之前，所以属于逆向选择，故本题选 D。

【本章参考习题】

1. 商业银行将贴现收到的未到期票据向其他商业银行或贴现机构贴现所进行的融资行为被称为(　　)。

A. 再贴现　B. 转贴现　C. 背书转让　D. 承兑

2. 商业银行与其他金融机构的区别之一在于其能接受(　　)。

A. 原始存款　B. 定期存款　C. 活期存款　D. 储蓄存款

3. 目前，各国商业银行普遍采用的组织形式是(　　)。

A. 总分行制　B. 单一银行制　C. 持股公司制　D. 连锁银行制

4.《巴塞尔协议》中为了清除银行间的不合理竞争，促进国际银行体系的健康发展，规定银行的资本充足率应达到(　　)。

A. 5%　B. 4%　C. 8%　D. 10%

5. 最典型的全能型商业银行国家是(　　)。

A. 英国　B. 美国　C. 日本　D. 德国

6. 商业银行最基本的职能是(　　)。

A. 支付中介

B. 信用中介

C. 创造信用流通工具

D. 将社会各阶层的货币收入和积蓄转化成资本

参考答案：

1. B；2. C；3. A；4. C；5. D；6. B。

第六章　中央银行

扫码听课

考试要求

◆ 了解:中央银行的产生和发展

◆ 掌握:中央银行的业务

◆ 熟练掌握:中央银行的职能,中央银行体制下的货币创造过程

本章知识点框架

- 中央银行
  - 中央银行的产生发展
  - 中央银行的职能
    - 发行的银行
    - 政府的银行
      - 代理国库
      - 向政府提供贷款
      - 管理金融活动,调节国民经济
      - 代表政府参加国际金融活动
    - 银行的银行
      - 保管商业银行的存款准备金
      - 对商业银行提供信贷
      - 办理商业银行之间的清算业务
  - 中央银行的业务

考情分析

根据大纲可知,本章的内容主要分为两个部分:存款货币的创造及中央银行的相关知识。

关于存款货币的创造部分内容应当与第七章货币供给的内容联系学习,基本上只要理解货币创造的条件和机制即可。

中央银行的部分知识点较多,都需要复习,但本章主要考查的是中央银行的职能部分,有关中央银行的另一个重点内容是货币政策,考生应联系第八章进行复习。

一、中央银行的产生和发展

(一)中央银行产生的背景

中央银行制度是商品信用经济发展到一定阶段的产物。中央银行是在商业银行的基础上发展演变而来的。

(1)随着资本主义经济的发展,许多商业银行都能想到发行银行券的办法,因此缺点日

益突出，比如，小银行的信用能力不强，小银行发行的银行券只能在国内有限的地区流通等。这与商品经济的发展和统一市场的形成产生了尖锐的矛盾，客观上要求有一个资金雄厚并在全国范围内具有权威的集中货币发行的银行。

(2)随着信用经济的发展，银行业务不断地扩大，各银行之间的债权债务关系复杂化，由各个银行自行轧差进行当日结算已非常困难。这在客观上要求建立一个全社会统一、有权威、公正的清算中心。

(3)随着资本主义生产的发展和流通的扩大，对贷款要求的数量增多、期限延长。商业银行如果仅用自己吸收的存款提供放款，远远不能满足需要；如果将吸收的存款过多地提供贷款，又会削弱银行的清偿能力，有使银行发生挤兑和破产的可能。这客观上要求有一个机构能够在商业银行资金发生困难时给予贷款支持。

(4)经济的发展要求政府对金融业和统一市场进行规范管理和调节，从而形成全国性的全能调节的有效机制。

(二)中央银行的发展

1. 第一阶段(17 世纪中叶到 1843 年)，是中央银行的初创时期

1656 年设立的瑞典里克斯银行是最早设立的中央银行。它原是私人资本创办的银行，最先发行银行券，但未独占发行权。

2. 第二阶段(1844 年到 20 世纪 30 年代)，是中央银行的逐步完善时期

1844 年，英国国会通过《皮尔条例》(Peel's Act)，规定英格兰银行作为唯一的货币发行银行；将英格兰银行分成发行部和银行部两个部分，发行纸币与银行业务分开，银行业务不干预货币发行，从此奠定了现代中央银行组织的模式。

进入 20 世纪，特别是第一次世界大战后，为了稳定战后币制、汇率和消除金融混乱的局面，1920 年在布鲁塞尔举行的国际金融会议上决定，凡是尚未成立中央银行的国家，都应尽快成立中央银行。1929 至 1933 年世界性经济危机使西方各国开始强调中央银行作为“最后贷款者”的职能，强化中央银行对金融体系的集中统一管理。1930 年，在瑞士巴塞尔成立国际清算银行，各国中央银行作为本国金融机构的代表，加强国际合作，中央银行制度得到了极大的发展和完善。

3. 第三阶段(第二次世界大战以后)

随着国家干预经济的加强，政府利用中央银行来推行财政金融政策，干预国民经济，稳定货币；同时各国纷纷加强了对中央银行的控制，许多国家的中央银行都先后实行了国有化。战后各国还纷纷制定新的银行法，明确中央银行的主要职责是贯彻执行货币金融政策、保持货币金融的稳定，从立法上保障了国家对中央银行的控制。

二、中央银行的职能

(一)发行的银行

垄断货币发行特权，成为全国唯一的货币发行机构，是中央银行不同于商业银行及其他金融机构的独特之处。

中央银行独占货币发行权，是中央银行发挥其职能作用的基础。中央银行通过掌握货币发行，可直接影响整个社会的信贷规模和货币供给总量，通过货币供给量的变动，作用于

经济过程，从而实现中央银行对经济的控制作用。

真题回顾

（上海财经大学 2012）有发行外在货币（outside money）权利的金融机构是（　　）。

A. 商业银行　　B. 中央银行　　C. 政策性银行　　D. 外汇管理局

参考答案：B。央行垄断货币发行权，故本题选 B。

（二）政府的银行

政府的银行是指中央银行既作为政府管理金融的工具，又为政府提供金融服务，其具体内容包括：

1. 代理国库

中央银行经办政府的财政收支，保管国库的存款，兑付国库签发的支票，代理收缴税款，经办政府公债的发行、还本付息以及其他有关国库的事务，充当国库的出纳。

2. 对政府提供信贷

中央银行作为政府的银行，负有对政府融通资金，解决政府临时资金需要的义务。但中央银行仅向政府提供短期贷款，用以弥补财政收支的临时性差额，这种信贷对货币流通总量的影响一般不大。在财政赤字长期化的时候，政府如果利用中央银行的信用弥补自己的支出，就会破坏货币发行的独立性，从而使这部分政府的贷款成为威胁货币稳定的因素。所以许多国家为了稳定货币流通，对中央银行向财政贷款的数量及期限都有法令加以规定，限制财政向中央银行的无限制借款。

3. 管理金融活动，调节国民经济

作为政府的银行，中央银行不以营利为目的，不受某个经济利益集团的控制，处于一个比较超脱的地位，这样就可以较好地保证一国的各种金融货币政策的制定、实施符合国家的最高利益，为国家的经济发展长远目标服务。中央银行除是国家货币政策的制定者和执行者之外，还是管理金融机构和金融市场的最高当局，负责监督和管理各金融机构和境内金融市场的业务活动。此外，在金融立法方面，一般除国会之外，中央银行作为代表政府管理全国金融的机构，是全国唯一具有金融立法权的机构。

4. 代表政府参加国际金融活动，进行国际金融事务的协调磋商

在国际金融事务中，各国政府往往授权中央银行作为本国代表，参加国际金融组织，参与国际金融重大决策，积极促进国际金融领域的合作与发展。

（三）银行的银行

中央银行一般不同于工商企业和个人发生往来，只与商业银行和其他金融机构直接发生业务关系，在业务上和政策上对所有金融机构进行指导、管理和监督，同时也为金融机构提供各种服务，主要表现在以下几个方面：

1. 保管商业银行的存款准备金

为了保证存款人的存款安全，利用信用杠杆调节经济，中央银行规定商业银行吸收的存款必须按一定的比例向中央银行交存准备金，这使中央银行能够通过各种手段影响商业银行的现金准备数量，从而控制全国的信贷规模和货币供应量。

2. 对商业银行提供信贷

商业银行需要补充资金时，可将其持有的票据向中央银行请求再贴现，或以有价证券抵押申请贷款。中央银行对商业银行的贷款，其资金主要来源于国库存款和商业银行交存的准备金，如果中央银行资金不足，则可发行货币。中央银行成为商业银行的“最后贷款者”，这是中央银行极为重要的职能。通过对商业银行提供信用，中央银行加强了对它们的监督和管理。

3. 办理商业银行之间的清算业务

商业银行在中央银行开立账户，并在中央银行拥有存款。这样，它们收付的票据则可通过其在中央银行的存款账户划拨款项，办理结算，从而清算彼此间的债权债务关系，这一方面节约了资金的使用，减少了清算费用，解决了单个银行资金清算所面临的困难；另一方面，也有利于中央银行通过清算系统，对商业银行体系的业务经营进行全面、及时的了解、监督和控制，强化了中央银行对整个银行体系的监管职能。目前，大多数国家的中央银行都已成为全国的清算中心。

真题回顾

【1】(上海财经大学 2013)下列体现中央银行“银行的银行”职能的是(　　)。

A. 发行货币　　B. 最后贷款人　　C. 代理国库　　D. 集中存款准备金

参考答案:B。“银行的银行”职能主要是最后贷款人、集中存款准备金、负责银行间清算。但其中最重要的是“最后贷款人”，故本题选 B。

【2】(华东师范大学 2015)中央银行是银行的银行，它集中管理商业银行的(　　)。

A. 库存现金　　B. 股票　　C. 存款准备金　　D. 债券

参考答案:C。中央银行“作为银行的银行”，其职能具体表现在三个方面：集中存款准备、最后贷款人、组织全国清算。

三、中央银行的业务

(一)中央银行的资产负债表

1. 中央银行的资产项目和负债项目

中央银行业务操作情况集中反映在一定时期的资产负债表上，分别以美国联邦储备银行和我国的资产负债表为例来说明。

表 1－6－1　美国联邦储备体系综合资产负债表(1993 年底)　单位：亿美元

资产		负债	
证券：美国政府及其机构发行的证券和银行承兑票据	3 445	联邦储备券	3 439
贴现贷款	9	银行存款	350
黄金和特别提款权凭证账户	191	美国财政部存款	148
硬币	4	外国和其他存款	8
待收现金项目	62	待付现金项目	55

续表

资　产		负　债	
其他联邦储备资产	382	其他联邦储备负债和资本账户	93
总额	4 093	总额	4 093

从表 1—6—1 可见，美国中央银行的资产中，证券是最主要的资产项目，其中主要是美国政府及其机构发行的证券，还包括银行承兑票据。证券的总额由公开市场操作所控制。贴现贷款是美联储对银行的贷款，其数额受贴现率的影响。特别提款权由国际货币基金组织对各国政府发行，用以清算国家之间的债务，它在国际金融贸易中已经代替了黄金，是一国的国际储备资产之一。而在中央银行的负债中，联邦储备券(即联储发行的流通在外的通货)和存款是最主要的负债。

表 1—6—2　　中国人民银行资产负债表(1998 年底)　　单位:亿元

资　产		负　债	
国外资产(净)	13 560.3	储备货币	31 335.3
外汇	13 087.9	发行货币	12 064.1
黄金	12.0	对金融机构负债	14 744.7
其他国外资产	460.4	非金融机构存款	4 526.5
对政府债权	1 582.8	债券	118.9
对存款货币银行债权	13 058.0	政府存款	1 726.1
对非货币金融机构债权	2 962.8	自有资金	366.8
对非金融部门债权	103.8	其他(净)	−2 279.5
总计	31 267.7	总计	31 267.7

我国中央银行的负债主要是银行存款和流通中的通货。对金融机构负债是各银行和其他金融机构上缴的存款准备金及各银行和金融机构的超额储备。人民银行的资产主要是外汇储备以及对银行和其他金融机构的贷款。

中央银行的资产和负债如表 1—6—3 所示。

表 1—6—3　　中央银行的资产和负债

中央银行的资产	中央银行的负债
购买政府证券	联邦储备券(通货)
贷款和贴现	财政部存款
黄金和特别提款权	外国在中央银行的存款
其他资产	其他负债

2. 中央银行的资产负债表与基础货币之间的关系

资产负债表的基本恒等公式是:

$$资产总额=负债+资本项目 \quad (1-6-1)$$

也可表示为：

$$资产总额=存款机构准备金存款+其他负债+资本项目 \quad (1-6-2)$$

$$存款机构准备金存款=资产总额-(其他负债+资本项目) \quad (1-6-3)$$

上式表明，中央银行资产的增加(或减少)，如果资产负债表的其他项目不变动的话，会使存款机构准备金存款增加(或减少)；而中央银行负债的增加(或减少)，如果资产负债表的其他项目不变的话，会使存款机构准备金存款减少(或增加)。

可见，中央银行资产负债表上各项目的变动，在决定商业银行体系准备金存款的规模上是起作用的。

真题回顾

(清华大学 2015)下列哪一项不属于中央银行的负债？(　　)

A. 政府在央行的存款　　B. 储备货币

C. 外汇储备　　D. 金融性公司在央行的存款

参考答案：C。外汇储备是中央银行的资产，故本题选 C。

(二)中央银行的资产负债业务与基础货币的变动关系

1. 中央银行的资产业务与基础货币变动关系

(1)公开市场操作

公开市场操作主要指购买政府债券。中央银行通过购买证券，使商业银行准备金增加。因为中央银行购买证券必须开出支票存款，出售证券的客户收到支票后将存入商业银行，商业银行将支票转中央银行进行结算，中央银行就在商业银行的中央银行准备金存款账户上增加这笔资金，从而使商业银行在中央银行的准备金存款增加。同样，如果中央银行出售证券，则可使商业银行准备金减少。

(2)再贷款与再贴现业务

中央银行给存款机构增加贷款，将直接增加银行体系的准备金存款，当商业银行把未到期的票据经过背书后送到中央银行再贴现，中央银行将按贴现率扣除利息，把其余部分贷记借款银行的准备金账户。

(3)黄金和外汇储备业务

如果黄金和外汇储备增加，则银行准备金也将增加同样的数额。

2. 中央银行的负债业务和基础货币变动关系

(1)流通中的现金

这一般是中央银行最大的负债项目。当社会公众需要较多的通货时，到商业银行提取存款，商业银行则通过其在联邦储备银行的存款账户提取现金向客户支付。这样流通中的现金增加，商业银行在中央银行的准备金存款减少。

(2)财政存款

当企业或个人向财政部门缴纳税款时，签发支票给财政部门。支票经过结算，会使企业或个人开户的商业银行在中央银行的准备金账户减少同样的金额，而财政部在央行的存款增加相同的数额。同时,企业或个人在商业银行的存款也相应地减少,结果是商业银行的准备金和社会的货币供应量都将减少。

(3)国外存款

国外存款增加,表明本国企业或公众向外国中央银行签发支票的金额增加,商业银行在中央银行的准备金存款会减少,而外国在中国银行的存款相应地增加。

(4)其他负债

中央银行其他负债的增加,一般也会导致商业银行准备金的减少。

3. 财政赤字与基础货币变动关系

(1)税收融资

政府向公众征收税款,公众把税款支票上缴给财政部,而后财政部向公众支付相当于税款额的现金进行采购,交易的净结果为基础货币的数量未变动。所以,用税收方式为政府赤字融资,对基础货币没有影响。

(2)发行债券

同上,交易的净结果为基础货币的各个项目都未变动,所以,用发行债券的方式为政府赤字融资,对基础货币没有影响。

(3)发行通货或直接向中央银行透支

通过发行通货或直接向中央银行来支付政府开支,将导致基础货币的增加。

真题回顾

(复旦大学 2016)以下针对央行负债的变动中,会导致商业银行体系准备金增加的是(　　)。

A. 外国在央行的存款增加　　B. 财政部在央行的存款增加

C. 流通中的货币减少　　D. 其他负债增加

参考答案:C。关于商业银行准备金变化主要受央行操作和居民持通货数量变化的影响。其中,外国在央行的存款增加、财政部在央行的存款增加、其他负债增加使得商业银行的准备金减少,而流通中的货币减少则反映为商业银行体系的准备金增加。

(三)中央银行货币发行制度

1. 货币发行的含义、种类、渠道与程序

(1)货币发行的含义

货币发行有两重含义:一是指货币从中央银行的发行库通过各家商业银行的业务库流到社会;二是指货币从中央银行流出的数量大于从流通中回笼的数量。这二者通常都被称为货币发行。

货币发行业务是中央银行的主要负债业务,流通中的现金都是通过货币发行业务流出中央银行的,货币发行是基础货币的主要构成部分。中央银行通过货币发行业务来满足社会商品流通扩大和商品经济发展对货币的客观需要;另一方面是筹集资金,满足履行中央银行各项职能的需要。

(2)货币发行的种类

货币发行按其性质划分，一般分为经济发行和财政发行两种。

货币的经济发行指中央银行根据国民经济发展的客观需要增加现金流通量。传统的看法仅指增加现金发行，随着货币范围的扩展，还应理解为根据生产和商品流通的需要，增加包括存款货币在内的货币供应总量。在货币经济发行的条件下，货币投放适应了流通中货币需要量增长的需要，既可以避免货币投放过多，又能确保经济增长对货币的需要。为了保证货币按经济需要发行，各国一般都建立、健全了货币发行制度，其中包括货币发行的程序、货币发行的最高限制、货币发行准备制度等。

货币的财政发行指因弥补国家财政赤字而进行的货币发行。财政性货币发行有两种情况：在国库可以直接发行货币的条件下，政府可以通过发行货币直接弥补财政赤字；但是在现代信用货币制度下，国家财政发生赤字，不再是以直接发行货币来弥补，而是通过向银行借款或发行公债，迫使银行额外增加货币发行。财政性货币发行纯粹是为了弥补财政赤字，没有经济增长作为基础，由此增加的货币发行会形成超经济需要的过多货币量，导致市场供求失衡和物价上涨。

(3)货币发行的渠道与程序

中央银行的货币发行是通过再贴现、贷款、购买证券、购买金银和外汇等中央银行的业务活动，将货币注入流通的，并通过同样的渠道反向组织货币的回笼，从而满足国民经济发展、商品生产与流通扩张和收缩对流通手段和支付手段的需求。

货币发行与回笼一般都有法律规定的程序，各国不尽相同。一般来说，各国都是根据本国货币流通的收支规律和满足货币流通量宏观控制的需要，以本国的货币发行机制为基础，制定本国的货币发行与回笼的法律程序与操作程序，确保货币发行和回笼的安全、准确、严密，以充分配合宏观货币政策的执行。

我国对人民币的发行一直非常重视。中国人民银行对现金的投放与回笼一直编制现金计划，作为组织执行的依据。

2. 中央银行货币发行的原则

(1)垄断发行的原则

(2)要有可靠信用作保证的原则

(3)要具有一定的弹性的原则

3. 中央银行货币发行的准备制度

货币发行的准备制度是指中央银行在货币发行时须以某种金属或某几种形式的资产作为其发行货币的准备，从而使货币的发行与某种金属或某些资产建立起联系和制约关系。各国所采用的货币发行准备制度的具体内容，一般均在本国有关法律中予以明确规定。中央银行货币发行的准备制度在不同的货币制度下是不同的。

在金属货币制度下，货币发行以法律规定的贵金属金或银作为准备；在银本位制下，是以白银作为货币发行的准备；在金银复本位制下，是以黄金和白银同时作为货币发行的准备；在金本位制下，则以黄金作为货币发行的准备。

在现代信用货币制度下，货币发行的准备制度已经与贵金属脱钩，多数国家都采用以资产主要是外汇资产作准备，也有的国家以物资作准备，还有些国家的货币发行采取与某个国家的货币直接挂钩的方式，盯住美元、法郎或英镑等。各国在准备比例和准备制度上也有差别。目前，各国货币发行准备制度的基本内容大致如下：

(1)货币发行准备的构成

中央银行发行货币的准备一般有两大类：一是现金准备，二是证券准备。现金准备包括黄金、外汇等具有极强流动性的资产。现金准备使所发行的货币具有现实的价值基础，有利于货币的稳定，但若货币发行全部以现金准备为基础，则不利于中央银行根据经济水平和发展的需要作弹性发行。证券准备包括短期商业票据、财政短期国库券、政府公债券等，这些证券必须是在金融市场上流通的证券。以此类证券作为货币发行的准备，有利于货币发行具有适应经济运行需要的弹性，也能大体保障货币的经济发行。但若与现金准备相比较，证券准备在控制上难度要大一些，对中央银行的货币发行、管理及调控的技术要求更高一些。

(2)货币发行准备金的比率

货币发行准备金的比率是指用作货币发行的准备与货币发行量之间的比率。若此项比率过高，往往不能适应经济发展状况的需要。目前，世界上大多数工业国家的货币发行准备率都比较低，主要是采取证券准备作为发行基础。

真题回顾

【1】(复旦大学 2015)下列说法中，不正确的是(　　)。

A. 当央行进行正回购交易时，商业银行的超额准备金将减少；当央行进行逆回购交易时，商业银行的超额准备金将增加

B. 法定准备金率对货币供给的影响与公开市场操作及贴现率不同，后两者主要针对基础货币进行调控，而法定准备金则直接作用于货币乘数

C. 法定准备金作为货币政策工具的历史长于其作为稳定金融、防止流动性危机的政策工具

D. 公开市场操作的有效性受国内金融市场的发达程度影响

参考答案:C。法定存款准备金是商业银行吸收的存款中必须交由中央银行的一部分，作为应对储户的提款需求的准备，因此具有稳定金融、防止流动性危机的作用。法定准备金作为货币政策工具则是指中央银行通过调整商业银行缴存中央银行的存款准备金比例，以改变货币乘数，控制商业银行的信用创造能力，间接地控制货币供应量。因此，法定准备金作为货币政策工具的历史要短于其作为稳定金融、防止流动性危机的政策工具。

【2】(清华大学 2015)下列关于法定准备金的说法中，错误的是(　　)。

A. 法定准备金是银行根据其存款应该持有的最低准备金

B. 法定准备金影响银行体系可以用 1 美元创造出多少货币

C. 当美联储提高法定准备金率时，意味着银行必须持有更多的准备金

D. 当美联储提高法定准备金率时，增加了货币乘数，并增加了货币供给

参考答案:D。提高法定准备金率，货币乘数降低，货币供给减少。

【本章参考习题】

1. 在下列针对中央银行负债的变动中，使商业银行体系准备金增加的是(　　)。

A. 财政部在中央银行的存款增加　　B. 外国在中央银行的存款增加
C. 流通中的货币减少　　D. 提高再贴现率

2. 如果中央银行向公众大量购买政府债券，它的意图是（　　）。
A. 增加商业银行存入中央银行的存款　　B. 减少商业银行的贷款总额
C. 提高利息率水平　　D. 扩大货币供给量

3. 财政部向（　　）出售政府债券时，基础货币会增加。
A. 公众　　B. 企业　　C. 商业银行　　D. 中央银行

4. 金融监管的三道防线不包括（　　）。
A. 预防性风险管理　　B. 存款保险制度
C. 最后贷款人制度　　D. 市场约束

5. 流通中的现钞是（　　）。
A. 商业银行的资产　　B. 商业银行的负债
C. 央行的资产　　D. 央行的负债

6. 中央银行间接信用指导的方法有（　　）。
A. 信用配额　　B. 存贷款最高利率限制
C. 窗口指导　　D. 直接干预

7. 下列各项中最能体现中央银行是"银行的银行"的是（　　）。
A. 集中存款准备金　　B. 发行货币
C. 代理国库　　D. 最后贷款人

8. 在下列针对中央银行资产项目的变动中，导致准备金减少的是（　　）。
A. 中央银行给存款机构的贷款增加
B. 中央银行出售证券
C. 向其他中央银行购买外国通货
D. 中央银行代表财政购买黄金，增加储备

9. 央行在公开市场业务上大量抛售有价证券，意味着货币政策（　　）。
A. 放松　　B. 收紧　　C. 不变　　D. 不一定

参考答案：

1. C；2. D；3. D；4. D；5. D；6. C；7. D；8. B；9. B。

扫码听课

第七章　货币供求与均衡

考试要求

◆ 了解：货币层次的划分；传统的现金交易数量论和现金余额数量论；通货膨胀的定义、分类和度量，通货膨胀的一般知识

◆ 掌握：商业银行存款创造与收缩过程；理性预期的货币理论；通货膨胀的成因理论

◆ 熟练掌握：货币供给的乘数模型，影响货币供给的因素；凯恩斯流动性偏好理论，货币主义的现代货币数量论；通货膨胀的效应，通货膨胀的治理

本章知识点框架

- 货币供求与均衡
  - 货币需求
    - 货币需求概述
    - 货币需求理论
      - 传统的货币数量论
        - 现金交易数量说：$MV=PT$
        - 现金余额数量说：$M=kPY$
      - 凯恩斯的流动性偏好理论
        - $M=M_1+M_2=L(y,i)$
        - 对凯恩斯理论的发展
          - 鲍莫尔模型
          - 惠伦模型
      - 货币主义的现代货币数量论 $M=f\left\{p,r_b,r_e,\frac{1}{p}\cdot\frac{dp}{dt},w,Y,\mu\right\}$
  - 货币供给
    - 货币层次划分的理论及实践
    - 货币供给的理论模型
      - 货币供给的一般模型
      - 基础货币
      - 货币乘数
  - 通货膨胀与通货紧缩
    - 通货膨胀概述
      - 定义
      - 分类
      - 度量
    - 通货膨胀成因
      - 需求拉上
        - 凯恩斯主义
        - 货币主义
      - 成本推进
      - 结构性通货膨胀
    - 通货膨胀效应
      - 产出效应
      - 收入再分配效应
      - 通货膨胀与失业
    - 通货膨胀治理
    - 通货紧缩
      - 定义
      - 凯恩斯有效需求不足理论
      - 奥地利学派经济周期理论
      - 费雪的债务—通货紧缩理论
      - 货币主义的分析

考情分析

本章属于重点章节，有关货币的需求与供给也是整个宏观经济学中的重点内容。本章属于理论知识较多的章节，尤其需要考生明确凯恩斯学派与货币主义学派对宏观经济中货币作用的不同理解。此外，其他的有关货币供给及需求的理论也不可忽略，鲍莫尔模型是选择题、计算题的常考点。

货币供给理论应与第五章联系学习，明确货币的创造机制后对于理解供给乘数及基础货币的作用极大。

在货币供给内容中有货币层次的划分知识点，这一知识点在近几年的论述题中考查较多，虽然很少有书提及其在宏观经济中的指标作用，但是考生务必要思考不同层次的货币供应量是如何反映宏观经济状况的。

一、货币层次的划分

(一)货币层次划分的理论及实践

1. 货币层次划分的标准

随着货币与经济关系日益密切，客观上要求政府对现金的发行以及信用的扩张加以控制，使货币的供给适应经济发展的需要，避免产生经济的波动和危机。因此，货币供应量的概念以及对货币供应量层次的划分也就应运而生。货币供应量(或货币供给)是指在一定时点上由政府和存款机构之外的经济主体所拥有的货币总量。目前，大多数经济学家认为应根据金融资产的流动性来定义货币，确定货币供应量的范围。这里金融资产的流动性是指一种金融资产在需要的时候能迅速转换成现金而对持有人不发生损失的能力，也就是变为现实的流通手段和支付手段的能力，也称变现力。

2. 狭义货币和准货币

(1)狭义货币

M_1＝流通中的现金＋商业银行的活期存款(实际购买力)

(2)广义货币

M_2＝M_1＋商业银行的定期存款和储蓄存款(潜在购买力)

M_3＝M_2＋其他金融机构的定期存款和储蓄存款(专业银行和接受存款的金融机构)

M_4＝M_3＋其他短期流动资产(如国库券、银行承兑汇票、商业票据等)

(3)准货币

在金融市场高度发达的情况下，各种短期的流动资产，如国库券、人寿保险公司的保单、承兑票据等，它们在金融市场上贴现和变现的机会很多，都具有相当程度的流动性，与 M_1 在程度上并无本质的区别，因此被称为准货币(根据 *IMF* 的划分，M_1 以外的短期金融资产都是准货币)。

真题回顾

(华东师范大学 2014)我国货币层次划分中现金划入(　　)。

A. M_0　　B. M_1　　C. M_2　　D. M_3

参考答案:A。本题考查与货币层次相关的定义,现金流动性最强,记入M_0。

(二)货币层次划分的现实意义

(1)货币是引起经济变动的一个因素。随着经济的发展,货币与经济的联系日益密切,货币供求的变化对经济的运行日益产生重大的影响。调控货币供给量,使其适应经济发展的需要,已成为各国中央银行的首要任务。

(2)通过对货币供给量指标的分析,可以观察和分析国民经济的变动。

(3)考查具有不同货币性的资产对经济的影响,并选定一组与经济的变动关系最密切的货币资产,作为中央银行控制的重点,有利于中央银行调控货币供给,并及时观察货币政策的执行效果。

二、商业银行的存款创造

在金融体系中,商业银行最重要的特征是商业银行能以派生存款的形式创造和收缩货币,从而非常强烈地影响货币供应量。因为商业银行是唯一可以经营活期存款(支票存款)的金融中介机构,而活期存款是货币的组成部分。商业银行通过其经营活期存款的机制,创造出活期存款,从而创造了货币,这个特征也是商业银行与其他金融机构的重要区别。

(一)存款创造的条件

现代银行采用部分准备金制度和非现金结算制度构成商业银行创造信用的基础,也是商业银行存款创造的前提条件。

部分准备金制度又称存款法定准备金制度,国家以法律形式规定存款机构的存款必须按一定比例,以现金和在中央银行存款的形式留有准备的制度。对于吸收进来的存款,银行必须按一定的比例提留存款准备,其余部分可以用于放款。若是在100%的全额准备制度下,则从根本上排除银行用所吸收的存款去发放贷款的可能性,银行就没有创造存款的可能。部分准备金制度的建立,是银行信用创造能力的基础,对一定数量的存款来说,准备比例越大,银行可用于贷款的资金就越少;准备比例越小,银行可用于贷款的资金就越多。所以,部分准备金制度,是银行创造信用的基本前提条件。

非现金结算制度使人们能通过开出支票进行货币支付,银行之间的往来进行转账结算无须用现金。如果不存在非现金结算,银行不能用转账方式去发放贷款,一切贷款都必须付现,则无从派生存款,银行也没有创造信用的可能。非现金结算制度也是商业银行创造信用的前提条件。

(二)多倍存款扩张的过程

为了便于说明商业银行体系是如何创造信用的,我们假定:(1)银行体系由中央银行及多家商业银行组成;(2)活期存款的法定准备金率为20%;(3)准备金由库存现金及在中央银行的存款组成;(4)公众不保留现金(为方便起见,本节中的现金概念为狭义现金概念,即通货),并将一切货币收入都存入银行体系;(5)各商业银行都只保留法定准备金而不持有超额准备金,其余均用于贷款或投资。

假设某人A向中央银行出售证券获得$10 000,并以活期存款的形式存入甲银行。由于法定准备金率为20%,甲银行只需以$10 000×20%=$2 000作为准备金,其余的$10 000×(1－20%)=$8 000全部贷出。经过接受存款和发放贷款这两次交易以后,甲银行的 T 式资产负债表见表 1—7—1。

表 1—7—1　　甲银行的资产负债表(一)

资产		负债	
准备金	\$2 000	客户 A 的活期存款	\$10 000
未偿贷款	\$8 000		
总计	\$10 000	总计	\$10 000

假定甲银行将 \$8 000 贷给客户 B,B 以借到的这 \$8 000 全部用来向 C 购买商品,C 将收到的 \$8 000 存入乙银行。乙银行在接受 C 的 \$8 000 活期存款后,依 20%的比率保留 \$8 000×20%＝\$1 600 准备金,而将其余的 \$8 000×(1－20%)＝\$6 400 全部贷出去。乙银行的资产负债表见表 1—7—2。

表 1—7—2　　乙银行的资产负债表

资产		负债	
准备金	\$1 600	客户 A 的活期存款	\$8 000
未偿贷款	\$6 400		
总计	\$8 000	总计	\$8 000

假定乙银行将 \$6 400 贷给客户 D,而客户 D 又全部用来购买 E 的商品。E 将收到的 \$6 400 全部以活期存款的形式存入丙银行,丙银行依法留出 20%,即 \$1 280 作为 \$6 400 存款的准备金,并将其余的 \$6 400×(1－20%)＝\$5 120 全部贷出。丙银行此时的资产负债表见表 1—7—3。

表 1—7—3　　丙银行的资产负债表

资产		负债	
准备金	\$1 280	客户 A 的活期存款	\$6 400
未偿贷款	\$5 120		
总计	\$6 400	总计	\$6 400

丙银行将 \$5 120 贷给 F,F 又用于购买……这个过程可以无限地继续下去。在这个过程中,每一家银行都在创造存款(见表 1—7—4)。甲的存款是 \$10 000,乙的存款是 \$8 000。

表 1—7—4　　银行的存款创造

n	活期存款	法定准备金	贷款
1	ΔB	$r_d \Delta B$	$\Delta B(1-r_d)^1$
2	$\Delta B(1-r_d)^1$	$r_d \Delta B(1-r_d)^1$	$\Delta B(1-r_d)^2$
3	$\Delta B(1-r_d)^2$	$r_d \Delta B(1-r_d)^2$	$\Delta B(1-r_d)^3$

续表

n	活期存款	法定准备金	贷　款
⋮	⋮	⋮	⋮
n	$\Delta B(1-r_d)^{n-1}$	$r_d\Delta B(1-r_d)^{n-1}$	$\Delta B(1-r_d)^n$
⋮	⋮	⋮	⋮
总计	$\Delta D=\Delta B\sum_{n=1}^{\infty}(1-r_d)^{n-1}$	$\Delta R=r_d\Delta B\sum_{n=1}^{\infty}(1-r_d)^{n-1}$	$\Delta L=\Delta B\sum_{n=1}^{\infty}(1-r_d)^n$

由表1—7—4可知，若活期存款增加ΔB，经过商业银行系统的扩张以后，其活期存款总额增加到：

$$\Delta D=\Delta B\sum_{n=1}^{\infty}(1-r_d)^{n-1}$$

由于法定准备金率一般都小于1，所以$1-r_d<1$，因此，$\Delta D=\Delta B\sum_{n=1}^{\infty}(1-r_d)^{n-1}=\Delta B\dfrac{1}{1-(1-r_d)}=\dfrac{1}{r_d}\Delta B$。

同样，准备金总额ΔR也是公比小于1的几何级数。

$$\Delta R=r_d\Delta B\sum_{n=1}^{\infty}(1-r_d)^{n-1}=r_d\Delta B\frac{1}{1-(1-r_d)}=\Delta B$$

可见，法定准备金总额的增加等于最初的原始存款增加额。这也意味着由原始存款增加引发的存款扩张过程实际也就是这笔原始存款全部转化为法定准备金的过程。我们可以得到：

$$\Delta D=\frac{1}{r_d}\Delta R=\frac{1}{r_d}\Delta B \tag{1—7—1}$$

(三)存款收缩过程

现在考虑相反的情况。假设法定准备金率还是20%，并假设银行系统没有超额准备金。甲银行的客户A向中央银行购买了一张\$10 000的证券。甲银行原来的资产负债表见表1—7—5。

表1—7—5　　甲银行的资产负债表(二)

资　产		负　债	
准备金	\$20 000	A的活期存款	\$10 000
未偿贷款	\$80 000	其他活期存款	\$90 000
总　计	\$100 000	总　计	\$100 000

客户A动用在甲银行的\$10 000存款，结果甲银行的准备金和活期存款各减少\$10 000，使得其准备金率下降到低于法定准备金率，为此，甲银行必须设法收缩贷款来恢复到法定准备金率。由于甲银行对A的\$10 000存款仅仅保持了\$2 000准备金，所以现在缺少储备\$8 000。假定甲银行向客户B收回贷款\$8 000，这样，资产方面贷款减少了\$8 000，而准备金增加了\$8 000，准备金比率恢复到20%的法定准备金率，其资产负债见

表1—7—6。

表1—7—6 **甲银行的资产负债表(三)**

资　产		负　债	
准备金	\$18 000	活期存款	\$90 000
未偿贷款	\$72 000		
总　计	\$90 000	总　计	\$90 000

如果甲银行准备金所增加的\$8 000是客户B从乙银行提款偿还甲银行贷款所造成的,并且乙银行也没有超额准备金,那么乙银行也将减少贷款来达到法定准备金率的要求。这样,与存款扩张的过程相对称,经过各银行的辗转提存后,存款将以几何级数减少,具体过程不再详述。这样,最初存款和准备金的减少额,即\$10 000,将最终导致存款减少\$50 000,相当于最初减少额的$\frac{1}{r}=\frac{1}{0.2}=5$倍。我们一般将这里的$\frac{1}{r}$称为存款乘数。如果用$d$来表示这个乘数,则$d=\frac{1}{r}$。

三、货币供给的理论模型

(一)乔顿的货币乘数模型——货币供给的一般模型

乔顿的货币乘数形式是:

$$m=\frac{1+k}{k+r(1+t+g)} \tag{1—7—2}$$

推导过程如下:

$$M_1=C+D=\frac{C+D}{H}\cdot H=\frac{C+D}{C+R}\cdot H=\frac{kD+D}{kD+r(D+T+G)}\cdot H$$
$$=\frac{kD+D}{kD+r(D+tD+gD)}\cdot H=\frac{1+k}{k+r(1+t+g)}\cdot H$$

式(1—7—2)中,r代表各种存款的加权平均准备金率,存款包括商业银行活期存款(D)、私人定期存款(T)和政府存款(G);又记公众手持通货(C)、定期存款(T)、政府存款(G)与活期存款的比率分别为k、t、g。

在乔顿模型中,货币只包括通货和活期存款在内的M_1,决定货币乘数的变量有k、r、t、g。不难理解,当r、t、g上升时,货币乘数减小。对于通货比率k,一般情况下其上升时,意味着存款扩张过程中的漏出增加、货币乘数下降。但是通过数学上的推导,我们发现:

$$m=\frac{1+k}{k+r(1+t+g)}=1+\frac{1-r(1+t+g)}{k+r(1+t+g)}=1-\frac{r(1+t+g)-1}{r(1+t+g)+k}$$

当$r(1+t+g)>1$时,货币乘数的后一项为负,k就与m同方向变动。$r(1+t+g)>1$表示在特殊情况下活期存款在绝对量上小于准备金总额。活期存款扩张过程中,漏向其他存款准备金的数额是如此之大,以至于活期存款对准备金而言,不是“扩张”而是“收缩”了。货币存量($M_1=C+D$)小于基础货币($H=C+R$),货币乘数m小于1。

因此,在中央银行基础货币供应量(H)保持不变时,公众降低通货比率k,基础货币中

C 下降，R 等值上升，D 随之上升，但上升的绝对量小于 D 的上升量，因此，货币存量 M_1 下降，货币乘数 $m=M_1/H$ 减小，即货币乘数与 k 同方向变动。

当然，由于私人活期存款占商业银行全部存款的很大一部分，存款准备金通常只占存款的较小比例，R/D 远小于 1，实际情况中，m 与 k 总是呈反方向变动。

(二)基础货币

1. 基础货币的概念

基础货币又称强力货币。从来源看，它是指货币当局的负债，即由货币当局投放并为货币当局所能直接控制的那部分货币，它只是整个货币供给量的一部分；从基础货币的运用来看，它由两个部分构成：一是商业银行的存款准备金；二是流通于银行体系之外而为社会大众所持有的现金，即通常所谓的通货。

基础货币的概念之所以如此重要，是因为它比银行准备金更容易为中央银行所控制，因此只要掌握了它与货币供给之间的联系，中央银行就可以利用这种联系对货币供给进行控制。在发达国家，中央银行影响基础货币变动的主要方式是在公开市场上买卖政府债券。

中央银行的公开市场业务对基础货币的影响是确定的，它每买入或卖出一定数量的政府债券，就会使基础货币发生等量的增加或减少；但是它对银行准备金的影响却是不确定的。公开市场业务对基础货币的影响，可以只表现为银行准备金的变动，也可以只表现为流通中现金的变动，还可以表现为二者的同时变动。同时，对于每天都在银行的储蓄所大厅发生的这种现金和存款的转换，中央银行一般是很难加以控制的。但是它并不影响中央银行对基础货币的控制，因为它只影响基础供币的构成，而不影响基础货币的数量。由此不难看出，基础货币是一个较银行准备金更易为中央银行所控制的变量。

2. 基础货币的决定因素

这些因素均集中地反映于中央银行的资产负债表上。原则是：第一，在除基础货币项目外的中央银行负债不变的条件下，任何中央银行资产的增加都会引起基础货币的增加；第二，在中央银行资产项目不变的条件下，除基础货币项目外的任何中央银行负债的减少都会引起基础货币的增加。具体而言，基础货币的决定因素有：

(1)政府的财政收支

当政府财政收支恶化，出现赤字时，政府若通过增发通货或直接向中央银行透支，都会直接扩大基础货币供应量。另外，在财政收支出现赤字时，财政部持有现金和在中央银行的存款倾向于减少，这也会扩大基础货币；当财政收支出现盈余时，财政部在央行的存款和持有现金数量增加，财政部偿还部分政府债务会减少财政部在外通货或减少央行的政府债权持有量，所有这些变化，都倾向于减少货币供应量。

(2)黄金存量变化和国际收支状况

中央银行在收购黄金的同时投放了等值的通货。当国际收支出现持续顺差或中央银行为了调控汇率，在外汇市场购入外汇时，效果和收购黄金相同，也会增加基础货币投放量。

(3)技术和制度因素

通过建立计算机网络和卫星通信形式的结算中心，会大大缩短在途结算中的票据数额，减少基础货币。

(4)中央银行的行为

中央银行通过在公开市场上买卖证券(主要是政府债券),调整基础货币量,抵消其他因素造成的基础货币量的波动。但是,前提是要存在一个活跃的政府债券二级市场。

3. 基础货币对货币供应的影响

在货币乘数一定时,基础货币的规模决定了整个货币供给量的规模。基础货币的变动,不仅引起整个货币供给量的同方向变动,而且还将引起整个货币供给量的成倍变动。

真题回顾

【1】(中国人民大学 2014)下列货币政策操作中,可以增加货币供给量的是(　　)。

A. 增加法定存款准备金率　　B. 提高再贴现率

C. 提高超额存款准备金率　　D. 央票回购

参考答案:D。央票回购会增大基础货币的供应量,并进而增加货币供给量。

【2】(上海财经大学 2012)央行采取盯住利率措施,则货币供给将会如何变动?(　　)

A. 繁荣期间将会递增　　B. 萧条期间将会递增

C. 繁荣期间将会递减　　D. 货币数量维持不变

参考答案:A。央行采取盯住利率措施,可以认为央行保持利率不变,那么在繁荣期间,利率不会上升,货币价格不变,货币供应会相应地增多。

【3】(华东师范大学 2018)金融创新增强了货币供给的(　　)。

A. 外生性　　B. 内生性　　C. 可控性　　D. 可测性

参考答案:B。"货币供给是外生变量",其含义是货币供给这个变量并不是由经济因素,如收入、储蓄、投资、消费等因素决定的,而是由货币当局的货币政策决定的。如果说"货币供给是内生变量",就是说货币供给的变动,货币当局的操作起不了决定性的作用,起决定作用的是经济体系中的实际变量以及围观主体的经济行为等因素。由于金融创新,货币当局对于货币供给的控制能力在逐渐减弱,比如出现了比特币、Q 币,都在某种程度上发挥了货币的功能,而中央银行对此类"币"没有影响控制能力。

(三)货币乘数

1. 货币乘数的概念

货币乘数,也称货币扩张倍数,是用以说明货币供给总量与基础货币之间倍数关系的一种系数。货币乘数是决定货币供给量的又一个重要的甚至是更为关键的因素。但是,与基础货币不同,货币乘数并不是一个外生变量,因为决定货币乘数的大部分因素都不是取决于货币当局的行为而是取决于商业银行或社会大众的行为。可以说,货币供给的内生性主要表现为货币乘数的内生性。也就是说,货币供给之所以是一个内生变量,主要是因为货币当局不能对货币乘数实施直接的或完全的控制。

$$M_1=D+C=D+kD=(1+k)D$$

$$M_1\text{ 的货币乘数}:m_1=\frac{1+k}{r_d+e+k+t\times r_t} \tag{1-7-3}$$

$$M_2\text{ 的货币乘数}:m_2=\frac{1+k+x}{r_d+e+k+tr_t+xr_x} \tag{1-7-4}$$

式中，x 为个人定期存款和储蓄存款等项目与活期存款的比率。

【例 1－7－1】 某国商业银行体系共持有准备金 300 亿元，公众持有的通货数量为 100 亿元。中央银行对活期存款和非个人定期存款规定的法定准备金率分别为 15％和 10％。据测算，流通中的现金漏损率为 25％，商业银行的超额准备金率为 5％，而非个人定期短期存款比率为 50％。

试求：(1)活期存款乘数与货币乘数；(2)狭义货币供给量 M_1。

解：(1)存款乘数＝1/(15％＋5％＋25％＋50％×10％)＝2

M_1 的货币乘数＝(1＋25％)/(15％＋5％＋25％＋50％×10％)＝2.5

(2)基础货币＝300＋100＝400(亿元)，狭义货币供给量＝2.5×400＝1 000(亿元)。

2. 货币乘数的决定因素

(1)法定存款准备金比率

调整法定存款准备金比率是中央银行最重要的货币政策工具之一。在其他情况不变的条件下，中央银行可通过提高或降低法定存款准备金比率而直接地改变货币乘数，从而达到控制货币供给量的目的。所以，在货币乘数的各个决定因素中，法定存款准备金比率基本上是一个可由中央银行直接控制的外生变量。当然，由于法定存款准备金比率的变动将对一国经济带来较大的冲击，因此，它不宜比较频繁地变动，中央银行实际上也并不经常地运用这一威力强大的武器。同时，商业银行和社会大众的某些行为，也将在一定程度上抵消中央银行调整法定存款准备金比率对货币乘数的影响。

(2)定期存款比率

定期存款比率是指商业银行的定期存款对活期存款的比率。这一比率的变动主要取决于社会公众的资产选择行为。影响这种资产选择行为，从而影响定期存款比率的因素主要有三个：定期存款利率、其他金融资产的收益率、收入或财富的变动。定期存款比率的变动对货币乘数从而对整个货币供给量的影响是相当复杂的，既有直接的影响，又有间接的影响。在直接的影响中，又将因货币定义的不同而得出完全相反的结论。

(3)通货比率

通货比率是指社会公众持有的现金对商业银行活期存款的比率。这一比率的变动也主要取决于社会公众的资产选择行为。影响这种资产选择行为，从而影响通货比率的因素主要有：社会公众的流动性偏好程度、其他金融资产的收益率、银行体系活期存款的增减变化、收入或财富的变动以及其他如信用发达程度、心理预期、突发事件、季节性因素等。通货比率的变动对货币乘数从而对货币供给量的影响也比较复杂。

(4)超额准备金比率

超额准备金比率是指商业银行保有的超额准备金对活期存款的比率。这一比率的变动主要取决于商业银行的经营决策行为。所以，任何足以影响商业银行经营决策行为的因素，便是决定或影响超额准备金比率的因素。在这些因素中，比较重要的大致有四个：市场利率、借入资金的难易程度及资金成本的高低、社会大众的资产偏好及资产组合的调整、社会对资金的需求程度。无论在狭义货币定义下还是在广义货币定义下，超额准备金比率都只出现于货币乘数公式的分母中。因此，根据货币乘数公式可直接看出，超额准备金比率总是与货币乘数成反方向的变动关系。

3. 货币乘数对货币供给的影响

根据现代货币供给理论，货币乘数是货币供给的又一个重要因素，而且甚至是比基础货币更重要的一个因素。在基础货币一定的条件下，货币乘数与货币供给成正比。也就是说，货币乘数越大，则一定的基础货币变化所引起的货币供给量变化也就越多；货币乘数越小，则同样的基础货币变化所引起的货币供给量变化也就越少。决定货币乘数的因素很多，也很复杂，特别其中有些因素显然不是由中央银行所能决定和控制的。因此，在货币供给理论的研究中，对货币乘数的研究要比对基础货币的研究更重要。从现代货币供给理论研究中所提出的各种模型来看，可明显地看到，大多数货币供给决定模型实际上主要是货币乘数模型。

综上所述，货币供给量是由中央银行、商业银行及社会公众这三个经济主体的行为共同决定的。如果撇开各因素之间的相互影响，则 B、r_d 及 r_t 这三个因素基本上代表了中央银行的行为对货币供给的影响，e 则代表了商业银行的行为对货币供给的影响，t 和 k 则代表了社会公众的行为对货币供给的影响。这就说明，在现代经济中，货币供给并不完全地由中央银行所决定和控制，它在一定程度上也要受到商业银行和社会公众的行为的影响，而商业银行和社会公众的行为又要受到经济运行的内在规律的影响。由此可推断出这样一个基本结论：在现代经济中，货币供给在一定程度上也是一个内生变量。

真题回顾

【1】(上海财经大学 2012)某大银行遭到挤兑，其影响为(　　)。

A. 通货比例会下降　　B. 货币乘数会上升

C. 货币供给会上升　　D. 通货比例会上升

参考答案：D。通货比率为流通在外的货币与银行存款的比率，又叫现金漏损率。银行遭到挤兑，说明通货数量增加，存款数量减少，通货比例上升。

【2】(中国人民大学 2017)假定其他条件不变，以下关于货币乘数的说法中，正确的是(　　)。

A. 与法定准备金率正相关　　B. 与超额法定准备金率正相关

C. 与现金比率正相关　　D. 与贴现率负相关

参考答案：D。贴现率越高，商业银行的超额准备金率越高，从而货币乘数越小。

复习提示及知识补充一

(一)外生论与内生论的内涵

1. 货币供给外生论是指货币供给这个变量并不是由经济因素，如收入、储蓄、投资、消费等因素所决定的，而是由货币当局的货币政策决定的。

2. 货币供给内生论是指货币供给的变动，货币当局是决定不了的，起决定作用的是经济体系中实际变量以及微观主体的经济行为等因素。

3. 外生论与内生论的理论争论及现实意义

(1)理论争论

货币供给的内生性或外生性问题,是货币理论研究中具有较强政策含义的一个问题。如果认定货币供给是内生变量,那就等于说,货币供给总是要被动地决定客观经济过程。而货币当局并不能有效地控制其变动,自然,货币政策的调节作用,特别是以货币供给变动为操作指标的调节作用,有很大的局限性。如果肯定地认为货币供给是外生变量,则无异于说,货币当局能够有效地通过对货币供给的调节影响经济进程。

(2)中国的理论争论

认为货币供给可由中央银行有效控制的观点,其论据有:①经济体系中的全部货币都是从银行流出的,从本源上说,都是由中央银行资产负债业务决定的,只要控制住每年新增贷款的数量,货币供应的总闸门就可以把牢;②中国的中央银行不是没有控制货币供给增长的有效手段,而是没有利用好这个手段,如果不论来自各方的压力多么强大,中央银行始终不渝地按照稳定通货、稳定物价的政策严格掌握信贷计划,那么,货币供给就不会增长过快,等等。

认为货币供给不能由中央银行决定的观点也很普遍。有一种意见是从"究竟谁是货币当局"这个角度提出问题的。这种观点认为,在中国目前的条件下,中央银行没有独立的决策地位,货币紧缩或松动大多是由更高的决策层作出的。因此,只能认为货币政策的执行权在中央银行,但决策权并不在中央银行。这种观点实际上是从另一个角度肯定货币供给的外生论。

"倒逼机制"的论点,可视为内生变量论。这种论点认为,在中国现行体制下,货币供给往往是被动地适应货币需求,中央银行很难实施各项既定的货币调节方案。企业、地方政府和个人对各自利益的追求形成了一种合力——偏好经济增长和收入增长的合力,该合力直接影响货币供给的增长速度。而对于这种合力,中央银行本身是难以左右的。很明显,这种机制说明,货币供给的变动事实上是内生的。

(二)主流的货币供给外生论

1. 凯恩斯学派的理论

凯恩斯也明确地认为货币供给是外生的,因为中央银行可以根据经济运行的状况自主地变动货币供给量,调节利率。没有中央银行的决策,流通中的货币供给量不会增加。也就是说,经济运行的状况不会自发地影响流通中货币供给量的变动。在凯恩斯的货币供给的图形中,货币供给曲线是一条垂线,它与利率和实际经济的运行之间没有直接的内在联系。

2. 货币主义的货币供应外生论

弗里德曼是倡导货币供给外生变量论的典型代表。他认为,货币供给方程中的三个主要因素——高能货币(H)、存款与准备金比率(D/R)和存款与通货比率(D/C),虽然分别取决于货币当局的行为、商业银行的行为和公众的行为,但其中,中央银行能够直接决定H,而H对于D/R和D/C有决定性影响。也就是说,货币当局只要控制或变动H,就必然能在影响D/R和D/C的同时决定货币供给量的变动。在这种情况下,货币供给无疑是外生变量。

3. 理性预期学派的理论

卢卡斯等虽然没有具体讨论经济运行和货币需求对货币供给的影响,但是,他们都强调中央银行货币供给的至关重要性,以及中央银行采取稳定的货币供给的政策对于经济稳定的重要意义。因为他们假定中央银行可以实行独立的货币政策,这就隐含着经济运行不能直接决定货币供给,货币供给是外生的意思。

(三)托宾的"新观点"

托宾认为,弗里德曼对于货币供给方程式的解释是不能成立的。他认为,对于货币供给与高能货币、存款与通货比率和存款与准备金比率的关系不应简单化;这三个变量及其决定因素之间存在着交叉影响关系,特别是后两个变量,即 D/C 和 D/R,常常随经济环境的变化而变动,因而不应被当成货币供给方程式中的固定参数。他指出,存款与通货比率,从实际经济运行资料看,并不是始终处于稳定的状态,而常常出现的是周期波动现象。至于存款与准备金比率的变动,商业银行行为的独立作用是很明显的。

托宾的"新观点"的新颖之处表现在:极为重视利率及货币需求对货币供给的影响,强调非银行金融机构对货币供给的影响。

(四)温特劳布—卡尔多内生货币理论

后凯恩斯货币经济学的代表人物温特劳布和卡尔多提出内生货币理论,他们认为货币的需求通过政府的压力,转换成中央银行的货币供给。这就是说,不是货币供给决定经济运行,而是经济运行决定货币供给。中央银行只能顺应经济运行的要求供给货币,而无法执行自主性货币政策。

(五)莫尔的水平主义货币供给理论

自 20 世纪 70 年代卡尔多和温特劳布提出货币需求自创货币供给理论以来,80 年代末的莫尔又将他们的理论进一步推向深化。如果说,温特劳布—卡尔多的货币内生性主要表现为中央银行承担稳定经济金融秩序责任的无奈,那么,莫尔的理论则超越了关于"政治压力""缺乏道德约束""不完全竞争"以及"官僚主义惰性"等的分析,而深入探讨金融运行机制变化的影响。

1. 信用货币的内生本质

莫尔将货币分成商品货币、政府货币和信用货币。前两种货币由供给决定,只有信用货币由需求决定,有很强的内生性。

信用货币是指商业银行发行的各种流通和存款凭证,它们形成于商业银行的贷款发放,而贷款发放则取决于公众对贷款的需求,商业银行不能拒绝符合条件的贷款需求,所以信用货币的供给不独立于信用货币的需求。尽管信用货币的供给也要受到中央银行货币政策的影响,但是,在既定的贷款利率水平上,中央银行也不能拒绝商业银行的贷款要求,所以,流通中的货币存量最终取决于公众的贷款需求。公众的贷款需求由经济的运行状况所决定,决定了信用货币的供给亦由经济运行状况所决定,这就是信用货币的内生性。因为,内生货币是在既定的利率水平上,无限满足所有的货币需求,所以莫尔的货币供给曲线是一条水平线。

2. 基础货币供给的内生性

按照传统货币理论的解释,中央银行通过公开市场买卖政府债券,决定银行系统中的基础货币量,基础货币因此是中央银行完全控制的外生货币。莫尔却认为实际情况并非如此,中央银行对于自己的债务凭证——基础货币控制的能力是有限的,它并不能自主决定基础货币的供给。

因为与中央银行进行政府证券交易的对象是追求利润最大化的商业银行，它们通常已经将其资产用于有价证券或者商业贷款上，一般不会有闲置资金参与公开市场的买卖。这就决定了商业银行购买政府证券的资金只能是其现有有价证券或商业贷款转换的，而这种转换并不容易顺利地实现。因为商业银行的贷款难以提前收回，它们在发放时就有规定的偿还日期，企业的生产周期也限制它们提前还贷。中央银行促使商业银行出售有价证券的能力也比较有限，因为中央银行必须明显地降低政府证券的价格，使其得益率超过或者至少相当于商业银行现有的有价证券，才能吸引商业银行购买，但是，政府证券利率过高会成为政府的沉重负担。尽管中央银行可以提高贷款利率，阻遏商业银行的贷款需求，但是它却不能阻止商业银行向贴现窗口寻求基础货币的补充。当然，从理论上讲，中央银行拥有拒绝提供贴现的权力，但是，这种拒绝不仅会形成沉重的政治压力，甚至可能危及银行系统的流动性。这就是说，中央银行缺乏有效的手段促使商业银行购买政府债券，也难以拒绝商业银行的贷款需求。

顺着这样的思路，不难证明中央银行并不像传统的理论所解释的那样，能够在经济扩张时期，不顾货币需求的增加，减少基础货币的供给；也不能在货币需求减少的大危机时期，如像 20 世纪 30 年代那样，增加基础货币的供给。因为，正如上述，繁荣时期商业银行资产和贷款的盈利水平高，刺激商业银行抛出政府债券，货币需求刺激货币供给的增加；萧条时期利率太低，商业银行持有超额准备金的机会成本几乎等于零，它们不会轻易卖出政府证券，转换成不盈利的超额准备，或者即便发生这种转换，增加的基础货币供给仍可能沉淀在超额准备上，而不会形成新的贷款投放。这就是说，危机时期对中央银行的货币需求减少，基础货币供给难以增加，即使增加了也难以扩大信贷规模。

3. 负债管理自给基础货币

按照传统的货币外生性理论，只有中央银行向银行系统注入基础货币后，商业银行才能创造出社会所需的信用工具，可实际上，随着 20 世纪 60 年代开始的金融创新，商业银行可以直接在金融市场上筹集资金，而无需等待中央银行的基础货币注入。

莫尔指出，从 20 世纪 60—70 年代开始，美国商业银行的负债结构发生了很大的变化，其中，活期存款占银行资产的比重由 70%下降至 28%，包括存款凭证(CDs)在内的定期存款则由 5%上升至 36%；其他负债，包括从欧洲美元市场的借款、联邦基金市场的借款、回购协议中的债券、银行持有的公司商业票据、向联储的借款则从 2%上升至 15%。这就是说，商业银行的主要资金来源已经由原来吸收存款转变成直接在金融市场上发行融资工具，如可上市的短期债务凭证(IOUs)和可上市存款凭证(CDs)等。这种可上市的债务凭证不仅具有许多商业贷款所没有的优点，如期限短、变现快、方便、可靠，而且还由借款人即需要资金的商业银行启动，而不像存款由贷款人启动。这就使得商业银行不再像过去那样，被动地等候存款人上门，而是主动根据经济目标和资金的需要，随时在国内或欧洲美元市场上发行可上市信用凭证，这就大大减少为预防而持有的流动性资产。而且，随着可转让存单发行和有关的负债管理的普及，各种经济单位也发行大量的融资工具，这又促使大商业银行日益变得像是连接资金需求双方的经纪人，而不是传统意义上的金融中介。

正是金融市场和商业银行债务管理政策的发展，促使货币供给的内生性表现得更加明显。因为，一家企业往往与若干家商业银行建立业务关系，这就置商业银行于相互竞争的境地，为保持其与客户的稳定关系，商业银行往往只能随时发行可上市的存款凭证，以满足企业的贷款需求。不仅如此，负债管理还可帮助商业银行摆脱债市行市低迷对其资金的锁定效应，因为，商业银行可以直接发行可上市的存款凭证，以满足企业的贷款需求，而不必低价出售政府证券。此外，因为所有可上市的金融工具几乎都不为中央银行直接控制，这就使得商业银行比以往任何时候更不依赖中央银行。并且，随着各类可上市金融工具期限的延长，商业银行持有资产的流动性进一步趋于下降，它又反过来进一步促使商业银行在市场上寻求基础货币的补充，而不必顾忌中央银行执行紧缩的货币政策。

4. 银行角色转换传导的内生性

莫尔将金融市场分成批发市场和零售市场，商业银行筹资的市场是批发市场，而商业银行贷款的市场则是零售市场。在批发市场上，商业银行是贷款条件的接受者和贷款数量的决定者；而在零售市场上，商业银行则是贷款条件的决定者和贷款数量的接受者。因为商业银行在这两个市场上进行角色转换，将公众的货币需求直接传导给中央银行，并使之变为后者的货币供给。

在资金的批发市场上，如欧洲美元市场和联邦基金市场，资金的供给非常充裕，贷款者之间的竞争使之按照当时的利率，尽可能地满足商业银行的资金需求；中央银行则为保持商业银行的流动性，也以既定的贴现率向商业银行提供资金。这就决定了商业银行是批发市场贷款规模的决定者和贷款条件的接受者。在资金的零售市场上，商业银行的力量比较强大，小额借款人只能按照商业银行确定的利率，办理存贷款业务，因此，他们只是既定利率的接受者。由于存款与信用在货币形式上无差别，所以商业银行成为零售市场上贷款条件的垄断者。

商业银行对贷款条件的垄断表现为对利率和非利率条件的决定。因为，贷款风险与贷款规模正相关，而与利率负相关，即利率越高，每美元坏账的损失比率就越低，若利率达到20%，1美元的坏账损失需要5美元的贷款的收益来弥补，而在2%的利率条件下，则要有50美元的贷款的收益来补偿。所以，利率下降，对贷款人要求的抵押就会增加；反之，利率上升，贷款条件则可放宽。一般来说，利率和信用条件的相反变化不仅影响消费信用，而且影响大多数企业贷款。因为，除新建企业外，大多数企业都抵押适当的生产资本，以满足短期信用的需要。这就是说，利率下降，贷款需求随抵押要求而相应地增加，商业银行不可能在自己确定的利率和贷款的条件下，拒绝公众增加贷款需求，贷款的供给势必相应地增加；反之，贷款的供给也将随贷款需求的减少而下降。

如前所述，商业银行是批发市场上贷款条件的接受者和贷款数量的决定者，这就是说，零售市场上的资金需求将通过商业银行直接传导至批发市场，批发市场对其的满足，也是对零售市场资金需求的满足，货币供给因此而为货币需求所决定。

四、中国的货币供给

（一）中国货币层次及其乘数

M_0=流通中的现金

$$M_1=C+D$$

其中,C 为流通中的现金,即 M_0,D 为活期存款,包括企业活期存款、机关团体存款及农村存款。

$$M_2=M_1+TD$$

其中,TD 为准货币,包括居民储蓄存款、企业定期存款、信托类存款和其他存款。

$$B=C+R$$

其中,B 为基础货币,R 为各类金融机构在中央银行的存款准备金。

根据这些货币层次定义可以列出 M_1 和 M_2 的乘数:

$$m_1=(1+k)/[(r_t+r_e)(1+t)+k] \quad (1-7-5)$$

$$m_2=(1+k+t)/[(r_t+r_e)(1+t)+k] \quad (1-7-6)$$

式中,m_1、m_2 分别为 M_1 和 M_2 的乘数,k 为通货存款比率($k=C/D$),t 为准货币占活期存款的比率($t=TD/D$),r 为总准备金比率($r=R/D+R/TD=r_t+r_e$),r_t 为法定存款准备率,r_e 为超额准备率。

真题回顾

【1】(上海财经大学 2013)我国货币层次划分中,证券公司客户保证金属于(　　)。

A. M_1　　B. M_2　　C. M_0　　D. 以上皆非

参考答案:B。在我国的货币层次划分中,证券公司客户的保证金属于 M_2,考生应当区别我国的货币层次划分与常规的货币层次划分。

【2】(中国人民大学 2012)我国的货币层次划分中 M_2 等于 M 与准货币的加总,准货币包括(　　)。

A. 长期存款　　B. 短期存款

C. 长、短期存款之和　　D. 公众持有的现金

参考答案:A。概念题,准货币代表了居民的潜在购买力,是指流动性较差的存款,可以理解为定期存款或是长期存款。

(二)基础货币的影响因素

从中国中央银行(中国人民银行)的资产负债表可以推导出,基础货币存量的任何变化都是以下一种或几种原因影响的结果:中央银行对中央政府的债权(包括政府在央行的透支和央行持有的政府债券),商业银行再贷款数量的变化和外汇储备存量的变化。

1. 中央银行对中央政府的债权

就中央银行对中央政府的债权来看,由于法律已禁止中央政府对中央银行进行透支,因此主要是中央银行持有的政府债券的数量变化对基础货币产生影响。中国从 1996 年 4 月开始通过公开市场操作调控货币供应量。但由于我国债券市场不发达、市场总量较小,央行和商业银行持有的政府债券量过少,通过该渠道对基础货币的影响不大。随着政府发债规模的扩大和市场发育的进一步完善,这种影响会逐渐加强。

2. 商业银行再贷款数量的变化

在 1994 年前,我国存在货币供给的"倒逼机制",1994 年后则发生了重大的变化。

银行信贷的增加导致存款货币的增加,根据我国准备金制度的规定,银行必须相应地增

加存款准备金。当银行存在超额准备金时，可以自行解决准备金增加的要求，否则必须向中央银行申请增加再贷款。商业银行可以通过两种方式迫使央行增加再贷款：一种是在信息不对称的情况下，商业银行可以将央行支持政策性贷款的资金挪作他用，将资金的“硬缺口”留给中央银行。由于粮食收购、外贸、重点项目资金等政策性贷款是必须保证的，央行为保证这些政策性贷款到位，只能以再贷款的形式向商业银行提供资金。另一种方式是为了支持更多的贷款，商业银行尽量压低超额准备金比率，这会对银行的安全性产生影响，但由于在当时的体制下银行不会破产，因此，商业银行对利润的关注远远大于对自身安全的关注。由于央行承担着维持金融秩序稳定的职能，当银行系统出现普遍的支付危机时，央行最终不得不作为最后贷款人，再贷款给商业银行，增加基础货币供给。

1994 年以后，这一货币供给的“倒逼机制”趋于消失，这是由于我国的金融体制和宏观经济环境发生了很大变化。在金融体制方面主要成立了三家政策性银行（中国国家开发银行、中国进出口银行和中国农业发展银行），承担原有商业银行的政策性贷款功能，实现了政策性贷款和商业性贷款的分离。在宏观经济环境方面，主要是人民币汇率并轨，开始实行有管理的浮动汇率制度。

政策性银行的成立，将政策性业务从商业银行中剥离，从理论上讲，可以减少外部因素给商业银行造成的损失，也在一定程度上削弱了商业银行向央行“倒逼”基础货币的理由，有助于提高央行对货币供给的控制能力。但从实际运行情况看，政策性银行的成立可能并没有完全割断政策性银行与基础货币的联系，这主要源自政策性银行的资金来源问题。目前，中国农业发展银行的资金主要来自中央银行的再贷款，国家开发银行和进出口银行的资金主要来自发行各类政策性金融债券。

3. 外汇储备存量的变化

1994 年 1 月 1 日，我国实行人民币汇率并轨，开始实行有管理的浮动汇率制度。在此之后，外汇市场的一个突出特点是持续性的外汇供大于求。这一时期，央行为了保持人民币汇率的稳定，通过外汇公开操作业务人为干预，大量买入美元。央行外汇资产的急剧增加必然会导致基础货币的大量投放。

（三）中国货币乘数

我国实际上从 1984 年才真正建立起中央银行制度。我国于 1985 年 6 月至 1995 年 12 月间货币乘数变动具有如下特征：

1. m_1、m_2

m_1、m_2 具有明显的顺周期波动的特征，即在经济高涨时期趋于扩张，在经济调整时期趋于收缩。

从 m_1 变动的情况看，20 世纪 80 年代中期以来我国出现过两次经济过热现象，即 1988 年、1992—1993 年，这两个时期 m_1 都曾出现明显放大。就 m_2 而言，虽然整体上呈上升趋势，但周期性特征依然很明显。两次经济过热时期，m_2 都呈显著放大之势，并且都达到局部性峰值；在随后的经济调整中，m_2 也都出现了回落。

2. 在影响货币乘数变动的因素中，超额准备率的影响最大

有学者计算，超额准备率变动对 m_1、m_2 的影响占各因素综合影响比重的 61.06%，超额准备率的变动大致决定了货币乘数变动的基本趋势，并且超额准备率本身的变动也具有

逆周期波动的趋势,即在经济高涨时趋于收缩,经济调整时趋于扩张。

上述分析说明,我国货币乘数不是一个稳定的变量,具有典型的顺周期波动的特征。根据前面的分析,在影响货币乘数的各种变量中,超额准备率的影响最大,几乎决定货币乘数变动的基本趋势。

(四)中国货币供应的波动

我国的基础货币 m_1、m_2 具有明显的顺周期波动的特征,即在经济高涨时期趋于扩张,在经济调整时期趋于收缩,我国的货币乘数不是一个稳定的变量,具有典型的顺周期波动的特征,所以总的来说,我国货币供应量具有明显的顺经济周期波动的特点。法定存款准备金率是威力最大的货币供应量调节工具,我国调整法定存款准备金率的时候,也往往是货币供应量增长过快或波动较大的时候。

我国改革开放以来出现了两次较严重的通货膨胀:1988－1989 年为第一次,1993－1994 年为第二次。这段时期我国经济增长速度也很快,多数年份的增长率都在 10%以上。1987－1994 年这段时间是 m_2 供应量增长较快的时候,一般月份都在 20%以上,有些年有些月份甚至超过 50%,原因可以从经济体制改革和经济增长等方面来分析,其中,“倒逼机制”功不可没。1994 年以后,我国解决了商业银行倒逼中央银行再贷款的这一问题,加上政府财政、货币政策的收紧,主动放慢经济增长速度,我国货币供给量增长速度放缓。

1997 年到 2002 年这段时间里,我国实行的基本是扩张性的财政政策和稳健的货币政策,通货膨胀率很低,亚洲金融危机时甚至曾出现物价负增长。这段时间,m_2 的增长率基本稳定在 10%－20%之间,其中,1998 年较低,为 11%。从 2003 年开始,我国开始新一轮较为温和的通货膨胀,2003 年,个别月份 m_2 超过 20%,2004 年,我国连续两次小幅调高法定存款准备金率,用来遏制货币供应量的过快增长和通货膨胀,2004 年,m_2 增长温和回归。2004 年以后,我国继续实行稳健的货币政策,m_2 增长率基本稳定在百分之十几,2005 年有小幅上扬。但随着近两年我国经济的高速增长,关于我国经济是否过热的讨论还在继续,有些国外学者认为我国经济的高增长是通过货币供应量和投资高增长支撑起来的,不利于长期稳定发展。2006 年 8 月 15 日起,我国又一次小幅调高法定存款准备金率,又一次收紧货币供给。

近几年来,由于连年巨额国际收支顺差,外汇储备大幅急剧增加,导致我国被迫投放大量的基础货币,成为货币供给增长的一个主要因素,成为关注的焦点。

五、货币需求

(一)货币需求的基本含义

在选择资产持有的形式时,人们必须根据自己的具体情况和偏好,通过对各种资产的营利性、流动性和安全性的衡量和比较,使自己的资产组合保持最佳状态。所谓货币需求,实际上就是在这种最佳状态的资产组合中,人们愿意持有的货币量。

(二)货币需求理论

1. 现金交易数量说

现金交易数量说——交易方程式:

$$MV=PT \tag{1-7-7}$$

现金交易数量说的主要代表人物是美国经济学家费雪。他认为，货币的唯一功能是充当交换媒介，人们需要货币仅仅是因为货币具有购买力，可用来交换商品和劳务。因此，一定时期内社会所需要的货币金额必定等于同期内交易的商品价值总和。费雪提出了“交易方程式”，即 $MV=PT$，式中，M 表示一定时期内流通中的货币平均量；V 表示货币流通速度；P 为一般物价水平；T 为商品与劳务的交易量。费雪认为，货币流通速度由人们的支付习惯、社会信用制度、运输与通信条件及人口密度等因素决定，不受货币数量的影响，所以在短期内可将货币流通速度 V 视为常数。在充分就业的经济中，商品和劳务的交易总量在短期内也保持稳定，所以也可视为不变。因此，货币数量 M 的变化将等比例地作用于物价水平 P。

费雪的现金交易数量说是一种机械的货币数量说，在这一学说中，MV 代表货币供给，PT 形成货币需求，货币需求只是被动地取决于货币供给。

2. 现金余额数量说

现金余额数量说——剑桥方程式：

$$M=kPY \tag{1—7—8}$$

现金余额数量说由剑桥学派创始人马歇尔提出，经庇古和罗伯逊发展，形成“现金余额方程式”，又称“剑桥方程式”，即 $M=kPY$。式中，M 为货币数量，也就是所谓的现金余额；k 为以货币形式持有的名义国民收入的比例；P 为一般物价水平；Y 为一定时期内按不变价格计算的实际产出；PY 表示名义国民收入。

根据古典学派的假定，产量在短期内不变，如果 k 也不变，则当货币供应相对于需求而增加时，唯一能使货币供求相等的途径就是物价 P 相应地上升；反之亦然，这一结论与交易方程式的结论一致。

决定 k 的因素与决定 V 的因素也有许多相同的地方，特别是支付习惯。其他因素还有其他资产的报酬率、工业一体化程度、货币替代品的状况以及“消费者和生产者制订计划时的确定性和信心”等。

3. 现金交易数量说和现金余额数量说的比较及两者的缺陷

现金交易数量说与现金余额数量说的相同之处是两者都将货币数量作为物价变动的原因，并且所得结论是相同的。不同之处主要有以下几点：现金交易数量说看重货币的交易媒介功能，强调货币的支出，而现金余额数量说则强调货币的持有；现金余额数量说重视人们持有货币的动机，现金交易数量说则注重货币流通速度以及经济社会等制度因素；现金交易数量说所指的货币数量是某一时期的货币流通量，而现金余额数量说所指的货币数量是某一时点人们手中所持有的货币存量。

现金余额数量说特别强调人们的主观愿望对货币需求的影响。剑桥学派认为，其大小取决于两个因素：一是人们对持有货币的利弊权衡；二是人们对未来价格水平的预期。因此，现金余额数量说中隐含着一些思想，即认为利率对货币需求有影响。将货币需求看作人们对资产的选择。由于剑桥学派强调人们的主观意志对货币需求有决定作用，因此可将剑桥学派的现金余额数量说看作现代货币需求理论的重要渊源，对凯恩斯的货币需求理论的形成与发展有着重大影响。

它们都属于传统的货币数量论，其共同的缺陷是：

第一，传统货币数量论是以充分就业的假定为前提的，而这种假定是不符合现实的。在非充分就业条件下，物价水平并不一定随货币数量的变动而变动。

第二，货币数量论是一种长期的均衡理论和静态理论，它以“萨伊法则”(供给会自行创造它本身的需求)为理论基础，认为商品总供给恒等于商品总需求，短期内经济波动会通过市场机制而自动调节，经济在长期总会自动趋向充分就业均衡。由于货币只是商品交易的媒介，因此，货币的供给和需求也同样会趋于均衡。因此，传统经济学只是注重分析长期货币数量及其他经济因素的变动情况，这是一种长期的均衡理论。实际上，短期变动却是现实中的经常现象，是导致经济发生问题的主要原因。同时，它还假定某些因素固定不变，如产量、货币流通速度及货币持有比例，因此，这是一种静态理论。而每一因素都处于动态的不断变化之中。

第三，传统货币数量论将利率排除在货币分析之外，忽略了利率的作用。

第四，传统货币数量论没有研究方程式中各项因素之间的相互关系。除了认为货币量变动会直接引起物价同比例变动外，传统货币数量论对方程式中的其他各项因素之间的相互关系没有深入探讨。事实上，方程式中的各项因素都是相互作用的。

真题回顾

【1】(上海财经大学 2013)根据传统货币数量论，货币供应上升50%，则(　　)。

A. 短期产出上升50%，物价水平在长期上升50%

B. 短期产出下降50%，物价水平在长期下降50%

C. 物价水平上升50%

D. 短期产出上升50%

参考答案：C。根据传统的货币需求理论，货币供应量与价格水平成正比，因此货币供应上升50%，相应地，物价水平会上升50%。

【2】(上海财经大学 2011)一般而言，若市场利率上升，货币流通速度将(　　)。

A. 增加　　B. 减少　　C. 不变　　D. 无法确定

参考答案：A。利率水平上升，导致实际余额下降，货币流通速度随之上升。

4. 凯恩斯货币需求理论——流动性偏好理论

1936年，凯恩斯在《就业、利息和货币通论》中提出了他的货币需求理论——流动性偏好理论。所谓流动性偏好，是指人们宁愿持有流动性高但不能生利的货币，而不愿持有其他能生利但不易变现的资产这样一种心理倾向。这种流动性偏好实质上就是人们对货币的需求。凯恩斯的货币需求动机主要有三个，即交易动机、预防动机和投机动机。

(1)交易动机。交易动机是指为了日常交易而产生的持有货币的愿望。货币需求的交易动机又可分为个人的交易动机与企业的营业动机。个人和企业为了满足日常支付和交易需要，必须持有一定量的货币。而持有的货币数量则取决于个人收入与支出的间隔长短，及企业的销售收入与费用支出之间的时间间隔长短。一般来说，满足交易动机的货币需求的数量取决于收入水平，并与收入多少成正比，所以可将交易动机的货币需求看作收入的递增函数。

(2)预防动机。预防动机是指为应付紧急情况而产生的持有货币的愿望。凯恩斯认为，未来是不确定的，现实经济生活中经常有各种意外需要货币。为提防不虞之支出，或抓住未能预见的有利进货时机，人们必须在持有交易的货币需求之外，再保留一定的货币余额，这就是所谓的预防动机的货币需求。由于这部分货币主要也是作为流通手段和支付手段，受到收入水平的影响，所以预防动机的货币需求也是收入的递增函数。

(3)投机动机。投机动机是指人们根据对市场利率变化的预测需要持有货币，以便从中获利的动机。凯恩斯假设，人们只能在货币和债券这两种资产中选择持有财富的形式，由于债券价格与利率成反向变动，因此，预期利率上升者将售出债券，持有货币，以便在债券价格下跌后，能以低价买进债券。而预期利率下降者则将减少持有货币，买入债券，以便在债券价格上升时高价卖出债券，从中获利。凯恩斯称这种与利率高低有关的货币需求为投机性货币需求，投机动机的货币需求是凯恩斯货币需求理论中最有特色的内容。所谓投机动机的货币需求，实际上是指人们对闲置货币余额的需求，而不是对交易媒介的需求。投机动机的货币需求与现实利率水平呈负相关，而与预期利率升降成正相关。现实利率水平高，或人们的预期利率水平下降，则投机动机的货币需求减少；现实利率水平低，或人们的预期利率水平上升，则投机动机的货币需求增加。

由于凯恩斯的货币需求表现为人们的流动性偏好，所以以 L 表示流动性偏好，即货币需求函数。又由于交易动机和预防动机的货币需求都是收入的增函数，而投机动机货币需求是利率的递减函数。所以，可将总的货币需求 M 分解为两部分：满足交易动机和预防动机的货币需求 M_1，以及满足投机动机的货币需求 M_2。若以 y 表示收入，i 表示利率，L_1 表示 M_1 与 y 的函数关系，L_2 表示 M_2 与 i 的函数关系，则凯恩斯的货币需求理论可用下列函数式来表示：

$$M=M_1+M_2=L_1(y)+L_2(i)=L(y,i) \tag{1-7-9}$$

凯恩斯货币需求理论的政策含义：凯恩斯的货币需求理论为其提出解决失业问题的政策措施提供了理论基础。凯恩斯的整个经济理论体系是将货币通过利率与投资、就业和国民收入等实际经济因素联系起来的。利率由货币的供给和需求共同决定，其中，货币供给量取决于中央银行，货币需求则取决于人们心理上的流动性偏好。利率与投机性的货币需求成反比例变化关系，而利率与投资成反比。在偏好一定的条件下，中央银行通过改变货币供给量，就能影响利率，从而影响投资和产出水平。

因此，当经济不景气时，中央银行通过采取扩张性的货币政策就能达到刺激经济发展、减少失业的目的。当然，这些影响都取决于人们的心理因素，特别是当经济严重衰退，人们对投资的需求严重不足时，会出现投资对利率缺乏弹性，此时，利率变动不会影响投资。而当利率降到一定水平后，货币供给改变(增加)不会使利率降低，投机性货币需求变得无穷大时出现了流动性陷阱，此时，货币政策也是无效的。

5. 对凯恩斯理论的发展

(1)鲍莫尔模型

鲍莫尔模型本质上是运用管理科学中最适度存货控制技术于货币理论的成果，所以又通称为“货币需求的存货管理模型”。

鲍莫尔认为，人们持有的用作交易媒介的现金，与企业持有的存货一样，也有成本。由于现金是无利息收入的，持有现金就要放弃利息收入，这种放弃的利息收入就是持有现金的机会成本。因此，人们总是在保证正常交易需要的前提下，尽量减少现金持有，寻找最低的现金持有量。

假定人们的交易活动在一定时期内是可以预见的，而且收支规模正常，那么人们可将期初收入的大部分先投资于有价证券或贷放出去以获取收益，然后再每隔一定时间卖出一部分有价证券变现，用于日常交易需要。

假设 T 为某人的月支出；C 为每次变现数；b 为每次变现的手续费；i 为市场利率；n 为每月变现次数($n=T/C$)。现金存货的成本有两项：一是将债权变现时所必须支付的手续费 b，因为设每次变现数为 C，而支出总额为 T，故在一个支出期间，全部手续费为 $b\times T/C$；二是持有现金而牺牲的利息(机会成本)，在支出期间的平均交易余额为 $C/2$，故利息成本为 $i\times C/2$。必须选择适当的 C，使得总成本($b\times T/C+i\times C/2$)最小。

平均手持现金余额为 $C/2$，故鲍莫尔存货模型为：

$$M=(\sqrt{2Tb/i})/2 \qquad (1-7-10)$$

该模型也称为“平方根法则”，它说明即使是交易动机和预防动机的货币需求，同样也受利率因素的影响。在交易量或手续费增加时，最适度现金存货余额将增加；而当利率上升时，这一余额会下降，从而将利率和交易性余额联结起来。此外，由于现金余额与交易量的平方根成正比，所以在最适度现金余额的决定中，存在着规模经济作用。

鲍莫尔存货模型问世以来，对西方货币理论产生了重大影响：第一，该模型论证了最基本的货币需求——交易性货币需求也在很大程度上受到利率变动的影响。第二，根据平方根公式，假定利率和物价不变，收入增加的比例必须大于货币供给增加的比例，才能使公众吸纳新增的货币。第三，该模型虽然是针对国内经济单位的货币需求而作出的，但其基本结论也可用于国际金融领域，比如国际储备也有“规模经济”的特点。

真题回顾

(上海财经大学 2012)鲍莫尔的存货模型是对凯恩斯货币需求理论中的(　　)的重大发展。

A. 交易动机　　B. 预防动机　　C. 投机动机　　D. 谨慎动机

参考答案：A。凯恩斯的三大动机，鲍莫尔对交易动机进行发展，惠伦对预防动机进行发展，托宾则发展了投机动机。

(2)惠伦模型

惠伦认为影响预防性货币需求的因素有三个：非流动性成本，持有预防性现金余额的机会成本，收入和支出的平均变化情况。非流动性成本是指因低估在某一支付期内现金需要而造成的严重后果。当人们因缺乏现金而无法应付付款义务时，就有三种可能：陷入经济困境甚至破产，此时，非流动性成本是非常高的；如果能够及时得到银行贷款，则非流动性成本就是银行贷款成本；如果人们持有易转换成现金的资产，则非流动性成本等于将非现金资产转换成现金的手续费。企业为免予破产，同时也不能保证随时得到贷款，因此第三种情况应作为理论分析的一般情况。持有预防性现金余额的机会成本则是指持有这些现金而须放弃一定的利息收益。

在建模思想上，惠伦模型与鲍莫尔模型基本相同。如果人们为预防不测持有较多货币，就减少了预期的非流动性成本，但同时却增加了持有预防性现金余额的机会成本；反之，如果他持有较少的预防性现金余额，减少了机会成本，却提高了非流动性成本。因此，追求利润极大化的企业，必然选择适当的预防性现金余额，以使这两种成本之和下降到最低限度。

模型的假设如下：如果一定时期内净支出 N 大于预防性现金持有量 M，公司就要将其他资产变现，费用为 b，净支出的概率分布以零为中心，净支出大于预防性现金持有量的概率为 P，那么持有预防性现金余额的机会成本为 $r\times M$，预期的非流动性成本为 $b\times P$，预期总成本为：

$$C=r\times M+b\times P \tag{1-7-11}$$

惠伦模型中，假设企业和家庭都是风险回避者，所以在估计净支出超过预防性现金金额的可能性时，做最保守的估计，取 $P=\frac{Q^2}{M^2}$，其中，Q 为净支出的标准差，代入上式得，

$$C=r\times M+b\times P=r\times M+b\times\frac{Q^2}{M^2} \tag{1-7-12}$$

根据数学上的原理，得到 $M=aQ^{\frac{2}{3}}b^{\frac{1}{3}}r^{-\frac{1}{3}}$，故惠伦模型可表示为：

$$M=aQ^{\frac{2}{3}}b^{\frac{1}{3}}r^{-\frac{1}{3}} \tag{1-7-13}$$

其中，$a=2^{\frac{1}{3}}$。这表明，最适度的预防性现金余额同净支出方差 Q^2、非流动性成本 b 正相关，与利率 r 负相关。结论与鲍莫尔模型基本一致；不同的是，惠伦模型中预防性现金余额对手续费用、利率的弹性分别为 1/3、－1/3。

(3)托宾模型

托宾将前人的资产选择理论和货币需求理论结合起来用投资者避免风险的行为动机来解释对闲置货币余额的需求。托宾模型中，资产的保存形式有两种：货币和债券。持有债券可以得到利息，但也要承担由于债券价格下跌而受损失的风险，因此，债券是风险资产；持有货币虽然没有收益，但也没有风险，所以称作安全性资产。将资产按不同比例投资于债券和货币，其预期收益率 μ_R（在数学上是收益率的期望值）与风险 θ_R（在数学上以 μ_R 的标准差表示）存在线性关系 $\mu_R=k\theta_R$。其中，k 为债券预期收益率与其收益率标准差的比值。债券预期收益率越大，k 值越大。

托宾认为典型的投资者都是风险回避者，当投资风险增加时，其相对的预期收益率必须相应增加，作为补偿，两者的关系可以用投资者的无差异曲线表示。将收益与风险之间的线性关系与投资者的无差异曲线两者相结合，可以得到一个向右下方倾斜的曲线，有些学者称之为“托宾曲线”，该曲线证明了利率与货币投机需求之间的反向关系。

托宾模型对投机性货币需求的解释虽然比凯恩斯的流动性偏好理论有进步，它明确肯定了不确定性对货币需求的重要作用，而且也能解释现金与其他风险资产同时持有，即资产分散的现象，但也存在不足：

①托宾模型只包括两种资产，即货币及公债，而不包括其他金融资产。

②由于信息及其他交易费用的存在，分散化投资策略事实上只能由一些庞大的投资基

金或少数富人采取,普通投资者难以运用。

③托宾模型忽略价格波动因素。

真题回顾

(上海财经大学 2013)托宾的资产选择理论是对凯恩斯(　　)货币需求理论的重大发展。

A. 交易动机　　B. 预防动机　　C. 投机动机　　D. 税收动机

参考答案: C。凯恩斯的三大动机,鲍莫尔对交易动机进行发展,惠伦对预防动机进行发展,托宾则发展了投机动机。

6. 货币主义的现代货币数量论

1956 年,弗里德曼发表了《货币数量说的重新表述》一文,奠定了现代货币数量说的基础。弗里德曼认为,货币数量说不是关于产量、货币收入或物价问题的理论,而是关于货币需求的理论。现代货币数量说研究的是影响人们持有货币量的因素。影响货币需求的因素有:

(1)总财富。弗里德曼把货币看作人们持有财富的一种形式。个人所持有的货币量受其总财富限制。总财富包括人力财富和非人力财富。由于总财富难以直接计算,因此,他提出用"恒常收入"这一概念来代替财富。所谓"恒常收入",是指人们在较长时期内所能取得的平均收入,以区别于不定期、有偶然性的即时性收入,是一种比较稳定的收入。由于"恒常收入"易于计算,且具有稳定性,因而可以避免即时性收入受偶然因素影响而使货币需求函数出现不稳定的现象。

(2)财富构成。财富构成指人力财富与非人力财富的比例。人力财富是指个人在将来获得收入的能力,即人的生产能力,又叫人力资本。非人力财富即物质资本,指生产资料及其他物质财富。人力财富要转化为现实的非人力财富,会受到劳动力市场的供求状况等因素的制约,所以在转化过程中,人们必须持有一定量的货币,以应付交易等需要。这一货币量的多少,取决于人力财富与非人力财富的比例。在就业困难时,人力财富所占比例较大,所需要持有的货币也较多。

(3)货币和其他资产的预期收益。人们持有多少货币,在很大程度上取决于货币与其他资产收益大小的比较。在一般情况下,货币收益为零,而其他资产均有收益,其他资产收益率提高,则货币需求将减少,反之则反是。

(4)影响货币需求的其他因素。人们对货币的"嗜好"程度也会影响货币需求,如果人们把货币看成"必需品",那么货币需求对收入的弹性为 1 或小于 1;如果人们把货币看作"奢侈品",则货币需求对收入的弹性就会大于 1。

此外,人们对未来经济稳定性的预期也会影响货币需求。

在此分析基础上,弗里德曼提出如下货币需求函数:

$$M=f\left\{p,r_b,r_e,\frac{1}{p}\cdot\frac{\mathrm{d}p}{\mathrm{d}t};w,Y;\mu\right\} \tag{1-7-14}$$

式中,M 表示名义货币需求量;p 表示价格水平;r_b 表示债券的预期收益率;r_e 表示股票的预期收益率；$\frac{1}{p}\cdot\frac{\mathrm{d}p}{\mathrm{d}t}$表示物价水平的预期变动率；$w$ 表示人力财富与非人力财富的比率；Y 表示恒常收入；μ 为其他随机因素。

弗里德曼认为，上述是货币需求函数式 P 和 Y 的一阶齐次函数，若 P 和 Y 发生变化，则货币需求也将同比例变化，从而可得出实际货币需求函数与 $Y=VM$ 的货币数量论。从弗里德曼的货币需求函数可以得出以下结论：

第一，货币需求对利率并不敏感，影响货币需求的主要因素实际上是持久收入，这意味着货币需求是稳定的。因为持久收入的变化是缓慢的，它不像利率那样经常上下波动。这是因为，利率的变动往往是与货币的预期报酬率同方向变化的。当利率上升时，银行可以从贷款中获得较高的收益，也就希望吸收更多的存款来发放贷款。当存款利率不受限制时，银行为了吸收存款就会提高存款利率。当存款利率受到限制时，银行会通过提供更完善的服务来竞争存款。无论采取哪种方式，都意味着货币的预期报酬率提高了。由于影响货币需求的是货币和其他资产之间相对预期报酬率的高低，所以，当货币的预期报酬率与其他资产的预期报酬率同方向变化时，货币需求将相对保持不变。

第二，货币需求函数本身是相当稳定的，它不会发生大幅度的位移，即货币需求与其影响因素之间的关系是稳定的。这已经被历史数据所证实。由此可知，货币流通速度也是稳定可测的。由交易方程式可知，只要货币流通速度是稳定可测的，当货币供给发生变化时，把货币流通速度的预测值代入交易方程式，就可以估计出名义国民收入的变动。因此，货币供给决定名义收入的货币数量论的观点仍然成立。他把现代货币数量论又称为名义收入货币理论。

弗里德曼的货币需求理论的政策含义：

(1)在货币论对名义收入发生作用的传送机制上，货币学派认为，货币是一种独特的资产，它的替代品不仅包括金融资产，还应当包括房产、耐用消费品、投资品等所有实物资产，通过资产组合效应，货币的作用直接而迅速，因此，货币是非常重要的。

(2)实际利率、实际收入增长率都是由经济中的实际因素决定的。当货币供应增长率等于预期名义收入增长率时，名义收入增长率等于货币供应增长率。只有当货币供应增长率有意外增加时，名义收入增长率才会高于预期值。货币政策要连续可信。

(3)由于时滞等因素，货币政策的短期作用很难预测，货币政策不是经济稳定的有效工具，最好的办法是实行一种与经济增长相一致的货币供应稳定增长的政策，即实施“单一规则”。

(4)短期内，由货币供给引起的名义收入变动，是物价与产出变动共同作用的结果。但在名义收入增加中，有多少是由于实际收入增加，多少是由于价格水平提高，两者之间的划分是很难做到的，需要进一步进行研究(弗里德曼难题)。

现代货币数量论与传统货币数量论的异同：共同点是它们都强调货币存量对名义国民收入的影响，都认为经济自身存在着向充分就业水平收敛的内在趋势。

区别为：

(1)货币流通速度不再被假定为一个固定的常数，而被认为是一个稳定的、可以预测的变量；

(2)放弃了传统货币数量论所认为的经济持续处于充分就业水平，从而当货币供给变化时，实际国民收入保持不变，价格与货币供给同比例变化的观点，认为在短期内实际国民收入也将随货币数量的变化而有所变化，而货币供给的变动究竟在多大程度上引起实际国民收入的变动，以及在多大程度上引起价格水平的变动，要视其他条件而定。

现代货币数量论与凯恩斯的货币理论的区别：

(1)凯恩斯考虑的仅仅是货币和生息资产之间的选择，而弗里德曼所考虑的资产选择范围则要广泛得多，它不仅包括货币、债券，还包括实物资产。

(2)弗里德曼没有像凯恩斯那样把货币的预期报酬率视为零，而是把它当作一个会随着其他资产预期报酬率变化而变化的量。弗里德曼对现代货币数量说的表述及其所提出的货币需求函数是对西方货币需求理论的重大贡献。

首先，在弗里德曼的货币需求函数中，货币被视为一种资产，而不仅仅是交换媒介，因此，货币需求理论就成了资本理论或财富理论中的一个组成部分。

其次，弗里德曼确立了预期因素在货币需求理论中的地位。弗里德曼认为，根据瓦尔拉斯的一般均衡理论，价格变动率、市场利率和其他资产的收益率都可以通过一定的方法来预测。弗里德曼的这些观点为后来的理性预期学派开辟了发展的途径，同时也使其理论具有较大的政策意义。

再次，弗里德曼利用计量经济学的方法对有关货币需求的一些因素如利率、收入等进行了实证研究，这一方面为货币需求研究提供了新的方法，另一方面也使货币需求研究的结果成为制定货币政策的重要依据。

六、通货膨胀

(一)通货膨胀的定义与通货膨胀的度量

1. 通货膨胀的定义

通货膨胀是商品和劳务的货币价格总水平持续明显上涨的过程。

(1)考察的对象是商品和劳务的价格，有别于股票等金融资产的名义货币价格。

(2)指的是货币价格，即商品、劳务与货币之间的相对比价，而非不同商品、劳务之间的相对比价。

(3)不是一次性或短期的价格总水平的上升，而是一个持续的过程。经济周期性的萧条以后出现的周期性复苏阶段的价格上升不是通货膨胀。

(4)不是个别商品价格的上涨，而是价格总水平的上涨。

(5)是价格总水平的明显上升。轻微的价格波动不是通货膨胀。不过，这一数量标准取决于人们对通货膨胀的敏感程度，是一个主观性的概念。

2. 通货膨胀的度量

一般采用以下一种或一种以上的物价指数来衡量通货膨胀的程度。

(1)消费物价指数(CPI)。消费物价指数也称为零售物价指数或生活费用指数，它根据若干种主要日用消费品的零售价格以及服务费用而编制。消费物价指数的优点是能及时反映消费品的供给与需求的对比关系，资料容易搜集，能够迅速、直接地反映影响居民生活的价格趋势。缺点是范围较窄，只包括社会最终产品中的居民消费品这一部分，因而不足以说明全面的情况。例如,品质的改善可能带来一部分消费品价格而非商品全国价格总水平的提高,但消费物价指数不能准确地表明这一点,因而有夸大物价上涨幅度的可能。

(2)批发物价指数(*WPI*)。这是根据制成品和原材料的批发价格编制的指数。它的优点是对商业周期反应敏感,能在最终产品价格变动之前获得原材料、非零售制成品的价格信息。缺点是不包括劳务产品在内,同时它只计算了商品在生产环节和批发环节上的价格变动,没有包括商品在最终销售环节上的价格变动,其波动幅度常常小于零售商品的价格波动幅度,因而可能会出现信号失真。

(3)平减指数(*GNP*)。它是按当年价格计算的国民生产总值与按不变价格计算的国民生产总值的比率。平减指数的优点是范围广泛,能比较准确地反映一般物价水平的变动趋向。缺点是资料较难搜集,要对未在市场上发生交易的商品和劳务进行换算,并且可能受到价格结构因素的影响。

物价指数一般用于度量现实发生的通货膨胀,而对通货膨胀发生的可能性的估测,则有一种称为"通货膨胀缺口"的办法。

凯恩斯认为,"通货膨胀缺口"就是有效总需求与可供私人消费的商品与劳务总量之间的差额,表现为市场上对商品和劳务消费的过度需求。当这种过度需求的压力加大而又没有其他方法可以缓和释放时,通货膨胀就可能现实地发生。英国官方就曾把不可能通过举债或私人储蓄等方式予以弥补的财政赤字称作"通货膨胀缺口"。

(二)通货膨胀的分类

(1)按照通货膨胀的程度划分,有爬行式通货膨胀、温和式通货膨胀和恶性式通货膨胀。从价格上涨速度来区别通货膨胀的状态,关键是划分三者的数量界限,这是一个主观标准,并随着经济环境的变化而变化。

(2)按市场机制的作用划分,有公开型通货膨胀和隐蔽型通货膨胀。公开型通货膨胀的前提是市场功能完全发挥,价格对供求反应灵敏,过度需求通过价格的变动得以消除,价格总水平明显地、直接地上涨。隐蔽型通货膨胀则是表面上货币工资没有下降,物价总水平也未提高,但居民实际消费水准却下降的现象。

其原因是,在经济中已积累了难以消除的过度需求压力,但由于政府对商品价格和货币工资进行严格的控制,过度需求不能通过物价上涨吸收,商品供不应求的现实通过非价格的形式表现出来。在隐蔽型通货膨胀下,多余的购买力无法通过市场自发调节予以消除,必然带来市场扭曲、腐败现象等。

(3)按预期划分,有预期性通货膨胀和非预期性通货膨胀。预期性通货膨胀是指通货膨胀过程被经济主体预期到,以及由于这种预期而采取各种补偿性行动引发的物价上升运动。一般认为,只有非预期性通货膨胀才有真实的效应,而预期性通货膨胀由于经济主体已采取相应的对策抵消了其影响,没有实质性的效果。

(4)按成因划分,有需求拉上型通货膨胀、成本推进型通货膨胀以及结构性通货膨胀。

(三)通货膨胀的成因

1. 需求拉上

需求拉上型通货膨胀,是指社会总需求超过社会总供给,从而导致物价上涨。供给表现为市场上的商品和服务,而需求表现为用于购买和支付的货币,因此这种通货膨胀又称为

“过多的货币追求过少的商品”。

(1)过度需求论

凯恩斯认为,货币变动对物价的影响是间接的,影响物价的因素除货币量之外,还有成本单位和就业量等多种因素。货币数量的增加是否具有通货膨胀性,要视经济体系是否达到充分就业而定。

第一,当社会上存在大量的闲置资源和失业现象时,总供给增加的能力很大,此时总需求的增加可以带来产出的上升而物价并不上涨。

第二,在逐步达到充分就业期间,总需求的增加将带来产出和物价水平的同时上升。这种双重效果的原因之一是存在闲置的劳动力和生产资源,供给有弹性,增加有效需求,有刺激产出增加的作用。此时货币数量增加不具有十足的通货膨胀性,而是一方面增加就业量和产出,另一方面也使物价逐渐上涨。这种情况,凯恩斯称之为“半通货膨胀”。

第三,当达到充分就业以后,由于各种资源已被充分利用,供给无弹性,有效需求增加仅使成本单位随有效需求同比例上涨。这种情况,可称为“真正的通货膨胀”。

按照“通货膨胀缺口”理论,通货膨胀压力并不一定源于货币供应增加。在凯恩斯学派的模式中,总产出不变时,消费需求、投资需求、政府支出将出口的自发增加都会产生通货膨胀缺口。

(2)货币学派的理论

以弗里德曼为代表的现代货币数量说对传统理论作了修改,但仍强调货币数量对通货膨胀的作用,认为“通货膨胀主要是一种货币现象,是货币量比产量增加更快造成的。货币量的作用为主,产量的作用为辅。许多现象可以使通货膨胀率发生暂时的波动,但只有当它们影响到货币增长率时,才产生持久的影响”。一旦人们对这种物价上涨产生预期之后,整个经济就会陷入“工资—物价”循环上升的过程,致使通货膨胀愈演愈烈。

与凯恩斯学派的需求拉上说相比,货币学派的需求拉上说更强调货币供给量的变化对总需求的影响,并强调货币供给的外生性。凯恩斯学派的有效需求变化与货币供给量的增减之间并没有固定的因果关系。根据货币学派的理论,货币量是一个独立的外生变量,其变动必然先于物价变动而发生,货币量不可能是适应物价变动的内生因素,通货膨胀纯粹是一种货币现象,并强调预期的作用。

2. 成本推进

20 世纪后半期出现的“滞胀”现象是需求拉上理论无法解释的,由此产生了从总供给方面解释通货膨胀成因的理论,即成本推进的通货膨胀。当成本上升时,商品价格随之上涨,总供给曲线向上移动,导致产量下降,同时价格水平上升。

在封闭型经济中,标准的成本推进型通货膨胀是指劳动生产率在前期没有提高、价格总水平在前期没有上升的情况下,货币工资自发地、一次性地增长。这种增长可能来自错误的通货膨胀预期,也可能来自具有垄断力量的工会为改变收入分配格局所做的努力。一旦出现通货膨胀以后,工人为维持先前的实际工资水平而要求工资进一步上涨,从而出现“工资—物价螺旋上升”。除了工资成本变化外,引起供给曲线向上移动的原因还有原料价格上升、间接成本推动、利润推动。

3. 结构性通货膨胀

(1)需求移动论

1959年,舒尔兹提出了"需求移动论",从经济结构的变化导致需求在部门之间的移动来解释通货膨胀的原因。在舒尔兹看来,产业结构的变化带来一些部门的兴衰,需求将在部门间发生转移。需求增加的部门,其工资物价自然会上升;但需求减少的部门,其工资物价却未必下降。因此,由于短期内需求在部门之间的大规模转移,资源因缺乏流动性而不能从需求下降部门流向需求扩张部门,以及工资和价格"向下刚性"这三个方面的原因,在总需求不变的情况下,也会引发结构性通货膨胀。

(2)不平衡增长模型

1967年,鲍莫尔提出了一个以不同劳动生产率增长率为核心的结构性通货膨胀模型。在这个模型中,经济活动分为两个部分:一是劳动生产率不断提高的先进部门(工业部门),二是劳动生产率保持不变的保守部门(服务部门)。当前者由于劳动生产率的提高而增加货币工资时,由于攀比,后者的货币工资也以同样的比例提高。在成本加成定价的通常做法下,整个经济必然产生一种由工资成本推进的通货膨胀。

(3)劳动供给理论

希克斯将社会经济部门划分为扩展部门和非扩展部门。扩展部门在经济繁荣时期由于劳动力缺乏而工资上升,但在衰退时货币工资却降不下来。非扩展部门的劳动者为求得公平,也要求提高工资。因此,繁荣时期由扩展部门开始的工资上升必然蔓延到其他部门,而使整个经济的工资水平普遍上升。这一过程一旦开始,则"提高工资的主要力量不再是劳工缺乏……衰退时期工资上升的程度将与繁荣时期工资上升的程度相等或接近于相等"。希克斯认为,这就是通货膨胀特别是滞胀产生的主要原因。

托宾也提出了关于相对工资的理论,认为,工人们关心相对工资胜过关心绝对工资,如果工资比在别处的工资相对地下降,他们就可能退出劳动。因此,在经济结构的变化中,某一部门的工资上升,将引起其他部门向它看齐,从而以同一比例上升。

(4)北欧模型

北欧模型也称为斯堪的纳维亚模型,主要适用于分析"小国开放经济"的通货膨胀问题。它最初由挪威经济学家奥克鲁斯特提出,又经瑞典经济学家艾德格伦、法克森及奥德纳等人加以发展和完善。对小国开放经济而言,它是一个纯粹的价格接受者,其通货膨胀在很大程度上受世界通货膨胀的制约。

在该模型中,小国开放经济分为两个部门:一是开放部门,包括那些生产的产品主要用于出口的行业,或虽用于国内消费,但有进口替代品与之竞争的行业;二是非开放部门,指那些因受政府保护或者因产品本身的性质而免受国外竞争压力的行业。"小国开放经济"的通货膨胀率取决于三个因素:世界通货膨胀率,开放部门与非开放部门之间劳动生产率增长率的差异,以及开放部门与非开放部门在国民经济中的比重。

所有结构性通货膨胀理论的核心是:经济中存在两大部门,由于不对称的原因造成一个部门的工资、物价上升,而劳动力市场的特殊性要求两个部门工人的工资以同一比例上升。当相反的情况出现时,工资与物价存在向下的刚性,结果引起物价总水平的普遍持续上升。

表 1—7—7　　我国经济体制改革以来的四次经济周期中的通货膨胀及原因

现　象	原　因
1979 年经济周期中的通货膨胀	财政的高额赤字
1983—1986 年经济周期中的通货膨胀	信贷规模的膨胀
1987—1991 年经济周期中的通货膨胀	消费者的行为变异("抢购风")
1992 年以来新一轮经济波动中的通货膨胀	社会集资规模的急剧扩大和国家银行资金大规模的以非贷款的方式流出

(四)通货膨胀的效应

1. 通货膨胀的产出效应

在短期,需求拉上型通货膨胀可促进产出水平的提高,成本推进型通货膨胀却会导致产出水平的下降。需求拉上型通货膨胀对就业的影响是清楚的,它会刺激就业、减少失业;成本推进型通货膨胀在通常情况下会减少就业。在长期,上述影响产量和就业的因素都会消失。

2. 通货膨胀的再分配效应

首先,通货膨胀将降低固定收入阶层的实际收入水平,即使就业工人的货币工资能与物价同比增长,在累进所得税下,货币收入增加使人们进入更高的纳税等级,税率的上升也会使工人的部分收入丧失。其次,通货膨胀靠牺牲债权人的利益而使债务人获利,只要通货膨胀率大于名义利率,实际利率就为负值。

(五)失业与通胀的关系

1. 短期菲利普斯曲线

货币工资增长率和失业率之间存在一种负相关的关系,这种关系可表示为:

$$\Delta W_t = f(U_t)$$

式中,ΔW_t 表示 t 时期的货币工资增长率,U_t 表示 t 时期的失业率。二者具有负相关的函数关系。把这样一种关系用曲线的形式反映出来就是菲利普斯曲线。图 1—7—1 中,横轴表示失业率,左面的纵轴表示货币工资增长率。图中,菲利普斯曲线自左上方向下倾斜,表明货币工资上涨率或通货膨胀率越低,失业率越高;反之亦然。

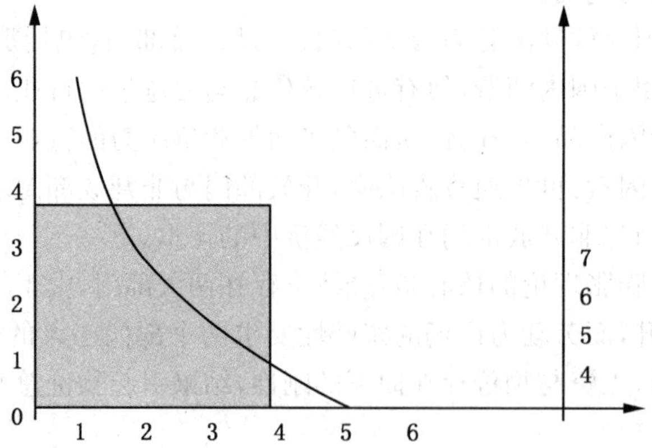

图 1—7—1　菲利普斯曲线

真题回顾

（华东师范大学 2017）菲利普斯曲线说明，在短期内通货膨胀率与失业率之间（　　）。

A. 没有关系　　　　B. 相关关系

C. 正相关关系　　　　D. 负相关关系

参考答案：D。根据菲利普斯曲线的特性，其反映的是通货膨胀率和失业率的反比关系。

2. 长期菲利普斯曲线

按照适应性预期的理论，当工人预期物价要涨 5%时，便会要求增加货币工资，把 5%的适应性预期放入工资合同，这样一来，厂商就不愿意增加产量和多雇工人，失业率又回到原来的水平；而政府为了降低失业率，采取了刺激性更强的、超过 5%的通货膨胀政策，使工资的增长再次滞后于物价上涨，使厂商因实际工资提高低于物价上涨而再次愿意增加产量和增雇工人，这样，更高的通货膨胀率与失业率又存在交替关系，在图 1—7—2 上表现为菲利普斯曲线向右移动。这种过程如果不断地持续下去，那么换取一定失业率的通货膨胀率必然越来越高。菲利普斯曲线不断向右移动，最终演变成一条垂直的菲利普斯曲线。这条垂直的菲利普斯曲线就是长期菲利普斯曲线，其形成过程可用图 1—7—2 表示。

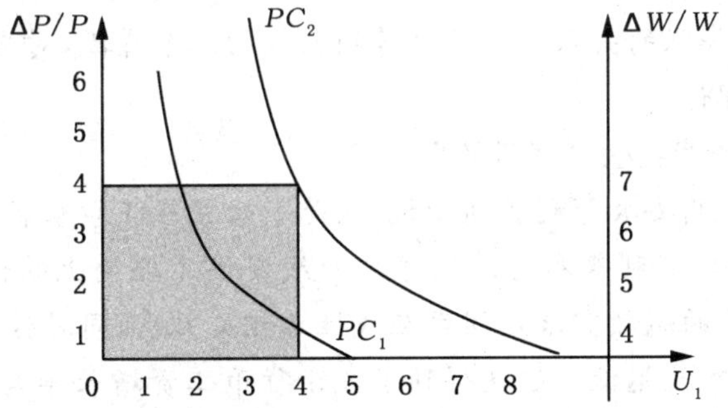

图 1—7—2　按预期扩大的菲利普斯曲线

真题回顾

（上海财经大学 2013）菲利普斯、弗里德曼研究表明，当预期通胀率（　　）实际的通胀率时，失业率处于自然失业率。

A. 高于　　B. 等于　　C. 低于　　D. 不一定

参考答案：B。本题考查自然失业率的定义，可以把自然失业率理解为充分就业下的失业率，或者是预期通胀率等于实际通胀时的失业率，此时人们不会因为预期与实际不相符而停止工作。

3. 理性预期和政策无效的命题

按理性预期假说认为，这一曲线不仅在长期不能存在，而且在短期内也不存在。因为，政府和公众的关系好像是下棋的双方，公众棋高一着，因其信息来源更广、决策更灵活、行动更迅速，政府每走一步，公众便知其后几步的做法，将其一一化解，所以政府只能采取出其不意的手段来欺骗公众,但这只能收效于一时,公众逐步修正预期,从而消除预期误差率。比如,在失业和通货膨胀的关系上,如果失业率较高,公众按理性预期,事先估计到政府会采取通货膨胀政策,于是抢先一步把预期的通货膨胀率考虑到工资合同中去,这样,在政府推行扩张性政策时,由于货币工资率与物价同步上涨,实际工资没有下降,所以厂商并不扩大产量和增雇工人,政府即使在短期内也不能用提高通货膨胀率的方法来降低失业率。这样,政府的相机选择的政策是无效的。

复习提示及知识补充二

表 1—7—8　　各学派关于失业和通货膨胀的解释

学　派	对应于西方国家的实际情况	观　点
凯恩斯主义者	反映 20 世纪 30 年代现状	无论在长期与短期中,失业率与通胀率都存在交替关系,因而宏观经济政策在短期与长期中都是有用的
货币主义学派	20 世纪 70 年代后的情况	短期中失业率与通胀率有交替关系,而长期中没有,因而宏观经济政策只在短期有效,长期无效
理性预期学派	20 世纪 70 年代后的情况	无论短期与长期中,通胀率与失业率都没有交替关系,因而宏观经济政策就是无用的

总结:失业与通货膨胀的关系——菲利普斯曲线的三个阶段,对应的通货膨胀是是否有利于经济增长的三个理论。

1. 短期菲利普斯曲线:支持“促进论”

促进论最直观的说明要数菲利普斯曲线,它是新西兰经济学家菲利普斯在 1958 年提出的,1960 年加拿大经济学家利普赛为菲利普斯曲线提供了理论上的诠释。利普赛认为,货币工资增长率与劳动力的超额需求之间存在线性正相关关系,同时劳动力的超额需求越大,寻找工作越容易,失业率就越低。这就得到了表示货币工资增长率与失业率呈反向关系的菲利普斯曲线。假设劳动力在国民收入分配中的比例保持不变,按照成本加成定价的原则,工资上涨率可以由物价上涨率代替,就得到了通常所说的表示物价上涨率与失业率之间呈反向关系的菲利普斯曲线。

促进论者认为,西方社会中一个较为普遍存在的问题是有效需求不足,因此,要刺激经济增长就要增加财政支出,增加货币供应量,实行膨胀性政策,刺激投资与消费,增加有效需求。

(1)通货膨胀的直接表现是货币供给过多,多发行的那一部分直接成为政府的收入,可用于增加投资。而物价上升带来居民持有的货币贬值,此损失被国家占有,这实质上是政府对所有货币持有人的一种隐蔽性的强制征税,又称“通货膨胀税”。如果居民的消费不变或消费的下降小于投资的增加,产出仍能通过乘数效应上升。

(2)通货膨胀具有一种有利于高收入阶层的收入再分配效应。在通货膨胀过程中,高收入阶层的收入比低收入阶层的收入增加得更多。与此同时,高收入阶层的边际储蓄倾向比低收入阶层高,因此,通货膨胀可以提高全社会的储蓄率,促进经济增长。

(3)在通货膨胀初期,全社会都存在货币幻觉,将名义价格、名义工资、名义收入的上涨看成实际的上涨，于是劳动者愿意提供更多的劳动，企业家愿意扩大投资，增加雇佣工人，导致了就业的增加和产出增长速度的加快。

(4)通货膨胀增加了持有现金的机会成本。由于实物资产和现金余额这两种财富形式之间的替代性，经济单位会增加对实物资产的需求，从而推动投资和产出的增加。

(5)通货膨胀有利于产业结构的调整。通货膨胀引起的物价上涨在各地区、各部门、各行业、各企业之间是不平衡的，各部门的投资规模也会以不同的速度增加，全社会的产业结构可以得到局部调整。

2. 长期菲利普斯曲线：支持“中性论”

20世纪60年代后期出现的“滞胀”现象与菲利普斯曲线相背离。弗里德曼提出“中性论”的观点(适应性预期)，认为，一旦形成了通货膨胀预期，短期菲利普斯曲线就会上移，工人会要求足以补偿物价上涨的更高的名义工资，而雇主则不愿在这个工资水平上提供就业，最终失业率又恢复到“自然失业率”水平。无论政府是否继续采取膨胀性政策，工人预期的调整必然带来短期菲利普斯曲线的进一步上移，结果长期内通货膨胀率和失业率之间并不存在稳定的替代关系。弗里德曼将长期的均衡失业率称为“自然失业率”，它可以和任何通货膨胀率水平相对应，且不受其影响，因此，长期的菲利普斯曲线是一条垂直线。

卢卡斯等则提出理性预期的概念，认为人们能够充分利用已有信息，形成对未来的无偏估计。当政府宣布采取扩张性政策增加有效需求时，人们就已经预测这会产生通货膨胀，于是，工人事先要求提高工资，厂商提高价格。因此，扩张性政策除提高价格水平外，即使在短期内对产出也没有作用。它更强调了通货膨胀政策的无效性，是支持“中性论”的又一理论基础。

3. 长期内向上倾斜的菲利普斯曲线：支持“促退论”

高度的和变化剧烈的通货膨胀可能也会提高自然失业率。理由是：

(1)在通货膨胀不可预测地加剧的情况下，工人可能会因不满意实际工资降低而停止工作；

(2)通货膨胀本身的反复不定，会降低市场信号的功能，从而降低生产效率；

(3)由于物价不断波动而引起政府干预，也很可能加深经济功能的失调而提高自然失业率。

促退论者认为：

(1)在通货膨胀时期，价格上升和工资增加在时间和幅度上都是不对应的，工人可能会通过罢工等方式向政府和资方施加压力。政府从本身利益考虑，可能对某些价格实行行政控制，从而使经济运行缺乏竞争性和活力，价格的信号作用削弱，经济效率下降。

(2)在通货膨胀时期，货币贬值，存贷款风险增大，严重的通货膨胀甚至导致金融瘫痪。在通货膨胀时期，政府控制名义利率，导致对借贷资金的过度需求，出现对借贷资金实行配给的局面，从而使资金的运用起不到优化配置和加快经济成长的作用。

(3)较高的通货膨胀率会错误地引导资金流向，使一部分资金从生产部门转向非生产部门，对经济长期增长不利。在通货膨胀中，进行投机的商业资本周转快，投机者在投机交易中可获取丰厚的利润；而投入生产领域里的资本，一般周转期较长，结果一部分工业资本从生产领域转向流通领域，进行投机活动，生产资本减少，导致经济衰退。

(4)通货膨胀会降低储蓄。一方面,通货膨胀会减少人们的实际可支配收入,削弱其储蓄能力;另一方面,通货膨胀又会降低实际利率,带来边际储蓄倾向下降,出现消费对储蓄的强迫替代,投资资金减少,生产规模因资本缺乏而缩减。

(5)反复无常的通货膨胀打乱正常的生产秩序,市场不确定性因素加大,增大生产性的投资风险和经营风险,打击投资信心,导致投资萎缩,产出下降。

复习提示及知识补充三

通货膨胀目标:要规则还是要有约束的相机抉择

在20世纪90年代,世界上许多国家的中央银行包括澳大利亚、加拿大、芬兰、以色列、新西兰、西班牙、瑞典和英国都采用了某种形式的通货膨胀目标。有时通货膨胀目标采取了中央银行宣布其政策意图的形式,有时候采用国家法律规定的通货膨胀目标的形式。例如,1989年的《新西兰储备银行法》告诉中央银行,"针对要实现并保持的物价总水平稳定这个经济目标形成并实施货币政策"。该法案有意地回避了任何一种相竞争的目标的意图,例如,产出、就业、利率或汇率的稳定。虽然美联储没有采用通货膨胀目标,但一些议员提出了应该要求美联储这样做的提案。

我们应该把通货膨胀目标解释为一种对政策规则的事先承诺吗?并不完全如此。在所有采用了通货膨胀目标的国家中,中央银行仍有相当大的相机抉择权。通货膨胀目标往往是确定一个范围——例如,1%—3%的通货膨胀率——而不是确定一个特定的数字。因此,中央银行可以在这个范围内选择某一点。此外,如果某个外生事件(例如,一次很容易认定的供给冲击)使通货膨胀超出了以前宣布的范围,有时也允许中央银行暂时调整其通货膨胀目标。

根据这种灵活性,确定通货膨胀目标的目的是什么呢?尽管确定通货膨胀目标使中央银行有某种相机抉择,但这种政策限制了相机抉择的运用。当告诉中央银行要"做正确的事"时,很难保证中央银行是负责的,因为人们总是争论在某种特定环境下什么是正确的事。与此相反,当一个中央银行宣布了一个通货膨胀目标时,人们可以很容易地判断,中央银行是否实现了这个目标。因此,尽管通货膨胀目标并没有拴住中央银行的手脚,但它提高了货币政策的透明度,并通过这样做而使中央银行对其行为更加负责。

复习提示及知识补充四

中央银行的独立性

假设你负责起草一国的宪法与法律。你会赋予一国总统控制中央银行的权力吗?或者你会允许中央银行摆脱这种政治影响进行相机抉择吗?换言之,假设货币政策根据相机抉择做出而不是根据规则做出,谁应该运用这种相机抉择呢?

各国在选择对这个问题的答案时差别极大。在一些国家,中央银行是政府的一个部门;在另一些国家,中央银行则基本是独立的。在美国,任期14年的美联储理事由总统任命,而且,如果总统不满意他们的决策,也不能撤回这一任命。这种制度性结构赋予美联储类似于最高法院那样高度的独立性。

许多研究者研究了制度设计对货币政策的影响。他们考察了不同国家的法律以构建一个中央银行独立指数。这个指数根据各种特点,例如,银行领导人的任职年限、政府官员对银行理事会的影响以及政府与中央银行之间接触的频繁程度,然后研究者考察了中央银行独立性与宏观经济状况之间的关系。

这种研究的结果是惊人的:更为独立的中央银行与低而稳定的通货膨胀密切相关。1955—1988 年,中央银行的独立性与平均通货膨胀的离散图表明有独立中央银行的国家,例如,德国、瑞士和美国,往往平均通货膨胀率低。中央银行独立性低的国家,例如,新西兰和西班牙,往往平均通货膨胀率高。

研究者还发现,中央银行的独立性和实际经济活动之间是无关的。特别是中央银行的独立性与平均失业、失业变动、实际 GDP 平均增长,或者实际 GDP 变动之间无关。中央银行的独立性看来为一些国家提供了免费午餐:它有降低通货膨胀之好处而没有任何明显的代价。这些发现使新西兰这样一些国家修改自己的法律,赋予其中央银行更大的独立性。

(六)通货膨胀的治理

1. 需求政策

如果通货膨胀主要是由于总需求过度膨胀引起的,那么紧缩需求就能取得明显的效果。减少总需求的途径主要有:

(1)财政方面的紧缩措施

减少政府支出;限制公共事业投资和公共福利支出;增加赋税,以抑制私人企业投资和个人消费支出。但是,财政支出有很大的刚性;教育、国防、社会福利的削减都是阻力重重;增加税收更会遭到公众的强烈反对。

(2)货币政策的紧缩措施

紧缩的货币政策有时并不是指货币存量的绝对减少,而只是减缓货币供应量的增长速度,以遏制总需求的急剧膨胀。当然,货币当局也可以采用传统的中央银行的三大政策工具,限制银行信贷规模,绝对减少货币存量。货币学派更注重货币政策的作用,认为只有将货币增长率最终降低到接近经济增长率的水平,物价才可能大体稳定下来。

2. 收入政策

(1)定义

收入政策,又称为工资物价管制政策,是指政府制定一套关于物价和工资的行为准则,由价格决定者(劳资双方)共同遵守。其目的在于:限制物价和工资的上涨率,以降低通货膨胀率,同时又不致造成大规模的失业。收入政策主要针对成本推进型的通货膨胀。

(2)形式

以指导性为主的限制;以税收为手段的限制。如果工资、物价增长率保持在政府规定的幅度之内,就以减税作为奖励;否则,就以增税作为惩罚;强制性限制,即政府颁布法令对工资和物价实行管理,甚至实行暂时冻结。

(3)缺陷

如果是指导性政策或税收政策,其效果如何取决于劳资双方与政府能否通力合作。强制性收入政策会妨碍市场机制对资源的有效配置,因为市场是通过价格信号来指导生产和要素流动的。如果禁止价格上涨,也就等于取消了资源转移的动力。如果在价格管制的同时没有采取相应的紧缩需求的措施,公开的通货膨胀就会转变为隐蔽型的,一旦重新放开价格,通货膨胀就会以更大的力量爆发出来。

(4)工资指数化

在许多工资合同中,有所谓的“生产费用调整”条款,规定根据生活费用变动情况自动调整工资水平,即所谓的工资“指数化”。

其优点:一是有利于抑制通货膨胀;二是可以消除通货膨胀率预测的失误而引起的效率损失。其缺点:由于指数化保护了工人的实际工资,其他经济单位为维护自身的利益,也提高价格,结果引起价格水平螺旋上升,加剧通货膨胀。而且,“指数化”有很高的技术要求,可行性较差。

3. 供给政策

供应学派认为,通货膨胀损害经济的供给能力,而供给不足、需求相对过剩又是引起通货膨胀的主要原因。因此,治理通货膨胀的关键在于增加生产和供给。增加生产,意味着经济增长,可以避免单纯依靠紧缩总需求引起衰退的负面效应。要增加生产和供给,最关键的措施就是减税。减税可以提高人们的储蓄和投资的能力与积极性。

同时配合以其他政策措施:一是削减政府开支增长幅度,争取平衡预算,消灭财政赤字,并缓解对私人部门的挤出效应;二是限制货币增长率,稳定物价,排除对市场机制的干扰,保证人们储蓄与投资的实际效益,增强其信心与预期的乐观性。

供给学说强调了一向被忽视的供给方面因素,认为治理通货膨胀,特别是滞胀,根本的出路在于增加供给,有其积极意义,但过分夸大了减税对增加供给的刺激作用。从实际情况看,效果并不明显。

改善劳动市场结构的人力资本政策也是供给政策之一,主要包括:对劳动者进行再就业的训练;提供有关劳动力市场的信息,减少对就业和转业的限制,指导和协助失业人员寻找工作;优先发展劳动密集型和技术熟练要求程度较低的部门,以扩大就业。

4. 结构调整政策

考虑到通货膨胀的结构性,一些经济学家建议应使各产业部门之间保持一定的比例,从而避免某些产品(特别是某些关键性产品,如食品、原材料)供求结构性失调而导致物价上涨。对此,可以实行微观财政、货币政策,影响需求和供给的结构。

微观财政政策包括税收结构政策和公开支出结构政策。税收结构政策指在保证一定的税收总量的前提下,调节各种税率和施行范围等;公共支出结构政策则指在一定的财政支出总量前提下,调节政府支出的项目和各种项目的数额。降低财政支出中转移支付的比重,增加公共工程等投资性支出,可以扩大就业、增加产出、降低通货膨胀率。

微观货币政策包括利息率结构和信贷结构政策,旨在通过对各种利息率的调整,以及通过各种信贷限额和信贷条件的变动来影响存款和贷款的结构和总额,以提高资金使用效率,鼓励资金流向生产性部门,遏制消费基金的扩张。

5. 主动论和非主动论

主动论和非主动论是政府在干预经济时的两种不同的观点。非主动论指的是在失业发生时政府应避免采取扩张性的政策去消除失业,这样经济会自动改善,而主动论认为通过经济的自我调节作用太慢，当出现高失业时，需要政府采取主动的干预行动。

6. 货币学派的"单一规则"

货币学派认为，政府不断采取扩张的财政、货币政策，是使通货膨胀预期提高、总供给曲线左移、菲利普斯曲线右移，相应发生停滞膨胀的主要原因。为了医治停滞膨胀，政府必须首先停止扩张性的总体经济政策，将货币供给的增长速度控制在一个最适增长率上，即所谓的"单一规则"，避免货币供给的频繁变动对经济和预期造成干扰。当政府的货币供应量降低以后，从短期来看，可能会引起失业增加、经济恶化的暂时性后果，但当个人和企业的通货膨胀预期降低以后，经济衰退会趋于缓和，价格也会逐渐回升。

7. 理性预期学派的观点

理性预期学派认为，人们能够对未来作无偏估计，不会犯系统性的错误。政府扩大总需求的措施只会引起物价上涨，对产出与就业毫无帮助。但反过来，政府可以利用理性预期"无痛苦"地将通货膨胀率迅速降下来。据此，理性预期学派提出"货币增长率不变规则"，提倡货币当局以一个不变的比率保持货币供应量的增长，防止总需求的波动带来经济的动荡。

预期在通货膨胀的形成和治理过程中发挥的作用是不容忽视的，但理性预期学派将经济波动归咎于信息不全，过分夸大预期的作用，认为通货膨胀可以毫无代价地清除，是很不现实的。

8. 政策可信任性的作用

按照理性预期学派的观点，政府在治理通货膨胀时所采用的政策必须是可信任的，否则不会成功。例如，政府宣布，为清除通货膨胀，将采取紧缩的货币政策和财政政策，人们只有信任该政策，才能预期价格将下降，要求的工资和物价上涨也相应地下降，在产出几乎毫无降低的情况下，通货膨胀率会顺利地降下来。在这里，政府政策的可信性至关重要。

七、通货紧缩

（一）通货紧缩的定义

通货紧缩是指一般物价水平持续下跌、币值不断升值的一种货币现象。既然通货紧缩是与通货膨胀相对应的一种货币现象，因此衡量通货膨胀的指标同样适用于通货紧缩。

（二）通货紧缩的理论

1. 凯恩斯关于通货紧缩的理论

凯恩斯在《就业、利息和货币通论》中除仅有一处直接提到了通货紧缩以外，更多的是使用"就业不足均衡"和"有效需求不足"这样的术语。由于发生有效需求不足的时候物价往往是下降的，因此后人将实际有效需求同能够实现充分就业的有效需求之间的差额称为通货紧缩缺口。

在封闭经济中，有效需求包括消费(C)、投资(I)和政府开支(G)三个部分，有效需求决定了社会的产出水平。由于消费较为稳定，波幅很小，因而凯恩斯认为经济波动主要源于企业投资的不稳定，而投资需求取决于企业的利润预期。因此，凯恩斯认为经济衰退的原因在于企业家利润预期的突然下降，投资无利可图，甚至在很低的利率水平下也是如此。投资的不稳定对经济总量的影响又会因乘数效应而加剧，当企业投资减少时，总产出会以多倍的数额减少。

凯恩斯理论的政策含义是:当企业投资低落,经济衰退,特别是在经济严重衰退时,企业家的利润预期非常之低,以至于任何正利率都显得太高,因此通过放松银根、降低利率的货币政策来抑制衰退,效果不会明显,只有通过增加政府开支来增加有效需求。

2. 奥地利学派的理论

该理论认为,通货紧缩并不是独立形成的,而是由促成经济萧条的生产结构失调所引起的;否则,通缩就不会发生。因此,通缩是一种派生的过程。下面结合奥地利学派的经济周期理论来介绍其通货紧缩的理论观点。

奥地利学派的经济周期理论由米塞斯提出了最初理论框架,后被哈耶克加以扩展和精炼。其核心观点是:信贷扩张和货币的注入通过影响相对价格和所谓生产的时间结构来影响经济的实际运行,使资源加速从最近的生产环节(消费品)转向最远的生产环节(投资品)而重新配置。然而这种过程不可能永远持续下去,迟早会出现危机。

米塞斯和哈耶克借用了瑞典经济学家魏克塞尔关于自然利率和货币利率的差异作为其理论分析的基础。所谓自然利率,是指经济体系保持均衡的利率,货币利率则指在银行政策和其他货币因素影响下的市场利率。

哈耶克的分析从充分就业假定开始,由银行系统派生的信贷增加将促使市场利率下降,低于自然利率。企业家受到这个错误信号的引导而重新配置资源,从消费品生产转向投资品生产。在短期内消费品生产不会受太大影响,然而过了一段时间后,由于消费品供给相对于需求发生短缺,那么消费品价格相对于投资品就会上涨。消费品价格的上升引起初级阶段价格相对于高级阶段价格的上升,标志着生产的时间结构需要重新配置,需要回到更直接的生产过程。为使经济体系重新向均衡方向调整,有必要提高利率,这会使那些在低市场利率下有利可图的投资变得无利可图,危机随之出现。

假如银行信贷能够继续发展下去,就可能避免危机的发生。但问题是随着银行信贷的扩张,货币流向投资品部门,而过度投资使得投资品部门的预期收益不能实现,银行贷款的质量相应的恶化,银行体系为防范自身的风险被迫收缩信贷,这会导致通货紧缩的发生。

米塞斯和哈耶克等人认为,通货紧缩是繁荣过度的必然后果。假使听任繁荣局面发展下去,就会引起生产结构的失调,那就得以通货紧缩的形式付出代价。因此他们主张,一旦危机已经开始,就应该允许衰退通过市场机制自发治愈。而抑制衰退的最佳行动是防患于未然,防止繁荣的过度发展。他们认为,公共工程和政府投资项目是有害的,因为它们会导致进一步的扭曲,阻碍资本结构的进一步调整。

奥地利学派中有些经济学家认为,如果在通缩过程中某个时间区间增加货币投入量,有助于缩短这一过程。但他们随即就提出警告说,这个“药方”只能在通货紧缩过程中的某一阶段使用,还得采用适当的方式,稍有不慎,就有可能造成危害。这个办法对货币当局的要求过高,因此,实际可行的政策也许是听任通货紧缩自然发展,避免使用可能使事态恶化的干预措施。

3. 费雪的债务—通货紧缩理论

费雪在其 1933 年的论文《大萧条中的“债务—通货紧缩”理论》中,从某个时点经济体系中存在过度负债这一假设开始。费雪认为,由于新发明、新产业的出现或新资源的开发等所导致的利润前景看好,企业因此过度投资,从而导致过度借债。债权人一旦注意到这种过度借债的危险，就会趋于债务清算。费雪认为这种清算会导致如下的因果链：

(1)债务清算导致销售困难，进而导致

(2)存款货币的收缩，这是由于归还银行贷款和货币周转速度的下滑。而存款货币的收缩和货币周转速度的下滑进一步加剧销售的困难，这又导致

(3)价格水平的下降，或货币的升值。假使价格水平的这种下降过程不能被通货再膨胀或其他措施所抑制，将会出现

(4)净经营资产的更大幅度的下降，并对破产现象推波助澜，很可能出现

(5)利润的下降，造成那些正在营运的企业的亏损，从而导致

(6)产量、劳动力就业数量的减少。这类亏损、破产、失业又会导致

(7)悲观情绪和信心的丧失，这又相应地导致

(8)窖藏货币和货币周转速度的更大幅度的下降。

上述几种变化将导致：对利率的复杂扰动，尤其是会出现名义利率的下降及实际利率的上升。

费雪以这种简明的逻辑清楚地解释了债务和通货紧缩是如何导致大萧条的。

在上述逻辑顺序表中，除了债务这个初始原因和利率复杂扰动这个最终结果外，上述所有波动都是由于价格下降而发生的。当只有过度负债的发生而没有价格下降的情况时，最终的"循环波动"将温和并且规则得多。类似地，如果由于非债务的原因而出现通货紧缩，同时又不存在巨额债务，最终的结果也会轻得多。正是过度负债和价格下降这两者的结合才会导致巨大的灾难。

过度负债和通货紧缩两者是相互作用的。过度负债这种较轻的"疾病"会导致通货紧缩这种较重的"疾病"；反过来，由债务所导致的通缩也会反作用于债务。当通缩发生时，尚未偿付的债务的实际价值变大，这样，如果初始的过度负债足够大，债务的清偿就会跟不上，其所欠的每单位货币债务价值上升，从而导致"正是人们减轻其债务负担的努力反而增加了债务负担，因为人们蜂拥而上清偿债务的整体效应是提升了所欠的每元钱的价值"。这种悖论正是大多数经济萧条发生的主要内因。"债务人偿债越多，他们就欠得越多"。

费雪认为，如果他的"债务—通缩"理论是正确的话，那么控制价格水平就颇为重要了。但即使价格水平是稳定的，仍然有可能出现过度负债问题。

4. 货币主义的分析

凯恩斯学派关于货币政策对抑制经济衰退无效的观点，遭到了货币主义学派激烈的反驳。货币主义的核心观点是：货币对于经济活动是重要的。关于货币存量与价格变化的相互关系，货币主义的论点是：货币存量的大幅度变动是一般价格水平大幅度变动的必要而且充分的条件。

在弗里德曼重新表述的货币数量论中，也包含着从货币紧缩到价格下降的传导机制的说明：当货币紧缩时，货币的边际收益上升，人们就会将金融资产和实物资产转换成货币资产，直到重新构成新的资产组合，使得各资产的边际收益率相等。这就可能导致金融资产和实物资产的价格下降。

但是，弗里德曼也指出，货币存量的变动与价格的变动之间的关系虽然十分紧密，但并不是机械不变的，产量的变动与公众希望持有的货币数量的变动会造成货币存量变动与价

格变动之间的不一致。因此,他认为更为重要的是,不仅要考查单位产量的货币存量,同时还要考虑到货币流通速度的变化。弗里德曼和施瓦茨提供了大量的实证材料证明其论点。在1867—1960年这93年中,美国曾发生过六次严重的经济紧缩,其间都伴有货币存量的下降。同时,这六次经济紧缩中,价格总水平的降幅也较为明显,但两者的变化也有可能不一致。

一种情况是货币供应量还在增长,但由于货币供应的增长慢于经济的增长,价格总水平出现了明显的下降。例如,1882—1894年间,美国的货币供应量一直在增长,但同期批发价格指数则下降了35.2%,消费价格指数下降了10%。

货币存量的变动与价格水平的变动不仅在幅度上存在不一致,而且由于从货币存量的变动到价格水平变动之间的传递存在时滞,而且这种时滞的长短难以把握。因此,货币主义理论认为,"相机抉择"的货币政策不仅无助于经济的稳定,往往还加剧了经济的波动。货币主义的政策"处方"是:为了避免大规模的通货膨胀和通货紧缩,必须使货币供给的增长率保持在适当的水平,即货币政策的"单一规则"。

【本章参考习题】

1. 下列导致基础货币增加的行为有(　　)。

A. 降低再贴现率　　B. 提高发行存款准备金

C. 政府增税　　D. 央行在公开市场进行正回购

2. 一般情况下,通货比率越高,则货币乘数将(　　)。

A. 越大　　B. 越小　　C. 不变　　D. 不一定

3. 通货膨胀是(　　)条件下的特有经济现象。

A. 商品经济　　B. 货币流通　　C. 资本主义　　D. 纸币流通

4. 弗里德曼的货币需求函数非常强调(　　)对货币需求的重要影响作用。

A. 货币数量　　B. 恒久性收入

C. 预期物价变动率　　D. 固定收益的债券利息

5. 在我国,收入变动与货币需求量变动之间的关系是(　　)。

A. 同方向　　B. 反方向

C. 无任何直接关系　　D. A和B都可能

6. 在其他因素不变的条件下,如果商品价格总额增加了一倍,则流通中的货币需要量将会(　　)。

A. 增加两倍　　B. 增加一倍　　C. 减少一半　　D. 不变

7. 弗里德曼的货币需求理论中认为货币需求函数具有(　　)特点。

A. 不稳定　　B. 不确定　　C. 相对确定　　D. 相对不稳定

8. 货币需求不包括对(　　)的货币的需求。

A. 执行流通手段职能　　B. 执行支付手段职能

C. 执行贮藏手段职能　　D. 执行世界货币职能

9. 物价水平年平均上涨率在3%以上,但尚未达到两位数的通货膨胀属于(　　)。

A. 爬行式通胀　　B. 温和式通胀

C. 奔腾式通胀　　D. 恶性通胀

10. 年通货膨胀率在10%—20%之间的通货膨胀称为(　　)。

A. 爬行式通胀　　B. 温和式通胀

C. 奔腾式通胀　　D. 恶性通胀

11. 导致通货膨胀的直接原因是(　　)。

A. 货币供应过多　　B. 货币贬值

C. 纸币流通　　D. 物价上涨

参考答案:

1. A;2. B. 3. D;4. B;5. A;6. B;7. C;8. D;9. B;10. C;11. A。

扫码听课

第八章　货币政策

考试要求

- 了解:货币政策的最终目标和中间目标
- 掌握:最终目标和中间目标的选择,货币政策工具,货币政策和财政政策的协调
- 熟练掌握:三大货币政策工具,各种货币政策传导机制,货币政策的效果

本章知识点框架

- 货币政策
  - 货币政策及其目标
    - 货币政策的概念
    - 最终目标
    - 中间目标
  - 货币政策工具
    - 一般性工具
      - 法定准备金制度
      - 再贷款再贴现制度
      - 公开市场操作
    - 选择性工具
      - 消费者信用控制
      - 证券市场信用控制
      - 不动产信用控制
      - 信贷配给、道义劝告、窗口指导
  - 货币政策传导机制及相应的中介指标
    - 凯恩斯利率传导机制(利率)
    - 托宾 Q 理论(Q 值)
    - 货币学派传导机制(货币供应量)
    - 莫迪利安尼恒常收入效应(财富)
    - 财富调整论(价格和利率)
    - 信贷配给传导机制(信贷配额)
    - 汇率传导机制(汇率)
  - 货币政策有效性

根据广为接受的定义,货币政策是指货币当局(通常是中央银行)为实现特定的经济目标而采用的各种控制和调节货币、信用及利率等变量的方针和措施的总称。一个完整的货币政策体系包括货币政策目标体系、货币政策工具体系、货币政策传导机制、货币政策的效果四大部分。

考情分析

本章也属于重点章节，几乎每一个考点都要熟练掌握，并且能够结合时事对当局的货币政策行为进行评价。需要指出的是，原来的考试重点为一般性的货币政策工具，但是最近各国当局对于选择性货币政策的选用增多，尤其是对信用的控制方面，所以有关选择性货币政策的内容虽然鲜有考查，但考生也应当熟练地掌握。货币政策中间目标的必要条件也多次考查过，请考生们注意。

一、货币政策目标

(一)货币政策目标的含义

货币政策的目标是指货币当局采取调节货币和信用的措施所要达到的目的。按照中央银行对货币政策的影响力、影响速度及施加影响的方式，货币政策目标可划分为三个层次，即最终目标、中间目标和操作目标。

(二)货币政策的最终目标

1. 货币政策最终目标的内容

货币政策的最终目标是指货币政策在一段较长的时期内所要达到的目标，目标相对固定，基本上与一个国家的宏观经济目标相一致，因此最终目标也称作货币政策的战略目标或长期目标。

概括地讲，各国货币当局货币政策所追求的最终目标主要有四个：稳定物价、充分就业、经济增长及国际收支平衡。

复习提示及知识补充一

在 *IS*—*LM* 模型中，货币政策的作用与目的高度简化成 Y—国民收入保持在自然产出水平上，实际上已经包括了物价稳定、充分就业和经济增长三层含义。在后面的开放经济下蒙代尔—弗莱明模型中，又加入了国际收支平衡这个目标。实际上，财政政策、汇率政策的最终目标也无非是这四者，但实际要同时达到这四个目标却并不容易。在国际金融开放的宏观经济模型部分我们还能看到经济政策目标的内外冲突。

(1)物价稳定。稳定物价水平通常是指设法促使一般物价水平在短期内不发生显著的波动，以维持国内币值的稳定。鉴于通货膨胀对资源配置效率、财富分配及稳定的预期等方面的负面影响，各国一般都把反通货膨胀、稳定物价作为一项基本的宏观经济政策。在现代信用货币流通条件下，物价波动总体上呈上升趋势，因此，中央银行货币政策的首要目标就是稳定物价，将一般物价水平控制在一定的范围之内，以防止通货膨胀。尽管在物价波动的允许幅度上不同的经济理论相互之间还存在着争议，但从各国货币政策的实际操作来看，中央银行大多比较保守，一般要求物价上涨率必须控制在2%—3%以内。

(2)充分就业。较高的失业率不但造成社会经济资源的极大浪费，而且很容易导致社会危机和政治危机，因此各国政府一般都将充分就业作为优先考虑的政策目标。所谓充分就业，即指劳动市场的均衡状态。劳动市场处于均衡状态时的失业率即称自然失业率。当失业率等于自然失业率时即称实现了充分就业。但长期以来人们在对自然失业率的衡量及估计上存在着分歧。从理论上讲，自然失业率应等于事实上的工资膨胀率和预期工资膨胀率相等时的失业率，但是预期工资膨胀率无从测定，因此，人们通常用平均失业率来估计自然失业率。从各国实际的执行情况看，对自然失业率的标准也是灵活掌握的，如 1971 年美国国会联合经济委员会在《联合经济报告》中提出美国长远的合理目标应当是使失业率不超过 3%，1978 年《美国就业法案》又规定失业率不超过 4%即为充分就业。

(3)经济增长。关于经济增长，经济学界至少有两种观点：一种观点认为，经济增长就是指国民生产总值的增加，即一国在一定时期内所生产的商品和劳务总量的增加，或者是人均国民生产总值的增加。另一种观点认为，经济增长是指一国生产商品和劳务能力的增长。与前一种观点相比，后一种观点更强调增长的动态效率。

世界各国由于发展阶段及发展条件的不同，在增长率的选择上往往存在差异。大多数发展中国家较发达国家更偏好于高的增长率，对本国的货币政策也会有相应的要求。但长期以来，人们对货币政策能在多大程度上影响增长一直存有激烈的争论。目前为多数人所承认的看法是，中央银行的货币政策只能以其所能控制的货币政策工具，通过创造和维持一个适宜于经济增长的货币金融环境，促进经济增长。

(4)国际收支平衡。国际收支平衡是指一国对其他国家的全部货币收入和货币支出持平、略有顺差或略有逆差。国际收支平衡又可分为静态平衡和动态平衡。其中，静态平衡是指以 1 年周期内的国际收支数额持平为目标的平衡，只要年末的国际收支数额相等，就称之为平衡；动态平衡则是指以一定时期(如 3 年、5 年)的国际收支数额持平为目标的平衡。目前在国际收支管理中动态平衡正受到越来越多的重视。由于国际收支状况与国内市场的货币供应量有着密切的关系，所以对于开放条件下的宏观经济而言，一国货币政策的独立有效性正面临着越来越严峻的挑战。

2. 货币政策最终目标之间的相互关系

上述四项目标几乎具有同等重要的社会福利含义，但在实际的政策操作中，由于它们并非都协调一致，相互间往往存在矛盾，政策目标的选择只能是有所侧重而无法兼顾。具体而言，除经济增长和充分就业之间存在正相关关系，具有较多的一致性之外，各个目标相互之间都有矛盾。

(1)充分就业与物价稳定之间的矛盾。对两者关系最经典的描述是所谓的菲利普斯曲线。该曲线表明，失业率与物价变动率之间存在着一种此消彼长的相互替换关系。要保持充分就业，就必须扩大生产规模，增加货币供应量，从而会导致物价上涨；而要降低物价上涨率，就要紧缩银根，压缩生产规模，这又会提高失业率。稳定物价与充分就业两者之间表现出一种矛盾的关系：要实现充分就业目标，必然要牺牲若干程度的物价稳定；而要维持物价稳定，又必须以失业率若干程度的提高为代价。

(2)物价稳定与经济增长之间的矛盾存有较多的争论。一种观点基于对物价稳定和充分就业之间关系的认识，认为物价波动(或上涨)中的经济增长是经济增长的常态。另一种观点认为，在经济达到潜在产出之前，适度的物价上涨能够刺激投资和产出的增加，从而促进经济增长；经济增长源于新生产要素的投入和劳动生产率的提高，劳动生产率的提高必然导致单位产品生产成本的降低。因此，随着经济的增长，价格可能趋于下降或稳定，意即物价稳定目标与经济增长目标并不矛盾。第三种观点从供给决定论出发，认为只有物价稳定才能维持经济的长期增长势头。由于生产率是随着时间的推移而不断提高的，货币工资和实际工资也是随生产率的增加而增长的，只要物价稳定，整个经济就能正常运转，维持其长期的增长势头。

(3)目标之间的冲突还表现在经济增长与国际收支平衡之间的矛盾上。国内经济的增长会导致国民收入的增加和支付能力的增强，从而增加对进口商品及国内本来用于出口的一部分商品的需求，此时如果出口贸易的增长不足以抵消这部分需求，必然会导致贸易收支失衡。就资本项目而言，一定的经济增长率需要相应的投资率加以支持。在国内资金来源不足的情况下，必须借助于外资的流入。外资的流入导致国际收支中资本项目出现顺差，这在一定程度上可以弥补由贸易逆差造成的国际收支失衡，但并不一定就能确保经济增长与国际收支平衡协调一致，还要取决于外资的实际利用效果。

(4)物价稳定与国际收支平衡之间也存在着矛盾。对于开放条件下的宏观经济而言，中央银行稳定国内物价的努力常常会影响到该国的国际收支平衡。举例来说，假如国内发生了严重的通货膨胀，货币当局为了抑制通货膨胀，有可能采取措施提高利率或降低货币供应量。在资本自由流动的条件下，利率的提高有可能导致资本流入，资本项目下出现顺差。同时由于国内物价上升势头减缓和总需求的减少，出口增加，进口减少，经常项目下也可能会出现顺差。这样就会导致国际收支失衡。由此可见，稳定物价与国际收支平衡并非总是协调一致的。

由于最终目标之间存在着矛盾，货币政策在选择目标时不得不有所侧重、有所取舍，难以统筹兼顾。具体的目标选择不但有赖于各国特定的发展阶段和特殊国情，从更一般的意义上说也反映了人们对货币经济和货币政策认识的深化程度。目前国际上经常采用的货币政策最终目标的选择方式主要有两种：一是侧重于统筹兼顾，力求取得各目标间的协调一致。二是相机抉择，突出重点，根据宏观经济的具体运行状况和当前面临的突出问题决定和选择相应的政策目标。

3. 我国货币政策最终目标的选择

长期以来，中国理论界和实务界对货币政策最终目标的理解与认识一直存在着分歧。比较有代表性的观点有两种：单一目标论和双重目标论。前者主张以稳定货币或稳定物价为货币政策目标，后者又有各种主张如“稳定币值，发展经济”“就业优先，兼顾物价稳定”或“发展优先，兼顾物价稳定”。从实践来看，对政策目标的提法也有很大变化。在 1986 年的《银行管理暂行条例》中，明确规定“(中央银行)其金融业务活动都应当以发展经济、稳定货币、提高社会经济效益为目标”。1995 年，《中国人民银行法》对我国货币政策最终目标做出了明确的规定：“货币政策目标是保持货币币值的稳定，并以此促进经济增长”。以法律形式对货币政策目标作出上述规定，是中国银行制度走向成熟的显著标志。

4. 我国未来货币政策的走向

最终目标由“保持物价稳定，并以此促进经济增长”到“关注更为广泛意义上的整体价格稳定”；中间目标由继续关注货币供应量和新增贷款的同时，关注“社会融资总量”指标；操作工具由“数量型”向“价格型”转变，逐步增强利率和汇率的杠杆作用。

5. 发达国家的新变化

(1)将法定准备金制度改变成零准备金制度;

(2)采用利率制定的“走廊机制”;

(3)通货膨胀目标制;

(4)泰勒规则:中央银行的短期利率工具依经济状态而进行调整。

泰勒规则也称利率规则,该规则表明中央银行的短期利率工具依经济状态而进行调整的方法。基本公式为:

$$i_0=r_f+\pi_t+\alpha(\pi_t-\pi^*)+\beta\Delta y_t$$

其中,i_0 为名义利率,r_f 为均衡实际利率,π_t 指的是实际通货膨胀率,π^* 是指目标通货膨胀率。

真题回顾

(中国人民大学 2012)我国中央银行的最终目标不包括(　　)。

A. 经济增长　　B. 币值稳定　　C. 利率稳定　　D. 促进就业

参考答案:C。中国的货币政策目标为:保持币值稳定,并以此促进经济增长。经济增长与促进就业为正相关关系,也是宏观经济的最终目标之一。利率只是货币政策的中介目标之一。

(三)货币政策的中间目标

1. 中间目标的必要和选择标准

准确地选择货币政策的中间目标,是实现货币政策目标的前提条件。从货币政策工具的运用到货币政策目标的实现之间有一个相当长的作用过程。货币政策目标能为中央银行制定货币政策提供指导思想,却并不提供现实的数量依据。在整个过程中,需要及时了解政策工具是否得力,估计政策目标能否实现。最终目标的统计资料需要较长时间的汇集整理,因而货币当局对整体经济运行状态不可能随时掌握详尽的数据。但货币当局可以在短期内汇集一些经济指标,作为反映货币政策实施效果的指针,以决定货币政策的调整。因此,中间目标的选择是否正确以及选定后能否达到预期调节效果,关系到货币政策最终目标能否实现。可见,中间目标是货币政策作用传导的桥梁,是与货币政策最终目标相关联的、能有效测定货币政策效果的金融变量。为使货币政策中间目标能有效地影响货币政策最终目标,货币政策中间目标的选择必须具备以下条件:

第一,可控性。可控性是指中央银行通过各种货币政策工具的运用,对货币政策中间目标进行有效的控制和调节,能够较准确地控制该中间目标的变动状况及其变动趋势。不现实的、不受中央银行所左右的、无法用来影响货币政策贯彻实施的金融变量,不能选作中间目标。

第二,可测性。可测性是指中央银行选择的中间目标,对货币政策能敏感地作出反应。这些金融变量概念应明确而清晰(如 M_0、M_1、M_2,长期利率、短期利率等),中央银行能迅速而准确地收集到有关指标的数据资料,并且便于进行定量分析。

第三,相关性。相关性是指中央银行选择的中间目标,必须与货币政策最终目标有密切的联动关系,中央银行通过对中间目标的控制和调节,能够促使货币政策最终目标的实现。

第四，抗干扰性。货币政策在实施过程中常会受到许多外来因素或非政策因素的干扰。中央银行所选择的中间目标必须不受这些因素的影响，使货币政策能在干扰度较低的情况下对社会经济发生影响，避免货币当局错误判断经济形势，造成决策失误、控制失当的局面。

2. 几种可供选择的中间目标

货币政策的中间目标往往不止一个，而是由好几个金融变量组成的中间目标体系。在该体系中，中间目标可分为两类：一类是操作目标，它在货币政策实施过程中为中央银行提供直接的和连续的反馈信息，借以衡量货币政策的初步影响，也称近期目标；另一类是效果指标，在货币政策实施的后期为中央银行提供进一步的反馈信息，衡量货币政策达到最终目标的效果，也称远期目标。

(1)操作目标

①超额准备金。超额准备金可以反映银行体系扩大放款和投资的能力，也是预测未来货币供应量和利率运用效果的良好"预测器"。中央银行的货币政策工具一般通过调节银行系统的超额准备金而实现对货币信贷的调控。但是，对超额准备金的调控往往受制于商业银行体系的放款意愿和财务状况。

②基础货币。它是流通中的现金和银行的存款准备金的总和，是中央银行可直接控制的金融变量，也是银行体系的存款扩张和货币创造的基础，与货币政策目标有密切的关系，其数额的变化会影响货币供应量的增减。中央银行可以通过操纵基础货币影响货币供应量，影响整个社会的经济活动。因此将基础货币作为货币政策的操作目标具有重要意义。

(2)效果目标(中介目标)

①利率。利率作为中介目标，其可控性、可测性和相关性均比较理想，但抗干扰性不理想，这是因为作为内生经济变量，利率的变动是顺循环的：繁荣时，利率因信贷需求增加而上升；萧条时，利率随信贷需求减少而下降。然而作为政策变量，利率与总需求也应沿同一方向变动：繁荣时，为防止经济过热应提高利率；萧条时，为刺激经济复苏应降低利率。这样，货币政策和市场因素对利率的作用效果是叠加的，当利率发生变动时，中央银行往往很难量化货币政策和市场因素的作用效果，对货币政策的松紧也就无从掌握。

②货币供应量。货币供应量作为中间目标，不管是 M_0、M_1、M_2 和 M_3 等若干层次，其可测性、可控性均可满足要求。就抗干扰性来说，货币供应量的变动作为内生变量是顺循环的，而作为政策变量则是逆循环的，因此，政策性影响与非政策性影响不会相互混淆，抗干扰性也符合要求。20 世纪 70 年代中期以后，西方各国纷纷将中间目标由利率改为货币供应量，90 年代，又放弃使用货币供应量，转而采用利率。其原因是 80 年代以来的金融创新、金融管制放松和全球金融市场一体化，使货币的定义及计量的难度加大，货币总量与最终目标的关系更难把握，也使货币乘数失去了以往的稳定性，削弱了中央银行对货币总量的控制能力。

二、货币政策工具

(一)一般性的货币政策工具

1. 法定存款准备金制度

法定存款准备金制度最早起源于英国，但以法律的形式将其形成一种制度，则始于

1913 年美国的《联邦储备法》。20 世纪 30 年代经济大危机后，法定存款准备金制度演化为中央银行限制银行体系信用创造和调控货币供应量的政策工具。目前，凡是实行中央银行制度的国家，一般都实行法定存款准备金制度。

虽然从理论上讲法定存款准备金率可以成为中央银行调节货币供应量的强有力的手段之一，但在实际操作中却从未被作为一个主要的政策工具加以运用。主要原因是：(1)法定存款准备金威力巨大，不适于作为日常的货币政策操作工具。法定存款准备金率的微小变化会造成货币供给的巨大波动，同时带有很强的宣示效应，不利于货币的稳定。(2)法定存款准备金是存款机构日常业务统计和报表中的一个重要指标，频繁地调整势必会扰乱存款机构正常的财务计划和管理，同时也破坏了准备金需求的稳定性和可测性，不利于中央银行的公开市场操作和对短期利率的控制。正是由于这些原因，目前法定存款准备金率主要是作为公开市场操作的辅助操作手段存在着，它最重要的作用就在于形成了一个稳定的、可预测的准备金需求量，下面我们将会看到这一点对于央行准确地预测银行准备金具有重要意义。

2. 再贷款和再贴现业务

再贷款业务是中央银行"银行的银行"的职能的体现，主要是为商业银行和其他金融机构在流动性不足时提供流动性、化解金融风险、提供政策性金融的支持和服务等。再贷款业务在实行计划经济国家的中央银行资产负债表里面，是主要的资产业务项目。由于国际化程度的不断增强和金融市场的不断发育，再贷款作为货币政策的工具不断弱化，因此下面将主要介绍再贴现业务。

中央银行通过贴现窗口向商业银行提供的贷款，即贴现贷款，其利率即为贴现率。相对于市场利率而言，贴现率是一种官定利率，常常用来表达中央银行的政策意向，具有短期性。它也是一种标准利率或最低利率，贴现率的高低对整个市场利率水平具有引导作用。此外，中央银行还可以通过规定何种票据具有贴现资格来影响商业银行的资金投向。

在货币政策职能方面，贴现窗口不处于主要地位，属于辅助性政策工具，用以配合公开市场的操作。但是，在以银行准备金为操作目标的操作体系下，贴现窗口借款量和贴现率的确定对短期银行同业拆借利率的定位有重要作用。

3. 公开市场操作

公开市场业务是指中央银行在公开市场上买进或卖出二级市场债券(主要是政府债券)，用以增加或减少货币供应量的一种政策手段。当中央银行认为金融市场资金短缺，需要扩大货币供应量时就买进债券，投入基础货币；反之，则卖出债券，以回笼货币，收缩信贷规模，减少货币供应量。公开市场操作是 20 世纪 20 年代早期美国联邦储备系统为解决自身收入问题买卖收益债券时意外发现的，从 20 年代以后至今，它几乎成为联邦储备系统最重要的政策工具。

与法定存款准备金制度和再贷款、再贴现业务相比，公开市场操作的优越性是显而易见的：

(1)中央银行通过公开市场业务可以直接调控银行系统的准备金总量，使其符合政策目标的要求。通过临时性准备金的调节还能抵消各种意外因素对银行准备金的影响，使其稳定在预期的水平上，以保证货币供应量目标的实现。

(2)中央银行通过公开市场操作可以“主动出击”，避免了贴现机制的“被动等待”，以确保货币政策具有超前性。

(3)通过公开市场操作，可以对货币供应量进行微调，从而避免法定存款准备金政策的震动效应。

(4)中央银行可以通过公开市场进行连续性、经常性及试探性的操作，也可以进行逆向操作，以灵活调节货币供应量。

但是，影响公开市场操作效果的因素也是存在的，如商业周期、货币流通速度的变化等。另外，公开市场操作对准备金的影响也存在着不确定性，比如，中央银行在公开市场上从非银行公共机构买入债券，其对准备金的影响就取决于非银行公共机构以何种方式持有这笔款项，如果完全以现金形式持有，则银行准备金不会改变；如果以存款形式持有，则会导致银行准备金的相应增加，但基础货币的增加都是一样的(你可以通过中央银行的资产负债表验证这一过程)。这就对中央银行的准备金预测技术提出了更高的要求。

复习提示及知识补充二

存款准备金率、再贴现率和公开市场操作这三大货币市场工具一定要非常熟练地掌握与运用，并能结合实际进行分析。西方国家用得较多的是公开市场操作，我国对这一手段的运用还没有成熟。

真题回顾

【1】(清华大学 2015)以下哪个不属于央行传统的三大货币政策工具？(　　)

A. 法定准备金　　B. 消费者信用控制

C. 再贴现率　　D. 公开市场业务

参考答案:B。传统的三大货币政策工具分别是法定准备金、再贴现率、公开市场业务。

【2】(上海财经大学 2013)中央银行扭曲操作时买进票据与卖出国债，结果使(　　)。

A. 货币供给下降　　B. 货币供给上升

C. 短期利率上升　　D. 长期利率上升

参考答案:D。票据是短期有价证券，国债是长期有价证券，买进票据、卖出国债使得票据价格上升、国债价格下降，相应的是短期利率下降、长期利率上升，所以选 D。

(二)选择性的货币政策工具

选择性的货币政策工具是指中央银行采取的旨在影响银行系统的资金运用方向和信贷资金利率结构的各种措施。与上述三大政策工具侧重于货币总量调节不同，选择性的货币政策工具希望在不影响货币供应总量的情况下，对某些具体用途的信贷数量产生影响。选择性的货币政策工具的采用取决于特定的经济金融形势和条件，一般期限较短，居于补充工具的地位，主要包括消费者信用控制、证券市场信用控制、不动产信用控制。除此之外，还有信贷配给(直接信用控制)和道义劝告、窗口指导(间接信用控制)等。

1. 消费者信用控制

消费者信用控制是指中央银行对不动产以外的各种耐用消费品的销售融资予以控制。控制的主要内容包括:(1)规定以分期付款的方式购买各种耐用消费品时第一次付款的最低金额;(2)规定分期付款的最长期限,即最长在什么时间内必须全部付清以分期付款方式购买的耐用消费品的全部价款;(3)规定以分期付款等消费信贷方式购买的耐用消费品的种类,并就不同的耐用消费品规定相应的信贷条件。

2. 证券市场信用控制

证券市场信用控制通常指对证券信用交易的法定保证金比率作出规定,是中央银行对以信用方式购买股票和债券所实施的一种控制措施。所谓法定保证金比率,指证券买入首次支付占证券交易价款的最低比率,即通常所说的保证金比率。中央银行根据金融市场状况选择调高或调低保证金比率,就可以间接控制证券市场的信贷资金流入量,从而控制最高放款额度。最高放款额度和保证金比率之间存在下述关系:

$$\text{最高放款额度}=(1-\text{法定保证金比率})\times\text{交易总额}$$

实践证明,中央银行对证券市场进行信用控制是十分必要的。有效的信用控制既可以控制证券市场的资金供求,抑制过度投机,及时吹散金融泡沫,稳定金融市场,又可以控制信贷资金流向,改进宏观金融结构。另外,信用控制对证券市场的调控直接、灵活,而且效果显著,同时避免了对其他领域的负面影响,这是一般性政策工具做不到的。所以,自 1934 年美国制定《证券交易法案》,联邦储备系统实施选择性的证券市场信用控制以后,这种方法陆续为其他一些国家所采用。

3. 不动产信用控制

不动产信用控制是指中央银行对商业银行及其他金融机构的房地产贷款所采取的限制措施。通常不动产信用控制包括以下几个方面的内容:(1)对金融机构的不动产贷款规定最高限额,即对一笔不动产贷款的最高额度给予限制;(2)对金融机构的房地产贷款规定最长期限,比如有的国家规定最长期限为 5 年,有的国家规定为 3 年等;(3)规定首次付款的最低金额及分摊还款的最低金额等。不动产信用控制的目的在于控制不动产市场的信贷规模,抑制过度投机,减轻经济波动。因为不动产需求特别是住房消费不同于一般耐用品的消费,与一般耐用品消费相比,住房投资额度大、期限长,与宏观经济走势紧密相关。因此,通过不动产信用控制调控不动产需求,有利于宏观经济的稳定。

4. 信贷配给——直接信用控制

信贷配给是直接信用控制的方法之一,是指中央银行根据金融市场状况及客观经济需要,分别对各个商业银行的信用规模加以分配,限制其最高数额。信贷配给最早始于 18 世纪的英格兰银行,目前在许多发展中国家,由于资金供给相对不足,这种方法也被广泛采用。

直接信用控制是指中央银行以行政命令或其他方式,从总量和结构两个方面直接对金融机构尤其是商业银行的信用活动进行控制。其手段除信贷配给之外,还包括利率最高限额、流动性比率、直接干预及开办特种存款等。

5. 道义劝告、窗口指导——间接信用指导

道义劝告、窗口指导是间接信用指导经常采用的方式。

所谓道义劝告,是指中央银行利用其特殊的声望和地位,对商业银行和其他金融机构经常发出通告、指示或与各金融机构的负责人举行面谈,劝告其遵守和贯彻中央银行政策。比

如，在国际收支出现赤字时劝告各金融机构减少海外贷款；在房地产与证券市场投机盛行时，中央银行要求商业银行缩减对这两个市场的贷款等。

窗口指导的概念来自日本，是指中央银行根据产业行情、物价走势和金融市场动向，规定商业银行每季度贷款的增减额，并要求其执行。如果商业银行不按规定的增减额对产业部门贷款，中央银行可削减向该行的贷款额度，甚至采取停止提供信用等制裁措施。窗口指导作为一种货币政策工具，曾在日本得到过广泛的实践。

很显然，间接信用指导是通过中央银行的影响力加以实施的，为了保证其政策效果，中央银行必须要在金融体系中拥有较高的地位和威望以及拥有控制信用的足够的法律权利和手段。

三、货币政策传导机制

（一）货币政策传导机制的内涵

货币政策传导机制指货币当局运用一定的货币政策工具引起中间目标的变动，从而达到其预期的最终目标所经过的途径或具体的过程。

（二）货币政策传导渠道的理论分析

1. 凯恩斯的利率传导机制理论

凯恩斯认为，资产组合模式由货币资产和证券资产组成，资产结构的调整只能通过流动性偏好或货币需求利率弹性途径和投资支出利率弹性途径。如果货币供给量增加，由于货币资产与证券资产之间替代效应的作用，结果使证券价格上升、利率下降，刺激投资支出，通过投资乘数作用，生产规模扩大，国民收入增加。在资源尚未被充分利用的情况下，货币供给量的增加则会导致实际国民收入的同比例增加和就业水平的提高；在接近充分就业时，货币供给量的增加仍可以增加实际国民收入和提高就业水平，但同时也会引起一般物价水平的一定程度的上涨，其涨幅小于货币供给量的增加幅度；在充分就业的情况下，货币供给量的增加只会引起一般物价水平和名义国民收入的同比例上涨，不会再增加任何实际国民收入。但是，凯恩斯认为，这一传导机制可能存在两种障碍，使得货币供给量与国民收入之间的作用链发生脱节现象：一是货币市场上的“流动性陷阱”问题；二是投资利率弹性低下。这一作用路径为：

货币工具→货币供应量→利率→投资→产出

2. 托宾的 Q 理论

把股票价格作为货币政策的中间目标是耶鲁学派的主张，而托宾则是这一学派的主要代表。托宾认为，股票是实物资本的要求权，其价格反映实物资本的供求状况，货币政策的效果如何，必须通过实物资本要求权的市场价格，即股票价格来衡量。同时，股票价格是直接联系货币政策和社会经济活动的纽带。因此，它是货币政策的一个指示器，具有较强的可感性，反馈迅速，能够准确地反映货币政策的效果。托宾认为，中央银行完全能够通过适当的货币政策来影响或改变人们的预期以及承受风险的意愿，引导社会公众对金融资产的适当需求，以使股票价格保持在货币政策目标所要求的水平上。路径为：

货币工具→货币供应量→股票价格→Q→产出

3. 货币学派的货币政策传导机制

与凯恩斯学派不同，货币学派认为利率在货币政策传导机制中不起重要作用，而更强调货币供应量在整个传导机制中的直接效果。货币主义者的传导机制主要是资产组合效应。货币主义者认为，资产的范围不应局限在货币等少数金融资产上，还应包括其他形式的资产，如厂房、设备，甚至包括耐用消费品、人力资本等。当货币供应量增加时，其边际收益下降，因此资产持有者会把货币转为其他资产。这与凯恩斯学派的分析一样，但货币主义者强调的是这种资产组合的调整包括实物资产在内，直到各项资产的利率相等，而不仅仅是金融资产的利率。当货币供应量增加时，投资者除购买金融资产，使其价格上升，利率降低外，还可以将闲置的资金用于购买各种消费品和资本品，促使其价格上升，生产扩张，从而产出和收入水平上升。货币主义者认为货币在金融领域内的替代程度是很低的，因而货币需求的利率弹性也很低。由此可见，在货币主义者看来，货币政策的传导机制主要不是通过利率间接地影响投资和收入，而是通过实际货币余额的变动直接影响支出和收入。

货币工具→货币供应量→产出及收入水平

4. 莫迪利安尼的生命周期假说

在对新的货币传导机制的分析中，研究人员观察消费者资产负债状况是如何影响他们的支出决策的。莫迪利安尼利用他的生命周期假说首先对这一问题进行了研究。这里的消费指的是对非耐用品和服务的消费。它与消费支出不同，因为后者还包括对耐用品的消费。莫迪利安尼理论的基本前提是消费者在一生中平均安排消费支出。因此，决定消费的是消费者一生中可利用的资源，而不是今天的收入。

在消费者可利用的资源中最为重要的是一个消费者的金融财富（金融资产），主要由普通股股票构成。当股票的价格上升时，消费者的金融财富升值，因此，消费总资源量增加，消费量随之增加。假设当扩张性的货币政策引起股票价格升高，我们可以用下面的简图来表示上述的传导机制：$M\uparrow \Rightarrow P_C\uparrow \Rightarrow W\uparrow \Rightarrow C\uparrow \Rightarrow Y\uparrow$。式中，$W$ 代表财富；C 代表消费水平。莫迪利安尼的研究结果使我们对货币政策的能力有了更多的了解。

5. 财富调整论

由货币政策改变导致货币供应量增减而对人们拥有的财富发生影响，并进而影响人们消费支出变化的现象是货币政策传递机制的财富效应。该理论认为，整个经济的总财富是由金融资产和实物资产构成的。整个社会中的资产负债抵消以后的净资产，就是财富的总和。因此，社会净财富包括实物资产、政府债券、货币存量三大部分。货币政策也是通过这三个方面诱发财富效应的：

(1)价格诱发的财富效应。假定中央银行调整货币政策，增加货币供应量，这就会导致实物资产的价格提高，从而直接增加人们拥有的以货币表示的净财富，这就会刺激人们消费需求的扩大。

(2)利率诱发的财富效应。货币供应增加将使市场利率下降，这意味着政府债券市场价格的提高，结果导致以这种形式持有资产的人们的净财富价值的上升，从而也引致财富效应。

(3)真实货币余额效应。如果货币供应量增加，而一般物价水平最初不变，则真实货币余额增加，这等于货币持有者拥有的净财富的实际价值增加。这样，人们就会扩大消费支出并最终影响实际的经济活动。总之，货币供求失衡会通过引起社会净财富价值的变动，从而导致消费支出发生变化，即通过财富效应影响总需求，并最终影响实际的经济活动。

6. 信贷配给传导机制

该理论是由罗伯特·罗沙博士提出，他从资金供给者即贷款人的角度，对贷款人的利率弹性和贷款行为进行分析。该理论强调利率变化对信贷配给可能量的影响并特别强调制度因素和预期心理因素的重要性，认为即使投资的利率弹性甚小，货币政策仍能通过影响贷款人即银行金融机构的信用供应可能量而作用于经济活动。

因此，货币政策仍然是有效的。该理论认为，当中央银行调整货币政策时，在影响银行准备金之外，因利率变动会引起银行资产价格变动，进而改变银行资产的流动性。此种流动性变化将迫使银行调整其信贷政策，并经由信贷配给可能量大小的变化，影响实际的经济活动。因此，该理论实际上将货币政策传递机制的重点置于利率—流动性—信用量这一连锁反应过程上。一般来说，该效应在中央银行紧缩货币的场合下效果最为显著。

7. 汇率传导机制(国际传导)

随着经济国际化的发展和浮动汇率制度的确立，对于货币政策如何影响汇率水平，并进一步对净出口和总产出水平有何影响的问题，越来越引起人们的关注。

这种传导机制还包括利率平价的影响。我们可以用简图将上述过程表示为：

$$M\uparrow \Rightarrow i_r\downarrow \Rightarrow E\downarrow \Rightarrow NX\uparrow \Rightarrow Y\uparrow$$

最近的研究发现这种汇率传导机制在货币政策影响国内经济的过程中起了重要作用。

(三)我国目前的货币政策传导机制

我国目前的货币政策传导渠道以信贷配给传导渠道为主，这一过程从经济变量之间的传导关系看，就是主要以数量型工具之间的传导为主，即中央银行通过调节基础货币，影响货币供应量，影响金融机构的信贷总量，进而影响投资和消费，影响经济增长和物价。我国的货币政策从数量型工具之间的传导将逐步转向价格型工具之间的传导，这主要表现在，随着我国利率市场化的进一步推进，货币政策的利率传导途径会越来越重要。另外，随着汇率形成机制改革的逐步推进，以及居民资产的进一步积累，汇率传导途径和资产价格传导途径对货币政策传导的作用也会逐步显现。

四、货币政策的有效性

(一)时滞对货币政策的影响

货币政策时滞是政策从制定到获得主要的或全部的效果所必须经历的一段时间，是影响货币政策效应的重要因素，分为内部时滞和外部时滞两个阶段。

1. 内部时滞

内部时滞是从政策制定到货币当局采取行动这段时间。其长短取决于货币当局对经济形势发展的预见能力、制定政策的效率和行动的决心，包括认识时滞和决策时滞(行动时滞)。

(1)认识时滞

认识时滞指经济金融情况变化需要货币当局采取行动到货币当局认识到这种变化并承认需要调整货币政策之间的时间间隔。

(2)决策时滞

决策时滞指货币当局认识到需要调整货币政策到实际采取行动之间的时间间隔。

2. 外部时滞

外部时滞指从货币当局采取行动直到对政策目标产生影响为止这段过程。它主要由客观经济和金融条件决定,不论货币供应量抑或利率,它们的变动都不会立即影响到政策目标。

(1)操作时滞

操作时滞指从调整货币政策工具到其对中介目标发生作用所需耗费的时间。

(2)市场时滞

市场时滞指从中介变量发生反应到其对目标变量产生作用所需耗费的时间。

(二)预期对货币政策的影响

预期对货币政策效果的影响,是指社会经济单位和个人根据货币政策工具的变化对未来经济形势进行预测,并对经济形势的变化作出反应。这可能会使货币政策归于无效。

政府拟采取长期的扩张政策,只要公众通过各种途径获得一切必要信息,他们将意识到货币供应量会大幅度增加,社会总需求会增加,物价会上涨,公众将认为这是发生通货膨胀的信号。在这种情况下,工人通过工会与雇主谈判提高工资,企业预期工资成本增大而不愿扩展经营,或人们为了使自己在未来的通货膨胀中免受损失,提前抢购商品。最后的结果是只有物价的上涨而没有产出的增长。显然,公众对金融当局采取政策的预期以及所采取的预防性措施,使货币政策的效果大打折扣。

【本章参考习题】

1. 在以下货币政策工具中,属于选择性货币政策工具的是(　　)。

A. 法定存款准备金政策　　B. 再贴现政策

C. 公开市场业务　　D. 证券市场信用控制

2. 货币政策中介变量发生变化到这种变化对宏观经济目标变量产生作用所经历的时间,叫做(　　)。

A. 认识时滞　　B. 操作时滞　　C. 市场时滞　　D. 决策时滞

3. 以下各项中,不是通过直接影响基础货币变动实现调控的货币政策工具是(　　)。

A. 法定存款准备金政策　　B. 公开市场业务

C. 再贴现政策　　D. 都不是

4. 提高房地产贷款的首付比率,属于货币政策工具中的(　　)。

A. 直接信用控制　　B. 间接信用指导

C. 选择性控制工具　　D. 一般性控制工具

5. 在下列货币政策工具中,效果最猛烈的是(　　)。

A. 法定存款准备金比率　　B. 再贴现政策

C. 直接信用控制　　D. 公开市场业务

6. 货币政策诸目标间呈一致性关系的是(　　)。

A. 经济增长与充分就业　　B. 充分就业与国际收支平衡

C. 物价稳定与经济增长　　D. 物价稳定与充分就业

7. 各国货币政策的首要目标通常是(　　)。

A. 充分就业

B. 稳定物价

C. 经济增长

D. 国际收支平衡

参考答案:

1. D;2. C;3. A;4. C;5. A;6. A;7. B。

第九章　国际收支与国际资本流动

扫码听课

考试要求

◆ 了解：国际收支的概念，国际收支平衡表的内容，各种国际收支理论；国际资本流动的主要类型和动因，国际资本流动对资本输出国和输入国的影响

◆ 掌握：国际收支分析方法，国际收支失衡的原因，国际收支失衡的自动调节机制以及弹性分析法、吸收分析法和货币分析法；国际资本流动的主要理论；国际储备政策的基本理论与知识

◆ 熟练掌握：国际收支失衡的政策调节；债务危机与货币危机的衡量指标，产生的原因、防范与控制的措施；国际融资、国际资金管理，以及外汇风险、利率风险、政治风险和国家风险管理的基本知识

本章知识点框架

- 国际收支与国际资本流动
  - 国际收支项目
    - 国际收支
    - 国际收支平衡（表）
      - 概念
      - 结构
        - 经常项目
        - 资本与金融项目
        - 平衡账户
        - 净误差和遗漏
      - 分析
  - 国际收支理论
    - 弹性论
    - 乘数论
    - 吸收论
    - 货币论
  - 国际收支调节
    - 自动调节机制
      - 金本位制下
      - 固定汇率制下
      - 浮动汇率制下
    - 调节政策与选择原理
  - 国际储备
    - 国际储备的基本内涵
    - 国际储备的作用
    - 国际储备的供给
    - 国际储备的需求
    - 国际储备的结构管理
    - 我国的国际储备数量变化及成因
  - 国际资本流动
    - 概述
    - 长期资本流动和短期资本流动
    - 国际资本流动
    - 债务危机和货币危机

考情分析

本章内容是《国际金融》的基础章节，包括国际收支和国际资本流动两个部分，国际收支部分考查的内容较多，基本知识点也较多，但重点是国际收支理论的内容。国际资本的大规模流动是近代一些大的债务危机、货币危机、金融危机甚至经济危机产生的原因，所以，对于国际资本流动的考查常常以时事经济现象或某一历史事件为背景，并且，由于国际资本的流动带来的经济全球化的问题也是出题点。因此，本章虽然不难，但是考查方式会非常灵活，考生务必要掌握其基本原理，最重要的是国际资本流动中的不同传导机制。

一、国际收支

(一)国际收支的概念

1. 国际收支的定义

根据 IMF 的解释，一国的国际收支是指一国(或地区)的居民在一定时期内(一年、一季度、一个月)与非居民之间的经济交易的系统记录。

2. 国际收支概念中居民与非居民全部的经济交易

(1)经济交易：国际收支的概念所包含的经济交易十分丰富，可以归纳为五类：

①金融资产与商品和劳务之间的交换，即以货币为媒介的商品和劳务买卖；

②商品和劳务与商品和劳务之间的交换，即物物交换；

③金融资产和金融资产之间的交换；

④无偿的、单向的商品和劳务转移；

⑤无偿的、单向的金融资产转移。

(2)居民：只有居民和非居民之间的经济交易才是国际经济交易。

居民和公民是两个不同的概念。公民是一个法律概念，而居民则是一个经济概念。他国的公民如果在本国长期从事生产和消费，也可能属于本国居民。居民包括个人、政府、非营利团体和企业四类。

IMF 作了如下规定：自然人居民，是指那些在本国居住时间长达一年以上的个人，但官方外交使节、驻外军事人员等一律是所在国的非居民；法人居民，是指在本国从事经济活动的各级政府机构、非营利团体和企业。

这样，跨国公司的母公司和子公司分别是所在国居民，但国际性机构如联合国、国际货币基金组织等均是任何国家的非居民。

3. 国际收支与国际借贷的关系

国际收支和国际借贷是两个不同的但容易混淆的概念。国际借贷也被称作国际投资状况，是指一定时点上一国居民对外资产和对外负债的汇总。它们的区别在于：

(1)国际收支是一个流量概念，描述了一定时期内的发生额；而国际借贷是一个存量概念，描述了一定时点上的对外债权、债务余额。

(2)两者所包括的范围不一样，国际经济交易中的赠予、侨民汇款与战争赔偿等“无偿交易”，都属于不发生国际借贷关系的交易，因而不包括在国际借贷中，却包括在国际收支中。两者之间的关系是：国际收支为因，国际借贷为果。一国国际收支中的资本账户收支差额的历年累积,即为该国的国际借贷或国际投资状况。

真题回顾

【1】(华东师范大学 2015)以下正确描述国际收支概念的是(　　)。

A. 国际收支是一个存量　　　B. 国际收支是一个流量

C. 国际收支记录本国居民间交易　　　D. 国际收支记录非本国居民间交易

参考答案:B。"国际收支记录的是一个国家居民和非居民之间所有的经济交易",所以选项 C、D 都不正确;国际收支的定义是"在一定时期内一个国家或地区与其他国家或地区之间进行的全部经济交易的系统记录。"时期对应的是流量,时点对应的是存量,故选 B。

【2】(清华大学 2015)下列哪项会减少中国净支出?(　　)

A. 一个中国艺术教授利用暑假参观欧洲博物馆

B. 美国学生纷纷去观看中国拍摄的电影

C. 你购买了一辆德国产奔驰

D. 日本大学生在学生书店买了一个中国制造的玩具熊

参考答案:B。选项 A 和 C 都是增加支出的行为,D 项与中国支出没有关系,所以选 B。

(二)国际收支平衡表的含义和编制原则

1. 国际收支平衡表的含义

国际收支平衡表是一国对其一定时期(一年、一季度、一个月)内的国际经济交易,根据交易的特性和经济分析的需要,分类设置科目和账户,并按照复式簿记的原理进行系统记录的报表。

2. 国际收支平衡表的编制原则

国际收支平衡表是按复式簿记的记账方法编制的。对外资产(实际资产和金融资产)持有额的减少被记入贷方,对外资产持有额的增加被记入借方;对外负债的增加被记入贷方,对外负债的减少被记入借方。每一笔交易同时以相同金额进行借方记录和贷方记录,"有借必有贷,借贷必相等"。因此,从原理上说,国际收支平衡表的借方总额和贷方总额是相等的,其净差额为零。

这样,在国际收支平衡表中,记入贷方的是货物、劳务的出口(向国外提供实际资产)和资本流入(本国对外金融资产的减少,或本国对外负债的增加);记入借方的是货物、劳务的进口(从国外取得实际资产)和资本的流出(本国对外金融资产的增加,或本国对外负债的减少)。或者更简单地说,贷方记录的是本国从外国取得收入的交易,借方记录的是本国向外国进行支付的交易。

无偿转移由于本身没有对等的交易可以记账,只能使用某个特定的"对应项目"记账,以符合复式簿记的要求。当从国外取得无偿收入时,先贷记无偿转移的收入,再借记对应的项目(如进口、在国外的银行存款增加等)进行平衡;当向国外无偿支出时,可借记无偿转移支出,再贷记对应的项目(如出口、在国外的银行存款减少等)进行平衡。

在国际经济交易中,签订买卖合同、货物装运、交货和付款等一般都是在不同日期进行的。那么,国际收支平衡表中记录的经济交易以什么日期为准呢?对此,IMF 明确规定,国际收支平衡表的记录日期以所有权变更日期为准，实际上就是以债权债务的发生时间为准。

3. 国际收支平衡表的基本内容账户

(1)经常项目(经常账户)

经常账户有时也被称作经常项目，反映一国与他国之间的实际资产的转移，是国际收支中最重要的账户，包括商品、劳务、收益和经常转移四个科目。经常账户和它的各个科目通常都列出了贷方额和借方额，以便计算差额。经常账户差额有时也被称作经常账户收支，经常账户盈余表示其贷方总额大于借方总额，说明经常账户交易的总收入大于总支出，经常账户赤字则相反。

①商品。商品是经常账户和整个国际收支平衡表中较重要的科目，记录一国的商品出口和进口，又称有形贸易。其中，贷方记录出口值，借方记录进口值，商品出口值和进口值的差额称为贸易差额或贸易收支。在进出口业务中，出口值习惯上使用离岸价格(FOB，Free on Board)计算，进口值习惯上使用到岸价格(CIF，Cost, Insurance & Freight，即离岸价格加上保险费和运输费)计算。为了统一估算进出口的价值，IMF 规定：在国际收支统计中，一律使用离岸价格(FOB)计算进出口价值，将进口商品的保险费和运输费从进口支出中剔除，并将它们列入劳务项下。另外值得注意的是，黄金的国际交易分为货币性黄金交易和非货币性黄金交易，只有非货币性黄金交易才记入这一账户。

②服务。记录服务的输入和输出，又称无形贸易。贷方记录服务输出值，借方记录服务输入值。这一科目记录的交易内容比较广泛，又分为运输、旅行、通信服务、建筑服务、保险服务、金融服务(除保险外)、电脑和信息服务、专利费和手续费、其他商业服务、其他私人服务、政府服务等细目。

③收入。收入是记录因生产要素在国家间流动而引起的要素报酬收支。它主要下设“雇员报酬”和“投资收益”两个细目。这里，雇员报酬是指一国居民个人在另一国(或地区)工作而得到的现金或实物形式的工资、薪水和福利；投资收益是指一国资本在另一国投资而获取的利润、股息、利息等。根据需要，投资收益还可以进一步细分为直接投资收益、证券投资收益和其他投资收益等。雇员报酬收入和投资收益收入记录在贷方，雇员报酬支出和投资收益支出记录在借方。所有要素报酬收入减去所有要素报酬支出，称为要素报酬收支净额。

④经常转移。此项下记录不发生对等偿付的单方面支付，但是这里不记录资产所有权的转移。贷方记录本国从外国取得的单方转移收入，借方记录本国向外国的单方转移支出。单方转移可以分为政府单方转移和私人单方转移两个方面。政府单方转移主要有债务豁免、政府间经济和军事援助、战争赔款、捐款等，私人单方转移主要有侨民汇款、年金、赠予等。

(2)资本与金融项目(资本与金融账户)

资本账户包括资本转移和非生产、非金融资产的收买或放弃。资本转移是指一经济体的居民实体向另一居民实体无偿提供了金融产品或服务。非生产、非金融资产的收买或放弃是指各种无形资产如专利、版权、商标、经销权、租赁及其他转移。

金融账户是指一经济体对外资产和负债所有权变更的所有权交易，它主要包括直接投资、证券投资、其他投资和官方储备 4 类。

①直接投资。其特征是投资者对非居民企业的经营管理拥有有效的控制权。它可以采取直接在国外投资建立企业的形式,也可以采取购买非居民企业一定比例股票的形式,或采取将投资利润进行再投资的形式。

②证券投资。它是指购买非居民政府的长期债券、非居民公司的股票和债券等。这里应指出的是,当证券投资中拥有非居民企业股权达到一定比例时(如 IMF 规定 10%以上,我国则规定 25%以上),就作为直接投资。

③其他投资。凡不包括在直接投资、证券投资和储备中的一切资本交易均在此记录。这些资本交易除政府贷款、银行贷款和贸易融资等长短期贷款外,还包括货币、存款、短期票据等。

④官方储备。储备是指官方储备(或称国际储备),是一国货币当局(主要指中央银行)所拥有的,可用于满足国际收支平衡需要的对外资产,包括货币性黄金、特别提款权、在 IMF 的储备头寸和外汇储备等官方对外资产。按照借贷记账法的原理,官方储备的增加额被记入借方,官方储备的减少额被记入贷方。

(3)净错误与遗漏(平衡账户)

根据复式簿记原则,所有账户的借方总额和贷方总额应该是相等的。但由于各种国际经济交易的统计资料来源不一,有的数据甚至还来自估算,再加上一些人为的因素(如有些数据须保密,不宜公开),平衡表实际上就几乎不可避免地会出现净的借方余额或贷方余额。基于会计上的需要,一般就人为地设置一个项目,以抵消上述统计偏差,即"净错误与遗漏"科目。如果借方总额大于贷方总额,"净错误与遗漏"这一项则放在贷方;反之,如果贷方总额大于借方总额,"净错误与遗漏"这一项则放在借方。

真题回顾

(上海财经大学 2013)一国的对外军事援助应列入该国国际收支平衡表的(　　)项目。

A. 错误与遗漏　　B. 经常　　C. 资本　　D. 金融

参考答案:B。对外军事援助属于政府方面的资本单方面转移,应计入经常项目。

(三)国际收支平衡表的分析

1. 国际收支的顺差(盈余)、逆差(赤字)和平衡

(1)国际收支平衡的含义

国际收支平衡,指一国国际收支净额即净出口与净资本流出的差额为零,即国际收支净额=净出口-净资本流出,在特定的时间段内衡量一国对所有其他国家的交易支付。如果其货币的流入大于流出,国际收支是正值。此类交易产生于经常项目、金融账户或者资本项目。国际收支平衡被视作一国相关价值的另一个经济指标,包括贸易余额、境外投资和外方投资。

(2)国际收支顺差和逆差的含义

国际收支是指一国(或地区)的居民在一定时期内(一年、一季度、一个月)与非居民之间的经济交易的系统记录,反映的是一国在一定时期从国外收进的全部货币资金和向国外支付的全部货币资金之间的对比关系,收支相等称为国际收支平衡,否则为不平衡。收入总额

大于支出总额称为国际收支顺差，或称国际收支盈余；支出总额大于收入总额称为国际收支逆差，或称国际收支赤字。

表 1—9—1　　国际收支局部差额的内容及其关系

商品出口 —商品进口
＝贸易差额 ＋无形收入 —无形支付 ＋无偿转移收入 —无偿转移支出
＝经常账户差额 ＋长期资本流入 —长期资本流出
＝基本差额 ＋私人短期资本流入 —私人短期资本流出
＝官方结算差额 ＋官方借款 —官方贷款
＝综合差额 —储备增加(＋储备减少)
＝零

(3)贸易收支差额

将水平直线划于商品贸易项目之下，此时线上项目即商品进出口流量的净差额就是贸易差额。贸易收支差额即商品进出口收支差额，是衡量一国实际资源的转让、实际经济发展水平和国际收支状况的重要依据。对许多国家来说，贸易收支在全部国际收支中占据很大的比重，所以我们可以把贸易差额作为国际收支的近似代表。贸易收支差额分析可以综合反映一国的产业结构、产品质量和劳动生产率状况，反映一国在国际市场上的竞争力，所以，即使是对于资本账户比重很大的国家(如美国)，都十分重视贸易收支的差额分析。

(4)经常账户差额

经济账户差额反映了实际资源在该国与他国之间的转让净额，以及该国的实际经济发展水平，包括贸易收支、无形收支和经常转移收支，前两项构成经常项目收支的主体。当经常账户为盈余时，就要通过资本的净流出或官方储备的增加来平衡；当经常账户为赤字时，就要通过资本的净流入或官方储备的减少来平衡。经常账户差额可以综合反映一国的进出口状况(包括无形进出口，如劳务、保险、运输等)，而被各国所普遍用作制定国际收支政策和产业的重要依据的同时，国际经济协调组织(如国际货币基金组织)也可以参考这个指标对成员国经济进行衡量。

(5)资本与金融项目收支差额

资本与金融账户差额的分析也具有重要意义。首先，通过资本与金融账户的差额可以看出一个国家的资本、市场的开放程度和金融市场的发展程度，可以对一国货币政策和汇率政策的调整提供很好的借鉴作用。其次,资本与金融账户和经常账户之间具有融资关系,所以资本与金融账户的差额可以间接地反映出经常账户的状况和融资能力。根据复式记账原理,国际收支中一笔贸易流量通常对应一笔金融流量,经常账户中实际资源流动和资本金融账户中资产所有权流动是同一个问题的两个方面。在不考虑净错误与遗漏账户时,经常账户出现赤字,比如对应资本账户的相应盈余,这就意味着利用金融资产的净流入为经常账户赤字融资。但是,随着国际金融一体化的发展,这种融资关系有了新的变化。

首先,资本与金融账户给经常账户融资开始受到很多因素的影响和制约。比如说,如果提供融资的主要是国外资本,那么这种融资将受到稳定性和偿还性的限制。

其次,资本与金融账户已经不再是被动地由经常账户决定并为经常账户提供融资服务,资本流动存在着独立的运动规律,从根本上摆脱了对贸易的依附关系。

再次,在两个账户的融资关系中,债务和收入因素也会影响经常账户,资本与金融账户为经常账户融资,会影响到收入账户的相应变动,影响债务支出,进而影响到经常账户。

(6)国际收支局部差额

国际收支平衡表是根据复式簿记原理编制的,其借方总额和贷方总额是相等的。但这种平衡只是账面上的、会计意义上的平衡,不具有经济学意义。国际收支平衡表的每个具体账户和科目的借方额与贷方额往往是不相等的,这种差额被称为局部差额,如贸易差额、劳务收支差额、经常账户差额等。

(7)综合收支的综合差额也称为总差额

所包括的线上交易最为全面,仅仅将官方储备作为线下交易,是指经常账户与资本金融账户中的资本转移、直接投资、证券投资、其他投资所构成的余额。它衡量一国官方通过变动官方储备来弥补国际收支不平衡。当综合差额为盈余或赤字时,就要通过增加或减少官方储备来平衡。对于固定汇率制的国家来说,综合差额的状况直接影响到该国的汇率是否稳定,因为动用官方储备弥补国际收支不平衡、维持汇率稳定的措施会影响到一国的货币发行量。对于浮动汇率制的国家来说,这个差额在现代的分析意义上有所弱化,但是这个差额能综合反映自主性国际收支的状况,是全面衡量和分析国际收支的指标,因此,综合差额是非常重要的。IMF 倡导使用综合差额这一概念。在没有特别说明的情况下,人们所说的国际收支盈余或赤字,通常指的是综合差额盈余或赤字。

(8)净错误与遗漏

国际收支中的净错误与遗漏账户一般是由于统计技术原因造成的,有时也有人为因素,它的数额过大会影响到国际收支分析的准确性。当一国的国际收支账户持续出现同方向、较大规模的错误与遗漏时,常常是人为因素造成的。因此,对净错误与遗漏账户进行分析是必要的,往往可以发现实际经济中存在的一些问题。

例如,对出口进行退税是国家鼓励出口的一种财政措施,如果企业为骗取退税而虚报出口,就会形成出口额过高而资本流入数额过低,由此造成国际收支借方余额小于贷方余额,从而相应形成净错误与遗漏账户的贷方余额。再如,一国实行资本管制时,为躲避管制而形成的资本外逃也会假借各种合法的名义流出国外,这会最终反映在净错误与遗漏账户中,因此,衡量资本外逃的方法之一就是将资本净流出额加上净错误与遗漏账户中的数额。可见净错误与遗漏账户的分析是很有价值的。

真题回顾

（中山大学 2012）国际收支平衡表中的基本差额计算是根据（　　）。

A. 商品的进口额和出口额　　　　B. 经常项目

C. 经常项目和资本项目　　　　D. 经常项目和资本项目中的长期资本收支

参考答案：D。本题考查基本差额的定义，需要大家掌握经常项目差额、基本项目差额、综合项目差额之间的区别和联系。

2. 开放经济条件下国民收入的核算

（1）开放经济条件下国民收入的核算

$$\mathrm{GDP}=C+I+G+(X-M) \tag{1—9—1}$$

（2）开放经济条件下 *GNP* 与 GDP 的区别及关系

GDP 指一国在一定时期内，运用居民和非居民的生产要素，在本国生产出的商品与劳务总值；而 *GNP* 则指一国居民在一定时期内通过在国内和国外提供生产要素所获得的收入总和。这里，国外净要素报酬收入（*NFP*）是指本国居民向国外提供生产要素所取得的报酬收入，减去外国居民向本国提供生产要素所取得的报酬，它又等于国际收支平衡表中的雇员报酬收支净额与投资收益净额之和，可以表示为：

$$\mathrm{GDP}=C+I+G+(X-M)$$

$$GNP=\mathrm{GDP}+NFP$$

记作，

$$GNP=C+I+G-(X-M)+NFP \tag{1—9—2}$$

（3）国际收支和国民经济外部均衡

表 1—9—2 简要地概括了国际收支和国民收入核算的关系。

表 1—9—2　　简单的国民收入账户

私人消费（*C*）	
	加：总投资（*I*）
	加：政府商品劳务支出（*G*）
国内总支出（*A*）	
	加：商品劳务出口（*X*）
	减：商品劳务进口（*M*）
国内生产总值（GDP）	
	加：国外净要素报酬收入（*NFP*）
国民生产总值（*GNP*）	

表中关系可以表示为：

$$\mathrm{GDP}=C+I+G+(X-M)$$

$$GNP=\mathrm{GDP}+NFP=C+I+G+(X-M)+NFP$$

用 *CA* 表示经常账户差额，经常账户差额可以近似地（忽略转移收支）表示为：

$$CA=(X-M)+NFP \tag{1—9—3}$$

从而，

$$GNP=C+I+G+CA \quad (1-9-4)$$

上式就是国际收支和 GNP 的关系。假定 T 为税收，X 和 M 分别为经常账户收入和支出，则私人部门储蓄为 $S=Y-T-C$，$CA=X-M$，上式可整理为：

$$(X-M)=(S-I)+(T-G) \quad (1-9-5)$$

这就是开放经济条件下分析国际收支和国民经济外部均衡的基本公式。

真题回顾

（复旦大学 2015，华东师范大学 2015）国际收支平衡表中将投资收益计入（　　）。

A. 贸易收支　　B. 经常账户　　C. 资本账户　　D. 官方储备

参考答案：B。国际收支平衡表的经常账户包括四个二级项目：货物、服务、收入和经常转移。有关直接投资、证券投资和其他投资的收入和支出以及储备资产的收入都属于收入项目。

二、国际收支理论

（一）国际收支古典理论

1. 国际收支古典理论的基本思路

国际收支古典理论是指英国经济学家大卫·休谟(David Hume, 1711—1776)于 1752 年提出的“物价—金币流动机制”。它揭示了在国际金本位制度下，价格变动对国际收支失衡的自动矫正作用。

2. 物价—金币流动机制

在国际金本位制度下，每一国的货币供给都是由黄金本身或以黄金为基础的纸币构成的，黄金在国家间可以自由流动。因此，一国国际收支出现了赤字，为了进行国际支付，该国黄金就会外流，随着黄金的减少，其国内货币供给就会减少，而盈余国的货币供给将会增加。这将导致赤字国的通货由于黄金流通数量的减少而增值，物价水平就会下降，正在下降的价格将使赤字国获得对外国竞争者的价格优势；盈余国的通货由于黄金流通量的增多而贬值，物价就会逐渐上升，使其商品和劳务在国外市场上的价格竞争优势下降。结果，赤字国的出口就会增加，进口则会减少，直至消除该国国际收支的赤字；而盈余国的出口会下降，进口则会增加，直至消除该国国际收支的盈余。可见，任何国家都不能指望拥有持久的国际收支顺差，而逆差国也不必担心会失去它的全部货币供给。

3. 对国际收支古典理论的评价

现实中“物价—金币流动机制”要真正发挥其自动调节国际收支失衡的作用，必须具备如下一些前提条件：首先，经济中不存在大量的失业，否则，货币供给量的变化不一定导致物价的相应变动。其次，不存在国际资本流动，否则，国际收支失衡未必引起黄金的流动。再次，金本位制度下的比赛规则（货币纪律）必须遵守，一方面，各国政府不得限制黄金的自由流出入；另一方面，当国际收支失衡时，不对其货币供给施加相反的影响，这就是说，要求赤字国紧缩信用而盈余国则进一步放宽信用，以加强调节过程。这意味着各国失去了自行决定国内政策的选择权。最后，赤字国和盈余国的进出口必须具有较高的价格弹性，这样，进出口数量才能对价格变动作出迅速和有效的反应。

(二)国际收支弹性论

弹性论主要是由英国剑桥大学经济学家琼·罗宾逊在马歇尔微观经济学和局部均衡分析方法的基础上发展起来的。它着重考虑货币贬值取得成功的条件及其对贸易收支和贸易条件的影响。

弹性论的假设：

(1)贸易商品的供给弹性几乎为无穷大(水平的总供给曲线)；

(2)不考虑资本流动，国际收支等于贸易收支；

(3)其他条件(包括收入、偏好等)不变，只探讨汇率变化对贸易收支的影响。

1. 国际收支弹性论的基本思想(收入和价格不变条件下汇率变动对国际收支调整的作用)

汇率变动通过国内外产品之间，以及本国生产的贸易品(出口品和进口替代品)与非贸易品之间的相对价格变动，影响一国进出口的供给和需求，从而作用于国际收支。

2. 马歇尔—勒纳条件(本币贬值引起本国贸易收支改善的条件)

汇率变动对贸易收支的影响取决于进出口数量对汇率变动的反应，亦即取决于进出口弹性。根据弹性论的假设(1)，一国的进出口数量和贸易收支的变动将完全取决于进出口的需求价格弹性，从而可以得到马歇尔—勒纳条件：

$$E_m+E_x>1 \qquad (1-9-6)$$

其中，E_x 为出口需求价格弹性的绝对值；E_m 为进口需求价格弹性的绝对值。

在进出口供给弹性无穷大的条件下，本币贬值能使贸易收支改善的必要条件是进出口需求弹性的绝对值之和大于1。

因为假定本国进出口品的供给价格弹性无穷大，即进出口品的价格不变，而其供给可以无限增加。此时，当 E 上升，外向实际汇率上升，出口数量增加，但需要使出口量增加的幅度大于以外币表示的本国出口品价格下降的幅度时，出口额才会增加，即出口品需求弹性 E_x 足够大；同理，进口数量会减少，进口品的需求弹性 E_m 也要足够大，才能使进口额下降，所以有马歇尔—勒纳条件：$E_m+E_x>1$。

3. J 曲线效应(本币贬值后本国贸易收支恶化，然后再改善的过程)

现实中，供求双方的因素使得进出口对汇率变动的反应是渐进的，所以即使在马歇尔—勒纳条件成立的情况下，贬值也不能马上改善贸易收支；相反，货币贬值后的头一段时间，贸易收支反而可能会恶化。这一现象就被称为"J 曲线效应"。

具体而言，在短期内，由于种种原因，贬值之后有可能使贸易收支首先恶化，过一段时间以后，待出口供给(这是主要的)和进口需求作了相应的调整后，贸易收支才慢慢开始改善。出口供给的调整时间，一般被认为需要半年到一年的时间，整个过程用曲线描述出来，成字母J形，故被称为 J 曲线效应。

之所以会有这种时滞，是因为：

第一，在贬值之前已签订的贸易协议仍然必须按原来的数量和价格执行。贬值后，凡以外币定价的进口，折成本币后的支付将增加；凡以本币定价的出口，折成外币的收入将减少。换言之，贬值前已签订但在贬值后执行的贸易协议下，出口数量不能增加以冲抵出口外币价格的下降，进口数量不能减少以冲抵进口价格的上升。于是，贸易收支趋向恶化。

第二,即使在贬值后签订的贸易协议,出口增长仍然要受认识、决策、资源、生产周期等的影响(从消费者的消费调整和供给者的投资生产角度考虑)。至于进口方面,进口商有可能会认为现在的贬值是以后进一步贬值的前奏,从而加速订货。

马吉就曾将贬值的时间划分为三个阶段来具体分析 J 曲线的存在原因,这三个阶段就是货币合同阶段、传导阶段和数量调整阶段。

4. 国际收支弹性论评价

(1)贡献

纠正了以往的片面看法,正确地指出,只有在一定的进出口供求弹性条件下,货币贬值才有改善贸易收支的作用和效果。它曾长期流行,并为许多国家所采用,在调节国际收支方面取得了一定的效果。

(2)局限性

①采用局部均衡分析方法,只考虑贬值对进出口商品市场的影响,而假定其他条件不变。事实上,汇率变化除了直接影响贸易品的相对价格外,还会影响本国的一般价格水平。本国货币贬值后,进口品本币价格上升,一方面,直接影响进口原料与半成品的价格,进而使本国商品成本提高;另一方面,由于进口消费品价格上涨,还会推动本国的工资水平上升,间接影响本国商品的成本。这两方面的作用共同导致本国国内价格水平上升,出口减少,进口增加,贸易收支改善程度缩小。此外,货币贬值在改善贸易收支的同时,也启动了外贸乘数,使本国国民收入成倍增加,通过边际进口倾向,本国的出口下降,进口增加,贸易收支改善程度缩小(与乘数法联系所在)。

事实上,贬值后,进口品价格上升,要素价格上升,将推动本国贸易品和非贸易品生产成本上升,从而引起贸易品和非贸易品、要素价格均上涨,即通货膨胀效应。

②假定供给弹性无穷大。这一假定在小于充分就业均衡,即国内外都存在大量未被充分利用的闲置资源的条件下(如 30 年代大萧条时)可能是成立的,但在经济接近充分就业时,各部门对资源的竞争将使生产要素价格上升,从而产品价格上涨,进出口品的供给价格弹性小于无穷。

③理论把国际收支仅局限于贸易收支,未考虑劳务和国际资本流动。

④弹性的估计复杂,使理论的应用有技术困难。

真题回顾

【1】(上海财经大学 2013)一国货币升值对该国出口的影响是(　　)。

A. 出口增加、进口减少　　B. 出口减少、进口增加

C. 出口增加、进口增加　　D. 出口减少、进口减少

参考答案:B。一国货币升值提高了出口商品的相对价格,降低了进口品的相对价格,故会导致出口减少,进口增加,本题选 B。

【2】(上海财经大学 2012)国际收支的弹性理论认为,与其他因素相比,影响一国贸易收支的最重要因素是(　　)。

A. 实际利率　　B. 实际汇率　　C. 价格水平　　D. 货币供应

参考答案：B。国际收支的弹性理论是研究实际汇率变化对国际收支的影响的理论。

【3】(上海财经大学 2011)一个国家的货币贬值(　　)。

A. 降低了该国出口商品的相对价格，同时也降低了进口商品的相对价格

B. 提高了该国出口商品的相对价格，同时也提高了进口商品的相对价格

C. 降低了该国出口商品的相对价格，同时也提高了进口商品的相对价格

D. 提高了该国出口商品的相对价格，同时也降低了进口商品的相对价格

参考答案：C。货币贬值会使本国出口品相对便宜，但是也会使进口品相对昂贵。

(三)国际收支乘数论

乘数法，又称收入论或收入分析法。

乘数论的假设：

(1)不考虑资本流动，国际收支等于贸易收支；

(2)其他条件(包括汇率、价格等)不变，只探讨收入变化对贸易收支的影响。

1. 国际收支乘数论的基本思想(在汇率和价格不变的条件下收入变动对国际收支调整的作用)

进口支出是国民收入的函数，自主性支出的变动通过乘数效应引起国民收入的变动，从而影响进口支出。一国可以通过需求管理政策来调整国际收支。

凯恩斯主义的国民收入决定模型为：

$$Y=\frac{1}{1-c+m}(C_0+I+G+X-M_0) \tag{1-9-7}$$

由于贸易乘数$\frac{1}{1-c+m}$大于 1，因此，自主性支出的变动会带来国民收入的多倍变化。由于进口随国民收入的增减而增减，贸易差额也就受国民收入的影响。

$$B=X-M_0-\frac{m}{1-c+m}(C_0+I+G+X-M_0) \tag{1-9-8}$$

上式表明，一国可以通过需求管理政策来调整国际收支。当一国国际收支出现赤字时，当局可以实施紧缩性的财政货币政策，降低国民收入，以减少进口支出，改善国际收支。

2. 哈伯格条件

(1)哈伯格条件(马歇尔—勒纳条件的修正)：

$$E_m+E_x>1+m \tag{1-9-9}$$

其中，m 为本国的边际进口倾向。

由于贬值引起的进出口变动除了直接带来国际收支的变动外，还会通过国民收入的变化，导致诱发性进口的变动，从而进一步影响国际收支状况。基于此，将贬值由弹性论所说的需求替代效应与收入效应结合，马歇尔—勒纳条件就转变为更严格的哈伯格条件：

$$E_m+E_x>1+m$$

哈伯格条件比马歇尔—勒纳条件更具有现实意义，因为它考虑了贬值通过收入的变动对国际收支所产生的影响，并且比出口供给弹性无穷大的假设更加接近非充分就业的现实。

(2)总弹性条件(哈伯格条件的修正)：

$$E_m+E_x>1+m+m^* \tag{1-9-10}$$

其中,m^*是贸易伙伴国的边际进口倾向。

当考虑的是大国而不是小国时,此时需要考虑国外回应,因为它的进出口供求对世界经济会产生不可忽视的影响。比如,A、B国是大国,最初A国出口增加,即B国进口增加,国民收入会随之下降,进而影响B国对A国产品的进口,即A国出口收入减少。所以,在国外回应的情况下,A国的对外贸易乘数变小,所以进一步修正哈伯格条件:

$$E_m+E_x>1+m+m^* \tag{1-9-11}$$

这就是说,在进出口供给弹性无穷大的情况下,大国只有在进出口需求弹性之和大于1加本国和外国的边际进口倾向时,贬值才能有效地改善国际收支。而哈伯格条件则更加适用于小国。

3. 国际收支乘数论的评价

(1)贡献

乘数论建立在凯恩斯宏观经济分析框架之上,阐述了对外贸易与国民收入之间的关系,以及各国经济通过进出口途径相互影响的原理,在一定程度上对于我们理解现实经济状况有一定的启发意义。

(2)局限性

① 模型中没有考虑货币量和价格因素的作用。如果国内已处于充分就业状态,出口增加意味着过度需求,将造成需求引起的通货膨胀。出口增加所引起的总需求增加还不同于投资增加所引起的总需求增加,后者虽也会引起通货膨胀,但从动态上看,它过一段时期后会形成新的生产能力,增加供给,可以在一定程度上抵消过度需求;但出口所引起的过度需求则不会形成生产能力。这是以乘数论引出的新重商主义政策的应用局限性所在。

② 乘数论同样没有考虑国际资本流动,因此,它关于收入对国际收支的影响分析并不全面。收入上升将会刺激外国资金流入,带来资本账户收支的改善,抵消其对经常账户的不利影响。

(四)国际收支吸收论

1. 国际收支吸收论的基本思想(从收入和支出角度分析对国际收支调整的影响)

吸收论又称支出分析法,由西德尼·亚利山大提出。它以凯恩斯宏观经济理论为理论基础,认为国际收支与整个国民经济相联系,只有理解经济政策怎样影响总的经济活动,尤其是产量变化以后,支出如何变动,才能理解国际收支的变化。它从宏观经济学中的国民收入方程式入手,着重考察总收入与总支出对国际收支的影响,并在此基础上提出国际收支调节的相应政策主张。

$$Y=C+I+G+X-M \tag{1-9-12}$$

其中,Y为国民收入,C为消费支出,I为投资支出,G为政府购买支出,X为出口,M为进口。

$$B=X-M=Y-A \tag{1-9-13}$$

其中,A为$C+I+G$,即国内吸收。上式表明,当国民收入大于总吸收时,国际收支为顺差;当国民收入小于总吸收时,国际收支为逆差。由此,要改善国际收支,最终就是要增加收入和减少吸收。

进一步地,将吸收分为两部分:一部分是诱发性吸收,另一部分是自主性吸收,即

$$A = A_0 + \alpha \times Y \qquad (1-9-14)$$

其中，α 为边际吸收倾向，A_0 为自主性吸收。

由此可得：

$$\Delta B = (1-\alpha)\Delta Y - \Delta A_0 \qquad (1-9-15)$$

吸收论具有强烈的政策搭配取向。当国际收支逆差时，应采用紧缩性的财政货币政策来减少对贸易商品的过度需求，减少国内吸收，同时采用货币贬值，消除紧缩性政策的不利影响，使进口需求减少的同时收入能增加，以达到内部经济和外部经济同时平衡。

2. 货币贬值效应

吸收论特别重视从宏观经济的整体角度来考察贬值对国际收支的影响。它认为，贬值要起到改善国际收支的作用，必须有闲置资源的存在。只有当存在闲置资源时，贬值后闲置资源流入出口品生产部门，出口才能扩大。其次，出口扩大会引起国民收入和国内吸收同时增加，只有当边际吸收倾向小于1，即吸收的增长小于收入的增长，贬值才能最终改善国际收支。

比如，出口扩大时，出口部门的投资和消费会增长，收入也会增长，通过"乘数"作用，又引起整个社会投资、消费和收入多倍地增长。所谓边际吸收倾向，是指每增加的单位收入中用于吸收的百分比。只有当这个百分比小于1时，整个社会增加的总收入才会大于增加的总吸收，国际收支才能改善。

3. 对国际收支吸收论的评价

(1)贡献

吸收论采用一般均衡分析方法，将收支的变动与整个宏观经济状况结合起来分析，从总收入和总吸收的相对关系中考察收支失衡的原因并提出国际收支的调节政策，克服了弹性论从相对价格关系出发的局部均衡分析的不足。同时它起了承前启后的作用，一方面，指出了弹性论的缺点，吸纳了弹性论的某些合理内容，是在弹性论基础上的一大进步；另一方面，指出了国际收支失衡的宏观原因和注意到国际收支失衡的货币方面，成为货币分析法的先驱。

(2)局限性

①吸收论是建立在国民收入核算会计恒等式基础上的，但并没有对收入和吸收为因、贸易收支为果的观点提供任何令人信服的逻辑分析。实际上，收入与吸收固然会影响贸易收支，但贸易收支反过来也会影响收入和吸收。

②对本币贬值效应的分析有两个重要的假定，即贬值是出口增加的唯一原因和生产要素的转移机制运行顺畅，这与现实存在较大的差距。

③在贬值分析中，它完全没有考虑相对价格在调整过程中的作用。

④忽略了资源运用效率的问题。

⑤以贸易收支代替国际收支，忽略了资本流动的作用，不够全面。

(五)国际收支货币论

1. 国际收支货币论的基本思想(从货币市场均衡角度分析对国际收支调整的影响)

20世纪60年代后期，蒙代尔、约翰逊和弗兰克尔等人将封闭经济条件下的货币主义原理引申到开放经济中，从而发展了国际收支货币论。它从货币的角度而不是从商品的角度，来考察国际收支失衡的原因并提出政策主张。

第一,基本假定。

(1)在充分就业的均衡状态下,一国的实际货币需求是收入和利率等变量的稳定函数。

(2)从长期看,货币需求是稳定的,货币供给变动不影响实物产量。

(3)贸易商品的价格是由世界市场决定的,从长期看,一国的价格水平和利率水平接近世界市场水平。

第二,基本理论。

$$M_S=M_D \tag{1-9-16}$$

$$M_S=m(D+R) \tag{1-9-17}$$

$$M_D=P_f(y,i) \tag{1-9-18}$$

若 $m=1$,则

$$R=M_D-D \tag{1-9-19}$$

这一方程式说明:

(1)国际收支不平衡是货币不平衡,即人们愿意持有的货币量与货币当局的货币供给量之间差异的结果。具体来讲,如果货币当局的货币供应量供大于求,则过剩的货币供给会通过流向国外而消失;反之,如果货币当局的货币供应量供不应求,则对货币的超额需求将由从国外流入的货币来弥补。

(2)国际收支本质上是一种货币现象,它可以由国内货币政策来解决,其中主要的是货币供应政策,如赤字的根源在于国内信贷扩张过大,所以要实行紧缩的货币政策,以使货币增长与经济增长速度一致。

(3)国际收支问题,实际上反映的是实际货币余额(货币存量)对名义货币供应量的调整过程。例如:国际收支逆差,实际上就是一国国内的名义货币供应量超过了名义货币需求量。由于货币供应不影响实物产量,在价格不变的情况下,个人和企业就会增加货币支出,以调整他们的实际货币余额;而从整个国家来看,实际货币余额的调整就表现为货币外流,即逆差;此时在固定汇率制度下,为了保持汇率的稳定,货币当局只能动用外汇储备来干预市场,由此货币供给也随之相应地减少,直到与货币需求保持相等。

2. 货币论视角下的国际收支失衡原因

国际收支货币理论通过下面的简单模型来说明国际收支失衡的原因:

$$M_d=kPY \tag{1-9-20}$$

$$M_s=m(D+F) \tag{1-9-21}$$

$$M_d=M_s \tag{1-9-22}$$

式中,M_d 是名义货币需求量,P 是国内物价水平,Y 是实际国民收入,D 为一国基础货币的本国部分(即国内信贷量),F 为该国基础货币的国外部分(即国际储备量),m 为货币乘数,M_s 为名义货币供应量,k 是一个常数,表示名义货币需求量与名义国民收入(PY)的预期比率。

方程(1—9—20)是货币需求方程,表明一国货币需求量是国内物价水平和实际国民收入的正比函数。这里假定利率是一个常数,因而可将其忽略不计。方程(1—9—21)是货币供给方程,在现代银行体系中,商业银行增加一单位国内信贷量或国际储备量都会产生乘数效应,使一国货币供应量倍数增加。方程(1—9—22)是货币市场均衡方程。

假定最初货币市场处于均衡状态，即 $M_d = M_s$，若由于某种原因（如中央银行扩大国内信贷量），使得一国名义货币供应量超过名义货币需求量（$M_d < M_s$），则人们持有的货币存量将超过他们愿意持有的水平，人们必然会增加对国外商品和金融资产的需求，最终导致国际收支逆差；相反，若由于某种原因（如收入增加），造成名义货币需求量上升，超过名义货币供应量（$M_d > M_s$），则人们持有的货币存量将小于他们愿意持有的数量，人们必然会减少对国外商品和金融资产的需求，最终导致国际收支顺差。因此，国际收支货币理论认为国际收支失衡的根本原因应归咎于货币供求的不平衡。当货币供应量大于货币需求量时，会造成国际收支逆差；当货币供应量小于货币需求量时，会造成国际收支顺差。

3. 对国际收支货币论的评价

(1)贡献

①唤起了人们在国际收支分析中对货币因素的重新重视。在政策主张上，认为收支失衡本质上是货币性的，因此强调货币政策的运用，认为只要保证货币供应适度增长，就可以保持国际收支平衡。

②主张从线下项目分析，即其研究焦点不是放在进出口、投资、消费等一国经济活动的实物层面，而是通过对货币当局国际储备额的变动及其决定因素的分析，把研究重点集中于货币层面。分析重点的转移使国际收支调节更具一般性。

(2)局限性

①货币论假定货币需求是收入和利率的稳定函数，但短期内，货币需求往往是很不稳定，也很难不受货币供给变动的影响；另外，它还假定货币供给对实物产量和收入没有影响，但其实货币供给变化后，人们不仅改变对国外商品和证券的支出，而且也会改变对本国商品和证券的支出，由此影响国内产量的变化。

②传统的吸收论和弹性论都认为成功的贬值对经济增长具有刺激作用。但货币论认为贬值仅有紧缩性影响，贬值能暂时性地改善国际收支，是因为它减少了实际货币余额和增加了名义货币需求。实际货币余额需求的减少，意味着消费投资收入的下降，这就无法解释为什么许多国家把贬值作为刺激出口和经济增长的手段。

③它认为逆差的基本对策是紧缩性的货币政策，此结论的重要前提是价格不变。但实际上，当 $M_s > M_d$ 时，价格会上升，M_d 也会上升。此时，降低货币供应，在价格刚性下，只导致实际货币余额下降，因此，货币论政策主张是以牺牲国内实际货币余额或实际消费、投资、收入和经济增长来纠正逆差的。

④货币论还强调一价定律的作用，但从长期来看，由于垄断因素和商品供求黏性的存在，一价定律往往不能成立。

(六)对国际收支理论发展的评价

从 20 世纪 30 年代到 70 年代这一段时期，是西方国际收支理论发展的鼎盛期。除了经济思潮的更替外，更与经济现实形势的发展变化息息相关。一种理论的产生往往出自客观现实的需要。弹性分析法正是在金本位制崩溃后各国汇率剧烈波动的背景下应运而生的，这一理论的主题便是汇率贬值对一国国际收支状况究竟会产生怎样的影响。

在战后可调整固定汇率制度下，西方国家宏观经济政策的外部目标是维持国际收支的平衡。这时出现的各种国际调整机制理论大多以国际收支、外汇储备为考察主题。只是在布雷顿森林体系崩溃后，西方学者的注意力才从国际收支上转移到汇率决定问题上。

第二次世界大战后，特别是60年代以来，世界经济领域出现的一个最显著的现象是国际资本流动获得了巨大发展。在此期间，国家间的经济交往以商品贸易为主，资本流动的规模有限，一国的国际收支盈余或赤字主要取决于经常账户的状况。因此战后初期出现和发展的各种理论如弹性论、乘数论、吸收论等都忽略了资本账户收支，而将经常账户收支甚至贸易收支等同于国际收支。随着国际资本流动的飞速发展，局限于经常账户收支分析的凯恩斯主义国际收支理论就明显暴露出它们的缺陷。随后兴起的国际收支货币论自然就特别强调货币因素和国际资本流动的作用了。

西方的任何一种国际收支理论都不能对国际收支的决定和调整做出一个完美的说明，然而各种理论并不是相互对立、相互排斥，而是相互补充的，区别只是对同一经济过程描述的方法和角度不同，强调的重点不同。通过以下方程式，我们便可清楚地看到这一点：

$$Y=A+(X-M) \qquad (1-9-23)$$

贸易差额$(X-M)$实际上即为对外资产的净积累。如果不考虑资本流动，后者就仅由现金余额(R)所构成，由此贸易差额可以用三种方式来表述：

$$B=Y-A=X-M=\Delta R \qquad (1-9-24)$$

货币论强调其中的ΔR，弹性论的出发点是$(X-M)$，吸收论则将注意力放在收入与支出的大小对比$(Y-A)$上。在政策主张上，货币论重视货币政策，弹性论偏重支出转换政策(汇率贬值)，而吸收论相对注重财政政策。实际上，单独使用上述各项政策往往无法解决问题，西方许多学者也主张将贬值政策和财政、货币政策协调并用。

复习提示及知识补充一

表1—9—3　　国际收支的四个理论

	弹性论	乘数论	吸收论	货币论
假设前提	①贸易商品的供给弹性几乎为无穷大——多大的需求都能满足； ②不考虑资本流动，国际收支等于贸易收支； ③其他条件(包括收入、偏好等)不变，只探讨汇率变化对贸易收支的影响。	①不考虑资本流动，国际收支等于贸易收支； ②其他条件(包括汇率、价格等)不变，只探讨收入变化对贸易收支的影响。		①在充分就业的均衡状态下，一国的实际货币需求是收入和利率等变量的稳定函数。 ②从长期看，货币需求是稳定的，货币供给变动不影响实物产量。 ③贸易商品的价格是由世界市场决定的，从长期看，一国的价格水平和利率水平接近世界市场水平。

续表

	弹性论	乘数论	吸收论	货币论
基本思想	汇率变动通过国内外产品之间，以及本国生产的贸易品（出口品和进口替代品）与非贸易品之间的相对价格变动，影响一国进出口供给和需求，从而作用于国际收支。	进口支出是国民收入的函数，自主性支出的变动通过乘数效应引起国民收入的变动，从而影响进口支出。一国可以通过需求管理政策来调整国际收支。	$B=X-M=Y-A$ 当国民收入大于总吸收时，国际收支为顺差；当国民收入小于总吸收时，国际收支为逆差。由此，要改善国际收支，最终就是要增加收入和减少吸收。	$R=MD-D$ D，货币当局的货币供应量； $R<0$，国际收支逆差； $R>0$，国际收支顺差。 ①国际收支不平衡是货币不平衡，可以由国内货币政策来解决，其中主要的是货币供应政策。 ②国际收支问题，实际上反映的是实际货币余额（货币存量）对名义货币供应量的调整过程。
对汇率贬值效应的分析	相对价格效应 ①马歇尔—勒纳条件（本币贬值改善贸易收支的必要条件） ②J 曲线效应（两阶段分析、三阶段分析）	乘数效应 ①哈伯格条件——小国模型 ②总弹性条件——大国模型，考虑国外回应	①收入效应——闲置资源效应、贸易条件效应 ②吸收效应——现金余额效应、收入再分配效应、货币幻觉效应、其他效应	现金余额效应 贬值——物价——实际现金余额
重要贡献	纠正了以往的片面看法，正确地指出：只有在一定的进出口供求弹性条件下，货币贬值才有改善贸易收支的作用和效果。它曾长期流行，并为许多国家所采用，在调节国际收支方面取得了一定的效果。	建立在凯恩斯宏观经济分析框架之上，阐述了对外贸易与国民收入之间的关系，以及各国经济通过进出口途径相互影响的原理，在一定程度上对于我们理解现实经济状况有一定的启发意义。	①采用一般均衡分析方法，将收支的变动与整个宏观经济状况结合起来分析。 ②起了承前启后的作用。	①唤起了人们在国际收支分析中对货币因素的重新重视。 ②主张从线下项目分析，把研究重点集中于货币层面。分析重点的转移使国际收支调节更具一般性。
局限性	①采用局部均衡分析方法，只考虑贬值对进出口商品市场的影响，而假定其他条件不变。 ②假定供给弹性无穷大。 ③理论把国际收支仅局限于贸易收支，未考虑劳务和国际资本流动。 ④弹性的估计复杂，使理论的应用有技术困难。	①模型中没有考虑货币量和价格因素的作用。 ②乘数论同样没有考虑国际资本流动，因此，关于收入对国际收支的影响分析并不全面。	①吸收论是建立在国民收入核算会计恒等式基础上的，但并没有对收入和吸收为因、贸易收支为果的观点提供任何令人信服的逻辑分析。 ②对本币贬值效应的分析有两个重要的假定，即贬值是出口增加的唯一原因和生产要素的转移机制运行顺畅，这与现实存在较大的差距。 ③在贬值分析中，它完全没有考虑相对价格在调整过程中的作用。 ④忽略了资源运用效率的问题。 ⑤以贸易收支代替国际收支，忽略了资本流动的作用，不够全面。	①货币论假定货币需求是收入和利率的稳定函数；它还假定货币供给对实物产量和收入没有影响。 ②货币论认为贬值仅有紧缩性影响，这无法解释为什么许多国家把贬值作为刺激出口和经济增长的手段。 ③它认为逆差的基本对策是紧缩性的货币政策，此结论的重要前提是价格不变。 ④货币论还强调一价定律的作用，但从长期来看，由于垄断因素和商品供求黏性的存在，一价定律往往不能成立。

三、国际收支调节

(一)国际收支的均衡与失衡

1. 国际收支均衡的政策观(从政策角度理解国际收支失衡的含义)

当今世界的各国政府无不担负着提高本国经济福利的基本经济职能,国际收支调节政策的制定同样也需要服从这一最高经济目标,具体被表述为经济稳定和经济发展或增长,一般来说,发达国家侧重于经济稳定,即注重充分就业和物价稳定;发展中国家则更多强调经济发展或增长。而国际收支均衡这一外部目标无疑是为内部目标的实现服务的。而国际收支均衡就是指与经济稳定和经济发展或增长相适应的某种国际收支。明确国际收支均衡的含义,是以此为目标的国际收支调节政策制定的前提。

2. 国际收支失衡类型

按照国际收支失衡的原因不同,国际收支失衡可分为以下六种类型。

(1)季节性和偶然性的失衡

由于生产、消费有季节性变化,一个国家的进出口也会随之而变化。季节性变化对进出口的影响并不一样,因而造成季节性的国际收支失衡。例如,在那些以农产品为主要出口商品的发展中国家,国际收支失衡就常常表现为季节性失衡。因为这些国家的农业部门要根据季节的需要来进口化肥、机械设备和燃料等,或在收获之前,这些国家必须进口食物以满足消费的需要,其贸易的季节性变化十分明显。

无规律的短期灾变也会引起国际收支的失衡,这被称为偶然性失衡。例如,洪水、地震这样的自然灾害造成谷物歉收而减少了谷物出口。这种偶然性失衡对国际收支的影响是一次性的,且引起的失衡是暂时性的。

(2)周期性失衡

市场经济国家,由于受商业周期的影响,周而复始地出现繁荣、衰退、萧条、复苏四个阶段,在周期的不同阶段,无论是价格水平的变化,还是生产和就业的变化,或两者的共同变化,对国际收支状况都会产生不同的影响。这种因景气循环使经济条件变动而发生的盈余和赤字交互出现的国际收支失衡,称为周期性失衡。另外,从资本项目来看,经济繁荣时期投资前景看好,资本流入增加,萧条时期投资前景暗淡,资本流出增加。

(3)结构性失衡

当国际分工格局或国际需求结构等国际经济结构发生变化时一国的产业结构及相应的生产要素配置不能完全适应这种变化,从而发生的国际收支失衡,称为结构性失衡。世界各国由于自然资源和其他生产要素禀赋的差异而形成了一定的国际分工格局。这种国际分工格局随要素禀赋和其他条件的变化将会发生变化,任何国家都不能永远保持既定的比较利益。如果一个国家的产业结构不能随国际分工格局的变化(按比较利益原则)而得到及时的调整,便会出现结构性国际收支失衡(实为贸易收支失衡)。

(4)货币性失衡

一国货币价值变动(通货膨胀或通货紧缩)引起国内物价水平变化,从而该国一般物价水平与其他国家比较相对地发生变动,由此引起的国际收支失衡,称为货币性失衡。当一国的生产成本与一般物价水平普遍上升,使其相对高于其他国家,则该国的出口会受到抑制,而进口则受到鼓励,其经常项目收支便会恶化,造成国际收支赤字。物价上涨在发展中国家更加严重,年率达50%或更高的"奔驰型"物价上涨率并不少见。西方经济学家一般认为,物价上涨是战后国际收支失衡最重要的原因之一。

(5)外汇投机和不稳定性国际资本流动造成的国际收支失衡

在短期资本流动中,不稳定的投机与资本外逃是造成国际收支失衡的另一个原因,它们还会激化业已存在的失衡。投机性资本流动是指利用利率差别和预期的汇率变动来牟利的资本流动。它主要取决于两个因素,即各国货币之间的力量对比(也就是汇价的对比),以及各国相对的利率水平。投机可能是稳定的,也可能是不稳定的。稳定性投机与市场力量相反,当某种货币的需求下降,投机者就买进该货币,从而有助于稳定汇率。而不稳定的投机会使汇率累进恶化,投机造成贬值,贬值又进一步刺激了投机,从而使外汇市场变得混乱。资本外逃与投机偏好不同,它不是希望获利,而是害怕损失。当一个国家面临货币贬值、外汇管制、政治动荡或战争威胁时,在这个国家拥有资产的居民与非居民就要把其资金转移到他们认为稳定的国家,造成该国资本的大量外流。不稳定的投机和资本外逃具有突发性、数量大、在国际资本流动迅速的特点。

(6)收入性失衡

收入性不平衡是指各国收入平均增长速度差异所引起的国际收支不平衡。在其他条件不变的前提下,一国收入平均增长速度越高,该国进口会增长得越快。因为收入增加会使企业增加对进口生产资料的需求,使得居民增加对进口消费资料的需求。因此,收入增长较快的国家容易出现国际收支逆差,相反,则易出现国际收支顺差。但如果一国在收入增长过程中,通过规模经济效益和技术进步引起生产成本下降,则收入增长不仅使进口增加,还会使出口增长。因此,收入性不平衡以其他条件不变为前提。

真题回顾

(东北财经大学2011)由于国际市场对本国出口和进口的需求与供给条件发生变化,本国贸易无法迅速调整所导致的国际收支不平衡,称之为(　　)。

A. 周期性不平衡　　B. 货币性不平衡

C. 突发性不平衡　　D. 收入性不平衡

E. 结构性不平衡

参考答案:E。这种一国的出口和进口不能随着国际需求的变化而变化的情况称为结构性不平衡。

(二)国际收支自动调整机制

1. 国际金本位制度下的国际收支自动调整机制

在金本位制下的国际收支自动调整机制就是大卫·休谟所揭示的价格—铸币流动机制。在金本位制度下,一国国际收支出现赤字,就意味着本国黄金的净输出。由于黄金外流,国内黄金存量下降,货币供给就会减少,从而引起国内物价水平下跌。物价水平下跌后,本国商品在国外市场上的竞争能力就会提高,外国商品在本国市场上的竞争能力就会下降,于是出口增加、进口减少，使国际收支赤字减少或消除。同样，国际收支盈余也是不能持久的，因为黄金内流趋于扩大国内的货币供给，造成物价水平上涨。物价上涨，不利于出口，但有利于进口，从而使盈余趋于消失。

2. 在纸币本位的固定汇率制度下的国际收支自动调整机制

(1)国际收支失衡的利率效应

一国国际收支出现赤字时，为了维持固定汇率，一国货币当局就必须干预外汇市场，抛售外汇储备，回购本国货币，造成本国货币供应量减少。这首先会带来市场银根的紧缩、利息率上升，于是导致本国资本外流的减少、外国资本流入的增加，结果使资本账户收支改善；反之，国际收支盈余，则会通过利息率下降导致本国资本流出的增加、外国资本流入的减少，使盈余减少或消除。这是国际收支失衡的利率效应。

复习提示及知识补充二

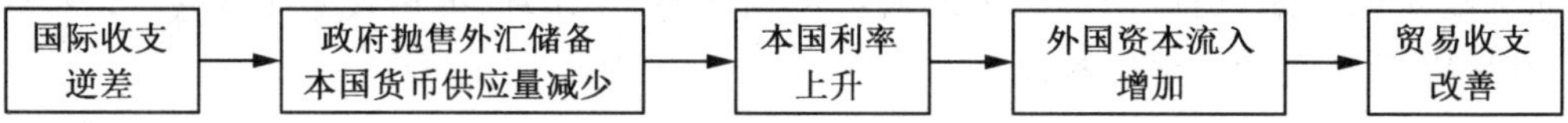

图 1—9—1　利率效应的自动调节过程

(2)国际收支失衡的现金余额效应或者收入效应

国际收支出现赤字时，货币供给减少，公众为了恢复现金余额的水平，就会直接减少国内支出(即吸收)；同时，利息率的上升也会进一步减少国内支出。而国内支出的一部分是用于进口花费的，这样，随着国内支出的下降，进口需求也会减少。这是现金余额效应或者收入效应。同样，盈余也可以通过国内支出增加造成的进口需求增加而得到自动削减。

复习提示及知识补充二

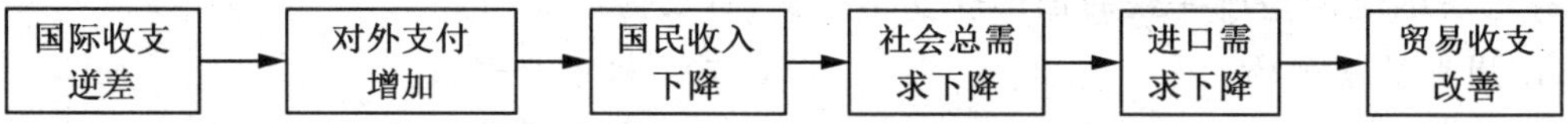

图 1—9—2　收入机制的自动调节过程

(3)国际收支失衡的相对价格效应

国际收支赤字时，货币供给的下降通过现金余额效应或收入效应(支出下降)会引起价格水平的下降，本国产品相对价格下降，会增加出口需求、减少进口需求，这便是相对价格效应。同样，盈余通过物价的上升也得以自动减少。

复习提示及知识补充

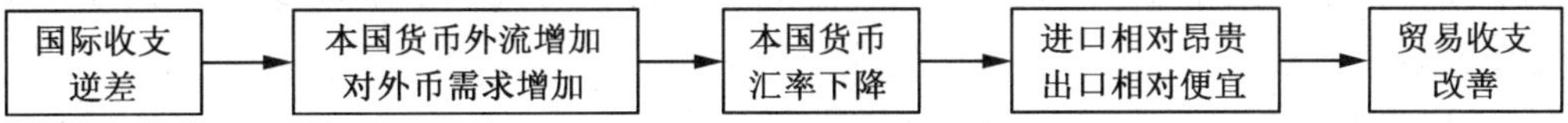

图 1—9—3　相对价格效应的自动调节过程

3. 浮动汇率制度下的国际收支自动调整机制

在浮动汇率制度下，一国当局不对外汇市场进行干预，即不通过储备增减来影响外汇供给或需求，而任凭市场的外汇供求来决定汇率的上升和下降。在这种制度下，如果一国国际收支赤字，外汇需求就会大于外汇供给，外汇的价格即汇率就会上升；反之，如果一国国际收支出现盈余，外汇需求就会小于外汇供给，外币的价格就会下跌。通过汇率随外汇供求变动而变动，国际收支失衡就会得以消除。根据弹性论的分析，汇率的上升即本币贬值造成了本国商品相对价格的下降、外国商品相对价格的上升，将带来出口数量的增加、进口数量的减少，只要一国出口和进口需求弹性满足马歇尔—勒纳条件，国际收支赤字就会减轻甚至消除。同样，国际收支盈余通过本币汇率升值也会自动减轻或消除。

(三)国际收支调节政策及其选择

1. 可供选择的国际收支调节政策

(1)外汇缓冲政策——融资或弥补(指一国货币当局运用官方储备的变动或临时向外筹借资金来抵消国际收支失衡所造成的超额外汇需求或外汇供给)

一般是建立外汇平准基金，该基金保持一定数量的外汇储备和本国货币，当国际收支失衡造成外汇市场的超额外汇供给或需求时，货币当局就动用该基金在外汇市场上公开操作，买进或卖出外汇，消除超额的外汇供求。外汇缓冲政策运用的难点是如何判断失衡的类型，因为它只能用于解决短期性国际收支失衡，该政策不适于长期的根本性失衡。该政策的运用要具备一定的条件，即必须保持实施缓冲政策所需要的充足外汇，必须具备实施公开市场操作的有效条件。

(2)需求管理政策——财政和货币政策(政府运用紧缩性或扩张性的财政、货币政策，通过收入效应、利率效应和相对价格效应加以调节)

财政、货币政策可以通过三个渠道来影响国际收支，分别称为收入效应、利率效应和相对价格效应(或称替代效应)。当一国国际收支赤字时，政府当局应采取紧缩性的财政、货币政策。

首先，紧缩性的财政、货币政策通过乘数效应减少国民收入，由此造成本国居民商品和劳务支出的下降。只要它能够降低本国的进口支出，就可以达到纠正国际收支赤字的效果。这一收入效应的作用大小显然取决于一国边际进口倾向的大小。其次，紧缩性的货币政策通过本国利息率的上升、吸引资金从国外的净流入来改善资本账户收支。这一利率效应的大小取决于货币需求的利率弹性与国内外资产的替代性高低。再次，紧缩性的财政、货币政策还通过诱发国内生产的出口品和进口替代品的价格下降提高本国产品的国际价格竞争能力，刺激国内外居民将需求转向本国产品，从而获得增加出口、减少进口的效果。这一相对价格效应的大小主要取决于进、出口供给和需求弹性。

(3)汇率政策

汇率政策是指运用汇率的变动来纠正国际收支失衡,可选择汇率制度的变更、外汇市场干预或官方汇率贬值。

(4)直接管制政策

直接管制包括外汇管制和贸易政策。从实施的性质来看,直接管制的措施有数量性管制和价格性管制之分。前者主要针对进口来实施,包括进口配额、进口许可证、外汇管制等各种进口非关税壁垒。后者既可用于减少进口支出,主要指进口关税,也可用来增加出口收入,如出口补贴、出口信贷优惠等。从实施的效果来看,数量性管制措施能够在短期内迅速削减进口支出,立竿见影;而价格性管制措施的作用渠道则基本上等同于汇率政策。

①直接管制的优点:和汇率贬值同属于支出转换政策,但前者属于选择性控制工具,而后者属于全面性控制工具。其实施通常能使国际收支的改善收到非常迅速的效果。直接管制措施的特点是比较灵活,可以针对具体不同的进出口项目和资本流动有区别地予以实施。一国可以对维持生产和生活水平所必需的中间产品和消费品进口、对扩大生产能力所需的资本品(机器设备等)进口不实行限制,或者限制程度轻一些,而对奢侈品进口严加控制;同时在出口方面可以重点奖励重要的或非传统的产品生产和出口。因此,适当地运用直接管制措施,可以在纠正国际收支赤字的同时不影响整个经济局势。

②直接管制的缺点:

A. 往往是变显性赤字为隐性赤字。一旦予以取消,除非经济结构相应得到改善,否则国际收支赤字仍然会重新出现,因此,许多国家采用直接管制措施,主要是用以配合产业政策的实施。

B. 直接管制还十分容易引起贸易伙伴国的报复。一旦对方国家也实行相应的报复性措施,往往导致国与国之间的“贸易战”,使原先实行直接管制措施的国家前功尽弃。

C. 实行直接管制,也容易造成本国产品生产效率低下,对外竞争力不振,引起官僚作风和贿赂风气的兴起。因此,西方国家对采用这项措施一般比较谨慎。

2. 国际收支调节政策的选择与配合

采用什么样的政策来调节国际收支,首先取决于国际收支失衡的性质,其次取决于国际收支失衡时国内社会和宏观经济结构,再次取决于内部均衡与外部均衡之间的相互关系。每一种国际收支调节政策都会对宏观经济带来或多或少的调节成本,所以必须进行相机抉择,搭配使用各种政策,以最小的经济和社会代价达到国际收支平衡或均衡。

四、国际储备的基本内涵

(一)国际储备的概念

国际储备,是指一国货币当局能随时用来干预外汇市场、支付国际收支差额的资产。按照这个定义,一种资产必须具备三个特征,方能成为国际储备。第一个特征是可得性,即它是否能随时、方便地被政府得到;第二个特征是流动性,即变为现金的能力;第三个特征是普遍接受性,即它是否能在外汇市场上或在政府间清算国际收支差额时被普遍接受。

按照国际储备的定义和特征,广义的国际储备可以划分为自有储备和借入储备。自有储备和借入储备之和又可称为国际清偿力。通常所讲的国际储备是狭义的国际储备，即自有储备，其数量多少反映了一国在涉外货币金融领域中的地位。而自有储备和借入储备所构成的国际清偿力，则反映了一国货币当局干预外汇市场的总体能力。

(二)国际储备的构成

1. 黄金储备

即一国货币当局作为金融资产持有黄金。非货币用途的黄金(包括货币当局持有的)不在此列。

2. 外汇储备

外汇储备是一国政府持有的、被各国普遍接受的、可自由兑换的外国货币及其表示的短期金融资产(主要是银行存款和国库券)，是当今国际储备的主体。

3. 在 IMF 的储备头寸

在 IMF 的储备头寸是指成员国在 IMF 普通账户中可以自由提取使用的资产，又称普通提款权，具体包括：成员国向 IMF 缴纳份额中的外汇部分(基金份额的 25%)；IMF 用去的成员国本国货币份额部分；IMF 向成员国的借款。一国储备头寸的多少与该国在 IMF 中的份额成正比，但在国际储备中总体比重较小。

4. 特别提款权

特别提款权(SDR)是 IMF 对成员国按其份额分配的、可用以归还 IMF 贷款和成员国政府间清偿债权债务的账面资产。一国分配得到的尚未使用完的特别提款权构成其国际储备资产。特别提款权具有与其他储备资产不同的特点：

(1)它不具有内在价值，是 IMF 人为创造的纯粹账面资产。其价格根据主要发达国家货币汇率加权平均算出。

(2)它没有商品贸易及金融交易基础，由 IMF 按基金份额比例无偿分配给成员国。

(3)限定在成员国政府与 IMF 及各成员国之间发挥作用。

(三)国际储备与国际清偿力

国际清偿力的含义比国际储备要广泛一些，可定义为一个国家为本国国际收支赤字融通资金的能力。它不仅包括货币当局持有的各种国际储备，而且包括该国从国际金融机构和国际资本市场融通资金的能力、该国商业银行所持有的外汇、其他国家希望持有这个国家资产的愿望，以及该国提高利率时可以引起资金流入的程度等。实际上，它是指一国弥补国际收支赤字而无须采取调整措施的能力。比较来看，一国国际储备概念只限于无条件的国际清偿能力，而不包括有条件的国际清偿能力(即一国潜在的借款能力)。

真题回顾

(上海财经大学 2012)下列是对中国持有 3.2 万亿美元外汇储备的评价，其中错误的是(　　)。

A. 美元相对于其他货币的贬值，会使我国的储备缩水

B. 过分集中于美元资产，会使中国政府处于被美国政府绑架的尴尬地位

C. 储备多，意味着大量的资源被闲置

D. 过多的储备给别国提供了要求人民币升值的借口

参考答案:C。中国持有美元外债是出于各种原因的,那么,储备多并不能够说明是闲置资源过多,仅仅可以认为会影响国内资本的使用效率。

复习提示及知识补充

虽然借入储备多半是短期的,但因为引起汇率波动的因素有许多是短期因素,因此,包含自有储备和借入储备的国际清偿力常常被经济研究人员和外汇市场交易者视作一国货币金融当局维持其汇率水平能力的重要依据。

表 1—9—4　　国际清偿力的构成要素

自由储备(国际储备)	借入储备
(1)黄金储备	(1)备用信贷
(2)外汇储备	(2)互惠信贷
(3)在基金组织的储备地位	(3)支付协议
(4)在基金组织的特别提款权余额	(4)商业银行的对外短期可兑换货币资产
	(5)其他类似的安排

五、国际储备的作用

(一)融通国际收支赤字

当一国发生国际收支困难时,通过动用外汇储备,减少在基金组织的储备头寸和特别提款权持有额,在国际市场上变卖黄金来弥补国际收支赤字所造成的外汇供求缺口,能够使国内经济免受调整政策产生的不利影响,有助于国内经济目标的实现。当然,一国国际储备不是用之不尽的,所以它应付国际收支困难的能力是有限的。对于短期性国际收支赤字,可通过动用国际储备来弥补;对于长期性国际收支赤字,一定规模的调整是必不可少的。

(二)干预外汇市场,维持本国汇率稳定

国际储备可用于干预外汇市场,影响外汇供求,将汇率维持在一国政府所希望的水平上。在布雷顿森林体系下,国际储备的动用既作为支付手段弥补了国际收支赤字,同时也作为干预资产维持了汇率的稳定。当然,外汇干预只能在短期内对汇率产生有限的影响,它无法从根本上改变汇率变动的长期趋势。

一国持有国际储备的多少表明一国干预外汇市场和维持汇率的实力,一国拥有雄厚的国际储备不仅为当局客观上提供了干预资产,而且还通过增强国外市场人士心理上对本国货币的信心,维持了本币在外汇市场的坚挺走势。

(三)充当对外举债的保证

国际储备充足,可以加强一国的资信,吸引外国资金流入,促进经济发展。国际金融机构和银行在对外贷款时,往往要事先调查借债国偿还债务的能力。一国持有的国际储备状况是资信调查、评价国家风险的重要指标之一。

六、国际储备的供给

一国对国际储备总量的管理，从根本上说，就是使国际储备的供应保持在最适度国际储备量的水平或区域上。如上所述，IMF 会员国的国际储备是由货币性黄金、外汇储备、特别提款权和在 IMF 的储备头寸所组成的，所以一国国际储备供给应以这四个要素的增减为转移。具体地说，影响一国国际储备供给的主要因素有：

1. 国际收支顺差

国际收支盈余是国际储备最主要和最直接的来源。在汇率固定的情况下，国际收支顺差（逆差）意味着该国国际储备存量的增加（减少），或者说是该国国际储备支出流量的减少（增加）。在国际收支平衡表中，若忽略错误与遗漏项目，则有国际储备变动额＝经常项目差额＋资本项目差额。国际收支经常项目差额由资本项目差额来弥补经常项目及资本与金融账户两者差额之和，反映在资本与金融账户项目上国际储备的变化额。需要指出的是，经常项目盈余是比资本项目盈余更为可靠和稳定的国际储备来源。经常项目盈余表明一国的对外贸易处于优势地位，通过持续巨额的经常项目盈余可以迅速增加一国的国际储备。资本项目的盈余也可以增加国际储备，但长期资本项目顺差如没有新资本流入会因投资收益的汇出或还本付息而造成不稳定，短期资本项目顺差因其流动性强就更加不稳定。因此，经常项目顺差是增加一国国际储备的主要途径。

2. 干预外汇市场

一国货币当局干预外汇市场可以改变该国的国际储备存量。当一国货币面临较强劲的升值压力时，该国货币当局为避免汇率波动对国内经济及对外贸易带来不利影响，必然会进入外汇市场抛售本币、收购外汇，由此收进的外汇便可以用于补充一国的国际储备。例如，近年来面对日元的不断升值，日本货币当局在外汇市场上大量抛售日元、收购美元。一方面，稳定了日元与美元间的汇率，同时又增加了日本的国际储备。当一国货币面临下浮压力时，为维持汇率的稳定，该国货币当局也可以在外汇市场上抛售外汇、购进本币，抛售的外汇构成了一国国际储备的减少。

3. 国际借贷

一国政府或中央银行向国外借款。如从国际金融机构或他国政府取得贷款，以及中央银行间的互惠信贷等均可补充其外汇储备。随着各国资本市场的对外开放，各国中央银行互换货币安排的增加，以及国际金融市场的迅速发展，各国通过国际借贷融通国际收支逆差和官方储备不足的能力有了很大提高。这就使各国国际储备的供应有了很大的弹性；反之，当一国政府向国外提供贷款（储备货币贷款）时，就减少了该国的国际储备。

4. 收购黄金

官方黄金存量的增加主要有两条渠道：一是从国内收购并由中央银行窖藏的黄金；二是在国际黄金市场上收购的黄金。对于大多数国家来说，由于其货币不被国家间普遍接受，所以在国际黄金市场上收购黄金仅仅改变了其国际储备的构成，而国际储备的总量并未有太大的改变。

5. 在 IMF 的储备头寸和特别提款权的分配

储备头寸的增加和特别提款权的分配都是 IMF 成员国国际储备的另一种来源。但是，由于其数量极其有限,分配结构又不合理,加之各国一般无法主动增加其持有额。所以,这两个部分的变化对一国国际储备供给的影响有限。

6. 储备资产的收益

储备资产的收益包括两个部分:一部分是储备外汇存款利息,作为储备资产的国外债券、国库券等的收益;另一部分是由于汇率的变动所造成的一国外汇储备折成特别提款权或美元的溢价,也包括由于金价的上涨所造成的黄金储备数量不变的情况下黄金储备价值的增加。

外汇干预是一国增减国际储备的主要渠道。当一国货币当局在外汇市场上抛售本国货币、购入外国货币时,这部分新增的外汇就列入外汇储备;反之,当一国货币当局向外汇市场提供外汇时,本国的外汇储备就会下降。除了外汇干预外,一国货币当局还可以直接从国际金融市场或国际金融机构借入贷款来补充外汇储备。储备货币的发行国还可以通过互换货币协议相互提供外汇储备。

从根本上看,外汇储备增加的来源是国际收支盈余,其中,经常账户盈余是更为可靠、稳定的来源,而来自资本账户盈余的新增外汇储备则具有借入储备的性质。值得注意的一个问题是,在国际收支差额与外汇储备的这种关系之下,一些国家通过国际收支长期盈余缓解了对外汇储备的需求,却出现了外汇储备的积累;而赤字国一方面增加了对国际储备的需求,另一方面却出现了外汇储备的下降。国际收支差额对外汇储备供给和需求两方面的反悖制约是现行国际储备体制所面临的一个重大困境,是今后国际货币制度改革的一个重大问题。

国际储备的供应问题又在国际社会上引起争论。一种观点认为,尽管国际储备在维持僵化的汇率制度方面收效甚微,但对于维持经常性对外支付、保证经济正常运转方面却依然具有十分重要的作用,特别是对维持与增强国际社会信心有良好的效果。另一种观点则认为,面对数量巨大的国际游资,一国货币当局运用国际储备在外汇市场上实施干预的效果十分有限,而且国际储备的过度增长会通过一国国内的货币机制引起基础货币乃至货币供应总量的过分增长,从而对该国的物价水平形成上涨压力,并借助开放经济条件下的各种传递机制使通货膨胀在世界范围内扩散与传递。

七、国际储备的需求

(一)特里芬关于国际储备与进口关系的论述

美国经济学家罗伯特·特里芬在 1960 年论述了关于国际储备与进口的关系。他分析了第一次世界大战后至 1957 年世界上 34 个国家的国际储备资料,认为一国国际储备应与它的进口额保持一定的比例关系。这一比例以 40%为标准,以 20%为最低限。如果该比例低于 30%,就必须对国际收支进行调整。其局限性是忽略了因资本流动引起的对外支付及干预市场的储备需要。

(二)影响一国国际储备需求数量的主要因素

1. 进口规模

由于国际储备最基本的作用是弥补国际收支逆差,进口规模大、占用外汇资金多,发生逆差的可能性及数额往往也大,因而需要有较多的外汇储备作为后盾。一般采用年进口额与储备量的比例来确定最佳储备量，认为这一比例的范围是20％－50％。

2. 进出口（或国际收支）差额的波动幅度

波动幅度越大，对储备的需求就越大；反之，则越少。

3. 汇率制度与外汇管制程度

国际储备很重要的一个作用是干预外汇市场，维持汇率稳定。若一国实行固定汇率制，并且政府不愿意经常性地改变汇率水平，相对地，它就需要持有较多的储备以应付国际收支可能产生的突发性巨额逆差或外汇上突然爆发的大规模投机。而进行严格的外汇管制的国家，干预货币就可以少一些。

4. 国际收支自动调节机制和调节政策的效率

调节政策的效率越高，储备需求越小；反之，需求就越大。

5. 持有储备的机会成本

一国政府的储备往往以存款的形式存放在外国银行。但是，将获取的储备存放在国外会导致一定的成本。因此，持有储备的相对（机会）成本越高，储备的保有量就应越低。

6. 进入国际金融市场筹借应急资金的能力与成本

一国出现对外支付困难或外汇市场出现异常波动需要政府出面干预时，货币当局既可动用储备，也可通过国际金融市场筹借资金。如果一国与国际金融市场有着密切联系，能够迅速地以相对较低的成本借入资金，说明该国筹借应急资金的能力就强，它所需要持有的国际储备就可以少一些。

7. 金融市场的发育程度

金融市场越发达，其提供的诱导性储备对利率和汇率等调节政策的反应就越灵敏，储备的需求也可以相应地越少。

8. 国际资金流动情况

由于国际资金流动的规模非常大，因此，一国在不能有效利用国际金融市场来借入储备的情况下其自由储备的数量需求就大大增加。

八、国际储备的结构管理

一国对国际储备的管理，除了在量上将国际储备保持在最适度水平上外，还需要在质上拥有一个适当的国际储备结构，尤其是各种储备货币的构成。这具体包括国际储备货币种类的比例安排和储备资产流动性结构的确定。

（一）国际储备货币种类的比例安排

国际储备货币种类的比例安排是使外汇、黄金、普通提款权和特别提款权四种形式的储备资产之间保持适当的比例关系，以降低风险，增加收益。多年来由于各国的黄金储备量保持相对稳定，普通提款权和特别提款权又受制于各国在IMF中的储备份额，货币当局难以控制。因此，国际储备货币种类的比例安排实际上变成了外汇币种管理。

浮动汇率制度下，各主要储备货币间的汇率波动，造成了不同储备货币的收益差异和不确定性。为了在获得一定收益率的同时，将风险降低到最低限度，在安排各种储备货币比例时，应考虑以下几个因素：(1)进出口地区结构。持有国际储备的重要目的之一是弥补贸易逆差，一国外汇储备所面临的风险主要来自该国进口大于出口的那些国家货币，因此，该国应将储备资产集中在这些币种上，避免在货币兑换时承担汇率风险。(2)一国以各种货币表示的对外债务净额。(3)一国的储备资产中要保持足够的干预货币，政府买卖这种干预货币可对外汇市场产生较大影响。(4)实行储备资产多样化、分散化，以抵消或降低汇率风险。

一般而言，一国的国际储备可以分为两部分：一部分用于日常弥补赤字和干预外汇市场需要，称为交易性储备；另一部分用于不可预测的突发性的内外冲击，称为预防性储备。前者应与弥补赤字和干预市场所需货币保持一致，后者应按分散原则进行投资。

(二)储备资产流动性结构的确定

权衡的主要是流动性与营利性之间的关系。一般来说，流动性是与营利性成反比关系的。流动性(或变现性)高的资产，营利性往往就低；而营利性高的资产，其流动性往往就低。根据流动性将储备资产划分为三个档次。

(1)一级储备或流动储备资产。

(2)二级储备。

(3)收益率高但流动性低的储备资产。

一国应当拥有足够的一级储备来满足国际储备的交易性需求。一旦满足当局就可以将剩余的储备资产主要在各种二级储备与高收益储备之间进行组合投资，以期在保持一定的流动性条件下获取尽可能高的预期收益率。

在安排流动性结构中，还应将黄金、特别提款权和储备头寸考虑进去，从流动性程度来看，会员国在IMF的储备头寸类似于一级储备，特别提款权视同二级储备。而黄金可列为高收益、低流动性的储备资产。

由于国际储备本身的性质，各国货币当局在安排其资产结构时通常较私人投资者更注重资产的安全性和流动性，而相对不那么积极追求营利性。各国大多尽量限制储备资产投资于世界银行和存在国家风险的国家，或投资于公司债券，而愿意投资于政府债券和AAA级的欧洲债券。

(三)我国外汇储备激增的原因

第一，在全球收支不平衡的大背景下，美国因经常项目持续逆差成为全球最大的借债国，包括中国在内的大多数东亚国家则由于经常项目的持续顺差，成为国际债权国。高额的外汇储备不过是全球收支不平衡在我国的外在表现。

这种全球收支不平衡的内在原因是美国国民储蓄下降，国内储蓄小于国内投资，不得不从其他国家大量借债，东亚国家则由于高额储蓄不能有效转化为国内投资而成为美国高额逆差的融资来源。

从全球视角看，包括中国在内的东亚国家的国际债权国地位，成就了美国的国际债务国地位。与美国等发达国家资本流出的结构不同，中国大量的资本流出不是私人资本流出，而是在我国的国际收支平衡表上并没有直接表现出来的官方资本流出，也就是所谓的外汇储备资产的对外投资。可以说，我国高额的外汇储备只不过是全球收支不平衡在我国的外在表现。

第二，国际货币体系的安排使得我国面临“高储蓄两难”。

布雷顿森林体系之后，美元仍然是事实上的本位货币，也是最主要的储备货币。几乎所有东亚国家的区内贸易和大部分与区外国家的贸易都是以美元计价。按照当代金融发展理论奠基人、美国斯坦福大学教授麦金农的说法，任何无法以本币提供信贷的国际债权国都将出现货币错配问题，产生“高储蓄两难”。一方面，随着美元债权的积累，美元资产持有者会越来越担心美元资产不断转换成本币资产，迫使本币升值；另一方面，贸易逆差国也会抱怨贸易顺差是由于货币低估和货币操纵所致。中国作为国际债权国，不能以本币提供信贷，债权也不能以本币计值，只能大量持有美元资产，储备资产的累积造成人民币升值压力。在人民币升值预期的作用下，资本大量流入，使储备资产进一步增加。而人民币一旦升值，巨额的储备资产不得不遭受汇兑损失。

因此，在目前这种国际货币体系安排下，巨额的外汇储备是维持人民币币值信心的保障，而其代价就是要承担美元贬值的风险。

第三，外汇储备持续累积体现了我国贸易竞争力和对外资吸引力的增强，也反映了长期以来“有偏”的外贸、外资和外汇管理政策。

从中国外汇储备的来源看，经常项目和资本项目的双顺差是我国外汇储备增加的直接原因。经常项目和资本项目的双顺差体现了改革开放以来我国贸易竞争力和对外资吸引力的增强，但是从目前来看，作为一个发展中的大国，偏离中性的外资和外贸政策，如出口退税政策、关税政策、外资优惠政策、内外资差别所得税政策等造成大量、优质的要素资源流向外资和对外经济部门，产生了经济对外需和外资经济的过度依赖问题，粗放式外向型经济增长模式的弊端彰显。在资本项目管制方面，我国“宽进严出”的不对称管制结构以及对汇兑的限制使得外汇需求受到了压抑，助长了国际收支的失衡。

第四，人民币汇率对均衡汇率存在一定程度的偏离，扭曲了国内外产品、贸易品和非贸易品、人民币资产和美元资产之间的价格，造成持续的贸易顺差和资源错配。

汇率作为一个联系内外部经济的特殊变量，其偏差必然产生国内外的商品套利，扭曲国内外产品、贸易品和非贸易品、人民币资产和美元资产之间的价格，造成不合理的利益导向和资源错配。

目前，尽管国内外专家、学者对人民币均衡汇率的测算结果差别很大，但对人民币存在一定程度的偏差基本达成共识。比如，汇率的低估使得中国产品更便宜，在中国购买、在国外销售有利可图，而在国外购买商品在中国销售就吃亏，也就是说，汇率低估对出口有利、对进口不利；而另一方面，在低估的汇率水平下，为了减少外汇储备而鼓励进口，实际上就是在鼓励国内企业做赔本的生意。可见，汇率偏差形成的国内外商品的价格以及套利机会是我国产生持续的贸易顺差的重要原因之一。

此外，汇率偏差还使得贸易品的价格相对较高，生产贸易品更有利，生产非贸易品相对不利，造成资源大量流向贸易部门；从国内外资产价格角度来看，人民币资产如果按照低估的汇率转换成美元资产后真实价值贬值，这也是我国企业“走出去”的阻碍因素之一。

第五，汇率升值预期造成的短期投机资本的流入带来的外汇储备的“虚增”，进一步放大了人民币升值压力。

如果多数人认为人民币汇率存在低估，就必然存在升值预期。升值预期刺激资本大量流入，造成短期外债大幅增加。投机性的短期资本已经成为推动我国外汇储备超常增长的重要因素。与贸易项下不同，资本流入形成的外汇储备是债务性储备，与对外负债相对应，不仅需要还本、付息或利润汇回，而且由于其具有很大的不稳定性，只是带来了外汇储备的

"虚增",而这种"虚增"却进一步强化了人民币升值的预期。

第六,外汇储备的持续累积说明了中央银行对外汇市场干预力度的加大。

为了维持汇率目标,中央银行在外汇市场上买入外汇,同时投放大量的基础货币,也可以说是中央银行用发行钞票或举债(如发行央行票据)的方式兑换了大量的外币资产,形成中央银行的储备资产。

九、国际资本流动概述

(一)国际资本流动的概念

国际资本流动是指一个国家(或地区)与另外一个国家(或地区)之间,以及国际金融组织之间资本的流入和流出。资本的本质决定了资本跨国流动的本质,是居民的一部分储蓄或社会剩余劳动积累在不同社会再生产体系、不同社会经济分配体系、不同政府宏观决策体系之间的运动。

(二)长期资本流动

1. 长期资本流动的定义

期限在一年以上的资本流动是长期资本流动,它包括直接投资、证券投资和国际贷款。

2. 长期资本流动的类型

(1)直接投资

国际直接投资是指一国企业或个人对另一国的企业等机构进行的投资。直接投资可以取得对方或东道国厂矿企业的全部或部分管理和控制权。直接投资主要有三种类型:①创办新企业。如在国外设立子公司、附属机构,或者与多国资本共同在东道国设立合营企业等;②收购国外企业的股权达到一定比例以上;③利润再投资。投资者在国外企业投资所获利润并不汇回国内,而是作为保留利润对该企业进行再投资。

按照投资者的不同动机,庞大的国际投资可细分为:

①资源导向型投资:到资源禀赋丰足的国家直接投资,建立原材料生产基地和供应网点。

②出口导向型投资:绕开贸易保护主义的各种关税和非关税壁垒,打开国外市场的大门。

③降低成本型投资:把劳动力密集型产品的生产转移到劳动力资源充裕和便宜的国家、地区,在原材料产地附近投资建厂,节约运输费用,东道国政府为吸引外资所给予的优惠待遇有助于减少成本开支。

④研究潜力型投资:向技术先进的国家直接投资,建立或控制高技术子公司,以获得一般的商品贸易或技术转让协议等方式得到先进技术。

⑤一些企业的资金、技术、设备和管理等资源已超过国内生产经营的需要而可能被闲置起来,到国外直接投资建厂,使闲置资源获得增值机会。

⑥分散风险型投资:市场的缺陷和政治局势的动荡可能带来经营风险,在更大范围内建立一体化空间和内部体系,化解外部市场缺陷造成的障碍,避免政局不稳定带来的损失。

复习提示及知识补充三

注意：投资收益是国际收支平衡表的经常项目内容，利润再投资则属于金融账户内容，可以分两步来理解：先取得利润收益，再投资于实业，所以应归类于直接投资。

直接投资实际并不仅限于国家间的资本流动，它还包括企业的管理权限和方法、生产技术、市场营销渠道、专利专买权和商标等多种无形要素的转移。其实现有时也不需要资本在国家间的实际移动。比如，投资者可以在东道国筹集资金或者用公司的保留利润进行再投资，或用专利、商标等无形要素入股等。

（2）证券投资

证券投资也称为间接投资，是指通过在国际债券市场上购买中长期债券，或者在国际股票市场上购买外国公司股票来实现的投资。

（3）国际贷款

国际贷款主要有政府贷款、国际金融机构贷款、国际商业银行贷款和出口信贷。

①政府贷款。政府贷款是一个国家政府向另一个国家政府提供的贷款，其目的是为了促进本国商品劳务的出口及企业对外投资等。政府贷款的利率较低，期限也长，其资金来自国家预算资金，但是政府贷款的数额一般不大。政府贷款一般是有条件的，或者是指定用途的，比如规定必须用于购买贷款国企业的出口商品，或者用于指定开发援助项目。

②国际金融机构贷款。国际金融机构贷款是国际金融机构向其成员国政府提供的贷款。国际金融机构贷款也不以直接盈利为目的，具有援助的性质。贷款利率视其资金来源以及贷款接受国的国民收入水平而定，通常要比私人金融机构的贷款利率低，期限也相对长。

③国际商业银行贷款。国际商业银行贷款也是国际资本流动的重要组成部分。国际商业银行贷款不限定用途，借款人可以自由运用资金，而且贷款资金的数额也不受限制，可以很大。大数额的国际商业银行贷款通常采取辛迪加银团贷款的形式，由一家银行牵头，多家银行参加，共同对一个借款人提供贷款资金，并且共同分担贷款风险。国际商业银行贷款不仅数额大，而且期限也很长；但是与其他类型的国际贷款相比，国际商业银行贷款的利率高，不带有任何援助性质，以直接盈利为目的。能否借到国际商业银行贷款全凭借款人自身的信誉，或有无高信誉政府机构的担保，所以一般低收入发展中国家是很难大规模地利用国际商业银行贷款资金的。

④出口信贷。出口信贷是与国际贸易直接相关的中长期信贷。它是商业银行对本国出口商或者外国进口商及其银行提供的贷款，其目的是为了解决本国出口商的资金周转困难，或者是满足外国进口商对本国出口商支付货款的需要。出口信贷的一般特点是：贷款指定用途，必须用于购买贷款提供国的出口商品；贷款利率低，其低于国际金融市场的差额通常由出口国政府或政府金融机构予以补贴；有偿还担保，一般由出口国的官方或半官方的信贷保险机构承担。出口信贷还可以分为卖方信贷和买方信贷。卖方信贷是出口商的联系银行向出口商（卖方）提供的信贷，出口商可以利用这笔资金向外国进口商提供延期分期付款的信贷。

买方信贷是目前国际上较为通用的出口信贷形式，是由出口方的银行直接将贷款提供

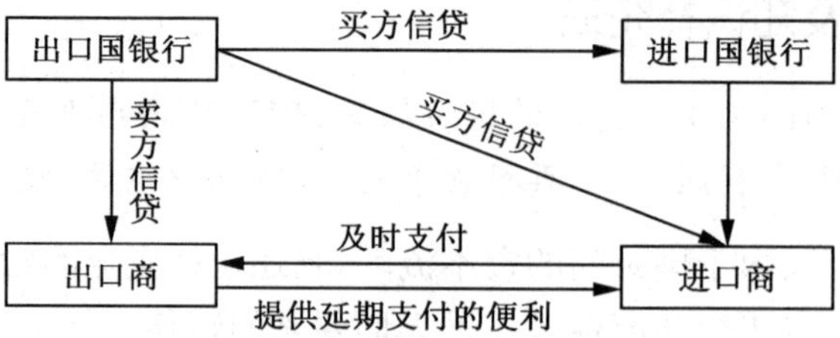

图 1—9—4　出口信贷

给进口商或者进口商的联系银行,贷款用于向出口商支付货款。由于贷款直接提供给买方,所以称为买方信贷。一般的做法是进出口商签订贸易合同后,进口商先以现金支付 10%—15%的货款定金,然后进出口双方的开户银行也签订一项买方信贷协议,规定由出口方银行向进口方银行提供一笔信贷资金。根据协议,资金必须转贷给指定的进口商,待出口商交货后,进口商将利用贷款资金支付全部进口商品货款,然后进口方银行将根据买方信贷协议的规定,分期向出口方银行偿还贷款本息。最后进口商与其开户银行之间的债务偿还问题,由双方商定在国内解决。

复习提示及知识补充四

国际贷款也是长期资本流动的一种重要形式,这里是按照贷款提供主体来分类的。需要注意这里的国际贷款期限应该是在一年以上(长期)。应该掌握买方信贷和卖方信贷的程序;为什么买方信贷更为常用?因为买方信贷利用的是银行信用,信用度比商业信用高。

3. 证券投资与直接投资的区别

证券投资与直接投资的区别在于,证券投资者对于投资对象企业并无实际控制和管理权,即使是购买股票的投资也没有达到能够控股的比重,所以证券投资者只能收取债券或股票的利息或红利;而直接投资者则持有足够的股权来管理、经营投资对象企业,并承担企业的经营风险和享受企业的经营利润。

(三)短期资本流动

1. 短期资本流动的定义

短期资本是一年或一年以下期限的各种金融资产,包括现金、活期存款以及所有货币市场金融工具。短期资本流动可以迅速和直接地影响到一国的货币供应量。现金、活期存款是货币供应量的组成部分。其他短期金融工具,如国库券、CDs、商业票据、银行承兑票据等,也都有很强的流动性,这一点与长期资本流动有所不同。

2. 短期资本流动的类型

(1)短期证券投资与贷款

各国货币之间的利息率差别可以引起资金在各个金融市场之间流动,这种追逐高利率的短期资本流动现象,一般可以用利息率平价理论加以说明。

(2)保值性资本流动

这是金融资产的持有者为了资金的安全或保持其价值不下降而进行资金调拨转移而形

成的短期资本流动。

(3)投机性资本流动

投机性资本流动是投资者在不采取抛补性交易的情况下,利用汇率、金融资产或商品价格的波动,伺机买卖、牟求高利润而引起的短期资本流动。

(4)贸易资金融通

大多数国际贸易都与资金融通有联系,贸易资金融通可以是最传统的短期国际资本流动方式。在国际贸易中,出口商通常不要求进口商立即支付全部货款,而允许进口商有一段时期延期支付。当出口商或其开户银行向进口商提供短期延期支付信贷时,进口商的对外债务增加或债权减少,这就形成了贸易融通性的短期资本流动。

(四)国际资本流动的动因

1. 国际资本流动的一般原因(麦克杜格尔模型)

传统上,人们将国际资本流动视为一种生产要素在国家间的转移,认为与国际贸易类似,国家间的要素报酬差异将造成生产要素在国家间的流动。如果与国外相比,一国的资本相对较为丰裕,则该国作为资本报酬的利息率就会较国外的利息率低,由此资本就会由该国流向他国,以谋取收益差异。相反,如果一国的资本相对匮乏,较高的利息率则会吸引国外资金的流入。

复习提示及知识补充五

麦克杜格尔模型用简单的语言来描述其本质就是:各国的资本丰裕程度不同使各国资本边际收益不同,所以可以通过资本或要素的转移,使资本的边际收益趋于一致,从而提高总的资本收益。

2. 证券投资国际分散化的动因

以上对国际资本流动的一般原因解释只能说明资本的单向流动,即从低利率国家流向高利率国家。然而,在现实中,资本在多数国家之间是相互或双向流动的。当代资本市场理论为这种现实提供了一种诠释。

诚然,各国资产收益之间的差异是资本流动的重要动因。然而,投资者除了关心投资收益的高低外,也注重投资收益的稳定性。我们知道,证券投资面临两类风险:系统风险和非系统风险。非系统风险可以通过分散化加以消除,而系统风险则无法通过分散化策略予以降低。这是因为前者是某一特定公司或产业面临的独特风险;而系统风险则是所有公司都要面临的,产生于所有公司共同经历的事件,如商业循环和宏观经济政策等。

但是,如果将投资选择扩展到世界范围,就能够在一定程度上从国际分散化中获益。各国都存在系统风险,但由于各国经济周期不会完全一致,当两国经济周期处于衰退阶段时,另一国可能正面临经济繁荣。再者,各国所实行的宏观经济政策也是根据自身的经济状况而制定的。因此,当投资范围由国内扩大到世界,使之不仅包括国内投资,而且也包括国际投资时,一些原先仅在国内投资时被认为是系统的风险就会转变成国际范围内投资的非系统风险。从实证来看,尽管各国之间经济一体化程度不断加深,但即使是发达国家之间的证券市场也不是完全互动的。只要各国证券市场的相关系数不等于1,那么投资者不仅可以在各产业间使其持有的资产组合分散化，而且还能够通过资产组合在各国间的分散化来降低风险，获取额外的收益。

(五)国际资本流动的影响

1. 国际资本流动对资本输出国经济的影响

(1)正面影响

①长期资本输出的正面影响。

A. 可以提高资本的边际效益。长期资本输出国一般是资本较充裕或某些生产技术具有优势的国家。这些国家由于总投资额或在某项生产技术领域的投资额增多，其资本的边际效益就会递减，由此使新增加的投资的预期利润率降低。如果将这些预期利润率较低的投资额，转投到资本较少或某项技术较落后的国家，便可提高资本使用的边际效益，增加投资的总收益，进而为资本输出国带来更可观的利润。

B. 可以带动商品出口。长期资本输出会对输出国的商品出口起推动作用，从而增加出口贸易的利润收入，刺激国内的经济增长。

C. 可以迅速地进入或扩大海外商品销售市场；可以为剩余资本寻求出路，生息获利。

D. 有利于提高国际地位。资本输出，一般来说，意味着该国的物质基础较为雄厚，也意味着该国更有能力加强同其他国家的政治与经济联系，从而有利于提高自己的国际声誉或地位。

②短期资本输出的正面影响。

A. 在国际贸易中，买卖双方(或银行)提供的短期资金融通，如预付货款、延期付款及票据贴现等，都有利于国际贸易双方获得资金便利，从而有利于国际贸易的顺利进行。对输出国来说，提供短期资金信贷可以促进本国的出口。

B. 短期资本输出有利于调节暂时性的国际收支顺差。

当一国的国际收支出现暂时性顺差时，该国的货币汇率就会上升，如果投机者意识到这种汇率上升仅是暂时的，预期不久就会下降，于是就按较高汇率先卖出该国货币，等待汇率下降后再以较低的汇率买进，这样就形成了该国的短期资本流出，有利于调节该国的国际收支顺差。

C. 金融市场。国际资本流动加速了全球经济和金融一体化进程，极大地增加了国际金融市场的流动性。

D. 可以拓宽提高国内投资者的暂时闲置资金的投资渠道，提高短期资金的获利率。

(2)负面影响

①长期资本输出的负面影响。

A. 必须承担资本输出的经济和政治风险。

当今世界经济和世界市场错综复杂，资本输出一不小心，如投资方向错误，就会产生经济业务风险。此外，还得承担投资的政治性风险。

B. 在货币资本总额一定的条件下，资本输出会使本国的投资下降，从而减少国内的就业机会，降低国内的财政收入，加剧国内市场的竞争，进而影响国内的政治稳定与经济发展。

②短期资本输出的负面影响。

A. 当一国出现持续性国际收支逆差时，短期资本外流会加剧该国的国际收支逆差状态，甚至引发资本外逃和货币危机。

B. 短期资本流动加剧国际金融市场动荡，造成汇率大起大落，投机更加盛行。这些动荡同样会传播到各国，尤其是短期资本输出量较大的国家一般为经济较为开放、管制比较松的国家，也很快会受到影响。

2. 国际资本流动对资本输入国经济的影响

(1)正面影响

①长期资本输入的正面影响。

A. 可以弥补输入国资本不足。一个国家获得的间接投资，通过市场机制或其他手段会流向资金缺乏的部门和地区；一个国家获得直接投资，则在一定程度上会弥补国内某些产业的空心化现象。其结果，既解决了资金不足问题，也促进了经济的发展。

B. 可以引进先进的技术与设备，获得先进的管理经验。

C. 可以增加就业机会，增加国家的财政收入。资本输入的目的很大程度上是用来创建新企业或改造老企业，这对发达国家或发展中国家都是如此。

D. 可以改善国际收支。一方面，输入资本，建立外向型企业，实现进口替代与出口导向，就有利于扩大出口，增加外汇收入，进而起到改善国际收支的作用；另一方面，资本以存款形式进入，也可能形成一国国际收支的来源。

②短期资本输入的正面影响。

A. 同样，短期资本流动有利于国际贸易获得资金便利，对输入国来说，获得短期资金信贷能方便本国进口。

B. 短期资本输入有利于调节暂时性的国际收支逆差，有利于汇率回归合理水平。

C. 同样也可以促进本国金融市场的发展完善。

D. 可以为本国政府、企业和居民提供短期流动资金，解决暂时性的流动性不足问题。

(2)负面影响

①长期资本输入的负面影响。

A. 可能会引发债务危机。输入国若输入资本过多，超过本国承受能力，则可能会出现无法偿还债务的情况，导致债务危机的爆发。

B. 可能使本国经济陷入被动境地。输入资本过多又管理不善并使本国经济不能获得长期发展的话，输入国就会对外产生很强的依赖性。

C. 加剧国内市场竞争。大量的外国企业如果把产品就地销售，必然会使国内市场竞争加剧，从而使国内企业的发展受到影响。

②短期资本输入的负面影响。

A. 若一国的输入资本中短期资本过多，则有可能引发本国股市和房地产市场泡沫，加大该国的经济运行风险。泡沫破灭即短期资本快速撤出时，可能引发一系列危机性事件。

B. 当一国出现持续性国际收支顺差时，则本国货币升值压力增大，短期资金的涌入将加剧该国的国际收支失衡状态，也增加一国货币政策执行的难度，增大通货膨胀风险。

C. 短期资本流动加剧国际金融市场动荡，表现在它会造成汇率大起大落，投机更加盛行。短期资本输入量大的国家更容易受波动影响，甚至成为投机资本攻击的对象。

十、国际资本流动理论

(一)国际资本流动的一般模型(麦克杜尔格模型)

详见上面所述:国际资本流动的一般原因。

(二)国际证券投资理论

国际证券投资理论主要有两种:一是古典国际证券投资理论:说明国际证券投资的原因和流动规律;二是资产组合理论:说明国际证券的选择和优化组合。

1. 古典国际证券投资理论

古典国际证券投资理论产生于国际直接投资和跨国公司迅猛发展之前。它认为,国际证券投资的起因是各国之间存在的利率差异。如果一国的利率低于另一国的利率,那么金融资本就会从利率低的国家流向利率高的国家,直到两国的利率相等为止。进一步说,在国际资本能够自由流动的条件下,如果两国的利率存在差别,两国能够带来同等收益的有价证券的价格也会产生差别,即高利率国家有价证券的价格低,低利率国家有价证券的价格高。这样低利率国家就会向高利率国家投资购买有价证券。

缺陷:它只说明资本从低利率国家向高利率国家的流动,而未说明国家间大量存在的双向资本流动。它是以国际资本自由流动为前提的,而现实中却对国际资本流动进行各种限制,即使国家间存在利率差异,也不一定导致国际证券投资。

2. 资产组合理论

资产组合理论是美国投资学家马科维茨在 20 世纪 50 年代末提出来的,旨在说明投资者如何在各种资产之间进行选择,形成最佳组合,使投资收益一定时风险最小,或投资风险一定时收益最大。该理论认为,投资者可凭借所拥有的证券获得投资收益,但因证券发行者不能保证投资收益的稳定性,投资者又必须同时承担投资风险,所以,投资者不能只把预期收益作为选择投资证券的唯一标准,还应该重视证券投资收入的稳定性。由多种证券混合的证券组合可以提高投资收益的稳定性,降低投资风险。因为组合中不同证券的收益与损失可以相互抵补,起到分散风险的作用。出于这种考虑,投资者可能选择不同国家的证券作为投资对象,从而引起资本在各国之间的双向流动。

评价:资产组合理论指出任何资产都具有收益与风险的两重性,并且提出以资产组合方法降低风险的思路。这是对古典国际证券投资理论的突破,具有重要的理论意义和实践意义。同时,该理论能说明国家间资本双向流动的原因,而这是古典国际证券投资理论所不能说明的。当然该理论也有自身的弱点,如它是建立在资本自由流动和金融市场高度发达基础上的,这与现实情况是不完全一致的。

(三)国际直接投资理论

1. 垄断优势论

垄断优势论是最早研究国际直接投资的独立理论。它由美国经济学家海默(S. H. Hymer)在 1960 年首先提出,后来约翰逊(H. G. Johnson)、凯夫斯(R. E. Caves)和金德尔伯格(C. D. Kindleberger)等人又作了进一步补充,其目的是解释企业的国际直接投资行为。

海默认为,企业之所以要对外直接投资,是因为它有比东道国同类企业有利的垄断优势。这种垄断优势可分为两类：一是包括生产技术、管理与组织技能，以及销售技巧等一切无形资产在内的知识资产优势；二是由于企业规模大而产生的规模经济优势。因为东道国同类企业不具备这些优势，或要取得这些优势必须付出很大的代价，所以投资者可以凭借自己的垄断优势在东道国投资办厂，降低生产成本，参与当地的市场竞争，赚取更多的利润。这两种垄断优势决定了对外直接投资的方向，即企业应到不具备垄断优势的国家和地区投资建厂、组织生产经营。

约翰逊认为，企业对外直接投资的垄断优势主要来自对知识资产的占有和使用。这是因为，知识资产的生产成本很高，而通过直接投资来使用知识资产的成本却很低。东道国企业要取得同样的知识资产需付出很大的代价，因此，它难以与投资国企业相竞争。凯夫斯认为，企业的垄断优势主要体现在它能使产品发生异质化的能力方面；也就是说，企业之所以能走向海外，是因为它能根据不同地区、不同层次消费者的偏好，设计和生产出适合不同消费者的产品，能够运用高超的销售技巧迎合消费者的心理需要。

金德尔伯格认为，投资国企业所处的政治、经济、文化和法律等环境因素与东道国企业相比，有很大差距。因此，它必须拥有超过东道国企业的垄断优势进行投资，才能获得成功，而成功的关键在于它能提供东道国企业没有优势或根本没有的创新产品。

评价：垄断优势论可以较好地解释知识密集型产业对外直接投资的行为，也可以解释技术先进国家之间的"相互投资"现象，在理论和实践中都具有一定的价值。问题在于垄断优势是对外直接投资的必要条件，不是充分条件。拥有垄断优势，特别是拥有技术优势的企业为什么不通过产品出口或技术转让方式，而是以对外直接投资去获取最大利润呢？对此，该理论未做出进一步的回答。

2. 产品生命周期论

产品生命周期论是由美国哈佛大学教授弗农（R. Vernon）于 1966 年提出来的，它实际是从时间顺序的角度，说明产品技术垄断优势变化对国际直接投资所起的作用。

该理论认为，每一项产品在其生命周期的不同阶段有着不同的特点，而对外直接投资是与这些特点相联系的。在产品生命周期的第一阶段，即新产品阶段，由于国内市场上需求价格弹性小，尚未出现竞争对手，企业可以利用其产品的技术垄断优势在本国组织生产，占领国内市场，适当组织出口，获取高额利润。

在第二阶段，即产品成熟阶段，由于产品需求增大，生产厂家增多，国内竞争日益激烈，同时，国外也出现类似产品和生产厂家，威胁到企业原有的出口市场。为此，企业在扩大出口的同时，开始在进口国投资建厂，就近向外国市场提供产品，以降低生产和销售成本，扩大当地的市场份额。

在第三阶段，即产品标准化阶段，产品标准化使得国内外企业都能加入同类产品的生产和销售，价格竞争已成为市场竞争的主要方式。为取得竞争优势，企业加快对外直接投资的步伐，到生产成本低的国家和地区建立子公司或其他分支机构，在当地生产价廉物美的产品，一方面有效地占领外国市场，另一方面也把一部分产品返销到本国市场。

评价：产品生命周期论的理论视角和分析方法有新颖之处，用它来解释发达国家企业，特别是拥有技术垄断优势企业的对外直接投资行为是有说服力的。但是，它不能解释西欧、日本和韩国等企业在美国的直接投资行为，因为这些企业不一定拥有技术垄断优势，而且美国的生产成本也不低廉。另外，对于全球性跨国公司来说，它可以直接在国外开发新产品，又可省去产品的第二阶段，其对外直接投资行为难以用产品生命周期论作出解释。

3. 市场内部化理论

市场内部化概念最早由科恩(R. H. Kern)在1937年提出，主要是指把市场建立在公司内部，以公司内部市场取代公司外部市场的过程。70年代中期，英国经济学家巴克利(P. J. Buckley)和卡森(M. C. Casson)等人在对科恩的观点进行补充和发展的基础上，系统地提出了市场内部化理论，并且引起广泛的注意。该理论认为，由于外部市场的不完全性，若将企业拥有的半成品、工艺技术、营销诀窍、管理经验和人员培训等“中间产品”通过外部市场进行交易，就不能保证企业实现利润最大化。

因此，企业对外直接投资，在较大的范围内建立生产经营实体，形成自己的一体化空间和内部交换体系，就能够把公开的外部市场交易转变为不公开的内部市场交易，以实现利润的最大化。巴克利和卡森提出，外部市场的不完全性主要表现为：在寡头占据市场的情况下，买卖双方比较集中，很难进行议价交易；在没有期货市场的时候，买卖双方无法订立期货合同；不存在按不同地区、不同消费者而实行差别定价的中间产品市场；中间产品的价格缺乏可比性，交易双方难以定价成交；新产品从研究开发到市场销售的周期较长。而新技术的应用又有赖于差别定价，这在外部市场上不易充分体现出来。

巴克利还认为，决定市场内部化有四个因素，即区域因素、国别因素、产业特定因素和企业因素。区域因素是指有关区域内的地理条件、文化差异和社会特点等。国别因素是指有关国家的政治、经济和法律制度等。产业特定因素是指与产品性质、经济规模和外部市场结构有关的产业特征。企业因素是指不同企业组织内部市场的管理能力等。内部化理论注重的是产业特定因素和企业因素。巴克利认为，如果产业部门存在多阶段生产的特点，企业就会“跨地区化”，甚至“跨国化”。这是因为多阶段生产过程中必然存在中间产品。若中间产品的交易需通过外部市场来组织，则无论供求双方怎样协调，也不可能避免外部市场剧烈变化造成的风险。为克服这种“中间产品”期货市场的“不完全性”，就会出现市场的内部化。

评价：市场内部化理论是一种应用性较强的国际直接投资理论。它可用来解决外部市场不完全性造成的种种问题，也可用来解释许多企业对外直接投资的动机或原因。其不足之处在于它没有从全球经济一体化的宏观角度分析国际生产与分工对企业直接投资行为的影响，并且还忽视了工业组织和投资环境在国际直接投资中的重要性。

4. 国际生产折中论

国际生产折中论又称国际生产综合论，是由英国经济学家邓宁(J. H. Dunning)于1977年提出来的，旨在解释跨国公司的对外直接投资行为。邓宁指出，海默的垄断优势论、巴克利和卡森的市场内部化理论、韦伯的工业区位论等都只对国际直接投资现象作了片面的解释，缺乏说服力。他主张把对外直接投资的目的、条件和能力综合起来加以分析，并由此形成了国际生产折中论。该理论认为，跨国公司之所以愿意并能够进行对外直接投资，是因为它拥有东道国企业所没有的所有权优势、内部化优势和区位优势，前两个优势是对外直接投资的必要条件，后一个优势是充分条件。

所有权优势主要是指一国企业拥有或能够得到别国企业没有或难以得到的生产要素禀赋(自然资源、资金、技术和劳动力等)、产品的生产工艺、研究开发能力、专利、商标、销售技能和管理经验等,它说明企业为什么能够对外直接投资。

内部化优势主要是指企业建立自己的内部交易体系,把公开的外部市场交易转变为不公开的内部市场交易,从而克服外部市场不完全性造成的不利影响,它说明企业如何通过对外直接投资提高经济效益。

区位优势主要是指一个国家的投资环境优良,企业在那里可以获得廉价的自然资源和劳动力,享受当地政府给予的各种优惠待遇,并利用当地的基础设施和市场便利等。它说明企业为什么要到特定的国家进行直接投资。

表 1—9—5　　直接投资、产品出口与技术转移的选择

	所有权优势	内部化优势	区位优势
对外直接投资	1	1	1
产品出口	1	1	0
技术转移	1	0	0

注:"1"表示具备这种优势,"0"表示不具备这种优势。

评价:国际生产折中论克服了过去国际投资理论只重视资本流动方面研究的局限性,把对外直接投资、产品出口和技术转移等综合起来考虑,并且从所有权优势、内部化优势和区位优势三个方面对企业国际经济活动方式的选择做了深入分析,这在理论上和实践上都具有重要意义。用该理论来解释企业,特别是跨国公司的对外直接投资行为,更加接近客观实际,具有较大的说服力。但是,如何解释中小企业的对外直接投资行为,并把国际投资理论与跨国公司理论有机地结合起来,该理论在这两个方面存在着明显的不足。

5. 产业内双向投资理论

产业内双向投资理论是针对 20 世纪 60 年代以后的 20 多年里,国际资本流向发生重大变化,大量资本在发达国家之间流动,并集中投在相同产业内部的现象提出来的。一些专家、学者对产业内双向投资现象进行了广泛的研究,试图从不同的方面对此作出正确的解释。

格雷姆认为之所以出现产业内部双向投资,是因为跨国公司产业分布的相似性,相似的东西更容易接近。

海默认为仅从资本优势、企业优势、技术优势和国外利润高等方面解释技术密集型产业内的双向资本流动是不够的,还必须利用"寡占反应行为"来加以解释。寡占反应行为是指各国垄断组织通过挤占竞争对手的地盘来加强自己在国际竞争中的地位。产业内交叉直接投资正是寡占反应行为的主要方式。

金德尔伯格指出,在寡头控制的工业中,对外直接投资往往是交叉进行的,其目的主要是防止少数竞争对手占领潜在市场而削弱自己的竞争地位。

邓宁认为,双向投资发生在发达国家的同一产业内部,主要有以下几个原因:(1)发达国家之间科学技术水平接近,在产业内没有一个企业拥有独占的"所有权特定优势",而是几个企业拥有几乎相近或相同的所有权优势。(2)从事多阶段生产活动的企业为获得垂直联合的优势,以扩大经济规模、降低生产成本,有必要进行产业内双向投资。(3)发达国家之间的国民收入水平相近,需求结构也基本相似,这样就会扩大对异质产品的需求,从而引起发达国家之间的产业内国际贸易倾向。一旦产业内国际贸易受阻,产业内的双向投资就会替代产业内的国际贸易。

还有人用“安全港”理论解释产业内的双向投资行为。该理论认为,在发展中国家投资的收益虽然比在发达国家要高,但在发展中国家投资的安全性小,面临的政治、经济风险大。因此,企业情愿把资本投向发达国家,特别是投向发达国家的产业内,以获得稳定而不低的投资收益。

评价:产业内双向投资理论是新近产生的国际直接投资理论,用它来解释产业内双向资本流动的现象有合理之处,但该理论还需进一步充实和系统化,使之趋于成熟。

十一、债务危机和货币危机

(一)债务危机

1. 国际债务的衡量指标

(1)偿债率指标

这是衡量一国外债水平的一个中心指标,它反映了年度内在对外债务上还本付息的支出与当年商品劳务出口收汇的收入之间的关系。这个比率作为判断债务国清偿能力的高低和对贷款风险大小的标志,同时也是用来显示未来债务偿还是否可能出现问题的一个“寒暑表”。按照国际惯例,安全线为 20%,危险线为 30%。

(2)负债率指标

$$负债率=\frac{一国外债余额}{国内生产总值} \qquad (1-9-25)$$

负债率用来衡量一国经济的负债总负担情况,国际标准安全线为 20%,通常认为不应超过 30%—35%。

(3)外债余额与 GNP 比率

以前负债率是外债余额与 GNP 之比,现在较多用式(1—9—25)的形式。

(4)短期债务比率

短期债务比率为一国短期外债余额与外汇储备之比,安全线为 100%。短期债务比率过高,意味着流动性不足,可能导致短期内支付能力不足。

(5)其他债务衡量指标

债务率。债务率等于一国外债余额与贸易和非贸易外汇收入之比,安全线为 100%,国际上通常认为不应超过 165%,用来衡量一国外债对其出口部门的压力。

一国的外债举借规模不仅取决于该国的出口创汇能力,还与本国的经济增长状况有关。以往研究外债与经济发展之间的关系的文献指出(Alter,1961),在经济增长中外债的累积必须满足一个条件,即外债余额的增长速度不得高于 GDP 的增长率。

2. 债务危机的状况和特点

20 世纪 80 年代初爆发的国际债务危机实际形成于 70 年代。在 70 年代,国际货币制度所经受的最大外部冲击是两次石油危机,两次冲击的结果都是形成大范围的国际收支失衡。在失衡双方的构成中,顺差一方是持有大量石油美元的石油输出国,逆差一方则是包括发达国家和发展中国家在内的所有石油进口国家。对于失衡的解决,国际金融市场在其间起到了关键的回流石油美元的作用。当时 IMF 的方针也非常明确，主张逆差国不应该采取传统的紧缩国内经济的方法来调节经常账户逆差，而应该通过借取国际金融市场上充裕的石油美元资金来为其经常账户融资。

石油危机过后，发达国家利用外部资金融通提供缓冲的同时，在 70 年代大力发展节约能源的技术和工业，减少了对进口能源的依赖，从而趁机巩固了其国际收支地位。而非产油发展中国家，特别是南美的一些新型工业化市场经济国家，错误地认为国际金融市场的融资是永远可以依赖的，不但没有借缓冲之机调整国内经济，改善国际收支，反而继续利用外部融资来支持国内扩张型经济计划和弥补财政赤字，从而进一步增大逆差额，外部融资的数量也进一步增大。于是在 80 年代主要工业化发达国家先后陷入经济衰退、国际金融市场贷款条件骤然恶化时，发展中国家无力偿还到期债务的危机爆发了，其标志是 1982 年 8 月墨西哥宣布无力偿还当年到期的债务。此次债务危机的特点是：

(1)无力偿还的债务规模巨大。根据 IMF 的统计，从 1973－1982 年，非产油发展中国家的债务从 1 031 亿美元增加到 6 124 亿美元，并且危机爆发后，债务总额继续增长，1988 年达到 9 932 亿美元，1990 年超过 13 000 亿美元。尤为严重的是，自 1984 年以来，由于债务总额的积累和还本付息负担的不断加重，以及国际商业性贷款资金的减少，已形成国际资本由发展中国家向发达国家的净流出。

(2)债务高度集中，在 1980 年代初无力偿债的国家中，违约债务的约半数主要集中在南美洲中等收入发展中国家，如巴西、墨西哥、阿根廷、智利等。另外，在外债负担最为沉重的国家中，还有位于撒哈拉南部非洲的世界上一些较为贫穷的国家。

(3)债务结构不合理。从期限结构来看，长期债务减少，短期债务比重迅速上升，由于短期债务净额的增加，使债务国更容易受国际市场利率和商业银行贷款政策的影响；从利率结构来看，浮动利率贷款的比重迅速上升，从 1970 年的 10%以下上升到 1980 年的 40%以上，平均利率由 1972－1973 年的 5%上升到 1982 年的 10.2%，随着利率上升，债务国负担加重；从贷款结构来看，私人贷款比重增加，官方贷款比重下降，官方贷款与私人贷款比重由 1975 年的 1∶1.15 降到 1982 年的 1∶1.53，7 年间，官方贷款增加了 94%，而私人贷款却增加了 227%，说明发展中国家发展经济所需资金仍大部分有求于国际金融市场，债务结构很难改善。

3. 债务危机的解决方案

(1)最初的援助措施

国际债务危机爆发后，引起国际金融界的巨大震动，在墨西哥宣布无力偿还债务的数天之内，国际社会就采取了一系列的紧急措施。美国政府连续提供了近 30 亿美元的贷款，国际清算银行提供了近 10 亿美元的过渡性贷款，主要债权国的出口信贷机构也同意对墨西哥增加 20 亿美元的贷款。此外，世界银行和一些国际性开发银行，也为债务国提供了相当数量的援助性贷款，同时，IMF 着手制定大规模的援助性贷款计划。

对墨西哥的挽救计划成为此后几十个债务国重新安排到期债务的样板。最初的挽救措施主要是在 IMF 的协调下，由债权银行、债权国政府和债务国政府共同协商，重新安排到期债务。在债务重新安排的过程中，IMF 的作用十分重要，它非常强调债务国国内的紧缩性宏观经济政策。债权银行通常要求债务国在谈判之前先与 IMF 共同制定一项全面的经济调整计划,或者先得到 IMF 的条件性贷款。以此为前提,商业银行将现有债务重新安排,延长债务本金的偿还期限,但是并不减免债务总额,而且在延长期间贷款的利息照付。

(2)贝克计划

贝克计划提出债务国在国内政策调整的基础上,应实现经济增长,这种增长将获得世界银行等官方机构,以及商业银行新增贷款的支持。另外,贝克计划还提出了一些建立在金融市场基础上的、长期性的债务缓解措施,如债务资本化、债权交换和债务回购等。

与以往的债务重新安排方案相比,贝克计划强调了必须实现债务国经济长期增长,不能单纯依靠紧缩经济来平衡国际收支,这是一个重要的变化。但是贝克计划的目标不是削减债务,而是试图将债务国的偿债负担降到其经济增长能够承担得起的水平。

(3)布雷迪计划

布雷迪计划承认国际债务问题是债务国偿付能力的危机,而并非暂时的资金失灵。因此,布雷迪计划强调债务本金和利息的减免,并提出应由 IMF、世界银行,以及债权国政府为削减债务本金和利息提供资金支持。另外,债务国与债权银行之间的债务减免交易条件必须得到 IMF 和世界银行的批准,或者是在减债协议达成之前,先要获得 IMF 和世界银行的贷款保证。这两个机构的作用是一方面可以增强债务国与商业银行谈判中的地位,另一方面也能保证达成的交易能够有效地利用贷款资金来源。

4. 国际债务危机的启示

债务危机爆发的事实表明,用借款来平衡国际收支失衡只能是暂时的,必须有足够的储备资产支持和稳固的偿债能力保障。国际资本的流动在客观上能够起到平衡国际收支失衡的作用,但在主观上受市场机制的驱动,资金大部分只能流向高收益、低风险的国家或地区。一旦投资利润受到威胁,私人贷款资金会立即转移。所以国际金融市场资金流动的另一方面,也能起到加剧国际收支失衡的作用。

发展中国家,尤其是高负债的发展中国家,在外部融资能力突然下降的情况下,又不具备发达国家那样有效的汇率调节机制,所以没有其他选择,只能依靠紧缩国内总需求和收入水平,以及调整经济结构来强制调节国际收支失衡。对重债国来说,IMF 和世界银行的政策以及商业银行的减债措施和继续提供贷款的条件,也均是这样要求的。实际上在 20 世纪 80 年代,几乎所有的发展中国家债务国,都是通过紧缩国内经济、牺牲国内充分就业和经济增长目标来实现外部国际收支平衡,渡过债务危机最困难时期的。应该说,很多发展中国家为调整国内经济所付出的代价也是极其高昂的。

(二)货币危机

1. 短期资本流动与投机性冲击

(1)国际短期资本流动的特点

国际短期资本流动是指发生在国家间、期限在 1 年以下的资金流动。这一资金流动主要采取持有短期金融资产的形式,例如,持有活期存款、国库券、大额可转让存单(CDs)、商业票据、银行承兑票据等货币市场金融工具。有时,这一资金流动也以短期持有长期金融资产的短期投资行为的形式出现。

影响国际短期资本流动的主要因素是短期内的投资收益与风险,因此这一资金流动具有以下特点:第一,对经济的各种变动极为敏感,资金流动的反复性大,具有较强的投机性;

第二，受心理预期因素的影响非常突出。由于现实经济中不确定性的影响，对未来经济形势变动的预期常常在短期内主宰了短期资金的流动。这种预期有时是建立在经济基础上的，有时则纯粹是自发地由未经证实的信息和谣言导致的。

按其性质来分，短期资本流动可以分成套利性资金流动、避险性资金流动和投机性资金流动。

(2)投机性冲击

国际投机性资本或游资，是指那些没有固定的投资领域，为追逐短期高额利润而在各市场间频繁移动的资本。国际投机性资本随着国际资本市场规模的扩大、流动速度的加快以及流动范围的扩大而不断发展。投机者根据对汇率变动、利率变动、证券价格变动、金价或特定商品价格变动等的预期，在较短时间内突然大规模地进行买空卖空等交易，大幅度改变资产组合，并通过影响其他资产持有人的信心，导致供求不平衡的市场价格面临更大的变动压力或导致市场价格更不稳定，以创造获取短期高额利润的机会。这种突发性的扰动市场行为即投机性冲击。在固定或盯住汇率制条件下，一旦国内出现通货膨胀或经济萧条和持续的经常账户逆差，政府对汇率固定的承诺就会失去可靠性。因为货币贬值的压力增强，政府勉强维持目标汇率，将使国际储备不断枯竭。即使有国际金融市场的融资，也不能纠正经济状态的基本不平衡，最多只能延缓贬值的发生，贬值最终还是难免。如果投机者预期到这一点，就会提前调动资金实施投机性冲击。由于汇率固定或有政府维持汇率固定的承诺，实际上货币投机性冲击的风险是很小的，因为汇率运动的动向非常明显，被称为单向预期。退一步说，即使预期错误，也不过是汇率平价不发生变动，那么投机者的损失只是少量交易成本。所以投机风潮一旦掀起，规模都是相当巨大并且是志在必得，所涉及的货币一般是在劫难逃。

2. 货币危机

(1)货币危机的含义

货币危机，又称国际收支危机，它的含义有广义与狭义两种。从广义来看，一国货币的汇率变动在短期内超过一定幅度(有的学者认为该幅度为15%—20%)，就可以称为货币危机。狭义来说，货币危机是与对汇率波动采取某种限制的汇率制度相联系的，主要发生在固定汇率制下，它是指市场参与者对一国的固定汇率失去信心的情况下，通过外汇市场进行抛售等操作导致该国固定汇率制度崩溃、外汇市场持续动荡的带有危机性质的事件。货币危机与金融危机在有的研究者的分析中不加区分，但一般认为，这两者是存在区别的。前者主要发生在外汇市场上，体现为汇率的变动；而后者的范围更广，还包括发生在股票市场和银行体系等国际金融市场上价格的波动以及金融机构的经营困难与破产等。货币危机可以诱发金融危机，而由国内因素引起的一国金融危机常常也会导致该国货币危机的发生。

(2)货币危机发生的原因

在这里，我们区分了两个重要的不同概念，即投机冲击就其性质来看可分为两种：一种是在基本经济条件恶化时发生的，由建立在经济基础之上的预期导致；另一种则与经济基础无关，纯粹由于心理预期的变化所带来的。

①经济基础变化带来的投机冲击所导致的货币危机。政府过度的扩张性财政、货币政策导致经济基础恶化是引发对固定汇率的投机攻击，从而爆发货币危机的最基本的原因。

假定一国的货币需求非常稳定，而该国的货币供给由央行国内信贷及持有外汇储备两部分构成。在其他条件不变时，该国居民将会通过向外国居民购买或出售商品、劳务、金融资产等国际收支活动，引起外汇储备变化，从而使货币供给与货币需求相等。

在该国货币供求平衡时，如果政府持续扩张央行国内信贷来融通财政赤字，那么这会带来货币供给的扩张。由于居民会通过国际收支活动来自动使货币供给与稳定的货币需求保持相等，那么，根据货币分析法可知，国内信贷扩张必然同时伴随着外汇储备的减少。

一国的外汇储备总是有限的。在其他条件不变时，国内信贷的持续扩张必然最终导致该国外汇储备持续下降，直至最终为零。外汇储备是政府维持固定汇率制的主要工具，当政府不持有任何外汇储备时，势必只能听任外汇市场的汇率自由浮动。一般一国持续扩张的货币政策导致该国外汇储备下降为零、放弃固定汇率制时，汇率自由浮动时确立的汇率水平会较原有的固定汇率有大幅度的贬值。

复习提示及知识补充六

这种类型的货币危机实际上就是第一代货币危机理论——克鲁格曼货币危机理论所解释的货币危机(可参见货币危机理论的相关知识)。

需要指出的是，以上的分析没有考虑到心理预期因素。如果投机者能够对经济基本面因素有比较正确的预期，则必然会对这一未来汇率的大幅贬值提前做出反应。当投机者预期固定汇率制崩溃时，往往会提前以固定汇率购入外汇。如果市场上的投机者在某一时刻一致抛售本币、抢购外汇，就形成了对该国固定汇率制的投机冲击。这一投机冲击一般发生在原有的外汇储备下降为零的时刻之前。当本国政府还持有部分储备时，投机冲击会造成本国外汇储备立即耗尽，固定汇率制被迫放弃。

从以上的分析中可以看出，这种类型的货币危机具有如下特点：

第一，在货币危机的成因上，这一货币危机的发生是由于政府不合理的宏观政策引起的。固定汇率制要求政府持有相当数量的外汇储备以维持汇率，但国内信贷的扩张会导致外汇储备的流失，因此是政府扩张性政策将经济推向货币危机之中。

第二，在货币危机的发生机制上，投机冲击导致储备急剧下降为零是这种货币危机发生的一般过程。外汇储备存量是决定固定汇率制放弃与否的中心变量。

第三，在货币危机的防范机制上，紧缩性的财政、货币政策是防止这种货币危机发生的关键。鉴于货币危机的发生原因在于经济基础，投机性冲击只是外在条件，因此，诸如从国外借款、限制资金流动等措施只能暂时性地稳定汇率。如果没有经济政策的调整，固定汇率制仍将崩溃，或者只能以很高的成本予以维持。

②主要由心理预期带来的投机性冲击所导致的货币危机。投机冲击的出现有可能与经济基本面因素无关，而是在国际短期资金流动存在独特的内在运动规律的条件下，主要由心理预期因素导致的。

投机者对一国货币的投机冲击步骤往往是首先在本国货币市场上借入本币，再在外汇市场上对本币进行抛售，持有外币资产。如果这一攻击能取得成功，投机者会在本币贬值后再用外币购回本币，归还本币借款。这样，投机者在进行投机攻击中的成本是本国货币市场上的利率所确定的利息，预期收益则是持有外汇资产期间外国货币市场上的利率所确定的利息收益以及预期本币贬值幅度所确定的收入。所以，政府提高利率就可以有效地提高投机者进行投机攻击的成本。在外国利率不变时，投机者对本币未来贬值幅度的预期越高，对提高本国利率的承受力也就是可以接受的本国利率上升幅度就越高。从理论上讲，政府总可以将利率提高到一定水平来维持固定汇率制度。问题在于，提高利率不是没有成本的，政府被迫放弃固定汇率制的原因一定是提高利率来维系固定汇率制的成本大大高于维持固定汇率制所能获得的收益。在这里，维持经济合理的开放性与实现经济的稳定和发展之间的冲突表现得十分尖锐。

政府提高利率来维持固定汇率制度的成本一般包括：第一，如果政府债务存量很高，高利率会加大预算赤字，给政府带来沉重的还本付息负担。第二，高利率不利于银行稳定经营。利率上升时，较高的利息成本会使较为稳健的投资者放弃借款，而高风险偏好的借款人愿意接受贷款。同时，为偿还这一较高的利息成本，借款人会倾向于投资于风险较大的项目。这两种情况都使得商业银行在高利率时期的贷款质量较低，国内金融风险加大。第三，最为重要的是，高利率一般意味着经济紧缩，这会带来衰退与高失业率等一系列问题。

维持固定汇率制的收益主要有：第一，固定汇率制可以消除汇率自由浮动时可能出现的过度波动所给国际贸易和投资带来的不利影响，为一国经济创造一个较为稳定的外部环境。第二，政府可以在汇率的维持中获得政策一致性的声誉，从而使政府以后的经济政策容易收到成效。

政府面临投机冲击时决定是否提高利率，维持固定汇率制实际上是对成本与收益的权衡过程。当维持固定汇率的收益超过其成本时，政府就应将其维持；反之，则放弃。上述分析可用图 1—9—5 来说明。

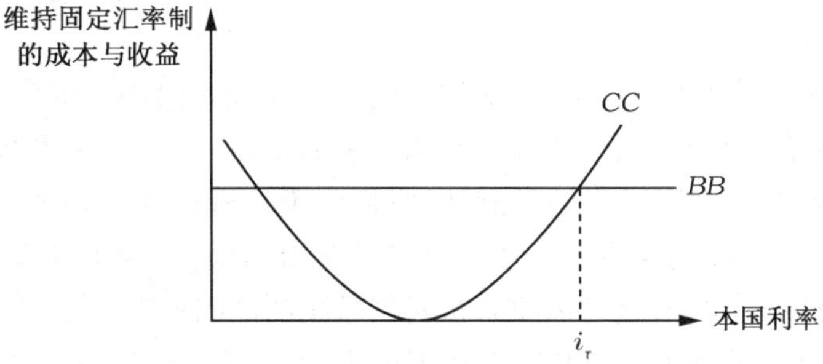

图 1—9—5　维持固定汇率制的成本与收益

在图 1—9—5 中，纵轴表示维持固定汇率制的成本与收益情况，横轴表示本国利率水平。*CC* 曲线表示维持固定汇率制的成本，它随着利率的变动而变动。我们假定经济中存在着最佳利率水平 $\hat{i}$，此时维持固定汇率制的成本为零。当利率水平在此基础上逐渐提高时，这一成本也不断增加，因此，*CC* 曲线表现为向上倾斜。*BB* 曲线表示维持固定汇率制的收益，根据上文的分析，它与利率水平无关，因此，在图上是一条水平线。当利率水平为 i_τ 时，维持固定汇率制的成本与收益相等。从图中可以看出，当维持固定汇率制所需要的利率水平低于 i 时，维持固定汇率制的成本低于收益，因此，该国的固定汇率制将会被维持下去；

当维持固定汇率制所需要的利率水平高于 i_τ 时，维持固定汇率制的成本高于收益，该国的固定汇率制将会被放弃，货币危机将发生。

我们已经知道，投机者实际上也是比较投机活动的成本和收益。只要预期投机攻击成功后的该国货币贬值幅度超过该国提高利率后两国利率之间的差异，投机者就会选择进行投机攻击。在这里，投机者最终能否取得成功，取决于投机者掌握的投机资金数量、羊群效应是否发生、政府态度的坚决性，以及政府之间的国际协调和合作是否及时和有效。

从以上的分析中可以看出，这种类型的货币危机具有如下特点：

第一，在货币危机的成因上，这种货币危机的发生与国际短期资本流动独特的运动规律有关，它主要是由于市场投机者的贬值预期心理造成的。这种投机预期可以完全与经济基本面无关，只要它的幅度足够大，就可以通过利率变动最终迫使政府放弃平价，从而使这一预期得到实现。因此，这种货币危机又被称为"预期自致型危机"。

第二，在货币危机的发生机制上，政府为抵御投机冲击而持续提高利率直至最终放弃固定汇率制是这种货币危机发生的一般过程。在这一过程中，中央银行主动地介入市场采取措施进行防御。预期因素决定了货币危机是否会发生、发生到什么程度，而利率水平则是决定固定汇率制度放弃与否的中心变量。

③第三代货币危机理论。克鲁格曼在他的第三代货币危机理论中强调了以下几个方面：

A. 克鲁格曼在东南亚金融危机发生以后发表的一系列文章中，提出了金融过度的概念，这一概念主要是针对金融中介机构而言的。在金融机构无法进入国际市场时，过度的投资需求并不导致大规模的过度投资，而是市场利率的升高。当金融机构可以自由进出国际金融市场时，金融中介机构的道德冒险会转化成为证券金融资产和房地产的过度积累，这就是金融过度。金融过度加剧了一国金融体系的脆弱性，当外部条件合适时，将导致泡沫破裂，发生危机。

B. 亲缘政治的存在增加了金融过度的程度。这些国家表面上健康的财政状况实际上有大量的隐性赤字存在：政府对与政客们有裙带关系的银行、企业提供各种隐性担保，增加了金融中介机构和企业道德冒险的可能性，它们的不良资产就反映政府的隐性财政赤字。东南亚国家持续了几十年的亲缘政治使国家经济在 20 世纪 90 年代大规模的对外借款中处于一种金融崩溃的风险之中，这种风险来自它们采用的准固定汇率贬值的可能性。

C. 类似于东南亚的货币危机其关键在于企业，由于销售疲软、利息升高和本币贬值，企业的资产负债表出现财务困难，这种困难限制了企业的投资行为。企业的资产负债表出现的财务困难还包括由前期资本流入所带来的实际汇率变化的影响。这一分析表面看是论述货币贬值对企业乃至整个实体经济的影响，实际上，在危机爆发前投资者的行为函数里可能已经包含了对这种变化的预期，这就加强了他们抛售本币的决心，这也是一种自我实现的现象。

(3)货币危机的传播

在金融市场一体化的今天，一国发生货币危机极易传播到其他国家，这种因其他国家爆发的货币危机的传播而发生的货币危机被称为"蔓延型货币危机"。

货币危机最容易传播到以下三类国家：

第一类是与货币危机发生国有较密切的贸易联系或者是出口上存在竞争关系的国家。这样，发生货币危机的国家或者对该国商品的进口下降，或者对该国的出口形成巨大压力，从而导致该国贸易收支变化，这会诱发投机攻击。

第二类是与货币危机发生国存在着较为相近的经济结构、发展模式，尤其是存在潜在的经济问题的国家。投机资金会比较一致地对这些国家逐一攻击。

第三类是过分依赖于国外资金流入的国家。影响比较大的货币危机发生后，国际金融市场上的投机资金一般都会调整或收缩其持有的外国资产或至少是存在较大风险的国家的资产。许多国家将不可避免地发生相当部分资金流出的现象，如果这一流出对该国的国际收支有重大影响，则该国也有可能发生货币危机。

(4)货币危机的影响

对货币危机的影响的分析，可以从它对货币危机发生国与对国际金融体系的影响这两个层次理解。

首先，对货币危机发生国而言，这一影响以不利影响为主，但也会有积极的成分。货币危机的不利影响体现在：

第一，货币危机发生过程中出现的对经济的不利影响。例如，政府采取的提高利率的措施会给经济带来诸多冲击，政府对外汇市场的管制可能会维持很长时间，这会给经济带来严重的消极影响。从国际资金流动角度看，大量资金的频繁流动会扰乱该国的金融市场运作。从公众角度看，货币危机发生期间不稳定的局势会对他们的正常生产经营活动带来很大干扰，一国的经济秩序也往往陷入混乱状态。

第二，货币危机发生后经济条件会发生变化。首先，货币危机容易诱发金融危机、经济危机乃至于政治危机、社会危机；其次，外国资金往往在货币危机发生后大举撤出该国，会给该国经济发展带来沉重打击；再次，货币危机导致以本币衡量的对外债务大量增加；最后，货币危机发生后被迫采取的浮动汇率制度，往往因为政府无力有效管理而波动过大，给正常的生产、贸易带来不利影响。

第三，从货币危机发生后相当长的时期内政府被迫采取的补救性措施的影响看，紧缩性的财政、货币政策是一国政府采取的最普遍的措施，在货币危机并不是由扩张性宏观政策因素导致时，这一措施的后果往往给社会带来巨大的灾难。另外，为获得外国的资金援助，一国政府将被迫实施这些援助所附加的种种条件，例如，开放本国商品、金融市场等，这给本国经济带来较大的不利影响。

之所以还有积极影响，是因为货币危机暴露了一国经济原来掩盖的许多问题，使之有可能得到根本解决；同时，货币危机发生后，该国货币的大幅度贬值一般有利于纠正该国原先存在的货币高估现象，有利于该国国际收支的改善，当然这些有利影响本身也是在非常痛苦的过程中发挥出来的。

(5)货币危机的防范与控制

克鲁格曼的第三代货币危机理论模型所蕴含的政策建议有三部分：

①预防措施。克鲁格曼认为银行的道德冒险并不足以解释危机，一个谨慎的银行体系并不足以保持开放经济不受自我加强式金融崩溃的风险的威胁。而当一国的资本项目可自由兑换时，对短期债务加以限制的作用是不大的，因为短期债务只是众多的资本外逃方式下

的一种。即使外债全是长期的,如果公众预期将发生货币危机,国内的短期债务的债权人拒绝将信贷延期也会导致汇率贬值,带来企业破产。因此,最好的方式是企业不持有任何期限的外币债务,因为对于与金融体系不完善的国家来说,国际融资存在着外部不经济,它会放大实际汇率变动的负面冲击影响,从而导致经济衰退。

②对付危机。克鲁格曼认为存在两种可能性:一种是紧急的贷款条款,紧急贷款的额度必须要足够大,以加强投资者的信心;另一种是实施紧急的资本管制,因为这样可以有效地、最大限度地避免资本外逃。

③危机后重建经济。克鲁格曼认为关键在于恢复企业和企业家的投资能力。可以在私人部门实施一定的计划,以帮助本国的企业家或者培养新的企业家,或者两者同时实施。培养新的企业家有一个迅速、有效的办法,就是通过引进 FDI 引进企业家。

【本章参考习题】

1. 下列关于马歇尔—勒纳条件的论述中,不正确的是(　　)。

A. 此条件的假设前提是进口供给弹性和出口供给弹性无穷大

B. 满足此条件,意味着出口数量增加和进口数量减少幅度之和大于汇率上升所导致的出口外币价格下降和进口本币价格上升幅度之和

C. 此条件是本币贬值能够改善贸易收支的充要条件,即出口需求价格弹性和进口需求价格弹性之和大于 1

D. 以上都不对

2. 投资收入(如红利、利息等)在国际收支平衡表中应列入(　　)。

A. 经常项目　　B. 资本账户　　C. 金融账户　　D. 储备和其他账户

3. 投资收益应记入一国国际收支平衡表的(　　)。

A. 贸易账户　　B. 转移账户　　C. 经常账户　　D. 资本账户

4. 根据国际收支账户的记账规则,以下(　　)项包含的内容都应该记入借方。

A. 反映进口实际资源的经常项目,反映资产减少的金融项目

B. 反映进口实际资源的经常项目,反映资产增加的金融项目

C. 反映出口实际资源的经常项目,反映负债增加的金融项目

D. 反映出口实际资源的经常项目,反映负债减少的金融项目

5. (　　)是国际收支平衡表的最基本项目。

A. 经常项目　　B. 资本项目　　C. 平衡项目　　D. 以上都不对

6. 在直接标价法下,汇率的升降与本国货币价值的高低呈(　　)变化。

A. 正比例　　B. 反比例　　C. 无确定关系　　D. 以上都不对

7. 在纸币制度下,外汇汇率的波动直接取决于(　　)。

A. 黄金供求　　B. 外汇供求　　C. 商品供求　　D. 外汇投机

参考答案:

1. C;2. A;3. C;4. B;5. A;6. B;7. B。

第十章 金融监管

扫码听课

考试要求

◆ 掌握:金融监管主体(即监管者)、对象(即被监管者)、手段和目标构成的监管四大要素

◆ 熟练掌握:金融监管理论的内容

本章知识点框架

- 金融监管
  - 金融监管理论
    - 公共利益理论
    - 保护债券论
    - 金融风险控制论
    - 金融监控理论
  - 金融市场监管
    - 金融市场监管概论
    - 金融监管的工具和监管原则
    - 金融监管体系

考情分析

本章内容考点并不明确,但是对于不明确的考点更要注意是否会是论述题中的某个细节,尤其是有背景的论述题,我们需要明确各管理机构的对象、方式等,这部分需要比较强的知识根基,建议考生平时多积累。尤其近两年,中国监管体制发生了重要变革,很有可能会联系中国情况以论述题的形式进行考查。

一、金融监管理论

(一)公共利益理论

这一理论源于 20 世纪 30 年代美国的经济危机。这一理论认为,监管是政府对公众要求纠正某些社会个体和社会组织的不公平、不公正和无效率或低效率的一种回应。正因为政府的参与才能够解决市场的缺陷,所以政府可以作为公共利益的代表来实施管制,以克服市场缺陷,而由此带来的公共福利将大于管理成本。

(二)保护债权论

这一理论的观点是,为了保护债权人的利益,需要金融监管。所谓债权人,就是存款人、证券持有人和投保人等。银行等金融机构存在严重的逆向选择和道德风险等问题,投资者

必须实施各种监督措施，但是由投资者来进行监督的成本是昂贵的，而且每个投资者都来实施相同的监督也是重复多余的。更为重要的是，很多投资者，如存款人不了解银行的业务，没有实施监督的激励，由此形成了“自然垄断”的性质，以上种种造成了“搭便车”的行为，使外部监督成为必要。存款保险制度就是这一理论的实践形式。

(三)金融风险控制论

这一理论源于“金融不稳定假说”，认为银行的利润最大化目标促使其系统内增加有风险的活动，导致系统内的不稳定性。这种不稳定性来源于银行的高负债经营、借短放长和部分准备金制度。银行经营的是金融资产，这使得各金融机构之间的联系非常密切，而各种金融资产的可流通性又使得银行体系有着系统风险和风险的传导性，“多米诺骨牌效应”容易在金融体系中出现，所以金融业比其他行业具有更大的脆弱性和不稳定性。因此，通过金融监管和控制金融体系系统风险显得异常重要。

(四)金融监控理论

以上传统理论针对的都是国别金融监管，即从一个国家的角度，由本国金融监管部门掌握监管的决策权，对本国金融活动进行管理。20 世纪 30－70 年代，世界各国金融监管侧重于稳健与安全，但是越来越强的金融全球化趋势使得这一模式受到挑战。70 年代以来，金融监管更强调安全与效率并重，同时对跨国金融活动的防线防范和国际监管协调更加重视。一国金融管理部门的监管行为不再是单边的而是多边基础上的合作。面对这些变化，监管理论需要改变，有人提出变金融监管为金融监控。金融监控是一种全方位、整体上对金融业的管理和控制，包括内部监管和外部监管，既有管理部门的监督，也有市场施加的约束。

二、金融市场监管

金融领域内存在的垄断、外部性、产品的公共性、信息的不完整性、过度竞争所带来的不稳定性以及分配的不公平都会导致金融产品和金融服务价格信息的扭曲，这种情况被称为金融市场失灵，它引致社会资金配置效率下降，所以必须通过一定的手段避免、消除或部分消除由金融市场机制本身所引起的金融产品和服务价格信息扭曲，以实现社会资金的有效配置。

(一)金融市场监管概论

金融监管主体(即监管者)、对象(即被监管者)、手段和目标构成了监管的四大要素。经济或者金融监管是经济或者金融监管的主体为了实现监管的目标而利用各种监管手段对监管的对象所采取的一种有意识的和主动的干预和控制活动。而经济学家们的分歧也正是表现在监管四大要素的具体内容上。

1. 金融监管的主体

一般来说，在市场经济条件下，对经济和金融的监管是由两类主体完成的：

第一类主体是所谓的“公共机构”，通常被称为“金融当局”，其权力是由政府授予的，主要负责制定金融监管方面的各种规章制度以及这些规章制度的实施，如果有人违反了这些规章制度，就会受到法律法规的处罚。

第二类主体是各种非官方的民间机构或者私人机构，其权力来自其成员对机构决策的普遍认可。出现违规现象并不会造成法律后果，但可能会受到机构纪律的处罚。

2. 金融监管的对象与范围

笼统地说，金融监管的对象是人类的金融行为和金融活动领域。根据经济学的研究结果，垄断、外部性、信息不对称性、过度竞争等容易引起价格信息扭曲，以致市场机制失灵的现象往往发生在资本密集型、信息密集型、高风险型和属于公共产品或准公共产品的行业，金融业中的商业银行业、保险业、证券业正是属于这类行业。对于金融市场的失灵问题，经济学提出了三种手段，经济监管只是用来解决市场失灵问题的三种手段之一，但显然不是唯一的手段。

金融监管的对象是人类的金融活动和金融行为，但并非人类全部的金融活动和金融行为都属于金融监管的内容，只有金融市场失灵的部分才有可能成为金融监管的内容；而金融监管也不是解决金融市场上全部失灵问题的唯一手段，它只是解决金融市场上某些失灵问题的手段。

一般来说，对于通过政府财政经济金融政策引导金融市场就能解决的金融市场失灵问题，通常都诉诸财政经济金融政策；在政府直接提供金融产品和金融服务比实施金融监管效率更高、成本更低时，就采取直接提供的做法；只有在上述两种方法失效或者成本太高的情况下，才考虑采用金融监管的做法。

金融监管与金融市场机制之间并不矛盾，它们之间是一种相互补充的关系。

3. 金融监管的手段

(1)公告监管

公告监管是指政府对金融业的经营不作直接监督，只规定各金融企业必须依照政府规定的格式及内容定期将营业结果呈报政府的主管机关并予以公告，至于金融业的组织形式、金融企业的规范、金融资金的运用，都由金融企业自我管理，政府不对其多加干预。

公告监管的内容包括公告财务报表、最低资本金与保证金规定、偿付能力标准规定。在公告监管下金融企业经营的好坏由其自身及一般大众自行判断，这种将政府和大众结合起来的监管方式，有利于金融机构在较为宽松的市场环境中自由发展。但是由于信息不对称，作为金融企业和公众很难评判金融企业经营的优劣，对金融企业的不正当经营也无能为力。因此，公告监管是金融监管中最宽松的监管方式。

(2)规范监管

规范监管又称准则监管，是指国家对金融业的经营制定一定的准则，要求其遵守的一种监管方式。在规范监管下，政府对金融企业经营的若干重大事项，如金融企业最低资本金、资产负债表的审核、资本金的运用、违反法律的处罚等，都有明确的规范，但对金融企业的业务经营、财务管理、人事等方面不加干预。这种监管方式强调金融企业经营形式上的合法性，比公告监管方式具有更大的可操作性，但由于未触及金融企业经营的实体，仅一些基本准则，故难以起到严格、有效的监管作用。

(3)实体监管

实体监管是指国家订立有完善的金融监督管理规则，金融监管机构根据法律赋予的权力，对金融市场，尤其是金融企业进行全方位、全过程有效的监督和管理。

实体监管过程分为三个阶段：

第一阶段是金融业设立时的监管，即金融许可证监管；

第二阶段是金融业经营期间的监管，这是实体监管的核心；

第三阶段是金融企业破产和清算的监管。

实体监管是国家在立法的基础上通过行政手段对金融企业进行强有力的管理，比公告监管和规范监管更为严格、具体和有效。

4. 金融监管的目标

监管的目标就是要消除或者部分消除人类的某些活动或者行为所带来的目标上的偏差，从而避免出现人们不愿意看到的结果。金融市场失灵会带来三个方面的负面作用：社会资金配置的不经济、收入分配的不公平以及金融市场乃至整个经济的不稳定。为了消除或者减少这些负面影响，必须有一个权威性的机构来干预金融市场，约束每个个体的行为，而这个角色往往是由政府来充当的。

通常政府的选择有三种：第一，采取直接行动。第二，命令私人金融部门采取行动。第三，利用经济政策和经济杠杆通过金融市场机制的作用引导经济个体自动地按政府的意愿行事。除此之外，还可以将这三种选择进行组合应用。

无论这三种选择是否属于金融监管的范畴，它们的目标都是一致的，就是尽可能地消除或避免金融市场失灵所带来的资金配置不经济、收入分配不公平及金融和经济不稳定的后果，以确保市场机制能够在金融领域更好地发挥其应有的作用。

具体地说，金融监管的目标应该体现在以下四个方面：

(1)促进全社会金融资源的配置与政府的政策目标相一致，从而得以提高整个社会金融资源的配置效率；

(2)消除因金融市场和金融产品本身的原因而给某些市场参与者带来的金融信息的收集和处理能力上的不对称性，以避免因这种信息的不对称性而造成交易的不公平性；

(3)克服或者消除超出个别金融机构承受能力的、涉及整个经济或者金融的系统性风险；

(4)促进整个金融业的公平竞争。

(二)金融监管的工具和监管原则

就管理的方式和手段来说，大体上可以分为两种：第一种方式是直接对这些活动和行为进行干预和规范；第二种方式是先对影响人类的金融行为和活动领域的各种因素进行干预，以改变这些因素对人类的金融行为及金融活动的作用方向或者作用程度，然后间接地影响人类的金融行为和金融活动领域。无论采取什么样的金融监管手段，都必须遵循以下原则：(1)合法原则；(2)公正原则；(3)公开原则；(4)公平原则；(5)系统风险控制原则。

(三)金融监管体系

金融监管体系包括三方面的内容：金融监管的法律制度体系、金融监管的组织体系和金融监管的执行体系。

(1)法律制度体系从法律制度的角度界定了金融监管过程中有关当事人的法律地位，规定每一方当事人在金融监管过程中的权利和义务；

(2)组织体系从当事人自身行为的角度展现出有关各方在金融监管过程中的互动关系，说明当事人出于本能或者在外部刺激下可能作出的反应以及对其他当事人的影响；

(3)执行体系描述的是金融监管者具体实施某项监管时的手段、步骤和做法。在实际的金融监管过程中，金融监管体系的这三个方面往往是同时存在并发挥作用的。

【本章参考习题】

1. 源于“金融不稳定假说”的金融监管理论是（　　）。

A. 公共利益论　　B. 保护债权论

C. 金融风险控制论　　D. 金融监控论

2. 源于20世纪30年代美国的经济危机，并且一直到20世纪60年代仍被经济学家所接受的有关金融监管的理论是（　　）。

A. 公共利益论　　B. 保护债权论

C. 金融风险控制论　　D. 金融监控论

3. 近年来，金融业实行综合监管体制的国家越来越多，主要是金融业出现了（　　）趋势。

A. 竞争加剧　　B. 分业经营　　C. 混业经营　　D. 全球化

4. 培育银行的内部信用评估系统是《新巴塞尔资本协议》中“三大支柱”的（　　）所要求的。

A. 最低资本要求　　B. 监管当局的监督检查

C. 市场约束　　D. 加快制度化进程

5. 2003年底修改的《中国人民银行法》明确规定，中国人民银行及其分支机构负有维护金融稳定的职能，中国人民银行在金融监管方面拥有监督检查权。这表明（　　）。

A. 监管依然以中央银行为重心

B. 中国人民银行对其他监管机构处于超然领导地位

C. 中国人民银行不再有监管职能

D. 中国人民银行在监管中依然发挥独特的作用

参考答案：

1. C；2. A；3. C；4. B；5. D。

补充章节一　开放经济条件下的宏观经济政策

扫码听课

考试要求

◆ 了解：开放经济条件下的国民经济内部平衡与外部平衡的含义，宏观经济政策工具，宏观经济政策搭配和宏观经济调控的基本原理

◆ 掌握：汇率政策和国际储备政策的基本理论与知识

◆ 比较深入地分析：中国在汇率水平和国际储备管理方面的具体实践

本章知识点框架

开放经济条件下的宏观经济政策
- 政策目标、工具和调控原理
- 蒙代尔—弗莱明模型
- 汇率政策

一、开放经济条件下的政策目标、工具和调控原理

(一)开放经济条件下的政策目标——内外均衡

1. 内部均衡和外部均衡的含义

(1)外部均衡曲线的推导

外部均衡曲线(BP 曲线)，即所有能够使国际收支(经常账户和资本账户)保持平衡的市场利息率和国民收入的组合。

资本在各国之间流动的决定因素是各国之间的利率差别，因此，可以把资本的国际流动看作利率的函数，即：$dF=f(I,I^*)$，其中，dF 表示一国资本的净流入，I 为国内利率，它与资本流入正相关；I^* 为国外利率，与资本流入负相关。则引入资本流动后的国际收支恒等式就变为：

$$\Delta R=TB(Y,\frac{EP^*}{P})+f(I,I^*) \quad (1-11-1)$$

在外部均衡时，储备资产 R 保持不变，即 $\Delta R=0$，并假定外国利率 I^* 作为外生变量固定不变，则：

$$TB(Y,\frac{EP^*}{P})+f(I,I^*)=0 \quad (1-11-2)$$

其中，经常账户与国民收入 Y 负相关，因为国民收入增加，使得对商品和劳务的需求增加，同时对国外商品和劳务的需求也相应地增加，若其他条件不变，则经常账户会恶化(逆

差）。资本账户与本国利率正相关，因为利率提高，若其他条件不变，则会增加资本流入、减少流出，从而改善资本账户。国际收支平衡是由国民收入决定的经常账户状态和由市场利率决定的资本账户状态总体上的综合平衡状态，因此，要实现等式（1－11－1），在均衡条件下，如果国民收入 Y 增加，即经常账户逆差，则需要提高利率使资本账户顺差，才能保证国际收支再度实现平衡，所以在外部均衡曲线（即 BP 曲线）中 Y 与 I 正相关，BP 曲线向上倾斜。

（2）决定 BP 曲线斜率的主要因素：边际进口倾向和国际资本流动的利率弹性

同样由等式（1－11－1）可知，经常账户部分的决定因素是边际进口倾向；资本账户部分则是国际资本流动的利率弹性。

①边际进口倾向 m。m 越大，BP 曲线越陡。因为 m 越大，说明一定幅度的国民收入增加引起进口品需求的增加越多，则经常账户恶化程度越深，需要依靠更多的国际资本流入，即需要较高的利率水平。

②国际资本流动的利率弹性。利率弹性越大，BP 线越平坦。弹性越大，说明一定幅度的国民收入增加引起经常账户恶化时，利率只需有较小幅度的提高，就会带来大量的资本流入，以弥补经常账户逆差造成的储备减少。其他条件不变，国际资本流动的利率弹性越高，则 BP 曲线越平坦。

由于在简单经济模型中，通常假定一国的边际进口倾向为常数，BP 曲线的斜率主要取决于国际资本流动的利率弹性（或一国资本市场的自由化程度）。在极端情况下，资本完全自由流动时，BP 曲线水平，即国内资本市场与国际金融市场完全一体化；而资本完全不能自由流动时，BP 曲线垂直，即一国的资本市场完全不开放。

③汇率变动对 IS、BP 曲线的影响。

一国货币贬值，在满足马歇尔—勒纳条件的情况下，会促进出口增加、进口减少，从而提高对本国商品和劳务的需求，即总需求增加，IS 曲线将向右移动。

货币贬值，出口增加，进口减少，也会有利于经常账户和国际收支的改善，从而推动 BP 曲线也向右移动；反之，货币升值，则会导致 IS 曲线和 BP 曲线均向左移动。

复习提示及知识补充一

①所有能够改变国际收支的因素，都能够使 BP 曲线移动；有利于国际收支改善的（汇率贬值），推动 BP 曲线右移；反之（汇率升值），BP 曲线左移。

②所有能够改变总需求的因素，都能够使 IS 曲线移动：有利于总需求扩大的，推动 IS 曲线右移；反之，IS 曲线左移。

（3）开放的宏观经济模型的建立：$IS-LM-BP$ 曲线的推导

开放的宏观经济模型也属于宏观经济学内容，很多宏观经济学书上都有介绍。

①图 1－11－1 中 IS 曲线为商品劳务市场的均衡线，即所有能够使商品劳务市场总支出等于总收入的市场利息率和国民收入的组合。曲线由上方向右下方倾斜，因为在均衡条件下，如果利息率水平下降而其他不变，则投资增加，要再度实现均衡，则国民收入必须增加，从而使储蓄也相应地增加。

②图 1－11－1 中 LM 曲线为货币市场均衡线，即所有能够使货币市场上货币供给(M)等于货币需求(L)的市场利息率和国民收入的组合。曲线由左下方向右上方倾斜，因为在均衡条件下，如果市场利息率水平上升而其他不变，则货币投资需求下降，要再度实现均衡，由于货币供给是常数，则必须有国民收入水平上升，从而使货币的交易和谨慎性需求相应增加。

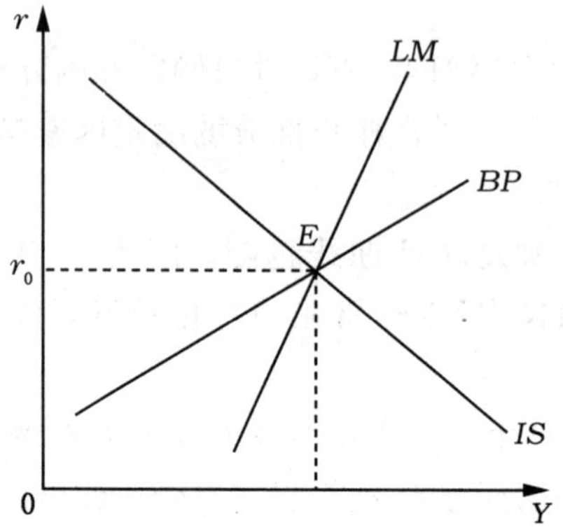

图 1－11－1　*IS*－*LM*－*BP* 均衡模型

③图 1－11－1 中 BP 曲线为国际收支均衡线或外部均衡线，即所有能够使国际收支(经常账户和资本账户)保持平衡的市场利息率和国民收入的组合。BP 曲线由左下方向右上方倾斜，因为在均衡条件下如果国民收入水平提高，对进口品需求的增加会使经常账户相应地恶化；要再度实现均衡，若其他条件不变，则需要市场利息率水平的提高，以吸引更多的资本流入来平衡经常账户的恶化。

在图 1－11－1 中，三条曲线相交在一起，交点 E 同时实现了内部均衡和外部均衡。图 1－11－2 中，IS 和 LM 曲线的交点在 BP 曲线以上，表示内部均衡实现，但存在国际收支顺差，即由国内商品劳务市场和货币市场均衡所决定的利率水平 r_0 高于在国民收入为 Y_0 的条件下维持国际收支均衡所需要的水平；或较高的利率水平引起较多的国际资本流入，超过平衡现行国民收入所决定的经常账户状态的需要，从而形成国际收支顺差。图 1－11－3 则表示国际收支逆差状态。

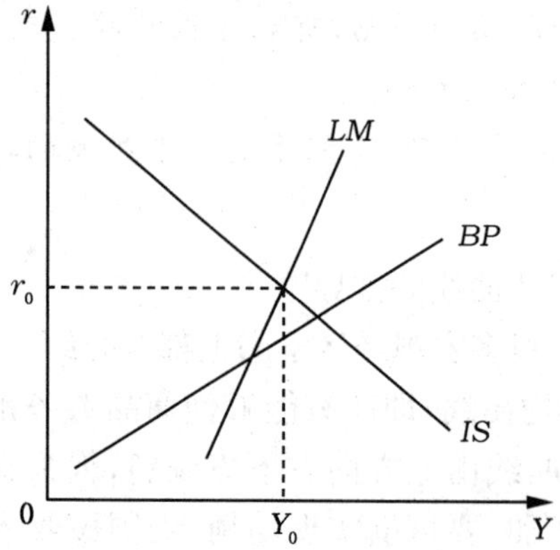

图 1－11－2　国际收支顺差

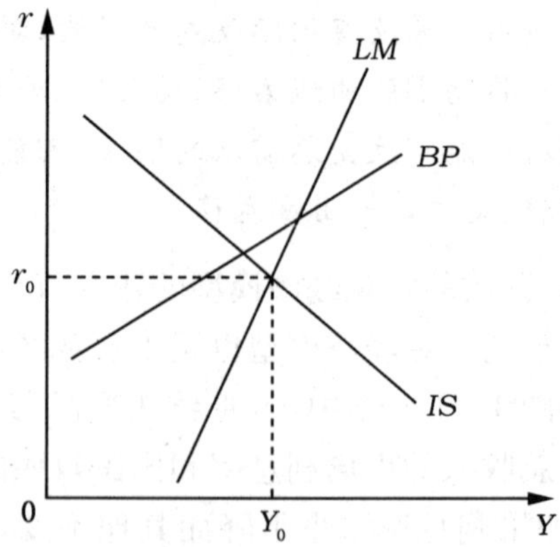

图 1－11－3　国际收支逆差

复习提示及知识补充二

根据图判断国际收支顺差和逆差的方法是：先看 IS 和 LM 曲线的交点，再看交点在 BP 曲线的上方还是下方。若交点在上方，说明 BP 要向上移动才能使收支平衡，BP 曲线需向上移动，说明本国货币有升值压力，国际收支为顺差；同理，交点在下方，国际收支有逆差。

(4)内部均衡

内部均衡目标包括经济增长、价格稳定和充分就业。由于经济增长是长期、动态的问题，在短期分析中可以不考虑经济增长目标，且主要发达国家越来越强调应通过市场机制的自身运作来实行持续的经济增长，所以经济增长目标逐步从这些国家政策目标中淡化或消失。这样，内部均衡就定义为国民经济处于无通货膨胀的充分就业状态。

(5)外部均衡

一般而言，外部均衡就是指国际收支均衡。但由于国际收支均衡的含义不同，外部均衡目标的具体内涵也经历了一个发展阶段。在布雷顿森林体系下，外部均衡通常被视为经常项目平衡；20 世纪 70 年代以来的浮动汇率制下，将外部均衡视为总差额的平衡；80 年代以来，国际资金流动问题日益突出，经常项目平衡和总差额的平衡在国际资金流动的条件下不能说明问题或不必要，一国应该根据其经济特点和发展阶段确定相应的经常项目余额目标，并进而确定合理的国际收支结构。

因此，外部均衡可以定义为与一国宏观经济相适应的合理的国际收支结构。简单而言，则是指与一国宏观经济相适应的合理的经常项目余额。

2. 内部均衡和外部均衡的关系

(1)内部均衡与外部均衡的相互协调和相互冲突

在现代经济体制中，国际收支调节问题的实质是国家宏观经济政策的对内平衡和对外平衡目标之间的相互关系问题。一国的宏观经济在努力维持高经济增长率、低通货膨胀率和高就业率，即内部平衡的同时，还必须保持其国际收支地位，即外部平衡的长期稳定。众所周知，内部平衡和外部平衡之间存在矛盾，不易同时实现。因此，在开放条件下，政府对经济进行调控的中心任务是在实现经济的稳定与发展(内部均衡)的同时，还要确定合理的开放状态(外部均衡)，并解决这两者之间可能存在的矛盾。

①相互协调。比如，一国经济现在的状态是国际收支逆差和通货膨胀，如果政府当局采取紧缩国内支出(如提高利率、缩减总需求)的政策，则可能在减少国际收支逆差的同时，控制通货膨胀，同时达到内外均衡的目标。

②相互冲突。比如，在开放经济条件下，政策当局采取的扩张总需求以促进经济增长和增加就业的政策，可能导致对进口产品的需求和支出过多，于是会恶化国际收支经常账户。

(2)米德冲突

在米德的分析中，内外均衡的冲突一般是指在固定汇率制下，在失业增加、经常账户逆差或通货膨胀、经常账户盈余这两种特定的内外经济状况组合下，用一种政策工具同时解决两个目标，会使决策者面临两难处境。

英国经济学家詹姆斯·米德于 1951 年在其名著《国际收支》中最早提出了固定汇率制

下的内外均衡冲突问题。他指出，在汇率固定不变时，政府只能主要运用影响社会总需求的政策来调节内外均衡。这样，在开放经济运行的特定区间便会出现内外均衡难以兼顾的情形(见表1－11－1)。

表1－11－1　固定汇率制下内部均衡与外部均衡的搭配与矛盾

序　号	内部经济状况	外部状况
1	经济衰退/失业增加	国际收支逆差
2	经济衰退/失业增加	国际收支顺差
3	通货膨胀	国际收支逆差
4	通货膨胀	国际收支顺差

第二种、第三种情况意味着内外均衡之间一致。以第二种情况为例，为实现经济的内部均衡，显然要求政府采取增加社会总需求的措施进行调控，这便会导致进口相应地增加，在出口保持不变时，就会使原有的国际收支顺差状况得以改变而趋于平衡。这样，政府在采取措施实现内部均衡的同时，也对外部均衡的实现发挥了积极影响，因此，是内外均衡一致的情况。而第一种、第四种情况意味着内外均衡的冲突，因为政府在通过调节社会总需求实现内部均衡时，会引起外部经济状况距离均衡目标更远。(记住表格中的四种情况，也可以用来回答内部均衡和外部均衡的相互协调和相互冲突的关系。)

在米德的分析中，内外均衡的冲突一般是指在固定汇率下，失业增加、经常账户逆差或通货膨胀、经常账户盈余这两种特定的内外经济状况组合。

但是，无论是在固定汇率制度下还是在浮动汇率制度下，内外均衡冲突的问题是始终存在的。在浮动汇率制下，政府不可能完全依赖外汇市场对国际收支的自发调节功能，所以同样面临着外部均衡问题。在汇率变动受到政府一定管理的条件下，通过国内总需求的变动来实现内外均衡仍是相当常见的做法，因此，浮动汇率制下也会出现许多与固定汇率制下相类似的内外均衡冲突现象。并且，在汇率波动程度非常剧烈的条件下，外部均衡与内部均衡之间的相互影响或干扰更加复杂，内外均衡冲突问题甚至可能更加深刻。

为区别起见，我们把米德分析中的与开放经济特定运行区间相联系的内外均衡之间的冲突称为"狭义的内外均衡冲突"，而将一般情况下实现某一均衡目标的努力对另一均衡目标的干扰或破坏称为"广义的内外均衡冲突"。

(3)斯旺曲线

斯旺曲线说明仅使用一种政策工具来同时解决内部均衡和外部均衡问题是不可能的。

政策当局如何采取措施同时实现内部平衡和外部平衡目标，曾是20世纪五六十年代西方经济学界研究和争论的热点。1995年，澳大利亚经济学家斯旺在阐述这个问题的过程中提出了著名的斯旺曲线。如图1－11－4所示，图中纵轴表示实际汇率，定义为$R=\frac{eP^*}{P}$。式中，R为实际汇率，e为直接标价法的名义汇率，P^*为国外价格水平，P为国内价格水平。R上升意味着实际汇率贬值，可以由名义汇率贬值、国内价格水平下降或国外价格水平上升造成。R同时也是衡量国际竞争能力的指标，R上升，意味着国际竞争能力增强，将改善国际收支经常账户。图中横轴为国内经济的总支出水平，以 A 表示，也可称为总吸收，即：

$$Y=C+I+G+(X-M)$$

令
$$A=C+I+G$$

那么

$$Y-A=X-M$$

式中，Y 为国民收入，C 为消费支出，I 为投资支出，G 为政府购买支出，X 为出口，M 为进口。公式表明当国内吸收水平过高，超过总收入水平 Y 时，进口即超过出口，于是出现经常账户逆差。

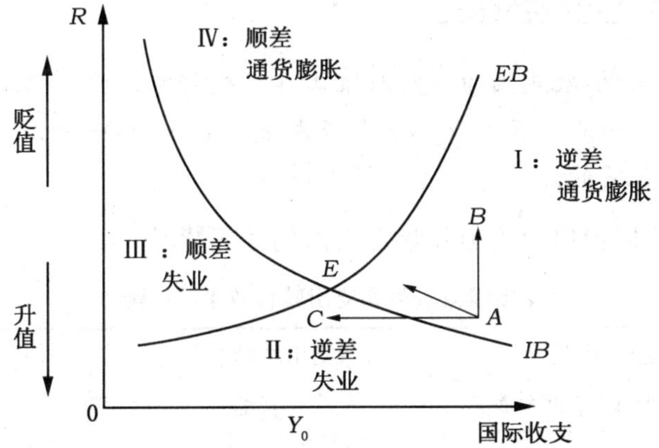

图 1－11－4　斯旺曲线

图中的 EB 曲线为外部平衡曲线，表示所有能够使国际收支经常账户保持平衡的实际汇率 R 和国内支出水平 A 的组合点。其斜率为正，因为当实际汇率上升或贬值（国际竞争能力提高），国际收支状况改善，为维持平衡，国内吸收水平也必须相应地提高，以便增加进口。

所有 EB 曲线以下的点，均为经常账户逆差，即在现有的国内吸收水平下，相应的实际汇率水平不足以保持经常账户的平衡。所有 EB 曲线以上的点均为经常账户顺差，即相应的实际汇率水平已经超过了保持经常账户平衡需要的水平。只要国家的经济状态是在 EB 曲线以上或以下，就会产生相对于其他国家的债权和债务关系。

图中的 IB 曲线为内部平衡曲线，即能够维持国内充分就业的所有实际汇率和国内吸收水平的组合。IB 曲线向右下方倾斜，因为如果实际汇率下降或升值，导致进口增加、出口减少，于是要维持充分就业就必须增加国内支出水平。

所有 IB 曲线以上的点均为经济中出现通货膨胀的点，即在现有的国际竞争力或实际汇率水平，国内总支出水平已经超过了创造充分就业所需要的水平，而导致了国内通货膨胀。所有 IB 曲线以下的点均为经济中存在通货紧缩或失业的点，即总支出水平不足以形成充分就业。

斯旺曲线由 EB 和 IB 划分出 4 个区域：Ⅰ区存在逆差和通货膨胀；Ⅱ区存在逆差和失业；Ⅲ区存在顺差和失业；Ⅳ区存在顺差和通货膨胀。内部和外部总体平衡状态，是 IB 和

EB 线相交的 *E* 点，即与 *E* 点相应的国内支出或吸收水平和实际汇率 *R* 的组合，能够实现国内充分就业并同时保持经常账户平衡。

假设一国经济由于某种原因陷入Ⅰ区的状态 *A* 点，政策当局试图在维持汇率固定的条件下减少经常账户逆差，可以采取宏观经济政策紧缩国内支出，于是使经济状态向 *C* 点移动，这样的政策结果是形成严重的经济衰退和造成大量的失业。另外，政策当局还可以采取货币贬值的方法来解决逆差问题。这样经济状态会向 *B* 点移动，其结果是离 *IB* 曲线越来越远，即经常账户逆差的解决要以国内更严重的通货膨胀为代价。

复习提示及知识补充三

用更直观的语言来说，就是因为一种政策工具只能引起一种平行或垂直方向的移动，若经济运行所在点不在均衡点的正上或正下或正左或正右方向，一种政策工具是不可能使经济运行点移动到均衡位置的。

根据斯旺模型，可以得出纠正国际收支失衡的搭配情况。

表 1－11－2　　支出增减政策和支出转移政策的搭配

区间	经济状况	支出增减政策	支出转移政策
Ⅰ	通货膨胀、国际收支逆差	紧缩	本币贬值
Ⅱ	经济衰退、国际收支逆差	扩张	本币贬值
Ⅲ	经济衰退、国际收支顺差	扩张	本币升值
Ⅳ	通货膨胀、国际收支顺差	紧缩	本币升值

斯旺曲线模型虽然简单，但是却非常明确地说明了仅使用一种政策工具，比如紧缩总支出水平或者货币贬值，要同时解决内部均衡和外部均衡问题是不可能的。

(二)开放经济条件下的宏观经济政策工具

1. 支出增减型政策——财政、货币政策

政府运用紧缩性或扩张性的财政、货币政策，通过收入效应、利率效应和相对价格效应加以调节。财政、货币政策可以通过三个渠道来影响国际收支，分别称为收入效应、利率效应和相对价格效应(或称替代效应)。当一国国际收支赤字时，政府当局应采取紧缩性的财政、货币政策。

首先，紧缩性的财政、货币政策通过乘数效应减少国民收入，由此造成本国居民商品、劳务支出的下降。只要它能够降低本国的进口支出，就可以达到纠正国际收支赤字的效果。这一收入效应的作用大小显然取决于一国边际进口倾向的大小。其次，紧缩性的财政、货币政策通过本国利息率的上升、吸引资金从国外的净流入来改善资本账户收支。这一利率效应的大小取决于货币需求的利率弹性与国内外资产的替代性高低。再次，紧缩性的财政、货币政策还通过诱发国内生产的出口品和进口替代品的价格下降提高本国产品的国际价格竞争能力，刺激国内外居民将需求转向本国产品，从而获得增加出口、减少进口的效果。这一相对价格效应的大小主要取决于进出口供给和需求弹性。

复习提示及知识补充四

简单来说，即通过扩张或紧缩本国经济来影响进口，从而调节国际收支。

2. 支出转换型政策

(1)汇率政策

运用汇率的变动来纠正国际收支失衡，可选择汇率制度的变更、外汇市场干预或官方汇率贬值。

(2)直接管制

直接管制包括外汇管制和贸易政策。从实施的性质来看，直接管制的措施有数量性管制和价格性管制之分。前者主要针对进口来实施，包括进口配额、进口许可证、外汇管制等各种进口非关税壁垒。后者既可用于减少进口支出，主要指进口关税，也可用来增加出口收入，如出口补贴、出口信贷优惠等。从实施的效果来看，数量性管制措施能够在短期内迅速削减进口支出，立竿见影；而价格性管制措施的作用渠道则基本上等同于汇率政策。

①直接管制的优点：和汇率贬值同属于支出转换政策，但前者属于选择性控制工具，而后者属于全面性控制工具。其实施通常能使国际收支的改善收到非常迅速的效果。直接管制措施的特点是比较灵活，可以针对具体不同的进出口项目和资本流动有区别地予以实施。一国可以对维持生产和生活水平所必需的中间产品和消费品进口、对扩大生产能力所需的资本品(机器设备等)进口不实行限制，或者限制程度轻一些，而对奢侈品进口严加控制；同时在出口方面可以重点奖励重要的或非传统的产品生产和出口。

②直接管制的缺点：A. 往往是变显性赤字为隐性赤字。一旦予以取消，除非经济结构相应得到改善，否则国际收支赤字仍然会重新出现，因此，许多国家采用直接管制措施，主要是用以配合产业政策的实施。B. 直接管制还十分容易引起贸易伙伴国的报复。一旦对方国家也实行相应的报复性措施，往往导致国与国之间的“贸易战”，使原先实行直接管制措施的国家前功尽弃。C. 实行直接管制，也容易造成本国产品生产效率低下，对外竞争力不振，引起官僚作风和贿赂风气的兴起。因此，西方国家对采用这项措施一般比较谨慎。

复习提示及知识补充五

支出转换即通过改变国内外商品的价格或其他方式，使消费者增加或减少对本国商品的需求，改变进出口额，从而调节国际收支。支出增减和支出转换影响的都是经常账户项目。通过利率效应作用的支出增减政策应该不是影响经常账户的。另外，应该了解各种政策的优劣。

3. 其他政策工具

(1)外汇缓冲政策

一国政府当局运用官方储备的变动或临时向外筹借资金来抵消国际收支失衡造成的超额外汇需求或外汇供给。一般是建立外汇平准基金，该基金保持一定数量的外汇储备和本国货币，当国际收支失衡造成外汇市场的超额外汇供给或需求时，货币当局就动用该基金在外汇市场上公开操作，买进或卖出外汇，消除超额的外汇供求。外汇缓冲政策运用的难点是如何判断失衡的类型，因为它只能用于解决短期性国际收支失衡，该政策不适于长期的根本性失衡。该政策的运用要具备一定的条件，即必须保持实施缓冲政策所需要的充足外汇，必须具备实施公开市场操作的有效条件。

(2)供给调节政策

政府采取政策来调节供给，以达到调节国际收支的目的，这些政策称为供给调节政策，主要有产业政策和科技政策。供给政策的特点是长期性，在短期内难以有显著的效果，但它可以从根本上提高一国的经济实力与科技水平，从而为实现内外均衡创造条件。

4. 政策工具的搭配

采用什么样的政策来调节国际收支，首先取决于国际收支失衡的性质(暂时性或长期性)，其次取决于国际收支失衡的国内社会和宏观经济结构，再次取决于内部均衡与外部均衡之间的相互关系。每一种国际收支调节政策都会对宏观经济带来或多或少的调节成本，所以必须进行相机抉择，搭配使用各种政策，以最小的经济和社会代价达到国际收支的平衡或均衡。在所有类型的国际收支调节政策中，至少存在以下几对互为可替代的搭配：

(1)支出增减型与支出转换型政策；

(2)支出型政策与融资型政策；

(3)支出增减型与供给型政策。

每类政策对总需求和总供给的直接作用如表1—11—3所示。

表1—11—3　　各种类型政策的作用

1	支出增减型	需求和支出增减
2	支出转换型	需求和支出方向转移
3	供给型	供给增减
4	融资型	中性

一般来说，对不同性质的国际收支失衡要采用不同的调节方法。比如，以资金融通来纠正暂时性的国际收支不平衡，以紧缩性的货币政策来纠正货币性不平衡。但有时候，情况并不是这样。比如，由预算赤字和货币宽松引起的货币性收支失衡，可采用表1—11—4所示的方法加以调整。

表1—11—4　　调整预算赤字和货币宽松引起的货币性收支失衡的方法

方法一	方法二	方法三
减少预算赤字和收缩 货币供应量	减少预算赤字和收缩 货币量外汇缓冲	减少预算赤字和收缩 货币量货币贬值

方法一是支出增减型，要求较大幅度地削减财政赤字、减少货币供应量。其结果是，在纠正国际收支失衡的同时，有可能同时引发失业增加、经济活动活力降低、社会动荡。

方法二是支出增减型与融资型的搭配。与方法一相比，要求较小程度地削减财政赤字和收缩银根，但同时要求动用官方储备或使用国际信贷便利。其结果是，在纠正国际收支逆差的同时，引发失业和社会动荡的程度较轻，但导致了官方储备流失或债务增加。

方法三是支出增减型与支出转换型的搭配。与方法一相比，它要求较小程度地削减财政赤字和收缩银根，但同时要求货币贬值。其结果是，在纠正国际收支失衡的同时，失业和社会动荡较轻，但是货币贬值可能引起外汇市场混乱和未来的通货膨胀。

由此看来，正确的政策搭配是国际收支成功调节的核心。从上面可以看出，对某种性质的国际收支失衡采用不同的调节政策搭配，会花费不同的调节成本和代价。较大程度的失业或许是许多人不能容忍或无法承受的。

前面只是从调节成本的角度简要地介绍了国际收支的政策搭配，而国际收支调节政策搭配的最终目标是实现调节成本最小化和福利最大化。对处于开放条件下的国家而言，这个目标可以用“内外均衡”来概括。

(三)开放经济条件下政策调控的基本原理

1. 关于政策协调的“丁伯根原则”

造成内外均衡冲突的根源在于经济的开放性。在封闭经济下，政策制定者的任务是协调经济增长、充分就业和价格稳定三者的冲突；但在开放经济下，政策目标发生了改变，国际收支的加入增加了政策变量，且各目标的关系也发生了变化。内部均衡和外部均衡的冲突成为经济面临的突出问题，为了解决这一矛盾，政策搭配应运而生。

荷兰经济学家丁伯根是第一个经济学诺贝尔奖的得主(1969 年)，他最早提出了将政策目标和工具联系在一起的正式模型，指出要实现若干个独立的政策目标，至少需要相互独立的若干个有效的政策工具。

丁伯根原则指出了应运用 N 种独立的工具进行配合来实现 N 个独立政策目标，这一结论对于经济政策理论具有深远意义。但是，丁伯根原则对目标的实现过程具有如下特点：一是假定各种政策工具可以供决策当局集中控制，从而通过各种工具的紧密配合实现政策目标；二是没有明确指出每种工具有无必要在调控中侧重于某一目标的实现。这两个特点是不尽与实际情况符合的或者不能满足实际调控的需要。

2. 关于政策指派的“有效市场分类原则”

政策工具应与其最能发挥作用的目标相匹配。根据这一原则，蒙代尔认为，货币政策用来解决外部均衡问题最有效，而财政政策则更适于用来解决内部均衡问题。

在许多情况下，不同的政策工具实际上掌握在不同的决策者手中，例如，货币政策属于中央银行的权限，财政政策则由财政部门掌管；如果决策者并不能紧密协调这些政策，而是独立地进行决策，就不能实现最佳的政策目标，所以要将每一工具合理地指派给相应的目标。

为此，蒙代尔提出了“有效市场分类原则”：每一目标应当指派给对这一目标有着相对最大的影响力，因而在影响政策目标上有相对优势的工具。根据这一原则，蒙代尔区分了财政政策、货币政策在影响内外均衡上的不同效果，提出了以货币政策实现外部均衡目标、财政政策实现内部均衡目标的指派方案。

蒙代尔的政策分派模型如图 1－11－5 所示，图中，纵轴表示货币政策，N_m 为政策中性，向下为货币紧缩，向上为货币扩张。横轴表示财政政策，N_f 为政策中性，向右为财政扩张,向左为财政紧缩。

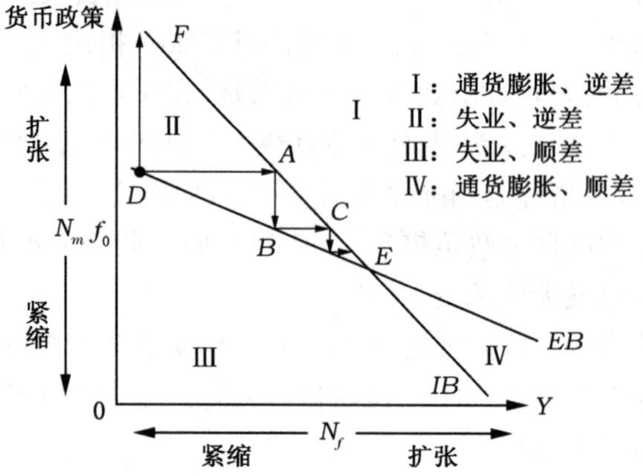

图 1—11—5　政策分配原理

IB 曲线(内部均衡线)表示能够维持充分就业的财政政策和货币政策的组合,曲线为负斜率,即在充分就业条件下,如果实行紧缩性的货币政策,就必须相应地采取扩张性的财政政策,才能保持国内充分就业的均衡。*IB* 曲线右边的货币政策和财政政策搭配会产生通货膨胀,曲线左边的政策搭配则不足以形成充分就业。

EB 曲线(外部均衡线)表示能够维持国际收支平衡的财政政策和货币政策的组合,曲线的斜率可以是正,也可以是负,因为财政政策对国际收支的影响有两方面,财政扩张可导致收入提高,从而恶化经常账户,但同时又因提高利率水平可以吸引外部资金流入而改善资本账户。

图中的 *EB* 曲线为负斜率是假定扩张性的财政政策对国际收支总体的净影响是负的,即经常账户的恶化程度超过资本账户的改善程度。于是扩张性的财政政策恶化国际收支,则货币政策必须紧缩,提高利率,以吸引资金流入来保持国际收支平衡。

(注意:此处横、纵坐标对应的变量与斯旺曲线中的不同,因此,*IB*、*EB* 曲线的方向也有变化。)

IB 曲线比 *EB* 曲线更陡,是因为财政政策导致收入提高一定比例对国际收支的恶化作用,要比货币政策扩张形成同样比例的收入提高所导致的国际收支恶化作用弱。因为财政政策扩张会导致利率水平提高,由此引致的资本流入会部分弥补国际收支逆差,而货币政策的扩张导致利率水平下降,只会加重收入提高导致的国际收支恶化。所以货币政策对保持外部平衡更有效,而财政政策对保持内部平衡更有效。

简言之,相对而言,财政政策对国民收入、就业等国内经济变量的影响较大;而货币政策则对国际收支的影响较大。

IB 和 *EB* 曲线将图形划分为四个区域,Ⅰ区为通货膨胀、逆差,Ⅱ区为失业、逆差,Ⅲ区为失业、顺差,Ⅳ区为通货膨胀、顺差。

蒙代尔认为,在固定汇率条件下应该运用货币政策解决外部均衡,运用财政政策解决内部均衡。根据蒙代尔的分析,如果起点为 *A* 点,对内是充分就业均衡,但存在国际收支逆差。需对应以紧缩性的货币政策使经济状态运动到 *B* 点,于是外部取得平衡,但又出现了失业，再应之以扩张性的财政政策，使之达到 C 点。这消除了失业，但又出现了国际收支逆差。然后再紧缩货币，克服逆差，调节的幅度会越来越小，最后收缩到实现内外均衡的 E 点。

如果政策当局将政策工具错误分派，使用财政政策对付国际收支失衡，使用货币政策解决失业。于是紧缩性的财政政策使经济状态从 A 点运动到 D 点，外部均衡得以解决，但是其代价是更为严重的经济萧条和失业。如果决策者继续使用扩张性的货币政策来对应萧条和失业，经济状态则从 D 点运动到 F 点。显然，经济状态距离稳定的均衡点 E 越来越远，可见错误的政策分派是相当危险的。

将上述政策搭配的原理加以运用，就可以得到表 1—11—5 中的四种政策搭配。

表 1—11—5　　财政政策和货币政策的搭配

区间	经济状况	财政政策	货币政策
Ⅰ	通货膨胀、国际收支逆差	紧缩	紧缩
Ⅱ	经济衰退、国际收支逆差	扩张	紧缩
Ⅲ	经济衰退、国际收支顺差	扩张	扩张
Ⅳ	通货膨胀、国际收支顺差	紧缩	扩张

蒙代尔的政策分派理论将运用政策搭配实现内外均衡的研究向前推进了一步，但仍未能完全解决米德冲突。在模型中从 A 点运动到 E 点的调节过程中，虽然是交替采用货币政策和财政政策，但总的过程是紧货币和松财政。然而，对于小型开放经济国家来说，如果要维持汇率的固定，这样的政策搭配未必行得通。

比如在固定汇率、资本流动较为自由的条件下，根据前面的分析，货币政策则完全是被动的，因为利息率水平取决于国际金融市场，有效的只有财政政策。即使这一理论成立，其政策搭配取得内外均衡的效果也要取决于很多因素，比如，国家的边际进口倾向、边际消费（储蓄）和投资倾向、国内货币需求的利率和收入以及进出口供给和需求弹性等，而这些因素往往是难以确定的，所以政策搭配实施的效果也难以预料。

实际上，实现内部均衡和外部均衡问题的关键是维持汇率稳定，实现国内充分就业和物价稳定的目标之间矛盾的问题。而对于这一点，蒙代尔的政策分派原则并未提供确切的政策依据。

真题回顾

（复旦大学 2016）根据蒙代尔的最优指派原则，一国出现通货膨胀、国际收支顺差，应该选择的政策搭配是（　　）。

A. 紧缩的货币政策和扩张的财政政策　B. 紧缩的财政政策和扩张的货币政策

C. 紧缩的财政政策和紧缩的货币政策　D. 扩张的货币政策和扩张的财政政策

参考答案：B。根据蒙代尔的最优指派原则，货币政策用于外部均衡，财政政策用于内部均衡。现一国内部出现通货膨胀，则应该采取紧缩的财政政策；外部国际收支顺差，应采取扩张的货币政策。

二、开放经济条件下的财政、货币政策——蒙代尔—弗莱明模型分析

(一)固定汇率制度下的财政、货币政策

1. 不同资本流动状况下的财政政策实施效果

如图 1—11—6 所示,Y_0 并非充分就业的国民收入。政策当局决定增加政府购买开支来扩张总需求,如果其他条件不变,则 IS 曲线向右移至 IS',由于假设价格水平不变,则收入水平上升至 Y_1。收入水平的提高,一方面会增加对进口品的需求,从而恶化国际收支经常账户;另一方面会使货币需求提高,从而使利率水平上升,吸引外部资金流入,并改善国际收支资本账户。可见,财政扩张既有恶化也有改善国际收支的可能。

但根据图 1—11—6,IS' 与 LM 曲线暂时相交于 E',交点位于 BP 线以下,说明国际收支处于逆差状态。如果货币当局必须维持该国货币的汇率不变,则必须在外汇市场上进行干预,即不断抛售外汇,用以收购本币,于是形成本国货币供应的减少,相应地,LM 曲线向左移至 LM',并与 IS' 和 BP 曲线相交于 E'',再度形成内部和外部的同时均衡,相应地,国民收入为 Y_2。财政政策之所以形成逆差,是因为国际资本流动的利率弹性不高(在图 1—11—6 中表现为 BP 曲线比 LM 曲线更加陡峭),利率提高后不能引起足够的资本流入以平衡收入提高形成的经常账户恶化。

如图 1—11—7 所示,E 点相应的 r_0 和 Y_0 是初始均衡点,经济处于非充分就业状态。扩张性的财政政策移动 IS 曲线至 IS',与 LM 曲线相交于 E',交点位于 BP 线之上,即经济处于顺差状态。这是由于国际资本流动的利率弹性高,财政扩张引起的市场利率上升能够形成足够的资本内流,平衡收入提高形成的经常账户恶化后还有余。中央银行要保持本国货币汇率不变,就必须在外汇市场上抛售本币、收购外汇,这又会形成本国货币供应量的增加。相应地,LM 曲线向右移到 LM',与 IS' 和 BP 相交于 E''。收入水平提高到 Y_2,并再度实现内部和外部同时均衡。

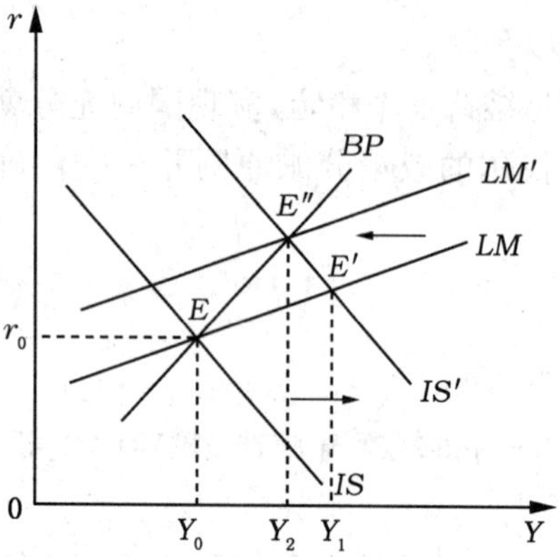

图 1—11—6　财政政策扩张(一)

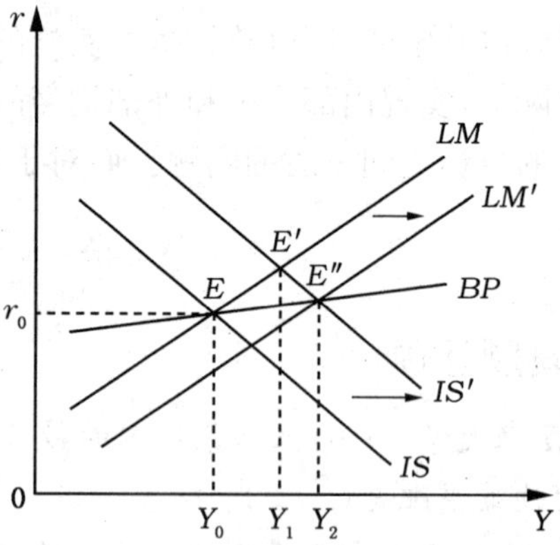

图 1—11—7　财政政策扩张(二)

综上所述,在固定汇率制度下,财政政策有效,但实施效果受到国际资本流动利率弹性的影响。一般而言,如果其他条件不变,国际资本流动的利率弹性越高(BP 曲线越平坦),

或一国的资本市场越开放，则财政政策的作用越明显；反之，国际资本流动的利率弹性越低（BP 曲线越陡峭），或一国资本市场越封闭，财政政策的作用受到的抵消程度越大。在极端的情况下，如果一国资本市场与国际资本市场完全一体化，或国际资本流动完全自由，则在固定汇率制度下，财政政策的作用得到顺差，形成的货币因素充分放大，见图 1－11－8。在另一个极端，一国资本市场完全封闭，则财政政策在固定汇率制度条件下完全无效，见图 1－11－9。

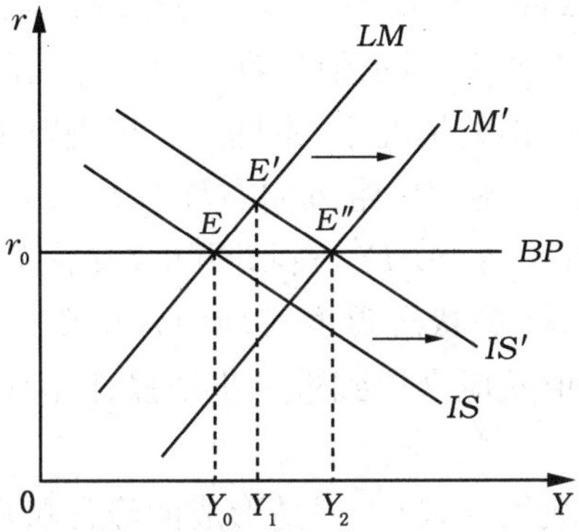

图 1－11－8　财政政策扩张——国际资本完全流动

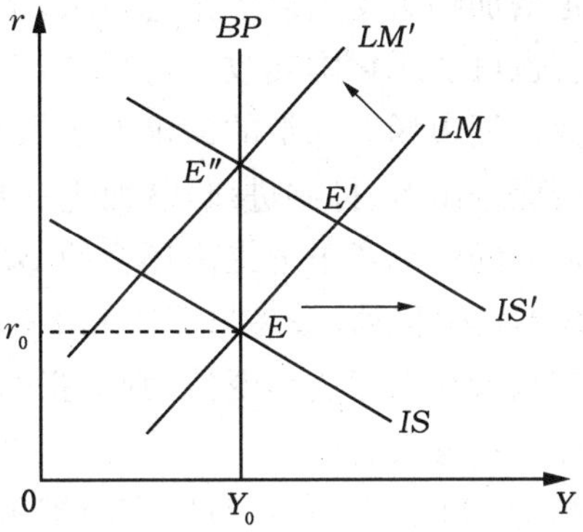

图 1－11－9　财政政策扩张——资本市场完全封闭

2. 不同资本流动状况下的货币政策实施效果

如图 1－11－10 所示，起始均衡点为 E，以及相应的 r_0 和 Y_0，经济状态为非充分就业。假设中央银行实施扩张性的货币政策以提高国民收入，于是 LM 曲线向右移动至 LM'，货币供给增加后，一方面，会增加对进口品的需求，从而恶化经常账户；另一方面，会使国内利率水平下降，引起资金外流，从而恶化资本账户。无论哪一方面都会形成国际收支的逆差，并形成本国货币贬值的压力。如果货币当局僵硬地维持本国货币的汇率固定不变，在外汇市场不断地抛售外汇、收回本币，则国内货币供给会不断地下降。如果其他条件不变，LM' 会不断地回移，只有回到原位才能恢复均衡。可见，在完全的固定汇率制度下，市场机制作用的最终结果是货币政策无效，并且与国际资本流动的自由度无关。

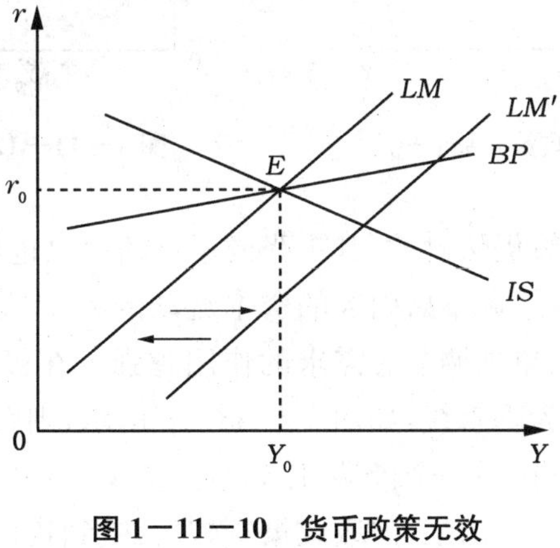

图 1－11－10　货币政策无效

复习提示及知识补充

记住：固定汇率制下，货币政策无效，进一步显示货币供给具有被动性。

(二)浮动汇率制度下的财政、货币政策

1. 不同资本流动状况下的财政政策实施效果

图 1—11—11 所示，起始均衡点为 E，以及相应的 r_0 和 Y_0，经济状态为非充分就业。政府决定增加购买支出以扩张总需求，于是 IS 曲线向右移到 IS'。虽然财政政策的扩张既可能改善也可能恶化国际收支，但是图 1—11—11 中的 E' 显示国际收支逆差。国际收支逆差会导致外汇市场上外汇的需求大于供给，在没有干预的情况下，本国货币出现贬值。货币的贬值会促进出口、抑制进口，从而进一步提高总需求，使 IS' 继续向右移至 IS''；另外，本币的贬值形成的国际竞争力提高还会使 BP 曲线向右移动至 BP'，表示国际收支状况的改善。LM 曲线不发生移动，最终与 BP' 和 IS'' 相交于 E''，经济状态再度实现内外均衡。可见，如果财政扩张最终引起货币贬值，则扩张的效果是贬值效应会得到进一步加强(国际资本流动的利率弹性不够大时)。

如图 1—11—12 所示，政府实施扩张性的财政政策后，收入提高形成的经常账户恶化程度小于利率水平上升导致的资本账户改善程度，于是形成国际收支顺差，E' 位于 BP 线之上。国际收支的顺差导致本国货币升值。IS' 向左移到 IS''，BP 也向左移至 BP'，最终的均衡点为 E''。可见，财政扩张如果最终引起本币升值，在浮动汇率制条件下，扩张效果会受到升值效应抵消(国际资本流动的利率弹性较大时)。

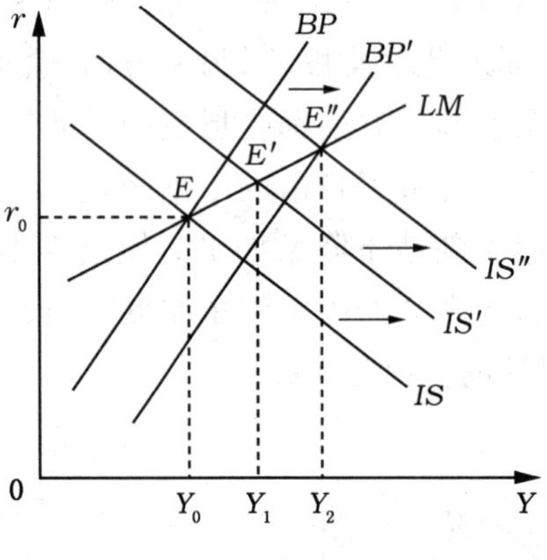

图 1—11—11 财政政策扩张(一)

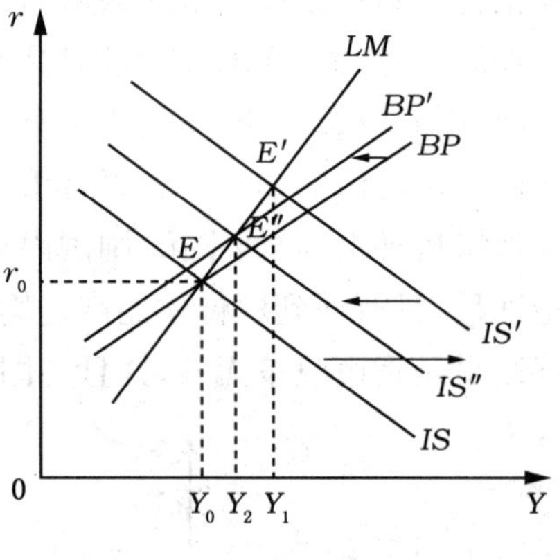

图 1—11—12 财政政策扩张(二)

在浮动制度下，财政政策仍然有效，其扩张或紧缩的效果也与国际资本流动的利率弹性有关。一国金融市场利率水平调整后引起的资本流动的程度越低，或金融市场越封闭(BP 曲线越陡)，则运用财政政策单独调节总需求的作用越强。在极端的情况下，比如本国资本市场完全封闭，或 BP 曲线为垂直线，如图 1—11—13 所示，则财政政策实施后，受到的货币贬值效应放大，达到最大化；在另一个极端，比如本国资本市场实现完全国际一体化，或 BP 曲线为水平线，如图 1—11—14 所示，财政政策实施后，受到货币升值效应的完全抵消，即在浮动汇率并且资本流动完全自由的条件下，财政政策无效。

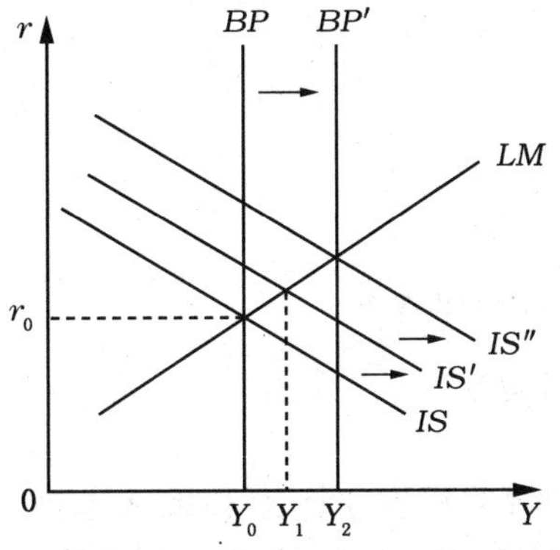

图 1—11—13　财政政策扩张——资本市场完全封闭

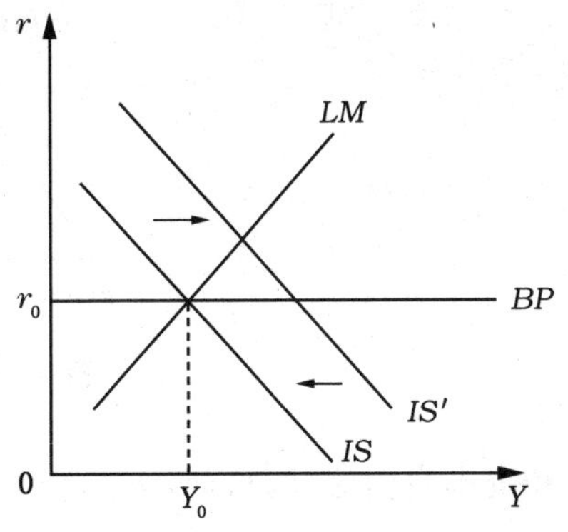

图 1—11—14　财政政策扩张——资本流动完全自由

2. 不同资本流动状况下的货币政策实施效果

如图 1—11—15 所示，起始的非充分就业均衡点为 E，相应的利率和收入水平分别为 r_0 和 Y_0。中央银行决定增加货币供给以促进经济增长和增加就业，于是 LM 曲线向右移至 LM'。该国的国际收支逆差，本币趋于贬值。本币贬值的效应，一方面会通过增加出口、减少进口，进而扩大总需求，而推动 IS 曲线向右移至 IS'；另一方面，也会因国际收支状况的改善而推动 BP 曲线向右移至 BP'。最终的内部均衡和外部均衡状态由 IS'、LM' 和 BP' 三条曲线相交的 E'' 点决定。

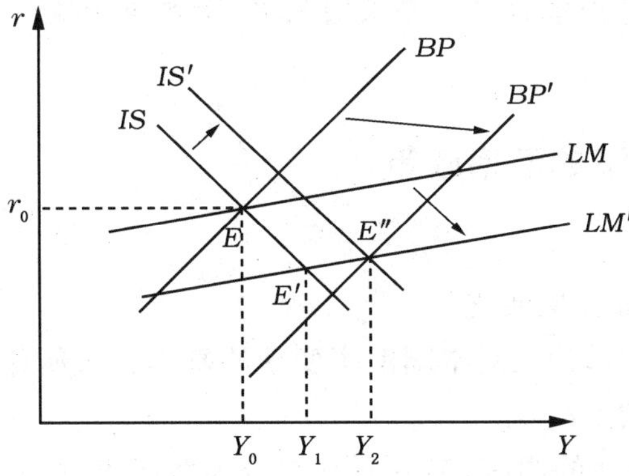

图 1—11—15　货币政策扩张

可见在浮动汇率制度下，货币供应量扩张（紧缩）的效果会使货币贬值（升值）效应放大，因而单独执行货币政策仍是强有力的宏观经济调控工具。

（三）开放经济条件下政策选择的“三元悖论”

美国经济学家克鲁格曼指出，在国际金融体系中存在着无法解决的“三难困境”，也称为“三元悖论”，即在资本自由流动、汇率稳定和保持货币政策独立性三个目标中，一国只能同时实现两个目标而不得不放弃第三者，如图 1—11—16 所示。

自布雷顿森林体系崩溃以来，世界各国的金融发展模式都可以被概括进这个三角形中。A 是选择货币政策的独立性和汇率稳定，我国是这种政策选择的代表；B 是选择货币政策的

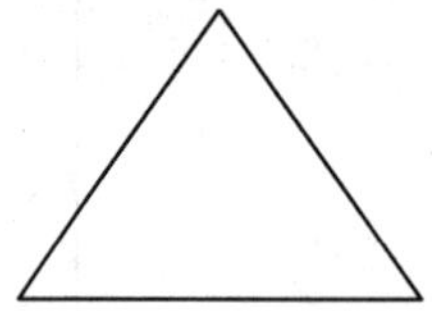

图 1—11—16 “三元悖论”

独立性和资本自由流动,目前,美国和亚洲的部分金融危机发生国家和地区选择这一模式;C 是选择汇率稳定和资本自由流动,实行货币局制度的中国香港、南美洲的部分国家采用这种模式。

真题回顾

(清华大学 2015)如果资本可自由流动,下面哪个说法较为确切?( )

A. 在固定汇率制和浮动汇率制下,财政政策对产出的影响是一样的

B. 相比浮动汇率制,在固定汇率制下财政政策对产出的影响更大

C. 相比浮动汇率制,在固定汇率制下财政政策对产出的影响更小

D. 以上都是错误的

参考答案:B。本题考查蒙代尔—弗莱明模型,资本自由流动,*BP* 水平,画出图形即可求解。

三、开放经济条件下的汇率政策

(一)汇率制度概述

1. 汇率制度的内容及历史演进

汇率制度是指一国货币当局对本国汇率变动的基本方式所作的一系列安排或规定,汇率制度制约着汇率水平的变动。

传统上,按照汇率变动的幅度,汇率制度被分为两大类型:固定汇率制和浮动汇率制。从历史发展看,自 19 世纪中末期金本位制在西方主要各国确立以来,一直到 1973 年,世界各国的汇率制度基本上属于固定汇率制,而 1973 年以后,世界主要工业国实行的是浮动汇率制。

2. 汇率制度的类型

(1)固定汇率制和浮动汇率制

固定汇率制是指政府用行政或法律手段确定、公布及维持本国货币与某种参考物之间的固定比价的汇率制度。充当参考物的可以是黄金,也可以是某一种外国货币或一组货币。在纸币流通条件下,不同货币之间的固定比价往往是人为规定的,在经济形势发生较大变化时可以调整,因此,所谓的固定汇率实际上称为可调整的盯住汇率制。浮动汇率制是指汇率水平完全由外汇市场的供求决定、政府不加任何干预的汇率制度。但是,目前各国政府或多

或少都对汇率水平进行着干预或指导，因此，所谓的“浮动汇率制”也只能加上一个定语，称为管理浮动汇率制。

(2)自由浮动(“清洁浮动”)和管理浮动(“肮脏浮动”)

按照政府是否干预来区分，浮动汇率制可分为自由浮动和管理浮动。自由浮动又称清洁浮动，意指货币当局对外汇市场不加任何干预，完全听任汇率随市场供求状况的变动而自由涨落。管理浮动又称肮脏浮动，指货币当局对外汇市场进行干预，以使市场汇率朝有利于自己的方向浮动。目前，各主要工业国所实行的基本上都是管理浮动，绝对的自由浮动在现实中是不存在的。

(3)单独浮动和联合浮动

按照浮动的形式，浮动汇率制可以分为单独浮动和联合浮动。单独浮动又称独立浮动，是指本国货币不与外国任何货币发生固定联系，其汇率根据外汇市场的供求状况单独浮动。目前，有美元、澳大利亚元、日元、加拿大元和少数发展中国家的货币采取这种单独浮动。联合浮动是指原欧洲货币体系各成员国货币之间保持固定汇率，而对非成员国货币则采取共同浮动的做法。

(4)爬行钉住制、汇率目标区制、货币局制

爬行钉住制是指汇率可以作经常的、小幅度调整的固定汇率制度。这一制度有两个基本特征：首先，实施国负有维持某种平价的义务，这使得它属于固定汇率制这一大类。其次，这一平价可以经常小幅度地调整(例如，调整 2%—3%)，这又使得它与一般的可调整的钉住制相区别，因为后者的平价调整是很偶然的，而且幅度一般很大。

汇率目标区制的含义可分为广义与狭义两种。广义的汇率目标区泛指将汇率浮动限制在一定区域内(例如，中心汇率的上下各 10%)的汇率制度。狭义的汇率目标区特指美国学者威廉姆森于 20 世纪 80 年代初提出的以限制汇率波动范围为核心的，包括中心汇率及变动幅度的确定方法、维系目标区的国内政策搭配、实施目标区的国际政策协调等一整套内容的国际政策协调方案。

汇率目标区不同于其他类型的汇率制度。首先，它与管理浮动汇率制的区别有两点：第一，目标区中，当局在一定时期内对汇率波动制定出比较确定的区间限制；第二，在目标区中，当局要更为关注汇率变动，必要时要利用货币政策等措施将汇率变动尽可能地限制在目标区内。它与可调整钉住的主要区别则在于：目标区下汇率允许变动的范围更大。

货币局制是指在法律中明确规定本国货币与某一外国可兑换货币保持固定的兑换率，并且对本国货币的发行作特殊限制，以保证履行这一法定的汇率制度。货币局制通常要求货币发行必须以一定(通常是百分之百)的该外国货币作为准备金，并且要求在货币流通中始终满足这一准备金要求。这一制度中的货币当局被称为货币局，而不是中央银行。因为在这种制度下，货币发行量的多少不再完全听任货币当局的主观愿望或经济运行的实际状况，而是取决于可用作准备的外币数量的多少。货币当局失去了货币发行的主动权。香港实行的就是货币局制(即联系汇率制)。

3. 固定汇率制与浮动汇率制的优劣比较(分三个方面分析)

(1)实现内外均衡的自动调节效率问题(见表 1－11－6)

表 1—11—6　　浮动汇率制和固定汇率制的比较(一)

	浮动汇率制	固定汇率制
单一性	调整变量少，只需调整汇率，因此，调整的信息成本、执行成本、犯错成本都更低。同时避免国内价格体系调整时的黏性，降低时间成本。	涉及的变量多，调节国内价格体系需耗费较长的时间；但长期看，却可以促进国内产业部门提高技术，降低成本。
自发性	只要国际收支出现失衡，汇率自动贬值或升值，以实现均衡，从而避免政府政策调节的僵硬以及可能遭遇到的时滞问题。	虽然调节方式不够灵活，但：①可根据失衡原因制定不同的政策；②可通过其他经济因素实现均衡(尤其在价格调整失效时)；③可结合必要的国内政策，实现内外均衡(可结合米德冲突和丁伯根原则)。
微调性	汇率可以根据国际收支的变动情况进行连续微调而避免经济急剧波动。	可以避免许多无谓的汇率调整，尤其当调整由货币性干扰造成时，如：国际资金流动引起的收支变动。
稳定性	汇率低估时买入，高估时卖出的稳定性投机有利于汇率的稳定；同时由于汇率随时调整，投机性资金不仅难以找到投机机会，而且还得承担汇率反向变动的风险。相对地，资金的高度流动和固定汇率制则是极不稳定的组合。	“羊群效应”等投机是非稳定性的，因此，固定汇率可以使投机者预期汇率向固定水平调整；政府的介入更产生“名义驻锚”作用，使汇率趋向稳定。

(2)实现内外均衡的政策利益问题(见表 1—11—7)

表 1—11—7　　浮动汇率制和固定汇率制的比较(二)

	浮动汇率制	固定汇率制
自主性	①货币政策独立起来，让汇率自发调节外部均衡，货币财政政策调节内部均衡；②使本国经济免受外国经济波动的影响，从而独立制定有利于本国经济稳定与发展的政策。	①货币政策不可能完全不受外部因素的制约，汇率的调整要和相应的其他政策配合才能发挥效力；②浮动汇率不能隔绝国外经济对本国经济的影响，汇率的波动会通过工资机制等对国内价格发生作用。
纪律性	汇率脱离当局的控制，因此，可以防止当局对汇率政策的滥用，如：高估本币，以降低进口成本；低估本币，以促进出口等。	固定汇率制对货币政策的使用存在一定的制约($IS-LM-BP$ 模型)，如：扩张性的货币政策会导致储备外流。
效力放大性	由蒙代尔—弗莱明模型可知，浮动汇率制下货币政策效力扩大。	政府在维持汇率中会获得执行政策始终一致的声誉，从而通过影响人们的心理预期获得额外的效果。

(3)对国际经济关系的影响(见表 1—11—8)

表 1—11—8　　浮动汇率制和固定汇率制的比较(三)

	浮动汇率制	固定汇率制
对国际贸易、投资等活动的影响	减少当局的政策干预，增强经济自由化，会极大地促进国家间经济交往的发展；远期交易等创新的避险方式减少了浮动汇率带来的不确定性。	强调浮动汇率的不确定性造成的严重影响：①各项避险的交易是有成本的；②许多经济活动无法规避汇率风险，如长期投资；③广大发展中国家金融市场不发达，避险工具少。

续表

	浮动汇率制	固定汇率制
对通货膨胀国际传播的影响	有利于隔绝通货膨胀的国际传递（$P=EP^*$）。	与浮动汇率相比，较少的汇率波动可减少棘轮效应（升值引起的物价下降幅度小于贬值引起的上升幅度，其净效应是物价水平的上升）的成本损失。
对国家间政策协调的影响	汇率的大幅度波动会引起各国关注，进而形成国家间的磋商协调，即加强各国的政策协调。	汇率受到约束，从而国内政策的制定不能完全脱离汇率政策的制约，有利于国际经济秩序。

4. 影响一国汇率制度选择的主要因素

(1)本国经济的结构性特征

如果一国是小国，那么它就较适宜采用固定性较高的汇率制度，因为这种国家一般与少数几个大国的贸易依存度较高，汇率的浮动会给它的国际贸易带来不便；同时，小国经济内部价格调整的成本较低。相反，如果一国是大国，则一般以实行浮动性较强的汇率制度为宜，因为大国的对外贸易多元化，很难选择一种基准货币实施固定汇率；同时，大国经济内部调整的成本较高，并倾向于追求独立的经济政策。

(2)特定的政策目的

这方面最突出的例子之一就是固定汇率有利于控制国内的通货膨胀。在政府面临着高通胀问题时，如果采用浮动汇率制往往会产生恶性循环。

(3)地区性经济合作情况

一国与其他国家的经济合作情况也对汇率制度的选择有着重要影响。例如，当两国存在非常密切的贸易往来时，两国间货币保持固定汇率比较有利于相互间经济关系的发展。

(4)国际、国内经济条件的制约

一国在选择汇率制度时还必须考虑国际条件的制约。例如，在国际资金流动数量非常庞大的背景下，对于一国内部金融市场与外界联系非常紧密的国家来说，如果本国对外汇市场干预的实力因各种条件限制而不是非常强的话，那么采用固定性较强的汇率制度的难度无疑是相当大的。

(5)“三元悖论”

美国经济学家保罗・克鲁格曼指出，在国际金融体系中存在着无法解决的“三难困境”，也称为汇率制度选择中不可实现的“三位一体”，即在资本自由流动、汇率稳定和保持货币政策独立性三个目标中，一国只能同时实现两个目标而不得不放弃第三者。若一国选择资本自由流动和保持货币政策独立性，则不得不实行浮动汇率制。

(二)汇率水平变动对经济的影响

1. 贬值对国际收支的影响

贬值对国际收支的影响，主要体现在对经常账户差额和资本流动的影响。

2. 贬值对经常账户差额的影响

一是弹性分析法所强调的相对价格效应：只要一国进出口弹性条件满足，在一段时滞后，贬值会带来经常账户收支的改善。二是吸收分析法所强调的收入效应：在国内生产资源尚未被充分利用的情况下，通过影响产出和贸易条件，贬值通常会带来一国经常账户收支的改善。三是吸收分析法和货币分析法所注重的现金余额效应或者财富效应：在货币供给量不变的情况下，贬值通过物价和实际货币存量的变化，往往会给经常账户收支带来显著的改善。

3. 贬值对资本流动的影响

贬值对一国资本账户收支的影响情况，取决于贬值如何影响人们对该国货币今后变动趋势的预期。如果贬值后人们认为贬值的幅度还不够，汇率的进一步贬值将不可避免，即贬值引起了汇率将进一步贬值的预期，那么人们就会将资金从本国转移到其他国家，以避免再遭损失。但如果人们认为贬值已使得本国汇率处于均衡水平，那些原先因本币定值过高而外逃的资金就会抽回到国内。如果人们认为贬值已经过头，使本币价格已低于正常的均衡水平，其后必出现向上反弹，那么，就会将资金从其他国家调拨到本国，以牟取好处。

4. 贬值对产出的影响

贬值后，一国贸易收支往往会得到改善。如果一国还存在闲置的要素(包括劳动力、机器等资本品、原材料)，一国生产的产量就会扩大。贸易收支改善将会通过乘数效应扩大总需求，带动国内经济实现充分就业。如果一国经济已处于充分就业，贬值只会带来物价的上升，而不会有产量的扩大，除非贬值能通过纠正原先的资源配置扭曲来提高生产效率。

5. 贬值对资源配置的影响

贬值后，出口品本币价格由于出口数量的扩大而上升，进口替代品价格由进口品本币价格上升带动而上升，从而整个贸易品部门的价格相对于非贸易品部门的价格就会上升，由此会诱发生产资源从非贸易品部门转移到贸易品部门。这样的话，一国的产业结构就导向贸易部门，整个经济体系中贸易品部门所占的比重就会扩大，从而提高本国的对外开放程度，即更多的产品与外国产品相竞争。

在发展中国家，贬值往往还有助于资源配置效率的提高。首先，贬值后，一国可以相应取缔原先因本币定值过高而设置的进口关税、进口配额等超保护措施，有利于进口替代行业的生产效率提高。其次，贬值后，原先因本币定值过高而受到歧视性损害的部门(往往是发展中国家的出口部门)获得正常发展。再者，与国外相竞争的贸易品部门扩大，往往也有助于效率提高。

6. 贬值对物价的影响

一是通过贸易收支改善的乘数效应，引起需求拉上的物价上升。二是通过提高国内生产成本推动物价上升。首先，贬值后，进口商品以本币表示的价格会立即上涨，其中，进口消费品的价格上升会直接引起国内消费品物价某种程度的上升，但进口原材料、中间品和机器设备等的价格上升，则还会造成国内在生产使用这些进口投入品时的生产成本提高，推动这类商品价格的上升。其次，贬值后，出口品和进口替代品价格上升，也会造成使用这些产品作为投入品的非贸易品生产成本上升，也推动了非贸易品价格的上升。这样，贬值对物价的影响就会逐渐扩展到所有商品。此外，物价的上升会推动生活费用的上涨，从而导致工资收入者要求更高的名义工资。更高的名义工资又推动货币生产成本和生活费用的上升。

7. 贬值对收入再分配、财政赤字、货币供给等方面的影响

贬值引起国内物价水平上涨，由于工资合同签约在先，且不可能作瞬间调整，因此名义

工资的增长滞后，实际工资收入下降，企业利润增加。因此，贬值的收入再分配效应有利于利润收入者，而不利于工资收入者。

贬值最终将引起本国货币工资也随之上升，在一个实施累进所得税制度的国家里，纳税人将因名义收入增加而升入较高的纳税等级。此时，若存在财政拖曳现象，即政府的实际支出并不因为其税收收入的增加而增加，那么贬值就会使财政赤字改善。

贬值后，由于货币工资和生产成本上升，货币供给也可能增加。且在外汇市场上，贬值后政府在结汇方面将被迫支出更多的本国货币，也会导致本国货币供给增加。

(三)政府对外汇市场的干预

1. 政府干预外汇市场的目的

(1)防止汇率在短期内过分波动

由于资金供求、预期以及投机套利等因素的影响，短期内会使汇率产生一定程度的波动，如果这种短期波动超过了一定的界限，可能会对贸易以及经济增长造成不利影响。

(2)避免汇率水平在中长期内失调

汇率在中长期内进行调整时，存在着汇率的平均水平以及变动趋势。如果这一平均水平或变动趋势比较明显地处于定值不合理(高估或低估)状态时，就称之为汇率失调。汇率水平是否失调，一般是通过对均衡汇率的估算和比较得出的。汇率中长期内的合理水平是怎样决定的？请回顾购买力平价说(PPP)。另一种方法是威廉姆森提出的基本均衡汇率。

复习提示及知识补充六

一般来说，政府干预外汇市场最主要的目的是保持本国汇率稳定，维持汇率在合理的水平。联想：汇率水平合理以及汇率稳定的意义。

(3)进行政策搭配的需要

央行在外汇市场上的干预是一国货币政策的重要组成部分，因为中央银行在市场上买入外汇就意味着基础货币投放的增加，具有与国债市场上的公开业务操作相类似的效果，这就提供了货币政策内部不同工具搭配的可能性。同时，在外汇市场上的干预还可与财政政策以及其他政策进行多种形式的搭配。

2. 政府对外汇市场干预的类型

(1)直接干预和间接干预

按干预的手段，可以分为直接干预和间接干预。

直接干预是指政府直接入市买卖外汇，改变原有的外汇供求关系以引起汇率变化的干预。间接干预是指政府不直接进入外汇市场而进行的干预。

(2)冲销式干预和非冲销式干预

按是否引起货币供应量的变化，可以分为冲销式干预和非冲销式干预。

冲销式干预是指政府在外汇市场上进行交易的同时，通过其他货币政策工具(主要是在国债市场上的公开市场业务)来抵消前者对货币供应量的影响，从而使货币供应量维持不变的外汇市场干预行为。为抵销外汇市场交易对货币供应量的影响而采用的政策措施被称为冲销措施。非冲销式干预则是指不存在相应冲销措施的外汇市场干预，这种干预会引起一国货币供应量的变动。

(3)单边干预和联合干预

按参与者的国家,可以分为单边干预和联合干预。

单边干预是指一国对本国货币与某外国货币之间的汇率变动,在没有相关的其他国家的配合下独自进行的干预。联合干预则是指两国乃至多国联合协调行动对汇率进行干预。当前各主要大国对外汇市场进行的比较有影响的干预基本上采取的都是联合干预。

3. 外汇市场干预的效力

政府在外汇市场上的干预是通过两个途径发挥效力的:一是通过外汇市场上及相关的交易来改变各种资产的数量及结构,从而对汇率产生影响,这可称之为资产调整效应。二是通过干预行为本身向市场发出信号,表明政府的态度及可能将采取的措施,以影响市场参与者的心理预期,从而达到实现汇率相应调整的目的,这可称之为信号效应。

(1)干预的资产调整效应

干预的两种基本方式是冲销性干预与非冲销式干预。

运用货币模型进行的分析和运用资产组合模型进行的分析的结果如表 1—11—9 所示。

表 1—11—9　　政府对外汇市场干预的效应

	货币模型	资产组合模型
非冲销式干预	有效	有效
冲销式干预	无效	有一定的效果

(2)干预的信号效应

外汇市场干预的信号效应的实现,除要求市场参与者遵循理性预期要求外,还要满足如下条件:第一,政府对外汇市场的干预必须不存在其他目的。第二,干预必须比其他传递信息的方式在改变市场预期方面更具有优势。第三,干预所预示的未来政策必须能够引起汇率的相应变动。第四,政府发出的信号具有可信度。

干预的信号效应一般在市场预期混乱、投机因素猖獗时特别有效果。当市场对未来汇率变动的看法非常不一致时,政府的干预可以提供交易者所能普遍接受的依据,引导市场参与者的预期,遏制投机活动的发展,使汇率回到理想水平。

(四)外汇管制

1. 外汇管制的目的

外汇管制指的是一国政府利用各种法令、规定和措施,对居民和非居民外汇买卖的数量和价格加以严格的行政控制,以平衡国际收支和维持汇率稳定,以及集中外汇资金,根据政策需要加以分配。

政府经常采用直接管制措施以实现经济金融稳定和国际收支的平衡。当一国政府不能够或不愿意用紧缩或通胀的财政货币政策调节其国际收支失衡,并且让本国货币自由浮动也不具备条件时,它就必须采用对其国际经济交易进行直接控制的方法来恢复国际收支平衡,这种控制的最主要方法就是实行外汇管制。外汇管制作为一种重要的外汇政策手段,除了用以实现国际收支平衡、稳定外汇汇率外,还被政府用于实现某些其他的经济或政治目的。然而，由于它阻碍了市场机制的运行，违背了价值规律，其弊端也是显而易见的。

2. 外汇管制的手段

外汇管制的手段也是多种多样的，但不外乎价格管制和数量管制两类。

在价格管制方面，具体包括实行本币定值过高和采用复汇率制。本币定值过高是一种较为复杂的问题，在外汇管制条件下，它的出现有以下几种情形：

第一，实行外汇管制的主要目的是维持国际收支平衡。当一国国际收支出现赤字，尤其是由于结构性因素造成赤字时，由于其他调整政策不易奏效（指贬值）或者代价太大（指通货紧缩），一国就往往愿意采用外汇管制来强制弥补外汇市场的供求缺口。在这种情况下，本币的定值过高是一种必然的结果。

第二，由于外汇市场不完善，一些国家的汇率是由官方制定的，由此形成的汇率是武断的，因此也难免出现本币的定值过高。

第三，有些国家为了鼓励先进机器设备进口、促进经济发展，或者为了维持本国的物价稳定、控制通货膨胀，或者为了减轻政府的外债负担等原因，也就有意识地实行本币定值过高。

在这三种情形下，只有最后一种情形下的本币定值过高才是作为外汇管制的价格措施出现的，而且重要的是这种情形在发展中国家中并不乏见。但不论哪一种情形，本币定值过高，总是与外汇短缺联系在一起的。

在定值过高的条件下，由于外汇需求被人为压制，其中无法从官方供应渠道获得的部分，就会求助于外汇黑市，由此也形成较官方价格高的黑市外汇价格。黑市价格与官方汇率的并存，就有了客观上的复汇率制。但作为外汇管制价格措施的复汇率制还指当局对外汇汇率人为规定两个或两个以上的汇率，不同的汇率适用于不同类别的交易项目这样一种制度。复汇率制根据需要对不同的交易实行歧视性待遇，原则是对需要鼓励的交易规定优惠汇率（如对出口收汇适用较高的外汇价格，对先进技术设备的进口用汇适用较低的外汇价格），对需要限制的交易则规定不利的汇率（如对奢侈品进口和资本输出用汇规定适用较高的价格）。在有些国家，只存在两种或三种歧视性汇率；有些国家则规定有甚至几十种的歧视性汇率。

外汇数量管制是指对外汇数量统筹分配，其方式不外乎外汇配给控制和外汇结汇控制两种。由于本币定值过高，出口商等外汇净收入者不愿将所获外汇按官价结汇，故当局为集中外汇数量，就需要强制外汇收入者按官价向指定银行全部或部分出售。其控制办法有：

(1)颁发出口许可证；

(2)由出口商向指定银行事先报告出口交易，请其发给出口证书，借以办理出口业务，并由银行负责收购其所得外汇；

(3)强制居民申报国外资产，必要时收购。

在外汇配给方面，当局主要根据用汇方向的优先等级对有限的外汇资金在各种用汇方向之间进行分配。其控制办法主要是进口许可证制和申请批汇制。

实行外汇管制对于短期内缓和国际收支困难、维持汇率往往见效很快，对抑制物价上升、促进产业结构改善也能起到一定的作用。尤其是对发展中国家来说，外汇管制措施是不可缺少的，但其弊端也不少，主要表现在：

(1)通过维持本币的定值过高,必然形成黑市外汇市场,使外汇市场陷入混乱状态,并导致社会的不公平和资源配置的扭曲。

(2)无助于外汇失衡的消除和国际收支问题的根本解决,除非配套采取其他改善经济结构的政策措施。

(3)造成行政费用加大,助长官僚主义、贿赂之风。

(五)货币的自由兑换

1. 货币自由兑换的含义

货币自由兑换是指在外汇市场上能自由地用本国货币购买(兑现)某种外国货币,或用某种外国货币购买(兑现)本国货币。

(1)经常账户下的货币自由兑换

经常账户下的自由兑换是指对经常账户外汇支付和转移的汇兑实行无限制的兑换。在国际货币基金组织章程第八条的二、三、四款中,规定凡是能对经常性支付不加限制、不实行歧视性货币措施或多重汇率、能够兑付外国持有的在经常性交易中所取得的本国货币的国家,该国货币就是可自由兑换货币。

(2)资本和金融账户下的货币自由兑换

资本和金融账户下的货币自由兑换是指对资本流入和流出的兑换均无限制。资本和金融账户下的货币自由兑换要比经常账户下的货币自由兑换难得多。因此,一国货币要实现完全可兑换,一般来说,要经历经常账户的有条件兑换、经常账户自由兑换加上资本与金融账户的有条件兑换、经常账户自由兑换加上资本与金融账户自由兑换这样几个阶段。

2. 实现货币自由兑换的条件

(1)健康的宏观经济状况

第一,稳定的宏观经济形势,即没有严重的通货膨胀等经济过热现象,不存在大量失业等经济萧条问题,政府的财政赤字处于可控制的范围内,金融领域不存在银行巨额不良资产、乱集资等混乱现象。

第二,有效的经济自发调节机制,即市场机制。一国具有一体化的、有深度的、有效率的市场体系。

第三,成熟的宏观调控能力。政府必须能娴熟地运用各种宏观政策工具对经济进行调控,有效地应付各种复杂的局面,包括健全的货币管理机制,央行的作用。

(2)健全的微观经济主体

一国实现货币自由兑换后,企业将面临非常激烈的来自国外同类企业的竞争,它们的生存与发展状况直接决定了货币自由兑换的可行性,从一般企业来看,对它的要求体现在制度与技术两个方面,而对一国商业银行,其应该经营状况良好、资本充足、不良资产控制在一定限度内。

(3)合理的经济结构和国际收支的可维持性

合理的经济结构主要体现为国际收支的结构可维持性,国际收支的结构可维持性的要求之一是消除外汇短缺,即实现外汇收支在趋势上的大体平衡,尤其是要将经常账户中的外汇短缺基本消除,否则在资本与金融账户开放后,经济意义上的外汇短缺将转化为统计意义上的收支失衡,导致持续的经常账户赤字及外汇债务的上升,在有的情况下还会演变为资本逃避。要求之二是政府具有充足的国际融资能力或国际储备。

(4)恰当的汇率制度与汇率水平

汇率水平恰当不仅是货币自由兑换的前提，也是货币自由兑换后保持汇率稳定的重要条件。在货币自由兑换的条件下，汇率的高估和低估极易引起投机，从而破坏宏观经济和金融市场的稳定。而汇率水平能否经常保持稳定则是与汇率制度分不开的。一般来说，在资本可以自由流动时，选择具有更多浮动汇率特征的汇率制度更为合适。

3. 货币自由兑换可能带来的问题

(1)资本逃避问题

资本逃避问题是指由于恐惧、怀疑或为规避某种风险和管制所引起的资本向其他国家的异常流动，境内外资产的收益与风险的差异是形成资本逃避的主要原因。从收益因素来看，本国资产收益率较低可能是由以下几个原因造成的：本币汇率高估，低利率，本国较高的通货膨胀带来的实际利率的下降等。从风险因素看，本国政局不稳、新的管制政策的出台或政策多变、法制不健全可能会导致本国资产风险更大。

资本逃避可以通过种种合法与非法途径进行，如高报进口、低报出口。

资本逃避对一国经济的发展极为不利。从短期看，大规模的资本逃避会带来经济的混乱与动荡；从长期看，资本逃避减少了本国可利用的资本数量，减少了政府从国内资产中可获取的税收收入，增加了本国的外债负担，从而会引起一系列严重的经济后果。因此，一国政府必须创造一个持久稳定发展的宏观环境，减少和预防资本逃避行为。

(2)货币替代问题

货币替代问题是指在经济发展过程中，国内对本国货币的币值稳定失去信心或本国货币资产收益率相对较低时，外币在货币的各个职能上全面或部分地替代本币发挥作用的一种现象。货币替代描述的是一种良币驱逐劣币的现象。

货币替代会对一国经济产生复杂的影响。首先，本国居民可以持有外国货币、外国居民也可以持有本国货币，并且这种持有处于不断的替换之中，这使得汇率的决定更加复杂。一般认为，货币替代加剧了汇率的不稳定性。其次，从它对货币政策的影响看，货币替代会使货币的定义更加困难，例如，本国居民持有的外国货币现金及存款是否应计入货币的范围；从货币替代对财政政策的影响看，它导致本国政府难以从本币发行中获得铸币税与通胀税，政府的收入降低。

提高本国货币的币值稳定性、实际收益率和信心是解决货币替代问题最根本的方法。这就要求政府有效地控制通货膨胀及其他宏观不稳定状况。

四、宏观经济政策国际协调方案

(一)国际协调内容

国家间政策协调的含义有广义与狭义之分。从狭义讲，国家间政策协调是指各国在制定国内政策的过程中，通过各国间的磋商等方式来对某些宏观政策进行共同的设置。从广义看，凡是在国际范围内能够对各国国内宏观政策产生一定程度制约的行为均可视为国家间政策协调。我们所说的国家间政策协调是从广义而言的。依据进行政策协调的程度，国家间政策协调可由低到高分为以下六个层次：

1. 信息交换

信息交换是各国政府相互交流本国为实现经济内外均衡而采取的宏观调控的政策目标范围、政策目标侧重点、政策工具种类、政策搭配原则等信息，但仍在独立、分散基础上进行本国的决策。信息交换是一种最低层次的国家间政策协调形式。

2. 危机管理

危机管理是指针对世界经济中出现的突发性、后果特别严重的事件，各国进行共同的政策调整，以缓解、渡过危机。危机管理这一协调形式是偶然出现的、临时性的措施，它的主要目的在于防止各国独善其身的政策使危机更加严重或蔓延。

3. 避免共享目标变量的冲突

共享目标变量是指两国所要面对的同一目标，例如，我们前面分析的浮动汇率制下两国之间的汇率。由于两国共享目标是同一个，因此，如果两国对之设立了不同的目标值，这便意味着两国之间产生直接的冲突，两国之间的相应政策成为具有竞争性的"以邻为壑"的政策。国家间的竞争性贬值是共享目标冲突的最典型的形式。

4. 合作确定中介目标

两国国内的一些变量的变动会通过国家间的经济联系而形成一国对另一国的溢出效应，因此，各国有必要对这些中介目标进行合作协调，以避免它对外产生不良的溢出效应。这一中介目标既有可能是共享目标变量，也有可能是其他变量，例如，固定汇率制下的一国货币供给量。

5. 部分协调

部分协调是指不同国家就国内经济的某一部分目标或工具进行协调。例如，仅对各国的国际收支状况进行协调，而国内经济的其他变量则不纳入协调范围。

6. 全面协调

全面协调是指将不同国家的所有主要政策目标、工具都纳入协调范围，从而最大限度地获取政策协调的收益。

进行国家间政策协调的方式有两种，即相机性协调与规则性协调。所谓相机性协调，是指根据经济面临的具体条件，在不存在规定各国应采取何种协调措施的规则的情况下，通过各国间的协商确定针对某一特定情况各国应采用的政策组合。这一方法实际上是一国经济调控中相机决策的推广。

一般认为，这一方法的优点在于可以针对不同的条件就更为广泛的问题进行协调，而缺点在于可行性与可信性较差。从可行性看，每次政策协调行动实际上意味着各国政府间的一次讨价还价，这样一次次的政策协调会带来很高的决策成本，并且也难以对各国政府进行制约，易于产生竞相违约及"搭便车"现象，缺乏可持续性。从可信性来看，这种方式下的协调措施完全由各国协商决定，缺乏一个明晰的规则，这便会产生较大的不确定性，从而难以通过影响公众的心理预期而发挥政策效力。

规则性协调则是指通过制定出明确规则来指导各国采取政策措施进行协调的方式。规则性协调的优点在于决策过程清晰，政策协调可以在较长时期内稳定进行，可信性高，因此受到了更多的重视。

(二)国际协调方案

在国家间政策协调实践以相机形式进行的同时,经济学者设计出了很多具有特定规则的国家间政策协调方案,产生了很大的影响。其中最为重要的方案包括:托宾提出的全球对外汇交易征收交易税的托宾税方案、威廉姆森等人提出的汇率目标区方案、麦金农提出的恢复固定汇率制方案。下面对这几种方案进行简单的介绍。

1. 托宾税方案

托宾税方案提出的背景是国际资金流动尤其是短期投机性资金流动规模急剧膨胀造成汇率的不稳定。1972 年,托宾在普林斯顿大学演讲时提议“往飞速运转的国际金融市场这一车轮中掷些沙子”,首次提出对现货外汇交易课征全球统一的交易税,经济学家后来把这种外汇交易税称为“托宾税”。

托宾税具有两个特征:单一低税率和全球性。迄今为止,西方经济学家所提议的税率从外汇交易值的 0.05%到 1%不等。托宾税的功能有两个:第一,也是最为重要的,抑制投机,稳定汇率。我们可以根据前文的非套补的利率平价进行分析。在不存在托宾税的情况下,市场处于平衡状态使预期的汇率变动率等于两国间的利率差,如果两者之间有变量差异,投机活动就会发生。

例如,假定美国一年期利率为 7%,日元一年期利率为 2%,则预期美元将在一年后贬值 5%时市场处于平衡状态。当存在托宾税时,外汇交易成本问题将非常显著。托宾税能够抑制投机、稳定汇率,使外汇交易对经济基本面的差异和变化做出反应,引导资金流向生产性实体经济。

托宾税的第二个功能是它可以为全球性收入再分配提供资金来源。考虑到目前全球外汇交易的天文数字,即使对外汇交易课征一税率很低的税收,也能筹到巨额资金。如果能通过国际合作把这笔巨资用于全球性收入再分配,那么确实能对世界做出极大的贡献。

托宾税自 20 世纪 70 年代提出以来,在学术界和政界引起热烈的反响和争论,但事实上至今并无国家在实践中实施此税。一般认为,托宾税这一方案有三个问题难以解决:

第一,如何评价投机在外汇市场中的作用。我们在前文中已经指出,投机具有双重性,一方面,它造成了市场价格的波动;另一方面,也正是投机者对风险的主动承担才使市场正常运转,投机在某些情况下具有熨平汇率波动的功能。因此,实施托宾税可能有损于市场的流动性,使外汇市场更为动荡。

第二,托宾税面临着技术上的许多难题。例如,从税基的确定角度看,根据公平原则,托宾税应尽可能地涵盖一切参与外汇交易的个人、企业、金融中介机构、政府和国际组织。但这样的税基不能把投机和非投机性质的外汇交易投机区别开来。另外,从应税交易的识别角度看,托宾税主要针对的是投机性现货交易,但目前外汇市场上最为活跃的投机活动发生在衍生工具领域。对衍生工具交易征税将使税收的征收监管更加复杂,可能破坏衍生市场的发展,危及外汇市场的稳定性。最后,在税率确定上,目前的建议都具有很大的随意性,如果使用低税率,则不一定能有效地阻止投机交易;如果采用足以阻止投机的高税率又将使外汇交易量大为缩减,从而损害金融市场的活力和效率。

第三,托宾税存在着政策协调方面的阻碍。托宾税是一种国家间政策协调方案,各国协调中可能出现许多障碍难以克服,例如,是否能将所有国家都纳入协调范围。如果有的小国不愿采用,那么在其他主要国家都征收托宾税时,它就会迅速发展为避税型离岸金融中心,使托宾税无法收到预期的效果。另外,托宾税的收入分配问题因为其明显的利益性而可能引起各国的激烈争吵。

总的来说,托宾税是一种非常有影响的,尤其是20世纪90年代在国际资金流动问题非常突出的条件下格外引起注意的协调方案。但它也存在一些问题,还在争议之中,值得我们进一步观察。

2. 麦金农方案

在国际货币制度于20世纪70年代初由固定汇率制转向浮动汇率制后,许多经济学家对现行的浮动汇率制非常不满意,提出了各种在恢复固定汇率制基础上进行国际协调的方案,其中最为著名的是美国经济学家麦金农所提出的设想。

麦金农认为,恢复固定汇率制的主要理由在于以浮动汇率制为特征的国际货币制度缺乏效率,麦金农从两个角度分析了浮动汇率制的不足。首先,从国际角度看,汇率的波动除了增加各国外部环境的不确定性外,并不能自动实现调节经常账户的目的。麦金农认为,经常账户反映的是各国投资与储蓄的差额,因此,汇率的变动可以实现经常账户平衡是一个错误的教条,本币贬值所带来的经常账户的改善将立即被国内吸收的相应增长所抵消。其次,从国内角度看,汇率的频繁波动引发的货币替代及各国资产之间的转换活动使一国的货币需求难以确定,各国货币政策因此难以有效地控制通货膨胀,一国通过本国的政策搭配实现内外均衡的努力就更加困难。根据以上分析,麦金农得出了浮动汇率制不利于实现内外均衡的国内政策搭配与国家间政策协调的结论,提出应在恢复固定汇率制的基础上进行国家间的政策协调。

3. 汇率目标区方案

这一方案是由威廉姆斯和米勒将汇率目标区制从政策协调角度进行扩展而形成的。

汇率目标区方案在一系列方面与麦金农方案存在着明显的区别。麦金农方案主张实行固定汇率制,而目标区方案则主张实行更有弹性的汇率制度,汇率变动范围达中心汇率上下10%。除此之外,汇率目标区的要点还包括:

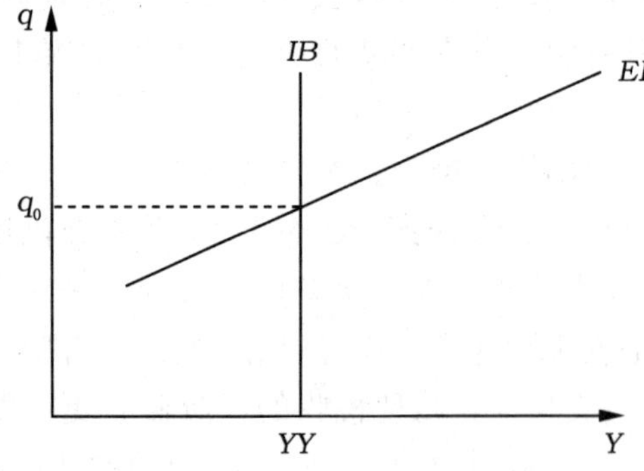

图1-11-17 基本均衡汇率的含义

第一,中心汇率的确定不是依据购买力平价,而应依据威廉姆森提出的“基本均衡汇率”(FEER)来确定。威廉姆森认为,购买力平价作为政府制定汇率政策的指导是非常不合理的，因为它最大的问题在于没有考虑到实际的宏观经济运行状况。从宏观调控的角度出发，威廉姆森认为政府应追求的汇率水平是在中期内（一般指 5 年）实现经济内外均衡的汇率，此即所谓的基本均衡汇率。基本均衡汇率的理论渊源可以追溯到国际货币基金组织在 20 世纪 70 年代对汇率合理水平的分析，经威廉姆森对它进行发展后，在国际货币基金组织的汇率政策确定中发挥了主导性作用。

基本均衡汇率可用图 1－11－17 进一步说明。该图中，横轴表示国民收入，纵轴表示实际汇率（直接标价法）。YY 代表经济处于自然失业率状态时所确定的产出水平。IB 曲线代表经济的内部均衡状态，它是一条经过 YY 点而垂直于横轴的直线，因为在产出状况处于自然失业率所确定的水平时，经济中才既不会出现通货膨胀现象，也不会出现失业问题，显然这与实际汇率无关。如果将外部均衡定义为某种经常账户余额，那么使经常账户收支保持在这一水平上的实际汇率与国民收入的组合构成的 EB 曲线就代表了经济的外部均衡。由于随着国民收入的增长，本币相应贬值才能使经常账户维持原状，所以这一曲线斜率为正。IB 曲线与 EB 曲线交于一点时，经济同时实现内外均衡，此时，确定的汇率水平即为基本均衡汇率。由于基本均衡汇率是一种实际汇率，因此，汇率目标区制中要求名义汇率根据各国通货膨胀率及时进行调整，以保持实际汇率不变。

第二，在对汇率目标区的维持上，汇率目标区方案提出了各国都以货币政策实现外部均衡，以财政政策实现内部均衡这一搭配思路进行宏观调控上的政策协调。具体来说，这一政策协调方案如下：

（1）各国以利率政策来维持相互之间的汇率。对于 n 个国家来说，存在着 $n-1$ 种汇率，也就要求相应的 $n-1$ 种利率差价，以使外汇市场维持平衡。

（2）在 n 个国家相互之间的利率差价确定后，只要一国确定一个具体的利率水平，全球各国的利率水平也就随之确定了。该国利率水平确定的原则是：应使在此基础上推算出的全球平均利率水平刚好在足以控制全球通货膨胀的前提下达到最大的全球产出水平。

（3）该国应独立运用财政政策控制国内的产出，以使各国经济的运行保持在均衡状态。由于汇率可以在一定区域内波动，因此，各国的货币政策就获得了一定的自主性，可以在汇率变动处于目标区内时根据国内需要进行调整，而当汇率变动超过目标区范围时再利用利率政策实现外部目标。

汇率目标区方案引起的学术界与政界的重视和争议是其他政策协调方案所难以比拟的，因为这一方案几乎涉及了国际金融领域内的所有重大问题，对政策协调的具体实施方法又规定得极为详尽。一般认为，汇率目标区方案的基本精神在 20 世纪 80 年代中期的《卢浮宫协议》中得到某种程度的体现，随后的一段时期内美元与日元的汇率之间也的确存在着某一形式的目标区。但是总的来说，汇率目标区自身存在的一些问题使它很难真正得到实施。

尽管存在这些问题，但汇率目标区方案仍是非常重要的，而且还处在不断地发展中。例如，它所倡导的基本均衡汇率正在发展成为一种独立的汇率决定理论，其他的研究者也从此角度提出很多与之相近的均衡汇率概念，这实际上标志着汇率理论得到了发展。

复习提示及知识补充

这几种政策调节方案都只限于理论层次，未能付诸实践。要清楚每种方式的主要主张，以及这些主张的主要原因。

【本章参考习题】

1. 在固定汇率制度下，如果资本完全流动，则（　　）。

A. 货币政策有效，财政政策无效　　B. 货币政策和财政政策均无效

C. 货币政策无效，财政政策有效　　D. 以上都不正确

2. 在一个资本可以自由流通的开放经济中，当其他条件不变时，紧缩性的货币政策将导致（　　）。

A. 产出下降和本国货币升值　　B. 产出上升和本国货币贬值

C. 产出上升和本国货币升值　　D. 产出下降和本国货币贬值

3. 米德冲突主要分析（　　）。

A. 固定汇率制下，失业与经常项目逆差并存或通货膨胀与经常项目顺差并存两种经济状况下的政策困境

B. 固定汇率制下，失业与经常项目顺差并存或通货膨胀与经常项目逆差并存两种经济状况下的政策困境

C. 浮动汇率制下，资本自由流动和货币政策自主性之间的矛盾

D. 固定汇率制下，资本自由流动和货币政策自主性之间的矛盾

4. 当一国处于通货膨胀和国际收支逆差并存的经济状况时，应采用的政策搭配（　　）。

A. 紧缩国内支出，本币升值　　B. 扩张国内支出，本币升值

C. 紧缩国内支出，本币贬值　　D. 扩张国内支出，本币贬值

5. 根据蒙代尔—弗莱明模型，在固定汇率制下，（　　）。

A. 财政政策无效　　B. 货币政策无效

C. 财政政策有效　　D. 货币政策有效

6. 如果征收"托宾税"，其目的在于（　　）。

A. 抑制外汇投机　　B. 抑制通货膨胀

C. 调节国际收支　　D. 减少财政赤字

7. 按巴拉萨效应理论，相对购买力平价而言，发达国家货币相对高估和发展中国家货币相对低估的原因，下列选项中不正确的是（　　）。

A. 发达国家和发展中国家之间的劳动生产率差异

B. 发达国家的垄断和殖民剥削

C. 一国内劳动生产率部分差异引起服务业成本上升

D. 所有可贸易品的交换都存在一价定律

8. 产品越是多样化，国家的规模可能就越大，对外贸易占整个经济的比重就可能越低。按照凯南的理论，这类国家应实行（　　）汇率制度，而按照麦金农的理论，则应实行（　　）

汇率制度。

A. 固定　固定　　B. 固定　浮动

C. 浮动　固定　　D. 浮动　浮动

参考答案：

1. C；2. A；3. A；4. C；5. B；6. A；7. B；8. B。

第二篇

公司财务

- 第一章　公司财务概述
- 第二章　财务报表分析
- 第三章　长期财务规划
- 第四章　折现与价值
- 第五章　资本预算
- 第六章　风险与收益
- 第七章　加权平均资本成本
- 第八章　有效市场假说
- 第九章　资本结构与公司价值
- 第十章　公司价值评估
- 补充章节一　股利政策
- 补充章节二　营运资本管理

第一章　公司财务概述

扫码听课

考试要求

◆ 了解：公司制企业的特征和选择公司制的理由，企业和金融市场之间的现金流量，财务活动的相关人

◆ 掌握：公司理财研究的三大问题，流动资产、固定资产和净营运资本的具体含义，资产负债表的主要内容和基本知识，公司资本结构的含义及馅饼模型，企业目标和财务管理间的关系

◆ 熟练掌握：公司理财的三大决策，企业财务目标的三种观点及相互关系

本章知识点框架

- 公司财务概述
  - 公司金融概述
  - 公司资产负债表
  - 财务活动的相关人
  - 公司的组织形式
    - 个体业主制企业
    - 合伙制企业
    - 公司制企业
  - 企业的财务目标
  - 公司理财的原则
  - 公司金融理论
  - 公司理财专题
    - 兼并与收购
    - 财务困境
    - 公司治理

考情分析

本章属于公司理财的框架章节，属于基础，单纯对考试来说并不重要，但是熟练掌握本章的知识构架有利于把握整个学科的架构。

本章最重要的两个问题就是“为什么选择公司制作为企业的最优组织形式”和“为什么选择企业价值最大化作为公司理财的目标”，需要熟练掌握。其他方面的问题都与公司理财的相关理论有关。

另外，大纲中没有提及，但很多教材将公司治理的部分融入该章，所以考生务必联系参考书目，不能错过公司理财的一些非热点内容。总之，公司理财是一门系统性、逻辑性非常

强的学科，所以考生在复习过程中要以公司理财的最终目标为出发点，逐步研究各因素的相互关系，从而掌握其原理，强制记忆公式达不到很好的效果，甚至会误导考生。

一、公司金融概述

1. 公司金融概念

公司金融（公司理财）是在市场经济条件下，研究以现代化企业——公司为代表的企业的理财（或称财务管理）行为，包括公司如何组织好其筹资、投资、营运资金管理、利润分配管理等理财活动和如何处理好公司与其相关利益主体的经济关系。

公司金融是金融学的一个重要分支学科。与投资学、金融市场学等金融学其他分支学科具有血缘关系，它们遵循共同的基本概念和方法。就研究对象而言，一定财务目标条件下的投资决策（解决稀缺资源如何分配的问题）、融资决策（解决如何为公司筹集所需资金的问题）和营运资本管理（解决投资所产生的现金流量如何分配的问题）构成了公司金融的基本内容。

简单地说，公司金融就是为达到既定公司理财目标而进行的价值创造过程，而创造的这一价值体现在简单的资产负债表中。

2. 公司金融活动和金融市场的关系

(1)金融市场的功能

金融市场可以进行细分，细分的标准主要有三种：一是按照金融要求权，划分为债券市场和股票市场；二是按照金融要求权的期限，划分为货币市场和资本市场；三是按照金融要求权是否首次发行，划分为一级市场和二级市场。金融市场为公司提供了三种经济功能。

第一，价格发现过程。公司获取资金的动力取决于投资者所要求的回报率，金融市场的这一特点引导着资金在金融资产之间的分配。

第二，为金融市场提供了一种流动性。金融市场为投资者出售金融资产提供了一种机制，它对被迫或主动出售金融资产的投资者具有很大的吸引力。

第三，金融市场减少了交易的搜寻成本和信息成本。某种有组织的金融市场的出现降低了信息成本，因为在有效的资本市场中，价格反映了所有市场参与者收集到的总信息。

(2)公司的金融活动依赖金融市场

中央政府、中央政府的代理机构、地方政府、国际机构、公司、金融机构等是金融市场的主要参与者。作为金融市场的主力，公司以投资者和融资者的身份在金融市场上完成投资以及实现资金融通。随着金融市场的发展，公司与金融市场的关系更加紧密。

金融市场为公司提供了众多可以选择的融资品种，越来越多的公司融资活动是在金融市场上进行和完成的。公司可以在债务市场上举债，在股票市场上发行新股。公司在流动资产投资、固定资产投资等方面存在的资金缺口都可以借助金融市场来加以解决。

金融市场为公司提供了投资的场所，公司大量的投资活动发生在金融市场上。债券市场和股票市场为公司长期投资提供了新的场所，随着金融市场的发展，公司证券投资在长期投资中所占的比重不断上升，证券投资收益也成了公司收益的重要来源。

金融市场还为公司金融活动提供了进行风险管理的工具。公司的投资和融资活动会面临金融风险，公司可以借助衍生金融市场，采用风险管理和套期保值策略规避投资风险和融资风险。在金融市场上，寻找资金的公司众多，提供资金的公司众多，因此，金融市场上充满了竞争。

二、公司资产负债表

图 2—1—1 为公司资产负债表的概念图解，通过该图可以初步了解公司理财。

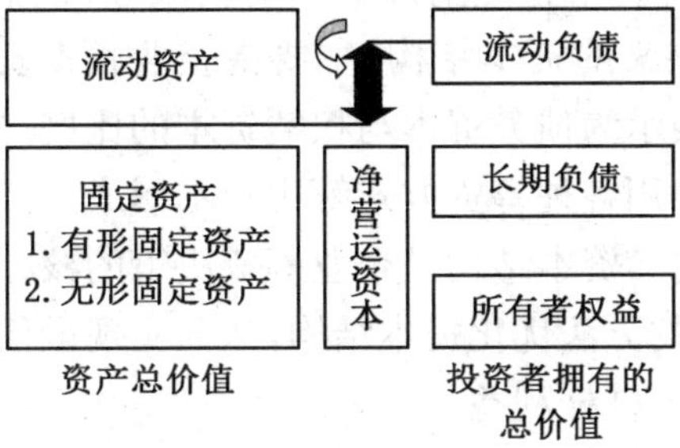

图 2—1—1 公司资产负债表

在公司投资于一种资产之前，它必须获得资金，这意味着公司必须筹集资金用于投资。筹集资金的方式反映在资产负债表的右边。公司一般通过发行（或出售）公司债券或公司股票来筹集，即负债或所有者权益。

负债是企业所承担的在规定的期限内偿付现金的责任，大多涉及在一定期限内偿还约定本息的合同义务，负债通常伴随着固定的现金支付负担，即债务清偿，如果企业不能支付，将会造成违约。同时，负债可分为短期负债和长期负债。短期负债，也称之为流动负债，是指那些偿还期小于或等于 1 年的债务；而长期债务，是指那些偿还期大于 1 年的债务。

所有者权益是对企业剩余资产的所有权，它是不固定的。一般情况下，当企业借款时，债权人享有对企业现金流量的第一索取权，如果企业违约，债权人有权对其提起诉讼，这将有可能导致企业被迫宣告破产。所有者权益等于资产与负债之差：

资产－负债＝所有者权益

资产负债表的左边：固定资产是指那些持续时间较长、流动性不高的一类资产，有形的固定资产包括财产、厂房及设备，这些资产不随日常业务活动转化为现金，也不用于支付应付工资之类的费用。还有一些固定资产的是无形的，无形资产没有实物形态，却可能具有很大的价值，如商标、专利等。流动资产是指那些持续时间较短、流动性最强的资产，包括现金以及自资产负债表编制之日起一年内能够变现的其他资产。应收账款是指销售货物或提供劳务后应向客户收取而尚未收取的款项。存货，包括投产前的原材料、生产中的在产品及完工后的产成品。净营运资本是流动资产与流动负债之差，在经营状况良好的企业中，净营运资本总是正值。

根据公司资产负债表的图解，可以把公司理财看作对以下三个问题的研究：

（1）资本预算，指综合反映投资资金来源与运用的预算，是为了获得未来产生现金流量的长期资产而现在投资支出额预算。资本预算决策也称为长期投资决策，它是公司创造价值的主要方法。资本预算决策一般指固定资产投资决策，耗资大，周期长，长期影响公司的产销能力和财务状况，决策正确与否影响公司的生存与发展。完整的资本预算过程包括：寻找增长机会；制定长期投资战略；预测投资项目的现金流；分析评估投资项目；控制投资项目的执行情况。资本预算可通过不同的资本预算方法来解决，如回收期法、净现值法和内部收益率法等。

(2)资本结构，指企业各种资本的构成及其比例关系。资本结构有广义和狭义之分。广义的资本结构，亦称财务结构，指企业全部资本的构成，既包括长期资本，也包括短期资本(主要指短期债务资本)。狭义的资本结构，主要指企业长期资本的构成，而不包括短期资本。通常人们将资本结构表示为债务资本与权益资本的比例关系或债务资本在总资本中的构成。资本结构是由企业采用各种筹资方式筹集资本形成的。筹资方式的选择及组合决定着企业的资本结构及其变化。资本结构是企业筹资决策的核心问题。企业应综合考虑影响资本结构的因素，运用适当的方法优化资本结构，从而实现最佳资本结构。资本结构优化有利于降低资本成本，获取财务杠杆利益。

复习提示及知识补充一

资本结构的馅饼模型

融资方式决定了公司价值的划分。购买公司债券的个人或机构统称为“债权人”。持有公司权益股份者称为“股东”。

将公司资本结构想象成圆饼，图2—1—2是两种不同的资本结构。圆饼的规模就是公司在金融市场的价值，可以将公司的价值V写作：

$$V=B+S \tag{2—1—1}$$

其中，B为负债的市场价值；S为所有者权益的市场价值，即定义公司的价值为负债和所有者权益之和。

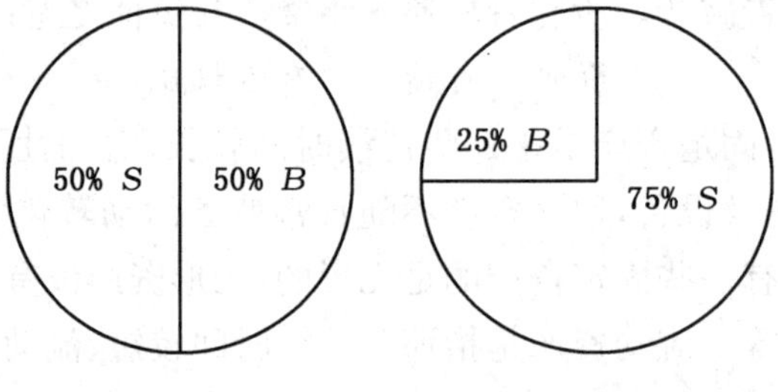

图2—1—2　两种不同的资本结构

(3)现金流量管理与净营运资本，即公司应该如何管理短期经营活动产生的现金流的问题，该问题涉及资产负债表的上半部分。首先，经营活动产生的现金流入和现金流出通常在时间上不匹配。其次，经营活动产生的现金流的数量和时间都具有不确定性。财务经理必须致力于管理现金流的这些缺口。

净营运资本是指流动资产与流动负债之差，用以衡量企业避免流动性问题的能力。净营运资本测量的是按面值将流动性资产转换成现金，清偿全部流动性负债后剩余的货币量。净营运资本越多，意味着企业能用于长期债务融资的流动性资产越多，企业的短期偿债能力就越强。

真题回顾

【1】(华东师范大学 2015)下列活动中,不属于筹资活动的是(　　)。

A. 非定向增发　　B. 发行债券

C. 向银行贷款　　D. 处置固定资产以收回现金

参考答案:D。企业筹资活动是指企业作为筹资主体,根据经营活动、投资活动和资本结构的调整需要,通过一定的金融市场和筹资渠道,采用一定的筹资方式,经济、有效地筹措和集中资本的活动。A、B、C 选项均属于筹资活动,而固定资产的购买及处置均属于投资活动,故选 D。

【2】(中国人民大学 2015)以下哪项将减少公司的净营运资本?(　　)

A. 应付账款减少　　B. 固定资产减少

C. 应收账款减少　　D. 银行存款增加

E. 以上都不对

参考答案:C。净营运资本=流动资产－流动负债;应付账款减少,流动负债减少,净营运资本增加;固定资产减少,与流动资产和流动负债都无关,净营运资本不变;应收账款减少,流动资产减少,净营运资本减少;银行存款增加,流动资产增加,净营运资本增加。

三、财务活动的相关人

在大公司中,理财活动通常与公司高层领导人有关,如副总裁或财务总监,以及一些级别较低的主管。图 2—1—3 描绘了一般的公司组织结构,并突出其财务活动。负责向财务总监报告的是财务长和主计长。财务长负责管理现金、资本支出和制订财务计划。主计长负责会计的工作职能,包括税收、成本核算、财务会计和信息系统。

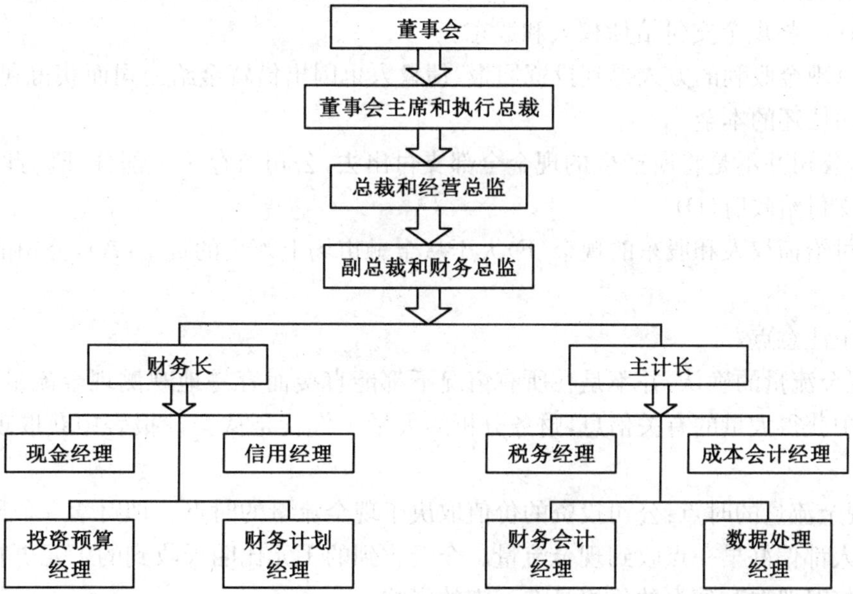

图 2—1—3　公司组织结构

财务经理最重要的工作在于通过开展资本预算、融资和资产流动性管理为公司创造价值。具体而言，如下：

(1)购买所产生的现金高于其成本的资产。

(2)发售所筹集的现金高于其成本的债券、股票和其他金融工具。

因此，公司创造的现金流量必须超过它所使用的现金流量。公司支付给债权人和股东的现金流量必须大于债权人和股东投入公司的现金流。这个目标的实现是公司财务活动与金融市场相互作用的结果，如图 2—1—4 所示。

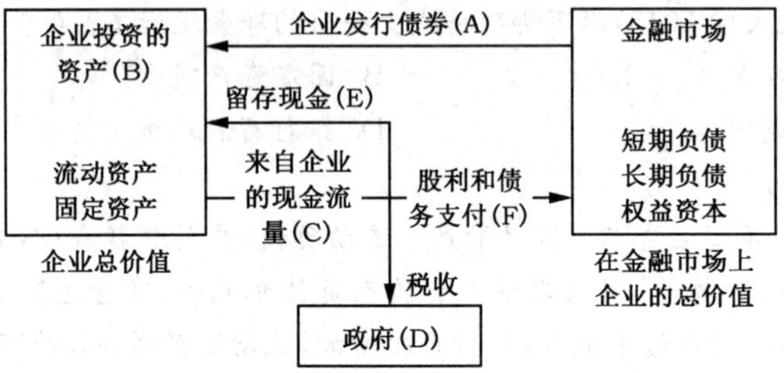

注：(A)公司发行证券筹集资金(融资决策)；(B)公司投资于资产(资本预算)；(C)公司经营创造现金流量；(D)支付税收(现金)给政府；(E)企业留存现金再投资；(F)企业支付给投资者利息和股利(现金)。

图 2—1—4　企业和金融市场之间的现金流量

过程描述如下：为了筹集资金，公司在金融市场上向投资者发售债券和股票。(A)现金从金融市场流向公司；接着为(B)公司管理层将这些现金用于公司的投资活动；(C)公司创造了现金；(F)将现金支付给债权人和股东。

股东以现金股利的方式得到投资回报，债权人也因出借资金给公司而获得利息，并且最终收回公司偿还的本金。

但是，公司并不是将所产生的现金全部支付出去，公司留存了一部分(E)，此外，还以税收的形式支付给政府(D)。

当支付给债权人和股东的现金(F)大于从金融市场上筹集的资金(A)，公司的价值就增加了。

有三个注意点：

(1)现金流量的确认：并不是在所有情况下都能直接而容易地观测现金流量，但可以从会计报表中获得大量的有关信息，财务分析的大量工作就是从会计报表中获取现金流量的信息。

(2)现金流量的时点：公司投资的价值取决于现金流量的时点。理财学一个最重要的假设是任何人都偏好早一点收到现金流量。今天收到的 1 元比明天收到的 1 元更有价值。这种时间偏好对股票和债券的价格具有一定的影响。

(3)现金流量的风险：公司必须考虑风险。现金流的数量和时间一般难以预先确切知道。大多数投资者都是风险厌恶者。

四、公司的组织形式

公司金融的研究主体是公司，因此，对公司的界定可以成为学习和研究公司金融的起点。不同学科对公司的理解是不同的，也形成了关于公司的多种定义。与其他学科不同，公司金融在对公司的理解上具有一致性。个体业主制（Sole Proprietorship）、合伙制（Partnership）和公司制（Corporation）是三种基本的企业合法形式，如图 2—1—5 所示，其中，公司制企业（俗称公司）是公司金融的研究主体。另外，在我国，自 1997 年起所允许的公司组织形式为允许成立个人独资企业，其他全部为公司制企业组织形式。

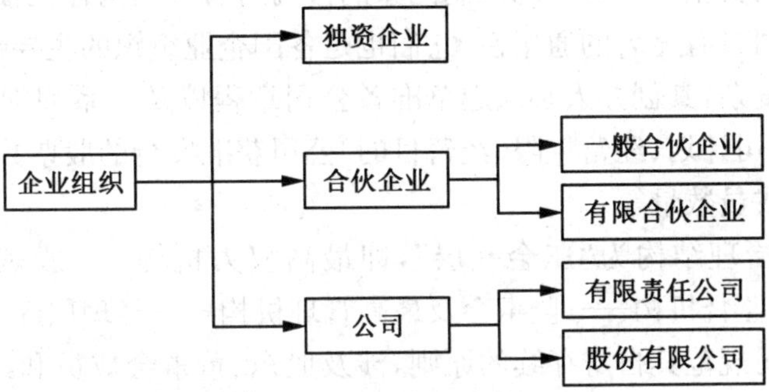

图 2—1—5　公司的组织形式

（一）个体业主制企业

个体业主制又称独资制企业或个人所有制企业，是指由一个人出资，归个人所有和控制的企业。其基本特征有：

1. 优点

结构简单，组织容易，费用较低，限制较少。

2. 缺点

（1）规模较小，难以进行大规模的投资活动；

（2）对企业债务负有无限责任，当企业资不抵债时，要把个人资产抵债；

（3）较难筹集资金，可能会丧失良好的投资机会。

（二）合伙制企业

合伙制企业是指两个或两个以上的人创办的企业。一般合伙制和有限合伙制是这类企业的两种形式。

1. 一般合伙制企业

在一般合伙制企业中，所有合伙人按协议规定的比例提供资金和工作，并分享相应的利润或承担相应的亏损和债务。协议可以是口头的，也可以是书面的。其基本特征有：

优点：合伙制企业的费用较低；合伙制企业的收入按合伙人征收个人所得税。

缺点：当一个一般合伙人死亡或撤资时，一般合伙制终结；合伙制企业难以筹集大量的资金；合伙人对所有债务负有无限责任。

2. 有限合伙制企业

在有限合伙制企业中，至少有一人为一般合伙人，有限合伙人不参与企业管理，其责任仅限于其在合伙制企业中的出资额。

有限合伙制企业有别于一般合伙制企业的特征为:(1)有限合伙人仅仅承担与其出资额相应的责任;(2)有限合伙人可以出售他们在企业中的利益;(3)管理控制权归属于一般合伙人。

(三)公司制企业

1. 公司制企业的相关概念

公司制企业是一个独立的法人,是以公司身份出现的法人,是最重要的一种企业组织形式。这类企业的所有权和管理权实现分离。公司有许多类型,股份有限公司和有限责任公司是两种基本的公司类型。尽管不同体制国家的公司所有权结构存在很大差异,但是,股份公司和有限责任公司具有显著的通用性,它们也是各国企业组织的主导形式。

公司设立较为复杂,其创办人必须起草准备公司章程以及一系列细则。公司章程的内容包括公司名称、公司计划、经营年限、经营目的、公司获准发行的股票数量、股东的权利、公司创建时董事会的成员数量等。

公司制企业的治理结构为“三会一层”,即最高权力机构——股东大会,最高决策机构——董事会,最高监督机构——监事会及最高管理机构——经理层。

公司细则是公司规范其自身存续的原则,涉及股东、董事会成员和经理。传统上,股东控制公司的方向、政策和经营活动;股东选择董事会;董事会成员选择高层管理人员;高层管理人员以股东利益为重,管理公司的经营活动。但是,在股权较为集中的公司,股东、董事会成员和高层管理人员三者可能相互交叉,而大型企业的股东、董事会成员以及公司高层管理人员可能代表不同的集团。因此,公司须以细则的方式对公司的经营管理原则进行说明。其基本特征有:

(1)优点:

①责任有限;

②易于聚集资本;

③所有权具有流动性;

④无限生命的可能性;

⑤专业经营。

(2)缺点:

①双重税负:公司、个人所得税。

②内部人控制:内部管理人员可能为自身利益牺牲股东利益(两权分离)。

③信息披露:公司营业状况必须向社会公开,保密性不强。

2. 选择公司制企业的理由

公司制企业(也称公司)是组织众多个人经济活动的一种方式,大部分经济活动都由公司来实现,几乎所有的大型企业均采用公司制。公司制企业也是具有较高再投资率的其他组织形式企业的转型方向。通常,公司制企业的选择基于企业规模、潜在增长能力、再投资能力等因素。

第一,大型企业要以个体业主制或合伙制存在是非常困难的。这两个组织形式具有无限责任、有限企业寿命和产权转让困难三个重大缺陷,这些缺陷决定了企业难以筹集大量的资金。

第二,企业潜在的增长机会需要资金支持。同时,为未来的增长须提高融资能力,包括权益资本和债务资本。个体业主制企业和合伙制企业在权益资本融资方面的能力非常有限。公司在资本市场上的融资能力具有得天独厚的优势。

第三,公司拥有的再投资机会多。因为公司比合伙制企业和个体业主制企业更容易留存收益,所以,更有利于今后再投资于有利可图的投资。

五、企业的财务目标

关于企业的财务目标的综合表达,有以下三种主要观点:

(一)利润最大化

这种观点认为,利润代表了企业新创造的财富,利润越多,说明企业的财富增加得越多,越接近企业的目标。

这种观点的缺陷是:(1)没有考虑利润的取得时间;(2)没有考虑所获利润和投入资本额的关系;(3)没有考虑获取利润和所承担风险的关系。

如果假设投入资本相同、利润取得的时间相同、相关的风险也相同,利润最大化是一个可以接受的观念。事实上,许多经理人员都把提高利润作为公司的短期目标。

(二)每股收益最大化

这种观点认为,应当把企业的利润和股东投入的资本联系起来考察,用每股收益(或权益资本净利率)来概括企业的财务目标,以避免"利润最大化"目标的缺点。

这种观点的缺陷是:(1)仍然没有考虑每股收益取得的时间性;(2)仍然没有考虑每股收益的风险性。

(三)股东财富最大化

这种观点认为,股东财富最大化或企业价值最大化是财务管理的目标。

股东创办企业的目的是增加财富。如果企业不能为股东创造价值,他们就不会为企业提供资金。没有了权益资金,企业也就不存在了。因此,企业要为股东创造价值。

股东财富可以用股东权益的市场价值来衡量。股东财富的增加可以用股东权益的市场价值与股东投资资本的差额来衡量,它被称为"权益的市场增加值"。权益的市场增加值是企业为股东创造的价值。

有时财务目标被表述为股价最大化。在股东投资资本不变的情况下,股价上升可以反映股东财富的增加,股价下跌可以反映股东财富的减损。股价的升降,代表了投资大众对公司股权价值的客观评价。它以每股价格表示,反映了资本和获利之间的关系;它受预期每股收益的影响,反映了每股收益的大小和取得的时间;它受企业风险大小的影响,但不影响股东财富。例如,分派股利时股价下跌,回购股票时股价上升等。因此,假设股东投资资本不变,股价最大化与增加股东财富具有同等意义。

有时财务目标还被表述为企业价值最大化。企业价值的增加,是由于权益价值增加和债务价值增加引起的。假设债务价值不变,则增加企业价值与增加权益价值有相同意义。

(四)最佳的企业财务目标

关于财务目标的分歧之一是如何看待其他利益相关者的要求,包括债权人、顾客、职工、政府等。有一种意见认为,企业应当有多个目标,分别满足不同利益相关者的要求。

从理论上看,任何学科都需要一个统一的目标,围绕这个目标发展其理论和模型。任何决策只要符合目标就被认为是好的决策,不符合目标的就是差的决策。唯一的目标可以为企业理财提供一个统一的决策依据,并且保持各项决策的内在一致性。如果使用多个目标,就很难指导决策的选择,并很难保证各项决策不发生冲突。

主张股东财富最大化,并非不考虑其他利益相关者的利益。各国公司法都规定,股东权益是剩余权益,只有满足了其他方面的利益之后才会有股东的利益。企业必须交税、给职工发工资、给顾客提供他们满意的产品和服务,然后才能获得税后收益。其他利益相关者的要求先于股东被满足,因此必须是有限度的。如果对其他利益相关者的要求不加限制,股东就不会有“剩余”了。除非股东确信投资会带来满意的回报,否则股东不会出资,其他利益相关者的要求也无法实现。不可否认,股东和其他管理利益人之间既有共同利益,也有利益冲突。股东可能为自己的利益伤害其他利益相关者,其他利益相关者也可能伤害股东利益。因此,要通过立法调节他们之间的关系,保障双方的利益。企业守法经营就可以说基本满足了其他利益相关者的要求,在此基础上追求自身利益的最大化,也会有利于社会。当然,仅有法律是不够的,还需要道德规范的约束以及增强企业的社会责任感。

六、公司理财的原则

(一)有关竞争环境的原则

1. 自利行为原则

自利行为原则是指人们在进行决策时按照自己的财务利益行事,在其他条件相同的情况下人们会选择对自己经济利益最大的行动。

2. 双方交易原则

双方交易原则是指每一项交易都至少存在两方,在一方根据自己的经济利益决策时,另一方也会按照自己的经济利益决策行动,并且交易双方一样聪明、勤奋和富有创造力。因此,任何一方在决策时要正确预见对方的反应。

3. 信号传递原则

信号传递原则是指行动可以传递信息,并且比公司的声明更有说服力(是自利行为原则的延伸)。

4. 引导原则

引导原则是指所有办法都失败时,寻找一个可以信赖的榜样作为自己的引导。

(二)有关创造价值的原则

1. 有价值的创意原则

有价值的创意原则,是指新创意能获得额外报酬。竞争理论认为,企业的竞争优势主要来源于产品(或服务)差异化和成本领先两方面。创造和保持产品差异化的企业,如果其产品溢价超过了为产品的独特性而附加的成本,它就能获得高于平均水平的利润。

2. 比较优势原则

比较优势原则是指专长能创造价值。比较优势原则要求企业把主要精力放在自己的比较优势上,而不是日常的运行上。建立和维持自己的比较优势,是企业长期获利的根本。

3. 期权原则

期权原则是指在估价时要考虑期权的价值。

4. 净增效益原则

净增效益原则是指财务决策建立在净增效益的基础上，一项决策的价值取决于它和替代方案相比所增加的净收益。

(三)有关财务交易的原则

1. 风险—报酬权衡原则

风险—报酬权衡原则是指风险和报酬之间存在一个权衡关系，投资人必须对报酬和风险作出权衡，为追求较高报酬而承担较大风险，或者为减少风险而接受较低的报酬。所谓“权衡关系”，是指高收益的投资机会必然伴随巨大风险，风险小的投资机会必须只有较低的收益。

2. 投资分散化原则

投资分散化原则是指不要把全部财富投资于一个项目，而要分散投资。

3. 资本市场有效原则

资本市场有效原则是指在资本市场上频繁交易的金融资产的市场价格反映了所有可获得的信息，而且面对新信息完全能迅速地做出调整。

4. 货币时间原则

货币时间原则是指在进行财务计量时要考虑货币时间价值因素。货币的时间价值是指货币经过一定时间的投资和再投资后所增加的价值。

七、公司金融理论

(一)完美资本市场下的储蓄和投资(欧文·费雪)

(1)揭示了运作良好的资本市场的效用，资本市场通过提供低成本的方式，使拥有剩余财富的储蓄人和拥有投资机会但缺乏财力的借款人匹配，实现各自的目标。

(2)提出了投资决策第一原则，对投资者而言，实施一个项目至少带来与金融市场上获得的机会相等的效用，如果该项目不能带来金融市场所提供的效用，人们不会从事这项投资，转而直接利用金融市场上的机会。

(3)提出了金融市场分离定理，拥有良好的投资机会的企业或个人在投资决策时，只要投资项目的收益率高于或等于市场利率，就可以接受该项目。由于存在完美市场，项目所需资金可以随时、无成本地从资本市场上获取，无须考虑个别投资者的消费偏好。投资决策和融资决策可以相互分离。

综上，只要存在一个运作良好的金融市场，不管投资者的个人偏好如何，所有投资者都一致以项目能否赚钱来判断是否接受或摒弃同一投资项目，也就是说，所有投资者都一致接受最大化公司价值的项目。

(二)投资组合理论(马科维茨)

投资者选择充分多元化投资组合的原因在于：他们是厌恶风险的投资者，厌恶风险的人回避任何不必要的风险，比如股票的非系统风险。分散风险是合理投资组合设计的核心。

(三)资本结构理论(莫迪利亚尼、米勒)(见本书第二篇第九章 资本结构与公司价值)

(四)股利政策理论(莫迪利亚尼、米勒)(见本书第二篇补充章节一 股利政策)

(五)资本资产定价理论(夏普)(见本书第二篇第六章 风险与收益)

(六)有效市场假说(见本书第二篇第八章 有效市场假说)

(七)期权定价理论(见本书第一篇第四章 金融市场)

(八)代理成本理论[见本章公司理财专题(二)公司治理]

(九)信号理论(斯蒂芬·罗斯)

在信息不对称的条件下,公司的高级职员、董事比外部投资者了解更多的有关公司经营状况、发展前景等信息。处于信息弱势地位的外部投资者对所有公司的股价做出平均且较低的评价。因此,业绩良好的公司希望能向外部投资者证实,公司拥有良好的前景,其公司价值应当得到更高的评价。可取的方法是业绩良好的公司向投资者传递信号(改变资本结构或是股利政策)。

为了防止这种方式被业绩差的公司效仿,信号是否有用必须符合以下检验:向投资者传递信号对公司来说代价昂贵,昂贵的代价迫使业绩差的企业无法效仿。如果不是为了向投资者传递正确的信息,公司不会采用这种信号传递方式。也就是说,传递信号本身被视为一种净现值为负的策略。

现有的信号理论对实践的解释力不够,有时甚至出现悖论。比如,信号理论认为,盈利强、发展前景好的公司通常支付较高的股利,但是,迅速成长中的公司急需大量的资金,它们往往少发甚至根本不派发股利。然而,信号模型仍然是公司金融理论分析的重要工具。

(十)现代公司控制理论(布拉德利)

在并购中,一旦收购要约发出后,目标公司的股价会立刻上涨,然后维持该水平,直到收购结束或要约被取消。对该现象的合理解释应为:收购公司对目标公司管理当局发动要约收购,主要目的是为了获得目标公司的资产控制权和管理权。目标公司的管理水平低下,公司未达到最优化,而目标公司的股东无法更换其无效率的管理者。通过并购市场,其无效率的管理者将被收购企业撤换,收购方将向目标公司移植其管理经验,实施有效的经营战略,通过有效的经营管理使目标公司实现最优化。

(十一)金融中介理论(利兰和派尔)

该理论认为金融中介更具信息优势,也就是说,资本市场融资的成本较高。

事实上,与通过银行或其他金融中介融资相比较,从资本市场上筹集公司日常资金的成本高得多。在中小规模融资上,商业银行比资本市场更具竞争力。在大规模融资上,银行财团贷款等方式的发展,也为银行既简便又迅速地筹措大量的资金提供了条件。

银行能够低成本积聚资金,提供各类贷款,提供广泛的其他金融服务。在长期的业务往来中,银行与公司管理当局建立了经常性联系,银行能够成为公司的真正的内幕人,无须解决通过资本市场公开发行证券融资产生的信息不对称问题。

之后,有影响的金融中介理论为信号理论(区别罗斯的信号理论)。信号理论认为,由于银行可以直接接触申请贷款或接受金融服务公司的会计信息,银行经理与公司高层之间的关系密切。因此,如果银行同意对公司放贷,则向外传递了这样的信号,即掌握较多信息的银行对公司未来前景充满信心。因此,如果公司宣布贷款消息,其股东就会获得相应的收益。

复习提示及知识补充二

金融中介理论中的信号理论与罗斯的信号理论的区别：前者是公司外部发出的信号，如外部审计、信用评级等；后者是公司内部发出的信号，如公司所采用的资本结构和股利政策等。

八、公司理财专题

（一）财务困境

财务困境指一个企业处于经营性现金流不足以抵偿现有到期债务（例如，商业信用或利息费用），而被迫采取改正行动的境况。财务困境可能导致企业违反合约的规定，也可能涉及企业、债权人和股东之间的财务重组。通常，企业被迫要求采取某些在企业有足够现金流量时不可能采取的行动。

存量破产：当一家公司的净资产为负值，即资产价值少于负债价值时，就会发生存量破产。

流量破产：当一家公司的经营性现金流量不足以抵偿现有到期债务时，则将出现流量破产。流量破产就是指某人无力支付其债务。

企业可以通过以下若干方法处理财务困境，比如：（1）出售主要资产；（2）与其他公司合并；（3）减少资本支出及研究与开发费用；（4）发售新股；（5）与银行和其他债权人的谈判；（6）以债权置换股权；（7）申请破产。

复习提示及知识补充三

破产清算与重组

无力或不愿意向债权人依约支付所要求支付款项的企业有两种首选方法：清算或重组。

清算：意味着作为永续经营的公司的终止，它包括以残值出售公司的资产。出售的所得扣除交易成本后，按已确定的优先顺序分给债权人。

重组：指公司选择维持永续经营，有时它包括发行新股以置换原有股份。

（二）公司治理

1. 公司制企业的弱点

公司制企业的最大弱点在于公司管理层和股东之间的利益冲突。由于公司的所有权和经营权相分离，因此，股东必须通过选举产生公司的董事，再由董事组成的董事会聘用管理者（代理人），管理者代表股东行使公司经营权，董事会受托监督管理者并保护股东的利益。在所有权和经营权高度分离的情况下，股东与管理者之间的冲突在所难免。

2. 公司治理的动因

股权分离会导致管理层大量滥用剩余控制权。因此，公司治理的动因在于保护外部投资者的利益不受掌握控制权的内部人员的侵害，使得外部投资者的投资得到公平的回报。

公司治理系统的作用是，在不过分加重管理者承担公司风险的前提下，减轻由于公司所有权和控制权的分离所造成的利益冲突。公司治理机制力图通过激励利益相关者采取正确的行动,并对错误的行动给予惩罚,来协调这些利益。激励主要来自对于公司股票的持有以及对公司业绩敏感的补偿计划。惩罚表现为,当管理者的经营绩效不佳或出现财务欺诈时,董事会会解雇管理者;或者董事会的行动失败时,股东或入侵者发动控制权争夺来替换现有的董事会和管理者。

3. 公司金融活动中的代理问题

(1)消极懈怠;

(2)自我交易;

(3)过度投资和营造王国;

(4)逃避风险;

(5)滥用反收购策略;

(6)垂涎自由现金流。

4. 公司治理机制

(1)董事会监督;

(2)债权人监督;

(3)股票期权激励制度;

(4)所有权集中;

(5)股票跨国上市;

(6)公司控制权市场。

【本章参考习题】

1. 在大多数公司里,所有权与经营权是分离的,这种分离有何重大意义?

2. 公司财务与会计活动的主要区别是什么?

3. 公司利润目标与价值目标的区别是什么?

参考答案:

1. 对大企业,所有权与管理权的分离是实务的需要。大多数公司往往拥有成千上万的股东,这些股东不可能都积极地介入公司管理,企业的经营管理权只能托付给企业的管理者。管理权与经营权分离的好处是显而易见的。两权分离使得企业股份所有权的变更不会影响企业的经营,企业可以聘用专业的经理人才。但如果企业的管理者与所有者的目标相异,分离也会产生问题。

股东与管理者利益的矛盾带来的问题被称为委托—代理问题,股东是委托人,管理者是代理人。股东要求管理者增加公司的价值,而管理者有可能只谋取自己的利益。因股东与管理者之间的委托—代理问题引起的代理成本有两种情形:(1)企业管理者没有努力实现公司价值的最大化;(2)股东付出成本以监督管理者。当然,如果股东就是管理者,就不会发生这种代理成本,这是业主制企业的一大好处。

委托—代理问题并非只存在于股东与管理者之间,企业在进行外部融资时也可能发生代理成本。正常情况下,对公司投入资金的银行和债券持有人与股东站在一起,但债权人与股东之间也有可能存在利益冲突,尤其是当企业陷入困境时,债权人更关心收回自己的资金,不愿意企业再度冒险,担心危害其贷款安全。如果所有的经济主体都有相同的信息,委托—代理问题就比较容易得到解决，但现实中很少出现这种情况。管理者、股东以及债权人对企业实物资产和金融资产价值的信息可能完全不同，即信息不对称，如果代理人较委托人有更多或更好的信息，委托—代理问题就会更加复杂。

2. 公司财务与会计活动是基本内容完全不同的两种管理工作，在很多方面均有着重大的差异，但同时两者之间也有着密切的联系。

(1)会计是以货币为计量单位，系统而有效地记录、分类、汇总仅限于财务方面的交易和事项的过程，以及解释其结果的一种应用技术。根据作用的不同，会计可分为财务会计与管理会计两大分支。其中，财务会计的主要功能是为外部使用者提供信息，又称对外报告会计。管理会计的主要功能是为企业内部使用者提供管理信息，又称对内报告会计。它利用会计以及某些非会计信息，运用成本性态分析法、本量利分析法、边际分析法、成本效益分析法等对企业管理中存在的问题进行诊断和分析。为了提高企业管理水平和经营效益服务，管理会计更加注重会计信息的管理功能，它不需要遵循特定的信息处理规范，可以对会计信息进行重新分类、整理和加工，使之更适合管理的需要。

(2)与会计工作不同，公司财务一边联系着金融市场，一边联系着实物资产投资。公司财务的主要工作是进行企业的长期投资决策(包括企业的并购与重组等)、长期筹资决策(股票和债券的发行，以及其他对外融资方式的选择)和营运资金管理。尽管为进行这些工作需要大量的会计信息，营运资金管理更是同企业日常的会计工作有着密切的联系，但从工作性质和内容上看，会计与财务仍然有着本质的区别。总体来讲，公司财务更多地侧重于分析与决策。

3. 由于数据获得方便和其他一些原因，人们经常将利润作为公司财务的目标，甚至认为利润最大就相当于价值最大。但事实上，利润最大化(特别是短期利润最大化)并不等于价值最大化，利润与价值相比，存在着下述区别：

第一，利润是对企业经营成果的会计度量，它可能反映了企业的真实价值创造，也可能没有正确反映企业的真实价值创造。对同一经济问题的会计处理方式的多样性和灵活性，以及某些可以增加企业的会计利润，但实际上并没有增加甚至减少企业的现金收入的做账方法，都会使企业的会计利润增加。而这种利润的增加并不使企业持续经营和持久盈利的能力增强，也不能增加企业的价值，甚至会损害企业的价值。

第二，利润最大化目标是建立在确定性假设基础上的，没有考虑到风险与收益的关系。企业经营环境是复杂多变的，不论是经营成本，还是销售收入，都无法事先确知，从而也就无法准确地估算出投资利润，进而也就无法去追求“最大化”的利润。经验和理论都表明，高收益必然伴随着高风险，过分追求高利润可能导致企业的经营风险大大增加。

由此可知，以利润最大化作为公司财务目标有一定的片面性。决定企业价值或股东财富的，不是企业的会计利润，而是企业经营活动产生的净现金流入量和相关风险的大小。现金流量的计算不仅考虑了企业经营利润的高低，而且进一步考虑了企业可以支配和使用的资金的多少以及获取这些现金的时间。因为只有这种资金才能用于投资和发展，才能用于现金股利的分配，从而增加企业的价值和股东的财富。而利润若不能转化成真正的现金流量，则不具备上述能力。从现金流量的角度分析，企业的价值由未来各期现金流经过贴现决定，与各期的现金净流入量成正比，与贴现率成反比。贴现率的大小反映了企业风险程度的高低,风险高,贴现率大;风险低,贴现率小。

一般来讲,收益与风险是正相关的,收益越高,风险越大。收益的增加是以风险的提高为代价的。因此,价值最大化目标就是要综合考虑收益与风险两个因素的影响,使它们达到一个好的均衡,从而使企业的价值达到最大。

第二章　财务报表分析

扫码听课

考试要求

- ◆ 了解：财务报表分析的目的，财务分析的种类与步骤
- ◆ 掌握：财务报表的定义及编制方法
- ◆ 熟练掌握：各种基本财务比率分析的计算公式与分析方法

本章知识点框架

- 财务报表分析
  - 财务报表分析的目的
  - 财务分析的种类与步骤
  - 财务报表
    - 资产负债表
    - 利润表
    - 现金流量表
  - 基本的财务比率分析
    - 短期偿债能力比率
    - 长期偿债能力比率
    - 资产管理比率
    - 盈利能力比率
    - 市价比率
  - 杜邦分析法

考情提示

本章内容既是基础章节，也是重点章节，对于本章的考查方式一般有两种。第一种是单独考查本章的内容，则会出现名词解释、选择等基础概念题，还有就是关于基本的财务比率的计算考查，这要求考生熟练掌握这些财务指标。另一种考查方式比较隐蔽，主要是考现金流的计算（在计算企业价值时需要用现金流进行贴现），一般计算过程相当于编制利润表和现金流量表，当然是最简单的形式，不过这仍然要求考生有较为扎实的财务报表分析能力。

一、财务报表分析的目的

财务报表是公司定期（通常为每季度和每年）发布的关于公司过去绩效信息的会计报告。

财务报表分析的目的是将财务报表数据转换为更有用的信息，帮助报表使用者进行有关决策。财务报表使用者大体上分为两类：内部使用者和外部使用者。

(一)内部使用者

内部使用者主要是公司经营管理层,他们负责企业的经营和战略决策。作为一名公司高级雇员,他们通常可以全部接触到公司的信息系统。因此,内部产生的财务报告是专门为内部决策者,如首席执行官、财务总监或内部审计师等设计的。

(二)外部使用者

外部使用者是不参与公司经营活动的个人和机构。他们必须依赖管理当局提供的信息(作为财务报告过程的一部分)。财务信息的外部使用者很多,包括债权人、权益投资者、公司董事会、审计师、兼并与收购分析师和监管机构等。

债权人指银行家、债券持有人和其他一些借钱给企业的人。债权人在财务报表中寻找关于借款人有能力定期支付利息并到期偿还贷款本金的证明。

权益投资者包括公司现有和潜在的股东。现有股东需要财务信息以确定是继续持有该公司股票,还是应把它卖出。潜在股东需要财务信息帮助他们在竞争性的投资机会中做出选择。权益投资者通常对评价公司的未来获利能力和风险感兴趣。

并购分析师关心的是确定潜在兼并对象的经济价值和评估其财务上和经营上的兼容性。审计师使用财务分析技术确定在检查客户财务报表中应予以特殊注意的地方。

公司董事会受股东委托监督管理当局的行为。

监管机构使用财务报表以实施他们的监管职能,如:证券交易委员会,他们警惕地监视公开财务报表是否符合联邦证券法律。一些价格管制行业,如公用事业,为了制定收费率需向监管机构递交财务报告。

二、财务分析的种类与步骤

(一)财务分析的种类

常用的主要有趋势分析法、比率分析法、因素分析法。

1. 趋势分析法

趋势分析法又称水平分析法,是将两期或连续数期财务报告中相同的指标进行对比,确定其增减变动的方向、数额和幅度,以说明企业财务状况或经营成果的变动趋势的一种方法。其中:

$$\text{定基动态比率}=\text{分析期数额}\div\text{固定基期数额}\times100\%$$

$$\text{环比动态比率}=\text{分析期数额}\div\text{前期数额}\times100\%$$

在使用中应注意:(1)用于进行对比的各个时期的指标,在计算口径上必须一致。(2)剔除偶发性项目的影响,使作为分析的数据能反映正常的经营状况。(3)应运用例外原则,对某项有显著变动的指标作重点分析,研究其产生的原因,以便采取对策,趋利避害。

2. 比率分析法

比率分析法是通过计算各种比率指标来确定经济活动变动程度的分析方法。运用比率分析法的常见公式有:

$$\text{构成比率}=\frac{\text{某个组成部分数额}}{\text{总体数额}}\times100\% \tag{2—2—1}$$

$$\text{效率比率}=\frac{\text{所得}}{\text{所费}}\times100\% \tag{2—2—2}$$

$$相关比率=\frac{某一指标}{另一相关指标}\times 100\% \quad (2-2-3)$$

3. 因素分析法

因素分析法是依据分析指标与其驱动因素的关系，从数量上确定各因素对分析指标影响方向和影响程度的一种分析方法。因素分析法的具体运用步骤为：

(1)连环替代法

设 $F=A\times B\times C$，基数：$F_0=A_0\times B_0\times C_0$，实际：$F_1=A_1\times B_1\times C_1$，

基数：$F_0=A_0\times B_0\times C_0$　①

置换 A 因素：$A_1\times B_0\times C_0$　②

置换 B 因素：$A_1\times B_1\times C_0$　③

置换 C 因素：$A_1\times B_1\times C_1$　④

②－①即为 A 因素变动对 F 指标的影响；

③－②即为 B 因素变动对 F 指标的影响；

④－③即为 C 因素变动对 F 指标的影响。

(2)差额分析法

A 因素变动对 F 指标的影响：$(A_1-A_0)\times B_0\times C_0$；

B 因素变动对 F 指标的影响：$A_1\times(B_1-B_0)\times C_0$；

C 因素变动对 F 指标的影响：$A_1\times B_1\times(C_1-C_0)$。

其中，要注意的问题是因素分解的关联性、因素替代的顺序性、顺序替代的连环性、计算结果的假定性。

(二)财务分析的一般步骤

1. 明确分析目的

一般而言，短期债权人更为关注企业的短期偿债能力，以此作为授予企业短期信用的依据；企业的股东更为关注企业的价值，所以企业的经营业绩、资本结构、股利政策、企业的投资项目及其投资收益，往往是股东分析的重点。

2. 搜集有关的各项重要资料

通常包括：(1)定期财务报告是指企业根据证券监管机构的要求定期向外披露的财务报告，主要是指年度报告、中期报告或季度报告；(2)临时报告；(3)企业所在行业的资料；(4)有关宏观经济环境的相关资料。

3. 财务数据分析

根据分析的目的，选择恰当的方法对财务数据进行分析。(1)经营战略分析，目的在于识别企业主要的盈利领域、基本的商业风险，进而定性地评估企业潜在的盈利能力。经营战略分析包括分析企业所在行业的基本情况，分析该企业的经营战略，在此基础上，分析企业是否存在持续的竞争优势。这种定性的分析是财务分析重要的、首要的步骤。(2)会计政策分析，目的在于评价待分析企业的会计报表是否最为恰当，最为公允地反映了该企业经营活动的真实情况。会计政策分析提高了财务报表分析结论的可靠程度。(3)财务报表分析，目标是运用财务报表数据来评价一个企业的现在和过去的财务状况、经营绩效、现金流量及其未来的可持续性。财务报表分析常用的分析方法主要包括比率分析与现金流量分析。

(4)前景预测与分析,主要聚焦于企业的未来。最为常用的两个技术是预计财务报表与价值分析。(5)根据分析结论作出决策,为报表用户——利益相关人提供投资决策的具体信息。

三、财务报表

(一)资产负债表

资产负债表是总括反映企业某一特定日期财务状况的会计报表,它是根据资产、负债和所有者权益之间的相互关系,按照一定的分类标准和一定的顺序,把企业一定日期的资产、负债和所有者权益各项目予以适当排列,并对日常工作中形成的大量数据进行高度浓缩整理后编制而成的。资产负债表可以反映资本预算、资本支出、资本结构以及经营中的现金流量管理等方面的内容。表 2—2—1 列示了 A 公司的资产负债表。

表 2—2—1 **A 公司的资产负债表** 单位:百万美元

资　产	期末数	期初数	负债与股东权益	期末数	期初数
流动资产(Current assets):			流动负债(Current liabilities)		
现金及其等价物(Cash and equivalents)	140	107	应付账款(Accounts payable)	213	197
应收账款(Accounts receivable)	294	270	应付票据(Notes payable)	50	53
存货(Inventories)	269	280	应计费用(Accrued expenses)	223	205
其他(Other)	58	50			
流动资产合计(Total current assets)	761	707	流动负债合计(Total current liabilities)	486	455
			长期负债(Long-term liabilities)		
固定资产(Fixed assets)			递延税款(Deferred taxes)	117	104
财产、厂房及设备(Property, plant, and equipment)	1 423	1 274	长期债务(Long-term debt)*	471	458
减:累计折旧(Less accumulated depreciation)	(550)	(460)	长期负债合计(Total long-term liabilities)	588	562
财产、厂房及设备净值(Net property, plant, and equipment)	873	814	所有者权益(Stockholders' equity)		
无形资产及其他资产(Intangible assets and others)	245	221	优先股(Preferred stock)	39	39
固定资产合计(Total fixed assets)	1 118	1 035	普通股(面值为 1 元)[common stock($ 1 par value)]	55	32
			股本溢价(Capital surplus)	347	327

续表

资　产	期末数	期初数	负债与股东权益	期末数	期初数
			累积留存收益(Accumulated retained earnings)	390	347
			减:库存股票(Less treasury stock)*	(26)	(20)
			所有者权益合计(Total equity)	805	725
资产总计(Total assets)	1 879	1 742	负债与所有者权益总计(Total liabilities and stockholders')*	1 879	1 742

注:* 长期债务增加 47 100 万美元－45 800 万美元＝1 300 万美元,等于 8 600 万美元新增债务与 7 300 万美元到期旧债之间的差额(见现金流量表)。

* 库存股票增加 600 万美元,意味着公司回购了 600 万美元的股票。

* 公司报告新增权益 4 300 万美元,公司以每股 1.87 美元发行了 2 300 万股普通股,普通股的面值增加 2 300 万美元,股本溢价增加 2 000 万美元。

1. 资产

资产:美国 SFAC No. 6 给出的定义是,资产(Assets)是某一主体由于过去的交易或事项而获得或控制的可能的未来经济利益。我国《企业会计制度》规定,资产是指过去的交易、事项形成并由企业拥有或控制的资源,该资源预期会给企业带来经济利益。从上述定义可以看出,企业资产的特征通常包括:

第一,由过去交易或事项形成的并为企业拥有或控制的。

第二,能以货币可靠计量的。

第三,能为企业带来未来利益流入。所有资产都是未来经济利益,但不是所有的未来经济利益都是资产。

(1)流动资产

流动资产是指现金或能在 1 年内转换成现金的资产。包括:

①现金和其他有价证券。有价证券指的是可以在短期内很快出售并转换成现金的低风险证券。

②应收账款。客户依靠信用赊购货物或接受服务而欠卖方公司的金额。

③存货。包括原材料、在产品和产成品。

④其他流动资产。所有其他流动资产的汇总归类,包括的项目有预付费用(如预先支付的租金或保费)等。

(2)长期资产

长期资产的第一类是财产、厂房和设备净值,包括如房地产和机器等资产,这些资产可以产生超过 1 年的有形收益。

设备通常会发生磨损或者久而久之使用后要报废,因此,公司每年要减少设备的账面记录价值,这个减少额就称为折旧。折旧并不是公司需要实际支付现金的费用,它只是确认建筑物和设备因磨损而减值的一种方法。资产的账面价值等于购置成本减去累计折旧。财产、厂房和设备的净值反映的是这些资产的账面价值的总和。当一家公司收购另一家公司，它的资产负债表上就会列示出收购所得的一系列资产。多数情况下，收购公司支付的价款要高于其购得资产的账面价值。购买价格和账面价值的差额称作商誉。

在表2—2—1中，"无形资产及其他资产"科目就表示商誉。如果这些无形资产的价值逐渐减少，那么资产负债表上列示的商誉数额也要相应地减少，可通过摊销费用来表示被收购资产减值的变化。摊销费用和折旧一样，都不属于需要实际付出现金的费用。

其他长期资产包括诸如公司经营中未使用的财产、开办新公司(新业务)的启动成本、商标和专利以及待售财产等。

2. 负债

美国SFACNO.6给出的定义是，负债是某一主体因过去的交易或事项在未来向其他主体转移资产或提供劳务的现时义务，也可以说是因上述义务而引起的可能的未来经济利益的一种牺牲。我国《企业会计制度》规定，负债是指过去的交易、事项形成的现时义务，履行该义务预期会导致经济利益流出企业。负债都是一种义务，但并非所有的义务都是负债。

(1)流动负债

流动负债是指要在1年之内清偿的债务，包括：

①应付账款：赊购产品或接受劳务时对供应商的欠款。

②应付票据、短期债务、于本期到期的长期债务，这些都是将在1年内发生的债务偿还。

③工资和税收等应付未付项目、递延或预收收入，即已经收到产品销售收入，但产品尚未交付给客户。

流动资产和流动负债的差额，为公司的净营运资本，即短期内公司经营所需要的可用资金。

(2)长期负债

清偿超过1年的负债称为长期负债，包括：

①长期债务：指偿还期限超过1年的借款或债务。公司为购置资产或进行投资而需要资金时，可通过长期借款来筹资。

②融资租赁：是公司定期支付租金以换取资产的使用权的长期租赁契约。

③递延税款：是应付未付的税费。公司通常都有两份财务报表：一份用作财务呈报，另外一份用作报税。有时，这两类报表的编制规则不一样。递延所得税负债一般是在公司收益超过应税收益的时候产生的。由于递延税款最终都要支付，所以它们作为负债出现在资产负债表中。

3. 所有者权益

美国SFACNo.6给出的定义是，权益(即净资产)是一个主体资产减去负债后的剩余权益。在企业，权益就是指所有者权益。我国《企业会计制度》规定，所有者权益是指所有者在企业资产中享有的经济利益，其金额为资产减去负债后的余额。

所有者权益的来源包括所有者投入的资本、直接计入所有者权益的利得和损失、留存收益等，通常由股本(或实收资本)、资本公积(含股本溢价或资本溢价、其他资本公积)、盈余公积和未分配利润构成。

真题回顾

（华东师范大学 2014）以下资产负债表项目中，哪一项不属于非流动资产？（　　）

A. 应收股利　　　　B. 可供出售金融资产

C. 商誉　　　　D. 递延所得税资产

参考答案：A。非流动性资产是指不能在 1 年或者超过 1 年的一个营业周期内变现或者耗用的资产。非流动资产一般包括：可供出售金融资产、持有至到期投资、长期应收款、长期股权投资、投资性房地产、固定资产、在建工程、累计折旧、工程物资、固定资产清理、无形资产、开发支出、商誉、长期待摊费用、递延所得税资产等。A 选项应收股利属于流动资产。

（二）利润表

利润表，又称损益表，是指反映一个企业在某一会计期间经营成果的会计报表。它把一定期间的收入与相关的费用进行配比，从而计算出企业一定期间的净利润（或净亏损）。表 2—2—2 列示了 A 公司的利润表。

表 2—2—2　　**A 公司的利润表**　　单位：百万美元

总销售收入（Total operating revenues）	2 262
产品销售成本（Cost of goods sold）	（1 655）
毛利润（Gross profit）	607
销售费用、一般费用及管理费用	（327）
折旧（Depreciation）	（90）
营业利润（Operating income）	190
其他利润（Other income）	29
息税前利润（Earning before interest and tax，EBIT）	219
利息费用（Interest expense）	（49）
税前利润（Pretax income）	170
所得税（Taxes）	（84）
当期（Current）	71
递延（Deferred）	13
净利润（Net income）	86
留存收益（Retained earnings）	43
股利（Dividends）	43

利润表核算的净利润最终会反映到资产负债表所有者权益项目的变动上。利润表用来衡量企业在一个特定时期（如一年）内的业绩。利润的会计定义等式为：

$$收入-费用=利润 \qquad (2-2-4)$$

毛利润：销售收入和销售成本的差额。

营业费用：不是直接与生产产品或提供劳务相关的，而是在经营公司的一般日常过程中所发生的费用,包括管理费用和日常开支、工资、销售费用以及研发费用。

营业利润:毛利润减去营业费用后为营业利润。

息税前利润($EBIT$):考虑到公司非主营业务产生的其他收入与费用,调整其他来源的收入或费用后,就可得到公司的息税前利润。

税前利润与净利润:从 EBIT 中扣除支付的债务利息可得到公司的税前利润,然后再减去公司的所得税,即可得到公司的净利润。净利润表示的是公司股东的总盈余。

每股收益(EPS):净利润通常按每股来计算和表达,用净利润除以流通股总数即可得到每股收益。

$$EPS=\frac{\text{净利润}}{\text{流通股股数}} \tag{2—2—5}$$

复习提示及知识补充一

收入和费用的确认涉及会计的一个基本假设——会计分期的概念,由此对企业经营成果的衡量便产生了两种方法:

(1)现金制(也称收付实现制):收付实现制是以现金收付为确认基础,收到或支付现金作为确认收入和费用的依据,其收支期与归属期是一致的;其缺点是对收入和费用缺乏配比关系,而且会造成盈利的大幅波动,延迟了收入确认,扭曲企业真实的经营绩效。

(2)应计制(也称权责发生制):权责发生制是指在权责发生制下,凡是应属本期的收入和费用,不论其款项是否收付,均作为本期的收入和费用处理;反之,凡不属于本期的收入和费用,即使已收到款项或已支出款项,都不应作为本期的收入和费用。其收支期与归属期并不一致。

企业的利润表反映的收入、费用和盈利是以权责发生制为基础的,而现金流量表的现金流入和流出则是以收付实现制为基础的。

(一)收入的确认和计量

收入是企业在日常活动中形成的,会导致所有者权益增加的、与所有者投入资本无关的经济利益的总流入。按照企业从事日常活动的性质,可将企业收入分为销售商品收入、提供劳务收入、让渡资产使用权收入、建造合同收入等。我国《企业会计制度》规定了企业销售商品时符合以下四个条件,才能确认收入:(1)企业已将商品所有权上的主要风险和报酬转移给买方。(2)企业既没有保留通常与所有权相联系的继续管理权,也没有对已售出的商品实施控制。(3)与交易相关的经济利益能够流入企业。(4)相关的收入和成本能够可靠地计量。

(二)费用的确认与计量

费用是指企业在日常活动中发生的、会导致所有者权益减少的、与向所有者分配利润无关的经济利益流出的总和。

由于发生费用的目的是为了取得收入,那么费用的确认就应当与收入确认相联系。因此,确认费用应遵循划分收益性支出与资本性支出原则、权责发生制原则和配比原则。

(1)划分收益性支出与资本性支出原则。按照划分收益性支出与资本性支出原则,某项支出的效益介于几个会计年度(或几个营业周期),该项支出应予以资本化,不能作为当期的费用;如果某项支出在一个会计期间内,则确认为费用。这一原则为费用的确认给定了一个时间上的总体界限。正确地区分收益性支出与资本性支出,保证了正确地计量资产的价值和正确地计算各期的产品成本、期间费用及损益。

(2)权责发生制原则。划分收益性支出与资本性支出原则,只是为费用的确认作出时间上的大致区分,而权责发生制原则则规定了具体在什么时点上确认费用。企业会计制度规定,凡是当期已经发生或应当负担的费用,不论款项是否收付,都应作为当期的费用;凡是不属于当期的费用,即使款项已在当期支付,也不应当作为当期的费用。

(3)配比原则。按照配比原则,为产生当期收入所发生的费用,应当确认为该期的费用。配比原则的基本含义在于,当收入已经实现时,某些资产(如物料用品)已被消耗,或已被出售(如商品),以及劳务已经提供(如专设的销售部门人员提供的劳务),已被耗用的这些资产和劳务的成本,应当在确认有关收入的期间予以确认。如果收入要到未来期间实现,相应的费用应递延分配于未来的实际受益期间。因此,费用的确认,要根据费用与收入的相关程度,确定哪些资产耗费或负债的增加应从本期收入中扣减。

真题回顾

(华东师范大学 2015)根据我国法律法规的规定,税后利润应该首先(　　)。

A. 提取法定公积金　　B. 弥补以前年度亏损

C. 提取任意公积金　　D. 向股东分配股利

参考答案:B。本题考查税后利润的分配顺序,按照我国法律规定,税后利润的分配次序是首先弥补以前年度亏损,接下来才是提取法定公积金,再次是提取任意公积金,最后才是向股东分配股利。

(三)现金流量表

现金流量是指某一段时间内企业现金流入和流出的数量。法定会计报表中的现金流量表是用来反映会计在一定会计期间内的有关现金收入、现金支出及投资与筹资活动的财务报表,说明了现金及其等价物是如何发生变动的。确定企业现金变动的第一步是计算经营活动产生的现金流,即由于生产和销售产品及提供劳务等正常的经营活动所带来的现金流量;第二步是考虑投资活动产生的现金流;最后一步是考虑融资活动产生的现金流量,即当年对债权人和所有者的净支出(不包括利息费用)。

利润表给出了公司在某个特定会计期间的利润,但这并不代表公司获得的现金就是这么多。净利润与获得的现金不相符的原因有两个:第一,利润表中有非现金项目,如折旧和摊销。第二,某些现金的使用,比如购置楼房或存货支出,没有在利润表中得到反映。

现金流量表利用利润表和资产负债表的信息来确定在一段特定时期内,公司产生了多少现金,现金又是如何分配出去的。

现金流量表分为三个部分:经营活动现金流、投资活动现金流和融资活动现金流。第一部分的经营活动现金流,始于利润表中的净利润,接着在此基础上进行调整,加回经营活动中的所有非现金项目。第二部分的投资活动现金流,列示了用于投资的现金流。第三部分的融资活动现金流，反映的是公司和投资者之间的现金流。表2—2—3列示了A公司的现金流量表。

表2—2—3　　　　　　　　　　　　现金流量表

经营活动(Operation)	
净利润(Net income)	86
折旧(Depreciation)	90
递延税款(Deferred taxes)	13
资产及负债的变动(Changes in assets and liabilities)	
应收账款(Accounts receivable)	(24)
存货(Inventories)	11
应付账款(Accounts payable)	16
应计费用(Accured expense)	18
其他(Other)	(8)
经营活动产生的现金流量合计(Total cash flow from operations)	202
投资活动(Investing activities)	
固定资产的取得(Acquisition of fixed assets)	(198)
固定资产的出售(Sales of fixed assets)	25
投资活动产生的现金流量合计(Total cash flow from investing activities)	(173)
筹资活动(Financing activities)	
到期债务(包括票据)本金(Retirement of long-term debt)	(73)
发行长期债券(Proceeds from long-term debt sale)	86
应付票据(Change in notes payable)	(3)
股利(Dividends)	(43)
股票回购(Retirement of long-term debt)	(6)
发行新股(Proceeds from new stock issue)	43
筹资活动产生的现金流量合计(Total cash flow from financing activities)	4
现金的变动额(资产负债表上)[Change in cash (On the balance sheet)]	33

复习提示及知识补充二

(一)非现金项目

非现金项目是指属于与收入相配比但没有直接影响现金流量的项目。其中最重要的一个是“折旧”，折旧反映了会计人员对生产过程中设备的耗费成本所进行的估计。另一种非现金费用是“递延税款”，递延税款是由会计利润和实际应纳税所得之间的差异引起的。

（二）现金流量表的编制方法

现金流量表的编制有两种方法：直接法和间接法。

在直接法下，确定企业现金变动的第一步是计算经营活动产生的现金流量，即由于生产和销售产品及提供劳务等正常的经营活动所带来的现金流量；第二步是考虑投资活动产生的现金流量；最后一步再考虑筹资活动产生的现金流量，即当年对债权人和所有者的净支出。

在间接法下，编制现金流量表是从净利润开始的，将净利润调节为现金净流量。间接法的规则：(1)流动资产增加额要从净利润中减掉；(2)流动资产减少额要加回到净利润中去；(3)流动负债增加额要加回到净利润中去；(4)流动负债减少额要从净利润中减掉。

四、常用的财务比率分析

（一）短期偿债能力比率

$$流动比率=\frac{流动资产}{流动负债} \tag{2-2-6}$$

$$速动（酸性试验）比率=\frac{速动资产}{流动负债} \tag{2-2-7}$$

其中，速动资产＝流动资产－存货。

$$现金比率=\frac{货币资产+交易性金融资产}{流动负债} \tag{2-2-8}$$

$$现金流动比率=\frac{年经营现金流量}{年末流动负债} \tag{2-2-9}$$

影响短期偿债能力的其他因素包括增强短期偿债能力的表外因素和降低短期偿债能力的表外因素。如可动用的银行贷款指标，偿债能力的声誉是增强短期偿债能力的表外因素；与担保有关的或有负债，建造合同，长期资产购置合同中的分阶段付款降低短期偿债能力的表外因素。

（二）长期偿债能力比率

1. 总债务存量比率

$$资产负债率=\frac{负债总额}{资产总额} \tag{2-2-10}$$

资产负债率越小，表明企业长期偿债能力越强；通常认为，资产负债率等于60%时较为适合。

$$产权比率=\frac{负债总额}{股东权益} \tag{2-2-11}$$

产权比率表示1元股东权益借入的债务数额，产权比率越低，表明企业长期偿债能力越强。

$$权益乘数=\frac{资产总额}{股东权益}=\frac{1}{1-资产负债率} \tag{2-2-12}$$

权益乘数表明1元股东权益拥有的总资产；权益乘数越大，表明股东投入企业的资本占总资产的比重越小，企业的负债程度越高。

$$长期资本负债率=\frac{非流动负债}{非流动负债+股东权益} \tag{2-2-13}$$

长期资本负债率是指非流动负债与长期资本的比率，反映企业长期资本的结构。

2. 总债务流量比率

$$利息保障倍数=\frac{息税前利润总额}{利息费用} \tag{2-2-14}$$

利息保障倍数反映了获利能力对偿还到期债务的保证程度，是衡量企业长期偿债能力大小的重要标志。一般来说，已获利息倍数越高，企业长期偿债能力越强。通常认为，利息保障倍数为 3 时较为合适。

$$现金流量利息保障倍数=\frac{经营现金流量净额}{利息费用} \tag{2-2-15}$$

现金流量利息保障倍数是以现金流量为基础的利息保障倍数，它表明 1 元的利息费用有多少倍的经营现金流量做保障。它比以收益为基础的利息保障倍数更可靠。

$$现金流量债务比=\frac{经营现金流量净额}{债务总额} \tag{2-2-16}$$

其中，债务总额一般情况下使用年末和年初的加权平均数；该比率表示企业用经营现金流量偿付全部债务的能力；比率越高，承担债务总额的能力越强。

(三)营运能力比率

$$应收账款周转率=\frac{营业收入}{平均应收账款余额} \tag{2-2-17}$$

$$应收账款周转天数=\frac{360}{应收账款周转率} \tag{2-2-18}$$

周转率高，表明收账迅速，账龄较短，资产流动性较强，短期偿债能力强，可以减少收账费用和坏账损失。

$$存货周转率(次数)=\frac{营业成本}{平均存货余额} \tag{2-2-19}$$

$$存货周转天数=\frac{360}{存货周转率} \tag{2-2-20}$$

存货周转率越高，表明其变现速度越快，周转额越大，资金占用水平越低。

$$流动资产周转率(次数)=\frac{营业收入}{平均流动资产余额} \tag{2-2-21}$$

$$流动资产周转天数=\frac{360}{流动资产周转率} \tag{2-2-22}$$

流动资产周转率越高，表明以相同的流动资产完成的周转额越多，流动资产利用效果越好；周转一次所需的天数越少，表明流动资产在经历生产和销售各阶段所占用的时间越短。

$$总资产周转率(次数)=\frac{营业收入}{平均资产总额} \tag{2-2-23}$$

$$总资产周转天数=\frac{360}{总资产周转率} \tag{2-2-24}$$

总资产周转率越高，表明企业全部资产的使用效率越高；在营业收入既定的条件下，总资产周转率的驱动因素是流动资产和非流动资产。

真题回顾

（复旦大学 2015）甲公司现有流动资产 500 万元（其中，速动资产 200 万元），流动负债 200 万元。现决定用现金 100 万元偿还应付账款，业务完成后，该公司的流动比率和速动比率将分别（　　）和（　　）。

A. 不变　不变　　B. 增加　不变　　C. 不变　减少　　D. 不变　增加

参考答案：B。流动比率＝流动资产/流动负债；速动比率＝速动资产/流动负债，其中，速动资产＝流动资产－存货－待摊费用。甲公司原先流动比率＝500/200＝2.5，速动比率＝200/200＝1.0。甲公司现决定用现金 100 万元偿还应付账款后，流动资产和速动资产同时减少 100 万元，流动负债也相应地减少 100 万元。这时流动比率＝400/100＝4，速动比率＝100/100＝1.0。因此，流动比率变大，速动比率不变。

（四）盈利能力比率

$$\text{营业净利率}=\frac{\text{净利润}}{\text{营业收入}} \tag{2-2-25}$$

$$\text{总资产净利率}=\frac{\text{净利润}}{\text{总资产}}=\text{营业净利率}\times\text{总资产周转率} \tag{2-2-26}$$

总资产净利率是企业盈利能力的关键。虽然股东报酬由总资产净利率和财务杠杆共同决定，但提高财务杠杆会同时增加企业的风险，往往并不增加企业的价值。此外，财务杠杆的提高有诸多限制，企业经常处于财务杠杆不可能再提高的临界状态。因此，提高权益净利润的基本动力是总资产净利率。由式（2－2－26）可知影响总资产周转率的驱动因素是权益净利率和总资产周转率。

$$\text{权益净利率}=\frac{\text{净利润}}{\text{股东权益}} \tag{2-2-27}$$

权益净利率越高，企业自有资本的获利能力越强，运营效率越好，对投资人和债权人权益的保证程度越高；权益净利率反映企业资本运营的综合效益，该指标通用性强，适应范围广，在国际上的企业综合评价中使用率非常高。

真题回顾

（中国人民大学 2012）A 公司 2011 年支付现金股利 400 万元，留存比率为 1/3，销售收入为 12 000 万元。总资产平均余额为 10 000 万元。A 公司 2011 年的总资产收益率（ROA）为（　　）。

A. 6%　　B. 5%　　C. 12%　　D. 以上都不是

参考答案：A。总资产收益率（ROA）$=\frac{\text{净利润}}{\text{平均资产余额}}=\frac{\left(400\div\frac{2}{3}\right)}{10\,000}=6\%$。

(五)市价比率

$$市盈率=\frac{普通股每股市价}{普通股每股收益} \tag{2-2-28}$$

市盈率反映普通股股东愿意为每1元净利润支付的价格，同时反映了每只普通股当年创造的净利润。

$$市净率(市账率)=\frac{每股市价}{每股净资产} \tag{2-2-29}$$

市净率反映了普通股股东愿意为每1元净资产支付的价格，同时反映了每只普通股享有的净资产，代表理论上的每股最低价值。

$$市销率(收入乘数)=\frac{销售收入}{每股销售收入} \tag{2-2-30}$$

市销率反映普通股股东愿意为每1元销售收入支付的价格，同时反映每只普通股创造的销售收入。

真题回顾

【1】(华东师范大学2015)以下哪一项指标不反映企业的盈利能力？(　　)

A. 每股收益　　B. 净资产收益率

C. 权益报酬率　　D. 总资产周转率

参考答案:D。总资产周转率衡量的是营运能力，其他三项指标衡量的全部是企业的盈利能力。

【2】(南京大学2012)公司2001年发行在外的股数为1 000万股，年初的股东权益总额为600万元，年资本保值增值率为1.2(假设该企业所有者权益增加均为靠自身努力增加的)。2004年年初的负债总额为400万元，股东权益是负债总额的3倍，年资本积累率为50%，2004年年末的资产负债率为60%，负债的年均利率为8%。2004年，该公司的固定成本总额为170万元，实现净利润308.2万元，每股市价为15.5元，所得税率为33%。

(1)计算2001年末的股东权益总额和每股净资产；

(2)计算2004年年初的股东权益总额、年初的资产负债率；

(3)计算2004年年末的股东权益总额、负债总额、产权比率。

参考答案:

(1)2001年末的股东权益总额=600×1.2=720(万元)

每股净资产=720/1 000=0.72(元/股)

(2)2004年年初的股东权益总额=3×400 =1 200(万元)

$$年初的资产负债率=\frac{400}{400+1\ 200}=0.25$$

(3)2004年年末的股东权益总额=1 200×(1+0.5)=1 800(万元)

负债总额=1 800×0.6/0.4=2 700(万元)

产权比率=2 700/1 800=1.5

五、杜邦分析法

杜邦分析法，又称杜邦财务分析体系，是利用各主要财务比率指标间的内在联系，对企业的财务状况及经济效益进行综合系统分析评价的方法。该体系是以净资产收益率为起点，以总资产净利率和权益乘数为核心，重点揭示企业的获利能力及权益乘数对净资产收益率的影响，以及各相关指标间的相互影响作用关系。其数学表达式如下：

$$权益收益率(ROE)=\frac{净利润}{总权益}$$

$$=\frac{净利润}{资产}\times\frac{资产}{总权益}$$

由于 $ROE=ROA\times$权益乘数$=ROA\times$(1＋负债权益比)

$$ROE=\frac{净利润}{销售额}\times\frac{销售额}{资产}\times\frac{资产}{总权益} \tag{2-2-31}$$

$$=销售利润率\times总资产周转率\times权益乘数$$

杜邦分析法将净资产收益率(权益收益率)分解成图 2—2—1。

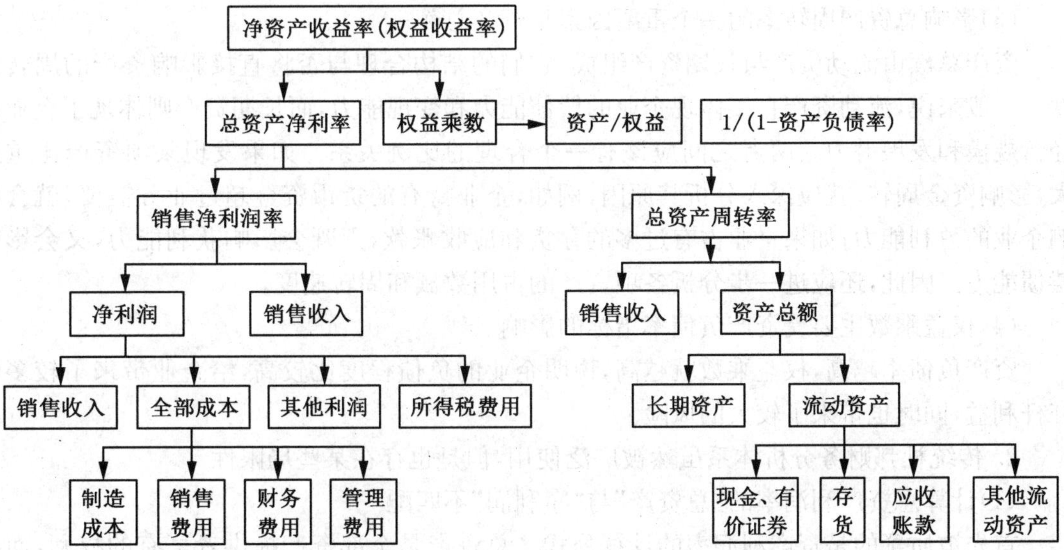

图 2—2—1　杜邦分析体系

杜邦等式说明，ROE 受三个方面因素的影响：

(1)经营的效率(以销售利润率度量)；

(2)资产运用的效率(以总资产周转率度量)；

(3)财务杠杆(以权益乘数度量)。

由此可知，经营效率或资产运用效率的低下都会削弱资产收益率，并导致 ROE 下降。

1. 运用杜邦分析法需要抓住以下几点

(1)净资产收益率是一个综合性最强的财务分析指标，是杜邦分析体系的起点

财务管理的目标之一是使股东财富最大化，净资产收益率反映了企业所有者投入资本

的获利能力,说明了企业筹资、投资、资产营运等各项财务及其管理活动的效率,而不断提高净资产收益率是使所有者权益最大化的基本保证。所以,这一财务分析指标是企业所有者、经营者都十分关心的。而净资产收益率高低的决定因素主要有三个,即销售净利率、总资产周转率和权益乘数。这样,在进行分解之后,就可以将净资产收益率这一综合性指标升降变化的原因具体化,从而它比只用一项综合性指标更能说明问题。

(2)销售净利率反映了企业净利润与销售收入的关系,它的高低取决于销售收入与成本总额的高低

要想提高销售净利率,一是要扩大销售收入,二是要降低成本费用。扩大销售收入既有利于提高销售净利率,又有利于提高总资产周转率。降低成本费用是提高销售净利率的一个重要因素,从杜邦分析图可以看出成本费用的基本结构是否合理,从而找出降低成本费用的途径和加强成本费用控制的办法。如果企业财务费用支出过高,就要进一步分析其负债比率是否过高;如果管理费用过高,就要进一步分析其资产周转情况等。从图 2－2－1 中还可以看出,提高销售净利率的另一个途径是提高其他利润。为了详细地了解企业成本费用的发生情况,在具体列示成本总额时,还可根据重要性原则,将那些影响较大的费用单独列示,以便为寻求降低成本的途径提供依据。

(3)影响总资产周转率的一个重要因素是资产总额

资产总额由流动资产与长期资产组成,它们的结构合理与否将直接影响资产的周转速度。一般来说,流动资产直接体现企业的偿债能力和变现能力,而长期资产则体现了企业的经营规模和发展潜力。两者之间应该有一个合理的比例关系。如果发现某项资产比重过大,影响资金周转,就应深入分析其原因,例如,企业持有的货币资金超过业务需要,就会影响企业的盈利能力;如果企业占有过多的存货和应收账款,则既会影响获利能力,又会影响偿债能力。因此,还应进一步分析各项资产的占用数额和周转速度。

(4)权益乘数主要受资产负债率指标的影响

资产负债率越高,权益乘数就越高,说明企业的负债程度比较高,给企业带来了较多的杠杆利益,同时也带来了较大的风险。

2. 传统杜邦财务分析体系虽然被广泛使用,但是也存在某些局限性

(1)计算总资产利润率的“总资产”与“净利润”不匹配

首先被质疑的是资产利润率的计算公式。总资产是全部资产提供者享有的权利,而净利润是专门属于股东的,两者不匹配。由于总资产净利率的“投入与产出”不匹配,该指标不能反映实际的回报率。为了改善该比率的配比,要重新调整其分子和分母。

为公司提供资产的人包括股东、有息负债的债权人和无息负债的债权人,后者不要求分享收益。要求分享收益的是股东、有息负债的债权人。因此,需要计量股东和有息负债债权人投入的资本,并且计量这些资本产生的收益,两者相除才是合乎逻辑的资产报酬率,才能准确反映企业的基础盈利能力。

(2)没有区分经营活动损益和金融活动损益

传统财务分析体系没有区分经营活动和金融活动。对于多数企业来说,金融活动是净筹资,它们在金融市场上主要是筹资,而不是投资。筹资活动没有产生净利润,而是支出净费用。这种筹资费用是否属于经营活动的费用,即使在会计规范的制定中也存在争议,各国

的会计规范对此的处理也不尽相同。从财务管理的基本理念看，企业的金融资产是投资活动的剩余，是尚未投入实际经营活动的资产，应将其从经营资产中剔除。与此相适应，金融费用也应从经营收益中剔除，才能使经营资产和经营收益匹配。因此，正确计量基础盈利能力的前提是区分经营资产和金融资产，区分经营收益与金融收益(费用)。

(3)没有区分有息负债与无息负债

既然要把金融(筹资)活动分离出来单独考查，就会涉及单独计量筹资活动的成本。负债的成本(利息支出)仅仅是有息负债的成本。因此，必须区分有息负债与无息负债，利息与有息负债相除，才是实际的平均利息率。此外，区分有息负债与无息负债后，有息负债与股东权益相除，可以得到更符合实际的财务杠杆。无息负债没有固定成本，本来就没有杠杆作用，将其计入财务杠杆，会歪曲杠杆的实际作用。

【本章参考习题】

1. 下列指标中，属于盈利能力比率的是(　　)。

A. 流动比率　　B. 资本利润率

C. 资产负债率　　D. 流动资产占全部资产的比重

2. A公司无优先股，2017年每股收益为4元，每股发放股利2元，留存收益在过去一年中增加了500万元。年底每股净资产为30元，负债总额为5 000万元，则该公司的资产负债率为(　　)。

A. 30%　　B. 33%　　C. 40%　　D. 66.7%

3. 甲公司2018年的营业净利率比2017年下降5%，总资产周转率提高10%，假定其他条件与2017年相同，那么甲公司2018年的总资产收益率比2017年提高(　　)。

A. 4.5%　　B. 5.5%　　C. 10%　　D. 10.5%

4. 在下列指标中，反映企业营运能力的是(　　)。

A. 销售利润率　　B. 总资产报酬率

C. 速动比率　　D. 存货周转率

5. 下列哪一个比率最能衡量企业偿还流动负债的能力？(　　)

A. 资产负债率　　B. 速动比率

C. 流动比率　　D. 利息保障倍数

参考答案：

1. B；2. C；3. A；4. D；5. B。

扫码听课

第三章　长期财务规划

考试要求

◆ 了解:财务预测的概念及步骤

◆ 掌握:财务预测与销售百分比法的关系,销售百分比法与外部融资和增长的关系

◆ 熟练掌握:销售百分比法,销售增长与外部融资的关系,内含报酬率和可持续增长率的概念及计算

本章知识点框架

- 长期财务规划
  - 财务规划概述
    - 财务规划的种类
    - 长期财务规划的特征
    - 财务规划的原则
  - 财务预测
  - 销售百分比法
  - 外部融资与增长
    - 销售增长与外部融资的关系
    - 公司的增长与融资需求
      - 内部增长率
      - 可持续增长率
    - 增长的决定因素

考情分析

本章还未出现过考题,根据该方面的经典题型我们可以发现,有关本章可考的概念极少,基本是考查计算,所以要求考生熟悉什么是外部融资缺口,怎样计算,然后再按照融资的方式计算内部增长率和可持续增长率。这两个增长率是本章较为重要的概念,但考生要注意,在计算增长率时会发现不同教材所用的公式不同,甚至有的并没有公式而是通过销售百分比法直接推算,其实,无论用哪种方法计算,只要思路清晰,结果是一样的。

另外,在计算可持续增长率时会遇到与利用股利增长模型计算股票价值时所使用增长率相矛盾的情况,所以需要同学们明白,问题的症结出现在 *ROE* 的分母是使用期初值还是期末值。

一、财务规划概述

财务规划是长期财务计划,规划的时间跨度一般为 2 至 5 年,规划的对象是整个公司的财务计划,包括公司所有项目的资本预算、公司内部每个经营单位的投资计划。广义的财务

规划是指全面预算，即以公司的财务目标为出发点，通过对市场需求的研究和预测，以销售预测为主导，进而进行生产、成本和现金收支等方面的预算，最后编制预计财务报表的一种预算体系。

(一)财务规划的种类

财务规划的种类按编制方法可以分为固定预算、弹性预算、零基预算和滚动预算等。

固定预算是指根据未来既定的业务量水平，不考虑预算期内生产经营活动可能发生的变动而编制的预算。该方法的特点是具有相对的稳定性。也就是说，在预算工作完成后，除特殊情况发生外，一般在预算期内不加修改或更正。

弹性预算将公司成本分解成两部分，即固定预算成本和变动成本。相比固定预算，我们能够容易得到不同销售水平下的成本预算。

零基预算是指不受过去预算的影响，从零开始编制计划的方法。该方法的思路是，存在的并不一定是合理的，预算均从零开始，不受基期的约束。零基预算有三个主要特征：一是预算分析的对象是列入预算的一切经济活动；二是预算的基础不同，其基础不是过去的预算，而是零；三是根据重要程度将公司的业务活动进行排序。

滚动预算是指公司的生产经营活动是不间断的。此外，公司的生产经营活动是复杂的，某些不确定因素会随着时间的变迁而发生变化，因此，公司的预算应该是一个动态的过程。滚动预算能够满足这种要求。滚动预算的特点有：首先，它保持了预算的完整性和连续性，动态地把握公司未来的发展趋势；其次，使预算更加贴近实际情况，有利于充分发挥预算的指导和控制作用；最后，能够使得各级管理人员始终对未来一定时期的生产经营活动做周详的考虑和全面的规划。

(二)长期财务规划的特征

(1)长期财务规划给出了公司目标和评价指标。

(2)财务规划描述了未来的投资机会以及资金缺口。

(3)财务规划师监督和控制的重要依据。

(三)财务规划的原则

(1)财务规划中必须包含所有有利的投资机会。

(2)财务规划中应该恰如其分地估出资金缺口，并合理地安排融资渠道。

真题回顾

(中国人民大学 2012)长期财务规划中，通常不包括(　　)。

A. 调节变量　　　　B. 折现现金流量

C. 销售收入增长率　　　　D. 固定资产投资

参考答案：A。长期财务规划要进行资本预算，要估计增长率，要确定固定资产投资的决策。

二、财务预测

(一)财务预测概述

财务预测是融资计划的前提。企业对外提供产品与服务，必须要有一定的资产。销售增加时,要相应地增加流动资产,甚至还需要增加固定资产。为取得扩大销售所需增加的资产,企业要筹措资金。这些资金,一部分来自利润留存,另一部分来自外部融资。通常,销售增长率较高时利润留存不能满足资金需要,即使获利良好的企业也需外部融资。对外融资,需要寻找提供资金的人,向他们作出还本付息的承诺或提供盈利前景,使之相信其投资安全并且可以获利,这个过程往往需要较长时间。因此,企业需要预先知道自己的财务需求,提前安排融资计划,否则就可能发生资金周转问题。

财务预测有助于改善投资决策。根据销售前景估计出的融资需要不一定总能满足,因此,就需要根据可能筹措到的资金来安排销售增长以及有关的投资项目,使投资决策建立在可行的基础上。

预测的真正目的是有助于应变。财务预测与其他预测一样都不可能很准确。从表面上看,不准确的预测只能导致不准确的计划,从而使预测和计划失去意义。事实并非如此。预测给人们展现了未来各种可能的前景,促使人们制订相应的应急计划。预测和计划是超前思考的过程,其结果并非仅仅是一个资金需要量数字,还包括对未来各种可能前景的认识和思考。预测可以提高企业对不确定事件的反应能力,从而减少不利事件带来的损失,增加利用有利机会带来的收益。

(二)财务预测的步骤

1. 销售预测

财务预测的起点是销售预测。一般情况下,财务预测把销售数据视为已知数,作为财务预测的起点。销售预测本身不是财务管理的职能,但它是财务预测的基础,销售预测完成后才能开始财务预测。销售预测对财务预测的质量有重大影响。如果销售的实际状况超出预测很多,企业没有准备足够的资金添置设备或储备存货,则无法满足顾客需要,不仅会失去盈利机会,而且会丧失原有的市场份额。相反,销售预测过高,筹集大量的资金购买设备并储备存货,则会造成设备闲置和存货积压,使资产周转率下降,导致权益净利率降低,股价下跌。

2. 估计经营资产和经营负债

经营资产是销售收入的函数,根据历史数据可以分析出该函数关系。根据预计销售收入以及经营资产与销售收入的函数,可以预测所需经营资产的数额。大部分经营负债也是销售收入的函数,亦应预测经营负债的自发增长,这种增长可以减少企业外部融资的数额。

3. 估计各项费用和保留盈余

假设各项费用也是销售收入的函数,可以根据预计销售收入估计费用和损失,并在此基础上确定净利润。净利润和股利支付率共同决定所能提供的资金数额。

4. 估计所需融资

根据预计经营资产总量,减去已有的经营资产、自发增长的经营负债和内部提供的利润留存便可得出外部融资需求。

三、销售百分比法

销售百分比法,是假设资产、负债与销售收入存在稳定的百分关系,根据预计销售收入和相应的百分比预计资产、负债,然后确定融资需求的一种财务预测方法。

(一)假设前提

各项经营资产和经营负债与销售收入保持稳定的百分比,假设计划销售净利率可以涵盖借款利息的增加。

(二)筹资顺序

1. 从企业内部筹集的渠道

(1)动用现存的金融资产;

(2)增加留存收益。

2. 从企业外部筹集的渠道

(1)增加金融负债;

(2)增加股本。

(三)销售百分比法的基本步骤

1. 计算各项经营资产和经营负债项目的销售百分比(根据基期数据计算)

2. 预计各项经营资产和经营负债

各项经营资产总计=预计销售收入×经营资产销售百分比　　(2—3—1)

各项经营负债总计=预计销售收入×经营负债销售百分比　　(2—3—2)

3. 计算资金总需求

经营资产的增加将导致资金的需求增加,但是部分经营负债也将随之增加,从而解决了一部分经营资金需求,如果企业的销售额不变化,肯定原有的资金已经达到了平衡,所以资金的需求完全是因为销售总额的增加引起。

资金总需求=预计净经营资产合计—基期净经营资产合计　　(2—3—3)

4. 预计可以动用的金融资产

预计可动用的金融资产=基期金融资产—预计维持正常经营所需要的金融资产　　(2—3—4)

5. 预计增加的留存收益

留存收益增加=预计销售额×计划销售净利率×(1—股利支付率)　(2—3—5)

企业的盈利如果不分配的话,将形成一种资金的供给,从而减少外部融资的需求,这时应该是新年度的全部留存收益,而不仅仅是相对上年增加的留存收益。留存收益取决于收益的多少和股利支付率的高低。

6. 预计需从外部增加的资金

预计外部筹资额=资金总需求—可动用金融资产—留存收益增加额 (2—3—6)

(四)销售百分比法示例

1. 利润表

表2—3—1是B公司近期的利润表。

表2—3—1　　B公司近期的利润表　　单位:美元

销售额	1 000
成本	800
税前利润	200

续表

税	68
净利润	132
股利	44
留存收益增加额	88

B公司计划来年销售增长25%，即预测销售额达到1 000×1.25=1 250美元。为了得到预测利润表，假设总成本仍为销售额的(800/1 000=)80%，这样，B公司的预测利润表如表2—3—2所示。假设成本与销售额之间维持一个固定的比率，实际上就是假设销售利润率不变，可以看到，初始利润表中的销售利润率为132/1 000=13.2%，而预测报表中的销售利润率=165/1 250=13.2%。

表2—3—2　　B公司的预测利润表　　单位：美元

销售额(预计)	1 250
成本(销售额的80%)	1 000
税前利润	250
税(34%)	85
净利润	165

股利支付的金额由B公司的管理层决定，假设该公司的股利政策是按净利润的固定比例派发现金，其近期的股利支付率是：

股利支付率=现金股利/净利润=44/132=1/3

同时，我们还可以计算留存收益增加额与净利润之比：

留存收益的增加额/净利润=88/132=2/3

该比率被称为留存比率，或者利润再投资率，由于所有的净利润非分配即留存，所以该比率等于1减去股利支付率。假设留存比率固定，预计的股利与留存收益增加额分别为：

$$预计股利=165\times\frac{1}{3}=55(美元)$$

$$预计留存收益的增加额=165\times\frac{2}{3}=110(美元)$$

2. 资产负债表

表2—3—3是B公司近期的资产负债表。

表2—3—3　　B公司近期的资产负债表

资　产			负债与所有者权益		
	金额(美元)	占销售额的百分比(%)		金额(美元)	占销售额的百分比(%)
流动资产			流动负债		
现金	160	16	应付账款	300	30

续表

资　产			负债与所有者权益		
	金额(美元)	占销售额的百分比(%)		金额(美元)	占销售额的百分比(%)
应收账款	440	44	应付票据	100	n/a
存货	600	60	流动负债小计	400	n/a
流动资产小计	1 200	120	长期负债	800	n/a
			所有者权益		n/a
固定资产			普通股与股本溢价	800	n/a
厂房和设备净额	1 800	180	留存收益	1 000	n/a
			所有者权益小计	1 800	n/a
资产合计	3 000	300	负债与所有者权益合计	3 000	n/a

在资产负债表中,假设有些项目随销售额的变动而变动,可以表示为销售额的百分比形式,而有些项目则不是如此,以“n/a”(not applicable)表示“不适用”。

例如,在资产部分,年末存货等于销售额的60%(600/1 000),假设这一比例适用于下一年度,则销售额每增加1美元,存货要增加0.60美元,推而广之,年末总资产与销售额之比为3 000/1 000=3,即300%。

总资产与销售额之比称为资本密集率,指的是产生1美元销售额所需要的资产的金额,这个比率越高,公司的资本密集度越高。这个比率与总资产周转率互为倒数。

在负债与所有者权益部分,应付账款随着销售额的变动而变动,因为当销售量上升时,公司需要向供货商订的货更多,所以应付账款会“自然地”随着销售额而变化。而应付票据代表银行借款之类的短期负债,除非采取特定的措施,否则这个数字不会发生变化,故标以“n/a”。

同样,对长期负债也标以“n/a”,因为它不会随着销售额的变化而自动变化,普通股与股本溢价也是如此。资产负债表右边的最后一项留存收益与销售有关,不过,它并不是销售额的一个简单的百分比,而是需要在对净利润和股利进行预测的基础上才可以计算出来。

先来为B公司编制一个局部的预测资产负债表,为此,我们要尽可能地使用上述百分比进行预测。比如,固定资产净额等于销售额的180%,随着销售额增加到1 250美元,固定资产净额应达到[1.80×1 250=]2 250(美元),说明厂房设备应增加[2 250-1 800=]450(美元)。需要说明的是,对于那些不直接随着销售额的变动而变动的项目,我们先假设其不变,只是简单地填上初始数字。预测结果如表2-3-4所示,其中,留存收益的变动额等于我们先前计算的留存收益增加额110美元。

表 2—3—4　　　　　　B公司的局部预测资产负债表

资　产			负债与所有者权益		
	下年度	下年度比本年度增加额		下年度	下年度比本年度增加额
流动资产			流动负债		
现金	200	40	应付账款	375	75
应收账款	550	110	应付票据	100	0
存货	750	150	流动负债小计	475	75
流动资产小计	1 500	300	长期负债	800	0
			所有者权益		
固定资产			普通股与资本溢价	800	0
厂房和设备净额	2 250	450	留存收益	1 110	110
			所有者权益小计	1 910	110
资产合计	3 750	750	负债与所有者权益合计	3 185	185
			外部融资需求	565	565

从预测资产负债表上可以看到，资产预计会增加 750 美元，而若无额外融资，负债与所有者权益只能增加 185 美元，资金缺口为[750－185＝]565(美元)，这个金额称为外部融资需要量(External Finance Needed，*EFN*)。

EFN 的计算公式为：

$$EFN=\frac{资产}{销售额}\times\Delta 销售额-\frac{自发增长的负债}{销售额}\times\Delta 销售额-PM\times 预计销售额\times(1-d) \quad (2-3-7)$$

式中，Δ 销售额指预计的销售增加额，在本例中，下年度预计销售额为 1 250 美元，比本年增加 250 美元，故 Δ 销售额＝250 美元。自发增长的负债指会自发地随着销售额上下变动的负债，对 B 公司而言，自发增长的负债为 300 美元的应付账款。最后，*PM* 和 *d* 分别表示销售利润率和股利支付率，这两个指标先前计算过，分别是 13.2%和 33.33%。已知总资产为 3 000 美元，销售额为 1 000 美元，所以有：

$$EFN=\frac{3\ 000 美元}{1\ 000 美元}\times 250 美元-\frac{300 美元}{1\ 000 美元}\times 250 美元-0.132\times 1\ 250 美元\times\left(1-\frac{1}{3}\right)=565 美元$$

计算包括三个部分：第一部分是利用资本密集率计算的预计资产增加额；第二部分是负债中自发增长负债的增加额；第三部分是根据销售利润率和预计销售额计算出来的预计净利润乘以留存比率，即预计留存收益的增加额。

B 公司要获得 565 美元的新增融资有三种可能的途径：短期借款、长期借款以及新的权益融资，如何在这三种方式中进行组合取决于管理层，此处仅讨论一种情况。

假设B公司决定借入所需要的资金，在这种情况下，公司可能举借一些短期的资金和一些长期的资金，例如，流动资产增加300美元，而流动负债仅增加75美元，B公司可以借入[300美元−75美元=]225美元的短期应付票据，以维持净营运资本保持不变。由于需要的资金是565美元，还有（565美元－225美元）＝340美元要靠长期债务满足。表2—3—5为B公司完整的预测资产负债表。

表2—3—5　　**B公司完整的预测资产负债表**

资　产			负债与所有者权益		
	下年度	下年度比本年度增加额		下年度	下年度比本年度增加额
流动资产			流动负债		
现金	200	40	应付账款	375	75
应收账款	550	110	应付票据	325	225
存货	750	150	流动负债小计	700	300
流动资产小计	1 500	300	长期负债	1 140	340
			所有者权益		
固定资产			普通股与股本溢价	800	0
厂房和设备净额	2 250	450	留存收益	1 110	110
			所有者权益小计	1 910	110
资产合计	3 750	750	负债与所有者权益合计	3 750	750

这里，用短期借款和长期借款的结合作为一个调节变量，不过需要强调的是，这只是可能策略中的一种，而并非是最好的，还可以考虑很多其他的情形。之前的各种财务比率在这里可以派上用场，例如，按照刚刚设想的情形，可以考察一下流动比率和总负债比率，看看预测的新的债务水平是否合适。

四、外部融资与增长

(一)销售增长与外部融资的关系

外部融资需要量与增长是相关联的，若其他情况不变，销售或资产的增长率越高，外部融资的需要量越大。本章前面的部分假设增长率给定，然后确定支持增长所需要的外部融资。现在假定公司的财务政策（资本结构和股利政策）给定，然后考察财务政策和为新投资筹措资金的能力之间的关系，进而讨论其对增长的影响。根据公司的资产负债表和利润表、销售增长率，根据前面所述的方法可以得到预测的资产负债表和利润表，进而得到EFN。很显然，不同增长率所要求的EFN，在每一种情况下预计留存收益增加额和预计负债权益比也都是给定的，在确定负债权益比时，假设资金缺口有借债弥补，资金冗余也用于归还负债。最终可以得到，当增长率较低时，公司会出现资金冗余，负债权益比下降；当增长率上升到一定程度，资金冗余就会变成资金缺口。图2—3—1直观地说明了销售增长与外部融资需要量之间的关系。可以看到，新增资产的需求比留存收益增加额以更快的速度增长，所以留存收益的增加额很快就不能满足需求了。可以得出结论，公司面临现金冗余或是现金短缺取决于其增长。

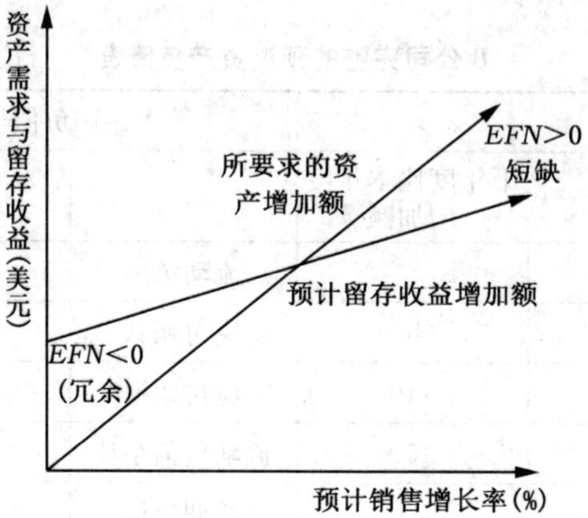

图2—3—1　销售增长与外部融资需要量之间的关系

(二)公司的增长与融资需求

1. 内部增长率

内部增长率是指在没有任何外部融资的情况下公司可能实现的最大增长率。在图2—3—1中，内部增长率由两条直线相交的点来表示，在这个点上，所要求的资产增加额刚好等于留存收益增加额，*EFN* 为零。

$$内部增长率=\frac{ROA\times b}{1-ROA\times b} \qquad (2-3-8)$$

式中，*ROA* 是资产收益率，*b* 是利润再投资率，即留存收益比率。

2. 可持续增长率

可持续增长率是指在没有外部股权融资(不发行新股)且保持负债权益比不变的情况下可能实现的最高增长率。

$$可持续增长率=\frac{ROE\times b}{1-ROE\times b} \qquad (2-3-9)$$

(三)增长的决定因素

利用杜邦恒等式，权益收益率(*ROE*)可以分解成几个部分，既然 *ROE* 对于可持续增长率具有如此显著的影响，显然，那些决定 *ROE* 的重要因素也就是决定增长率的重要因素。

如前面所述，

$$ROE=销售利润率\times总资产周转率\times权益乘数 \qquad (2-3-10)$$

由此可以知道，任何导致 *ROE* 上升的因素都会通过可持续增长率的分子更大和分母更小，从而导致可持续增长率的上升，那些提高利润再投资的因素也是如此。

两项结合可以得出结论，一家公司的可持续增长能力直接取决于以下四个因素：

(1)销售利润率：销售利润率的增加会提高公司内部生成资金的能力，所以能够提高可持续增长率；

(2)股利政策：净利润中用于支付股利的百分比下降会提高留存比率，增加内部股权资金，从而提高可持续增长率；

(3)融资政策：提高负债权益比即提高公司的财务杠杆，这使得公司获得额外的债务融资，从而提高可持续增长率；

(4)总资产周转率：提高总资产周转率使得公司每单位资产能够带来更多的销售额，在销售额增长的同时降低公司对新增资产的需求，因而提高可持续增长率(提高可持续增长率和降低资本密集度是同一回事)。

可持续增长率是财务计划中十分重要的一个数字，它清楚地说明了公司四个主要方面的关系：由销售利润率表示的经营效率、由总资产周转率度量的资产使用效率、由留存比率表示的股利政策以及由负债权益比衡量的融资政策。

【本章参考习题】

1. 某公司具有以下的财务比率：经营资产与销售收入之比为1.6；经营负债与销售收入之比为0.4；计划下年销售净利率为10%，股利支付率为55%，该公司2018年的销售额为200万元，假设这些比率在未来均会维持不变，并且可以动用的金融资产为0，则该公司的销售增长应达到什么程度，才无需向外筹资？(　　)

A. 4.15%　　B. 3.90%　　C. 5.22%　　D. 4.6%

2. 某企业2017年的销售收入为1 000万元，若预计下一年单价增长率为5%，公司销量增长10%，所确定的外部融资占销售增长的百分比为25%，则相应的外部应追加的资金为(　　)万元。

A. 38.75　　B. 37.5　　C. 25　　D. 25.75

3. 运用下表中X公司最新的财务报表解答下列问题：

资产负债表　　单位：千美元

净营运资本	2 590	长期负债	3 530
固定资产	8 000	权益	7 060
总计	10 590		10 590

利润表　　单位：千美元

销售额	6 130
销售成本	5 330
税(34%)	272
净利润	528
股利	0

(1)假定销售增长率为20%，请为X公司编制预测利润表、预测资产负债表、资金来源表及资金用途表，新增长期负债作为调节变量。折旧(被包括在利润表的成本中)是初始固

定资产的10%(在这里假设所有项目与销售额同比例增长)。

(2)假设X公司的厂房和设备只使用了70%的产能,但长期债务不变。运用新增权益作为调节变量,按上题重新进行计算,请写出计算过程。

(3)假设X公司开动全部产能,不支付股利,同时不新增权益,负债权益比保持不变,则该公司所能达到的最大的可持续增长率为多少?

参考答案:

1. B。$EFN=\frac{资产}{销售额}\times\Delta 销售额-\frac{自发增长的负债}{销售额}\times\Delta 销售额-PM\times 预计销售额\times(1-d)=1.6\Delta S-0.4\Delta S-(200+\Delta S)\times 10\%\times 45\%$

$\Delta S=1.155$(万元)

$g=\frac{\Delta S}{S}=3.90\%$

2. A。1 000×(1+5%)×(1+10%)−1 000=115;115×25%=38.75(万元)。

3.

预测利润表

单位:千美元

销售额	7 356
销售成本	6 396
税(34%)	326
净利润	634
股利	0

预测资产负债表

单位:千美元

净营运资本	3 108	长期负债	5 014
固定资产	9 600	权益	7 694
总计	12 708		12 708

折旧为0.10×8 000千美元=800千美元。资金的来源及去向表如下:

资金的来源及去向表

单位:千美元

资金来源		资金去向	
净利润	634	净营运资本增加	518
折旧	800	资本支出	2 400
营运现金流	1 434	支付股利	0
借债	1 484		
发行新股			
融资现金流	1 484		
资金融入合计	2 918	资金流出合计	2 918

注:由于资本支出的净增加为1 600 000美元,当年折旧为800 000美元,因而总资本支出为2 400 000美元。

如果产能只使用了70%时,销售额为6 130 000美元,因此可得:

6 130 000美元=0.7×产能没有剩余时的销售额

产能没有剩余时的销售额即为8 757 000美元。如果销售量增长了20%,不需要新增固定资产。预测利润表与前面相同,而资产负债表如下:

资产负债表　　单位:千美元

净营运资本	3 108	长期负债	3 530
固定资产	7 200	权益	6 778
总　计	10 308		10 308

折旧仍为800 000美元,资金的来源及去向表为:

资金的来源及去向表　　单位:千美元

资金来源		资金去向	
净利润	634	净营运资本增加	518
折旧	800	资本支出	0
营运现金流	1 434	支付股利	0
借债	0		
发行新股	−916		
融资现金流	−916		
资金融入合计	518	资金流出合计	518

注意:由于没有新增固定资产,折旧为800 000美元,从而固定资产值下降了800 000美元。初始的所有者权益为7 060 000美元,留存收益为634 000美元,二者相加为7 694 000美元。期末的所有者权益(在本题中作为调节变量)为6 778 000美元,因而回购普通股项目的值为[7 694−6 778=]916(千美元)。

最大的可持续增长率为$=\dfrac{ROE\times b}{1-ROE\times b}$,根据题意得:

$b=1, ROE=\dfrac{528\ 000}{7\ 060\ 000}=\dfrac{132}{1\ 765}$,

代入公式得最大的可持续增长率为8.08%。

第四章　折现与价值

扫码听课

考试要求

◆ 了解:零息债券与附息债券的基本概念、债券定价的基本方法,以及影响债券价格的主要因素;优先股与普通股的区别和联系、股票价格指数编制的方法与意义

◆ 理解:债券久期的含义,计算债券久期的方法

◆ 掌握:现金流与折现的相关概念;优先股与普通股的估价模型,以及除息除权价的计算方法

◆ 熟练掌握:债券和股票的估值及收益率,各种债券收益率的计算方法和利率期限结构理论,利用债券久期进行投资组合的风险管理;股票价格分析中的基本分析方法,包括国际国内经济环境分析、行业分析和公司分析

本章知识点框架

- 折现与价值
  - 现金流与折现
    - 货币的时间价值
    - 终值
    - 现值
    - 系列现金流的现值与终值
    - 年金的现值与终值
    - 各时间价值系数间的关系
  - 债券的估值
  - 股票的估值
  - 衍生品估值

- 债券投资
  - 债券定价概述
  - 债券定价基础
    - 债券定价原理
    - 纯贴现债券
    - 附息债券
    - 到期一次还本付息债券
  - 债券信用评级
    - 目的
    - 主要标准
    - 程序
    - 对公司财务状况分析的主要指标
    - 划分标准
  - 债券收益计算
    - 综合到期收益
    - 再投资利率对综合到期收益的影响
    - 纯贴现债券
      - 到期收益率
      - 持有到期收益率
    - 附息债券
      - 当前收益率
      - 到期收益率
      - 持有期收益率
      - 赎回期收益率
    - 平价、溢价、折价
    - 一次还本付息债券
      - 到期收益率
      - 持有期收益率
  - 久期
    - 久期的概念、计算
    - 久期价格变动公式和修正久期
    - 久期用于构建免疫资产
    - 缺陷
  - 债券组合管理
- 股票投资
  - 股票估价
    - 优先股
      - 特征
      - 分类：是否累积、是否可赎回
      - 估价
    - 普通股
      - 特征
      - 股票定价模型
      - 股息贴现模型：零增长、固定增长、不定增长
      - 市盈率模型
    - 收益率计算
      - 股利收益率
      - 单一资产持有期收益率
      - 投资组合收益率
  - 除息与除权
    - 相关日期
    - 基准价的计算
    - 填息权与贴息权
    - 权值的计算

考情分析

本章内容是基础章节，基本上有关公司理财的估值计算都是以该章为基础的，要求考生熟练掌握现金流的流入与流出方式，明确年金的概念。对于股票和债券的估值部分，仍然不主张考生选择硬背公式的方式进行复习，这样有时会遇到现金流流入与流出时间混乱的情况，比如当年年末是下年年初，但很多考生会作为两年等情况，所以主张考生遇到考查基本现金流贴现法的题目时，尽量画出现金流量的数轴或以表格形式整理思路，以保证不会出错。

一、现金流与折现

(一)货币的时间价值

货币的时间价值，是指货币经历一定时间的投资和再投资所增加的价值，也称为资金的时间价值。

在把利息看作货币资金一般报酬的情况下，同量货币资金在不同时点的价值是不同的，现在的一笔货币资金比未来等量的货币资金的价值更高。在商品经济中，有这样一种现象：即现在的 1 美元和 1 年后的 1 美元其经济价值不相等，或者说其经济效用不同。现在的 1 美元比 1 年后的 1 美元经济价值要大些，即使不存在通货膨胀也是如此。例如，将现在的 1 美元存入银行，1 年后可得到 1.10 美元(假设存款利率为 10%)。这 1 美元经过 1 年时间的投资增加了 0.10 美元，这就是货币的时间价值。在实务中，人们习惯使用相对数字表示货币的时间价值，即用增加价值个别投入货币的百分数来表示。例如，前述货币的时间价值为 10%。

货币投入生产经营过程后，其数额随着时间的持续不断增长，这是一种客观的经济现象。企业资金循环和周转的起点是投入货币资金，企业用它来购买所需的资源，然后生产出新的产品，产品售出时得到的货币量大于最初投入的货币量。资金的循环和周转以及因此实现的货币增值，或多或少需要时间，每完成时间的延续，货币总量在循环和周转中按几何级数增长，使得货币具有时间价值。从量的规定性来看，货币的时间价值是在没有风险和没有通货膨胀条件下的社会平均资金利润率。由于存在竞争，市场经济中各部门投资的利润率趋于平均化。企业在投资某项目时至少要取得社会平均的利润率，否则，不如投资于另外的项目或另外的行业。因此，货币的时间价值成为评估价值最基本的原则。

(二)终值

复利是相对于单利而言的一种计息方法，它要将上期(当期)所得利息与本金相加再计算当期(下期)利息，俗称利滚利。

终值是用复利计算的一笔投资在未来某个时间获得的本利和。比如，1 万元资金 1 年后将能获得多少本利和，这个本利和就是终值。

$$FV_n = PV(1+i)^n \qquad (2-4-1)$$

如果以年为单位，式中的 FV_n 为第 n 年的终值，PV 为初始本金，$(1+i)^n$ 为复利终值系数。

终值系数取决于利率 i 和期限 n，它与这两个变量呈正向关系。利率和期限相同的投资，终值系数也相同。

按照终值公式，利息为：

$$FV_n - PV = PV[(1+i)^n - 1] \quad (2-4-2)$$

现实中，人们习惯用年度百分率来表示利率，但许多借贷的计息间隔期并非一年，有按月的，有按季的，这就形成了不同借贷条件下1年内计息次数的差别。这种差别，造成实际年利率的差别，从而也就造成了终值的差别。所以，计息次数也是影响终值的一个变量。

在考虑到计息次数(以 m 表示)后，终值的计算公式转化为：

$$FV_n = \left(1+\frac{i}{m}\right)^{mn} PV \quad (2-4-3)$$

实际年利率的计算公式为：

$$EAR = \left(1+\frac{i}{m}\right)^{m} - 1 \quad (2-4-4)$$

如一笔20万元的住房贷款，年利率为6%，期限为10年。按年计息，实际年利率就是6%，10年后的终值为：

$FV_n = 200\ 000 \times (1+6\%)^{10} = 358\ 169.54$(元)

如果按月计复利，则10年后的终值为：

$FV_n = 200\ 000 \times \left(1+\frac{0.06}{12}\right)^{12\times10} = 363\ 879.35$(元)

实际年利率为：

$EAR = \left(1+\frac{0.06}{12}\right)^{12} - 1 = 6.168\%$

复习提示及知识补充一

名义利率和实际利率

名义年利率(*APR* 或 *SAIR*)是不考虑年内复利计息的，不同的银行或金融机构有不同的称谓，比较通用的是年百分比率；

实际利率(*EAR*)是指在年内考虑复利计算的，然后折算成一年的利率。

名义利率和实际利率之间的差别在于名义利率只是在给出计息间隔期下才有意义。当利息率很大时，名义利率与实际利率有很大的区别。

如果名义利率是 i，每年按复利计息 m 次的实际利率可以表示为：

$$EAR = \left(1+\frac{i}{m}\right)^{m} - 1$$

真题回顾

(浙江大学2012)某6个月期面值为100元的贴现式国债，以99元的价格发行。

(1)其年折扣率是多少？

(2)其到期的年实际收益率又是多少？

(3)假如某机构在该国债发行上市后3个月以99.2元的价格买入，其持有到期的实际收益率是多少？

(4)如果该机构随之将该国债面值为1 000万元，以回购方式卖出，期限为1个月，融资980万元，回购利率是2%，计算需支付的利息额。

参考答案：

(1)半年实现的折扣率：$\frac{100-99}{100}=1\%$，因此1年的折扣率为2%。

(2)实际收益率(半年)：$\frac{100-99}{99}=1.01\%$，因此1年的实际收益率为：$(1+0.010)^2-1=2.03\%$

(3)实际收益率(3个月)：$\frac{100-99.2}{99.2}=0.807\%$

因此，实际收益率(1年)：$(1+0.008\ 07)^4-1=0.032\ 7$

(4)支付的利息额：$980\times\frac{0.02}{12}=1.63$(万元)

(三)现值

复利现值是与复利终值相对应的概念，是利用复利概念将未来的一笔现金流按一定的利率贴现后的当前价值。

复利终值是与复利现值相对应的概念，是利用复利概念计算的当前一笔投资在未来某一时点的本利和。

现值就是未来一笔现金流按一定的贴现率贴现后的当前价值。比如，1年后的1万元相当于现在的多少钱，这就是计算现值的问题。其计算公式为：

$$PV=\frac{1}{(1+i)^n}FV_n \tag{2-4-5}$$

它实际上就是由终值公式反过来得到的。式中，PV为现值，FV为未来现金流，i为贴现率，n为贴现期数，$1/(1+i)$为贴现因子，$1/(1+i)^n$为贴现系数，也称复利现值系数，它与贴现率(i)和贴现期数(n)负相关。

当一年的计息次数大于1次时，现值公式为：

$$PV=\frac{1}{\left(1+\frac{i}{m}\right)^{mn}}FV_n \tag{2-4-6}$$

比如2年后1万元，按照10%的贴现率计算，如果按年计息，其现值为：

$$PV=\frac{1}{(1+0.1)^2}\times 10\ 000=8\ 573.39(\text{元})$$

贴现系数为：

$$\frac{1}{(1+0.1)^2}=0.857\ 339$$

如果按季度计息，其现值为：

$$PV=\frac{1}{\left(1+\frac{0.1}{4}\right)^{4\times 2}}\times 10\ 000=0.820\ 747\times 10\ 000=8\ 207.47(\text{元})$$

真题回顾

（上海财经大学 2013）公司将一张面额为 10 000 元，3 个月后到期的商业票据变现，若银行年贴现率为 5%，应付金额为（　　）元。

A. 125　　B. 150　　C. 9 875　　D. 9 800

参考答案：C。$\frac{10\ 000}{1+\frac{5\%}{4}}=9\ 876.54\approx 9\ 875$（元）。

（四）系列现金流的现值与终值

系列现金流是指基于某一事件而未来一定时期不断发生的现金流，如贷款的分期偿还，存款利息的不断转存，债券的分期付息，股票的每年分红，保险金的每年交纳，退休金的每年发放等。

系列现金流的现值是系列现金流中每一笔现金流分别计算的现值之和。其计算公式为：

$$PV=\sum_{t=1}^{n}\frac{1}{(1+i)^{t}}C_t \tag{2-4-7}$$

其中，C_t 为未来 t 期的现金流。

系列现金流的终值是系列现金流中每一笔现金流分别计算的终值之和。其计算公式可写为：

$$FV=\sum_{t=1}^{n}(1+i)^{n-t}C_t \tag{2-4-8}$$

（五）年金的现值与终值

年金（Annuity）是指等额、定期的现金流序列。现实生活中，有关年金的例子是很多的，分期付款赊购、分期偿还贷款、发放养老金、分期支付工程款、每年相同的销售收入等，都属于年金收付形式。年金分为普通年金、预付年金、永续年金三种类型。

1. 普通年金

普通年金又称后付年金，是指各期期末收付的年金。

（1）普通年金终值

设每年的支付金额为 A，利率为 r，期数为 n，则按复利计算的普通年金终值 F 为：

$$F=A+A\times(1+r)+A\times(1+r)^2+\cdots+A\times(1+r)^{n-1}$$

由此不难推出下式成立：

$$F=A\times\frac{(1+r)^n-1}{r} \tag{2-4-9}$$

式中的 $\frac{(1+r)^n-1}{r}$ 是普通年金为 1 美元、利率为 r、经过 n 期的年金终值。

(2)普通年金现值

普通年金现值，是指为在每期期末取得相等金额的款项，现在需要投入的金额。计算普通年金现值的一般公式为：

$$P=A\times(1+r)^{-1}+A\times(1+r)^{-2}+\cdots+A\times(1+r)^{-n}$$

由此可以推出下式成立：

$$P=A\times\frac{1-(1+r)^{-n}}{r} \qquad (2-4-10)$$

式中的$\frac{1-(1+r)^{-n}}{r}$是普通年金为1美元、利率为r、经过n期的年金现值。

【例2-4-1】 假设以10%的利率借款20 000美元，投资于某个寿命为10年的项目，每年至少要收回多少现金才是有利的？

据普通年金现值的计算公式可知：

$$\begin{aligned}A&=P\times\frac{r}{1-(1+r)^{-n}}\\&=20\ 000\times\frac{10\%}{1-(1+10\%)^{-10}}\\&=20\ 000\times\frac{10\%}{1-(1+10\%)^{-10}}\\&=20\ 000\times0.162\ 7\\&=3\ 254(\text{美元})\end{aligned}$$

2. 预付年金

预付年金是指在每期期初支付的年金，又称即付年金或先付年金。

(1)预付年金终值

预付年金终值的计算公式为：

$$S=A\times(1+r)+A\times(1+r)^2+\cdots+A\times(1+r)^n$$

由此可以推出：

$$S=A\times\left[\frac{(1+r)^{n+1}-1}{r}-1\right] \qquad (2-4-11)$$

式中的$\left[\frac{(1+r)^{n+1}-1}{r}-1\right]$是预付年金终值系数，或称1美元的预付年金终值。它与普通年金终值系数$\frac{(1+r)^n-1}{r}$相比，期数加1，而系数减1，可记作$[(S/A,r,n+1)-1]$，并可利用“年金终值系数表”查得$(n+1)$期的值，减去1后得出1美元预付年金终值。

(2)预付年金现值

预付年金现值的计算公式为：

$$P=A+A\times(1+r)^{-1}+A\times(1+r)^{-2}+\cdots+A\times(1+r)^{-(n-1)}$$

同理可推出：

$$P=A\times\left[\frac{1-(1+r)^{-(n-1)}}{r}+1\right] \qquad (2-4-12)$$

式中的$\left[\frac{1-(1+r)^{-(n-1)}}{r}+1\right]$是预付年金现值系数，或称1美元的预付年金现值。它与普通年金现值系数$\frac{1-(1+r)^{-n}}{r}$相比，期数要减1，而系数要加1。

真题回顾

（华东师范大学2015）发生在每期期初的年金，称为（　　）。

A. 预付年金　　B. 普通年金　　C. 永续年金　　D. 递延年金

参考答案：A。预付年金是指在一定期间内各期期初等额的系列收付款项，也称预付年金。

3. 永续年金的现值

永续年金（Perpetuity）是这样一种资产，其现金流序列永无止境。一般地，设永续年金从明年开始每年现金流为A，折现率为r，则该永续年金的现值为：

$$
\begin{aligned}
P &= A\times(1+r)^{-1}+A\times(1+r)^{-2}+\cdots+A\times(1+r)^{-n}+\cdots \\
&= \sum_{i=1}^{\infty} A\times(1+r)^{-i} \\
&= \frac{A}{r} \qquad (2-4-13)
\end{aligned}
$$

这一公式根据递减等比数列求和公式$S=\frac{a_1}{1-q}$得到。这一公式可以用于优先股价值的评估。

【例2-4-2】 某地方政府为支持本地区家境贫苦的大学新生入学，特设立一项永续年金式奖学金，从地方财政中每年拨出20万美元作为奖学金，从2018年开始永远延续下去。若贴现率为10%，问该永续奖学金的现值是多少？

$$PV=\frac{200\,000}{0.1}=\$2\,000\,000$$

在这里应当注意永续年金是无终值的。

4. 永续增长年金

永续增长年金（Growing Perpetuity）是指某一现金流能够以固定的速度永续增长的现金流序列。计算公式为：

$$PV=\frac{C}{1+r}+\frac{C\times(1+g)}{(1+r)^2}+\frac{C\times(1+g)}{(1+r)^3}+\cdots+\frac{C\times(1+g)^{N-1}}{(1+r)^N}+\cdots$$

简化后得：

$$PV=\frac{C}{r-g} \qquad (2-4-14)$$

【例2-4-3】 若某一个房屋建筑在扣除各项费用之后，2018年房东会有100 000美元的房租现金收入。这笔现金流会以每年5%的速度增长，贴现率为11%，则

$$PV=\frac{100\,000}{1.11}+\frac{100\,000\times1.05}{1.11^2}+\cdots+\frac{100\,000\times1.05^{N-1}}{1.11^N}+\cdots$$

$$PV=\frac{100\ 000}{0.11-0.05}=1\ 666\ 667(\text{美元})$$

5. 增长年金

增长年金(Growing Annuity)是由于企业实际增长或通货膨胀的原因,企业的现金流常会随着时间而增长。增长年金是指现金流每年以固定速度增加的年金。增长年金的现值计算公式为:

$$PV=A\times\left[\frac{1}{r-g}-\frac{1}{r-g}\times\left(\frac{1+g}{1+r}\right)^{n}\right] \quad (2-4-15)$$

【例 2-4-4】 某人得到一份每年 80 000 元薪金的工作,估计年薪每年会增长 9%,直到 40 年后他退休为止。若年利率为 20%,他在工作期间工资的现值为多少?

$$PV(\text{工资现值})=80\ 000\times\left[\frac{1-\left(\frac{1.09}{1.20}\right)^{40}}{0.20-0.09}\right]=711\ 730.71(\text{元})$$

(六)各时间价值系数间的关系

1. 单利终值系数与单利现值系数的关系:互为倒数

2. 复利终值系数与复利现值系数的关系:互为倒数

3. 普通年金终值系数与偿债基金系数的关系:互为倒数

4. 普通年金现值系数与资本回收系数的关系:互为倒数

5. 预付年金终值系数与普通年金终值系数的关系:预付年金终值系数=普通年金终值系数×$(1+i)$

6. 预付年金现值系数与普通年金现值系数的关系:预付年金现值系数=普通年金现值系数×$(1+i)$

二、债券的估值

(一)债券定价概述

债券的理论价格由债券的内在价值即现值所决定,但债券的市场价格又经常背离它的理论价格而不断变化。引起债券价格变动的主要因素有两个:一是市场利率,二是债券的供求关系。实际上影响债券价格变化的具体因素是很多的,因为一切影响市场利率和供求关系的因素,都会引起债券价格的变化。

1. 名义利率

所谓名义利率,就是一定时点上对物价变动率因素未作剔除的利率。放开物价水平不变的前提,如果考虑通货膨胀对投资收益的影响,那么名义利率并不能反映投资者所获得的实际收益率水平的差异,将这种差异反映出来要用真实利率。

实际利率及其计算与名义利率的相互关系见金融学部分。

2. 时间对债券价格变动的影响

就按票面价值卖出的债券而言,其息票利率等于要求的收益率。随着该债券越来越接近到期日,会继续按票面价值卖出。对于按溢价或折价出售的债券来说,价格将不是保持固定不变的。折价债券随着它接近到期日价格上升;对于溢价债券来说,情况则相反。对这两种债券而言,价格在到期日将等于票面价值。

【例 2—4—5】 假定存在 4 种期限分别为 1 年、10 年、20 年和 30 年的债券，它们的息票率都是 6%，面值均为 100 元，其他属性也完全一样。如果起初的市场利率为 6%，根据内在价值的计算公式可知这 4 种债券的内在价值都是 100 元。如果相应的市场利率上升或下降，这 4 种债券的内在价值的变化如表 2—4—1 所示。

表 2—4—1　内在价值(价格)与期限之间的关系

期限	相应的市场利率下的内在价值(元)			内在价值变化率(%)	
	4%	6%	8%	4%—6%	6%—8%
1	102	100	98	+2	−2
10	116	100	86	+16	−14
20	127	100	80	+27	−20
30	135	100	70	35	−23

资料来源：黄亚钧，《现代投资银行的业务和经营》，立信会计出版社，1996。

表 2—4—1 反映了当市场利率由现在的 6%上升到 8%，四种期限的债券的内在价值分别下降 2%，14%，20%和 23%；反之，当市场利率由现在的 6%下降到 4%，四种期限的债券的内在价值分别上升 2%，16%，27%和 35%，同时当市场利率由现在的 6%上升到 8%时，1 年期和 10 年期的债券的内在价值下降幅度相差 12 元，10 年期和 20 年期的债券的内在价值下降幅度相差 6 元，20 年期和 30 年期的债券的内在价值下降幅度相差 3 元。可见，由单位期限变动引起的边际价格变动率递减。

3. 利率对债券价格变动的影响

债券的到期时间决定了债券的投资者取得未来现金流的时间，而利率决定了未来现金流的大小。在其他属性不变的条件下，债券的息票率越低，市场利率变化引起的债券价格的波动幅度越大。

【例 2—4—6】 存在 5 种债券，期限为 20 年，面值为 100 元，唯一的区别在于息票率，即它们的息票率分别为 4%，5%，6%，7%和 8%。假设初始的市场利率水平为 7%，那么可利用贴现债券的内在价值公式分别计算出各自的初始的内在价值。如果市场利率发生了变化(上升到 8%和下降到 5%)，相应地，可以计算出这 5 种债券的新的内在价值，见表 2—4—2。

表 2—4—2　内在价值(价格)变化与息票率之间的关系

息票率	相应的市场利率下的内在价值(元)			内在价值变化率(%)	
	7%	8%	5%	7%—8%	5%—7%
4%	68	60	87	−11.3	+28.7
5%	78	70	100	−10.5	+27.1
6%	89	80	112	−10.0	+25.8
7%	100	90	125	−9.8	+25.1
8%	110	100	137	−9.5	+24.4

资料来源：黄亚钧，《现代投资银行的业务和经营》，立信会计出版社，1996。

从表 2—4—2 中可以发现，面对同样的市场利率变动，无论市场利率上升还是下降，5 种债券中息票率最低的债券(4%)的内在价值波动幅度最大，而随着息票率的提高，5 种债券的内在价值的变化幅度逐渐降低。所以，随着债券的息票率的提高，5 种债券的内在价值的变化幅度逐渐降低，所以，债券的息票率越低，市场利率变化引起的债券价格的波动幅度越大。

(二)债券定价的基础

1. 债券定价原理

1962 年，麦尔齐(B. G. Malkiel)最早系统地提出了债券定价的五个原理。至今，这五个原理仍然被视为债券定价理论的经典。

定理 1：债券的价格与债券的收益率成反比例关系。换句话说，当债券价格上升时，债券的收益率下降；反之，当债券价格下降时，债券的收益率上升。

定理 2：当债券的收益率发生变化，付息债券的息票率与收益率之间的差额固定不变时，债券的到期时间与债券价格的波动幅度之间成正比关系。换言之，到期时间越长，价格波动幅度越大；反之，到期时间越短，价格波动幅度越小。

定理 3：在定理 2 的基础上，随着债券到期时间的临近，债券价格的波动幅度减小，并且是以递增的速度减小；反之，到期时间越长，债券价格的波动幅度增大，并且是以递减的速度增大。这个定理同样适用于不同债券之间的价格波动的比较，以及同一债券的价格波动与其到期时间的关系。

定理 4：对于期限既定的债券，由收益率下降导致的债券价格上升的幅度大于同等幅度的收益率上升导致的债券价格下降的幅度。换言之，对于同等幅度的收益率变动，收益率下降给投资者带来的利润大于收益率上升给投资者带来的损失。

定理 5：对于给定的收益率变动幅度，债券的息票率与债券价格的波动幅度之间成反比关系。换言之，息票率越高，债券价格的波动幅度越小。

2. 纯贴现债券及其定价基本公式

纯贴现债券(Pure Discount Bond)，又称零息票债券(Zero-Coupon Bond)或贴息债券，是一种以低于面值的贴现方式发行，不支付利息，到期按债券面值偿还的债券。债券发行价格与面值之间的差额就是投资者的利息收入。由于面值是投资者未来唯一的现金流，所以贴现债券定价的基本公式如下：

$$D=\frac{A}{(1+r)^T} \tag{2—4—16}$$

式中，D 代表贴现债券的内在价值，A 代表面值，r 代表市场利率，T 代表债券到期时间。

【例 2—4—7】 假定某种贴现债券的面值为 100 万美元，期限为 20 年，利率为 10%，那么它的内在价值应该是：

$$D=\frac{100}{(1+0.1)^{20}}=14.864\,4(\text{万美元})$$

换言之，该贴现债券的内在价值仅为其面值的 15%左右。

3. 附息债券及其定价基本公式

附息债券，又称直接债券、定息债券或固定利息债券，是一种按照票面金额计算利息，票面上可附有作为定期支付利息凭证的息票，也可不附息票的债券。投资者不仅可以在债券期满时收回本金(面值)，而且还可以定期获得固定的利息收入。所以，投资者未来的现金流包括两部分：本金与利息。附息债券定价的基本公式如下：

$$D=\frac{c}{(1+r)}+\frac{c}{(1+r)^2}+\frac{c}{(1+r)^3}+\cdots+\frac{c}{(1+r)^T}+\frac{A}{(1+r)^T} \quad (2-4-17)$$

其中，c 是债券每期支付的利息，其他变量与前面相同。

【例 2—4—8】 美国政府 1992 年 11 月发行了一种面值为 1 000 美元、年利率为 13%的 4 年期国债。由于传统上债券利息每半年支付一次，即分别在每年的 5 月和 11 月，每次支付利息 65 美元(130 美元/2)。那么，1992 年 11 月购买该债券的投资者未来的现金流可用表 2—4—3 表示。

表 2—4—3　　投资者未来的现金流

1993 年 5 月	1993 年 11 月	1994 年 5 月	1994 年 11 月	1995 年 5 月	1995 年 11 月	1996 年 5 月	1996 年 11 月
65 美元	65 美元	65 美元	65 美元	65 美元	65 美元	65 美元	65 美元 +1 000 美元

如果市场利率定为 10%，那么该债券的内在价值为 1 097.095 美元，具体计算如下：

$$D=\frac{65}{(1+0.05)}+\frac{65}{(1+0.05)^2}+\cdots+\frac{65}{(1+0.05)^8}+\frac{1\,000}{(1+0.05)^8}=1\,097.095(\text{元})$$

4. 到期一次还本附息债券定价的基本公式

到期一次还本附息债券只出现一次现金流，即在债券到期日投资者将得到本金和全部利息，到期一次还本附息债券定价的基本公式如下：

$$D=\frac{A(1+iT)}{(1+r)^T} \quad (2-4-18)$$

其中，i 是债券票面利率，其他变量与前面相同。

(三)债券信用评级

债券信用评级是指按一定的指标体系对准备发行债券的还本付息的可靠程度做出公正、客观的评定。

1. 债券评级的目的

债券评级的目的是将评定的债券信用等级指标公之于众，以弥补信息不充分或不对称的缺陷，保护投资者的利益。

2. 债券评级的主要标准

以标准普尔公司为典型代表，其信用级别划分的主要依据是：

(1)违约的可能性——债务人根据负债条件按期还本付息的能力及愿望。

(2)债券条款的性质。

(3)根据《破产法》及其他涉及债权人权利的法律进行破产、改组或进行其他安排时，如何保护债权人的利益以及届时债权人所处的相对地位。

3. 债券信用评级的程序

美国企业债券的发行量居世界第一，因而美国企业债券的信用评级制度建立最早，也最完善。在美国，企业债券的评级程序和方法在不同的评级机构是不同的。以标准普尔公司为例，评级程序分为7项：(1)由发债企业委托评级机构评级。(2)发债企业提供必要的资料。(3)评级机构通过研究资料，派出分析专家去现场调查分析。(4)分析专家向评级机构评委会提交分析报告。(5)评级机构的评委会投票决定信用等级。(6)评级机构征求发债企业意见后公布信用等级，如发债企业有不同意见，可提供充分的资料，由评级机构的评委会进行复评。(7)20世纪80年代后，标准普尔公司开始采用信用监视系统，如发现已评定的债券信用等级有较大变动，将重新评级。

4. 对公司财务状况分析的主要指标

见本部分第二章财务报表分析——四、常用的财务比率分析。

5. 信用等级的划分标准

信用评级最著名的两家是标准普尔公司(Standard & Poor's，S&P)和穆迪投资者服务公司(Moody's Investors Services)。尽管这两家公司的债券评级分类有所不同，但是基本上都将债券分成两类：投资级或投机级。投资级的债券被评定为最高的四个级别，例如：标准普尔公司和穆迪投资者服务公司分别将AAA，AA，A，BBB和Aaa，Aa，A，Baa四个级别的债券定义为投资级债券，将BB级以下(包括BB级)和Ba级以下(包括Ba级)的债券定义为投机级。有时人们将投机级的债券称之为垃圾债券(Junk bonds)，将由发行时的投资级转变为投机级的债券形象地称为失落的天使(Fallen angels)。

(四)债券收益率的计算

1. 综合到期收益率的计算

到期收益率，是指使得来自某种金融工具的现金流的现值总和与其今天的价值相等的利率水平，一般用 y 表示。债券是有期限的，所以就需计算它的到期收益率。现值法的计算公式如下：

$$P_0=\frac{C}{1+y}+\frac{C}{(1+y)^2}+\cdots+\frac{C}{(1+y)^n}+\frac{V}{(1+y)^n} \tag{2-4-19}$$

式中，P_0 表示债券的市场现价，C 表示债券年利息收入，n 表示到期年限，y 表示到期收益率，V 表示到期应付债券面额。

由于到期收益率的概念中隐含着严格的经济含义，因此，经济学家往往把其看成是衡量利率水平的最精确的指标，应用十分广泛。但是到期收益率也有其局限性：到期收益率概念有一个重要的假定，就是所有现金流可以按计算出来的到期收益率进行再投资。因此，到期收益率只是承诺的收益率，它只有在以下两个条件都得到满足的情况下才会实现：(1)投资未提前结束；(2)投资期内的所有现金流都按到期收益率进行再投资。

真题回顾

(复旦大学2016)关于债券到期收益率的含义，正确的是(　　)。

A. 持有债券至到期的内含报酬率

B. 使债券未来息票收入现值为债券价格的折现率

C. 无风险利率加上一个风险溢价

D. 债券利息收益率与本金收益率之和

参考答案：A。到期收益率是购买债券后一直持有到期的收益率，是能够使未来的现金流流入现值等于购买价格的收益率，即内含报酬率。因此 A 选项正确；B 选项错在未说明持有债券至到期。

2. 再投资利率对综合到期收益率的影响

在计算债券的总收益时，利息的利息收益也占相当一部分比率，而利息的利息收益大小取决于再投资利率，如果再投资利率下降，那么债券的再投资的收益就会减少。值得注意的是，利率风险和再投资风险对于固定收益债券的影响是相反的：当利率下降的时候，固定收益证券的价格会上升（投资者的资本利得收入增加），但是利息的再投资收益会下降；当利率上升的时候，固定收益证券的价格会下降（投资者资本利得收入下降），但是利息的再投资收益会上升。

3. 纯贴现债券的到期收益率

贴现债券又称贴水债券，是指以低于面值发行，发行价与票面金额之差额相当于预先支付的利息，债券期满时按面值偿付的债券。贴现债券一般用于短期债券的发行，如美国政府国库券。因为它有很多优点，现在也开始用于中期债券，但很少用于长期债券。

由于贴现率通常以年率表示，为计算方便起见，习惯上贴现年率以 360 天计，贴现债券发行价格的计算公式为：

$$P_0=V(1-dn) \tag{2-4-20}$$

其中，P_0 表示发行价格，V 表示债券面值，d 表示年贴现率（以 360 天计），n 表示债券期限。

贴现债券到期收益率的计算公式为：

$$Y_m=\frac{V-P_0}{P_0}\times\frac{365}{n}\times 100\%$$

其中，Y_m 表示到期收益率，V 表示债券面额，P_0 表示发行价格，n 表示债券期限。

【例 2-4-9】 某贴现债券面值为 1 000 元，期限为 180 天，以 10.5%的贴现率公开发行，则其发行价格与到期收益率分别为：

$$P_0=1\,000\times\left(1-10.5\%\times\frac{180}{360}\right)=947.50\text{（元）}$$

$$Y_m=\frac{1\,000-947.50}{947.50}\times\frac{365}{180}\times 100\%=11.24\%$$

复习提示及知识补充二

此处我们计算得到到期收益率高于贴现率，是因为贴现额预先扣除，使投资者实际成本小于债券面额，并将按 360 天计算的贴现率换算成按 365 天计算。

4. 纯贴现债券的持有期收益率

贴现债券也可以不等到期满而中途出售，证券行情表每天公布各种未到期贴现债券二级市场的折扣率。投资者必须先计算债券卖出价，再计算持有期收益率。债券卖出价的计算公式与贴现债券发行价格的计算公式相似，只不过此时 d 为二级市场折扣率，n 为债券剩余天数。持有期收益率的计算公式为：

$$Y_h=\frac{P_1-P_0}{P_0}\times\frac{365}{n}\times 100\%$$

其中，Y_h 表示持有期收益率，P_1 表示债券卖出价，P_0 表示债券买入价，n 表示债券持有期限。

【例 2—4—10】 若例 2—4—9 中的贴现债券在发行 60 天后以面额 9%的折扣在市场上出售，则该债券的卖出价和持有期收益率分别为：

$$P_1=1\,000\times\left(1-9\%\times\frac{120}{360}\right)=970(\text{元})$$

$$Y_h=\frac{970-947.50}{947.50}\times\frac{365}{60}\times 100\%=14.45\%$$

复习提示及知识补充三

该例说明，贴现债券因有贴现因素，其实际收益率比票面贴现率高。投资者购入贴现债券后不一定要持有至期满，如果持有期收益率高于到期收益率，则中途出售债券更为有利。

5. 附息债券的当前收益率

当前收益率是指债券的年利息收入与买入债券的实际价格的比值。债券的买入价格可以是发行价格，也可以是流通市场上的交易价格，它可能等于债券面额，也可能高于或低于债券面额。其计算公式为：

$$Y_d=\frac{C}{P_0}\times 100\% \qquad (2-4-21)$$

其中，Y_d 表示当前收益率，P_0 表示债券市场价格，C 表示债券年利息。

【例 2—4—11】 某债券面额为 1 000 元，5 年期，票面利率为 10%，现以 950 元的发行价向全社会公开发行，则投资者在认购债券后到持有至期满时可获得的直接收益率为：

$$Y_d=\frac{1\,000\times 10\%}{950}\times 100\%=10.53\%$$

当前收益率反映了投资者的投资成本带来的收益。在例 2—4—11 中，投资者购买债券的价格低于债券面额，所以收益率高于票面利率。直接收益率对那些每年从债券投资中获得一定的利息现金收入的投资者来说很有意义。

当前收益率也有不足之处，它与票面收益率一样，不能全面地反映投资者的实际收益，因为它忽略了资本损益，既没有计算投资者买入价格与持有债券到期满按面额偿还本金之间的差额，也没有反映买入价格与到期前出售或赎回价格之间的差额。

当前收益率仅仅考虑了息票利息，没有考虑影响投资者收益的其他收益来源。比如，上例中，没有考虑债权到期时投资者将实现的资本利得。当前收益率也没有考虑溢价出售的债券到期时带来的资本损失。另外，利息再投资所获得的利息也被忽略了。

6. 附息债券的到期收益率

$$P_0=\frac{C}{1+y}+\frac{C}{(1+y)^2}+\cdots+\frac{C}{(1+y)^n}+\frac{V}{(1+y)^n}$$

式中，P_0 表示债券购买价格，V 表示债券面值，y 表示到期收益率，C 表示债券每期支付的利息。

【例 2—4—12】 某 5 年期的债券 A，面值为 1 000 美元，每年支付利息 80 美元，息票率为 8%，如果现在的市场价格等于面值，意味着它的收益率等于息票率 8%，如果市场价格上升到 1 100 美元，它的到期收益率为多少？反之，当市场价格下降到 900 美元时，它的到期收益率又为多少？

解：设债券的到期收益率为 y，当 $PV=1\,000$ 时，有：

$$1\,100=\frac{80}{(1+y)}+\frac{80}{(1+y)^2}+\frac{80}{(1+y)^3}+\frac{80}{(1+y)^4}+\frac{80}{(1+y)^5}+\frac{1\,000}{(1+y)^5}$$

对于发行价格等于面值的债券，我们可以不通过计算就知道其到期收益率一定等于票面利率，所以 $y=8\%$。验证一下，可以把 8%代入上式，发现上式恒成立。

当 $PV=1\,100$ 时有：

$$1\,100=\frac{80}{(1+y)}+\frac{80}{(1+y)^2}+\frac{80}{(1+y)^3}+\frac{80}{(1+y)^4}+\frac{80}{(1+y)^5}+\frac{1000}{(1+y)^5}$$

要求解这个复杂的高次方程，我们首先采用财务人员的通行做法——使用财务计算器：在计算器中输入 $PV=-1\,100$，现金流 $PMT=80$，计算期 $N=5$，期末支付 $FV=1\,000$，进行计算（按 CPT 键），得到到期收益率 $r=5.648\,7\%$。

在实务中应用较多的是到期收益率的简化算法，即计算不考虑债券价格凸性的持有期收益率：

$$Y_m=\frac{C+(V-P_0)/n}{P_0}\times 100\% \tag{2—4—22}$$

我们先计算该债券的持有期收益率

$$Y_m=\frac{80+(1\,000-1\,100)/5}{1\,100}\times 100\%=5.45\%$$

代入等式的右边，得到 $PV=1\,109.0417>1\,100$，说明实际到期收益率要大于 5.45%，我们猜测可能在 5.45%与 5.7%之间，将 5.7%代入等式，得 $PV=1\,097.68<1\,100$。为使结果更加精确，用 5.6%试算，代入得：$PV=1\,102.206\,4>1\,100$，于是我们确定了一个相对较小的区间 5.6%—5.7%，对这个区间进行线性插值：

$$\frac{y-5.6\%}{1\,100-1\,102.206\,4}=\frac{5.6\%-5.7\%}{1\,102.206\,4-1\,097.68}$$

解出 $y=5.648\,7\%$。

可以看到两种算法结果是一致的，第二种的结果精度主要取决于插值的区间，先求出持有期收益率是为了帮助我们尽快找到最接近的那个小区间，不过手算到期收益率从试值到插值都是相当费时费力的。

7. 附息债券的持有期收益率

附息债券的持有期收益率包括持有债券期间的利息收入和资本损益的收益率。

$$P_0=\frac{C}{1+y}+\frac{C}{(1+y)^2}+\cdots+\frac{C}{(1+y)^m}+\frac{P_m}{(1+y)^m}$$

式中，P_0 表示债券购买价格，P_m 表示债券 m 年卖出时的价格，y 表示到期收益率，C 表示债券每期支付的利息。

【例 2－4－13】 某债券面额为 100 元，10 年期，票面利率为 6%（每年付息一次），现以 78 元的发行价向全社会公开发行，则投资者在认购债券后持有至第 5 年末以 90 元市价出售，请问持有期间投资者获得的收益率为多少？

$$78=\frac{6}{1+y}+\cdots+\frac{6}{(1+y)^5}+\frac{90}{(1+y)^5}$$

$y=9.46\%$

8. 附息债券的赎回期收益率

赎回是指债券发行者在债券到期前，提前偿还本金的行为，是债券发行人的一种权利。因为赎回对投资者不利，所以很多债券都附有赎回保护条款，规定在一定期限内债券不得赎回，如果债券被赎回，发行者必须支付高于债券面值的溢价作为对投资者的补偿。赎回溢价视赎回时间而定，赎回时间越早，赎回溢价越高。赎回收益率可用下面的公式计算：

$$P_0=\frac{C}{1+y}+\frac{C}{(1+y)^2}+\cdots+\frac{C}{(1+y)^m}+\frac{P_m}{(1+y)^m}$$

式中，P_0 表示债券购买价格，P_m 表示债券 m 年被赎回时的价格，y 为到期收益率，C 表示债券每期支付的利息。

【例 2－4－14】 某债券面额为 100 元，10 年期，票面利率为 6%（每年付息一次），现以 78 元的发行价向全社会公开发行，则投资者在认购债券后持至第 5 年末以 90 元的价格被公司赎回，请问投资者获得的赎回期收益率为多少？

$$78=\frac{6}{1+y}+\cdots+\frac{6}{(1+y)^5}+\frac{90}{(1+y)^5}$$

$y=9.46\%$

赎回收益率考虑到拥有债券的所有三种潜在收益来源。然而，与到期收益率一样，赎回收益率假设所有的现金流能按照计算出的收益率——在这里是赎回收益率——再投资，直到设定的赎回日。此外，赎回收益率假设：①投资者将持有债券到设定赎回日；②发行人将在那个日期赎回债券。

赎回收益率的这些假设常常是不切实际的，它们没有考虑如果债券被提前赎回，投资者将如何把所得款项再投资。例如，考察 M 和 N 两只债券，假定 5 年期的不可赎回债券 M 的到期收益率是 10%，假设 3 年以后被提前赎回的债券 N 的赎回收益率是 10.5%，对一位有 5 年投资期限的投资者来说哪一只债券更好？答案不可能从它们的收益率中得出。如果投资者打算持有债券 5 年，而发行人打算 3 年以后赎回债券，5 年以后可得到的总金额将取决于从赎回日到投资期限结束这段时间内再投资的利率。

复习提示及知识补充四

债券被赎回后通常会面临再投资风险，是因为通常市场利率下降时债券发行人能以更低的成本融资才会执行赎回。而市场利率上升时，发行人即使有赎回的权利也不会行使。

真题回顾

（中国人民大学 2015）可赎回债券的赎回价格与其面值之间的关系是（　　）。

A. 大于　　B. 等于　　C. 小于　　D. 都有可能

E. 以上都不对

参考答案：E。赎回价格一般高于债券的面值。但高出的赎回溢价会随着时间而减小，并随着赎回日期逼近到期期限而逐渐减少至 0。因此，可赎回债券的赎回价格是大于等于其面值的。具体是大于还是等于，取决于时间即赎回日期距离债券到期日的远近。

9. 平价、溢价和折价债券

（1）若市场利率不变，债券票面利率等于市场同类债券的收益率，债券现值等于其面值，债券以面值为发行价格，称为平价债券。

【例 2—4—15】 某息票债券，面值为 1 000 元，3 年期，每年付一次利息，票面利率为 10%，当市场利率也为 10%时，发行价为：

$$P=\frac{1\ 000\times 10\%}{(1+10\%)}+\frac{1\ 000\times 10\%}{(1+10\%)^2}+\frac{1\ 000\times 10\%}{(1+10\%)^3}+\frac{1\ 000}{(1+10\%)^3}=1\ 000(\text{元})$$

（2）若市场利率上升，债券的票面利率低于市场同类债券的收益率，其现值低于面值，债券必须以低于面值的价格发售，发行价格与面值之间的差额，叫债券折价，这是发行者对投资者提供的利息补偿。这种债券称之为折价债券。

例 2—4—15 中，若债券发行时市场利率为 12%，则债券发行价为：

$$P=\frac{1\ 000\times 10\%}{(1+12\%)}+\frac{1\ 000\times 10\%}{(1+12\%)^2}+\frac{1\ 000\times 10\%}{(1+12\%)^3}+\frac{1\ 000}{(1+12\%)^3}=951.98(\text{元})$$

（3）若市场利率下降，则债券的票面利率高于市场同类债券的收益率，债券现值高于面值，这时债券以高于面值的价格发行，称之为溢价债券。发行价格与面值的差额是发行溢价。

例 2—4—15 中，如果债券实际发行时市场利率为 8%，则债券发行价格为：

$$P=\frac{1\ 000\times 10\%}{(1+8\%)}+\frac{1\ 000\times 10\%}{(1+8\%)^2}+\frac{1\ 000\times 10\%}{(1+8\%)^3}+\frac{1\ 000}{(1+8\%)^3}=1\ 051.54(\text{元})$$

复习提示及知识补充五

债券的交易价格也是以现值计算为基础的。与发行价格不同的是，在计算发行价格时，期限 n 代表从债券发行日至债券到期日为止的有效期限；在计算交易价格时，期限 n 代表从发生交易转让至债券到期日为止的待偿期限，或称剩余期限。按现值公式计算出来的债券价格仅是理论价格，又称债券的内在价值，有很多其他的经济因素和非经济因素也会影响债券价格,但现值始终是决定债券价格的根本因素。

10. 一次还本附息债券的到期收益率

我国发行的一次还本付息债券于到期日归还债券本金和债券自发行日至到期的所有利息,投资者没有利用所得利息再投资的机会,所以没有复利到期收益。它的持有期收益率和到期收益率的计算方法和附息债券略有不同。

我国一次还本附息债券实际使用下列公式计算:

$$Y_m = \frac{[V(1+i\times n)-P_0]/n}{P_0}\times 100\% \qquad (2-4-23)$$

其中,Y_m 表示到期收益率,V 表示债券面额,P_0 表示债券买入价,n 表示到期年限,i 表示债券票面利率。

【例 2—4—16】 一笔一次还本附息债券面额为 100 元,期限为 3 年,票面利率为 12%,若该债券以 97 元的价格发行,投资者认购后持有至期满,则到期收益率为:

$$Y_m = \frac{[100\times(1+12\%\times 3)-97]/3}{97}\times 100\% = 13.40\%$$

11. 一次还本附息债券的持有期收益率

计算公式为:

$$Y_h = \frac{(P_1-P_0)/n}{P_0}\times 100\% \qquad (2-4-24)$$

真题回顾

【1】(华东师范大学 2015)溢价发行为 100 元的债券,票面利率为 12%,期限为 5 年,每天付息一次,到期一次偿还本金,则该债券的到期收益率(　　)。

A. 等于 12%　　B. 大于 12%　　C. 小于 12%　　D. 无法确定

参考答案:C。因为是溢价发行债券,所以到期收益率必然小于 12%,本知识点见配套的《财务管理》教材。需要注意的一点是,债券的发行可以采用平价、折价和溢价发行,但是股票的发行却只能采用平价和溢价发行,而不能折价。故本题答案选 C。

【2】(清华大学 2015)30 年期限,10%票面利率的债券面值是 100 元,目前债券售价 98 元,那么债券收益率应该(　　)。

A. 大于 10%　　B. 小于 10%　　C. 等于 10%　　D. 无法判断

参考答案:A。根据债券定价公式,债券的到期收益率必然要大于 10%才会导致债券折价发行。

(五)久期

1. 久期及其计算

债券久期的概念最早是麦考利(F. R Macaulay)于 1938 年提出的,所以又称为麦考利久期。麦考利使用加权平均数的形式计算债券的平均到期时间,即麦考利久期,用 MD 或 D 表示。

麦考利久期的计算公式为:

$$D=\frac{\sum_{t=1}^{T}PV(C_t)\times t}{B} \qquad (2-4-25)$$

式中，D 是麦考利久期；B 是债券当前的市场价格；$PV(C_t)$ 是债券未来第 t 期的现金流（利息或本金）的现值；t 是债券的到期时间。

需要指出的是，在债券发行时以及发行后，都可以计算麦考利久期。计算发行时的麦考利久期，T（到期时间）等于债券的期限；计算发行后的麦考利久期，T（到期时间）小于债券的期限。

久期有以下六条法则：

(1)零息票债券的久期等于它的到期时间。

(2)到期时间不变时，债券的久期随息票利率的降低而延长。

(3)当息票利率不变时，债券的久期通常随债券到期时间的增长而增长。债券无论是以面值还是以面值的溢价出售，久期总是随到期时间的增长而增长。

(4)在其他因素都不变，债券的到期收益率较低时，息票债券的久期较长。

(5)无期限债券的久期为$\frac{1+y}{y}$。

(6)稳定年金的久期一期的年金收益率为$\frac{1+y}{y[(1+y)^T-1]}$。式中，T 为支付的次数；y 是支付的年金收益率。

【例 2－4－17】 某债券当前的市场价格为 950.25 美元，收益率为 10%，息票率为 8%，面值 1 000 美元。三年后到期，一次性偿还本金。该债券的有关数据详见表 2－4－4，利用公式(2－4－25)可知：

$$D=\frac{72.73\times1+66.12\times2+811.40\times3}{950.25}=\frac{2\ 639.17}{950.25}=2.78(\text{年})$$

表 2－4－4　　F. R Macaulay 久期计算举例

未来现金流支付时间(t)	未来现金流(c)(美元)	现值系数	未来现金流的现值[$PV(C_t)$](美元)	现值乘以支付时间[$PV(C_t).t$](美元)
1	80	0.909 1	72.73	72.73
2	80	0.826 4	66.12	132.23
3	1 080	0.751 3	811.40	2 434.21
加总	—	—	950.25	2 639.17

资料来源：W. F. Sharpe，G. J. Alexander，J. V. Bailey Investment 5th edition Prentice Hall International Inc. 1995.

2. 久期价格变动公式和修正久期

若给定收益率变动和久期，我们可以用以下公式近似求出债券价格变动的百分比：

$$\frac{\partial P}{P}=-D\partial y' \qquad (2-4-26)$$

债券价格的变动比例等于久期乘到期收益率微小变动量的负数。$\partial y'$表示收益率曲线的微小平移。

复习提示及知识补充六

公式右边之所以有负号，是因为价格变化和收益率变化之间存在逆向关系。

上述分析是在到期收益率为连续复利收益率的基础上得出的。如果到期收益率为一年计一次复利的收益率，则：

$$\frac{\partial P}{P}=-\frac{D\partial y}{1+y} \tag{2-4-27}$$

为了方便起见，我们引入修正的久期(Modified Duration)，用 D^* 表示：

$$D^*=\frac{D}{1+y} \tag{2-4-28}$$

$$\frac{\partial P}{P}=-D^*\partial y \tag{2-4-29}$$

对于给定的收益率变动幅度，修正的久期越大，债券价格的波动率越大。这样，我们就可以用久期近似估计收益率变动与价格变动率之间的关系：

$$\frac{\Delta P}{P}\approx -D^*\Delta y \tag{2-4-30}$$

真题回顾

【1】(清华大学 2015)一个固定收益基金经理希望持有价格波动率最大的债券，其应该持有(　　)。

A. 短期高息票债券　　B. 长期低息票债券

C. 长期零息票债券　　D. 短期低息票债券

参考答案：C。相对来说，长期比短期波动性大，零息债券比息票债券波动性大，故本题选 C。

【2】(中山大学 2012)下列债券中，(　　)具有最长的久期。

A. 5 年期，零息票债券　　B. 5 年期，息票率为 8%的债券

C. 10 年期，零息票债券　　D. 10 年期，息票率为 8%的债券

参考答案：C。根据久期的定义，10 年期零息票债券的久期是 10 年，其他几项的久期都小于 10 年。

3. 价格—收益率曲线的凸性

现在，我们讨论债券的凸性与久期的关系。从上面的分析可以发现它们都涉及对债券收益率的变动与债券价格变动之间的联系。图 2—4—2 形象地描述了债券收益率与债券价格之间的反比关系，即凸性。然而，这种反比关系是非线性的。

图 2—4—1 中的曲线与图 2—4—2 中的曲线完全相同。图 2—4—1 中的直线与曲线的切点正好是债券当前的市场价格与收益率的组合点。这条直线的函数表达式为(2—4—29)，说明债券价格与收益率之间成线性的反比关系。

在图 2—4—1 中的曲线中，当收益率从 Y 上升到 Y^+，或者从 Y 下降到 Y^- 时($Y^+-Y=Y-Y^-$)，债券的价格分别下降到 P^- 或者上升到 P^+。但是，在图中的直线上，对于相同的

收益率变动，债券价格则分别下降到 P_D^- 或者上升到 P_D^+。($P^- - P_D^-$)和($P^+ - P_D^+$)就是根据凸性和久期分别决定债券价格变动幅度的误差。此误差出现的原因在于式(2—4—29)本身就是一个近似计算。换言之，债券的凸性准确地描述了债券价格与收益率之间非线性的反比关系；而债券的久期将债券价格与收益率的反比关系视为线性的，只是一个近似的公式。然而，图 2—4—1 同样表明：当收益率变动幅度比较小时，久期与凸性两者的误差也比较小。所以，对于比较小的收益率变动，久期的公式(2—4—28)能够比较准确地反映债券价格的变动。

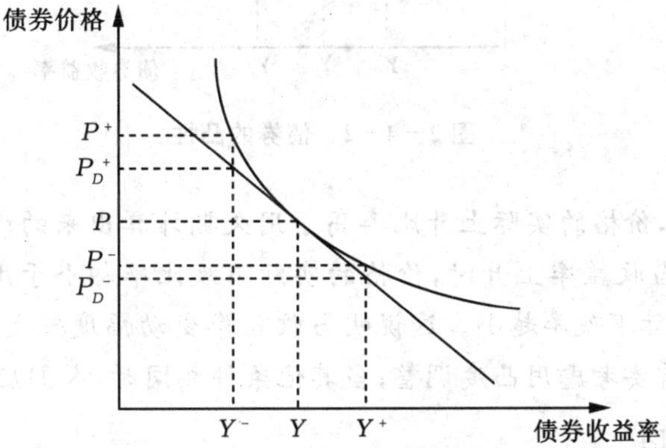

图 2—4—1 久期与凸性

复习提示及知识补充七

1. 凸度

债券的凸度是指债券价格变动率与收益率变动关系曲线的曲度，可以近似地定义为债券价格对收益率二阶导数除以价格，即：

$$C=\frac{1}{P}\times\frac{\partial^2 P}{\partial y^2} \tag{2—4—31}$$

考虑了凸度问题后，收益率变动幅度和价格变动率之间的关系可以重新写为：

$$\frac{\partial P}{P}=-D\times\partial y+\frac{1}{2}C(\partial y)^2$$

根据债券定理一和定理四，可以推出债券价值分析中的一个重要概念，即债券的凸性。债券的凸性，反映了债券的价格与债券的收益率在图形中的反比关系。一方面，定理一认为债券的价格与债券的收益率成反比关系；另一方面，定理四认为债券价格与债券收益率之间并非线性的反比关系。

在图 2—4—2 中，假定某债券的价格和收益率分别为 P 和 Y。当收益率上升或下降一个固定的幅度时，表现为 $Y^+ - Y$ 和 $Y - Y^-$，相应地，债券价格分别为 P^- 和 P^+。显然地，当收益率上升或下降时，债券的价格将下降或上升，即收益率与价格之间成反比关系；此外，由于($P^+ - P$)大于($P - P^-$)，所以，对于相同的变化幅度，收益率上升导致的价格下降幅度小于收益率下降导致的价格上升幅度。

2. 收益率曲线的非平行移动

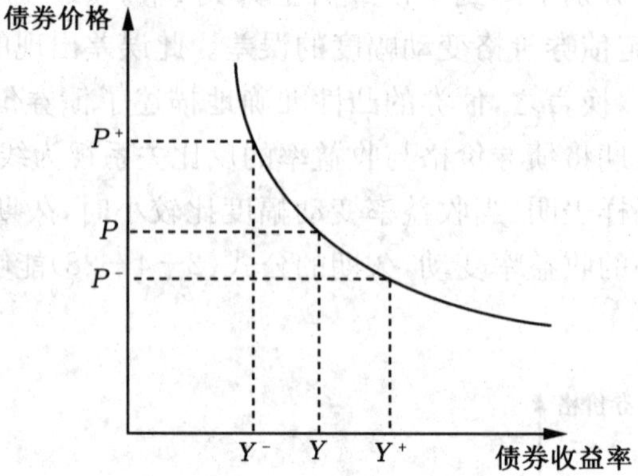

图 2—4—2 债券的凸性

当收益率下降时，价格的实际上升比率高于用久期计算出来的近似值，而且凸度越大，实际上升率越大；而当收益率上升时，价格的实际下跌比率却小于用久期计算出来的近似值，而且凸度越大，实际下跌率越小。这说明当收益率变动幅度较大时，用久期近似计算的价格变动率不准确，需要考虑用凸度调整；当其他条件相同时，人们应该偏好凸度大的债券。

(六)债券组合管理

1. 收益率曲线

收益率曲线是描述利率期限结构的重要工具，其横轴是金融资产的期限，纵轴是到期收益率。收益率曲线的主要形状有向上倾斜、平缓、向下倾斜三种基本情况。当收益率曲线向上倾斜时，长期利率高于短期利率，向下倾斜则相反。收益率曲线大多数是向上倾斜的。债券的利率期限结构是指债券的到期收益率与到期期限之间的关系，该结构可通过利率期限结构图表示，图 2—4—3 中的曲线即收益率曲线。

利率期限结构主要包括四种类型，需要说明的是，图(c)显示的是一条平直的利率曲线，表示不同期限的债券利率相等，这通常是正利率和反利率曲线转化过程中出现的暂时现象。图(d)显示的是拱形利率曲线，表示期限相对较短的债券，利率与期限呈正向关系；期限相对较长的债券，利率与期限呈反向关系。从历史资料来看，在经济周期的不同阶段可以观察到所有这四条利率曲线。

2. 利率的期限计算

(1)即期利率及其计算

所谓即期利率，是指某个给定时点上无息债券的到期收益率。顾名思义，即期利率可以看作与一个即期合约有关的利率水平。这种合约一旦签订，资金立即从债权人转移到借款人手里，由借款人在将来某个特定时点按照合约中标明的利率水平连本带利全部还清，这一利率水平就是即期利率。

如果投资者以 P_1 的价格购买期限为 n 年的无息债券，在债券到期后可以从发行人那里获得的一次性现金支付为 M_n，那么 n 年期即期利率 r_n 的计算公式如下：

$$P_1=M_n/(1+r_n)^n$$

对于期限较长的附息债券，即期利率的确定方式有所不同。如果某投资者以 P_2 的价

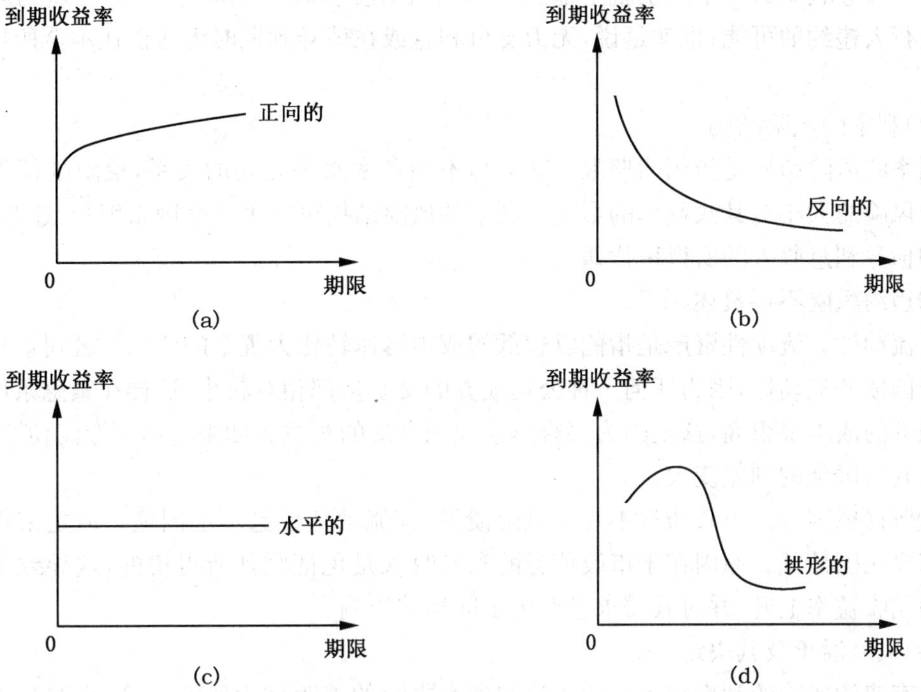

图 2—4—3 收益率曲线

格购买期限为 2 年、面值为 F 的附息债券，每年的利息支付为 C，在这种情况下，通常用一年期无息债券的利率来计算一年期即期利率 r_1，那么两年期即期利率 r_2 的计算公式如下：

$$P_2=\frac{C}{(1+r_1)}+\frac{C+F}{(1+r_2)^2}$$

(2)远期利率及其计算、即期利率与远期利率的关系

所谓远期利率，是指未来两个时点之间的利率水平。顾名思义，远期利率可以看作与一个远期合约有关的利率水平。这种合约一旦签订，就对资金在将来某个时点从债权人转移到借款人手里，以及在到期后由借款人按照合约规定的利率水平偿付做出了规定。因此，远期利率相当于从现在起将来某个时点以后一定期限上通行的借款利率，也就是将来的即期利率。一个远期利率是在现在签订的合约中规定的，但与未来一段时期有关；也就是说，远期合约的利率条件现在已经确定，但实际交割将在以后进行。

远期利率是由一系列即期利率决定的。例如，如果一年期的即期利率为 10%，两年期的即期利率为 10.5%，那么其隐含的一年到两年的远期利率就约等于 11%，这是因为：

$(1+10\%)(1+11\%)\approx(1+10.5\%)^2$

一般地说，如果现在时刻为 t，T 时刻到期的即期利率为 r，T^* 时刻（$T^*>T$）到期的即期利率为 r^*，则 t 时刻的（T^*-T）期间的远期利率 $\hat{r}$ 可以通过下式求得：

$$(1+r)^{T-t}(1+\hat{r})=(1+r^*)^{T^*-t}$$

3. 利率的风险结构

(1)拖欠风险

影响债券利率的一个因素就是拖欠风险，也称违约风险(default risk)。违约风险是指债券发行人违约的可能；也就是说，无力支付利息或在债券到期时无法偿还本金所导致的风险。

(2)利率的风险结构

利率的风险结构是指相同期限的债券与不同利率水平之间的关系，反映了债券所承担的信用风险的大小对其收益率的影响。利率的风险结构可以由三个因素解释：违约风险、流动性和债券利息收入的所得税待遇。

①违约风险不再赘述。

②流动性。流动性资产是指能以较低的成本迅速转化为现金的资产。公司债券的流动性次于国债的流动性，因为任何一种公司债券的交易量都相对较小，这样在紧急条件下出售公司债券的成本都很高，这是因为很难迅速找到合适的买主。如果公司债券流动性降低，将会导致其与国债的利差变大。

③所得税因素。市政债券不是无风险债券，其流动性也赶不上国债。但是市政债券的利率都要比国债低。原因在于市政债券的利息收入是免征联邦所得税的，这导致了市政债券的预期收益率上升，并对其需求量产生了同样的影响。

(3)风险溢价及其决定

具有违约风险的利率和无违约风险的利率之间的差距称为风险溢价，指的是人们因为持有某种风险债券必须获得的额外利息。具有违约风险的债券总是存在正的利率溢价，其违约风险的上升将导致风险溢价随之上升。

4. 债券投资策略

(1)被动投资策略

消极的管理人通常把债券的市场价格当作公平的价格，并仅仅试图去控制他们持有的固定收益资产组合的风险。

①购买—持有债券指数基金。购买—持有债券指数基金是处理利率风险的一种方式。一个债券指数资产组合的风险—回报将与之相联系的债券市场指数的风险—回报状况相当。

②构建免疫资产。免疫策略同上一种策略一样，认为市场价格是公平价格，但是它处理利率暴露风险的方式不相同。免疫策略试图建立几乎是零风险的资产组合。在这个组合中，利率的变动将对公司价值毫无影响。通过适当调整其资产组合的期限结构可以摆脱所面临的利率风险。我们称这些投资者用来保护其全部金融资产免受暴露的利率波动影响的策略为免疫技术。

复习提示及知识补充八

免疫成立的具体条件是：资产的平均久期必须等于负债的平均久期。把资产和负债的久期相匹配后，资产和负债对于一般水平的利率变动会有相同程度的价格敏感性。对于利率的变化，借贷双方受到相同程度的影响，因此，资产和负债的相对价值不会发生改变。

许多银行和储蓄机构的资产与负债在期限结构方面自然存在着不匹配的问题。银行的负债主要是客户存款，大部分期限很短，因此久期短。相反，银行的资产大多是商业贷款、消费贷款和抵押贷款，这些资产的久期比存款的久期要长，因而资产的价值对利率的波动更敏感。在利率意外增长的时期，银行的资产净值可能会大幅度地减少，因为这时它们的资产要比它们的负债减少得更多；相反，利率下降时，负债的增加要快于资产的增加。因此，基金应当与资产和债务的利率相匹配，这样，无论利率上升还是下降，资产的价值都会循着债务价值的轨迹。换句话说，财务管理人员可能希望基金免疫，以对应利率变动的影响。

免疫的含义是无论利率如何变动，资产与负债的久期匹配都可以确保资产组合有偿还公司债务的能力。

【例 2—4—18】 一家保险公司有一期限为 7 年，金额为 19 487 美元的负债。市场利率为 10%，所以该债务的现值大约是 10 000 美元。公司的资产组合管理人希望通过持有 3 年期零息票债券和永久的年付息一次的债券对其负债的支付进行利率免疫(这里用零息票债券和永久年金是为了方便计算)。该管理人应该如何对负债进行免疫?

免疫需要资产债券组合的久期等于负债的久期，我们按以下四个步骤进行：

第一步：计算负债久期，本题中的负债久期很容易计算，这是一个单一支付久期为 7 年的债务。

第二步：计算资产组合的久期。资产组合久期是资产组合中各部分资产的久期的加权平均，权重为组合中每项资产的比例。零息票债券的久期就是 3 年，永久年金的久期为 1.10%/0.10=11 年，所以，设零息票债券权重为 w，永久年金的权重为 $1-w$，资产组合的久期为：

资产久期 $=w\times 3$ 年 $+(1-w)\times 11$ 年

第三步：决定零息票债券与永久年金在全部证券中合适的权重，使得资产组合的久期等于负债久期 7 年，w 必须满足

$w\times 3$ 年 $+(1-w)\times 11$ 年 $=7$ 年

这意味着 $w=1/2$，管理者投资在零息票债券和永久年金上的金额应各占一半，这一资产的久期为 7 年。

第四步：购买足额债券。既然该债务的现值为 10 000 美元，投资在零息票债券和永久年金上的金额应该相等，那么管理人应将 5 000 美元投资用来购买零息票债券，5 000 美元用来购买永久年金[注意：零息票债券的面值为 $5\,000\times(1.10)^3=6\,655$ 美元]。

虽然现在头寸获得了免疫，但是资产组合管理人的工作还没有结束。这是因为随着利率的变动需要进行再平衡，而且即使利率没有变动也需要进行再平衡，时间变化也会影响久期，这就需要再平衡来保持免疫头寸。再平衡技术比较复杂，考纲中没有列出要求。

(2)主动投资策略

广义地说，在积极的债券管理中有两个潜在价值的来源。第一个来源是利率预测，它试图预测整个固定收益市场范围的利率运动。如果预测到利率会下降，管理人就会增加资产组合的久期(反之亦然)。第二个潜在的利润来源就是固定收益市场内相关的价格失衡情况的确定。例如，一位分析人员可能认为某种特定债券的违约溢价过大，因此，债券的价格被低估了。

①债券互换。所谓债券互换，就是双方交换一系列现金流的合约，其结果类似于双方如

果交换相同价值的不同类型债券引起的结果。双方交换的唯一的货币是利息支付。

债券互换是盯住利率的预测。在这种情况下,如果投资者相信利率会下降,他们会把久期较短的债券掉换为久期更长的债券;相反,如果预测利率会上升,则把久期较长的债券调换为久期较短的债券。

考虑一管理人拥有大金额资产组合,包括票面价值达1亿美元的大额长期债券,其平均息票利率为7%。他相信利率将上升,于是他希望通过一次互换来缩短久期,因此,他愿意出售债券以换回或者是短期债券或者是浮动利率证券。但是,如果每进行一次新的利率预测,就更换一次债券,交易费用就太高了。一种更便宜、更灵活的调整资产组合的办法是让管理人把资产组合现在一年产生的700万美元的利息收入"调换"成与短期利率紧密相关的一笔资产。用这种办法,如果利率上涨,则资产组合的利息收入也会提高。

复习提示及知识补充九

固定利率债券的久期通常比相同期限的浮动利率债券的久期要长。因为浮动利率债券在每一个付息点之后市场价格会回复到债券平价,这样债券价格很少受到利率的影响,也就是说,浮动利率债券的久期很小,几乎接近于零。

掉期的交易商可能做广告,宣传他愿意把基于6个月期,LIBOR利率的现金流交换或"调换"成基于7%的固定利率的现金流。LIBOR或London Interbank Offered Rate(即欧洲美元市场中银行互相拆借的利率,是掉期市场上广泛运用的短期利率)资产组合管理人将与交易商达成掉期协议,资产组合管理人向对方按名义本金1亿美元的7%支付利息,从对方那里获得基于同样数量名义本金的LIBOR利率的利息。也就是说,资产组合管理人将0.07×1亿美元的支付额换成了LIBOR×1亿美元的支付额。管理人由掉期合约引起的净现金流因此为(LIBOR－0.07)×1亿美元。注意,掉期合约的达成并不意味着借贷的完成。参与者只是同意用一个固定现金流交换一个可变的现金流。

假设一家发行了固定利率债券的利率可能会下降,它可能会倾向于再发行浮动利率债务。理论上,可以通过发行浮动利率债务来抵消固定利率债务。但实际中,这将产生巨大的交易成本。所以公司一般会通过掉期向对方支付浮动利率,从对方那里获得固定利率(以抵消它的固定利率的息票式债务)来将大额的固定利率债务转换成假想的浮动利率债务。

相反地,一家向存款人支付现行市场利率的银行可能通过掉期,从对方获得按名义本金计算的浮动利率,向对方支付按名义本金计算的固定利率。这一掉期头寸,附加到浮动利率的存款负债上,将导致有一固定现金流的净负债。这样,银行就可以不用考虑利率风险,投资长期固定利率的贷款了。

再考虑一个固定收益资产组合管理人,掉期使他可以根据预测的利率变化快速而且低成本地实现固定利率和浮动利率之间的转换。固定利率资产组合管理人可以通过支付固定利率获得浮动利率的掉期合约将固定利率资产组合转换成假想的浮动利率资产组合,稍后他还可以通过类似的反向掉期资产组合转换回来。

②应急免疫。应急免疫又称或有免疫,是利伯维茨和温伯格提出的一种积极—消极混合的投资策略。假定现行利率为10%,管理人的资产组合现价为1 000万美元。管理人可

通过常规的利率免疫技术锁住现有利率，两年后资产组合的未来价值为 1 210 万美元。现在，假定管理人愿意从事更积极的投资，但是只愿意承担有限的风险损失，即要保证资产组合的最终价值不能低于 1 100 万美元。由于在现行利率下只要有 909 万美元（1 100 万/1.10^2）就可以在两年后达到最低可接受的最终价值，而资产组合的现值为 1 000 万美元，管理者可在开始时承受一些风险损失，因此开始时可以采用一些积极的策略，而不用立即采取利率免疫的策略。

关键是要计算在现行利率下要锁定多少投资进行利率免疫，才能保证未来获得 1 100 万美元。如果用 T 代表到期的剩余时间，r 为任一特定时间的市场利率，那么，必须要保证有能力达到最低可接受的最终价值是 1 100 万美元/$(1+r)^T$，因为这一规模的资产组合如果免疫会在到期日无风险地增至 1 100 万美元。这个值变成了触发点：如果当实际的资产组合价值跌至触发点，积极的管理就会停止。随着达到触发点，会导致最初的免疫策略的变换，以保证最低的可接受业绩得以实现。

③按收益率曲线变动管理。债券价值随风险因子的变动而变动，相关的风险因子可以被分为两类：结构因子与非期限结构因子。前者的风险包括期限结构的水平与非水平的移动，后者的风险包括行业风险、质量风险和期权风险。按收益率曲线变动管理指的是组合经理根据期限结构风险模型主动地增加或减小利率风险的头寸，取得超额收益的方法。

三、股票的估值

（一）优先股与普通股的估价

1. 优先股

优先股是相对于普通股而言的，指股东权利受到一定限制，但在公司盈余和剩余资产分配上享有优先权的股票。优先股同样可以买卖和自由转让。

（1）优先股的特征

①优先按规定的方式领取股息。

②优先按面额清偿。在公司破产或解散清算时，优先股有权在偿还债务后按照票面金额先于普通股从清算资金中得到补偿。

③限制参与经营决策。优先股股东一般没有投票权，从而不能参与公司的经营决策。只有在直接关系到优先股股东利益的表决时，才能行使表决权，或是在对优先股股息积欠达到一定数额后，可以投票选举一定人数的董事。

④一般不享有公司利润增长的收益。通常情况下，优先股股东只能按事先规定的方式领取股息，而不能因为公司利润增长而增加股息收入。

复习提示及知识补充十

联系记忆普通股的四大特征：经营决策参与权、公司盈余分配权、剩余资产索取权、优先认股权。

（2）累积优先股

累积优先股和非累积优先股分类的依据是优先股股息在当年未能足额分派时，能否在以后年度补发。

所谓累积优先股，是指历年股息累积发放的优先股票。股份公司发行累积优先股的目的，主要是为了保障优先股股东的收益不致因公司盈利状况的波动而减少。由于规定未发放的股息可以积累起来，待以后年度一起支付，这就有利于保护优先股投资者的利益。

非累积优先股票，是指股息当年结清不能积累发放的优先股票。非累积优先股票的特点是股息分派以每个营业年度为界，当年结清。如果本年度公司的盈利不足以支付全部优先股股息，对其所欠部分，公司将不予积累计算，优先股股东也不得要求公司在以后的营业年度中予以补发。

(3)可赎回优先股

可赎回优先股和不可赎回优先股分类的依据是在一定条件下，该优先股票能否由原发行的股份公司出价赎回。

可赎回优先股，是指在发行后一定时期可按特定的赎买价格由发行公司收回的优先股。一般的股票从某种意义上说是永久的，因为它的有效期限是与股份公司的存续期并存的。而可赎回优先股票却不具有这种性质，它可以依照该股票发行时所附的赎回条款，由公司出价赎回。股份公司一旦赎回自己的股票，必须在短期内予以注销。

不可赎回优先股票，是指发行后根据规定不能赎回的优先股票。这种股票一经投资者认购，在任何条件下都不能由股份公司赎回。由于股票投资者不能再从公司抽回股本，这就保证了公司资本的长期稳定性。

(4)优先股的估价

优先股估价与普通股的定价方法类似，也采用收入资本化法确定其内在价值。收入资本化法的具体介绍可以在下一部分的股票定价模型中找到，这里先使用其基本公式，为：

$$V=\frac{C_1}{1+r}+\frac{C_2}{(1+r)^2}+\frac{C_3}{(1+r)^3}+\cdots=\sum_{t=1}^{\infty}\frac{C_t}{(1+r)^t} \qquad (2-4-32)$$

式中，C_t 表示在时间 t 时证券的预期现金流量，r 表示一定风险程度下合理的贴现率，可理解为必要收益率或同期的市场收益率。

对于优先股来说，每年支付固定股息，即 $C_1=C_2=C_3\cdots=D$，则：

$$P=\frac{D}{1+r}+\frac{D}{(1+r)^2}+\frac{D}{(1+r)^3}+\cdots=\frac{\frac{D}{1+r}}{1-\frac{1}{1+r}}=\frac{D}{r} \qquad (2-4-33)$$

可见，优先股的理论价格为每股固定股息除以市场利率。

2. 普通股

(1)普通股及其特征

普通股是股票中最普遍的一种形式，是股份公司最重要的股份，其持有人享有股东的基本权利和义务。普通股的股利分配不固定，在对公司盈利和剩余资产的分配顺序上列在债权人和优先股票股东之后，所以普通股是风险最大的股票。

(2)股票定价模型

收入资本化法：预测有价证券的未来收益流量，并将按合理的贴现率和证券的有效期限将其折算成现在的价值。

用公式表示一种证券的内在价值(V)等于预期现金流量的现值：

$$V=\frac{C_1}{1+r}+\frac{C_2}{(1+r)^2}+\frac{C_3}{(1+r)^3}+\cdots=\sum_{t=1}^{\infty}\frac{C_t}{(1+r)^t} \qquad (2-4-34)$$

式中，C_t 表示在时间 t 时证券的预期现金流量，r 表示一定风险程度下合理的贴现率，可理解为必要收益率或同期的市场收益率。

(3)股息估价模型

由于普通股票的现金流量是未来时期预期的股息收入，因此，以股息贴现的方法决定普通股票内在价值的模型被称为“股息估价模型”，即“股息贴现模型”，其公式表述为：

$$P=\frac{D_1}{1+i}+\frac{D_2}{(1+i)^2}+\frac{D_3}{(1+i)^3}+\cdots=\sum_{t=1}^{\infty}\frac{D_t}{(1+i)^t} \qquad (2-4-35)$$

为普通股票定价的关键在于必须预测所有未来时期的股息收入，围绕着预期股息的变化，有不同的股息估价模型。

(4)股息估价模型及资本利得

资本利得指股票、土地、房屋、机器设备等资产的增值或出售而得到的净收益，证券市场中习惯上被看作证券交易过程中因差价而取得的收益。

虽然对于投资者总体而言，普通股票的现金流量是未来时期的股息收入，但是事实上，绝大多数投资者并非在投资之后永久地持有所投资的股票，即投资者在买进股票一段时间之后可能抛出该股票。所以，根据收入资本化法，卖出股票的现金流收入也应该纳入股票内在价值的计算。那么股息估价模型如何解释这种情况呢？

假定某投资者在第三期末卖出所持有的股票，则根据收入资本化法，该股票的内在价值应该等于：

$$P=\frac{D_1}{(1+i)}+\frac{D_2}{(1+i)^2}+\frac{D_3}{(1+i)^3}+\frac{P_3}{(1+i)^3} \qquad (2-4-36)$$

式中，P 表示股票现值，即内在价值；D 表示每股股利；i 表示贴现率即市场收益率，P_3 表示持有三期后股票出售时的价格。

根据股息贴现模型，该股票在第三期期末的价格应等于当时该股票的内在价值，即：

$$P_3=\frac{D_4}{(1+i)}+\frac{D_4}{(1+i)^2}+\frac{D_4}{(1+i)^3}+\cdots=\sum_{t=1}^{\infty}\frac{D_{t+3}}{(1+i)^t} \qquad (2-4-37)$$

将式(2—4—37)代入式(2—4—36)，得：

$$P=\frac{D_1}{(1+i)}+\frac{D_1}{(1+i)^2}+\frac{D_1}{(1+i)^3}+\frac{D_4/(1+i)+D_5/(1+i)^2+\cdots}{(1+i)^3}$$

$$=\frac{D_1}{(1+i)}+\frac{D_2}{(1+i)^2}+\frac{D_3}{(1+i)^3}+\frac{D_4}{(1+i)^4}+\frac{D_5}{(1+i)^5}+\cdots$$

$$=\sum_{t=1}^{\infty}\frac{D_t}{(1+i)^t}$$

可见，即使考虑资本利得因素，股票卖出时的价值也取决于卖出后各年的预期股息收入，因此，使用股息贴现的股息估价模型与使用收入资本化法的股票定价模型在本质上是一致的。

(5)零增长模型

股票投资的现金流量是由每期取得的股息收入和股票出售时的价格两部分组成。零增长模型假设未来的股利按固定数量交付，股利增长率为零，则

$$P=\frac{D_1}{(1+i_1)}+\frac{D_2}{(1+i_1)(1+i_2)}+\cdots+\frac{D_n}{(1+i_1)(1+i_2)\cdots(1+i_n)}+\cdots \quad (n\to\infty)$$

(2—4—38)

式中，P 表示股票现值，即内在价值，D 表示每股股利，i 表示贴现率即市场利率。

在零增长模型中，假定每年股息不变，即 $D_1=D_2=\cdots=D_n=D$，贴现率不变，即 $i_1=i_2=\cdots=i_n=i$，投资者持有期为永久，即 $n\to\infty$，则：

$$P=\frac{D}{(1+i)}+\frac{D}{(1+i)^2}+\cdots+\frac{D}{(1+i)^n}=\frac{\frac{D}{(1+i)}}{1-\frac{1}{1+i}}=\frac{D}{i} \qquad (2-4-39)$$

可见，零增长模型股票的理论价格为每股股息除以市场利率。

复习提示及知识补充十一

永续债券和优先股的定价也使用这一公式。

(6)固定增长模型

固定增长模型认为大部分公司的盈余和股利年年都有增长，并假设每年的股利收入以一个固定的比率(g)增长。再设上一年的股利收入为 D_0，则第一年的股利收入为 $D_1=D_0(1+g)$，第二年为 $D_2=D_0(1+g)^2$，第 t 年的预期股利收入为：

$$D_t=D_0(1+g)^t \qquad (2-4-40)$$

股票理论价格 P 为每年股利收入的现值之和，即：

$$P=\sum_{t=1}^{n}\frac{D_t}{(1+i)^t}=\sum_{t=1}^{n}\frac{D_0(1+g)^t}{(1+i)^t}=\frac{\frac{D_0(1+g)}{1+i}}{1-\frac{1+g}{1+i}}=\frac{D_0(1+g)}{i-g}=\frac{D_1}{i-g} \qquad (2-4-41)$$

可见，固定增长模型股票的理论价格为购买后预期第一年股利额除以市场利率与每股股利增长率之差。

使用固定增长模型的前提条件是市场利率大于每股股利增长率。如果一个公司的股利增长率始终高于市场利率，则该股票万金难买，因为无论定多高的价格都低于该股票的实际价值，因为当 $i<g$ 时，多项式后一项大于前一项，项值是发散的。

固定增长模型是确定股票价格的方法之一，在实际运用中往往用某公司过去股利实际增长率的历史数据来推断该公司未来股利增长率 g。但事实上，没有一个公司可以长期保持股利固定增长率不变，公司股利增长的历史数据也无法代替未来的股利增长，所以，不变模型的理论意义超过其实用价值。

复习提示及知识补充十二

记忆固定增长模型的公式时，我们一般习惯于记忆 $P=\frac{D_1}{i-g}$，这时就要特别注意 D_1 的含义。比如一道题目中，2018 年刚刚发放的股息是 0.1 元，股息增长率 g 为 5%，那么 D_1 的值切不可直接使用 0.1 元，而应该是 0.1×(1+5%)元。

另外，仔细思考公式的推导过程可以发现，使用固定增长模型的立足点是股息 D_0 刚刚发放完毕。如果题目中，2018 年的股息即将发放 0.1 元，股息增长率 g 为 5%，那么这只股票内在价值的计算就不能直接套用此公式了。这也是为什么建议大家不但要记住公式，也要掌握公式的推导，从而真正理解公式的本质和使用范围。

(7)不定增长模型

零增长模型、固定增长都是股息估价模型的特殊形式，而不定增长模型是更为一般的一种形式。不定增长模型将普通股票的股利收入分为两个部分：一部分是从 $t=0$ 到 $t=T$ 时间内，股利为一个不变的量；另一部分是 $t=T$ 以后，股利按不变增长率 g 增长，相应地，股票的内在价值应是两部分股利现值的相加。

第一部分是自 $t=0$ 直到 $t=T$ 的所有预期股利现值，用 V_{T-} 表示：

$$V_{T-}=\sum_{t=1}^{T}\frac{D_t}{(1+i)^t} \qquad (2-4-42)$$

第二部分是 $t=T$ 以后的所有股利在 T 时刻的现值，应用固定增长模型，用 V_T 表示：

$$V_T=D_{T+1}\left(\frac{1}{i-g}\right) \qquad (2-4-43)$$

但目前投资者是在时间 $t=0$ 时而不是在 T 时为股票定价，为确定 $t=0$ 时 V_T 的现值，须将 V_T 再次贴现，用 V_{T+} 表示：

$$V_{T+}=V_T\left(\frac{1}{(1+i)^T}\right)=\frac{D_{T+1}}{(i-g)(1+i)^T} \qquad (2-4-44)$$

现在我们已经得到了 T 时刻的所有股利的现值以及 T 时刻以后的所有股利的现值，加总这两部分现值，即为股票的内在价值。

$$P=V=V_{T-}+V_{T+}=\sum_{t=1}^{T}\frac{D_t}{(1+i)^t}+\frac{D_{T+1}}{(i-g)(1+i)^T} \qquad (2-4-45)$$

复习提示及知识补充十三

三阶段增长模型是股息贴现模型的另外一种特殊形式，它将股息的增长分成了三个不同的阶段(见图 2—4—4)：

第一个阶段(从 $t=0$ 到 $t=A$)，股息的增长率为一个数值较高的常数 g_A；

第二个阶段(从 $t=A+1$ 到 $t=B$)，股息增长率以线性方式从 g_A 变化为较小的 g_n，g_n 也是第三阶段的股息增长率；

第三个阶段($T=B+1$ 及以后)，股息增长率为较小的水平 g_n，该增长率是公司长期的正常增长率水平。

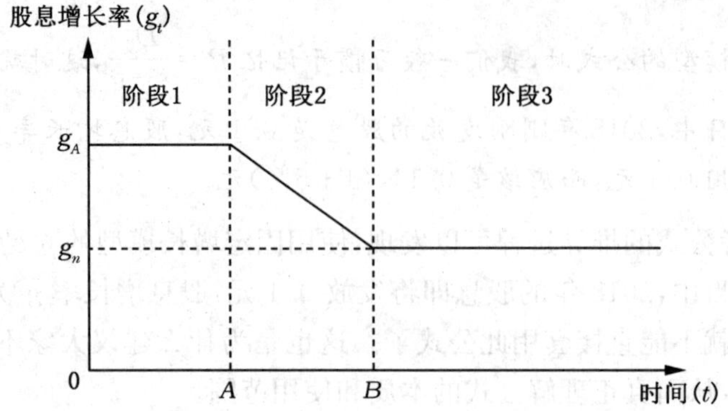

图 2—4—4　三阶段模型股息增长率

在转折期内任何时点上的 g_A 股息增长率 g_t 可以用下式表示：

$$g_t = g_A - (g_A - g_n)\frac{(t-A)}{(B-A)}(g_A > g_n, A \leqslant t \leqslant B) \tag{2-4-46}$$

在满足三阶段增长模型的假定条件下，如果已知 g_A、g_n、A、B 和初始的股息水平 D_0，就可以根据上式计算出所有各期的股息，然后根据贴现率，计算股票的内在价值。三阶段增长模型的计算公式为：

$$P = D_0 \sum_{t=1}^{A}\left(\frac{1+g_A}{1+r}\right)^t + \sum_{t=A+1}^{B-1}\left[\frac{D_{t-1}(1+g_t)}{(1+r)^t}\right] + \frac{D_{B-1}(1+g_n)}{(1+r)^B(r-g_n)} \tag{2-4-47}$$

上式中的三项分别对应于股息的三个增长阶段。

小结：三阶段增长模型的计算公式虽然看起来很复杂，但在做题时，只要掌握基本思路，列表逐个计算即可。基本思路为：首先计算各年的股息增长率，写在表格中，然后根据增长率和初始股息在旁边逐个计算各年股息，最后将各年的股息折现。但是，由于第三阶段是永续股息的形式，因此逐个计算只适用于前两阶段，第三阶段采用固定增长模型的计算方法。

例：假定某股票初期支付的股息为 1 美元/股，在今后两年的股息增长率为 6%，股息增长率从第三年开始递减，从第六年开始每年保持 2% 的增长速度，另外，贴现率为 8%。

解答思路：$A=2, B=6, g_A=6\%, g_n=2\%, D_0=1, r=8\%$。

首先计算 $g_1=6\%, g_2=6\%, g_3=5\%, g_4=4\%, g_5=3\%, g_6=g_7=\cdots=2\%$；

然后计算 $D_1=1\times(1+6\%)=1.06, D_2=1.06\times(1+6\%)=1.124\cdots$

将计算结果整理成表 2—4—5：

表 2—4—5　　三阶段增长模型例题数据整理

	年份	股息增长率(%)	股息(美元)
第一阶段	1	6	1.000×1.06=1.06
	2	6	1.060×1.06=1.124

续表

	年份	股息增长率(%)	股息(美元)
第二阶段	3	5	1.124×1.05=1.180
	4	4	1.180×1.04=1.227
	5	3	1.227×1.03=1.264
第三阶段	6	2	1.264×1.02=1.290

第一、第二阶段的股息贴现之和为：$\frac{1.06}{1.08}+\frac{1.124}{1.08^2}+\cdots+\frac{1.264}{1.08^5}=4.644$；

第三阶段的股息贴现之和为：$\frac{1.290}{1.08^5\times(0.08-0.02)}=14.633$；

因此，该股票的内在价值为 4.644＋14.633＝19.277(美元)。

复习提示及知识补充十四

H 模型是三阶段模型的特殊形式。它假定股息的初始增长率为 g_A，然后以线性的方式递减或递增，从 $2H$ 期后，股息增长率成为一个常数 g_n，即长期的正常股息增长率。在 H 点上，股息增长率恰好等于初始增长率 g_a 和常数增长率 g_n 的平均数。

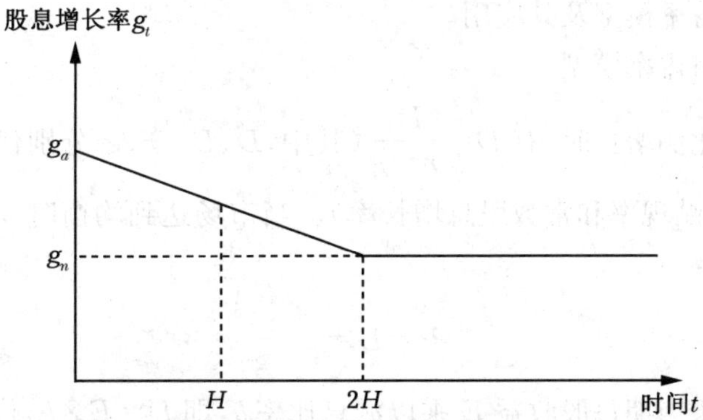

图 2－4－5　H 模型股息增长率

在满足上述条件下，Fuller 和 Hsia 证明了 H 模型的股票内在价值的计算公式为：

$$P=\frac{D_0}{r-g_n}[(1+g_n)+H(g_a-g_n)] \qquad (2-4-48)$$

与三阶段增长模型相比，H 模型的公式大大简化了计算过程，且在已知股票当前市场价格为 P 的条件下，可以直接计算内部收益率。另外，利用 H 模型近似计算三阶段模型股票价格，得到的结果也非常近似。

(8)股息估价模型与盈利

股息估价模型是在预期股息的基础上估计股票的内在价值，而盈利水平是股息分配的基本面支撑。因此，一个公司的盈利水平通过影响股息的预期，从而影响了股息估价模型对股票的定价。总的来说，盈利水平越高的公司，对于未来股利分配的预期就越高，因此，公司股价就越高。

而对于两个盈利水平类似的公司来说，分红比率较高的公司，传递了公司发展前景较好、盈利真实等信息，往往会产生抬高公司股价的作用。另一方面，超过预期水平的高盈利和高股息分配也对公司股价产生向上的压力。

(9)股息评价模型与市盈率

市盈率是每股市价与每股盈利的比值。作为相对估价法中最重要的一种，市盈率模型通过计算每股盈利与理论市盈率的乘积确定股票理论价格的方法，具有更为悠久的历史。

在运用中，市盈率模型具有以下几个优点：①由于市盈率是股票价格与每股收益的比率，即单位收益的价格，所以，市盈率模型可以直接应用于不同收益水平的股票的价格之间的比较；②对于那些在某段时间内没有支付股息的股票，市盈率模型同样适用，而股息贴现模型却不能使用；③虽然市盈率模型同样需要对有关变量进行预测，但是比股息贴现模型所涉及的变量预测简单。

相应地，市盈率模型也存在一些缺点：①市盈率模型的理论基础较为薄弱，而股息贴现模型的逻辑性较为严密；②在进行股票之间的比较时，市盈率模型只能决定不同股票市盈率的相对大小，却不能决定股票绝对的市盈率水平。

市盈率模型同样可以分成零增长模型、固定增长模型和不定增长模型等类型。这里将以固定增长模型的市盈率模型为重点，分析市盈率是由哪些因素决定的，然后简单介绍零增长和不定增长的市盈率模型及其应用。

①固定增长的市盈率模型。

当股息以不变比例增长时，有 $D=\frac{D_1}{r-g}$（其中，D、D_1、r、g 分别代表股票的内在价值、第一期支付的股息、贴现率和常数股息增长率）。当市场达到均衡时，股票市场价格等于其内在价值，即：

$$P=D=\frac{D_1}{r-g} \tag{2-4-49}$$

而每期股息等于当期每股收益 E 乘以派息比率 b，即 $D=E\times b$，代入得：

$$P=\frac{D_1}{r-g}=\frac{E_1\times b}{r-g} \tag{2-4-50}$$

由此推出固定增长的市盈率模型一般表达式为：

$$\frac{P}{E}=\frac{b}{r-g} \tag{2-4-51}$$

从式(2－4－51)中可以发现，市盈率(P/E)取决于三个变量：派息比率(b)、贴现率(r)和股息增长率(g)。市盈率与股票的派息比率、股息增长率成正比，与贴现率成反比。这是第一个层次的市盈率决定因素。下面将分别讨论贴现率和股息增长率的决定因素，即第二层次的市盈率决定因素。

第一，股息增长率(g)的决定因素分析。

股息增长率的第一层次决定公式为 $g=ROE\times(1-b)$，这里 ROE 是股东权益收益率

(Return On Equity)或净资产收益率，$1-b$ 可称之为留存收益率，即股息增长率等于股东权益收益率与留存收益率的乘积。

复习提示及知识补充十五

公式 $g=ROE\times(1-b)$ 是市盈率模型的重要讨论过程之一，我们在这里给出它的推导过程，供有兴趣的同学参考：

为简单起见，做以下三个假定条件：一是派息比率固定不变，恒等于 b；二是股东权益收益率固定不变，即 ROE 等于一个常数；三是没有外部融资。

根据股息增长率的定义，有 $g=\frac{D_1-D_0}{D_0}$，而股息、每股收益与派息比率之间的关系为 $D_1=bE_1$，$D_0=bE_0$，所以有 $g=\frac{D_1-D_0}{D_0}=\frac{bE_1-bE_0}{bE_0}=\frac{E_1-E_0}{E_0}$。

根据股东权益的定义，有 $ROE_1=\frac{E_1}{BV_0}$，$ROE_0=\frac{E_0}{BV_{-1}}$（其中，$BV$ 为每股账面价值或每股净资产），因此，$g=\frac{E_1-E_0}{E_0}=\frac{BV_0-BV_{-1}}{BV_{-1}}$。

没有外部融资，账面价值的变动(BV_0-BV_{-1})等于每股收益扣除支付股息后的余额，即 $BV_0-BV_{-1}=E_0-D_0=(1-b)E_0$，代入得

$$g=\frac{BV_0-BV_{-1}}{BV_{-1}}=\frac{E_0(1-b)}{BV_{-1}}=ROE(1-b) \tag{2-4-52}$$

将股息增长率第一层次决定公式中的 ROE 继续分解，可以得到股息增长率 g 的第二层次决定公式：$g=PM\times ATO\times L(1-b)$。这里，$PM$ 表示税后净利润率，ATO 表示总资产周转率，L(Leverage Ratio)表示杠杆比率。

主要推导过程为：

$$ROE=\frac{EAT}{EQ}=\frac{EAT}{A}\times\frac{A}{EQ}=ROA\times L$$

$$ROA=\frac{EAT}{A}=\frac{EAT}{S}\times\frac{S}{A}=PM\times ATO$$

其中，EAT(Earnings After Tax)表示公司税后总收益，EQ(Equity)表示股东权益账面价值，A 表示公司总资产，ROA(Return On Assets)表示总资产收益率，S(Sales)表示公司销售额。由此得出 $g=ROE(1-b)=ROA\times L(1-b)=PM\times ATO\times L(1-b)$。

第二，贴现率(r)的决定因素分析。

在资本资产定价模型中，证券市场线的表达式为：$r_i=r_f+(r_m-r_f)\beta_i$，其中，r_i 是投资某种股票的期望收益率，即贴现率，r_f 和 r_m 分别是无风险资产收益率和市场平均收益率，β_i 衡量该股票系统风险的大小。由此可见，贴现率取决于无风险利率 r_f、市场平均收益率 r_m 和系统风险水平 β_i。一般认为，在其他条件不变时，公司的负债率与 β 系数成正比，比如公司增发股票，将降低其杠杆比率，从而降低 β 系数。把杠杆比率之外影响 β 系数的因素，用变量 δ 表示，即 $r_i=r_f+(r_m-r_f)\beta_i$，其中，$\beta_i=f(L,\delta)$，$f'_L>0$。

第三,市盈率模型的一般形式。

在表中的第一层,市盈率的大小取决于派息比率(b)、贴现率(r)和股息增长率(g);在第二层,市盈率取决于派息比率(b)、无风险资产收益率(r_f)、市场组合收益率(r_m)、贝塔系数(β_i)和股东权益收益率(ROE)五个变量;在第三层,市盈率取决于派息比率(b)、无风险资产收益率(r_f)、市场组合收益率(r_m)、杠杆比率(L)、影响贝塔系数的其他因素(δ)和总资产收益率(ROA)六个变量;在第四层,市盈率取决于派息比率(b)、无风险资产收益率(r_f)、市场组合收益率(r_m)、杠杆比率(L)、影响贝塔系数的其他变量(δ)、税后净利润率(PM)和总资产周转率(ATO)七个变量。在影响市盈率的上述变量中,除了无风险资产收益率(r_f)、派息比率(b)和杠杆比率(L)之外,其他变量对市盈率的影响都是单向的。

表 2—4—6　　市盈率的决定因素

<table>
<tr><td>派息比率(+)b</td><td colspan="4">贴现率(−)r</td><td colspan="4">股息增长率(+)g</td></tr>
<tr><td></td><td>无风险资产收益率
(−)$\beta<1$
(+)$\beta>1$
(+)r_i</td><td>市场组合收益率
(−)r_m</td><td colspan="2">贝塔系数
($r_m>r_i$)
(−)β</td><td colspan="3">股东权益收益率
(+)ROE</td><td>派息比率
(−)b</td></tr>
<tr><td></td><td></td><td></td><td>杠杆比率
(−)L</td><td>其他因素
(−)δ</td><td colspan="2">总资产收益率
(+)ROA</td><td>杠杆比率
(+)L</td><td></td></tr>
<tr><td></td><td></td><td></td><td></td><td></td><td>税后净利润率
(+)
PM</td><td>总资产周转率
(+)
ATO</td><td></td><td></td></tr>
</table>

与市盈率负相关的因素包括市场组合收益率(r_m)、贝塔系数(β_i)、贴现率(r)和影响贝塔系数的其他变量(δ)。

与市盈率正相关的因素包括股息增长率(g)、股东权益收益率(ROE)、总资产收益率(ROA)、税后净利润率(PM)和总资产周转率(ATO)。

下面分别分析无风险资产收益率、派息比率和杠杆比率与市盈率的关系:

首先,无风险资产收益率(r_f)与市盈率之间的关系取决于贝塔系数是否大于1。如果$\beta>1$,则两者是正相关的;如果$\beta<1$,则两者是负相关的;如果$\beta=1$,则两者不存在直接相关性。

其次,派息比率(b)与市盈率的关系是不确定的。将式(2—4—52)代入式(2—4—51),得到:

$$\frac{P}{E}=\frac{b}{r-g}=\frac{b}{r-ROE(1-b)}=\frac{b}{r-ROA\times L\times(1-b)}=\frac{1}{ROE+\dfrac{r-ROE}{b}} \qquad (2—4—53)$$

如果$r>ROE$,则市盈率与派息比率正相关;

如果 $r<ROE$，则市盈率与派息比率负相关；

如果 $r=ROE$，则市盈率与派息比率不相关。

可见，派息比率对市盈率的影响是不确定的。在此基础上进一步分析，r 是投资该股票的期望回报率；ROE 是公司股东权益收益率，是公司税后收益与股东权益账面价值之比。在公司发展初期，股东权益收益率较高，一般超过股票投资的期望回报率，此时派息比率越高，股票的市盈率越低，公司会保持较低的派息比率；当公司进入成熟期以后，股东权益收益率会降低并低于股票投资的期望回报率，此时提高派息比率会使市盈率升高，公司倾向于提高派息比率。

最后，杠杆比率(L)与市盈率之间的关系也是不确定的。在式(2－4－53)第二个等式的分母中，减数和被减数中都含有杠杆比率项。在被减数(贴现率)中，当杠杆比率上升时，股票的贝塔系数上升，所以，贴现率也将上升，而市盈率却将下降；在减数中，杠杆比率与净资产收益率成正比，所以，当杠杆比率上升时，减数加大，从而导致市盈率上升。这说明，公司财务杠杆的使用并不是越多越好，也不是越少越好，是存在一个黄金分割点的。

第四，市盈率模型在股票价值分析中的运用。

市盈率模型运用在股票价值分析上是通过比较理论市盈率和实际市盈率，来判断股票被高估、低估还是合理定价。

假设理论市盈率是 M_0，实际市盈率是 M_r：

如果 $M_r \geqslant M_0$，则说明该只股票被高估；

如果 $M_r \leqslant M_0$，则说明该只股票被低估；

如果 $M_r = M_0$，则说明该只股票合理定价。

复习提示及知识补充十六

在大家了解了如何通过比较理论市盈率和实际市盈率来判断股票被高估或者低估之后，这里顺便提醒大家一种更容易考到的判断方法——通过判断股票内在价值和市场价值来确定股票被高估或者低估。其中，内在价值可以通过股息估价模型计算得出，而市场价格在题目中一般是直接给出的。

如果市场价格大于内在价值，股票被高估；反之，则被低估。

复习提示及知识补充十七

市盈率模型在实务中应用非常重要。因此，这里为大家详细列示出来。从历年考试规律来看，这一部分内容较复杂，考法较简单。考的可能性比较大的是市盈率的定义及第一层次的决定公式，即$\frac{P}{E}=\frac{b}{r-g}$。因此，如果有的同学余力不多，可以简单地参考上面的内容，不必为一定要准确掌握所有细节问题而苦恼。

复习提示及知识补充十八

市盈率指标是衡量上市公司盈利能力的重要指标，反映投资者对每1元净利润所愿支付的价格，可以用来估计公司股票的投资报酬和风险，是市场对公司的共同期望指标。一般来说，市盈率越高，表明市场对公司的未来越看好。在市价确定的情况下，每股收益越高，市盈率越低，投资风险越小；反之亦然。在每股收益确定的情况下，市价越高，市盈率越高，风险越大；反之亦然。

使用市盈率指标时应注意以下问题：首先，该指标不能用于不同行业公司的比较。成长性好的新兴行业的市盈率普遍较高，而传统行业的市盈率普遍较低，这并不说明后者的股票没有投资价值。其次，在每股收益很小或亏损时，由于市价不至于降为零，公司的市盈率会很高，如此情形下的高市盈率不能说明任何问题。最后，市盈率的高低受市价的影响，而影响市价变动的因素很多，包括投机炒作等，因此，观察市盈率的长期趋势很重要。由于一般的期望报酬率为5%—20%，所以通常认为正常的市盈率为5—20倍。但与流动比率和速动比率的理想值一样，考虑到行业特征差异等因素，市盈率的理想取值范围也没有一个统一的标准。证券分析师需要结合其他有关信息，才能运用市盈率指标判断股票的价值。

②零增长的市盈率模型。

零增长模型假定股息增长率 g 恒等于0，是固定增长模型的特殊形式，因此，也适用固定增长模型的公式 $\frac{P}{E}=\frac{b}{r-g}$。除 $g=0$ 外，零增长模型有 $b=1$，这是从股息不变这一前提推论而来的。因为股息等于每股收益与派息比率的乘积，只有在每股收益为常数时，才能保证每股股息为常数。而只有在派息比率等于100%时，即所获利润全部支付给股东、不用于扩大再生产时，各期收益才会等于一个常数。

当 $g=0$ 且 $b=1$ 时，零增长市盈率模型为 $\frac{P}{E}=\frac{b}{r-g}=\frac{1}{r}$。

与固定增长市盈率模型相比，零增长市盈率模型中决定市盈率的因素仅贴现率一项，并且市盈率与贴现率成反比关系。

【例2-4-19】 某股息零增长的股票的市场价格为65美元/股，每股股息恒等于8美元/股，贴现率为10%。假定其派息比率等于1，那么该股票的理论市盈率应该等于10，实际的市盈率等于8.1。由于实际的市盈率低于理论的市盈率，所以，该股票价格被低估了。具体过程如下：

实际的市盈率 $\frac{P}{E}=\frac{65}{8}=8.1$

理论的市盈率 $\frac{P}{E}=\frac{1}{r}=\frac{1}{0.1}=10$

③不定增长的市盈率模型。

与不定增长的股息贴现模型一样，不定增长的市盈率模型假定在某一时点 T 之后股息增长率和派息比率分别为常数 g 和 b，但是在此之前股息是不变的，因此 $b=1$。

$$P=\sum_{t=1}^{T}\frac{D_0}{(1+r)^t}+\frac{D_0(1+g)}{(r-g)(1+r)^T} \qquad (2-4-54)$$

其中，等式右边的第一项是 T 时点之前的现金流贴现价值，第二项是 T 时点之后的现金流贴现价值。根据股息、派息比率和每股收益三者之间的关系 $D=E\times b$，得出：

$$\frac{P}{E}=\frac{\sum_{t=1}^{T}\frac{D_0}{(1+r)^t}+\frac{D_0(1+g)}{(r-g)(1+r)^T}}{E}=\sum_{t=1}^{T}\frac{b}{(1+r)^t}+\frac{b(1+g)}{(r-g)(1+r)^T} \tag{2-4-55}$$

根据上式可以算出不定增长的股票的理论市盈率。

真题回顾

（复旦大学 2016）以下关于市盈率的表达，错误的是（　）。

A. 股利分配越高，市盈率越高　　B. 公司成长价值越高，市盈率越高

C. 名义利率越高，市盈率越高　　D. 到期收益率、要求报酬率越高，市盈率越高

参考答案：D。市盈率 $=\frac{P}{E}=\frac{DIV_1/r-g}{NI/N}$，则 A 选项，股利分配越高，$P$ 越高，市盈率越高。B 选项，成长型公司一般具有较高的市盈率。要求回报率越高，股票价格 P 越低，则市盈率越低，故 D 选项错误。

3. 股票投资收益与计算

(1)股利收益率

股利收益率又称获利率，是指股份公司以现金形式派发的股息与股票买入价的比率。

$$股利收益率=\frac{D}{P_0}\times100\% \tag{2-4-56}$$

式中，D 为现金股息，P_0 为股票买入价。

【例 2-4-20】 某投资者以 10 元一股的价格买入 X 公司的股票，持有 1 年，分得现金股息 1 元，则：

$$股利收益率=\frac{1}{10}\times100\%=10\%$$

(2)持有期收益率

持有期收益率是指投资者持有股票期间的股息收入与资本利得之和占股票买入价格的比率。由于持有期收益率没有考虑时间的长短，因此在与其他投资收益率作比较时，应该将其年利率化。

$$持有期收益率=\frac{D+(P_1-P_0)}{P_0}\times100\% \tag{2-4-57}$$

其中，D 为现金股息，P_0 为股票买入价，P_1 为股票卖出价。

【例 2-4-21】 某投资者以 10 元一股的价格买入 X 公司的股票，持有 1 年，分得现金股息 1 元，并在分得现金股息 3 个月后将股票以 11 元的价格出售，则：

$$持有期收益率=\frac{1+(11-10)}{10}\times100\%=20\%$$

(3)投资组合收益率

当投资者购买多种资产构成投资组合时，就应该计算投资组合的收益率。投资组合收益率就是各种资产收益的加权平均收益率。

$$R_P = \sum_{i=1}^{n} r_i w_i \qquad (2-4-58)$$

其中，R_P 为股票投资组合的收益率，r_i 为各种股票的收益率，w_i 为各种股票价值占投资组合总价值的比重，n 为股票投资组合中股票的种类。

【例 2－4－22】 某投资者持有 A、B、C、D 4 种股票，组成一个投资组合，这 4 种股票价值占投资组合总价值的比率分别为 10%、20%、30%、40%，它们的收益率分别为 8%、9%、10%、11%，则投资组合收益率为：

$R_P = 0.1\times 8\% + 0.2\times 9\% + 0.3\times 10\% + 0.4\times 11\% = 10\%$

复习提示及知识补充十九

投资组合收益率计算公式中的 r_i 不同于股票定价模型中的 r：股票定价模型中的 r 是事前的预期收益率，而投资组合收益率中的 r_i 是事后的；股票定价模型中的 r 一定是对应风险水平而预期的收益率，而投资组合收益率中的 r_i 则不一定是与风险水平相对应，而更可能受市场偏好与供求影响。

真题回顾

【1】(上海财经大学 2013)假如你是财务分析师，对上市公司 A 进行分析，在承接项目 X 前，公司每年股利增长率不超过 10%，若承接项目 X 后，公司前 3 年股利增长率提高到 20%，之后保持 6%，β 值从 1 变为 1.2。已知无风险利率为 4%，股票市场平均收益率为 8%。目前公司股价为 8.98 元，下一年的股利为 0.18 元。

(1)求公司的风险调整收益率；

(2)目前公司股票的内在价值；

(3)你该买入还是卖出该股？

参考答案：

(1)公司的风险调整收益率为：

$R_s = R_0 + \beta(R_M - R_0) = 4\% + 1.2(8\% - 4\%) = 8.8\%$

(2)对于这样的题目，我们一般要画出现金流分析图(见图 2－4－6)，对股票的现金流进行分析。

图 2－4－6 现金流分析图

股票价值为：

$$P=\frac{0.18}{1+8.8\%}+\frac{0.18\times(1+2\%)}{(1+8.8\%)^2}+\frac{0.18\times(1+2\%)^2}{(1+8.8\%)^3}+\frac{0.18\times(1+2\%)^2\times(1+6\%)}{8.8\%-6\%}\times(P/F,r,3)$$

$$=0.1654+0.1551+0.1454+5.505=5.97(\text{元})$$

(3)根据题意可知，该公司股票的理论价格为5.97元，小于市场价格8.98元，股票被高估，应该卖出。

【2】(东北财经大学2011)

(1)某证券投资者在2010年初预测甲公司股票每年年末的股息均为0.5元，假定折现率为5%，则该年初股票投资价值是多少？

(2)某公司股票的当期股息为0.6元，折现率为5%，预计以后股息每年增长率为2%，根据成长评估模型计算该公司股票目前的投资价值。

参考答案：

(1)根据股息贴现模型，该股票年初的价格为：

$$P=\frac{D}{r}=\frac{0.5}{0.05}=10(\text{元})$$

(2)根据增长股息贴现模型，该股票年初的价格为：

$$P=\frac{D}{r-g}=0.6\times\frac{1+0.02}{0.05-0.02}=20.4(\text{元})$$

【3】(南京大学2012)已知贝塔系数为0的资产组合收益率为8%，市场组合收益率为15%，某股票的贝塔系数为1.2，派息比率为40%，最近每股盈利10美元。每年付一次的股息刚刚支付，预期该股票的股东权益收益率为20%，求该股票的内在价值。

参考答案：

根据CAPM，

$$r_e=r_f+\beta(r_m-r_f)=0.08+1.2\times(0.15-0.08)=0.164$$

因此，该股票的内在价值根据股息贴现模型可知：

$$P=10\times0.4/0.164=24.39(\text{元})$$

(二)股票价格的除息和除权

股份公司每年的税后盈利要按一定的方式对股东进行分配，主要的分配方式有全部发放现金股息、全部派发股票股息或现金股息与股票股息搭配发放等。另外，公司为增资也会给老股东优先认股权，此时公司需要办理除息和除权手续。以上这几种情况，都会使股票市场价格发生变动，除息和除权就是对股票价格的一种修正。

1. 除息

除息(ex-dividend)是指除去交易中股票领取股息的权利。当股份公司决定对股东发放现金股息时就要对股票进行除息处理。

(1)宣布日(Announcement Date)

在经过股东大会审议通过后，董事会宣布在将来某个具体日期发放股息，同时向股东们宣布股权登记日。

(2)股权登记日

确认和登记交易中股票附有领取本次股息权利的日期。

(3)除息日(Ex-dividend Date)

又叫除息基准日,是除去交易中股票领取股息权利的日期。因为股票从成交到清算交割过户需要数天时间,为了使公司有一定的时间办理过户手续和改变股东名册,也为了使投资者有充分的时间过户,需要在股权登记日以前进行除息处理,这一特殊的日子就是除息日。

(4)派息日(Payment Date)

股东领取股息的时间,一般有一个时限范围。

(5)除息基准价

为了保证股票交易的连续性和股票价格的公正性,必须对除息日的股票交易价格进行技术处理,把这一天的股票价格除去本次派发的现金股息,作为开盘指导价,也称除息基准价。除息基准价以公式表示为:

除息基准价=除息日前一天收价-现金股息

除息基准价仅是具有理论意义的参考价,除息日的开盘价可能高于或低于除息基准价,这要取决于投资者的预期和市场供求关系。

【例 2-4-23】 某股份公司于某年 2 月 28 日召开股东大会,审议通过了公司上年度财务报告和盈利分配方案,并宣布 3 月 31 日发放每股 0.50 元的现金股息,同时规定 3 月 15 日为股权登记日,3 月 16 日为除息日,即在 3 月 16 日以前买入股票的股东可以得到这次现金股息,在 3 月 16 日及以后买入股票则得不到本次股息。如果 3 月 15 日该股票的收盘价为每股 12 元,则除息基准价应为 11.50 元。

(6)填息或贴息

由于对除息日当天的股票价格作了技术处理,除息日前一天的股票收盘价与除息日的开盘价之间会出现一个价格缺口,股票含息越大,即本次发放的现金股息数额越大,价格缺口也越大。除息以后,股价可能向两个方向变动,若股价上涨并很快将除息后的缺口填满甚至超越,称填息;若股价不涨或上涨幅度有限,未能将缺口填满就转而下跌,称为贴息。

复习提示及知识补充二十

如果认为自己已经理解了上述内容,请完成下面的小问题,作为检测:

(1)对于股民来说,更切身相关的是股权登记日还是除息日?

——除息日。

(2)除息日当天的开盘价一般高于还是低于前一天的收盘价?

——低于。

(3)如果除息日当天的开盘价等于前一天的收盘价,这属于填息还是贴息?

——填息。

2. 除权

除权是指除去交易中股票配送股的权利。当股份公司发放股票股息、公积金转增股份及对原有股东按一定比例配股时要对股票进行除权处理。

(1)宣布日

董事会提出送股或配股方案,经股东大会审议通过后,向社会公告的日子。

(2)股权发放日或配股日

股权发放日或配股日是指股东认购所配股份的时间期限。我国配股日自股权登记日的下一天起,认购期为十个工作日。

(3)股权登记日

确认和登记交易中股票附有本次送股或配股权利的日期。与除息类似,股权登记日是为了确定送股或配股的对象。一般规定只有在股权登记日记录在公司股东名册上的股东才能领取公司本次派发的股息,股权登记日以后登记在册的股东则无权领取本次股息。

(4)除权日

除权日又叫除权基准日,是除去交易中股票取得本次送配股权利的日子,除权日以前的股票称为含权股,除权日以后的股票称为除权股。

(5)除权基准价

除权基准价是以除权前一日该股票的收盘价除去当年所含的股权。除权基准价同样是一种开盘指导价,除权日的开盘价可能等于,也可能高于或低于除权基准价,其具体价格取决于投资者的预期和供求关系。

除权报价的计算不像除息报价那样简单,它因股份公司送配新股权的方式不同而不同。股东取得新股权的方式有以下几种:一是无偿方式,即送红股或公积金转增;二是有偿方式,即增资配股;三是有偿与无偿搭配方式,即公司既送红股或转增,又进行现金增资配股;四是连权带息方式,有现金股息加送股、现金股息加配股、现金股息加送配股。

①无偿送股方式的除权基准价。

$$除权基准价=\frac{除权日前一天收盘价}{1+无偿送股率} \qquad (2-4-59)$$

【例 2－4－24】 某股份公司向现有股东按每 10 股配 4 股的比例向全体股东派发红股,2 月 24 日为除权日,除权日前一个营业日即 23 日的收盘价为 12 元,则:

$$除权基准价=\frac{12}{1+0.4}=8.57(元)$$

②有偿增资配股方式的除权基准价。

$$除权基准价=\frac{除权日前一天收盘价+新股每股配股价\times新股配股率}{1+新股配股率} \qquad (2-4-60)$$

【例 2－4－25】 某公司向现有股东按每 10 股配 4 股的比例进行配股,配股价为每股 4.50 元。2 月 24 日为除权日,2 月 23 日该股票收盘价为 12 元,则:

$$除权基准价=\frac{12.00+4.50\times0.4}{1+0.4}=9.86(元)$$

③无偿送股和有偿配股搭配方式的除权基准价。

$$除权基准价=\frac{除权日前一天收盘价+新股每股配股价\times新股配股率}{1+新股配股率+无偿送股率} \qquad (2-4-61)$$

【例 2－4－26】 某公司的分配方案为按每 10 股送 2 股和每 10 股配 2 股的比例向全体

股东送配股，配股价为每股4.5元。2月24日为除权日，23日该股票收盘价为12元，则：

$$除权基准价=\frac{12.00+4.50\times0.2}{1+0.2+0.2}=9.21(元)$$

④连息带权搭配方式的除权基准价。

$$除权基准价=\frac{除权日前一天收盘价-现金股息+新股每股配股价\times新股配股率}{1+新股配股率+无偿送股率} \tag{2-4-62}$$

【例2-4-27】 某公司的分配方案为按每10股送现金股息10元、送红股2股的比例向全体股东派发股息和红股，向公司现有股东按10股配2股的比例进行配股，配股价为每股4.50元。3月24日为除权日，3月23日该股票收盘价为12元，则：

$$除权基准价=\frac{12.00-1.00+4.50\times0.2}{1+0.2+0.2}=8.50(元)$$

(6)填权或贴权

除权基准价与除权日前一天的收盘价之间会出现一个缺口，除权后股价能很快填补该缺口，称为填权；反之，称为贴权。

(7)权值的计算

股票除权日前一天的收盘价与除权基准价之间有一个差额，这一差额称为权值。在股票进行除权时，如果除权前一日的收盘价相同，当年送配股的总股数也相同，只是因有偿与无偿的除权方式不一样，除权基准价就不一样，并且权值大小也不一样。以无偿方式送股时，权值最大；以有偿方式增资配股时权值最小；无偿送股与有偿配股搭配时，权值居中。除权后如果能完全填权，权值越大，投资者获利越多；权值越小，投资者获利越少。权值的计算公式为：

$$权值=除权日前一天收盘价-除权基准价$$

在上面的几个例子中：

无偿送股时，权值＝12－8.57＝3.43(元)；

有偿配股时，权值＝12－9.86＝2.14(元)；

有偿与无偿搭配时，权值＝12－9.21＝2.79(元)。

在上面的几个例子中，某投资者以除权前一日收盘价12元买入上述该公司股票10 000股，该股票可能以以上三种方案进行分配，但都可得到4 000股新股，预计送配股后都能顺利填权。投资者计划在填权后将原来持有的10 000股和取得的新股全部以原来买入的价格卖出，虽然原有的股票未能获利，但取得的新股却能带来收益。在不考虑手续费和税金的情况下，因公司分配方案不同，该投资者的获利水平也有所不同。填权后投资者获利为：

无偿取得时，盈利＝12×4 000＝48 000(元)

有偿配股时，盈利＝(12－4.50)×4 000＝30 000(元)

有偿与无偿搭配时，盈利＝12×2 000＋(12－4.50)×2 000＝39 000(元)

显然，在其他条件相同的情况下，第一种情况权值最大，投资者获利最多；第二种情况权值最小，投资者获利最少；第三种情况权值居中，投资者获利也居于第一、二种情况之间，这就是权值的杠杆作用。

四、衍生品估值

(一)期权估值

1. 影响因素

(1)股票价格和执行价格

由于看涨期权在执行时，其收益等于标的资产(此处是股票)的市场价格与执行价格之差。因此，标的资产的价格越高、执行价格越低，看涨期权的价格就越高。

对于看跌期权而言，由于执行时其收益等于执行价格与标的资产市场价格的差额，因此，标的资产的价格越低、执行价格越高，看跌期权的价格就越高。

(2)基础股票的波动

简单地说，标的资产(此处是股票)价格的波动率是用来衡量标的资产未来价格变动不确定性的指标，一般用百分比表示。由于期权多头的最大亏损额仅限于期权价格，而最大盈利额则取决于执行期权时标的资产的市场价格与执行价格的差额，因此，波动率越大，对期权多头越有利，期权价格也应越高。

常用的波动率有两种：历史波动率(Historical Volatility)及隐含波动率(Implied Volatility)。历史波动率是以标的资产(如期货合约)的历史价格数据为基础计算的收益率年度化的标准差，是对历史价格波动情况的反映。然而，由于股价波动难以预测，利用历史波动率进行预测一般都不能保证准确。隐含波动率则是指市场上交易中的期权价格蕴含的波动率。它是将期权市场上某一期权合约的期权费及其他几个参数输入期权定价模型，倒向计算而来的，反映的是市场对价格波动率的看法。

(3)无风险利率

我们可以从两个角度来考察无风险利率对期权价格的影响。

①从比较静态的角度考察，即比较不同利率水平下的两种均衡状态。如果某种状态的无风险利率较高，则标的资产的预期收益率也应较高，这意味着对应于标的资产现在特定的市场价格 S_0，未来预期价格 $E(S_T)$ 较高。同时，由于贴现率较高，未来同样预期盈利的现值就较低。这两种效应都将减少看跌期权的价值。但对于看涨期权来说，前者将使期权价格上升，而后者将使期权价格下降。由于前者的效应大于后者，因此，对应于较高的无风险利率，看涨期权的价格也较高。

②从动态的角度考察，即考察一个均衡被打破到建立另一个均衡的过程。在标的资产价格与利率呈负相关时(如股票、债券等)，当无风险利率提高时，原有的均衡被打破，为了使标的资产预期收益率提高，均衡过程通常是通过同时降低标的资产的期初价格和预期未来价格，只是前者的降幅更大来实现的，同时贴现率也随之上升。对于看涨期权来说，两种效应都将使期权价格下降，而对于看跌期权来说，前者效应为正，后者为负，由于前者的效应通常大于后者，因此，净效应是看跌期权价格上升。

大家应注意到，从两个角度得到的结论刚好相反。因此，我们在具体运用时要注意区别分析的角度。

(4)期权的有效期

对于美式期权而言，由于它可以在有效期内任何时间执行，有效期越长，多头获利机会就越大,而且有效期长的期权包含有效期短的期权的所有执行机会,因此,有效期越长,期权价格越高。

对于欧式期权而言,由于它只能在期末执行,有效期长的期权不一定包含有效期短的期权的所有执行机会。这就使欧式期权的有效期与期权价格之间的关系显得较为复杂。

但在一般情况下(即剔除标的资产支付大量收益这一特殊情况),由于有效期越长,标的资产的风险就越大,空头亏损的风险也越大,因此,即使是欧式期权,有效期越长,其期权价格也越高,即期权的边际时间价值(Marginal Time Value)为正值。我们应注意到,随着时间的延长,期权时间价值的增幅是递减的。换句话说,对于到期日确定的期权来说,在其他条件不变时,随着时间的流逝,其时间价值的减少是递增的。这意味着,当时间流逝同样长度,期限长的期权的时间价值的减少幅度将小于期限短的期权的时间价值的减少幅度。

我们还注意到,如上已经一再展示的,期权的时间价值取决于标的资产和期权执行价格之间差额的绝对值。当差额为0时,期权的时间价值最大。当差额的绝对值增大时,期权的时间价值是递减的。

在表2—4—7中,我们将各种因素对期权价值的影响作了汇总。

表2—4—7　　影响期权价值的因素及其作用方向

影响因素	作用方向	
	看涨期权	看跌期权
资产的市场价格	↑	↓
执行价格	↓	↑
资产价格的波动率	↑	↑
无风险利率	↑	↓
有效期	↑	↑

由以上分析可知,决定和影响期权价格的因素很多,而且各因素对期权价格的影响也很复杂。特别是某些因素在不同时间和不同条件下,对期权价格的影响也各不相同。另外,从以上分析中可以看到,各因素对期权价格的影响,既有影响方向的不同,又有影响程度的不同。于是,在同时影响期权价格的各因素间,既有互补关系的,又有抵消关系的。可见,期权价格的决定是异常复杂的。

2. 看涨期权价格与股票风险

简单地说,标的资产(此处是股票)价格的波动率是用来衡量标的资产未来价格变动不确定性的指标,一般用百分比表示。由于期权多头的最大亏损额仅限于期权价格,而最大盈利额则取决于执行期权时标的资产的市场价格与执行价格的差额,因此,波动率越大,对期权多头越有利,期权价格也应越高。

3. 看涨期权的保险策略

(1)买进看涨期权

当投资者预计某种标的资产的市场价格将上升时,他可以买进该标的资产的看涨期权。日后若市场价格真的上升时,且价格上涨至期权合约的协定价格以上,则该投资者可以执行期权从而获利，获利的多少将视市场价格上涨的幅度而定。从理论上说，因市场价格上涨的幅度无限，故期权购买者的获利程度也将无限；反之，如市场价格不是上升，而是下跌，且跌至协定价格以下，也就是说，当投资者预期错误，他可以放弃期权。此时，投资者将受到一定的损失，但这种损失是有限的，且是已知的。这就是说，当期权购买者放弃执行期权时，他的最大损失就是购买期权时所支付的期权费。

(2)卖出看涨期权

在期权交易中，既然有人买进，就一定有人卖出。买进者和卖出者都希望从交易中获利。就看涨期权来说，买进者之所以买进，是因为他预期标的资产的价格将上涨，从而希望通过履约来获利。而卖出者之所以卖出，是因为他预期市场价格将下跌，他卖出的标的资产可以收取期权费，而在标的资产的市场价格下跌至协定价格或以下时，看涨期权的购买者将自动放弃执行期权。同时，若标的资产的市场价格高于协定价格，期权购买者将要求履约，但只要标的资产的市场价格低于协定价格和期权费用之和时，只是利润少于他所收取的期权费而已。

对看涨期权的出售者而言，其最大的利润是他出售期权所得到的期权费，而其最大的损失则根据标的资产的市场价格而定。从理论上讲，这种损失将是无限的。然而在卖出看涨期权时，投资者获利的可能性将大于他遭受损失的可能性。在一般情况下，看涨期权的出售者大幅度遭受损失的概率非常小，而获得小幅度利润的概率非常大。所以，在现实中，投资者未必在大幅度看跌时才出售看涨期权，而只要在预期的市场价格不会大幅度上升时，他即可卖出看涨期权，并有较大的获利可能。同时，万一对价格的预期真的有较大的误差，投资者也可以按较高的价格“买回”同样的看涨期权，以避免或限制进一步的损失。

4. 期权定价模型

自从期权交易产生以来，人们一直致力于对期权定价问题的探讨。1973 年，美国芝加哥大学教授 Fisher Black 和 Myron Scholes 提出第一个期权定价模型，在金融衍生工具的定价上取得重大突破，在学术界和实务界引起强烈反响。1979 年，J. Cox、S. Ross 和 M. Rubinstein 又提出二项式模型，以一种更为浅显易懂的方式导出期权定价模型，并使之更具有可操作性。

二项式期权定价模型(Binomial Option Pricing Model，BOPM)，是对期权进行估价相对简单且行之有效的方法，它是通过统计中的二项分布(假定只有两种可能结果)而推算出来的。BOPM 建立的基础假设主要有：

①市场为无摩擦的完美市场，即市场投资没有交易成本。这意味着不支付税负，没有买卖价差、没有经纪商佣金、信息对称等；

②投资者是价格的接受者，投资者的交易行为不能显著地影响价格；

③允许以无风险利率借入和贷出资金；

④允许完全使用卖空所得款项；

⑤未来股票的价格将是两种可能值中的一种。

下面，我们可以对看涨期权的简单二项式期权定价模型用两种方法进行分析：

(1)无套利定价法给期权定价

无套利定价法运用到期权定价中，其主要思路是：在一个不存在套利机会的有效市场上,投资者可以建立起一个包含衍生品(比如期权)头寸和基础资产(比如股票)头寸的无风险的资产组合。若数量适当,基础资产多头盈利(或亏损)就会与衍生品的空头亏损(或盈利)相抵,因此,在短期内该组合是无风险的(理论上只对瞬间的时刻保持无风险,否则,需要在这个资产组合中持续地调整基础证券与衍生证券的投资比例)。根据无套利原则,无风险组合的收益率必须等于无风险利率。所以这个原理实际上表示衍生证券的期望收益率、基础证券的期望收益率和无风险利率之间的一个均衡条件。期权定价的二叉树模型就是成功地运用了这一原理。下面我们举个简单的例子加以说明。

假设一种不支付红利股票目前的市价为10元,我们知道在3个月后,该股票价格要么是11元,要么是9元。假设现在的无风险年利率等于10%,现在要找出一份3个月期协议价格为10.5元的该股票欧式看涨期权的价值。

由于欧式期权不会提前执行,其价值取决于3个月后股票的市价。若3个月后该股票价格等于11元,则该期权价值为0.5元;若3个月后该股票价格等于9元,则该期权价值为0。

为了找出该期权的价值,可构建一个由一单位看涨期权空头和Δ单位的标的股票多头组成的组合。若3个月后该股票价格等于11元,则该组合价值等于(11Δ−0.5)元;若3个月后该股票价格等于9元,则该组合价值等于9Δ元。为了使该组合价值处于无风险状态,我们应选择适当的Δ值,使3个月后该组合的价值不变,这意味着:

$$11\Delta-0.5=9\Delta$$

$$\Delta=0.25$$

因此,一个无风险组合应包括一份看涨期权空头和0.25股标的股票。无论3个月后股票价格等于11元还是9元,该组合价值都将等于2.25元。

在没有套利机会的情况下,无风险组合只能获得无风险利率,则该组合的现值应为:

$$2.25e^{-0.1\times0.25}=2.19$$

由于该组合中有一单位看涨期权空头和0.25单位股票多头,而目前股票市场价为10元,因此:

$$10\times0.25-f=2.19$$

$$f=0.31(\text{元})$$

这就是说,该看涨期权的价值应为0.31元,否则就会存在无风险套利机会。

(2)风险中性定价法

在对衍生证券定价时,我们可以假定所有投资者都是风险中性的。在所有投资者都是风险中性的条件下,所有证券的预期收益率都可以等于无风险利率r,这是因为风险中性的投资者并不需要额外的收益来吸引他们承担风险。同样,在风险中性条件下,所有现金流量都可以通过无风险利率进行贴现求得现值。这就是风险中性定价原理。

应该注意的是,风险中性假定仅仅是为了定价方便而作出的人为假定,但通过这种假定所获得的结论不仅适用于投资者风险中性情况,也适用于投资者厌恶风险的所有情况。

为了更好地理解风险中性定价原理,我们可以举一个简单的例子来说明。

假设一种不支付红利股票目前的市价为10元,我们知道在3个月后,该股票价格要么是11元,要么是9元。假设现在的无风险年利率等于10%,现在要找出一份3个月期协议价格为 10.5 元的该股票欧式看涨期权的价值。

由于欧式期权不会提前执行，其价值取决于 3 个月后股票的市价。若 3 个月后该股票价格等于 11 元，则该期权价值为 0.5 元；若 3 个月后该股票价格等于 9 元，则该期权价值为 0。

为了找出该期权的价值，我们假定所有投资者都是风险中性的。在风险中性条件中，我们假定该股票上升的概率为 P，下跌的概率为 $1-P$。这种概率被称为风险中性概率，它与现实中的真实概率是不同的。实际上，风险中性概率已经由股票价格的变动情况和利率所决定：

$$e^{-0.1\times 0.25}[11P+9(1-P)]=10$$

$$P=0.626\,6$$

这样，根据风险中性定价原理，我们就可以求出该期权的价值：

$$f=e^{-0.1\times 0.25}(0.5\times 0.626\,6+0\times 0.373\,4)=0.31(\text{元})$$

当价格变动不止一期，而是多期时，计算亦变得相对复杂，这里考虑一个极端情况，即价格是连续变化时，则有了 Black-Scholes 期权定价模型。

布莱克一斯科尔斯期权定价模型于 1973 年首次在《政治经济杂志》(*Journal of Political Economy*)发表。与此同时，默顿(Merton)也发现了同样的公式及许多其他有关期权的有用结论，并将论文几乎同时在不同刊物上发表。所以，期权定价模型亦可称为布莱克—斯克尔斯—默顿定价模型。在此，我们重点介绍布莱克一斯科尔斯期权定价模型。布莱克一斯科尔斯期权定价模型有 5 个重要的假设：

①金融资产收益率服从对数正态分布；

②在期权有效期内，无风险利率和金融资产收益率变量是恒定的；

③市场无摩擦，即不存在税收和交易成本；

④金融资产在期权有效期内无红利及其他所得(该假设后被放弃)；

⑤该期权是欧式期权，即在期权到期前不可执行。

布莱克—斯科尔斯公式是基于期权可以完全消除股票投资组合的市场风险的原理而导出的。布莱克和斯科尔斯假设：在没有佣金费用的条件下，为了达到利用期权的收益(或损失)冲抵股票损失(或收益)的目的，就必须经常地对套期保值头寸的期权与股票的比率进行调整。由于这一头寸理论上是没有风险的，我们可以期望套期保值获得无风险利率的收益，这一点与推导资本资产定价模型(CAPM)时的假设有些类似。如果无风险套期保值应获得无风险利率的收益，我们就可推知：套期保值的回报率等于短期的无风险利率时，期权的期权费就是期权的公允价值。如果期权的价格高于或低于其公允价值，无风险的套期保值头寸就将获得不同于无风险利率的回报。因为这与均衡概念不相符，我们可以期望期权的价格将会经过调整而逐渐趋向公允价值。

利用这一概念，布莱克和斯科尔斯推导出一个欧式看涨期权的定价公式，即：

$$c=SN(d_1)-Xe^{-r(T-T)}N(d_2)$$

其中，

$$d_1=\frac{\ln(S/X)+(r+\sigma^2/2)(T-t)}{\sigma\sqrt{T-t}}$$

$$d_2=\frac{\ln(S/X)+(r-\sigma^2/2)(T-t)}{\sigma\sqrt{T-t}}=d_1-\sigma\sqrt{T-t}$$

$N(d_1)$、$N(d_2)$为正态分布的累积函数，可通过查累积正态分布表求出。其中，$N(d_1)$称为虚拟概率(Pseudo-Probability)，它表示的是根据期权溢价的程度调整之后到期时期权溢价的概率；$N(d_2)$是到期时期权溢价的实际概率。S 为现在股票的价格；X 为执行价格；r 表示连续复利的年度无风险利率；σ 为连续复利以年计算的股票收益率的标准差；T 为期权到期日，则 $T-t$ 为距离到期日的时间。

这样，期权的价值就可以表示为购买股票的预期收益和到期时支付的执行价格的现值两者之差。由此可见，对于一份看涨期权而言，只有在执行时得到的股票价值高于所支付的执行价格，这份期权才是有价值的。

从期权定价公式可以看出，看涨期权的价值主要取决于 5 个变量：股票价格、期权的执行价格、期权的到期时间、无风险利率和股票的价格波动率。当上述一个变量改变，而其他变量不变时，看涨期权的价值呈现如下特征：

①标的股票的价格越高，看涨期权的价值也就越大；

②期权执行价格越高，看涨期权的价值越小；

③期权的到期时间越长，看涨期权的价值越大；

④无风险利率越高，看涨期权的价值越大；

⑤标的股票的价格波动率越大，看涨期权的价值越大。

5. 看跌期权估价

布莱克一斯科尔斯期权定价模型是看涨期权的定价公式，根据看涨期权与看跌期权的平价关系理论(Put-Call Parity)可以推导出看跌期权的定价公式。该理论是汉斯·斯托(Hans Stoll)提出的。其核心思想是看跌期权的价格、看涨期权的价格、标的资产的价值以及无风险利率形成一个相互关联的证券复合物。如果知道了其中 3 种资产的价值，就能得到第四种资产的价值。理解期权平价理论对于掌握 BS 模型的含义大有裨益。

以表 2—4—8 所示的看涨期权与看跌期权的平价套利组合为例。当存在一个无风险的套利机会时，套利活动就出现了。如果不论未来股价如何，某项投资的头寸总是为零，那么该投资的初始成本也应为零。表 2—4—8 中的情形为欧式期权和不分红的股票，投资者可以买入股票和一份看跌期权，同时卖空一份看涨期权，以便构造一个投资组合，从而使其头寸为零。并且无论未来股价如何变化，在期权到期时，该投资组合的头寸总是为零。

表 2—4—8　　看涨期权与看跌期权的平价关系套利表

行为	现金流	期权到期时的股价	
		$S_T<X$ 时的价值	$S_T>X$ 时的价值
卖空看涨期权	$+C$	0	$X-S_T$
+买进股票	$-S_0$	S_T	S_T
+买进看跌期权	$-P$	$X-S_T$	-0
+借入资金	$X/(1+r)^T$	$-X$	$-X$

续表

行为	现金流	期权到期时的股价	
		$S_T<X$ 时的价值	$S_T>X$ 时的价值
=总计	$X-P-S_0+[X/(1+r)^T]$	0	0

注:C 为看涨期权费,P 为看跌期权费,S_0 为当前的股价,S_T 为期权到期时的股价,X 为执行价格,r 为无风险利率,T 为距离期权到期的时间。

假设某投资者借钱进行投资,买入股票和一份看跌期权,同时卖出一份看涨期权,而且两份期权都是实值期权。投资者将会持有该头寸直到到期。这样就会造成一个理论上完美的套期保值,而且银行也愿意以无风险利率进行贷款(理论上)。套利的利润应该等于0,所以有:

$$C-P-\frac{Sr}{(1+r)}=0$$

前面已经给出了所有变量的定义。另外,S 表示股票的价值,Sr 表示需支付的利息。

看涨期权/看跌期权平价理论的逻辑推理如下:组合有一笔现金流入(从卖出看涨期权获得)和两笔现金流出(支付看跌期权的价格和支付银行贷款利息)。贷款的资金流入可以忽略不计,因为该笔资金一收到就用于投资了。银行贷款的利息是在未来支付,所以需要将其折算为现值。这也是 Sr 要除以 $1+r$ 的原因。

我们也可以将等式写为:

$$C-P-\frac{Sr}{(1+r)}$$

等式两边同时除以股票的价值 S,就得到:

$$\frac{C}{S}-\frac{P}{S}=\frac{r}{(1+r)}\approx r$$

$r/(1+r)$的值与 r 的值十分接近。这就表示,看涨期权和看跌期权的相对价格因无风险利率的变化而不同。对于平价期权而言,看涨期权的价格要高于看跌期权的价格,而且这种差异会随着股价的上升而加大。

假设像前面一样,卖出一份看涨期权,卖出一份看跌期权(与看涨期权的执行价格一样),并买进股票——但是与以往不同,不是借入与当前股票价值相等的资金,而是借入与到期时所需支付的执行价格的现值相等的资金。如果是平价期权,则股票价格与期权执行价格相等。由于执行价格的支付发生在未来,而且今天的价值与未来的价值是不等的,所以必须对其进行贴现。

期权平价理论表明,当期权是平价且股票不分红时,看涨期权的相对价格比看跌期权的相对价格要高出的幅度大约与无风险利率相当。

不论到期时股票价格是高于还是低于执行价格,组合头寸的净值都为0。这样就得到了看涨期权/看跌期权平价关系(仅对欧式期权严格成立)。看涨期权/看跌期权平价模型可表示为:

$$C-P=S-\frac{X}{(1+r)^T}$$

真题回顾

(复旦大学 2016)某股票当前市价为 10 元,3 个月后该股票价格不是 12 元就是 9 元,一份以该股票为标的的执行价格为 10 元,为期 3 个月的欧式看涨期权价值为 0.8 元,计算:

(1)该股票风险中性的概率。

(2)以该股票为标的,执行价格为 11 元,为期 3 个月的欧式看跌期权的价值。

(3)以该股票为标的远期协议的理论远期价格。

参考答案:

(1)二叉树图为:

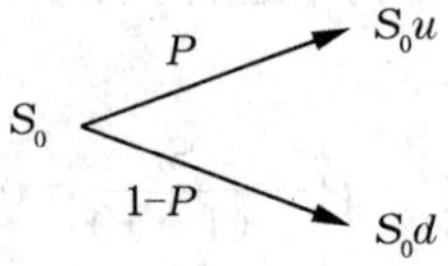

上涨收益率$=\frac{12-10}{12}=20\%$,下跌收益率$=\frac{9-10}{10}=-10\%$

则 $20\%P_0+(-10\%)(1-P_0)=r\times\frac{3}{12}$,

其中,P_0 表示上涨概率,r 为无风险利率。

又因为看涨期权价值为 0.8 元,则 $C=(2P+0)e^{-r\times\frac{3}{12}}=0.8$

⇒股票风险中性概率 $P=0.41$

无风险利率 $r=9.1\%$

(2)$P=[0+2\times(1-P_0)]e^{-r\times\frac{3}{12}}=1.15$(元)

因此,欧式看跌期权价值为 1.15 元。

(3)$F=S_0e^{rt}=10\times e^{9.1\%\times\frac{3}{12}}=10.23$(元)

则以该股票为标的远期协议的理论远期价格为 10.23 元。

6. 期权套期保值

期权交易不论采用哪一种具体方式,都存在买方和卖方。对于期权的买方而言,其特点是收益不确定、损失确定,即期权的购买者最大的损失不超过期权费。对于期权的卖方而言,收益确定,损失不确定,其最大收益为期权费。期权交易主要有投机功能和保值功能。需要说明的是:套期保值目标可分为双向套期保值和单向套期保值。前者可使用远期、期货、互换等衍生证券,后者可使用期权来实现。选择哪种套期保值目标取决于避险主体的风险厌恶程度和对未来价格走向的预期。

(1)卖方套期保值

假设某企业为石油生产及出口商,2001 年 9 月初已签订 1 亿桶石油的出口合同,其中规定,合同将在 12 月中旬按当时市价执行。背景:2001 年 9 月 20 日前后,国际期货市场的石油价格创下 10 年来的新高。2001 年 9 月 20 日,该企业预测 12 月中旬石油价格下跌的可能性大于上涨的可能性，为防止价格下跌造成收入减少的损失，该企业决定做套期保值。买进看跌期权，做期权熊市保值。

如该企业 9 月担心石油价格会下跌，但资金不够充裕，则该企业可采用期权交易方式，即买进 12 月到期、敲定价为 35 美元/桶的看跌期权 10 万张，以应付价格的不利变化。假设 9 月 20 日，12 月到期、敲定价为 35 美元/桶的看跌期权期权费为 P_1（美元/张，1 张＝1 000 桶），该企业在支付 10 万个 P_1 的期权费后，买进 10 万张执行价为 35 美元/桶、12 个月到期的看跌期权，从而获得在 35 美元/桶的价格水平上卖出 10 万张期货合约的权利。不过，在实际操作中，有经验的投资者不一定买进实值期权，而是选择期权费合适的虚值期权买进，这样做，花费的期权费相对少，但必须建立在有充分经验的基础上。

比如在此例中，老练的投资者一般不会买进执行价为 35 美元/桶的看跌期权，而可能选择更“便宜”的执行价为 30 美元以下的看跌期权。此时，企业的套保结果视原油期货价格的走势而定。当石油期货价格下跌到 35 美元/桶以下，且足以弥补所支付的期权费时，该期权即可令企业获利；如果价格继续下跌至 25 美元/桶，该看跌期权则处于深度盈利状态，企业在期权到期日前有两种选择：

①把期权合约平仓了结，假设此时期权费为 P_2（美元/桶），因期权处于深度盈利状态，所以其内在价值决定了 $P_2>P_1$，期权平仓后企业盈利，以此盈利弥补现货上的亏损，这种方式使企业免予大量占用资金和遭受资金利息的损失。

②要求履约，即以 35 美元/桶的价格买进 10 万张 12 月石油期约，并在买进期约后立即平仓了结。

此时，得到与运用期货卖出套期保值，防止石油价格下跌，确定卖出价格完全相同的结果，只是每桶多支付了 P_1 美元的权利金。值得吗？答案是值得的。如果价格不跌反涨，该企业则可任其手中的看跌期权到期后作废，而不去执行权利。此时，现货交易不仅不受损失，也避免了建立空头部位后价格上涨的损失，以及因保证金占用带来的利息损失、机会成本损失等，企业所支付的期权费则是其承受的最大风险。由此可见，采用期权来保值是一大良策，尤其对现货市场的卖方而言。但是期权交易对专业性有极高的要求，尤其判断期权定价是否合适难度较高。然而，不论支付了多高的期权费，企业的损失也仅限于此，而行使权利后所带来的期货部位的盈利可弥补现货交易的损失。

这里需要说明的是：

①该企业也可通过卖出看涨期权做期权熊市套保，且获得期权费。但是，作为期权的卖方要承担履约义务，万一石油期价上涨到一定程度，买方要求执行合约时，卖方必须建立空头部位。所以，一定要牢记，买方支付期权费后换来权利；卖方获取期权费后承担义务和风险。期权的卖方大多是富有经验的专业投机人士，或者其他通过建立复合期权部位(既卖出又买进期权)进行套利交易的人士。

②仅当期权到期时买方放弃执行，卖方才能最终获利。通常，只要买方宣布执行期权，市场情形都对买方有利，而对卖方不利。

③一般而言，交易者只有在预计相关期货价格仅会出现小幅度波动或保持平稳时才卖出期权。

(2)买方套期保值

买进看涨期权，做期权牛市保值。当1月份预测油价将上涨时，买方买进10万张12月到期、执行价为25美元/桶的看涨期权，并付出期权费P_1美元/桶(因1月到12月的时间跨度更长，期权的时间价值决定了其价格也更高)。此时，企业的套保结果视原油期货价格的走势而定。当石油期货价格上涨到25美元/桶以上，且足以弥补所支付的期权费时，该期权即可令企业获利；如果价格继续上涨至35美元/桶价位附近，该看涨期权则处深度盈利状态，企业在期权到期日前有两种选择：

①把期权合约平仓了结，假设此时期权费为P_2(美元/桶)，因期权处深度盈利状态，所以其内在价值决定了$P>P_1$，期权平仓后企业盈利，以此盈利弥补现货上的亏损，这种方式使企业免予大量占用资金和遭受资金利息的损失。

②要求履约，即以35美元/桶的价格卖出10万张12月原油期约，并在卖出期约后立即平仓了结。同样道理，买方在价格不涨反跌时，可以任手中的看涨期权作废而不执行，权利金P_1美元/桶为最大风险。此处，该企业也可通过卖出看跌期权做期权牛市套利。

真题回顾

(清华大学2015)假设中国的A公司出售一批货物给美国的B公司，6个月后将收到3 000万美元货款，A公司希望控制汇率风险，假定目前的即期中美汇率为1美元＝6.13元人民币，6个月期的远期汇率为1美元＝6.21元人民币。A公司可以购买6个月期美元看跌期权，其执行价格为1美元＝6.13元人民币，期权费为每美元0.1元人民币。目前，人民币6个月期的年化利率是4%，而美元6个月期的年化利率是0.5%。

(1)如果A公司决定用远期合约来套期保值，计算此次销售可确保获得的人民币收入。

(2)如果A公司想使用即期美元和人民币工具来套利保值，应该怎样做？能获得人民币的收入是多少？

(3)假设未来的即期汇率为1美元＝6.21元人民币，如果A公司决定用美元的看跌期权来套期保值，此次销售的"期望"人民币未来收入值是多少？

(4)假如你是A公司的决策人员，你会选择哪种方式来控制这笔交易的汇率风险？

参考答案：

(1)用远期合约来套期保值，即签订6个月后远期利率是1美元＝6.21元人民币的远期合约，则此次销售可确保获得的人民币收入为：3 000×6.21＝18 630(万元)。

(2)用即期美元和人民币工具来套利保值，指的是在即期以0.5%利率借入美元，兑换成人民币后以4%利率投资，6个月后将收到的3 000万美元货款来偿还贷款。

$X\times(1+0.5\%/2)=3\ 000$

$X=2\ 992.52$(万美元)

具体做法为，公司在即期以1美元＝6.13元人民币的汇率借入2 992.52万美元，利率为0.5%，兑换成18 344.14万元人民币后，投资于国内市场，取得4%的年化利率，6个月后将收到的3 000万美元货款用于偿还贷款，届时人民币存款到期：18 344.14×(1＋0.04/2)＝18 711.02(万元)。

(3)购买6个月美元看跌期权，执行价1美元＝6.13元人民币，期权费为3 000×0.1＝

300 万元人民币，因此，人民币未来收入值＝3 000×6.21－300×(1＋4%/2)＝18 630.31(万元)。

(4)综上所述，应当选取(2)中的方案来进行套期保值，这样可使利益最大化。

7. 期权投机

比较常见的有垂直套利和水平套利(月历套利)等方式，即同时买进和卖出一定数量、相同品种，或者是执行价不同，抑或是到期日不同的复合期权合约，当价格出现始料未及的逆转或剧烈波动时，期权套利交易可提供保护。原因很简单，一买一卖的期权必有一盈一亏，从而互补，这样就可有效地为已经建立的期货投机部位保值。

(1)垂直套利

按不同的执行价同时买进和卖出同一到期月份的看涨期权或看跌期权，共有四种形式，仅以牛市看涨期权套利为例，就是在某一执行价格水平上买进看涨期权的同时，在更高的执行价格水平上卖出另一个看涨期权。其他三种形式的原理相同。以上例子说明，1 月初，石油价格为 24 美元/桶，交易者预计原油价格将上涨，就在执行价 25 美元/桶上，以 P_1/桶的权利金价格买进一张 6 个月到期的看涨期权；同时在 28 美元/桶的执行价格上以期权费 P_2/桶卖出一张 6 个月到期的看涨期权。对于看涨期权来说，执行价格越低，期权费越高，所以 $P_1>P_2$。到了 2 月份，价格上涨到 27 美元/桶，交易者通过对冲了结套利交易。具体做法为：以 P'_1期权费价格卖出执行价为 25 美元/桶、6 个月到期的看涨期权；以 P'_2期权费价格买进执行价为 28 美元/桶、6 个月到期的看涨期权。此时，与市场价格 27 美元/桶相比，执行价为 25 美元/桶的看涨期权为实值期权，而执行价为 28 美元/桶的看涨期权为虚值期权，故 $P'_1>P'_2$。该交易者的交易结果为$(P_2-P_1)+(P'_1-P'_2)$，前项为负值，后项为正值。在这里，我们并不试图证明最终结果一定为盈利，只是说明交易原理，且在实际交易中，P_1、P_2、P'_1、P'_2都是具体的数字，交易者可在适当的时机进出，以争取获利。这个结果还可变形为$(P'_1-P_1)+(P_2-P'_2)$，执行价为 25 美元/桶的看涨期权是从虚值期权变成实值期权的，不仅 $P'_1>P_1$，且期权费价格变化幅度更大；而执行价为 28 美元/桶的看涨期权一直为虚值期权，故期权费价格变化幅度小，所以，理论上$(P'_1-P_1)+(P_2-P'_2)>0$，即盈利。

(2)水平套利(日历套利)

与垂直套利不同的是，交易者在相同执行价上同时买进和卖出不同到期月份的期权合约。由于近期期权的时间衰减速度快于远期期权的时间衰减速度，因此，通常的做法是卖出近期期权合约的同时买进远期期权合约。水平套利分为看涨期权水平套利和看跌期权水平套利两种，预计长期价格将稳中趋涨时，运用前者；而预计长期价格将稳中趋疲时，运用后者。期权的价格主要由内在价值和时间价值决定，内在价值的判断靠实值期权、虚值期权或平价期权(价格相等)；时间价值的判断是，期权剩余有效日越长，时间价值就越大，故水平套利时，若以 P_1 卖出近期期权，以 P_2 买进远期期权，因其他条件都一样，决定期权价格的因素就是离到期日的远近。交易者再在适当时机对冲期权合约，设以 P'_1买进近期期权，以 P'_2卖出远期期权，最终收益为$(P_1-P'_1)+(P'_2-P_2)$，在实际交易中，如果结果大于零，则交易者盈利。

复习提示及知识补充二十一

权证是指标的证券发行人或其以外的第三人发行的，约定持有人在规定期间内或特定到期日有权按约定价格向发行人购买或出售标的证券，或以现金结算方式收取结算差价的有价证券。

按权利行使方向，可分为认股权证和认沽权证。认股权证的持有人有权买入标的证券；而认沽权证的持有人有权卖出标的证券。例如，债券和优先股的发行有时附有长期认股权证，它赋予投资者以规定的价格（称为“认股价格”或“认购价格”）从该公司购买一定数量的普通股的权利。按行使期间，分为欧式权证和美式权证。欧式权证的持有人只有在约定的到期日才有权买卖标的证券；而美式权证的持有人在到期日前的任何时刻都有权买卖标的证券。

按发行人不同，权证可分为股本权证和备兑权证。股本权证由上市公司发行，持有人行权时上市公司增发新股，对公司股本具有稀释作用；备兑权证是由标的证券发行人以外的第三方发行，其认兑的股票是已经存在的股票，不会造成总股本的增算方式不同。权证分为现金结算权证和实物交割权证。现金结算权证行权时，发行人仅对标的证券的市场价与行权价格的差额部分进行现金结算；实物交割权证行权时则涉及标的证券的实际转移。

在我国股权分置改革过程中，权证作为支付对价的一种方式被引入市场。

权证的交易方式和股票基本一致，但它采取的是T+0的交易制度（当天购买的权证当天即可卖出），使得权证可能在单个交易日创造很高的交易额，其涨跌幅度也远远超过标的股票的幅度。宝钢权证上市以后，因权证市场的供给远小于需求，加上一些投机者的炒作，价格一度远远偏离其理论价值，形成市场的非理性。鉴于此，在武钢权证推出后，上海证券交易所发布了《关于证券公司创设武钢权证有关事项的通知》，允许取得中国证券业协会创新活动试点资格的证券公司作为创设人进行权证的创设。之后，深圳证券交易所也就权证创设的有关问题发出通知，并对创设权证总量作了限制，且规定T日创设的权证要到T+2日才能卖出。所谓创设，是指具有权证发行资格的机构，在市场上权证价格过高时发行与原权证在条款上完全一致的同种权证，新创设的权证与原权证具有相同的交易代码和行权代码。由于新创设的权证通常价格较低，因此，当新创设的权证规模较大时将对原权证的价格有抑制作用，使得过高的权证价格向其理论价值回归。创设认购权证时，创设人应在中国证券登记结算有限责任公司开设权证创设专用账户和履约担保证券专用账户，并在履约担保证券专用账户全额存放现金，用于行权履约担保。由于创设制度中对履约担保的规定，某券商若要创设认股权证则必须先从市场上购买标的股票，市场需求增加能拉动股价上涨。而认沽权证的创设是以现金进行履约担保，因此，对股价没有影响，但是在权证到期行权时，持有人需从市场上购买标的股票进行交割，则可能受到流动性的限制。

(二)互换定价估值

影响互换定价的因素有：

1. 信用价值

互换交易双方的信用对于互换价格有重要影响。一方交易主体的风险在某些方面取决于交易对手的信用。一般而言，信用等级较差的一方需付出较高的交换价格，以作为付给对方承担风险的补偿。

2. 适当的对手方

对手方的资金状况、交易技术、政府的税负及外汇管理政策等也都会影响互换交易者的净收益,从而影响交换价格。

3. 利率的期限结构

互换利率与零息票利率之间的差取决于收益率曲线的形状。若收益率曲线斜率为正,则零息票利率将略高于互换利率;若收益率曲线斜率为负,则零息票利率将低于互换利率。

4. 互换定价的安排

(1)利率互换设计

利率互换是指交易双方在债务币种相同的情况下,互相交换不同形式利率的一种预约业务。利率互换由于双方交换的利率币种是同一的,故一般采取净额支付的方法来结算。利率互换有两种形式:①息票互换(Coupon Swaps),即固定利率对浮动利率的互换。②基础互换(Basis Swaps),即双方以不同参照利率互换利息支付(例如,美国优惠利率对 LIBOR)。

【例 2－4－28】 (利率互换)A、B 两家公司面临如表 2－4－9 所示的利率(A 需要浮动利率贷款,B 需要固定利率贷款)。

表 2－4－9 **A、B 两公司利率互换**

	浮动利率	固定利率
A 公司	LIBOR＋0.3％	10.0％
B 公司	LIBOR＋1.1％	11.4％

如果某金融机构要为它们安排互换,并至少赚 20 个点的利差,并对 A、B 有同样的吸引力,A、B 各要付多少利率?

解析:

目的:A 需要浮动利率贷款,B 需要固定利率贷款。

策略:A 公司的相对比较优势在固定利率贷款(1.4％)上,B 公司的相对比较优势在浮动利率贷款(只相差 0.8％)上,策略是 A 公司借固定利率贷款,B 公司借浮动利率贷款。

利益如何划分:总收益是(1.4％－0.8％＝)0.6％,扣除金融机构为它们安排互换,赚的 20 个点(0.2％)的利差,则 A、B 各要获得[(0.6％－0.2％)/2]＝0.2％的利益。

流程图如图 2－4－7 所示(利息流支付的一种安排)。

注:此利率互换的设计有多种答案,图 2－4－7 提供的是其中一种:A 公司借 10.0％的固定利率贷款,互换得 LIBOR＋0.1％的浮动利率贷款(指利息互换),B 公司借 LIBOR＋1.1％的浮动利率贷款,互换得 11.2％[10.2％＋ LIBOR＋1.1％－(LIBOR＋0.1％)]的固定利率贷款。

(2)利率互换定价

如果假设没有违约风险,利率互换可以通过分解成一个债券的多头与另一个债券的空头来定价,也可以通过分解成一个远期利率协议的组合来定价。

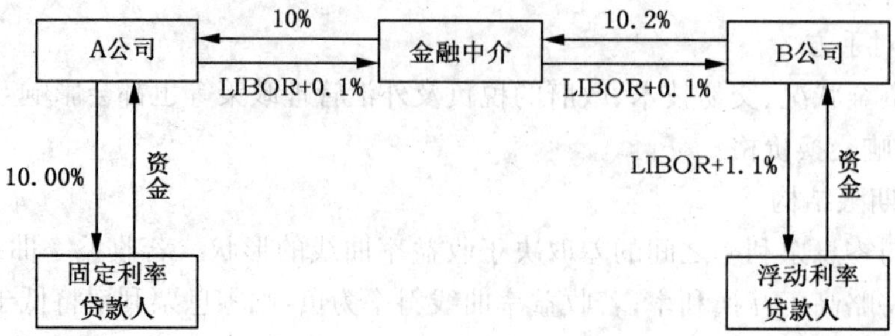

图 2—4—7　利率互换的流程

①贴现率。在给互换和其他柜台交易市场上的金融工具定价的时候，现金流通常用 LIBOR 零息票利率贴现。这是因为 LIBOR 反映了金融机构的资金成本。这样做的隐含假设是被定价的衍生工具的现金流的风险和银行同业拆借市场的风险相同。

②运用债券组合给利率互换定价。考虑一个 2003 年 9 月 1 日生效的三年期的利率互换，名义本金是 1 亿美元。B 公司同意支付给 A 公司年利率为 5%的利息，同时 A 公司同意支付给 B 公司 6 个月期 LIBOR 的利息，利息每半年支付一次。

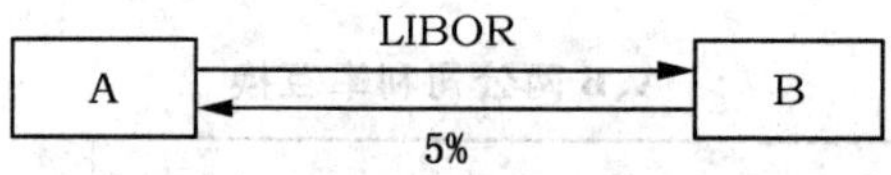

图 2—4—8　A 公司与 B 公司的利率互换

表 2—4—10　　利率互换中 B 公司的现金流量表　　单位：百万美元

日　期	LIBOR(5%)	收到的浮动利息	支付的固定利息	净现金流
2003 年 9 月 1 日	4.20			
2004 年 3 月 1 日	4.80	+2.10	−2.50	−0.40
2004 年 9 月 1 日	5.30	+2.40	−2.50	−0.10
2005 年 3 月 1 日	5.50	+2.65	−2.50	+0.15
2005 年 9 月 1 日	5.60	+2.75	−2.50	+0.25
2006 年 3 月 1 日	5.90	+2.80	−2.50	+0.30
2006 年 9 月 1 日	6.40	+2.95	−2.50	+0.45

上述利率互换可以看作两个债券头寸的组合。虽然利率互换不涉及本金交换，我们可以假设在合约的到期日，A 公司支付给 B 公司 1 亿美元的名义本金，同时 B 公司也支付给 A 公司 1 亿美元的名义本金。这不会改变互换双方的现金流，所以不会改变互换的价值。这样，利率互换可以分解成：

①B 公司按 6 个月 LIBOR 的利率借给 A 公司 1 亿美元。

②A 公司按 5%的年利率借给 B 公司 1 亿美元。

换个角度看，就是 B 公司向 A 公司购买了一份 1 亿美元的浮动利率(LIBOR)债券，同时向A公司出售了一份1亿美元的固定利率(5%的年利率,每半年付息一次)债券。因此,对B公司而言,这个利率互换的价值就是浮动利率债券与固定利率债券价值的差。

定义:

B_{fix}:互换合约中分解出的固定利率债券的价值。

B_{fl}:互换合约中分解出的浮动利率债券的价值。

那么,对B公司而言,这个互换的价值就是

$$V_{互换}=B_{fl}-B_{fix} \qquad (2-4-63)$$

为了说明(2-4-63)式的运用,定义

t_i 为距第 i 次现金流交换的时间($1\leqslant i\leqslant n$)。L 为利率互换合约中的名义本金额。r_i 为到期日为 t_i 的LIBOR零息票利率。k 为支付日支付的固定利息额。

那么,固定利率债券的价值为:

$$B_{fix}=\sum_{i=1}^{n} k e^{-r_i t_i}+L e^{-r_n t_n} \qquad (2-4-64)$$

接着考虑浮动利率债券的价值。根据浮动利率债券的性质,在紧接浮动利率债券支付利息的那一刻,浮动利率债券的价值为其本金 L。假设利息下一支付日应支付的浮动利息额为 K^*(这是已知的),那么在下一次利息支付前的一刻,浮动利率债券的价值为 $B_{fl}=L+k^*$。在定义中,距下一次利息支付日还有 t_1 的时间,那么今天浮动利率债券的价值应该为:

$$B_{fl}=(L+k^*)e^{-r_1 t_1} \qquad (2-4-65)$$

当一个公司收入固定利率,支付浮动利率的时候,互换对该公司的价值为:

$$V_{互换}=B_{fix}-B_{fl} \qquad (2-4-66)$$

【例2-4-29】 假设在一笔互换合约中,某一金融机构支付6个月期的LIBOR,同时收取8%的年利率(半年计一次复利),名义本金为1亿美元。互换还有1.25年的期限。3个月、9个月和15个月的LIBOR(连续复利率)分别为10%、10.5%和11%。上一次利息支付日的6个月LIBOR为10.2%(半年计一次复利)。在这个例子中,$k=\$400$ 万,$k^*=\$510$ 万,因此,

$B_{fix}=0.04e^{-0.1\times 0.25}+0.04e^{-0.105\times 0.75}+1.04e^{-0.11\times 1.25}=\$0.9824$(亿)

$B_{fl}=(1+0.051)e^{-0.1\times 0.25}=\$1.0251$(亿)

因此,利率互换的价值为:

$\$0.9824-\$1.0251=-\$0.0427$(亿)

如果银行持有相反的头寸——收入浮动利率、支付固定利率,那么互换对银行的价值就是+0.0427亿美元。

利率互换中固定利率一般选择使互换初始价值为0的那个利率,在利率互换的有效期内,它的价值有可能是负的,也有可能是正的。这与远期合约十分相似,因此,利率互换也可以看作远期合约的组合。

运用远期利率协议给利率互换定价。

远期利率协议(FRA)是这样一笔合约,合约里事先确定将来某一时间一笔借款的利率。不过在FRA执行的时候,支付的只是市场利率与合约协定利率的利差。如果市场利

率高于协定利率，贷款人支付给借款人利差；反之，由借款人支付给贷款人利差。所以实际上 FRA 可以看作一个将用事先确定的利率交换市场利率的合约。很明显，利率互换可以看作一系列用固定利率交换浮动利率的 FRA 的组合。只要我们知道组成利率互换的每笔 FRA 的价值，就可计算出利率互换的价值。

考虑表 2－4－9 中的 B 公司，在这个利率互换中，B 公司和 A 公司交换了 6 次现金流。第一次现金流交换在互换签订的时候就知道了，其他 5 次利息的交换可以看作一系列的 FRA。2004 年 9 月 1 日的利息交换可以看作用 5％的利率交换在 2004 年 3 月 1 日的 6 个月的市场利率的 FRA，2005 年 3 月 1 日的利息交换可以看作用 5％的利率交换在 2004 年 9 月 1 日的 6 个月的市场利率的 FRA，依此类推。

只要知道利率的期限结构，我们就可以计算出 FRA 对应的远期利率和 FRA 的价值，因此运用 FRA 给利率互换定价的步骤为：

①计算远期利率。

②确定现金流。

③将现金流贴现。

【例 2－4－30】 我们再看例 2－4－29 的情形。3 个月后要交换的现金流是已知的，金融机构是用 10.2％的年利率换入 8％的年利率，所以这笔交换对金融机构的价值是

$$0.5\times100\times(0.08-0.102)e^{-0.1\times0.25}=-107\text{（万美元）}$$

为了计算 9 个月后那笔现金流交换的价值，我们必须先计算从现在开始 3 个月到 9 个月的远期利率。根据远期利率的计算公式，3 个月到 9 个月的远期利率为

$$\frac{0.105\times0.75-0.10\times0.25}{0.5}=0.1075$$

10.75％的连续复利对应的每半年计一次复利的利率为

$$2\times(e^{0.1075/2}-1)=0.11044$$

所以，9 个月后那笔现金流交换的价值为

$$0.5\times100\times(0.08-0.11044)e^{-0.105\times0.75}=-141\text{（万美元）}$$

同样，为了计算 15 个月后那笔现金流交换的价值，我们必须先计算从现在开始 9 个月到 15 个月的远期利率。

$$\frac{0.11\times1.25-0.105\times0.75}{0.5}=0.1175$$

11.75％的连续复利对应的每半年计一次复利的利率为：

$$2\times(e^{0.1175/2}-1)=0.12102$$

所以，15 个月后那笔现金流交换的价值为：

$$0.5\times100\times(0.08-0.12102)e^{-0.11\times1.25}=-179\text{（万美元）}$$

那么，作为远期利率协议的组合，这笔利率互换的价值为：

$$-107-141-179=-427\text{（万美元）}$$

这个结果与运用债券组合定出的利率互换价值一致。

(3)货币互换设计

货币互换是指交易双方互相交换不同币种、相同期限、等值资金债务的货币及利率的一

种预约业务。交易双方在期初交换两种不同货币的本金后按预先规定的日期,进行利息和本金的分期互换。互换程序为:①初期本金互换;②利息互换;③到期日本金的再次互换。通常两种货币都使用固定利率。

例如:A、B 两家公司面临如下的利率(A 需要美元,B 需要马克):

A 公司借美元需支付的利息(浮动利率):LIBOR+1.0%;借德国马克需支付的利息(固定利率):5.0%。B 公司借美元需支付的利息(浮动利率):LIBOR+0.5%;借德国马克需支付的利息(固定利率):6.5%。如果某金融机构要为它们安排互换,并至少赚 50 个点的利差,对 A、B 有同样的吸引力,A、B 各要付多少利率?(A 公司 LIBOR+0.25%、B 公司 5.75%)

解析:

目的:A 需要美元贷款,B 需要马克贷款。

策略:A 公司的比较优势在马克贷款(1.5%),B 公司的比较优势在美元贷款(0.5%),策略是 A 公司借马克贷款,B 公司借美元贷款。

利益如何划分:总收益是(1.5%+0.5%=)2%,扣除金融机构为它们安排互换赚的 50 个点(0.5%)的利差,则 A、B 各要获得[(2%-0.5%)/2=]0.75%的利益。

流程图如图 2-4-9 所示(利息流支付的一种安排):

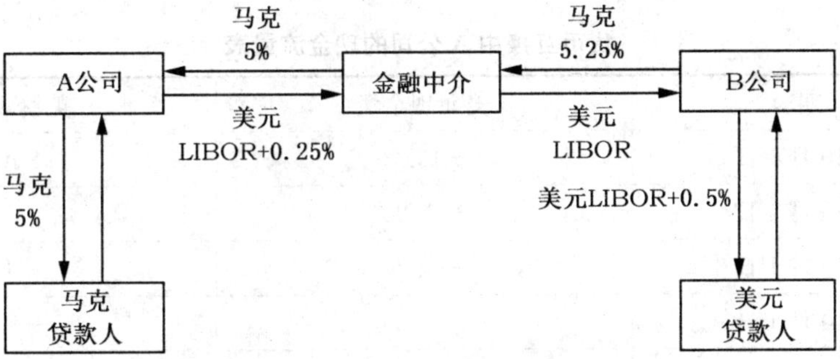

图 2-4-9 货币互换中利息流支付的流程

(注:此货币互换的设计有多种答案,上面提供的是其中一种:A 公司借 5%的马克贷款,互换得 LIBOR+0.25%的美元贷款,B 公司借 LIBOR+0.5%的美元贷款,互换得 5.75%的马克利率贷款,即 5.25%+LIBOR+0.5%-LIBOR=5.75%。)

请注意与利率互换不同的是,货币互换涉及本金的互换,而且有期初和期末两次。

图 2-4-10 是期初的本金互换,期末的本金互换实际上将箭头方向变反就可以了。上面这种类型我们又称为交叉货币利率互换。

(4)货币互换定价

运用债券组合给货币互换定价。在没有违约风险的条件下,货币互换一样也可以分解成债券的组合,不过不是浮动利率债券和固定利率债券的组合,而是一份外币债券和一份本币债券的组合。

假设 A 公司和 B 公司在 2003 年 10 月 1 日签订了一份 5 年期的货币互换协议。如图 2-4-11 所示,合约规定 A 公司每年向 B 公司支付 11%的英镑利息并向 B 公司收取 8%的

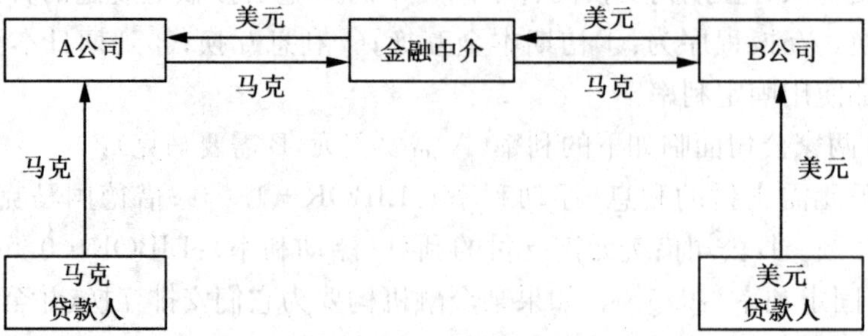

图 2—4—10　货币互换中期初的本金互换

美元利息。本金分别是 1 500 万美元和 1 000 万英镑。A 公司的现金流如表 2—4—11 所示。A 公司持有的互换头寸可以看作一份年利率为 8%的美元债券多头头寸和一份年利率为 11%的英镑债券空头头寸的组合。

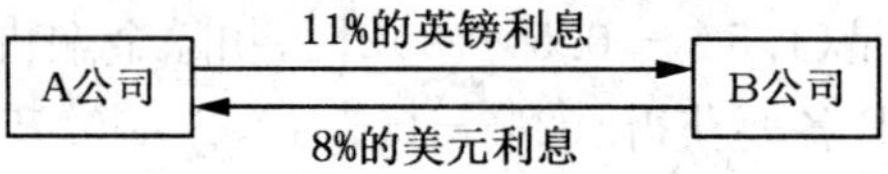

图 2—4—11　A 公司和 B 公司的货币互换流程

表 2—4—11　　货币互换中 A 公司的现金流量表　　单位:百万美元

日　期	美元现金流	英镑现金流
2003 年 10 月 1 日	−15.00	+10.00
2004 年 10 月 1 日	+1.20	−1.10
2005 年 10 月 1 日	+1.20	−1.10
2006 年 10 月 1 日	+1.20	− 1.10
2007 年 10 月 1 日	+1.20	−1.10
2008 年 10 月 1 日	+16.20	−11.10

如果我们定义 $V_{互换}$ 为货币互换的价值,那么对收入本币、付出外币的那一方:

$$V_{互换}=B_D-S_0B_F$$

其中,B_F 是用外币表示的从互换中分解出来的外币债券的价值;B_D 是从互换中分解出来的本币债券的价值;S_0 是即期汇率(直接标价法)。

对付出本币、收入外币的那一方:

$$V_{互换}=S_0B_F-B_D$$

【例 2—4—31】 假设在美国和日本 LIBOR 利率的期限结构是平的,在日本是 4%而在美国是 9%(都是连续复利),某一金融机构在一笔货币互换中每年收入日元,利率为 5%,同时付出美元,利率为 8%。两种货币的本金分别为 1 000 万美元和 120 000 万日元。这笔互换还有 3 年的期限,即期汇率为 1 美元=110 日元。如果以美元为本币,那么:

$$B_D=80e^{-0.09\times1}+80e^{-0.09\times2}+1\ 080e^{-0.09\times3}=964.4(\text{万美元})$$

$B_F = 6\ 000e^{-0.04\times1} + 6\ 000e^{-0.04\times2} + 126\ 000e^{-0.04\times3} = 123\ 055$(万日元)

货币互换的价值为：$\frac{123\ 055}{110} - 964.4 = 154.3$(万美元)

如果该金融机构是支付日元、收入美元，则货币互换对它的价值为−154.3万美元。

(5)运用远期组合给货币互换定价

货币互换还可以分解成一系列远期合约的组合，货币互换中的每一次支付都可以用一笔远期外汇协议的现金流来代替。因此，只要能够计算货币互换中分解出来的每笔远期外汇协议的价值，就可以知道对应的货币互换的价值。

【例2−4−32】 我们看例2−4−31，即期汇率为1美元=110日元，或者是1日元=0.009 091美元。因为美元和日元的年利差为5%，根据$F = Se^{(r-r_f)(T-t)}$，一年期、两年期和三年期的远期汇率分别为：

$0.009\ 091e^{0.05\times1} = 0.008\ 557$

$0.009\ 091e^{0.05\times2} = 0.010\ 047$

$0.009\ 091e^{0.05\times3} = 0.010\ 562$

与利息交换等价的三份远期合约的价值分别为：

$(80 - 6\ 000\times0.009\ 557)e^{-0.09\times1} = 20.71$(万美元)

$(80 - 6\ 000\times0.010\ 047)e^{-0.09\times2} = 16.47$(万美元)

$(80 - 6\ 000\times0.015\ 62)e^{-0.09\times3} = 12.69$(万美元)

与最终的本金交换等价的远期合约的价值为：

$(1\ 000 - 120\ 000\times0.010\ 562)e^{-0.09\times3} = -201.46$(万美元)

所以这笔互换的价值为(−201.46+12.69+16.47+20.71=)−154.3万美元，与运用债券组合定价的结果一致。

【本章参考习题】

1. 已知$(F/A, 10\%, 9) = 13.579$，$(F/A, 10\%, 11) = 18.531$，则10年，10%的预付年金终值系数为(　　)。

A. 17.531　　B. 15.937　　C. 14.579　　D. 12.579

2. 假设你进行了一项投资，其利率为11.55%，连续复利，多长时间后你的投资将翻倍？(　　)

A. 4　　B. 5　　C. 6　　D. 7

3. 假如你对购买一间公寓大楼进行评估。下一年，该楼的租金将带来净现金流入100 000美元，且每年将增长5%。10年后，你觉得该大楼可以作价200万美元出售。如果你决定今天就把大楼卖掉，你最高作价多少？假定适当的折现率为15%。

如果该公寓大楼下一年的租金收入为100 000美元将以5%的年增长率永续增长下去，那么你所认为的该大楼在10年后作价200万元是否合理？偏高还是偏低？

参考答案：

1. A；2. C。

3. 该幢办公大楼的价值应为10年期的增长租金收入的现值加上预期未来售价的现

值。该幢大楼的价值$=\dfrac{100\ 000}{0.15-0.05}\times\left(1-\dfrac{1.05^{10}}{1.15^{10}}\right)+\dfrac{2\ 000\ 000}{1.15^{10}}=1\ 091\ 731$(美元)。

因此,你对该幢办公大楼的作价最高为 1 091 731 美元。

本题中,该办公大楼的价值可以作为稳定增长模型的一个实例。今天,该大楼的价值:

$$1\ 000\ 000\text{ 美元}=\frac{100\ 000\text{ 美元}}{0.15-0.05}$$

10 年间,该大楼价值每年将增长 5%,其 10 年后的价值将为 1 628 895 美元。

本题同样可以通过稳定增长模型来计算该大楼在 10 年后的价值:

$$1\ 628\ 895\text{ 美元}=\frac{CF_{11}}{R-g}=\frac{162\ 889.5\text{ 美元}}{0.15-0.02}$$

因此,该大楼在 10 年后应作价 200 万美元,估计过高。

扫码听课

第五章　资本预算

考试要求

- ◆ 了解：资本预算中的风险分析
- ◆ 掌握：净现值的方法及实际运用
- ◆ 熟练掌握：投资决策方法以及增量现金流法

本章知识点框架

- 资本预算
  - 资本预算概述
  - 投资决策的分析评价方法
    - 折现的分析评价方法
      - 净现值法
      - 盈利指数法
      - 内含报酬率法
      - 折现投资回收期法
    - 非折现的分析评价方法
      - 投资回收期法
      - 平均会计收益率法
  - 增量现金流
    - 现金流量与会计利润
    - 现金流的估计
    - 经营性现金流量的不同算法
    - 所得税和折旧对现金流量的影响
  - 净现值法的实际运用
    - 不同生命周期的投资
    - 设备重置的一般性决策
  - 资本预算中的风险分析
    - 项目风险分析的主要概念
    - 资本预算中的风险分析方法
      - 敏感性分析
      - 场景分析
      - 盈亏平衡点分析
      - 蒙特—卡罗模拟法
    - 实物期权与决策树
      - 实物期权
      - 决策树
    - 投资项目的风险处置方法
      - 调整现金流量法
      - 风险调整折现率法
    - 项目系统风险的估计
      - 项目的系统风险
      - 项目系统风险的估计

考情提示

本章属于公司理财中重要的章节之一，内容不难，但是非常多，基本所有有关知识都必须熟练掌握。最重要的内容仍然是围绕现金流展开的，所以建议考生复习章节时联系第二章进行复习。

此外，如上述经典题，一般情况下，平均会计收益率法等知识点并不重要，因为在公司理财中一般是会考虑货币时间价值的，但是不可忽视它仍然是一个考点，所以同学们务必仔细。当然，原理不难理解，关键是对于每一种资本预算计算方式的精确使用，这就要求考生能区分各种方法优、缺点的能力。

一、资本预算概述

资本预算指制定长期投资决策的过程，其主要目的是评估长期投资项目的生存能力以及盈利能力，以便判断企业是否值得投资。具体地说，投资决策就是要决定企业生产什么样的产品或提供什么样的服务，以及为生产这些产品或提供相关服务需要购置什么样的固定资产。

真题回顾

(清华大学 2015)下列哪些不属于公司的资本预算活动？（　　）

A. 举债进行股票回购　　B. 向竞争对手购买其用户信息

C. 为研发部门雇用一名工程师　　D. 在中央商务区开一家餐馆

参考答案：A。资本预算指的是规划企业用于固定资产的资本支出，A 项仅涉及资本结构的变化。

二、投资决策的分析评价方法

筹资的目的是投资，投资决定了筹资的规模和时间。投资决定了购置的资产类别，不同的生产经营活动需要不同的资产，因此，投资决定了日常经营活动的特点和方式。对投资项目评价时使用的指标分为两类：一类是折现指标，即考虑了时间价值因素的指标，主要包括净现值、现值指数、内含报酬率等；另一类是非折现指标，即没有考虑时间价值因素的指标，主要包括回收期、会计收益率等。根据分析评价指标的类别，投资项目评价分析的方法，也被分为折现的分析评价方法和非折现的分析评价方法两种。

(一)折现的分析评价方法

货币具有时间价值，即前期的现金流量比后期等额的现金流量更具有价值，当通货膨胀率和利率上升时，这一差异尤其明显。其中，两种被广泛采用的方法是净现值法(*NPV*)和内含报酬率法(*IRR*)，其他的方法还有盈利指数法(*PI*)和折现投资回收期法(Payback)。

1. 净现值法(*NPV*)

所谓净现值，是指特定方案未来现金流入的现值与未来现金流出的现值之间的差额。按照这种方法，所有未来现金流入和流出都要按预定的折现率折算为它们的现值，然后再计算它们的差额。净现值法又称为贴现现金流方法(*DCF*)。所用的贴现率是企业的资本成本，也就是企业的资本投资者所要求的必要收益率水平。如果净现值为正数，即折现后的现金流入大于折现后的现金流出，该投资项目的报酬率大于预定的折现率。如果净现值为零即折现后的现金流入等于折现后的现金流出，该投资项目的报酬率相当于预定的折现率。如果净现值为负数，即折现后的现金流入小于折现后的现金流出，该投资项目的报酬率小于预定的折现率。

计算净现值的公式为：

$$NPV=-C_0+\frac{C_1}{1+r_1}+\frac{C_2}{(1+r_2)^2}+\cdots+\frac{C_T}{(1+r_T)^T}=-C_0+\sum_{i=1}^{T}\frac{C}{(1+r_i)^i} \qquad (2-5-1)$$

式中，NPV 表示净现值；C_0 表示初始投资额；C_i 表示第 i 年的现金流量；r_i 表示第 i 期的贴现率；T 表示投资项目的寿命周期。

净现值法则（NPV rule）：接受净现值大于 0 的项目，拒绝净现值为负的项目。

【例 2－5－1】 某公司拟投资一个项目，假设该项目的存续期为 3 年，期初投资为 2 000 万元，第 1 年的现金流入为 800 万元，第二年的现金流入为 900 万元，第三年的现金流入为 1 000 万元。该公司的资本成本为 10％，则该项目是否值得投资？

$$NPV=-2\,000+\frac{800}{1.1}+\frac{900}{1.1^2}+\frac{1\,000}{1.1^3}=222.39\text{（万元）}$$

根据净现值法则，该项目的净现值大于 0，是可以接受的好项目。

净现值法所依据的原理是：假设预计的现金流入在年末肯定可以实现，并把原始投资看作按预定折现率借入的。当净现值为正数时，偿还本息后该项目仍有剩余的收益；当净现值为零时，偿还本息后一无所获；当净现值为负数时，该项目收益不足以偿还本息。

净现值法具有广泛的适用性，在理论上也比其他方法更完善。净现值法应用的主要问题是如何确定折现率，一种办法是根据资金成本来确定，另一种办法是根据企业要求的最低资金利润率来确定。前一种办法，由于计算资本成本比较困难，故限制了其应用范围；后一种办法根据资金的机会成本，即一般情况下可以获得的报酬来确定，比较容易解决。

真题回顾

【1】（华东师范大学 2015）甲、乙两个项目的周期分别为 3 年和 4 年，项目各年现金流量如表 2－5－1 所示，假如资本成本率均为 10％，请比较哪个项目更优。

表 2－5－1　　项目现金流量表　　单位：万元

项目	第 0 年	第 1 年	第 2 年	第 3 年	第 4 年
甲项目	－500	200	200	400	
乙项目	－700	300	300	200	300

参考答案：

$$NPV_{甲}=-500+\frac{200}{1+10\%}+\frac{200}{(1+10\%)^2}+\frac{400}{(1+10\%)^3}=147.63\text{（万元）}$$

$$NPV_{乙}=-700+\frac{300}{1+10\%}+\frac{300}{(1+10\%)^2}+\frac{200}{(1+10\%)^3}+\frac{300}{(1+10\%)^4}=175.83\text{（万元）}$$

因为，$NPV_{甲}<NPV_{乙}$，故乙项目更优。

【2】(中国人民大学 2012)Y 公司正评估在西部投资建厂的经济效益，该项目的生命周期预计为 73 年。公司在 3 年前已经以 800 万元购入了一块土地，如果公司现在出售该块土地，将会获得税后 650 万元；如果 5 年后出售该块土地，保守估计仍会获得税后 650 万元，公司决定将厂房建于该块土地，预计建厂将耗资 1 500 万元。根据即期市场数据，Y 公司的加权平均资本成本为 12%。Y 公司的所得税率为 25%。该投资项目需要初始(即 0 期)净营运资本额为 90 万元。

(1)计算该项目在 0 期的现金流。

(2)新建厂房的寿命期为 8 年，A 公司采用的是直线折旧法。在项目结束时(即第 5 年末)，出售厂房可获得 500 万元，计算厂房的税后残值。

(3)预计该项目每年将产生固定成本(折旧除外)40 万元。每年单位产品的价格为 10 000 元，销售数量为 12 000 单位，单位可变生产成本为 9 000 元。问该项目每年的(税后)经营现金流量是多少？

(4)由于西部投资项目存在的风险比公司目前投资项目的风险要高，因此，管理层决定将该项目的资本成本向上调高 2%。计算该项目的净现值。

参考答案：

(1)0 期现金流 $=-1\ 500-90-650=-2\ 240$(万元)

(2)每年折旧额 $=\dfrac{1\ 500}{8}=187.5$(万元)

5 年后厂房的账面价值 $=187.5\times3=562.5$(元)

5 年后厂房的税后残值 $=500+(562.5-500)\times0.25=515.625$(万元)

(3)该项目的经营性现金流为：

$[12\ 000\times(10\ 000-9\ 000)-400\ 000]\times(1-0.25)+1\ 875\ 000\times0.25=9\ 168\ 750$(元)

(4)根据条件，公司的净现值：

$$NPV=-22\ 400\ 000+9\ 168\ 750\times\frac{1-\dfrac{1}{(1+0.12+0.02)^5}}{0.12+0.02}+\frac{6\ 500\ 000}{(1+0.12+0.02)^5}+\frac{5\ 156\ 250}{(1+0.12+0.02)^5}=15\ 130\ 952(元)$$

2. 内含报酬率法(IRR)

(1)内含报酬率法概述

所谓内含报酬率(internal rate of return)，又叫内部收益率，是指能够使未来现金流入量现值等于未来现金流出量现值的折现率，或者说是使投资方案净现值为零的折现率，即，

$$NPV=-C_0+\frac{C_1}{(1+IRR)}+\frac{C_2}{(1+IRR)^2}+\cdots+\frac{C_T}{(1+IRR)^T}=-C_0+\sum_{i=0}^{T}\frac{C}{(1+IRR)^i}=0 \tag{2-5-2}$$

式中，C_0 表示初始投资额；C_i 表示第 i 年的现金流量；IRR 表示内含报酬率；T 表示投

资项目的寿命周期。

内含报酬率基本法则(basic *IRR* rule):若内含报酬率大于贴现率,则项目可以接受;若内含报酬率小于贴现率,则项目不能接受。

【例 2—5—2】 某公司拟投资一个项目,假设该项目初始投入 350 万元,未来 5 年的现金流入分别为 100 万元、94 万元、87 万元、99 万元、195 万元,试用内插法计算该项目的内含报酬率。

解析:设内含报酬率为 15%,则以 15%为贴现率计算净现值为:

$$NPV_{15\%}=-350+\frac{100}{(1+15\%)}+\frac{94}{(1+15\%)^2}+\frac{87}{(1+15\%)^3}+\frac{99}{(1+15\%)^4}+\frac{195}{(1+15\%)^5}$$
$$=18.79(万元)$$

由于 $NPV_{15\%}$ 大于 0,因此,可知所求的内含报酬率大于 15%。

以上述方法依次测算内含报酬率为 16%、17%、18%时的净现值。由此,得到 $NPV_{17\%}$ 为 0.23 万元、$NPV_{18\%}$ 为−8.49 万元。

内插法计算 *IRR*

$$IRR=17\%+(18\%-17\%)\times\frac{|NPV_{17\%}|}{|NPV_{17\%}|+|NPV_{18\%}|}$$
$$=17\%+(18\%-17\%)\times\frac{|0.23|}{|0.23|+|8.49|}=17.026\%$$

净现值法和盈利指数法(见 3.盈利指数)虽然考虑了时间价值,可以说明投资方案高于或低于某一特定的投资报酬率,但没有揭示方案本身可以达到的具体的报酬率是多少。内含报酬率是根据方案的现金流量计算的,是方案本身的投资报酬率。

内含报酬率和盈利指数法有相似之处,都是根据相对比率来评价方案,而不像净现值法那样使用绝对数来评价方案。在评价方案时要注意到,比率高的方案绝对数不一定大,反之也一样。这种不同和利润率与利润额不同是类似的。内含报酬率法与盈利指数法也有区别。在计算内含报酬率时不必事先选择折现率,根据内含报酬率就可以排定独立投资的优先次序,只是最后需要一个切合实际的资本成本或最低报酬率来判定方案是否可行。盈利指数法需要一个适合的折现率,以便将现金流量折为现值,折现率的高低将会影响方案的优先次序。

(2)内含报酬率法的缺陷

问题一:投资还是融资。

【例 2—5—3】 考虑项目 A 和项目 B,如表 2—5—2 所示。

表 2—5—2 单位:元

项　目	C_0	C_1	*IRR*	$NPV_{10\%}$
A	−10 000	15 000	50%	3 636.36
B	10 000	−15 000	50%	−3 636.36

两个项目的 *IRR* 都是 50%,但对于项目 A,先投资了 10 000 元,是在以 50%的利率贷出资金;而对于项目 B,是先获得了 10 000 元,再以 50%的利率借入资金。贷出资金时需要

得到高收益率，但借入资金时，却希望付出的成本越低越好。

因此，对于项目B，随着折现率的增加，净现值也随之上升。很明显，内含报酬率法则对项目B这种情况并不适用。

问题二：多重内含报酬率。

考虑以下项目，其发生如下现金流：$C_0=-22\ 000$ 元，$C_1=15\ 000$ 元，$C_2=15\ 000$ 元；$C_3=15\ 000$ 元；$C_4=15\ 000$ 元；$C_5=-40\ 000$ 元，求 IRR。

该项目的现金流符号在第1期由负变为正，在第5期由正变为负，即现金流量的符号改变了两次，通过计算可使该项目的净现值为0的内部收益率有两个，即6%和28%。有两个内含报酬率的原因是现金流量的符号出现了两次变化。实际上，现金流量的符号发生多少次变化，项目的内含报酬率就可能有多少个。

应当注意，许多长期项目在其中期阶段常常需要进行再投资，这些再投资就会使这一阶段的现金流量成为负值，从而出现多重收益率。这种情况下内含报酬率法就可能失效。为避免出现这种情况，引入了修正内部收益率法。

复习提示及知识补充一

修正内含报酬率(Modified Internal Rate of Return)，又叫修正内部收益率，它通过合并现金流，使现金流的正负号只改变一次来处理多重内部收益率的问题。

考虑以下项目，其发生如下现金流：$C_0=-100$ 元，$C_1=230$ 元，$C_2=-132$ 元，判断该项目是否值得投资。

在折现率为14%的情况下，最后的现金流－132美元在时点1的价值为：

$-132/1.14=-115.79$(元)

由于此时收到230元，因此时点1"调整后的"现金流为(230－115.79＝)114.21元。因此，通过修正内含报酬率法就得到了该项目的两个现金流：$C_0=-100$ 元，$C_1=114.21$ 元。

通过折现并合并现金流，使得现金流的符号只改变一次。现在利用内含报酬率法，根据这两个现金流所计算出的内含报酬率为14.21%，这意味着，当假设折现率为14%的时候，应该接受该项目。当遇到现金流更加复杂的项目，也应当利用同样的程序进行操作，即一直对后面的现金流进行折现并合并，直到剩余部分的符号只改变一次为止。

问题三：互斥项目特有问题。

独立项目(independent project)：指对其接受或者放弃的决策不受其他项目投资决策影响的投资项目。

互斥方案(mutually exclusive investment)：指在资本约束条件下，投资者只能在众多备选方案中选择一种项目或一个项目组，这些项目或是项目组就是互斥方案。

①不同规模互斥方案的选择。

【例2－5－4】 考虑以下两个项目X和Y，如表2－5－3所示。

表 2—5—3

项　目	C_0	C_1	IRR	$NPV_{10\%}$
X	−100 000	200 000	100%	81 818.18
Y	−200 000	350 000	75%	118 181.82

根据表 2—5—3，两个项目都具有正的净现值，且内部收益率都大于折现率。尽管两者都是好的投资项目，但公司只能从中选择一个。由于项目 Y 有更高的 NPV，因此是更好的项目。但如果根据内部收益率法则做出选择的话，公司应该选择项目 X，因为项目 X 具有更高的 IRR。为解决以上问题，在此引入增量现金流的概念。

增量现金流(incremental cash flow)：公司有无被决策项目时未来现金流量的差值，也就是由决策引起的公司总未来现金流量的变化，也称为相关现金流量。

这里仅讨论增量现金流在解决互斥方案中的作用，有关增量现金流的具体介绍见“三、增量现金流”。

考虑上题，对于规模较小的项目 X，其 IRR 为 100%，远远超过了 10%的折现率，由此 X 项目是可以接受的。若在项目 X 的基础上再追加投资 100 000 元，即投资项目 Y，那么，计算接受项目 Y 而放弃 X 的增量现金流，如表 2—5—4 所示。

表 2—5—4

项　目	C_0	C_1	IRR	$NPV_{10\%}$
Y−X	−100 000	150 000	50%	36 363.64

增量投资的 IRR 为 50%，远远超过了 10%的折现率，根据内部收益率法则，应该选择项目 Y。另外，由于增量现金流量的净现值也为正，根据净现值法则，也应该选择项目 Y。

综上，对于互斥项目，可以采用如下决策方法：

第一，计算增量现金流量的净现值。若该净现值大于 0，则选择进行增量投资。

第二，计算增量现金流量的内部收益率。若该内部收益率大于折现率，则选择进行增量投资。

在计算增量现金流量的时候，有一点需要注意，即用规模大的项目的现金流量减规模小的现金流量，使得第 0 期的现金流量表现为现金流出，这样，就可以运用投资型项目的内部收益率法则；否则，若第 0 期的现金流量为正，就需要使用融资型项目的内部收益率法则，而使用这种方法容易出错。另外，增量现金流量的运用也许会带来多个符号的变化，这样就有可能出现多个内部收益率，结果不得不使用净现值法则。

②相同规模不同时间序列的互斥方案选择。

【例 2—5—5】　考虑以下两个投资项目 A 和 B，只能从中选择一个，项目的现金流量如表 2—5—5 所示。

表 2—5—5

项　目	C_0	C_1	C_2	C_3	IRR	$NPV_{10\%}$
A	—10 000	10 000	1 000	1 000	16.04%	668.67
B	—10 000	1 000	1 000	12 000	12.94%	751.31

项目A的内部收益率较高，但项目B的净现值较高。内部收益率出现误导的原因在于项目B的现金流量较高但发生时间较晚，因此，当折现率较低时，B的净现值较高；但当折现率较高时，B的净现值就较低。通过计算，当折现率为10.55%时，两个项目的净现值相等。

关于互斥项目中的时间序列问题，有以下几种解决方法：

第一，比较两个项目的净现值。若折现率低于10.55%，即两个项目的净现值相等时的折现率，就选择项目B；若折现率高于10.55%，就选择项目A。

第二，计算增量现金流的净现值，如表2—5—6所示。

表 2—5—6

项　目	C_0	C_1	C_2	C_3	IRR	$NPV_{10\%}$
B—A	0	—9 000	0	11 000	10.55%	82.64

从表2—5—6可以看出，当项目折现率为10%时，增量现金流量的净现值大于0，选择项目B。因此，如果增量现金流量的净现值为正，则选择进行增量投资，即选择项目B，否则，就选择项目A。

第三，计算增量现金流量的内部收益率，然后比较增量内部收益率与项目折现率的大小。

如上所述，增量现金流量的内部收益率为10.55%。根据内部收益率法则，对于投资型项目，若内部收益率大于折现率，就选择该项目，因此，应选择项目B。如果增量现金流量的内部收益率大于折现率，就选择进行增量投资。

真题回顾

(华东师范大学2015)以下哪些因素不会改变项目的内部收益率？(　　)

A. 项目初始投资额　　B. 项目经营期现金流

C. 项目周期　　D. 项目资本成本率

参考答案：D。项目的内部收益率也就是项目的内含报酬率，根据内含报酬率的计算公式，显然与资本成本率没有关系。

3. 盈利指数法(PI)

所谓盈利指数(profitablity index)，是未来现金流入现值与现金流出现值的比率，又称现值比率、获利指数、折现后收益—成本比率等。

计算现值指数的公式为：

$$PI=\frac{PV}{C_0} \tag{2—5—3}$$

$$PV=\frac{C_1}{1+r_1}+\frac{C_2}{(1+r_2)^2}+\cdots+\frac{C_T}{(1+r_T)^T}=\sum_{t=0}^{T}\frac{C_t}{(1+r_t)^t}$$

式中，PV 表示未来现金流入现值；C_0 表示初始投资额；C_i 表示第 t 年的现金流量；r_i 表示第 t 期的贴现率；T 表示投资项目的寿命周期。

【例 2－5－6】 考虑以下两个项目：项目 1 和项目 2，如表 2－5－7 所示。

表 2－5－7 单位：元

项　目	C_0	C_1	C_2	PI	$NPV_{12\%}$
1	－2 000	7 000	1 000	3.53	5 050
2	－1 000	1 500	4 000	4.53	4 530

盈利指数的计算以项目 1 为例：

$$PV=\frac{7\ 000}{1.12}+\frac{1\ 000}{1.12^2}=7\ 050(\text{元})$$

$$PI=\frac{7\ 050}{2\ 000}=3.53$$

若两个都是独立项目，根据净现值法的基本投资法则，只要净现值为正就可以采纳。净现值为正，也就是 PI 大于 1。

盈利指数法的基本法则：对于独立项目，若 $PI>1$，可以接受；若 $PI<1$，必须放弃。

盈利指数法的缺陷：

(1)互斥项目

假若两个项目中只能选择一个，根据净现值法，应该选择净现值比较大的项目 1，而项目 2 的盈利指数大于项目 1，这就会对决策产生误导。

该问题通过增量现金流法调整，见表 2－5－8 所示。

表 2－5－8 单位：元

项　目	C_0	C_1	C_2	PI	$NPV_{12\%}$
1－2	－1 000	5 500	－3 000	2.52	1 520

由于增量现金流的盈利指数大于 1，因而应选择投资额比较大的项目 1，该结论与净现值法的结论相同。

(2)资本配置

现实中有一种情况，当公司资金不足以支付所有净现值为正的项目时，这种情况就需要进行资本配置(capital rationing)。

【例 2－5－7】 假如公司现在有第三个投资项目。项目 3 的现金流量如表 2－5－9 所示。

表 2－5－9 单位：元

项　目	C_0	C_1	C_2	PI	$NPV_{12\%}$
3	－1 000	500	6 000	4.23	4 230

同时假设：

①该公司项目之间相互独立；②公司只有 2 000 万元可供投资。由于项目 1 需要初始投资额为 2 000 万元，因此，公司一旦选择了项目 1 就不可能再选择其他项目。而项目 2 和项目 3 都只需要 1 000 万元的初始投资，可以同时采纳这两个项目。

在资金有限的情况下，不能仅仅依据单个项目的净现值进行排序，而应该根据现值与初始投资的比值进行排序。由于项目 2 和项目 3 各自的盈利指数均大于项目 1，则在资本配置时就应该优先考虑。

4. 折现投资回收期法(Payback)

项目的折现投资回收期是指用该项目的折现现金流量清偿初始投资所需的时间。通过对每一阶段的现金流量折现，再累加这些折现现金流量，最后计算出达到初始投资所需要的折现现金流量的时间长度。

【例 2—5—8】 考虑有一个项目产生的现金流量如下所示：$C_0=-10\ 000$ 元，$C_1=3\ 000$ 元，$C_2=3\ 300$ 元，$C_3=3\ 400$ 元，$C_4=3\ 800$ 元，$C_5=4\ 000$ 元。假设折现率为 12%。

首先对每一期的现金流进行折现，可以得到各期的现金流量现值如表 2—5—10 所示。

表 2—5—10 单位：元

C	−10 000	3 000	3 300	3 400	3 800	4 000
PV	−10 000	2 678.57	2 630.74	2 420.05	2 414.97	2 269.71

根据表 2—5—10 可知，前四年的折现现金流为 10 144.33 元，因而收回初始投资 10 000 元的回收期略小于四年。若假定的投资回收期为三年，则该项目不可行；若设定的投资回收期为四年以上，则该项目可行。

折现投资回收期法则：当项目的折现投资回收期小于设定的回收期时，说明该投资可以在规定的期限内实现一定的盈利，则项目有利可图；相反，当项目的折现投资回收期大于设定的回收期时，则该项投资不能在规定的时限内收回投资，则项目无利可图。

折现投资回收期法的缺陷：首先，在进行决策分析时，需要设定一个回收期作为基准，这将导致某种程度上的主观决策。其次，折现投资回收期法未能考虑项目在目标回收期后产生的现金流量。

(二)非折现的分析评价方法

非折现的方法不考虑时间价值，把不同时间的货币收支看作等效的。这些方法在选择方案时起辅助作用。

1. 投资回收期法

回收期是指投资引起的现金流入累积到与投资额相等所需要的时间。它代表收回投资所需要的年限。回收年限越短，方案越有利。

在原始投资一次支出，每年现金净流入量相等时：

$$回收期=\frac{原始投资额}{每年现金流入量} \tag{2—5—4}$$

投资回收期法的适用性：

(1)回收期法计算简便,并且容易为决策人所正确理解。

(2)在评估投资环境不稳定、风险较大的投资项目时,可以使用回收期法,这意味着早点收回投资就可以避免不稳定因素的影响。

(3)流动资金短缺、较难筹集外部资金的企业,可以选择回收期短的投资项目,尽快收回投资成本,此时就可以利用投资回收期法。

(4)对于小型企业或者小型投资项目的决策具有较大的适用性。

投资回收期法的缺陷:

(1)未能考虑回收期标准之后产生的现金流量,会导致优先考虑急功近利的项目,可能导致放弃长期成功的方案。

(2)回收期法未能考虑回收期内现金流量的时间序列(现金流入方式)。若项目 1 和项目 2 的回收期相等,回收期法则认为两个项目都可行。但如果项目 2 的大额现金流量发生的时间较早,故项目 2 的净现值较大,这就说明了投资回收期法逊于净现值法。

真题回顾

(上海财经大学 2011)采用投资回收期法进行决策分析时易产生误导,使决策者接受短期利益大而舍弃长期利益高的投资方案,这是因为(　　)。

A. 该指标忽略了收回原始投资后的现金流状况

B. 该指标未考虑货币时间价值因素

C. 该指标未利用现金流量信息

D. 该指标在决策上伴有主观臆断的缺陷

参考答案:A。题目答案中的四种情况都是投资回收期法的缺陷,但是针对题目的情况是因为投资回收期只关心回收情况,而忽视了项目回收期后事项,这样就会造成投资者的短视效应,进而舍弃了长期利益高的投资方案。

2. 平均会计收益率法

平均会计收益率法是用投资项目经济周期内的平均收益率来评估投资项目的一种方法。其计算方法是将税后平均净收益除以平均账面投资额,即:

$$平均会计收益率=\frac{平均净收益}{平均账面投资额}\times 100\% \qquad (2-5-5)$$

这种方法计算简便,应用范围很广。它在计算时使用会计报表上的数据,以及普通会计的收益和成本观念。

【例 2—5—9】 某公司正考虑如下投资方案,如表 2—5—11 所示。

表 2—5—11　　某公司的投资方案

时间	投资支出	净利润	折旧	现金流量
0	—100 000			
1		10 000	20 000	30 000
2		13 000	20 000	33 000

续表

时间	投资支出	净利润	折旧	现金流量
3		14 000	20 000	34 000
4		18 000	20 000	38 000
5		20 000	20 000	40 000

计算平均会计收益率：

(1)计算平均净收益

该方案的平均净收益＝(10 000＋13 000＋14 000＋18 000＋20 000)÷5＝15 000(元)

(2)计算平均投资额

该方案的平均投资额＝(期初投资额＋期末投资额)÷2＝(100 000＋0)÷2＝50 000(元)

(3)计算平均会计收益率

平均会计收益率＝平均净利润÷平均投资额＝15 000÷50 000＝30%

若公司设定的最低收益率大于30%,项目则将被放弃;若公司设定的最低收益率小于30%,项目则可以被接受。

平均会计收益率法的优点在于:它是一种衡量营利性的简单方法,使用的概念易于理解;使用财务报告的数据容易取得;考虑了整个项目寿命期的全部利润。

平均会计收益率法的缺陷:使用账面收益而非现金流量,过分依赖于诸如收益和投资的会计数据,对会计方法的变化过于敏感,如忽视了折旧对现金流量的影响;忽视了净收益的时间分布对于项目经济价值的影响。平均会计收益率法与回收期法一样,未能提出如何确定一个合理的目标收益率。

表2－5－12　　投资决策方法的比较

评价指标	决策准则	优　点	缺　点
净现值法(NPV)	如果按投资者的要求收益率r折现,$NPV\geqslant 0$,项目是可行的;$NPV<0$,项目是不可行的	考虑了现金流量发生的时间;提供了一个与企业价值最大化目标相一致的客观决策标准;理论上是最为正确的方法	
内部收益率法(IRR)	如果$IRR\geqslant r$,项目则是可行的;如果$IRR<r$,项目则是不可行的	作用类似于净现值,经常得出与净现值法相一致的结论;容易理解	可能出现多个内部收益率问题;在互斥项目比较中可能给出错误的评价
盈利指数法(PI)	如果$PI\geqslant 1$,项目则是可行的;如果$PI<1$,项目则是不可行的	作用类似于净现值,经常得出与净现值法相一致的结论;容易理解	在互斥项目比较中,有时会得出与净现值矛盾的结论

续表

评价指标	决策准则	优　点	缺　点
平均会计收益率法（*AAR*）	平均会计收益率越高越好。项目平均会计利润率（*AAR*）应高于企业所要求的目标平均会计利润率（*AAR*）	计算简便，数据易取得	忽视了货币的时间价值；缺乏客观性；没有反映市场信息
投资回收期法	回收期越短越好，回收期应小于所要求的回收期，但回收期不应该用于决定项目的取舍	概念明确、使用简便；初步衡量了项目风险；衡量了项目的变现能力	没有考虑现金流量发生的时间；忽视了回收期之后的现金流量；不是一个客观的决策标准
折现投资回收期法	回收期越短越好，回收期应小于所要求的回收期，但回收期不应该用于决定项目的取舍	概念明确、使用简便；初步衡量了项目风险；衡量了项目的变现能力；考虑了现金流量发生的时间	忽视了回收期之后的现金流量；没有考虑现金流量的时间序列

真题回顾

（中南财经政法大学 2012）公司有两个互斥的项目现金流，公司的折算率为 10%，如表 2—5—13 所示。

表 2—5—13　　互斥项目现金流

年　份	项目 A	项目 B
0	−200 000	−500 000
1	200 000	200 000
2	150 000	300 000
3	150 000	300 000

（1）根据回收期法，应选择哪个项目？

（2）根据净现值法，应选择哪个项目？

参考答案：

（1）根据回收期法，项目 A 第一年即可收回成本，项目 B 需要两年才可收回成本，故应选择项目 A。

（2）根据净现值法，项目 A 和项目 B 的净现值分别为：

$$NPV_A=\sum_{t=1}^{n}\frac{C_t}{(1+r)^t}-C_0=-200\ 000+\frac{200\ 000}{1+0.1}+\frac{150\ 000}{(1+0.1)^2}+\frac{150\ 000}{(1+0.1)^3}=218\ 482$$

$$NPV_B=\sum_{t=1}^{n}\frac{C_t}{(1+r)^t}-C_0=-500\ 000+\frac{200\ 000}{1+0.1}+\frac{300\ 000}{(1+0.1)^2}+\frac{300\ 000}{(1+0.1)^3}=155\ 147$$

由于项目 A 的净现值大于项目 B 的净现值，因此应该选择 A。

三、增量现金流

(一)现金流量与会计利润

公司理财中,通常运用的是现金流量而并非财务会计强调的收入和利润,因为净现值是对现金流量而不是收益的折现。当考虑一个项目时,我们对项目产生的现金流量进行折现。当从整体评价一家公司时,应对股利而不是利润贴现,因为股利是投资者收到的现金流量。

在做投资决策时,只能用现金流而不是用利润来进行折现,因为利润并不代表收到的现金流,企业不可能利用没有现金流支撑的利润来购买原材料,支付职工薪酬,分发股利。

此外,仅仅讲现金流是不完全的,在计算项目的净现值时,所运用的现金流量应该是因项目而产生的现金流量"增量"。这些现金流量是公司接受一个项目而引发的直接后果——现金流量的变化。

(二)现金流的估计

1. 不可混淆平均收入与增量收入

投资决策不应该根据其收入判断项目的投资价值,而应该对项目的增量投资的净现值进行评估,例如,盈利部门的项目或许已经失去市场,而同时会向亏损部门投资,却得到净现值远远大于投资于盈利部门的增量投资。

2. 应当包括所有的附带影响(负效应)

侵蚀效应是指新项目减少原有产品的销量和现金流。协同效应是指该新项目同时增加了公司原有项目的销量和现金流。

3. 不可忘记营运资本要求

大多数项目需要额外的净营运资本投入,因此,这种投入必须纳入预期现金流。同样,当项目接近结束时,往往会收回部分投资,而这必须看作现金收入。

4. 必须包括机会成本

5. 切勿计入沉没成本

成本(收入)按其发生是否与决策项目相关分为相关成本(收入)与非相关成本(收入)。相关成本(收入)是指与制定特定的决策方案有关联影响的成本(收入);与此相反,与特定决策无关的、在分析评估时不必加以考虑的成本称为非相关成本(收入)。如果将非相关成本纳入投资项目的总成本,不仅浪费时间和精力,而且容易与相关数据混淆,甚至可能会导致错误。例如,差额成本、未来成本、重置成本、机会成本等都属于相关成本;沉没成本、过去成本、账面成本等都属于非相关成本。

表 2—5—14　　常见成本概念介绍

依 据	类 别	含 义	是否相关
可避免否	可避免成本	指在决策制定中通过采用一个项目代替另一个项目就可以避免的成本	相关成本
	不可避免成本	指无论采用哪一个项目均会存在的成本	不相关成本

续表

依据	类别	含义	是否相关
时间	未来成本	目前尚未发生并且会因现在或将来的决策改变的成本	相关成本
	过去成本【沉没成本】	已经发生的并且不会因现在或将来的决策改变的成本	不相关成本
其他	机会成本	决策过程中当选择一个项目而放弃另一个项目时，所失去的被放弃项目的预期收益	相关成本
	差异成本【增/减量成本】		相关成本
	差异收入【增/减量收入】	任何两个备选项目之间的收入差异	相关成本

6. 注意分摊间接费用

通常来说，一项费用的受益方为很多项目。会计上通过成本分摊将该费用分摊到最终的每个不同的项目中。但是，在投资预算中，成本分摊只能是当该现金流出作为一个项目的增量现金流的时候才能计入该项目中。

7. 通货膨胀与资本预算

(1)利率与通货膨胀。由于存在通货膨胀，实际和名义现金流量之间的关系可以用公式表示如下：

$$1+\text{名义利率}=(1+\text{实际利率})\times(1+\text{通货膨胀率})$$

$$\text{近似得：实际利率}\approx\text{名义利率}-\text{通货膨胀率} \quad (2-5-6)$$

(2)现金流量与通货膨胀。

名义现金流：实际受到或支出的货币。

实际现金流：现金流的实际购买力。

$$\text{实际现金流}=\frac{\text{名义现金流}}{(1+\text{通货膨胀率})^t} \quad (2-5-7)$$

(三)经营性现金流量的不同算法

$$EBIT=\text{销售收入}-\text{成本}-\text{折旧} \quad (2-5-8)$$

$$\text{所得税}=EBIT\times t_c \quad (2-5-9)$$

$$\text{经营性现金流}(OCF)=EBIT+\text{折旧}-\text{所得税} \quad (2-5-10)$$

经营现金流有间接法、直接法及税盾法，具体见表 2—5—15。

表 2—5—15　　经营性现金流量的不同算法

间接法	直接法	税盾法
项目净利润＝$EBIT$－所得税	经营性现金流(OCF)＝销售收入－成本－所得税	经营性现金流(OCF)＝(销售收入－成本)×(1－t_c)＋折旧×t_c
经营性现金流(OCF)＝净利润＋折旧		

(四)所得税和折旧对现金流量的影响

现在进一步讨论所得税对投资决策的影响。由于所得税是企业的一种现金流出，它的大小取决于利润大小和税率高低，而利润大小受折旧方法的影响，因此，讨论所得税问题必然会涉及折旧问题。在前面部分未讨论所得税问题，在哪种情况下折旧与现金流量无关，自然也不可能讨论折旧问题。折旧对投资决策产生影响，实际是所得税存在引起的。因此，这两个问题要放在一起讨论。

1. 税后成本和税后收入

凡是可以减免税负的项目，实际支付额并不是真实的成本，而应将因此而减少的所得税考虑进去。扣除了所得税影响以后的费用净额，称为税后成本。税后成本的一般公式为：

税后成本＝支出金额×(1－税率)

与税后成本相对应的概念是税后收入。由于税的作用，企业营业收入的金额有一部分会流出企业，企业实际得到的现金流入是税后收入：

税后收入＝收入金额×(1－税率)

这里所说的"收入金额"，是指根据税法规定需要纳税的收入，不包括项目结束时收回垫支资金等现金流入。

2. 折旧的抵税作用

众所周知，增加成本会减少利润，从而使所得税减少。如果不计提折旧，企业的所得税将会增加许多。折旧可以起到减少税负的作用，这种作用称之为"折旧抵税"或"税收挡板"。

【例 2－5－10】 假设有甲公司和乙公司全年销货收入、付现费用均相同，所得税率为 40%。两者的区别是甲公司有一项可计提折旧的资产，每年折旧额相同。两家公司的现金流量见表 2－5－16。

表 2－5－16 **折旧对税负的影响** 单位：美元

项　目	甲公司	乙公司
销售收入	20 000	20 000
费　用		
付现营业费用	10 000	10 000
折　旧	3 000	0
合　计	13 000	10 000
税前净利	7 000	10 000
所得税(40%)	2 800	4 000
税后净利	4 200	6 000
营业现金流入		
净　利	4 200	6 000
折　旧	3 000	0
合　计	7 200	6 000
甲公司比乙公司拥有较多的现金	1 200	

甲公司的利润虽然比乙公司少 1 800 美元，但现金净流入却多出 1 200 美元，其原因在

于有3 000美元的折旧计入成本，使应税所得减少3 000美元，从而少纳税1 200美元(3 000×40%)。这笔现金保留在企业中，不必缴。从增量分析的观点来看，由于增加了一笔3 000美元折旧，企业获得1 200美元的现金流入。折旧对税负的影响可按下式计算：

税负减少额＝折旧额×税率
＝3 000×40%
＝1 200(美元)

【例2—5—11】 某美国公司2003年购入一项设备，价值10 000美元，某美国公司使用平均年限法折旧，折旧年限为10年，残值为0，则：

2003年度的折旧额＝10 000÷10×50%＝500(美元)

2004—2012年的每年折旧额＝10 000÷10×50%＋10 000÷10×50%＝1 000(美元)

2013年度的折旧额＝10 000÷10×50%＝500(美元)

3. 税后现金流量

建设期现金流量常包括长期资产投资(包括固定资产、无形资产、其他长期资产)；垫支的流动资金；原有资产变现净损益对所得税的影响。

终结点净现金流量：回收垫支的流动资金；回收固定资产净残值及其对所得税的影响。

营业现金流量＝营业收入－付现成本－所得税＝税后利润＋折旧
＝收入×(1－税率)－付现成本×(1－税率)＋折旧×税率
(2—5—11)

推导公式如下：

(1)根据现金流量的定义计算

根据现金流量的定义，所得税是一种现金支付，应当作为每年营业现金流量的一个减项。

营业现金流量＝营业收入－付现成本－所得税　(2—5—12)

(2)根据年末营业结果来计算

企业每年现金增加来自两个主要方面：一个是当年增加的净利；另一个是计提的折旧，以现金形式从销售收入中扣回，留在企业里。

营业现金流量＝税后净利润＋折旧　(2—5—13)

这个公式与公式(2—5—12)是一致的，可以从(2—5—12)直接推导出来：

营业现金流量＝营业收入－付现成本－所得税
＝营业收入－(营业成本－折旧)－所得税
＝营业利润＋折旧－所得税
＝税后净利润＋折旧　(2—5—14)

(3)根据所得税对收入和折旧的影响计算

根据前面讲到的税后成本、税后收入和折旧抵税可知，由于所得税的影响，现金流量并不等于项目实际的收支金额。

税后成本＝支出金额×(1－税率)

税后收入＝收入金额×(1－税率)

税负减少＝折旧×税率

因此,现金流量应当按下式计算:

营业现金流量=税后收入-税后成本+税负减少=收入×(1-税率)-付现成本×(1-税率)+折旧×税率 (2-5-15)

这个公式也可以根据公式(2-5-13)直接推导出来:

营业现金流量=税后净利+折旧=(收入-成本)×(1-税率)+折旧
=(收入-付现成本-折旧)×(1-税率)+折旧
=收入×(1-税率)-付现成本×(1-税率)-折旧×(1-税率)+折旧
=收入×(1-税率)-付现成本×(1-税率)-折旧+折旧×税率+折旧
=收入×(1-税率)-付现成本×(1-税率)+折旧×税率 (2-5-16)

上述三个公式,最常用的是公式(2-5-15),因为企业的所得税是根据企业总利润计算的。在决定某个项目是否投资时,往往使用差额分析法确定现金流量,并不知道整个企业的利润及与此有关的所得税,这就妨碍了公式(2-5-12)和公式(2-5-13)的使用。公式(2-5-15)并不需要知道企业的利润是多少,使用起来比较方便。尤其是有关固定资产更新的决策,我们没有办法计量某项资产给企业带来的收入和利润,以至于无法使用前两个公式。

在分别研究了税后成本、税后收入和折旧抵税之后,下面用一个例子来说明存在所得税的情况。

【例2-5-12】 某公司有一台设备,购于3年前,现在考虑是否需要更新。该公司所得税率为40%,其他有关资料见表2-5-17。

表2-5-17　　某公司的设备情况　　单位:美元

项　目	旧设备	新设备
原　价	60 000	50 000
税法规定残值(10%)	6 000	5 000
税法规定使用年限(年)	6	4
已用年限	3	0
尚可使用年限	4	4
每年操作成本	8 600	5 000
两年后大修成本	28 000	
最终报废残值	7 000	10 000
目前变现价值	10 000	
每年折旧额	(直线法)	(年数总和法)
第一年	9 000	9 000
第二年	9 000	15 750
第三年	9 000	11 250
第四年	4 500	6 750
第五年	0	2 250

假设两台设备的生产能力相同，并且未来可使用年限相同，因此，我们可通过比较其现金流出的总现值，判断方案优劣（见表 2－5－18）。更换新设备的现金流出总现值为 39 787.3 美元，比继续使用旧设备的现金流出总现值 37 692.36 美元要多出 2 094.94 美元。因此，继续使用旧设备较好。如果未来的尚可使用年限不同，则需要将总现值转换成平均年成本，然后进行比较。

表 2－5－18　　单位：美元

项　目	现金流量	时间（年次）	系数（10%）	现　值
继续用旧设备：				
旧设备变现价值	－10 000	0	1	－10 000
旧设备变现损失减税	(10 000－33 000)×0.4＝－9 200	0	1	－9 200
每年付现操作成本	8 600×(1－0.4)＝－5 160	1－4	3.17	－16 357.2
每年折旧抵税				
第一年	9 000×0.4＝3 600	1	0.909	327.24
第二年	9 000×0.4＝3 600	2	0.826	2 973.6
第三年	9 000×0.4＝3 600	3	0.751	2 703.6
第四年	4 500×0.4＝1 800	4	0.683	1 229.4
第五年	0×0.4＝0	5	0.621	0
两年末大修成本	28 000×(1－0.4)＝－16 800	2	0.826	－13 876.8
残值变现收入	7 000	4	0.683	4 781
残值变现净收入纳税	(7 000－6 000)×0.4＝－400	4	0.683	－273.2
合　计				－37 692.36
更换新设备：				
设备投资	－50 000	0	1	－50 000
每年付现操作成本	5 000×(1－0.4)＝－3 000	1－4	3.17	－9 510
每年折旧抵税				
第一年	9 000×0.4＝3 600	1	0.909	3 272.4
第二年	15 750×0.4＝6 300	2	0.826	5 203.8
第三年	11 250×0.4＝4 500	3	0.751	3 379.5
第四年	6 750×0.4＝2 700	4	0.683	1 844.1
第五年	2 250×0.4＝900	5	0.621	558.9
残值收入	10 000	4	0.683	6 830
残值净收入纳税	(10 000－5 000)×0.4＝－2 000	4	0.683	－1 366
合　计				－39 787.3

四、净现值法的实际应用

在投资决策中，净现值法是普遍适用的法则，但是在公司理财实践中，投资者常常会遇到一些常规的投资决策，如新旧设备替换决策、不同使用寿命设备的选择等，简单地运用*NPV*法则就意味着公司应该选择其成本具有较小现值的机器设备。然而，这种判断标准会造成错误的结果，因为成本较低的机器设备重置时间可能早于另一种机器设备。

(一)不同生命周期的投资

【例 2－5－13】 某公司要对两种机器设备进行选择，设备 A 比设备 B 便宜，但是使用寿命会更短。这两种设备的现金流出量如表 2－5－19 所示。

表 2－5－19 单位：万元

设　备	C_0	C_1	C_2	C_3	C_4
A	500	120	120	120	
B	600	100	100	100	100

假设折现率为 10％，以此来计算两种设备的成本的现值：

设备 A：$PV=500+\frac{120}{1.1}+\frac{120}{1.1^2}+\frac{120}{1.1^3}=798.42$(万元)

设备 B：$PV=600+\frac{100}{1.1}+\frac{100}{1.1^2}+\frac{100}{1.1^3}+\frac{100}{1.1^4}=916.99$(万元)

设备 B 具有较高的流出量现值，则会出现一种错误的投资决策，即选择设备 A。然而，设备 B 有较长的使用周期，因而可能实际年均成本更低。

为避免以上错误的发生，在这里引入约当年均成本法。

约当年均成本，也称为等价年度成本，是指目标项目投资期内基于该期间现金流出现值的年金，用公式表示为：

$$\sum_{t=1}^{N}\frac{EAC}{(1+r)^t}=C_0+\sum_{t=1}^{N}\frac{C_t}{(1+r)^t} \tag{2－5－17}$$

式中，EAC 表示等额年金，C_t 表示第 t 期的现金流出量，C_0 表示初始投资额，r 表示贴现率。

通过以上公式分别计算设备 A 和设备 B 的约当年均成本，可见表 2－5－20。

表 2－5－20

	C_0	C_1	C_2	C_3
A 的现金流	500	120	120	120
A 的约当年均成本		321.05	321.05	321.05

	C_0	C_1	C_2	C_3	C_4
B 的现金流	600	100	100	100	100
B 的约当年均成本		289.28	289.28	289.28	289.28

通过约当年均成本法，我们可以得到，设备 B 每年支付的成本较小，所以选择设备 B 是正确的投资。

(二)设备重置的一般性决策

[例 2-5-14] 某公司拟购置一台新设备，初始投资为 9 000 元，使用寿命为 6 年，每年的修理费用预计为 200 元，设备无残值。公司原有老设备尚可继续使用 4 年，为了保持其生产能力，其修理费每年递增，残值递减。该老设备每年的修理费和残值见表 2-5-21。

表 2-5-21

时 刻	修理费	残值
0	0	4 000
1	1 000	2 500
2	2 000	1 500
3	3 000	1 000
4	4 000	0

假设新老设备所产生的年收入是一样的，且投资者的期望收益率为 10%，那么，投资者是否应该更换设备？

计算新旧设备的现金流出的现值：

$$PV(\text{新设备})=9\ 000+\frac{200}{1.1}+\frac{200}{1.1^2}+\frac{200}{1.1^3}+\frac{200}{1.1^4}+\frac{200}{1.1^5}+\frac{200}{1.1^6}=9\ 871.025(\text{元})$$

$$PV(\text{旧设备})=\frac{1\ 000}{1.1}+\frac{2\ 000}{1.1^2}+\frac{3\ 000}{1.1^3}+\frac{4\ 000}{1.1^4}=7\ 547.9(\text{元})$$

如果用净现值法计算，旧设备的现金流出成本较少，但事实上，约当年均成本的比较关系并不如此：

EAC(新设备)$=2\ 266.6$(元)

EAC(旧设备)$=2\ 381$(元)

因此，即使在不考虑旧设备变现收入的情况下，新设备优于旧设备，应该用新设备替换旧设备。如果同时考虑旧设备 4 000 元的残值收入，则更应当利用新设备替换旧设备。

真题回顾

(上海财经大学 2013)假设某新设备使用寿命为 4 年，总成本现值为 1 200 元，贴现率为 10%，则设备的约当年均成本为(　　)元。

A. 285.5　　B. 360　　C. 200　　D. 378.6

参考答案：D。

$$\sum_{t=1}^{N}\frac{EAC}{(1+r)^t}=C_0+\sum_{t=1}^{N}\frac{C_t}{(1+r)^t}$$

$$\sum_{t=1}^{N}\frac{EAC}{(1+10\%)^4}=1\ 200，\text{得 }EAC=378.6(\text{元})。$$

五、资本预算中的风险分析

净现值法建立在对未来现金流和贴现率的预期基础上，净现值是在现有信息条件下计算出来的项目投资收益期望值，它表明的仅仅是未来投资收益可能的平均水平值。但是投资决策总会存在一定程度的不确定性。在进行不确定性分析时，可以通过改变假设条件并研究这一变动对投资分析结果的影响力，来测试投资分析的适用性，然后，利用以上得出的结果进行最终的项目决策。另外，企业在进行资本预算时也会考虑投资经营灵活性的项目，此时，调整项目的机会就显得相对重要。

(一)项目风险分析的主要概念

在前面的分析中，项目的现金流量是可以确知的假设，但实际上真正意义上的投资项目总是有风险的，项目未来现金流量总会具有某种程度的不确定性。如何处置项目的风险是一个很复杂的问题，必须谨慎处理。

1. 盈利风险

任何投资项目都是有风险的，或者说，营利性是不确定(不稳定)的。营利性的不稳定性来自以下原因：(1)在整个项目期限内，未来经营现金流入发生非预期的变化，包括销售数量、价格、成本和费用的非预期变化；(2)在整个项目期限内，筹资成本会发生变化，包括资本市场供求关系的变化和公司资本结构的变化；(3)项目的相关产品的寿命可能短于预期，项目提前结束了或者转产其他产品；(4)政府对现存法律的修改和颁布新的强制性规定，可能在任何时候导致额外的投资和费用；(5)通货膨胀、经济衰退可能影响现金流量的实际价值；(6)国际经济和金融市场的变动可能影响项目的现金流量；(7)国际或国内的政治事件可能影响项目的现金流量，甚至迫使项目终止。上述因素均与资本预算有关。公司制定资本预算时，不仅要考虑这些风险的大小并将其纳入项目的评估范围，还应在设计项目时尽可能地减少这些不确定性。

2. 项目风险的层次

项目风险的类别在项目分析中，项目的风险可以从三个层次来看待：

(1)项目的特有风险

项目的特有风险是指项目本身的风险，它可以用项目预期收益率的波动性来衡量。例如，一项高新技术项目失败的可能性大，但是如果成功，是可以获得很高的报酬，收益的波动性很大。如果公司只有一个项目，投资人只投资于这个公司，那么项目的特有风险可以衡量投资人的风险，成为资本预算时使用的风险度量。通常，项目的特有风险不宜作为项目资本预算时风险的度量。例如，某企业每年要进行数以百计的研究开发项目，每个项目成功的概率只有10%左右。项目如果成功，企业将获得巨额利润；项目如果失败，则会损失其全部投入。如果该企业只有一个项目，而且就是研究开发项目，则企业失败的概率为90%。当孤立地考察并度量每个研究开发项目自身特有的风险时，它们无疑都具有高度的风险。但从投资组合角度看，尽管该企业每年有数以百计的各自独立的研究开发项目，且每个项目都只有10%的成功可能性，但这些高风险项目组合在一起后，单个项目的大部分风险可以在企业内部分散掉，此时，企业的整体风险会低于单个研究开发项目的风险，或者说，单个研究开发项目并不一定会增加企业的整体风险。因此，项目自身的特有风险不宜作为项目资本预算的风险度量。

(2)项目的公司风险

项目的公司风险是指项目给公司带来的风险。项目的公司风险可以用项目对于公司未来收入不确定的影响大小来衡量。例如,一个新的投资项目与公司现有资产的平均风险相同,新的项目被采纳,不改变公司整体未来收入的不确定性,尽管公司的期望收入增加了,但是收入的不确定性并没有增加。因此,该项目没有公司风险。如果一个新项目的风险比公司现有资产的平均风险大,采纳该项目会增加公司未来收益的不确定性,该项目对于投资人来说具有公司风险。考虑到新项目特有的风险可以通过与企业内部其他项目的组合而分散掉一部分风险,因此,应着重考察新项目对企业现有项目组合的整体风险可能产生的增量。这个增量不是项目的全部特有风险,而是扣除已被分散化后的剩余部分。对于只是投资于一个公司的投资人来说,公司投资新项目给它带来的影响,只是这个风险增量即项目的公司风险。

(3)项目的市场风险

项目的市场风险是指新项目给股东带来的风险,这里的股东是指投资于许多公司,其投资风险已被完全分散化的股东。从股东角度来看待,项目特有风险被公司资产多样化分散后剩余的公司风险中有一部分能被股东的资产多样化组合而分散掉,从而只剩下任何多样化组合都不能分散掉的系统风险。从资产组合及资本资产定价理论角度看,度量新项目资本预算的风险时,不应考虑新项目实施对企业现有风险水平可能产生的全部增减影响,因为企业股东可以通过构造一个证券组合,来消除单个股权的大部分风险。

所以,唯一影响股东预期收益的是项目的系统风险,而这也是理论上与项目分析相关的风险度量。

(二)资本预算中的风险分析方法

NPV 分析是一种较好的资本预算技术。事实上,由于 *NPV* 法使用现金流量而非利润,它计算所有的现金流量,采用恰当的折现率进行折现,很难发现 *NPV* 有任何内在的理论缺陷。然而,资本预算规划往往相当令人印象深刻,在计算时,甚至可以细致到每年的几千美元或每月的几美元;机会成本和负效应也得到妥当的处置;沉没成本也被妥善地规避。当看到现金流量分析表最后一栏的很大的正净现值时,人们往往很容易急于批准立项。但结果是,实际的现金流量往往与规划的现金流量不相符,公司的投资项目也以亏损而告终。

1. 敏感性分析

敏感性分析(sensitivity analysis)是指在其他经济解释变量保持不变时,第 i 个经济变量 X_i 的变动给项目分析对象 Y 造成的影响以及影响程度的一种分析方法。敏感度分析的原则是:在等额的变动幅度下,敏感度越大的变量对目标项目的影响力也越大,该变量就必然成为经营中的关键变量。管理层为了使得目标项目现金流按预期发生,需尽可能关注、管理和控制敏感度大的变量。敏感度的计算公式为:

$$\text{敏感度}=\frac{\partial Y}{\partial X_i} \tag{2—5—18}$$

对于项目而言,敏感度分析就是要找出对项目净现值影响大的变量,并在项目有效期内尽可能地控制其变动,力求保持这些变量稳定性的分析方法。

【例 2—5—15】 例如，X 公司生产某种设备，并且想要进行大规模地生产。初始投资为 1 500 百万元，在未来 5 年内进行生产和销售。初步的现金流量见表 2—5—22。

表 2—5—22 项目收入与成本假设 单位：百万元

投 入	第 1 年	第 2～6 年
收入		6 000
变动成本		3 000
固定成本		1 791
折旧		300
税前利润		909
税收(t_c=0.34)		309
净利润		600
现金流入量		900
初始投资	−1 500	

若 X 公司决定继续进行该项目的投资、生产，按 15%的贴现率计算，*NPV* 为：

$$NPV=-150\ 000+\sum_{t=1}^{5}\frac{90\ 000}{1.15^t}=151\ 700(\text{万元})$$

因为 *NPV* 为正，依据财务理论，X 公司应该接受该项目。然而，实际的情况往往与规划的情况不相符，在正式投资之前，应该检测一下该项目收入和成本的潜在假设。

(1)总收入

假设市场营销部预计每年的销售收入为：

该设备的销售量＝市场份额×该设备的销售量的市场容量

3 000＝0.3×10 000

每年销售收入＝设备的销售量×销售单价

600 000 万元＝3 000×200 万元

由此可见，该设备的总收入预测取决于以下三个假设：

①市场份额。

②设备的市场容量。

③每台设备的销售单价。

(2)成本

成本通常划分为两大类：变动成本和固定成本。

①变动成本随着产量的变动而变动，当产量为零时，变动成本也为零。直接人工费和原材料成本通常都属于可变成本。一般来说，变动成本与产量是成比例的。典型的变动成本是那些每一单位产品固定不变的成本。

②固定成本与某一特定时期的产品或服务的数量无关。固定成本常常用每一单位时间的成本衡量，如每月的租金或年薪。自然而然地，固定成本并非是永远固定不变的，只在某一特定时期内是固定的。

假设该设备的单位变动成本为1百万元，年固定成本为1 791百万元，则成本分解为：

变动成本＝单位变动成本×设备的销售量

300 000万元＝100万元×3 000

税前总成本＝变动成本＋固定成本

479 100万元＝300 000万元＋179 100万元

以上对市场容量、市场份额、销售单价、单位变动成本、固定成本以及初始投资的估计，见表2—5—23的中间栏。这些数据是X公司对市场规模、市场份额等不同变量的正常估计。为便于比较，公司的财务分析师同时提供了不同变量在乐观和悲观状态下的估计值，同样列于表2—5—23中。

表2—5—23　　X公司对设备的不同变量的估计　　单位：百万元

变　量	悲观估计	正常估计	乐观估计
市场容量(台/年)	5 000	10 000	20 000
市场份额	20%	30%	50%
销售单价(万元)	1.9	2	2.2
变动成本(每台)(万元)	0.2	1	0.8
固定成本(每年)(亿元)	1 891	1 791	1 741
投资(亿元)	1 900	1 500	1 000

表2—5—24　　对设备在第1期的*NPV*所做的敏感性分析　　单位：百万元

变　量	悲观估计	正常估计	乐观估计
市场容量(每年)	－1 802	1 517	8 154
市场份额	－696	1 517	5 942
销售单价	853	1 517	2 844
变动成本(每台设备)	189	1 517	2 844
固定成本(每年)	1 295	1 517	1 628
投资	1 208	1 517	1 903

敏感性分析假定一个变量变动而其他变量则维持原来的状态，即其他变量为正常估计值。例如，－1 802百万元的*NPV*是在市场容量悲观估计值为5 000时出现的；而此时表2—5—24中的其他变量则处于正常估计状态。

注：假设公司的其他部门是盈利的，这意味着在该设备项目上的亏损可由公司其他部门的利润来抵补。这样，在本项目上的亏损就给公司带来节税效应。

标准的敏感性分析是，假定其他变量处于正常估计值，计算某一变量在三种不同状态下可能估计出的NPV，这一过程如表2—5—24所示。例如，表2—5—22右上角的8 154百万元的NPV，是在市场容量为乐观估计值，即市场容量每年为20 000台，其他变量则处于正常估计水平，即市场份额为30%、销售单价为200万元、单位变动成本为100万元、每年固定成本为1 791百万元、投资额为1 500百万元时计算得出的。值得注意的是，表2—5—24中间栏的数据均为1 517百万元，这是由于在计算NPV时所有变量都同时使用了正常状态的估计值。

类似于表 2—5—24 的表格有多种用途。首先,从总体上来说,该表可以表明 *NPV* 分析是否值得信赖。换句话说,减少了前面所说的"安全错觉"。有可能出现这种情况:在每个变量处于正常估计状态时,*NPV* 为正值;然而,当每个变量为悲观估计值时,*NPV* 出现惊人的负值;而在每个变量都处于乐观估计状态时,*NPV* 则为惊人的正值。这意味着,在所有变量的正常估计中,即使出现一个错误,那也将大大地改变 *NPV*。这使得人们有理由对净现值法产生怀疑。在这种情况下,保守型的经理或许放弃 *NPV* 这一分析工具。值得庆幸的是,表 2—5—24 并不在此类,因为除了两个数据外,其余的 *NPV* 值均为正数。看了表 2—5—24 的经理很有可能认为 *NPV* 法是适用于分析该设备项目的。

其次,敏感性分析可以指出在哪些方面需要收集更多的信息。例如,在上例的项目中,投资额估计出现误差这一问题并不严重,因为即使是在最悲观的状态下,仍有 1 208 百万元的正 *NPV*。而市场份额在最悲观的估计下,则会导致 696 百万元的负 *NPV*;市场容量在最悲观的估计下,则会产生—1 802 百万元的负 *NPV*。由于在本项目中,收入的错误估计比成本的错误估计对 *NPV* 值是正是负影响更大,因此在分析过程中,必须就影响收入的变量收集更多的信息。

不过,敏感性分析法也存在着若干不足。例如,敏感性分析可能会更容易造成经理们所提的"安全错觉"。假定项目的所有悲观估计都将产生正 *NPV*,经理就会误认为该项目无论怎样都不会亏损。

事实上,也会存在着过分乐观估计悲观状态值的情形;为避免这种情形出现,有些公司并没有主观地对悲观估计和乐观估计进行预测,而是把各个变量的悲观估计简单地设定为正常估计状态的某个百分比,如低于正常状态 20%。然而,这种试图改进敏感性分析有效性的方法并不灵验,因为用同一固定百分比的偏离来确定所有变量的悲观状态忽略了一个事实,即某个变量比其他变量更易于预测,所有变量偏离正常状态的幅度并不等同。

另外,敏感性分析只是孤立地处理每个变量的变化,而实际上不同变量的变化很有可能是相互关联的。例如,无效的管理导致成本失控,公司的变动成本、固定成本和总投资这三个变量很有可能同时超过预期的正常估计水平。如果市场并不接受该设备,那么市场份额和销售单价将会同时下跌。针对上述问题通常采用场景分析来消除这一敏感性分析所存在的问题及影响。

2. 场景分析

场景分析(scenario analysis)是一种变异的情景分析,它是指从所有经济变量同时变动的角度,考察目标项目未来可能发生变化的一种分析方法。因此,该方法弥补了敏感性分析法仅仅从单个变量的变动角度考察项目净现值的缺陷,该方法对一些可能出现的情景进行考察,每个情景包含各种变量(包括宏观经济因素、产业结构因素以及公司因素)的综合影响。这些情景应该反映在未来经营中可能出现的、具有特定含义的经济状态或经济环境,项目实施者可以借助这些情景来分析项目的相应表现。举例来说,假设一些事故的影响:如事故将减少设备使用总量,从而抑制了对新设备的需求增加,而且,即使设备与事故无关,公众仍将反对任何有争议的技术引进和技术革新。由此,X 的市场份额就有可能下滑。意外事故场景下的现金流量计算如表 2—5—25 所示。

表 2—5—25 **意外事故场景下的现金流量预测** 单位:百万元

变 量	第 1 年	第 2—6 年
收入		2 800
变动成本		−1 400
固定成本		−1 791
折旧		−300
税前利润		−691
所得税率(T=0.34)		235
净利润		−456
现金流入量		−156
初始投资额	−1 500	

注:该表基于以下假设:市场容量为 7 000 台(正常状态的 70%),市场份额为 20%(正常状态的 2/3)。公司其他的利润可用于抵消此项目的亏损而达到节税效用。

根据表中的计算值,此时的 NPV 是:

$$NPV=-1\,500-\sum_{t=1}^{5}\frac{156}{(1.15)^t}=-2\,023(\text{百万元})$$

类似这样的一系列场景分析比标准的敏感性分析更能反映与项目有关的事项。

3. 盈亏平衡分析

盈亏平衡分析方法是确定公司盈亏平衡时所需达到的销售量,是敏感性分析方法的有效补充,这是因为它同样揭示了错误预测的严重性。

在四种不同预测的销售量下,净利润如表 2—5—26 所示。更为详细的成本和收入见表 2—5—27。

表 2—5—26 **利润表** 单位:百万元

销售量	净利润
0	−1 380
1 000	−720
3 000	600
10 000	5 220

在图 2—5—1 中,列明了在不同销售量假设下的收入、成本和利润。在收入曲线和成本曲线相交点,设备的销售量是 2 091 台,这就是盈亏平衡时所需达到的销售量。换言之,在盈亏平衡点,项目既不盈利也不亏损;一旦该设备的销售量超过 2 091 台,项目就有利润。

表 2—5—27　　不同销售量假设下的成本和收入　　单位:百万元,销售量除外

第1年	第2—6年								
初始投资	年销售量	收入	变动成本	固定成本	折旧	所得税($T=0.34$)	净利润	经营性现金流量	NPV(第1期的估计值)
1 500	0	0	0	−1 791	−300	711	−1 380	−1 080	−5 120
1 500	1 000	2 000	−1 000	−1 791	−300	371	−720	−420	−2 908
1 500	3 000	6 000	−3 000	−1 791	−300	−309	600	900	1 517
1 500	10 000	20 000	−10 000	−1 791	−300	−2 689	5 220	5 520	17 004

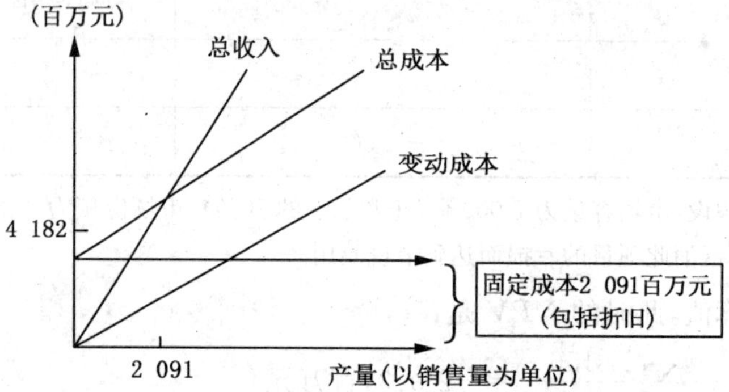

图 2—5—1　不同销售量假设下的收入、成本和利润

盈亏平衡点的计算很简单。设备的销售单价是 200 万元,每台变动成本是 100 万元,那么,每台设备的税后价差是:

销售单价－单位变动成本＝200 万元－100 万元＝100 万元

税后价差又称为边际贡献,即每增加销售一台设备对税后利润所作的贡献。

固定成本是 1 791 百万元,折旧是 300 百万元,这两者的税后成本是:

固定成本＋折旧＝1 791 百万元＋300 百万元＝2 091 百万元

这就是说,无论实现多少销售量,公司的固定成本都是 2 091 百万元。由于设备的边际贡献是 1 百万元,销售量只有达到以下水平时才能补偿公司的成本。

$$\text{会计利润的盈亏平衡点}=\frac{\text{固定成本}+\text{折旧}}{\text{售价}-\text{单位成本}}=\frac{2\ 091\text{ 百万元}}{1\text{ 百万元}}=2\ 091(\text{台})$$

因此,2 091 台设备就是产生会计利润所需的盈亏平衡点时的销售量。在公司理财中,与净利润相比,更应当关注的是现值。因此,必须计算项目现金流量的现值。给定贴现率为 15%,现有:

表 2—5—28　　**NPV 值**　　单位：百万元

销售量	NPV
0	−5 120
1 000	−2 908
3 000	1 517
10 000	17 004

上述这些 *NPV* 值与表 2—5—28 最后一栏相等。

由上所知，若 X 生产 1 000 台设备，则 *NPV* 为负数；若生产 3 000 台，则 *NPV* 为正数。显然，使 *NPV* 为零的产量介于 1 000—3 000 台之间。盈亏平衡点的现值也很容易计算。X 公司最初投资 1 500 百万元，这项初始投资可用适当的年金系数折算为 5 年的约当年均成本(*EAC*)：

EAC ＝初始投资额/(贴现率为 15%，5 年期年金系数)

＝15 亿元/3.352 2＝4.475 亿元

值得注意的是，447.5 百万元的 *EAC* 大于每年 300 百万元的折旧，这是因为 *EAC* 的计算是建立在 1 500 百万元的投资报酬率为 15%的假设上。无论产量多少，税后成本都是：

1 528 百万元＝447.5 百万元＋1 791 百万元×0.66－300 百万元×0.34

$=EAC+$固定成本$\times(1-t_c)-$折旧$\times t_c$

也就是说，除了初始投资的年费用 447.5 百万元，公司每年还须支付固定成本，同时享受折旧的节税效应。折旧的节税效应为负值，这是因为其抵补了等式中的成本。由于每增加销售一台发动机对税后利润的边际贡献是 66 万元，因此，抵消上述成本所需要的销售量是：

$$\text{现值的盈亏平衡点}=\frac{EAC+\text{固定成本}\times(1-t_c)-\text{折旧}\times t_c}{(\text{售价}-\text{单位成本})\times(1-t_c)}=\frac{15.28}{0.006\ 6}=2\ 315(\text{台})$$

2 315 台发动机是现值盈亏平衡点所需的销售量。可见会计盈亏平衡点与现值盈亏平衡点不相等。用会计利润计算盈亏平衡点时，剔除了每年 300 百万元的折旧，所以只要销售 2 091 台设备，X 公司就获得了足够的收入来补偿折旧和其他费用。不过，在这种销售水平下，X 公司无法补偿 1 500 百万元初始投资的机会成本。假设 1 500 百万元投资于其他项目而可获取相同的投资报酬率，那么，在生产期间每年摊销的投资成本应是 447.5 百万元，而不是 300 百万元。折旧降低了抵补初始投资所需的真实成本。因此，如果 X 公司只实现会计盈亏平衡点的销售量，实际上公司还是亏本，原因在于忽略了初始投资的机会成本。

注：该现值盈亏平衡点的推导为：令每年的现金流量与约当年均成本相等，

$$[(\text{售价}-\text{单位成本})Q_{\text{现值盈亏平衡点}}-\text{折旧}](1-t_c)+\text{折旧}=EAC$$

则有

$$Q_{\text{现值盈亏平衡点}}=\frac{EAC+\text{固定成本}\times(1-t_c)-\text{折旧}\times t_c}{(\text{售价}-\text{单位成本})\times(1-t_c)}$$

复习提示及知识补充二

蒙特—卡罗模拟法

利用敏感性分析方法，我们可以一次考虑一种变量变化的影响，而通过对项目针对不同情境进行考察，我们也可以考虑有限个变量较为合理地组合变化下的结果。蒙特—卡罗模拟(Monte-Carlo simulation)则是通盘考虑所有可能变动组合的一种工具。因此，利用蒙特—卡罗模拟法，可以得到项目可能结果完整的分布状况。

设想一位蒙特—卡罗的赌徒，完全不知道什么概率法则(偶然也有些赌徒知道)，但有一套复杂的轮盘赌策略。认为每经过 50 次轮盘转动，平均来说，这套策略可以获得 2.5%的收益。乐观的估计是每 50 次系列轮盘转动将获得 55%的收益，而悲观的估计则是损失 50%。那么，该怎样来核验概率是否果真如此呢？一种简单但也许昂贵的方法就是去赌场，每经过一个 50 次轮盘转动系列就记下结果。这样，100 个 50 次轮盘转动系列以后，就可以作出各种结果的频率分布图，计算出均值和上限、下限。

还有一种替代方法，就是利用计算机模拟轮盘赌的转轮，对之采用给定策略。换句话说，可以让计算机随机挑选数字来决定每次轮盘转动的结果，然后计算特定的赌博策略究竟可以获得多大的输赢。

这就是蒙特—卡罗模拟法的一个例子。在资本预算中，项目模型代替了赌博策略，项目的经营环境替代了轮盘赌的转盘。

电动小摩托项目的模拟

步骤 1：建立项目模型模拟的第一步是向计算机输入准确的项目模型。譬如说，小摩托项目的敏感性分析就基于下面的现金流模型：

现金流＝(收入－成本－折旧)×(1－税率)＋折旧

收入＝市场规模×市场份额×单位价格

成本＝(市场规模×市场份额×单位可变成本)＋固定成本

这就是上面介绍的敏感性分析中所需要的全部项目模型。不过，如果想模拟整个项目，就需要了解变量之间的相互作用。

譬如说，考虑第一个变量——市场规模。市场部门对项目生命期第 1 年的市场规模已经进行了估计，认为是 100 万辆小摩托，但并不清楚这种结果的由来。真实的市场规模将会超过或者低于预期，其差额就是市场部的预测误差：

第 1 年的市场规模＝第 1 年的期望市场规模×(1＋第 1 年的预测误差)

尽管对预测误差的期望为 0，但它却可能表现为正值，也可能表现为负值。譬如说，假设真实的市场规模最终为 110 万辆，这就意味着预测误差为 10%，即＋0.1：

第 1 年的市场规模＝100×(1＋0.1)＝110(万辆)

对第 2 年的市场规模，可以如法炮制：

第 2 年的市场规模＝第 2 年的期望市场规模×(1＋第 2 年的预测误差)

但这一次，还必须考虑第 1 年的结果对第 2 年的期望市场规模有何影响。如果小摩托的销售量低于第 1 年的预期，很可能它接着在第 2 年里仍然较低。假设第 1 年销售量的滑坡将使投资者对第 2 年的销售预期做出同样数量的下调，那么：

第 2 年的期望市场规模＝第 1 年的真实市场规模

于是，投资者就可以利用前 1 年的真实市场规模与预测误差的和来重新计算第 2 年的市场规模：

第 2 年的市场规模＝第 1 年的市场规模×(1＋第 2 年的预测误差)

同样，依此类推，还可以用第 2 年的市场规模来描述第 3 年的期望市场规模，如此等等。

这一系列的方程说明了该如何描述不同时期的相互影响，但是，投资者还必须考虑不同变量之间的相互作用。譬如说，电动小摩托的价格很可能随着市场规模的扩大而上升，假设这是唯一的不确定性。如果市场规模每下滑 10%，产品价格则预计下跌 3%，那么对第 1 年的价格就可以模拟如下：

第 1 年的价格＝第 2 年的期望价格×(1＋0.3×第 2 年市场规模的预测误差)

然后，如果市场规模的变动对价格始终有此影响，那么就可以对第 2 年的价格定义如下：

第 2 年的价格＝第 2 年的期望价格×(1＋0.3×第 2 年市场规模的预测误差)

＝第 1 年的真实价格×(1＋0.3×第 1 年市场规模的预测误差)

注意上面的操作中是怎样将每一时段的销售价格与此前时段的实际销售价格(包括预测误差)联系起来。利用同样的方法，还可以处理市场规模的变化。这些联系反映了预测误差在积聚，而不随时间的流逝而消失，因此，不确定性随着时间的加长而增加：对未来考虑得愈是久远，实现的价格和市场规模就愈加偏离最初的预测。

一个完整的项目模型将包括一系列有关变量的方程。对项目来说，就是有关市场规模、价格、市场份额、单位变动成本以及固定成本的方程。即使只在变量之间、不同时期之间设定很少的相互作用，结果也会是相当复杂的方程系列。

步骤 2：设定事件概率。第一步是策略建模，第二步就是设定轮盘赌的转轮数目，第三步就是让计算机随机选取数值，计算策略的结果。

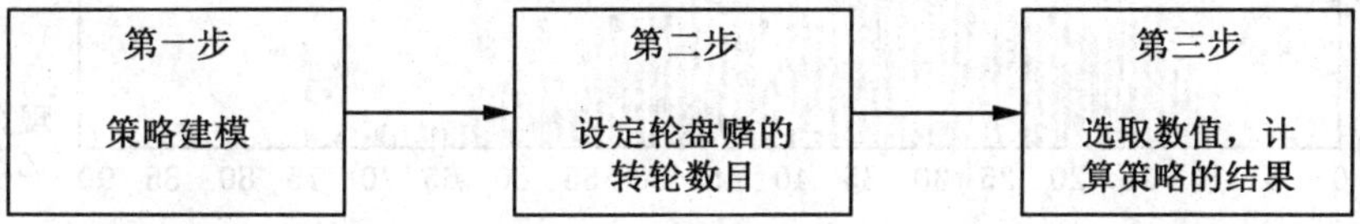

对于小摩托项目，模拟的步骤同样如此：

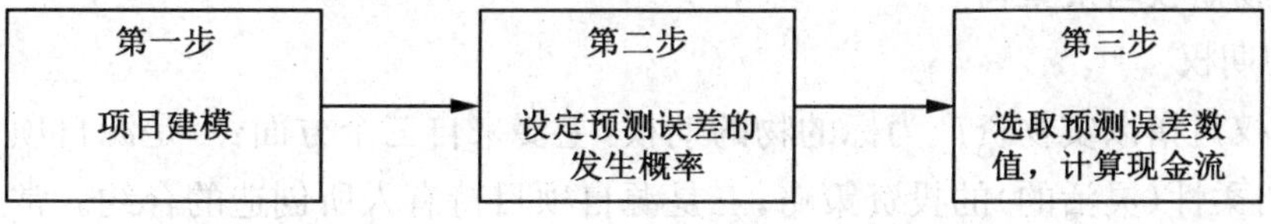

想一想该如何设定可能的市场规模预测误差。如果对市场规模的期望为 100 万辆小摩托，显然不会认为自己低估或高估了市场规模，因此，预测误差的期望为 0。另一方面，市场部已经交接，会有一个可能的估计范围，市场规模可以低到 85 万辆小摩托，也可以高至 115 万辆小摩托。因此，预测误差的期望为 0，但在±15%的范围内变动。如果市场部事实上给

出了可能的最低和最高结果，那么真实的市场规模将几乎肯定落在这一范围内。

这样就完成了对市场规模的处理。下面你还需要对模型中其他变量的可能误差做出类似的估计。

步骤3：模拟现金流。现在，让计算机从预测误差的分布中抽样(sample)，计算并记录由此得到的各期现金流。经过多次迭代，就可以精确地得到项目现金流概率分布的估计。当然，这里的精确只是相对于你所设定的模型和预测误差的概率分布的准确性。应当记住下面的垃圾法则："输入的是垃圾，输出的也必为垃圾。"

上面展示了电动小摩托项目的一个实际模拟的结果。值得注意的是，模拟的结果表现出正偏度——非常大的现金流看起来比非常小的取值似乎更可能出现，只要误差随着时间的延续而积累，这种情形就很普遍。由于偏度的影响，平均现金流会稍高于最可能的最终结果，换句话说，稍稍偏向分布峰值的右侧。

步骤4：计算现值。项目现金流的概率分布应该能够更加精确地计算期望现金流，因此最后一步，就是贴现现金流，求出现值。

图2—5—2就是对电动小摩托项目10年的情况模拟结果图。

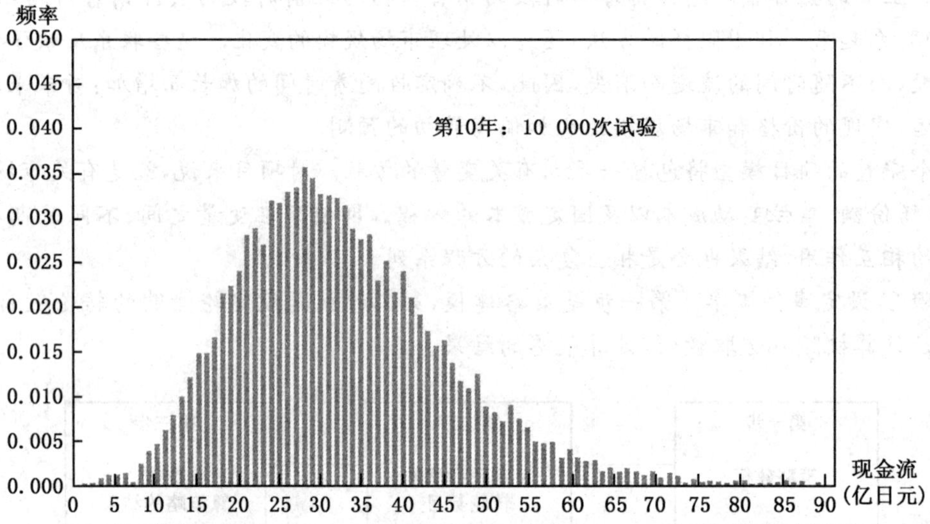

图2—5—2 对电动小摩托项目10年情况模拟图

(三)实物期权与决策树

1. 实物期权

实物期权是指以实物资产为标的物的期权，主要来自三个方面：一是源自项目自身的特性；二是源自柔性(灵活的)的投资策略；三是源自项目持有人所创造的合约。常见的实物期权包括扩张期权(option for change scale)、收缩期权(option to contract)、延迟期权(option to defer)、转换期权(option to switch)等。

(1)扩张期权

扩张期权是指项目持有人在未来的时间内扩大项目投资规模的权利。

(2)收缩期权

收缩期权是指项目持有人在未来的时间内减少项目投资规模的权利。

(3)延迟期权

延迟期权是指为了解决当下投资项目所面临的不确定性,项目持有人推迟对项目进行投资的权利。

(4)放弃期权

放弃期权是指项目收益不能弥补投资成本或市场变糟后,项目持有人拥有的放弃继续持有该项目的权利。

(5)转换期权

转换期权是指项目持有人在未来拥有可在多项决策之间进行转换的权利。

实物期权与金融期权的区别(为什么布莱克—斯科尔斯模型不适用于实物期权定价):

①标的资产不参与交易;

②资产的价格变化是不连续的;

③方差难以在存续期内保持不变;

④行权不可能在瞬间完成。

2. 决策树

由于存在实物期权,管理者会基于新的信息来调整决策,决策树常被用来表达资本投资项目中蕴含的实物期权。

【例 2-5-16】 一家提供专项飞行服务的新公司,管理者看准的是日渐成熟的一种企业需求,即许多公司虽尚无常备飞机的需要,却不时会有这种需求。但是,这时该项目前景并不明朗,第 1 年里有 40%的可能业务需求甚低,而如果真的需求不多的话,有 60%的可能今后各年继续保持较低的需求。不过,如果初始需求水平甚高,那么这种高需求有 80%的可能继续保持下去。

于是,公司当前的问题就是决定究竟该购进何种飞机。已知涡轮螺旋桨式飞机的现购成本为 550 000 美元,而带活塞发动机的飞机却只需要 250 000 美元,但是其运载能力较差。此外,带活塞发动机的折旧年限可能很短,管理者估计到下一年这种型号的二手飞机可能只要 150 000 美元就可得到。

因此,管理者有如下策略:先购一架带活塞发动机的飞机,如果需求量依然高涨,就稍后再进一架,这时的扩张成本就只有 150 000 美元;如果需求不足,由于只有一架较为价廉的小型飞机,该包机公司尽可不予理会。

如图 2-5-3 所示,图中左端的方块是公司最初决策的标志,就是要决定是购一架 550 000 美元的涡轮螺旋桨式飞机,还是进一架 250 000 美元带活塞发动机的飞机。一旦公司完成这一决策,运气将决定第 1 年的需求状况。通过图 2-5-3,既可以从括号中的数字了解到出现高需求量及低需求量的概率,也可以从图中看到对应于不同的需求水平和不同的飞机选择的现金流量。因为这样处理的目的是想撇开风险问题,所以图中不确定现金流量的期望值已转换成其对应的确定性等价值,这就意味着我们可以对这些确定性等价现金流量采用无风险利率来进行贴现。

如果公司最初选择的是带活塞发动机的飞机,则年末公司可再次进行投资决策:公司可以进行扩张,也可以维持原有的经营规模,这一决策点在图中对应的就是第二个方块。最

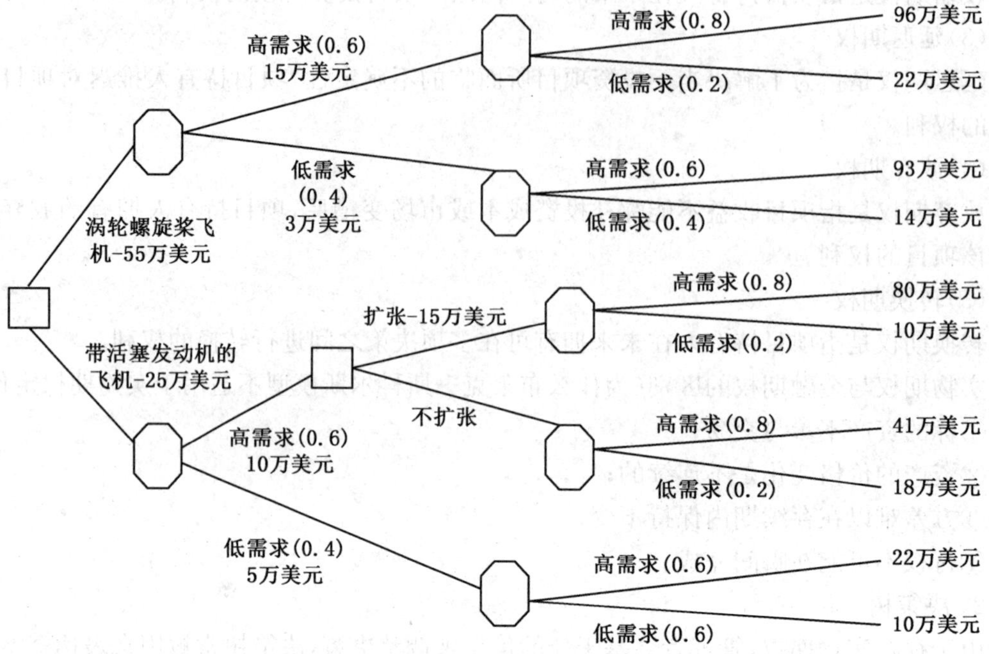

注:公司是购买一架涡轮螺旋桨式飞机,还是一架带活塞发动机的飞机?如果是购买一架带活塞发动机的飞机,而其后出现高需求的话,那么1年后还可以再买一架这类飞机(括号内数据为事件发生的概率)。

图2-5-3 该包机公司的决策树

后,运气又一次一展身手,选定第2年的不同需求水平。图中括号里的数字依然是出现高需求量及低需求量的概率,不过,需要注意的是,第2年的概率依赖于第一期的结果。譬如说,如果第一期出现高需求的局面,那么第二期的需求依然高涨就有80%的可能。于是,第1和第2年里两年都出现高需求量的概率为(0.6×0.8=)0.48。与前面一样,我们在括号后给出了不同的需求水平和不同的飞机选择所对应的项目利润,对这些数值,我们可以将之看作第2年末及此后的岁月里全部现金流量的现值。

于是,管理者的问题就是要决定当前该如何行动。为解决这一问题,我们先来考虑下一年将怎样行动,也就是说,我们从决策树的右端出发,向左端的起始点倒推回去。

管理者下一年需要进行的决策只有一个,就是在购买了一架带活塞发动机的飞机后,在下一年又遇到高需求时是否应该进行扩张。如果决定扩张,管理者将投资150 000美元,并将面临两种可能的收益:需求继续保持坚挺,将享有800 000美元的报酬;但若需求转向低迷,就将只有100 000美元的报酬,因此其期望报酬为:

出现高需求的概率×高需求时的报酬+出现低需求的概率×低需求时的报酬

=0.8×800 000+0.2×100 000=+660 000(美元)

如果贴现率为10%,则第1年末扩张时的净现值可计算如下:

$$净现值=-150\ 000+\frac{600\ 000}{1.10}=395\ 454.6(美元)$$

如果管理者不进行扩张,则期望报酬为:

出现高需求的概率×高需求时的报酬＋出现低需求的概率×低需求时的报酬

$=0.8\times410\ 000+0.2\times180\ 000=364\ 000$(美元)

与第 1 年的情形同样计算，可得不扩张时的净现值为：

$$净现值=0+\frac{364\ 000}{1.10}=331\ 000(美元)$$

如果市场需求甚高，扩张显然有利。

现在我们已经知道该包机公司对扩张问题的正确决策，由此我们可以回推到当前的决策。如果购买了第一架带活塞发动机的飞机，而市场需求又很旺盛的话，该包机公司就将在 1 年后获得 550 000 美元的现金；但若市场需求疲软，其现金价值就将只有 185 000 美元。

于是，对带活塞发动机的飞机进行投资的净现值为 117 000 美元：

$$净现值=-250\ 000+\frac{0.6\times550\ 000+0.4\times185\ 000}{1.10}=+117\ 000(美元)$$

如果包机公司购买涡轮螺旋桨式飞机，今后就无须再做决策分析，因此也就不必进行回推过程，我们只需直接计算期望现金流，然后再做贴现即可：

$$净现值=-550\ 000+\frac{0.6\times150\ 000+0.4\times30\ 000}{1.10}$$
$$+\frac{0.6\times(0.8\times96\ 0000+0.2\times220\ 000)+0.4\times(0.4\times930\ 000+0.6\times140\ 000)}{1.10^2}$$
$$=-55+\frac{102\ 000}{1.10}+\frac{670\ 000}{1.10^2}$$
$$=+96\ 000(美元)$$

总之，对带活塞发动机的飞机进行投资，净现值为 117 000 美元，而对涡轮螺旋桨式飞机进行投资，净现值仅为 96 000 美元，因此，带活塞发动机的飞机更值得下注。当然，应当注意的是，这里考虑到下一期扩张的可选择性，否则，结果就会不同，带活塞发动机的飞机净现值将会从 117 000 美元降至 52 000 美元：

$$净现值=-250\ 000+\frac{0.6\times100\ 000+0.4\times50\ 000}{1.10}$$
$$+\frac{0.6\times(0.8\times410\ 000+0.2\times180\ 000)+0.4\times(0.4\times220\ 000+0.6\times100\ 000)}{1.10^2}$$
$$=+52\ 000(美元)$$

因此，拓展期权的价值为：

$117\ 000-52\ 000=+65\ 000$(美元)

图 2－5－4 的决策树分析告诉我们，如果决策者购进带活塞发动机的飞机，其投资就并非孤注一掷，因为在此得到了一个扩张选择权。如果公司提供的服务需求很旺盛，管理者可以再进一架飞机。不过，图中还有这样一个假定，即管理者为了扩大业务，购进一架涡轮螺旋桨式飞机时，如果市场很疲软，公司就完全听任命运的摆布。但这样的假定并不实际，如果此时公司的第 1 年业务甚是清淡，也许就应该售出这架涡轮螺旋桨式飞机，彻底退出这一业务。因此，为了表明如果公司购进一架涡轮螺旋桨式飞机，而第 1 年的业务又很是清淡时，公司仍拥有财产清算选择权(option to bailing out)，我们可以在图中再添加一个决策点

(新增一个方块)。此时,决策者做出的决策可以是将飞机售出,也可以是坚持下去,期待市场的复苏。如果这种出售权的价值相当可观,那么选择涡轮螺旋桨式飞机,追求高额的回报,也就相当合理了。

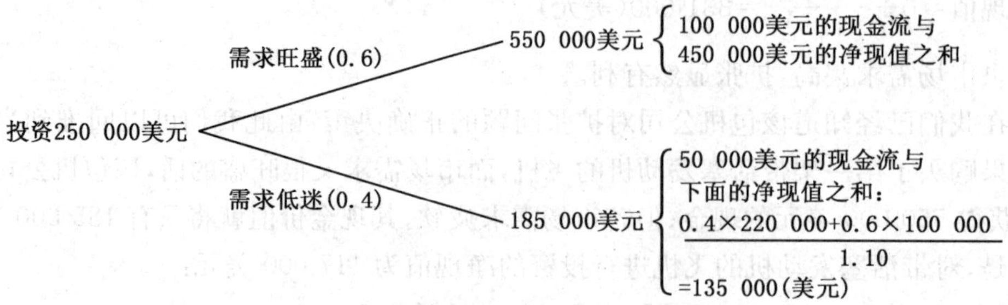

图 2—5—4 该包机公司的决策现金图

(四)投资项目的风险处置方法

对项目的风险有两种处置方法:一种是调整现金流量法;另一种是风险调整折现率法。前者是缩小净现值模型的分子,使净现值减少;后者是扩大净现值模型的分母,也可以使净现值减少。

1. 调整现金流量法

调整现金流量法,是把不确定的现金流量调整为确定的现金流量,然后用无风险的报酬率作为折现率计算净现值。

$$风险调整后净现值=\sum_{t=0}^{n}\frac{\alpha_t\times 现金流量期望值}{(1+r_f)^t} \quad (2—5—19)$$

其中,α_t 是 t 年现金流量的肯定当量系数,它在 0—1 之间;r_f 是无风险报酬率。

肯定当量系数,是指不肯定的 1 美元现金流量期望值相当于使投资者满意的肯定的金额的系数。它可以把各年不确定的现金流量换算为肯定的现金流量。我们知道,肯定的 1 美元比不肯定的 1 美元更受欢迎。不肯定的 1 美元,只相当于不足 1 美元的金额。两者的差额,与现金流的不确定性程度的高低有关。肯定当量系数是指预计现金流入量中使投资者满意的无风险的份额。利用肯定当量系数,可以把不肯定的现金流量折算成肯定的现金流量,或者说去掉了现金流中有风险的部分,使之成为"安全"的现金流。去掉的部分包含各种风险,既有特殊风险,也有系统风险,既有经营风险,也有财务风险,剩下的是无风险的现金流量。由于现金流中已经消除了全部风险,相应的折现率应当是无风险的报酬率。无风险的报酬率可以根据国库券的利率确定。

【例 2—5—17】 当前的无风险报酬率为 4%。公司有两个投资机会,有关资料如表 2—5—29 所示。

表 2-5-29　　　　某公司两种投资机会相关数据

A项目						
年	现金流入量	肯定当量系数	肯定现金流入量	现值系数(4%)	未调整现值	调整后现值
0	−40 000	1	−40 000	1.000 0	−40 000	−40 000
1	13 000	0.9	11 700	0.961 5	12 500	11 250
2	13 000	0.8	10 400	0.924 6	12 020	9 616
3	13 000	0.7	9 100	0.889 0	11 157	8 090
4	13 000	0.6	7 800	0.854 8	11 112	6 667
5	13 000	0.5	6 500	0.821 9	10 685	5 342
净现值	13 000				17 874	965
B项目						
年	现金流入量	肯定当量系数	肯定现金流入量	现值系数(4%)	未调整现值	调整后现值
0	−47 000	1	−47 000	1.000 0	−47 000	−47 000
1	14 000	0.9	12 600	0.961 5	13 461	12 115
2	14 000	0.8	11 200	0.924 6	12 944	10 356
3	14 000	0.8	11 200	0.889 0	12 446	9 957
4	14 000	0.7	9 800	0.854 8	11 967	8 377
5	14 000	0.7	9 800	0.821 9	11 507	8 055
净现值					15 325	1 860

调整前A项目的净现值较大，调整后B项目的净现值较大。不进行调整，就可能导致错误的判断。

2. 风险调整折现率法

风险调整折现率法是更为实际、更为常用的风险处置方法。这种方法的基本思路是对高风险的项目，应当采用较高的折现率计算净现值。

$$调整后净现值=\sum_{t=0}^{n}\frac{预期现金流量}{(1+r_a)^t} \qquad (2-5-20)$$

其中，r_a 是风险调整折现率。

风险调整折现率是风险项目应当满足投资人要求的报酬率。项目的风险越大，要求的报酬率越高。这种方法的理论根据是资本资产定价模型。

资本资产定价模型是在有效的证券市场中建立的，实物资本市场不可能像证券市场那样有效，但是基本逻辑关系是一样的。因此，上面的公式可以改为：

$$r_a=r_f+\beta(r_M-r_f)$$

【例 2-5-18】 当前的无风险报酬率为 4%，市场平均报酬率为 12%，A项目的 β 值为 1.5，B项目的 β 值为 0.75。

A项目的风险调整折现率 $=4\%+1.5\times(12\%-4\%)=16\%$

B项目的风险调整折现率＝4％＋0.75×(12％－4％)＝10％

其他的有关数据如表2－5－30所示。

表2－5－30　　某公司两种投资机会相关数据

A项目					
年	现金流量	现值系数(4％)	未调整现值	现值系数(16％)	调整后现值
0	－40 000	1.000 0	－40 000	1.000 0	－40 000
1	13 000	0.961 5	12 500	0.862 1	11 207
2	13 000	0.924 6	12 020	0.743 2	9 662
3	13 000	0.889 0	11 557	0.640 7	8 329
4	13 000	0.854 8	11 112	0.552 3	7 180
5	13 000	0.821 9	10 685	0.476 2	6 191
净现值			17 874		2 569
B项目					
年	现金流量	现值系数(4％)	未调整现值	现值系数(10％)	调整后现值
0	－47 000	1.000 0	－47 000	1.000 0	－47 000
1	14 000	0.961 5	13 461	0.909 1	12 727
2	14 000	0.924 6	12 944	0.826 4	11 570
3	14 000	0.889 0	12 446	0.751 3	10 518
4	14 000	0.854 8	11 967	0.683 0	9 562
5	140 130	0.821 9	11 507	0.620 9	8 693
净现值			15 325		6 070

如果不进行折现率调整，两个项目差不多，A项目比较好；调整以后，两个项目有明显的差别，B项目要好得多。

调整现金流量法在理论上受到好评。该方法对时间价值和风险价值分别进行调整，先调整风险，然后把肯定现金流量用无风险报酬率进行折现。对不同年份的现金流量，可以根据风险的差别使用不同的肯定当量系数进行调整。

风险调整折现率法在理论上受到批评，因其用单一的折现率同时完成风险调整和时间调整。这种做法意味着风险随时间的推移而加大，可能与事实不符，夸大远期现金流量的风险。

从实务上看，经常应用的是风险调整折现率法，主要原因是风险调整折现率比肯定当量系数容易估计。此外，大部分财务决策都使用报酬率来决策，调整折现率更符合人们的习惯。

解决了风险调整方法之后，我们剩下的任务只是确定项目的风险调整折现率，不过，这是一个相当复杂的问题。

(五)项目系统风险的估计

1. 项目的系统风险

在项目分析中,项目的风险可以从三个层次来看待:

第一个层次是从项目角度来看待,即项目自身的风险。例如,一项高新技术项目失败的可能性极大,这是从项目本身的角度来看的。项目自身特有的风险的度量。例如,某企业每年要进行数以百计的研究开发项目,每个项目成功的概率为90%。当我们孤立地考察并度量每个研究开发项目自身特有的风险时,它们无疑都具有高度的风险。但从投资组合角度看,尽管该企业每年有数以百计的各自独立的研究开发项目,且每个项目都只有10%的成功可能性,但这些高风险项目组合在一起后,单个项目的大部分风险可以在企业内部分散掉,此时,企业的整体风险会低于单个研究开发项目的风险,或者说,单个研究开发项目并不一定会增加企业的整体风险。因此,项目自身的特有风险不宜作为项目资本预算的风险度量。

第二个层次是从企业角度来看待,考虑到新项目自身特有的风险可以通过与企业内部其他项目和资产的组合而分散掉一部分,因此,应着重考察新项目对企业现有项目和资产组合的整体风险可能产生的增量。

第三个层次从股东角度来看待,要进一步考虑到在余下的项目风险中,有一部分能被企业股东的资产多样化组合而分散掉,从而只剩下任何多样化组合都不能分散掉的系统风险。从资产组合及资本资产定价理论角度看,度量新项目资本预算的风险时,也不应考虑新项目实施对企业现有水平可能产生的全部增减影响。企业股东可以通过构造一个证券组合,来消除单个股权的大部分风险。所以,唯一影响股东预期收益的是项目的系统风险,而这也是理论上与项目分析相关的风险度量。

2. 项目系统风险的估计

项目系统风险的估计,比企业系统风险的估计更为困难。股票市场的存在,为我们提供了股价,为计算企业的β值提供了数据。项目没有充分的交易市场,没有可靠的市场数据供我们使用,因此必须使用变通的办法解决。

(1)会计β值法

如果新项目是一个钢铁项目,企业现在就存在一个钢铁部门,那么可以假设项目风险与钢铁部门的风险相同,可以用钢铁部门的系统风险作为新项目的风险。钢铁部门的系统风险,表现在它的账面收益的历史数据中。

在估算时,把钢铁部门的资产收益率(净收益/总资产)和普通股市场指数的历史数据进行回归分析,可以得到钢铁部门的β值(回归系数),作为新钢铁项目β值的近似值。关于回归的具体计算方法不在本书中介绍。

根据资产收益率计算β值,或者说是公司资产的β值。如果公司的目标筹资结构中含有负债,要将其转换为含有负债的β值。转换的方法如下:

$$\beta_{权益}=\beta_{资产}\times(1+负债/权益) \qquad (2-5-21)$$

假定公司的目标资本结构是负债40%,权益60%,则:

$\beta_{权益}=0.85\times(1+0.4/0.6)=1.42$

根据无风险报酬率、市场组合报酬率以及$\beta_{权益}$值,就可以计算出含有风险的权益资本成本,然后根据债务成本、权益资本成本以及资本的结构,就可以计算出项目的平均资本成本。

对于未上市的企业,没有企业股价的数据,也可以使用该方法来估算整个企业的β。当然,它不如直接根据股份计算出来的β值质量好。

(2)类比法

如果新项目是一个钢铁项目,而企业过去没有经营过钢铁,就无法使用会计β值法。此时可以采用类比法。

类比法是寻找一个经营业务与待评估项目类似的上市企业,以该上市企业的β值替代评估项目的系统风险,这种方法也称为"替代公司法"。运用类比法,应该注意替代公司的资本结构已反映在β值中。如果替代企业的资本结构与项目所在企业不同,那么在估计项目的β值时,应针对资本结构差异作出相应的调整。调整的方法,与上面讲述的方法相同。尽管类比法不是一个完美的方法,但它在估算项目的系统风险时还是比较有效的。

【本章参考习题】

1. 在单一方案决策过程中,与净现值评价结论最可能发生矛盾的评价指标是(　　)。

A. 净现值率　　B. 获利指数　　C. 投资回收期　　D. 内部收益率

2. 以下关于 *IRR* 的描述中,哪个是错的?(　　)

A. 对于投资项目,*IRR* 大于资本成本应该接受

B. 对于融资项目,*IRR* 小于资本成本应该接受

C. 任何 *IRR* 高于资本成本都能选

D. *IRR* 法和净现值法一样在任何时候都有效

3. 在原始投资额不相等的多个互斥方案决策时,不能采用的决策方法为(　　)。

A. 净现值法　　B. 净现值指数法

C. 内部收益率法　　D. 收益成本比值法

4. 试比较资本投资决策的净现值法和内部收益率法。

5. 某公司目前考虑投资两个互斥项目,假设公司折现率为10%,具体如下:

年　份	项目A	项目B
0	−200 000	−500 000
1	200 000	200 000
2	150 000	300 000
3	150 000	300 000

(1)根据回收期法,应该选择什么项目?

(2)根据净现值法,应该选择什么项目?

(3)根据内部收益率法,应该选择什么项目?

(4)根据这个分析,是否有必要进行增量内部收益率分析?如果是,请作分析。

参考答案:

1. C;2. D;3. A。

4. 参考折现的分析评价方法。

提示：净现值法与内部报酬率法的区别主要表现在：

(1)经济意义不同，净现值表示从事某项投资会使企业价值增加或减少的净值，而内部收益率则表示投资项目的内部报酬率；

(2)计算净现值需要首先确定贴现率的大小，而内部收益率的计算则不需要；

(3)在对多方互斥方案排序时，有时会得出不同结论。

5. (1)回收期是指在这段时间里，累计的未经折现的现金流等于初始投资。

项目 A：第一年累计现金流＝200 000 元，回收期＝200 000/200 000＝1(年)

项目 B：第一年累计现金流＝200 000 元，第二年累计现金流＝200 000＋300 000＝500 000(元)

回收期＝2(年)

由于项目 A 比项目 B 回收期更短，所以应该选择项目 A。

(2)分别计算两个项目的 NPV。

$$NPV_A=-200\ 000+\frac{200\ 000}{1.10}+\frac{150\ 000}{1.10^2}+\frac{150\ 000}{1.10^3}=218\ 482.34(元)$$

$$NPV_B=-500\ 000+\frac{200\ 000}{1.10}+\frac{300\ 000}{1.10^2}+\frac{300\ 000}{1.10^3}=155\ 146.51(元)$$

根据 NPV 法则，应该接受项目 A，因为其 NPV 更高。

(3)分别计算两个项目的 IRR。

项目 A 的 IRR：$0=-200\ 000+\frac{200\ 000}{(1+IRR)}+\frac{150\ 000}{(1+IRR)^2}+\frac{150\ 000}{(1+IRR)^3}$

得 $IRR_A=70.04\%$，同理可得 $IRR_B=25.70\%$。

根据 IRR 法则，应该接受项目 A。

(4)不需要进行增量内部收益率分析，项目 A 具有较小的初始投资，较大的 NPV，所以应选项目 A。

扫码听课

第六章　风险与收益

考试要求

◆ 了解：投资组合的意义和作用，以及市场组合与分离定理；证券投资基金的概念、分类与作用

◆ 掌握：*CAPM* 与 *APT* 模型的区别和联系，并能运用这两种模型进行资产定价；风险与收益的度量；均值方差模型；资本资产定价模型；无套利定价模型

本章知识点框架

- 风险与收益
  - 多样化组合管理
    - 组合的含义
    - 假设前提（5 点）
    - 风险与期望收益的度量
    - 均值方差模型
    - 投资无差异曲线
    - 有效集和有效边界
    - 分散化
  - 风险的市场价格
    - 无风险资产
    - 最优组合的选择
    - 投资者效用和无风险资产
    - 资本市场线
    - 证券特征线
    - 证券市场线
  - 资本资产定价模型
  - 无套利定价模型

考情提示

本章内容是公司理财中关于公司投资业务的章节，理论上说，更贴近于投资学，所以单纯从 431 金融学综合的角度来看，由于并不是公司理财的核心要点，一般不作为考查重点。但是，该章在整个投资学上的地位非常高，所以考生应当知道其原理，并且联系公司理财中最重要的内容即 *CAPM* 模型的使用，来计算权益资本成本，这部分内容在加权平均资本成本和资本结构的考查中十分重要。

一、多样化组合的构成

现代证券投资理论主要由投资组合理论、资本资产定价模型和套利定价模型组成。其中，马科维茨的投资组合理论说明了如何度量单一资产和资产组合的风险及预期收益，解释了投资者应当如何构建有效的证券组合并从中选择出最佳的证券组合。

真题回顾

(中国人民大学 2015)下列哪个人最先提出现代资产组合理论？(　　)

A. Markowitz　　　　B. Miller

C. Sharp　　　　D. Merton

参考答案：A。1952 年，美国经济学家诺贝尔奖获得者哈里·马科维茨(Harry Markowitz)提出资产组合理论，使投资风险的衡量可以数量化。

(一)组合的含义

1. 组合的定义

在实际生活中，投资者很少将所有的财富投资于一种证券上，而是构建一个证券组合，这种组合就是由两种或者两种以上资产构成的整体投资方案。

2. 投资组合与分散风险

证券组合的风险不仅取决于单个证券的风险和投资比重，还取决于两个证券收益的协方差和相关系数，而协方差和相关系数起着特别重要的作用。因此，投资者建立的证券组合就不是一般地拼凑，而是要通过各证券收益波动的相关系数来分析。

不管组合中证券的数量是多少，证券组合的收益率只是单个证券收益率的加权平均数，分散投资不会影响到组合的收益率。但是分散投资可以降低收益率变动的波动性。各个证券之间收益率变化的相关关系越弱，分散投资、降低风险的效果就越明显。

(二)分析的假设

1. 忽略市场交易成本

证券市场是有效的，不存在交易费用、税收等市场摩擦。

2. 信息是免费的

3. 投资者评价信息的方法是一致的

证券收益率是服从正态分布的随机变量，所有投资者对信息的看法是一致的，投资者期望获得最大收益，但是他们不喜欢风险，是风险厌恶者。

4. 投资者仅关注他们所投资的期望收益和风险

投资者采用均值—方差框架分析，利用预期收益率和方差(或标准差)来衡量投资者效用的大小，利用方差(或标准差)来衡量风险的大小。

投资者建立证券组合的依据是：在既定收益水平下，使风险最小；或者，在既定风险水平下，使收益最大。

5. 与投资者持有资产相应的一段时期

(三)风险与期望收益的转换

1. 单个证券的预期收益与风险的衡量

【例 2—6—1】 假定某位投资者认为 2018 年该国的经济状况和宏观经济政策包含 4 种可能性:利率高企伴随的经济衰退;经济衰退,但利率将下降;利率高企,但经济高速增长;经济高速增长,但利率将下降。并且他认为这 4 种可能性的概率分别是 0.20、0.25、0.30 和 0.25。然后,他根据 4 种可能的经济状况和宏观经济政策,对所投资的 3 种股票的未来价格和可能分配的股息进行预测,结果见表 2—6—1。

表 2—6—1　可能的经济状况与投资的收益率

可能的经济状况	概率	投资的收益率(%)		
		r_1	r_2	r_3
利率高企伴随的经济衰退	0.20	−18	−13	−4
经济衰退,但利率将下降	0.25	16	16	−2
利率高企,但经济高速增长	0.30	12	32	21
经济高速增长,但利率将下降	0.25	40	12	20

为了计算这 3 种股票投资的预期收益率,可以用以下公式:

$$E(r_i)=\sum_{s=1}^{n} r_{is}\pi_s \qquad (2-6-1)$$

其中,π_s 是某种可能出现状况的概率,r_{is} 是针对某种可能出现状况股票的可能的收益率。根据表 2—6—1 中的数据,第 1 种股票的预期收益率等于

$E(r_1)=(-18\%)\times0.2+16\%\times0.25+12\%\times0.30+40\%\times0.25=14\%$

同理可以计算第 2 和第 3 种股票的预期收益率,见表 2—6—2。

表 2—6—2　股票的预期收益率

	第 1 种股票	第 2 种股票	第 3 种股票
σ_i^2	0.037 6	0.024 5	0.013 65
σ_i(%)	19.39	15.65	11.68
$E(r_1)$(%)	14.00	14.00	10.00

从预期收益率的计算公式可以发现,它是一个以概率为权数的加权平均数。根据预期收益率、资产的预期风险,即方差和标准差的计算公式如下:

$$\sigma_i^2=\sum_{s=1}^{n}\left[r_{is}-E(r_i)\right]^2\pi_s \qquad (2-6-2)$$

$$\sigma_i=\sqrt{\sum_{s=1}^{n}\left[r_{is}-E(r_i)\right]^2\pi_s} \qquad (2-6-3)$$

【例 2—6—2】 表 2—6—2 中的第 1 种股票的方差和标准差分别为:

$$\sigma_1^2=(-18\%-14\%)^2\times0.2+(16\%-14\%)^2\times0.25+(12\%-14\%)^2\times0.30+(40\%-14\%)^2\times0.25=0.0376$$

$$\sigma_1=\sqrt{0.0376}=19.39\%$$

将单一资产预期的收益和风险的公式汇总在表 2—6—3 中。

表 2—6—3　单一资产的收益与风险的衡量

	预期的收益和风险
收益	$E(r_i)=\sum_{s=1}^{n} r_{is}\pi_s$
方差	$\sigma_i^2=\sum_{s=1}^{n}[r_{is}-E(r_i)]^2\pi_s$
标准差	$\sigma_i=\sqrt{\sum_{s=1}^{n}[r_{is}-E(r_i)]^2\pi_s}$

2. 证券组合预期收益与风险的衡量

资产组合的风险与收益的衡量公式汇总在表 2—6—4 中。

表 2—6—4　组合的风险与收益的衡量

	历史的	预期的
收益率	$r_{pi}=\sum_{s=1}^{n} r_{is}\pi_s$	$E(r_p)=\sum_{i=1}^{n}E(r_i)W_i$
方差	$\sigma_p^2=\sum_{i=1}^{n}\sum_{j=1}^{n}\mathrm{cov}_{ij}w_iw_j$ $\sigma_p^2=\sum_{i=1}^{n}w_i^2\sigma_i^2+2\sum^{*}w_iw_j\mathrm{cov}_{ij}$	
协方差	$\mathrm{cov}_{ij}=\frac{1}{n-1}\sum_{t=1}^{n}(r_{it}-\bar{r}_i)(r_{jt}-\bar{r}_j)$	$\mathrm{cov}_{ij}=\sum_{s=1}^{n}[r_i-E(r_i)][r_j-E(r_j)]\pi_s$
相关系数	$\rho_{ij}=\frac{\mathrm{cov}_{ij}}{\sigma_i\sigma_j}$	

注：W_i、W_j 是第 i 种和第 j 种资产在组合中所占的权重，cov_{ij} 代表第 i 种和第 j 种资产收益率的协方差，也可以用 σ_{ij}。* 代表在展开式中含有协方差的项数。对于含有 n 种资产的组合，* 等于$\frac{n^2-n}{2}$。

【例 2—6—3】　假定某一组合包含股票 A 和 B 两种。在 2002 年初，A 和 B 两种股票的市场价值分别等于 60 元和 40 元，那么该组合在 2002 年年初的市场价值就等于 100 元。假定这两种股票在 2002 年都不派息，并且在 2002 年年底 A、B 股票的市场价值分别上升到 66 元和 48 元，即组合的市场价值上升到 114 元。根据第一节收益率的计算公式，该组合在 2002 年的收益率等于 14%，即

$$r_{pt}=\frac{P_t-P_{t-1}+D_t}{P_{t-1}}=\frac{114-100+0}{100}=14\%$$

根据组合的收益率的计算公式，我们可以获得同样的结论，即

$$r_{At}=\frac{66-60}{60}=10\%,r_{Bt}=\frac{48-40}{40}=20\%$$

$r_{pt}=r_{At}W_{At}+r_{Bt}W_{Bt}=10\%\times0.60+20\%\times0.40=14\%$

其中，$W_{At}=\frac{60}{100}=0.60$，$W_{Bt}=\frac{40}{100}=0.40$。

(四)两种风险资产的组合

1. 两种风险资产组合的期望收益及计算

假设证券组合中只含有两种证券：证券1和证券2，x_1、x_2 分别代表两者在组合中所占的比例 $x_1+x_2=1$，$\overline{r_1}$、$\overline{r_2}$ 分别代表两者的预期收益，σ_1、σ_2 分别代表两者的标准差，ρ_{12} 代表两者的相关系数。根据以上内容和概率论的数学知识，我们得到两种风险资产组合的期望收益公式为：

$$\bar{r}=\sum_{i=1}^{N}x_i\bar{r}_i=x_1\bar{r}_1+x_2\bar{r}_2 \tag{2—6—4}$$

2. 两种风险资产组合的风险

同样我们可以得到用方差衡量的风险计算公式：

$$\sigma_p^2=\sum_{i=1}^{N}\sum_{j=1}^{N}x_ix_j\operatorname{cov}_{xj}=x_1^2\sigma_1^2+x_2^2\sigma_2^2+2x_1x_2\sigma_1\sigma_2\rho_{12} \tag{2—6—5}$$

3. 两种风险资产组合方差的计算

在公式(2—6—5)中，我们分别假设两种风险资产的相关系数 $\rho_{12}=1,0,-1$，可得

$\sigma_P=\sqrt{(x_1\sigma_1+x_2\sigma_2)^2}=|x_1\sigma_1+x_2\sigma_2|,\rho_{12}=1$

$\sigma_P=\sqrt{x_1^2\sigma_1^2+x_2^2\sigma_2^2},\rho_{12}=0$

$\sigma_p=\sqrt{(x_1\sigma_1-x_2\sigma_2)^2}=|x_1\sigma_1-x_2\sigma_2|,\rho_{12}=-1$

由此可见，当相关系数从−1变化到1时，证券组合的风险逐渐增大。当 $\rho=1$ 时，σ_P 最大，证券组合的风险等于组合中两种证券风险的加权平均数；当 $\rho=-1$ 时，σ_P 最小，并且在满足一些特殊条件时，σ_P 可以降为0。

由此可知，除非相关系数等于1，二元证券投资组合的风险始终小于单独投资这两种证券的风险的加权平均数，即通过证券组合，可以降低投资风险。

4. 两种资产组合标准差的计算

【例2—6—4】 假定投资者选择了A和B两个公司的股票作为他的组合对象，有关数据如下：

$\bar{r}_A=0.25$ $\bar{r}_B=0.18$

$\sigma_A=0.08$ $\sigma_B=0.04$

当 $x_A=x_B=\frac{1}{2}$ 时，该证券组合的预期收益和风险分别为

$\bar{r}_p=\frac{1}{2}\bar{r}_A+\frac{1}{2}\bar{r}_B=0.215$

$\sigma_P=\sqrt{x_A^2\sigma_A^2+x_B^2\sigma_B^2+2x_Ax_B\sigma_A\sigma_B\rho_{AB}}$

$=\sqrt{0.04^2+0.02^2+0.0016\rho_{AB}}$

当 $\rho_{AB}=1$ 时，$\sigma_P=0.06$；

当 $\rho_{AB}=0$ 时，$\sigma_P=0.045$；

当 $\rho_{AB}=-1$ 时，$\sigma_P=0.02$。

当 $x_A=\frac{1}{3}$，$x_B=\frac{2}{3}$ 时，该证券组合的预期收益和风险分别为

$$\bar{r}_P=\frac{1}{3}\times 0.25+\frac{2}{3}\times 0.18=0.203$$

$$\sigma_p=\sqrt{(\frac{1}{3}\times 0.08)^2+(\frac{2}{3}\times 0.04)^2+2\times\frac{1}{3}\times 0.08\times\frac{2}{3}\times 0.04\times\rho_{AB}}$$

当 $\rho_{AB}=1$ 时，$\sigma_P=0.053$；

当 $\rho_{AB}=0$ 时，$\sigma_P=0.038$；

当 $\rho_{AB}=-1$ 时，$\sigma_P=0$。

可见，无论 x_A、x_B 取什么值，相关系数决定了证券组合的风险大小，相关系数为 -1 时，风险最小；当 x_A、x_B 取特殊值 $\left(\frac{1}{3},\frac{2}{3}\right)$ 时，证券组合的风险降为 0。

真题回顾

【1】(清华大学 2015) A、B、C、D 四只股票之间的相关系数如下：cov(A,B)=0.85；cov(A,C)=0.60；cov(A,D)=0.45，每只股票的期望收益为 80%，标准差均为 20%。如果此前投资者只持有股票 A，目前允许选取另一种股票组成资产组合，那么投资者选择哪只股票才能使投资组合最优？(　　)

A. B　　B. C　　C. D　　D. 需要更多信息

参考答案：C。股票之间的相关系数越小，分散效应就越明显。

【2】(上海财经大学 2013) 证券组合的收益序列方差是反映(　　)的指标。

A. 证券组合预期收益率　　B. 证券组合实际收益率

C. 样本期收益率平均值　　D. 投资证券组合的风险

参考答案：D。方差在金融学中一般都是用来衡量不同口径的风险。

【3】(中国人民大学 2012) 股票 A 的期望收益率为 20%，股票 B 的期望收益率为 12%。以方差表示的股票 A 的风险是股票 B 的 3 倍。如果两只股票之间的相关系数为 0，那么由两只股票组成的最小方差组合的期望收益率为(　　)。

A. 16%　　B. 14%　　C. 12%　　D. 以上都不是

参考答案：C。相关系数为 0，表明两只股票组成的资产组合不会存在分散风险的效果，风险小的股票将组成最小方差组合。

【4】(上海财经大学 2011) 假定市场上有两种证券 A 和 B，其预期收益率分别为 8% 和 13%，标准差分别为 12% 和 20%，A、B 两种证券的相关系数为 0.3，市场无风险收益率为 5%。某投资者决定用这两种证券组成最优风险组合，则 A、B 的系数分别为多少？该最优风险组合的预期收益率和方差分别为多少？(《金融市场学》例题)

参考答案：令组合的收益率为 R_P，A、B 两种证券的权重为 W_A、W_B，那么组合的预期收益率和方差为：

$$R_P=W_AR_A+W_BR_B=0.08W_A+0.13W_B$$

$$\sigma_P^2 = W_A^2 \times 12\%^2 + W_B^2 \times 20\%^2 + 2W_AW_B \times 0.3 \times 12\% \times 20\%$$
$$= 0.0144 \times W_A^2 + 0.04 \times W_B^2 + 0.0144 \times W_AW_B$$

最优风险组合方差应尽可能小，因此将 $W_A + W_B = 1$ 代入方差式，对 W_A 求偏导，可得令组合方差最小的 W_A 为：

$$W_A = \frac{\sigma_B^2 - \sigma_{AB}}{\sigma_A^2 + \sigma_B^2 - 2\sigma_{AB}} = 0.82$$

所以，$W_B = 0.18$。

那么最优风险组合的期望收益率为：$R_P = W_AR_A + W_BR_B = 0.08W_A + 0.13W_B = 0.89$，方差为 $\sigma_P^2 = 0.013$。

5. 相关系数的值域

根据相关系数(ρ)的数学性质，$|\rho| \leqslant 1$。当 $\rho = -1$ 时，表明两种证券的收益完全负相关，即两种证券收益的变动幅度相同而方向相反；当 $\rho = 1$ 时，表明两种证券的收益完全正相关，即两种证券收益的变动幅度和方向完全相同；当 $\rho = 0$ 时，表明两种证券的收益完全无关；当 $-1 < \rho < 0$ 和 $0 < \rho < 1$ 时，分别表明两种证券的收益部分负相关和部分正相关。其中，$\rho = -1$，$\rho = 1$，$\rho = 0$ 这三种情况比较特殊，我们可以通过图 2—6—1 来形象地理解。

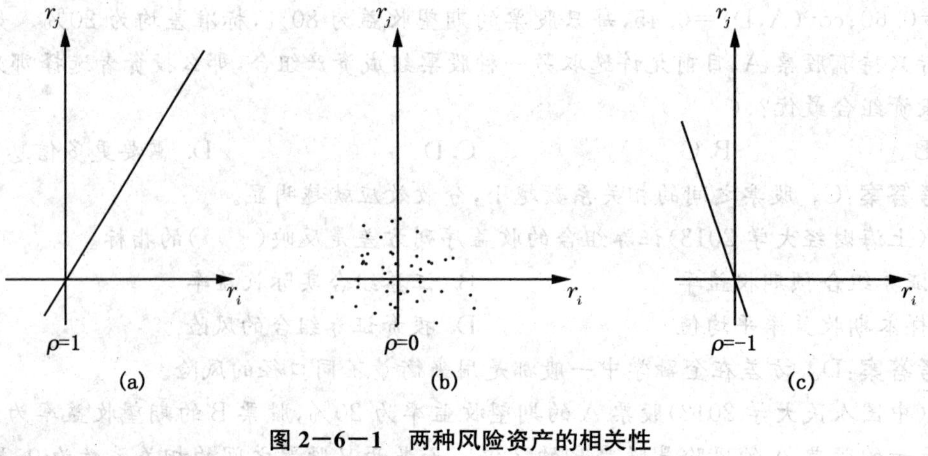

图 2—6—1 两种风险资产的相关性

(五)多种风险资产组合的风险和期望收益的计算

1. 多种风险资产组合的风险和期望收益的计算公式

当组合中资产种类 N 大于 2 时，我们可以从两种风险资产期望收益和风险的公式中推广得出多种风险资产组合的期望收益和风险计算公式：

期望收益：

$$\bar{r}_p = \sum_{i=1}^{N} x_i \bar{r}_i \tag{2—6—6}$$

风险(方差)：

$$\sigma_P^2 = \sum_{i=1}^{n} W_i^2 \sigma_i^2 + 2\sum_{i=1}^{n} w_i w_j \mathrm{cov}_{ij} \tag{2—6—7}$$

其中，

$$\text{cov}_{ij}\sum_{s=1}^{n}[r_i-E(r_i)][r_j-E(r_j)]\pi_s \qquad (2-6-8)$$

2. 多种风险资产组合的风险分散原理

我们首先引入以下假定：

(1)该组合中每种证券所占的比例是 $1/N$；

(2)这 N 种证券各自的风险 $\sigma_1,\sigma_2,\cdots,\sigma_N$ 都小于一个常数 σ_*；

(3)N 种证券的收益彼此之间完全无关，即相关系数为 0。

上述假定虽然与现实有一定的差距，但是不影响我们分析的结论。基于以上假定，我们可以证明证券组合可以降低风险这一结论。

$$\sigma_P^2=\sum_{i=1}^{n}W_i^2\sigma_i^2+2\sum^{*}w_iw_j\text{cov}_{ij}=\sum_{i=1}^{N}\left(\frac{1}{N}\right)^2\sigma_i^2\leqslant\sum_{i=1}^{N}\left(\frac{1}{N}\right)^2\sigma_*^2$$

因为 $\sum\limits_{i=1}^{N}\left(\frac{1}{N}\right)^2\sigma_*^2=\frac{1}{N^2}\times N\times\sigma_*^2=\frac{1}{N}\sigma_*^2$，

对上式求极限：$\lim\limits_{x\to\infty}\frac{1}{N}\sigma_*^2=0$，即 $0\leqslant\sigma_P^2\leqslant\frac{1}{N}\sigma_*^2$。

所以，当 N 趋向无穷大，即随着证券组合中证券种类无限增加时，证券组合的风险 σ_P^2 趋向于 0。

证券组合的风险取决于三个因素：各种证券所占的比例(x_i)、各种证券的风险(σ_i)以及各种证券收益之间的关系(ρ)。

但是，在组合中并非证券品种越多越好。因为，尽管随着证券品种 N 的增加，证券组合的风险(σ_P)会降低。但是，当 N 达到一定水平时，组合风险下降的速度会递减，最终是组合的风险等于证券市场的系统性风险（即与证券市场有关的风险，这种风险是不可分散的）。而组合的非系统性风险（即与证券市场无关的风险，这种风险是可以分散的）等于 0。

真题回顾

【1】(华东师范大学 2015)在证券投资中，在投资组合中随机加入足够多的证券，可以分散(　)。

A. 任何风险　B. 非系统风险　C. 系统性风险　D. 市场风险

参考答案：B。在证券投资中，加入更多的证券，可以分散的是非系统性风险。本题答案选 B。

【2】(清华大学 2015)假设单因素 APT 模型成立，经济体系中所有的股票对市价的指数的贝塔值为 1.0，个股的非系统性风险（标准差）为 30%。如果证券分析师研究了 20 种股票，结果发现一半股票的阿尔法值为 2%，另一半为 −2%。分析师买进 100 万美元的等权重正阿尔法的股票资产组合，同时卖空 100 万美元的等权重负阿尔法的股票资产组合。

(1)该组合的期望收益是多少？

(2)该投资组合是否还存在系统风险？简述理由。

(3)该组合的标准差是多少？

参考答案：

(1)$E(R)=100\times(2\%+1\times R_m)-100\times(-2\%+1\times R_m)=4$(万美元)

(2)该投资组合不存在系统风险，因为系统风险已经被正负阿尔法组合对消，但仍存在非系统风险。

(3)$\sigma_i^2=1/10\times0.3^2+1/10\times0.3^2=0.018$

因此有 $\sigma_i=13.42\%$

【3】(中南财经政法大学2012)假设你有1 000 000美元，现在要投资一项包括股票X、股票Y和无风险资产的投资组合，你的目的是创造一个预期收益为13.5%并且风险只有市场的70%的投资组合。如果股票X的预期收益是31%，β 系数为1.8；股票Y的预期收益是20%，β 系数为1.3；无风险利率为7%，你会在股票X上投资多少钱？你是如何理解的？

参考答案：

设投资于股票X的比例为 x，投资于股票Y的比例为 y，投资于无风险资产的比例为 z，则可列出三个式子：

$$\begin{cases}0.31x+0.2y+0.07z=0.135\\1.8x+1.3y=0.7\\x+y+z=1\end{cases}$$

三式联立可解得：$x=-0.0833$。这意味着卖空股票X，卖空比例为0.083 3，即卖空83 333.3美元股票X。

(六)投资者无差异曲线

1. 风险厌恶投资者的无差异曲线

(1)不满足性和厌恶风险

1952年，马科维茨发表了一篇具有里程碑意义的论文，标志着现代投资组合理论的诞生，该理论对投资者对于收益和风险的态度有两个基本假设：一个是不满足性，另一个就是厌恶风险。

①不满足性。在一期投资的情况下，投资者用同样的期初财富来投资，总是偏好获得较多的期末财富。

②厌恶风险。现代投资组合理论还假设：投资者是厌恶风险的(Risk Averse)，即在其他条件相同的情况下，投资者将选择标准差较小的组合。厌恶风险的假设意味着风险带给投资者的是负效用，因此，如果没有收益来补偿，投资者是不会冒无谓的风险的。

与厌恶风险的投资者相对应，还有风险中性(Risk-Neutral)和爱好风险的投资者(Risk Lover)。前者对风险的高低漠不关心，只关心预期收益率的高低。对后者而言，风险给他带来的是正效用，因此，在其他条件不变的情况下他将选择标准差大的组合。

(2)(投资)无差异曲线

投资者的目标是投资效用最大化，而投资效用(Utility)取决于投资的预期收益率和风险，其中，预期收益率带来正的效用，风险带来负的效用。对于一个不满足和厌恶风险的投资者而言，预期收益率越高，投资效用越大；风险越大，投资效用越小。

然而，不同的投资者对风险的厌恶程度和对收益的偏好程度是不同的，为了更好地反映收益和风险对投资者效用的影响程度，我们有必要引入“无差异曲线”(Indifference Curve)

的概念。无差异曲线在收益—方差坐标系中表现为一族向右下方凸起的曲线。

一条无差异曲线代表给投资者带来同样满足程度的预期收益率和风险的所有组合。由于风险给投资者带来的是负效用，而收益带给投资者的是正效用。因此，为了使投资者的满足程度相同，高风险的投资必须有高的预期收益率。

可见，无差异曲线的斜率是正的，这是无差异曲线的第 1 个特征。

无差异曲线的第 2 个特征是该曲线是向下凸的。这意味着，要使投资者多冒等量的风险，给予他的补偿即预期收益率应越来越高。无差异曲线的这一特点是由预期收益率边际效用递减规律决定的。

无差异曲线的第 3 个特征是同一投资者有无限多条无差异曲线。这意味着对于任何一个风险—收益组合，投资者对其的偏好程度都能与其他组合相比。由于投资者对收益的不满足性和对风险的厌恶，因此，在无差异曲线图中越靠左上方的无差异曲线代表的满足程度越高。投资者的目标就是尽量选择位于左上角的组合。

无差异曲线的第 4 个特征是同一投资者在同一时间、同一时点的任何两条无差异曲线都不能相交。这一性质与消费的无差异曲线相类似，我们可以通过反证法证明，在图 2—6—2 中，假设某个投资者的两条无差异曲线相交于 X 点。由于 X 和 A 都在 I_1 上，因此 X 和 A 给投资者带来的效用是相同的。同样，由于 X 和 B 都在 I_2 上，因此 X 和 B 给投资者带来的效用是相同的。这意味着 A 和 B 给投资者带来的满足程度一定相同。但是，从图中可以看出，根据不满足性假设，B 的预期收益高于 A，两者的风险是相同的，所以 B 的满足程度一定大于 A，这样就自相矛盾。所以，两条无差异曲线不能相交。

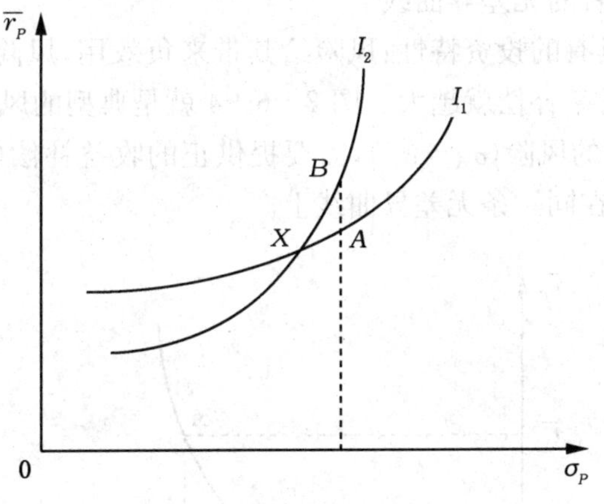

图 2—6—2　无差异曲线相交

一般而言，现实中投资者都是有一定风险厌恶性的，所以我们可以将风险厌恶投资者的无差异曲线作为典型进行分析。

无差异曲线的斜率表示风险和收益之间的替代率，斜率越大，表明让投资者多冒同样的风险，必须给他提供的收益补偿也相应越高，说明该投资者越厌恶风险。同样，斜率越小，表明投资者厌恶风险的程度较轻。图 2—6—3 中(a)的风险厌恶程度最高，(c)最低。

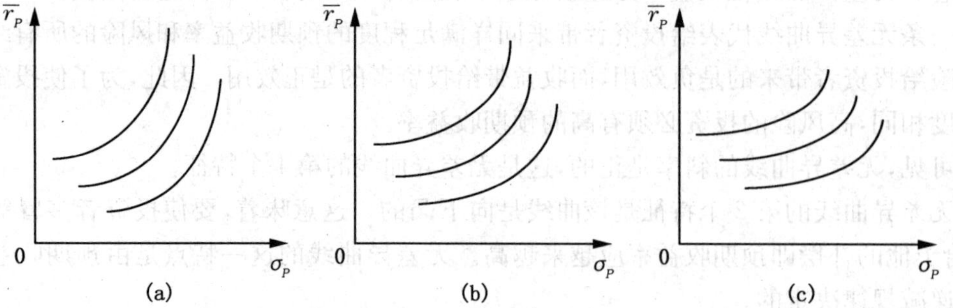

图 2—6—3　不同程度厌恶风险的无差异曲线

复习提示及知识补充一

可以联系消费无差异曲线来理解(这里用于比较的投资无差异曲线,假定投资者风险厌恶)。两者的主要区别体现在:(1)消费无差异曲线的横轴、纵轴表示两种商品,这两种商品一般而言给消费者带来的都是正效应;投资无差异曲线横轴代表风险,纵轴代表预期收益,预期收益给投资者带来正效应,而风险给风险厌恶的投资者带来负效应。(2)消费无差异曲线凸向原点;投资无差异曲线向右下凸。(3)消费无差异曲线斜率为负;投资无差异曲线斜率为正。(4)消费无差异曲线越往右上方,表示效用越高;投资无差异曲线越往左上方,表示效用越高。当然,两者在基本属性上具有很多共同点,如不交叉性、凸性等。

(3)风险厌恶投资者的无差异曲线

风险厌恶投资者具有的投资特性:风险给其带来负效用,风险厌恶程度越高,其承担每单位的风险要求的收益率补偿就越大。图 2—6—4 就是典型的风险厌恶投资者的无差异曲线,A 点对于 B 点增加的风险($\sigma_A-\sigma_B$),需要提供正的收益补偿($\overline{r_A}-\overline{r_B}$),才能使得 A、B 组合具有相同的效用,在同一条无差异曲线上。

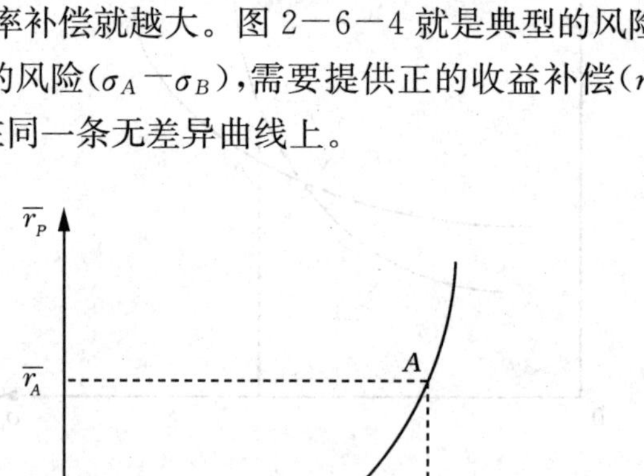

图 2—6—4　风险厌恶投资者的无差异曲线

总之,风险厌恶投资者的无差异曲线具有正斜率,斜率越大,风险厌恶程度越高。

2. 风险爱好投资者的无差异曲线

当然，现实生活中的投资者也并非都是风险厌恶的，有一部分投资者爱好风险，认为风险越大，投资效用越大，这样投资组合的风险就会给投资者带来正效用，其投资效用曲线的形状和特性与消费无差异曲线相类似。图 2—6—5 就是典型的风险爱好者的投资无差异曲线。B 比 A 具有更高的风险，却不需要风险补偿，因为风险也能给风险爱好的投资者带来正效用。

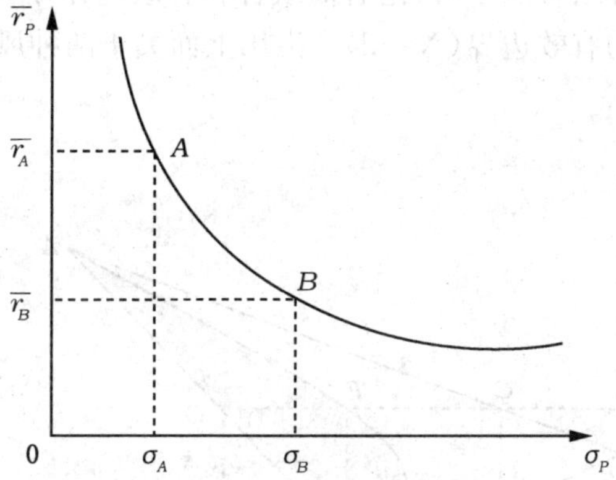

图 2—6—5　风险爱好投资者的无差异曲线

3. 风险中性投资者的无差异曲线

对投资的分类中，除了风险爱好者、风险厌恶者外，还有一类风险中性投资者，风险中性理论在许多经典的风险资产定价理论中发挥着重要的作用。那么，风险中性投资者的无差异曲线是什么样的呢？由于风险中性投资者不关心风险，只关心收益率的大小，所以其投资无差异曲线是平行于横轴的一组平行线。

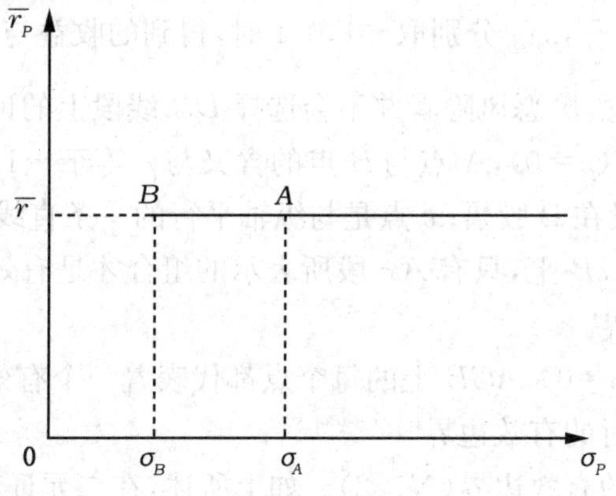

图 2—6—6　风险中性投资者无差异曲线

(七)有效集和有效边界

1. 有效集定理

有效集指的是由 N 种证券所形成的所有组合的集合，它包括现实生活中所有可能的组合。也就是说，所有可能的组合将位于可行集的边界上或内部。

所谓有效组合，就是按照既定收益下风险最小或既定风险下收益最大的原则建立起来的证券组合。所谓有效边界(Efficient Frontier)，就是在坐标轴上将有效组合的预期收益和风险的组合连接而成的轨迹，即有效集(Efficient Set)。

2. 可行集

(1)如何在可行集上选择有效集

下面首先从二元证券组合入手，讨论有效组合和有效边界，然后拓展到多元证券组合。

①二元证券组合下的有效边界($N=2$)。沿用上面关于两种风险资产组合的例子(见例2—6—4)。

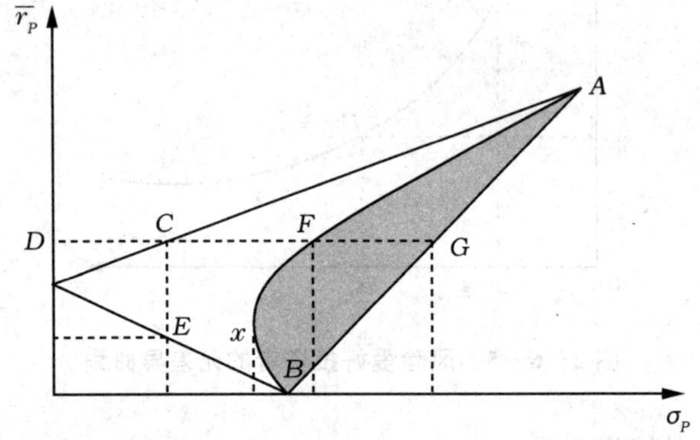

图 2—6—7　二元证券组合下的有效边界

在图 2—6—7 中，折线 $ACDEB$ 上的点表示相关系数为—1 时，A、B 两种股票的所有可能的组合；弧线 AFB 上的点表示当相关系数等于零时的 A、B 两种股票的所有可能的组合；直线 AGB 上的点表示当相关系数等于 1 时的 A、B 两种股票的所有可能组合。点 C、F、G 就是上例中当 $x_A=x_B=\frac{1}{2}$，ρ_{AB} 分别取—1，0，1 时，得到的收益与风险的组合点。

根据有效组合的概念，厌恶风险者并不会选择 DB 线段上的证券组合。

针对弧线 AxB 而言($\rho=0$)，A 点与 B 点的含义与 ρ 等于—1 时相同，即要么全部资金投在 A 股票，要么全部投在 B 股票；x 点是与纵轴平行的一条直线与弧线 AxB 的切点。

同理可知，在弧线 AxB 上，只有 Ax 段所表示的组合才是有效组合，故 Ax 段是当相关系数等于零时的有效边界。

对直线 AGB 而言($\rho=0$)，AGB 上的每个点都代表着一个有效组合，故而直线 AGB 构成了当相关系数等于 1 时的有效边界。

②多元证券组合下的有效边界($N>2$)。如上所述，在二元证券组合中，所有可能的(给定相关系数的)证券组合在图形上表现为一条曲线(如折线、弧线和直线)。但是，当组合中证券品种大于 2 时，所有可能的证券组合在图形上则表现为一个区域(见图 2—6—8)。

在图 2—6—8 中，阴影区域表示在某个多元证券的集合中所有可能的证券组合。但是，只有位于西北边缘的弧线 $BxyC$ 上的点才是有效组合，故构成了有效边界。

(2)如何在有效集上选择最佳组合

在图 2—6—9 中，阴影区域表示多元证券组合的所有的组合点，弧线 BAC 是有效边

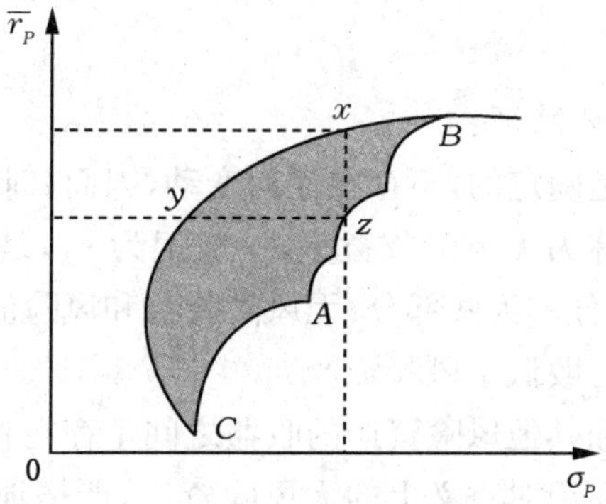

图 2—6—8 多元证券组合下的有效边界

界，I_1、I_2、I_3、I_4 是无差异曲线，且 $I_1 < I_2 < I_3 < I_4$。之所以选用这类无差异曲线，是因为假定中把投资者归为风险厌恶者。

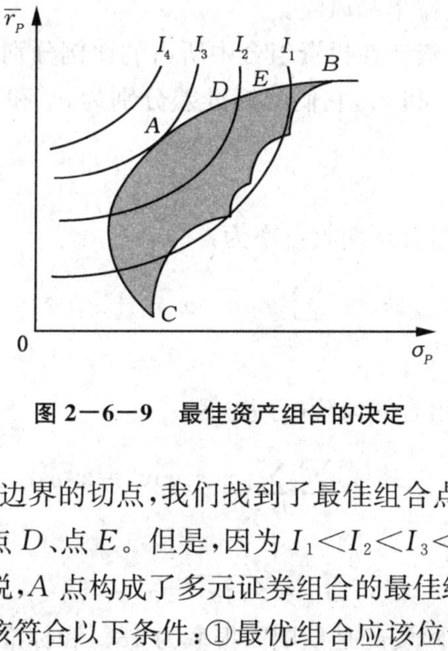

图 2—6—9 最佳资产组合的决定

根据无差异曲线与有效边界的切点，我们找到了最佳组合点 A。无差异曲线 I_1、I_2 虽然也与有效边界有交点，如点 D、点 E。但是，因为 $I_1 < I_2 < I_3 < I_4$，所以 A 点的效用最高，且落在有效边界上；也就是说，A 点构成了多元证券组合的最佳组合点。

总之，最优证券组合应该符合以下条件：①最优组合应该位于有效边界上，只有在有效边界上的组合才是有效组合；②最优组合应同时位于投资者的无差异曲线上，而且应该在左上方的无差异曲线上；③由于无差异曲线斜率为正，不满足性和厌恶风险的特性使无差异曲线呈向下凸的特性，有效集呈向上凸的特性，决定了有效集和无差异曲线的相切点只有一个；也就是说，最优投资组合是唯一的。

二、风险的市场价格

(一)无风险资产及其特点

1. 无风险资产的定义

从资产带来的收入是否稳定这一角度可将资产分为风险资产和无风险资产。风险资产带来的货币收入具有一定的随机性，是不稳定的，而无风险资产是相对意义上的，收入是确定的，没有任何风险。

2. 无风险资产的特点

无风险资产具有以下主要特征：

(1)无风险资产的收益是确定的，不存在任何变动，因而其收益变动方差为0。

(2)无风险资产的收益称为无风险收益率，一般记为 r_f，是一个极为重要的参数，每一个风险资产的收益可以将其分割为两部分：无风险收益和风险溢价。风险越大，风险溢价越大，所以无风险资产的收益一般低于风险资产。

(3)无风险资产的收益和其他风险资产的收益之间不存在相关关系。

(4)现实生活中并不存在绝对意义上的无风险资产，严格地讲，只有到期日与投资期相等的国债才是无风险资产。但在现实中，为了方便起见，人们常将1年期的国库券或者货币市场基金当做无风险资产。

(二)带有一种无风险资产的两种资产组合

为了考察无风险资产对有效集的影响，我们首先要分析一种无风险资产和一种风险资产组成的投资组合的预期收益率和风险。

假设风险资产和无风险资产在投资组合中所占的比例分别为 x_1 和 x_2，并且 $x_1+x_2=1$，它们的预期收益分别为 r_1 和 r_f，它们的标准差分别为 σ_1 和 σ_2，它们之间的协方差为 σ_2 和 cov_{12} 都为0。

1. 预期收益率

由以上已知条件可知，组合预期收益率为：

$$\bar{r}_p=\sum_{i=1}^{N}x_i\bar{r}_i=x_1r_1+x_2r_f \qquad (2-6-9)$$

2. 方差和标准差

根据方差的计算公式，组合的风险(方差)为：

$$\sigma_P^2=\sum_{i=1}^{N}\sum_{j=1}^{N}x_ix_j\text{cov}_{ij}=x_1^2\sigma_1^2 \qquad (2-6-10)$$

标准差为：

$$\sigma_P=\sqrt{x_1^2\sigma_1^2}=x_1\sigma_1 \qquad (2-6-11)$$

【例2-6-5】 一种风险资产是预期回报率为18%和标准差为28%的某基金，短期国债利率为8%。若投资者决定将其资产组合的70%投入到基金中，另外30%投入到货币市场的短期国库券基金中，则该资产组合的预期收益率与标准差各是多少？

(1)组合预期收益：$\bar{r}_p=0.7\times18\%+0.3\times8\%=15\%$

(2)组合风险：$\sigma_p^2=(0.7\times28\%)^2+(0.3\times0)^2+2\times0\times0.3\times0.7=(19.6\%)^2$

$\sigma_p=19.6\%$

(三)最优风险组合的选择

1. 投资于无风险资产的有效边界

(1)资本配置线

$$\bar{r}_p=r_f+\frac{r_1-r_f}{\sigma_1}\times\sigma_p \qquad (2-6-12)$$

由 r_1、r_f 和 σ_1 已知，式(2－6－12)是线性函数，其中$\frac{r_1-r_f}{\sigma_1}$为单位风险报酬，又称夏普比率(Sharpe Ratio)。将这种关系绘制在收益—标准差的图中，我们可以得到图 2－6－10：

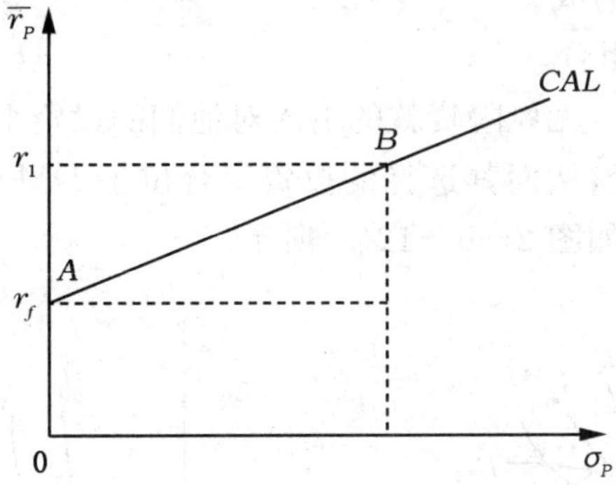

图 2－6－10　无风险资产和风险资产组合

图 2－6－10 中，A 点表示无风险资产，B 点表示风险资产，这条直线的斜率为$\frac{r_1-r_f}{\sigma_1}$，根据风险资产的预期收益和风险的变化而变化。

这条直线叫做资本配置线(Capital Allocation Line，CAL)，它表示投资者的所有可行的风险收益组合。它的斜率等于选择的资产组合每增加一单位标准差上升的期望收益；换句话说，就是每单位额外风险的额外收益的测度。基于这一原因，该斜率也可称为报酬与波动性比率(Reward-to-Variability Ratio)。

(2)投资与无风险资产(贷款)的有效边界

引入无风险贷款后，有效边界将发生重大变化。在图 2－6－11 中，弧线 CD 代表马科维茨有效边界，A 点表示无风险资产，A 点和有效边界上任意一点 B 相连就可以得到一条资本配置线。我们可以在马科维茨有效边界中找到一点 M，使 AM 直线与弧线 CD 相切于 M 点。M 点所代表的组合称为切点处投资组合。

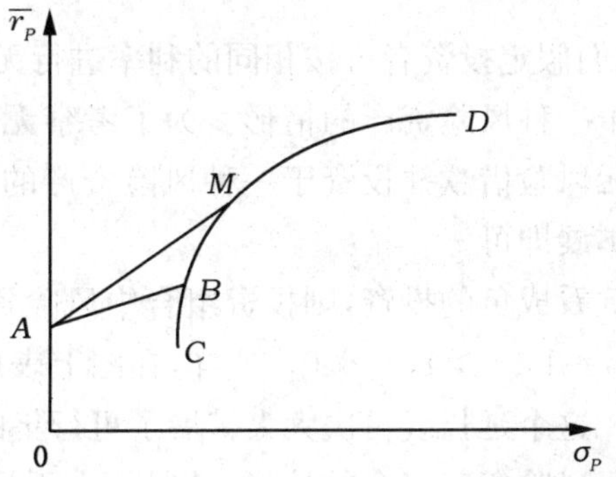

图 2－6－11　最优风险资产组合

因为没有任何一种风险资产或风险资产组合与无风险资产构成的投资组合可以位于

AM 线段的左上方。换句话说,AM 线段的斜率最大,因此,M 点代表的组合被称为最优风险组合(Optimal Risky Portfolio)。

从图 2－6－11 可以明显看出,引入 AM 线段后,CM 弧线将不再是有效集。新的有效集由 AM 线段和 MD 弧线构成。

2. 无风险资产的贷款组合

对于不同的投资者而言,无风险贷款的引入对他们的投资组合选择有不同的影响。

对于厌恶风险程度较轻,从而其选择的投资组合位于 DM 弧线上的投资者而言,其投资组合的选择将不受影响,如图 2－6－12(a)所示。

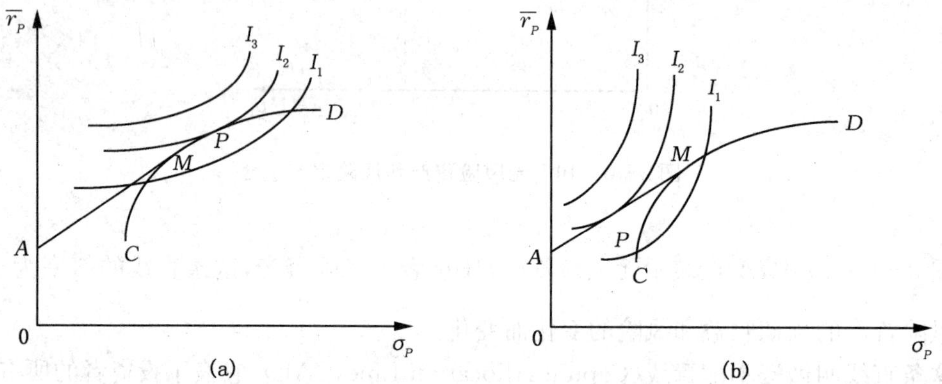

图 2－6－12 风险厌恶程度高的投资者最佳组合

对于较厌恶风险的投资者(但仍然是风险厌恶的投资者)而言,将选择其无差异曲线与 AM 线段相切 P 所代表的投资组合,如图 2－6－12(b)所示。

3. 无风险资产的借款组合

(1)允许无风险借款下的投资组合

在现实生活中,投资者可以借入资金并用于购买风险资产。由于借款必须支付利息,而利率是已知的。在该借款本息偿还上不存在不确定性,因此,我们把这种借款称为无风险借款。

为了分析方便起见,我们假定投资者可按相同的利率进行无风险借贷。

①无风险借款并投资于一种风险资产的情形。为了考察无风险借款对有效集的影响,我们首先分析投资者进行无风险借款并投资于一种风险资产的情形。为此,我们只要对上面的推导过程进行适当地扩展即可。

我们可以把无风险借款看成负的投资,则投资组合中风险资产和无风险借款的比例也可用 x_1 和 x_2,并且 $x_1+x_2=1$,$x_1>1$,$x_2<0$。这样,在图上表现为 AB 线段向右边的延长线上,如图 2－6－13 所示。这个延长线再次大大扩展了可行集的范围。

②无风险借款并投资于风险资产组合的情形。同样,由无风险借款和风险资产组合构成的投资组合,其预期收益率和风险的关系与由无风险借款和一种风险资产构成的投资组合相似。

我们假设风险资产组合 B 是由两种风险证券组成的,则由风险资产组合 B 和无风险借

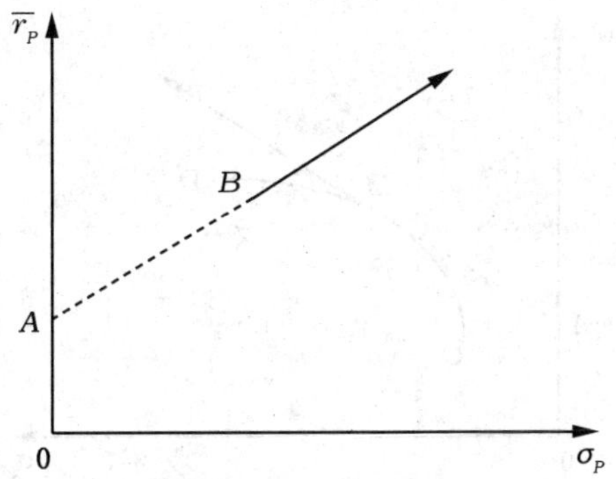

图 2—6—13　引入无风险借款后可行集的扩展

款 A 构成的投资组合的预期收益率和标准差一定落在 AB 线段向右边的延长线上，如图 2—6—14 所示。

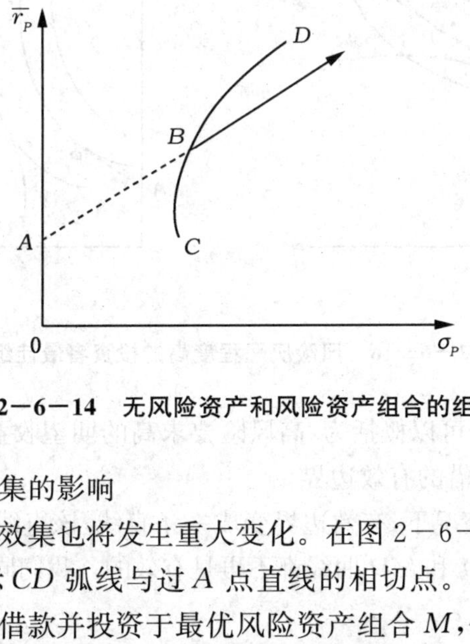

图 2—6—14　无风险资产和风险资产组合的组合

(2)无风险借款对有效集的影响

引入无风险借款后，有效集也将发生重大变化。在图 2—6—15 中，弧线 CD 仍代表马科维茨有效集，M 点仍表示 CD 弧线与过 A 点直线的相切点。在允许无风险借款的情形下，投资者可以通过无风险借款并投资于最优风险资产组合 M，使有效集由 MD 弧线变成 AM 线段向右边的延长线。这样，在允许无风险借贷的情况下，马科维茨有效集由 CMD 弧线变成过 A、M 点的直线在 M 点右边的部分。图中虚线部分代表允许投资无风险资产的情况。

(3)无风险借款对投资组合选择的影响

对于不同的投资者而言允许无风险借款对他们的投资组合选择的影响也不同。

对于厌恶风险程度较轻的投资者，他将选择其无差异曲线与 AM 直线切点所代表的投资组合，如图 2—6—16(a)所示。

对于较厌恶风险从而其选择的投资组合位于 CM 弧线上的投资者而言，如图 2—6—16(b)所示，他只会用自有资产投资于风险资产，而不会进行无风险借款。

4. 风险和期望收益的杠杆效应

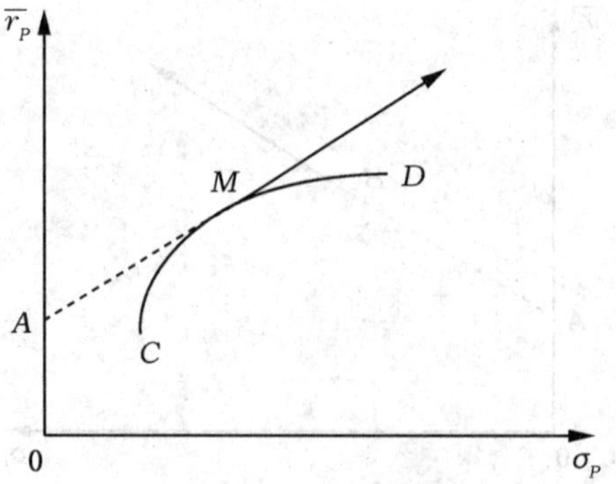

图 2—6—15　允许无风险借款后的有效集

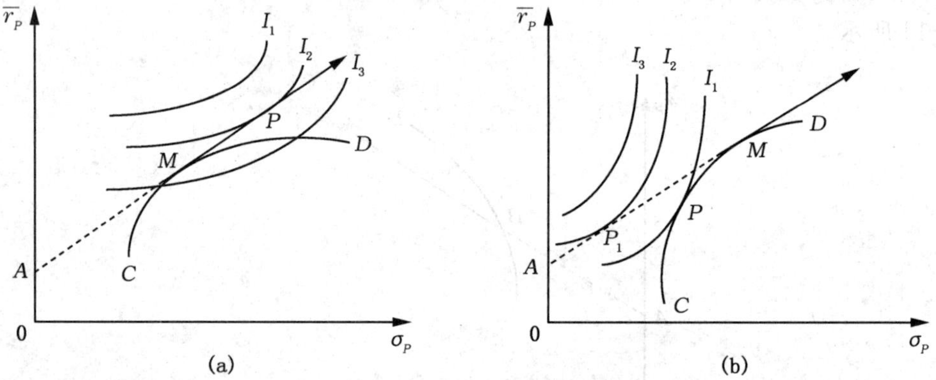

图 2—6—16　风险厌恶程度高的投资者最佳组合

一般而言，两者的关系可以概括为：高风险要求高的期望收益。

5. 含有无风险的贷和借的有效边界

在允许无风险借贷的情况下，有效边界变成一条直线，该直线经过无风险资产 A 点并与马科维茨有效边界相切，CM 和 MD 曲线都不再是有效的。我们同样可以根据图 2—6—17 来理解：

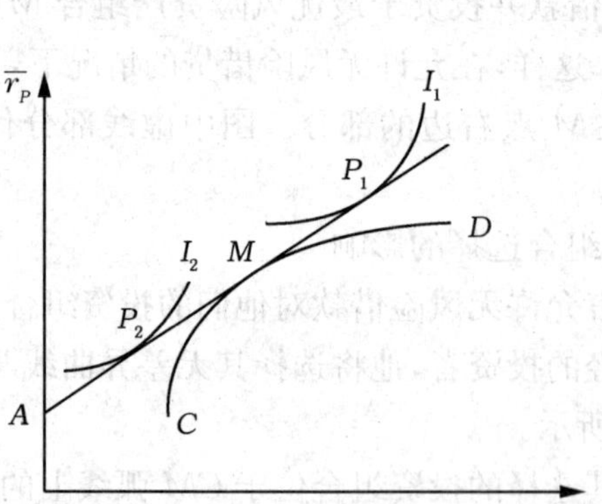

图 2—6—17　允许无风险借贷后的有效集

若最优投资组合位于M点左侧，说明投资者风险厌恶程度较高，会将一部分资产投资到无风险资产上；若最优投资组合位于M点右侧，说明投资者风险厌恶程度较低，会借入无风险资产和自有资产一起投资于风险资产。

真题回顾

(上海财经大学 2012)对于一个无风险资产和风险资产的组合，假定可以无风险利率任意借贷资金，有效集的形状是(　　)。

A. 线段　　　　B. 射线

C. 一个月牙形的区域　　　　D. 月牙形区域的左上边界

参考答案:D。投资组合形成的收益风险形状为月牙形，但是基于投资者理性经济人假设的原理，投资者选择的都是在风险给定情况下的最大收益和收益给定下的最小风险，这样的投资选择使得有效集只会集中在月牙形区域的左上边界。

(四)投资者效用和无风险资产

1. 市场组合

根据分离定理，我们可以得到另一个重要结论：在均衡状态下，每种证券在均点处投资组合中都有一个非零的比例。

这是因为，根据分离定理，每个投资者都持有相同的最优风险组合(M)。如果某种证券在M组合中的比例为零，那么就没有人购买该证券，该证券的价格就会下降，从而使该证券的预期收益率上升，一直到在最终的最优风险组合M中该证券的比例非零为止。

同样，如果投资者对某种证券的需要量超过其供给量，则该证券的价格将上升，导致其预期收益率下降，从而降低其吸引力，它在最优风险组合中的比例也将下降，直至对其需求量等于其供给量为止。

因此，在均衡状态下，每一个投资者对每一种证券都愿意持有一定的数量，市场上各种证券的价格都处于使该证券的供求相等的水平上，无风险利率的水平也正好使得借入资金的总量等于贷出资金的总量。这样，在均衡时，最优风险组合中各证券的构成比例等于市场组合(Market Portfolio)中各证券的构成比例。所谓市场组合，是指由所有证券构成的组合，在这个组合中，每一种证券的构成比例等于该证券的相对市值。一种证券的相对市值等于该证券总市值除以所有证券的市值的总和。

习惯上，人们将切点处的组合叫做市场组合，并用M来表示。从理论上说，M不仅由普通股构成，还包括优先股、债券、房地产等其他资产。但在现实中，人们常将M局限于普通股。

复习提示及知识补充二

复习时我们一定要注意“市场组合”的特征，总结起来有以下几点供大家参考：

(1)市场组合是一种理想状态，由市场上所有存在的风险资产组成，各种风险资产所占比例都不可能为0，每种证券所占比例由其相对市值决定；

(2)市场组合代表的是一种市场动态均衡状态，在市场组合中每一种证券的供求都处于动态均衡中；

(3)市场组合是一种将非系统性风险完全分散的组合，即代表最优风险资产的组合点，其贝塔值为1，可以用市场组合风险来代表不可分散风险即市场风险的大小。

其中第三条很重要，大家可以结合这一点来思考在CML公式中市场组合收益和方差的含义。

2. 分离定理

(1)资本资产定价理论的假定

为了推导资本资产定价模型，有以下假定：

①所有投资者的投资期限均相同。

②投资者根据投资组合在单一投资期内的预期收益率和标准差来评价这些投资组合。

③投资者永不满足，当面临其他条件相同的两种选择时，他们将选择具有较高预期收益率的那一种。

④投资者是厌恶风险的，当面临其他条件相同的两种选择时，他们将选择具有较小标准差的那一种。

⑤每种资产都是无限可分的。

⑥投资者可按相同的无风险利率借入或贷出资金。

⑦税收和交易费用均忽略不计。

⑧对于所有投资者来说，信息都是免费的并且是立即可得的。

⑨投资者对于各种资产的收益率、标准差、协方差等具有相同的预期。

这些假定虽然与现实世界存在很大差距，但通过这个假想的世界，我们可以导出证券市场均衡关系的基本性质，并以此为基础，探讨现实世界中风险和收益之间的关系。

(2)分离定理

在上述假定的基础上，我们可以得出如下结论：

①根据相同预期的假定，我们可以推导出每个投资者的切点处投资组合(最优风险组合)都是相同的(如图2—6—17中的M点)，从而每个投资者的线性有效集都是一样的。

②由于投资者风险—收益偏好不同，其无差异曲线的斜率不同，因此他们的最优投资组合也不同。

由此我们可以导出著名的分离定理：投资者对风险和收益的偏好状况与该投资者风险资产组合的最优构成是无关的。

(五)资本市场线及其斜率和预期收益的计算

按资本资产定价模型的假设，我们就可以很容易地找出有效组合风险和收益之间的关系。如果我们用M代表市场组合，用r_f代表无风险利率，从r_f出发画一条经过M的直线，这条线就是在允许无风险借贷情况下的线性有效集，在此我们称为资本市场线(Capital Market Line)，如图2—6—18所示。任何不利用市场组合以及不进行无风险借贷的其他所有组合都将位于资本市场线的下方。

从图2—6—18可以看出，资本市场线的斜率等于市场组合预期收益率与无风险证券收

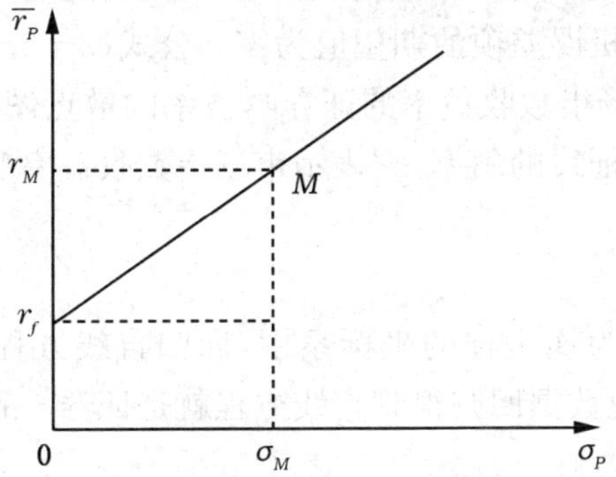

图 2—6—18　资本市场线

益率之差（$\bar{r}_M - r_f$）除以它们的风险之差（$\sigma_M - 0$），即（$\bar{r}_M - r_f$）/σ_M，由于资本市场线与纵轴的截距为 r_f，因此其表达式为：

$$\bar{r}_p = r_f + \left(\frac{\bar{r}_M - \bar{r}_f}{\sigma_M}\right)\sigma_p \tag{2—6—13}$$

其中，$\bar{r}_p$ 和 σ_P 分别代表最优投资组合（即市场组合）的预期收益率和标准差。

从式（2—6—13）可以看出，证券市场的均衡可用两个关键数字来表示：一是无风险利率（r_f），二是单位风险报酬[（$\bar{r}_M - r_f$）/σ_M]，它们分别代表时间报酬和风险报酬。因此，从本质上说，证券市场提供了时间和风险进行交易的场所，其价格则由供求双方的力量来决定。

复习提示及知识补充三

CAL 和 *CML* 线的异同比较

资本配置线和资本市场线都是表示将投资在无风险资产和风险资产之间分配的曲线。不同的是，*CML* 是一条特殊的资本配置线，其风险资产是市场组合（最优风险资产组合），所以通过 *M* 点，而 *CAL* 有无数条，不一定通过 *M* 点。

（六）贝塔和单个证券的风险

证券市场线（*SML*）一般用于估计一种证券的预计收益，而证券特征线则用于描述一种证券的实际收益。

1. 贝塔与特征线

证券特征线（Security Characteristic Line，SCL）是单个证券 i 的实际收益率与市场组合实际收益率间的回归直线。在以 r_i 为纵坐标、r_M 为横坐标的坐标系中，回归直线方程为：$r_i = \alpha_i + r_M\beta_i$，其中，$\alpha_i$ 和 β_i 为回归系数，β_i 称为证券 i 的 β 系数，表示证券特征线的斜率。

β 系数的估计是 *CAPM* 模型实际运用时较为重要的环节之一。在实际运用中，人们常用单因素模型来估计 β 值。单因素模型一般可以表示为

$$r_{it} = \alpha_i + \beta_i r_{Mt} + \varepsilon_{it} \tag{2—6—14}$$

在这里，r_{it} 为证券 i 在 t 时刻的实际收益率，r_{Mt} 为市场指数在 t 时刻的收益率，α_i 为截

距项，β_i 为证券 i 收益率变化对市场指数收益率变化的敏感度指标，它衡量的是系统性风险，ε_{it} 为随机误差项，该随机误差项的期望值为零。公式(2－6－14)也常被称为市场模型。

特征线是从对应于市场指数收益率的证券收益率的散点图拟合而成的，根据单因素模型的公式，β 值可以看作特征线的斜率，它表示市场指数收益率变动1%时，证券收益率的变动幅度。

2. 特征线方程

在以 r_i 为纵坐标、r_M 为横坐标的坐标系中，回归直线方程为：$r_i=\alpha_i+r_M\beta_i$，其中，α_i 和 β_i 为回归系数，利用历史数据回归得到直线方程就是证券 i 的特征线方程。

3. 贝塔的作用

贝塔系数(β)反映个别证券随着市场投资组合变动的趋势，用以计量个别证券相对于市场组合的变动程度。资产的定价中，那些只影响该证券的方差而不影响该股票与股票市场组合的协方差的因素在定价中不起作用，对定价唯一起作用的是该股票的 β 系数。

4. 贝塔作为相对风险的衡量

贝塔系数是指个别股票相对于市场平衡风险的变动程度，即表明股票收益对于系统风险的反应程度。这种反映是对个别股票对于市场的相对变动的衡量，与标准差衡量总体风险不同。

贝塔系数的意义主要表现在：(1)它是一种能反映各股票相对于整个股市的变动性指数，因而它可以衡量该股票的市场风险。如果某种股票的贝塔系数等于1，则表明当整个股市行情上涨10%时，该股票的行情也上涨10%；反之，若股票行情下跌10%，则该股票的行情也下跌10%。(2)通过贝塔系数所反映的与市场风险的关系，定量分析风险与报酬的关系。

(七)风险的划分

1. 系统性风险

系统性风险即市场风险，即指由整个政治、经济、社会等环境因素对证券价格所造成的影响。系统性风险包括政策风险、经济周期性波动风险、利率风险、购买力风险、汇率风险等。这种风险不能通过分散投资加以消除，因此又被称为不可分散风险。系统性风险可以用贝塔系数来衡量。

2. 非系统性风险

非系统性风险是指对某个行业或个别证券产生影响的风险，它通常由某一特殊的因素引起，与整个证券市场的价格不存在系统的全面联系，而只对个别或少数证券的收益产生影响。非系统性风险是可以通过多样化消除的。

3. 总风险

系统性风险和非系统性风险之和称为总风险，反映收益的整体变动情况。我们一般用标准差或者方差来衡量某一证券的总风险。标准差或者方差越大，总风险越大。

(八)一种证券的预期收益率

资本市场线反映的是有效组合的预期收益率和标准差之间的关系，任何单个风险证券由于均不是有效组合而一定位于该直线的下方。因此，资本市场线并不能告诉我们单个证券的预期收益与标准差(即总风险)之间应存在怎样的关系。为此，我们有必要作进一步的分析。

1. 证券市场线的含义

由前面内容，我们可以知道市场组合标准差的计算公式为：

$$\sigma_M=\sqrt{\sum_{i=1}^{N}\sum_{j=1}^{N}X_{iM}X_{jM}\sigma_{ij}} \qquad (2-6-15)$$

其中，X_{iM} 和 X_{jM} 分别表示证券 i 和 j 在市场组合中的比例。式(2—6—15)可以展开为：

$$\sigma_M=[X_{1M}\sum_{j=1}^{N}X_{jM}\sigma_{1j}+X_{2M}\sum_{j=1}^{N}X_{jM}\sigma_{2j}+X_{3M}\sum_{j=1}^{N}X_{jM}\sigma_{3j}+\cdots+X_{NM}\sum_{j=1}^{N}X_{jM}\sigma_{nj}]^{1/2}$$

根据协方差的性质可知，证券 i 和市场组合的协方差（即 cov_{iM}，这里用 σ_{iM} 简便表示）等于证券 i 跟市场组合中每种证券协方差的加权平均数：

$$\sigma_{iM}=\sum_{j=1}^{N}X_{jM}\sigma_{ij} \qquad (2-6-16)$$

如果把协方差的这个性质运用到市场组合中的每一个风险证券，并代入式(2—6—15)，可得

$$\sigma_M=[X_{1M}\sigma_{1M}+X_{2M}\sigma_{2M}+X_{3M}\sigma_{3M}+\cdots+X_{nM}\sigma_{nM}]^{1/2} \qquad (2-6-17)$$

其中，σ_{1M} 表示证券 1 与市场组合的协方差，σ_{2M} 表示证券 2 与市场组合的协方差，依此类推。式(2—6—17)表明，市场组合的标准差等于所有证券与市场组合协方差的加权平均数的平方根，其权数等于各种证券在市场组合中的比例。

由此可见，在考虑市场组合风险时，重要的不是各种证券自身的整体风险，而是其与市场组合的协方差。这就是说，自身风险较高的证券，并不意味着其预期收益率也应较高；同样，自身风险较低的证券，也并不意味着其预期收益率就较低。单个证券的预期收益率水平应取决于其与市场组合的协方差。

由此我们可以得出如下结论：具有较大 σ_{iM} 值的证券必须按比例提供较大的预期收益率，以吸引投资者。由于市场组合的预期收益率和标准差分别是各种证券预期收益率和各种证券与市场组合的协方差(σ_{iM})的加权平均数，其权数均等于各种证券在市场组合中的比例，因此，如果某种证券的预期收益率相对于其 σ_{iM} 值太低的话，投资者只要把这种证券从其投资组合中剔除就可提高其投资组合的预期收益率，从而导致证券市场失衡。同样，如果某种证券的预期收益率相对于其 σ_{iM} 值太高的话，投资者只要增持这种证券就可提高其投资组合的预期收益率，从而也将导致证券市场失衡。在均衡状态下，单个证券风险和收益的关系可以写为：

$$\bar{r}_i=r_f+\left(\frac{\bar{r}_M-r_f}{\sigma_M^2}\right)\sigma_{iM} \qquad (2-6-18)$$

式(2—6—18)所表达的就是著名的证券市场线(Security Market Line)，它反映了单个证券与市场组合的协方差和其预期收益率之间的均衡关系，如果我们用 $\bar{r}_i$ 作纵坐标，用 σ_{iM} 作横坐标，则证券市场线在图上就是一条截距为 r_f、斜率为 $\frac{\bar{r}_M-r_f}{\sigma_M^2}$ 的直线，如图 2—6—19(a)所示。

从式(2－6－18)可以发现，对于 σ_{iM} 等于 0 的风险证券而言，其预期收益率应等于无风险利率，因为这个风险资产与无风险资产一样，对市场组合的风险没有任何影响。更有趣的是，当某种证券的 $\sigma_{iM}<0$ 时，该证券的预期收益率甚至将低于 r_f。

把式(2－6－17)代入式(2－6－18)，我们有

$$\bar{r}_i=r_f+(\bar{r}_M-r_f)\beta_{iM} \tag{2－6－19}$$

其中，β_{iM} 称为证券 i 的 β 系数，它是表示证券 i 与市场组合协方差的另一种方式。式(2－6－19)是证券市场线的另一种表达方式。如果我们以 $\bar{r}_i$ 为纵轴，以 β_{iM} 为横轴，则证券市场线也可表示为截距为 r_f，斜率为 $\bar{r}_M-r_f$ 的直线，如图 2－6－19(b)所示。

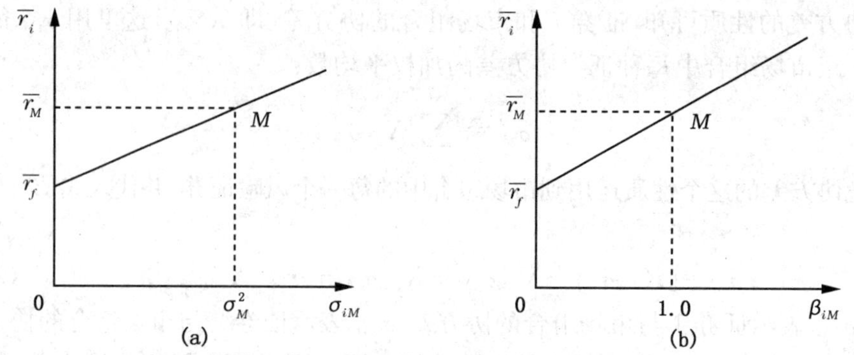

图 2－6－19　证券市场线

β 系数的一个重要特征是，一个证券组合的 β 值等于该组合中各种证券 β 值的加权平均数，权数为各种证券在该组合中所占的比例，即：

$$\beta_{pM}=\sum_{i=1}^{n}X_i\beta_{iM} \tag{2－6－20}$$

其中，β_{pM} 表示组合 P 的 β 值。

由于任何组合的预期收益率和 β 值都等于该组合中各个证券预期收益率和 β 值的加权平均数，其权数也都等于各个证券在该组合中所占的比例，因此，既然每一种证券都落在证券市场线上，那么由这些证券构成的组合也一定落在证券市场线上。

比较资本市场线和证券市场线可以看出，只有最优投资组合才落在资本市场线上，其他组合和证券则落在资本市场线下方。而对于证券市场线来说，无论是有效组合还是非有效组合，它们都落在证券市场线上。

既然证券市场线包括所有证券和所有组合，因此也一定包含市场组合和无风险资产。在市场组合那一点，β 值为 1，预期收益率为 $\bar{R}_M$，因此，其坐标为$(1,\bar{R}_M)$。在无风险资产那一点，β 值为 0，预期收益率为 r_f，因此，其坐标为$(0,r_f)$。证券市场线反映了在不同的 β 值水平下，各种证券及证券组合应有的预期收益率水平，从而反映了各种证券和证券组合系统性风险与预期收益率的均衡关系。由于预期收益率与证券价格成反比，因此，证券市场线实际上也给出了风险资产的定价公式。

资本资产定价模型所揭示的投资收益与风险的函数关系是通过投资者对持有证券数量的调整并引起证券价格的变化而达到的。根据每一证券的收益和风险特征，给定一证券组

合，如果投资者愿意持有的某一证券的数量不等于已拥有的数量，投资者就会通过买进或卖出证券进行调整，并因此对这种证券价格产生涨或跌的压力。在得到一组新的价格后，投资者将重新估计对各种证券的需求，这一过程将持续到投资者对每一种证券愿意持有的数量等于已持有的数量，证券市场达到均衡。

2. 证券市场线的方程与计算

证券市场线的一般表达式和常用表达式。

一般表达式：

$$\bar{r}_i = r_f + \left(\frac{\bar{r}_M - r_f}{\sigma_M^2}\right)\sigma_{iM} \tag{2-6-21}$$

常用表达式：

$$\bar{r}_i = r_f + (\bar{r}_M - r_f)\beta_{iM}$$

常用表达式常常会考到相应的计算，我们可以通过一道例题来理解。

【例 2－6－6】 在 1997 年，短期国库券（被认为是无风险的）的收益率约为 5%。假定一贝塔值为 1 的资产组合市场要求的期望收益率是 12%，根据资本资产定价模型（证券市场线）：

（1）市场资产组合的预期收益率是多少？

因为市场组合的定义为 1，它的预期收益率为 12%。

（2）贝塔值为 0 的股票的预期收益率是多少？

$\beta=0$ 意味着无系统风险。因此，资产组合的公平的收益率是无风险利率，为 5%。

（3）假定投资者正考虑买入 1 股股票，价格为 40 美元。该股票预计来年派发红利 3 美元。投资者预期可以以 41 美元卖出。股票风险 $\beta=-0.5$，该股票是高估还是低估了？

运用证券市场线，$\beta=-0.5$ 的股票公平收益率为

$E(r_i)=r_f+(r_M-r_f)\beta=5\%+(12\%-5\%)(-0.5)=1.5\%$

利用第二年的红利和资本利得计算预期收益为

$E(r)=\dfrac{3+(41-40)}{40}\times100\%=10\%$

因为预期收益超过了公平收益，所以股价低估了。

（九）证券市场线与资本市场线的比较

只有最优投资组合才落在资本市场线上，其他组合和证券则落在资本市场线的下方；而对于证券市场线而言，无论是有效组合还是非有效组合，它们都落在证券市场线上。

1. 相同点

（1）理论基础相同：都是以马科维茨投资组合理论为分析基础的；

（2）前提假设相同：具有相同的假设前提，证券市场有效性，投资者对收益率的不满足性，投资者基于收益率、风险（期望值、方差）分析；

（3）*SML* 可由 *CML* 推导出来。

2. 不同点

（1）表达式不同

资本市场线的表达式：$\bar{r}_p = r_f + \left(\frac{\bar{r}_M - \bar{r}_f}{\sigma_M}\right)\sigma_p$

证券市场线的两种表达式：$\bar{r}_i = r_f + \left(\frac{\bar{r}_M - r_f}{\sigma_M^2}\right)\sigma_M$

$$\bar{r}_i = r_f + (\bar{r}_M - r_f)\beta_{iM}$$

(2)坐标轴不同

资本市场线横轴表示投资组合的风险 σ_p，纵轴表示投资组合的预期收益 $\bar{r}_p$；证券市场线横轴表示证券 i 与市场组合的协方差 σ_{iM} 或 β 值，纵轴表示证券 i 的预期收益 $\bar{r}_i$。

(3)含义不同

资本市场线描述有效投资组合风险与预期收益之间的关系，而证券市场线界定的风险与收益的关系适用于所有的资产和组合，无论其有效与否。故资本市场线上的所有组合对应的点一定在证券市场线上，而非有效组合对应的点也将落在证券市场线上，但在资本市场线以下。

复习提示及知识补充四

表 2—6—5　　证券市场线和资本市场线的比较

比较	不同点			相同点		
	表达式	坐标轴	含义	理论基础	前提假设	推导关系
CML	$\bar{r}_p = r_f + \left(\frac{\bar{r}_M - \bar{r}_f}{\sigma_M}\right)\sigma_p$	x 轴—σ_P y 轴—$\bar{r}_P$	均衡	马科维茨资产组合理论	有共同的前提(见脉络梳理)	SML 可以由 CML 推导出来
SML	$\bar{r}_i = r_f + \left(\frac{\bar{r}_M - \bar{r}_f}{\sigma_M^2}\right)\sigma_{iM}$	x 轴—σ_{iM} y 轴—$\bar{r}_i$	非均衡			

(十)套利定价理论

1976 年，斯蒂芬·罗斯(Stephen Ross)利用套利定价原理，提出了套利定价理论(Arbitrage Pricing Theory，APT)，从另一个角度探讨了风险资产的定价问题。与夏普的 CAPM 相比，APT 的假设条件少多了，因此使用起来较为方便。

(1)因素模型

套利定价理论认为，证券收益是与某些因素相关的。为此，在介绍套利定价理论之前，我们先得了解因素模型(Factor Models)。我们曾在前面涉及因素模型，这里作更进一步的讨论。因素模型认为各种证券的收益率均受某个或某几个共同因素的影响。各种证券收益率之所以相关，主要是因为它们都会对这些共同的因素起反应。因素模型的主要目的就是找出这些因素并确定证券收益率对这些因素变动的敏感度。

①单因素模型。为了理解方便，我们循序渐进地从单因素模型开始。单因素模型认为，证券收益率只受一种因素的影响。

对于任意的证券 i，其在 t 时刻的单因素模型表达式为：

$$r_{it} = \alpha_i + b_i F_t + \varepsilon_{it} \qquad (2-6-22)$$

其中，r_{it} 表示证券 i 在 t 时期的收益率；F_t 表示该因素在 t 时期的预测值；b_i 表示证券 i 对该因素的敏感度；ε_{it} 为证券 i 在 t 时期的随机变量，其均值为零，标准差为 $\sigma_{\varepsilon i}$；α_i 为常数，它表示要素值为 0 时证券 i 的预期收益率。因素模型认为，随机变量与因素是不相关的，且两种证券的随机变量之间也是不相关的。

根据式(2－6－22)，证券 i 的预期收益率 $\bar{r}_i$ 为：

$$\bar{r}_i=\alpha_i+b_i\bar{F} \qquad (2-6-23)$$

其中，$\bar{F}$ 表示该要素的期望值。

根据式(2－6－22)，证券 i 的收益率的方差 σ_i^2 为：

$$\sigma_i^2=b_i^2\sigma_F^2+\sigma_{\varepsilon i}^2 \qquad (2-6-24)$$

其中，σ_F^2 表示 F 因素的方差，$\sigma_{\varepsilon i}^2$ 表示随机变量 ε_i 的方差。式(2－6－24)表明，某种证券的风险等于因素风险 $b_i^2\sigma_F^2$ 加上非因素风险 $\sigma_{\varepsilon i}^2$。

在单因素模型下，证券 i 和 j 收益率的协方差 σ_{ij} 为：

$$\sigma_{ij}=b_ib_j\sigma_F^2 \qquad (2-6-25)$$

单因素模型可以大大地简化马科维茨模型中确定切点处投资组合的麻烦，因为它只要知道 α_i、b_i 和 $\sigma_{\varepsilon i}^2$ 以及 $\bar{F}$ 和 σ_F^2 即可。

在单因素模型中，证券组合的方差 σ_P^2 等于：

$$\sigma_P^2=b_P^2\sigma_F^2+\sigma_{\varepsilon P}^2 \qquad (2-6-26)$$

其中，$b_P=\sum\limits_{i=1}^{N}x_ib_i$，$\sigma_{\varepsilon P}^2=\sum\limits_{i=1}^{N}x_i^2\sigma_{\varepsilon i}^2$。

②两因素模型。两因素模型认为，证券收益率取决于两个因素，其表达式为

$$r_{it}=\alpha_i+b_{i1}F_{1t}+b_{i2}F_{2t}+\varepsilon_{it} \qquad (2-6-27)$$

其中，F_{1t} 和 F_{2t} 分别表示影响证券收益率的两个因素在 t 时期的预测值，b_{i1} 和 b_{i2} 分别表示证券 i 对这两个因素的敏感度。

在两因素模型中，证券 i 的预期收益率为：

$$\bar{r}_i=\alpha_i+b_{i1}\bar{F}_1+b_{i2}\bar{F}_2 \qquad (2-6-28)$$

证券 i 收益率的方差为：

$$\sigma_i^2=b_{i1}^2\sigma_{F1}^2+b_{i2}^2\sigma_{F2}^2+2b_{i1}b_{i2}\mathrm{cov}(F_1,F_2)+\sigma_{\varepsilon i}^2 \qquad (2-6-29)$$

其中，$\mathrm{cov}(F_1,F_2)$ 表示两个因素 F_1 和 F_2 之间的协方差。

证券 i 和证券 j 的协方差为：

$$\sigma_{ij}=b_{i1}b_{j1}\sigma_{F1}^2+b_{i2}b_{j2}\sigma_{F2}^2+(b_{i1}b_{j1}+b_{i2}b_{j2})\mathrm{cov}(F_1,F_2) \qquad (2-6-30)$$

③多因素模型。多因素模型认为，证券 i 的收益率取决于 K 个因素，其表达式为：

$$r_{it}=\alpha_i+b_{i1}F_{1t}+b_{i2}F_{2t}+\cdots+b_{ik}F_{kt}+\cdots+\varepsilon_{it} \qquad (2-6-31)$$

应该注意的是，与资本资产定价模型不同，因素模型不是资产定价的均衡模型。在实际运用中，人们通常通过理论分析确定影响证券收益率的各种因素，然后，根据历史数据，运用时间序列法、跨部门法、因素分析法等实证方法估计出因素模型。

(2)套利组合

根据套利定价理论，在不增加风险的情况下，投资者将利用组建套利组合的机会来增加

其现有投资组合的预期收益率。那么,什么是套利组合呢?

根据套利的定义,套利组合要满足以下三个条件:

条件 1:套利组合要求投资者不追加资金,即套利组合属于自融资组合。如果我们用 x_i 表示投资者持有证券 i 金额比例的变化(从而也代表证券 i 在套利组合中的权重,注意 x_i 可正可负),则该条件可以表示为:

$$x_1+x_2+x_3+\cdots+x_4=0 \tag{2-6-32}$$

条件 2:套利组合对任何因素的敏感度都为零,即套利组合没有因素风险。由式(2-6-26)可知,证券组合对某个因素的敏感度等于该组合中各种证券对该因素敏感度的加权平均数,因此,在单因素模型下,该条件的表达式为:

$$b_1x_1+b_2x_2+\cdots+b_nx_n=0 \tag{2-6-33}$$

在双因素模型下,条件 2 的表达式为:

$$b_{11}x_1+b_{12}x_2+\cdots+b_{1n}x_n=0$$
$$b_{21}x_1+b_{22}x_2+\cdots+b_{2n}x_n=0$$

在多因素模型下,条件 2 的表达式为:

$$b_{11}x_1+b_{12}x_2+\cdots+b_{1n}x_n=0$$
$$b_{21}x_1+b_{22}x_2+\cdots+b_{2n}x_n=0$$
$$\cdots\cdots$$
$$b_{k1}x_1+b_{k2}x_2+\cdots+b_{kn}x_n=0$$

条件 3:套利组合的预期收益率应大于零,即:

$$x_1\bar{r}_1+x_2\bar{r}_2+x_k\bar{r}_k>0 \tag{2-6-34}$$

【例 2-6-7】 某投资者拥有一个 3 种股票组成的投资组合,3 种股票的市值均为 500 万元,投资组合的总价值为 1 500 万元。假定这三种股票均符合单因素模型,其预期收益率($\bar{r}_i$)分别为 16%、20%和 13%,其对该因素的敏感度(b_i)分别为 0.9、3.1 和 1.9。请问:该投资者能否修改其投资组合,以便在不增加风险的情况下提高预期收益率?

令三种股票的市值比重变化量分别为 x_1、x_2 和 x_3。根据式(2-6-32)和式(2-6-33),我们有:

$x_1+x_2+x_3=0$

$0.9x_1+3.1x_2+1.9x_3=0$

上述两个方程有三个变量,故有多种解。作为其中的一个解,我们令 $x_1=0.1$,则可解出 $x_2=0.083$,$x_3=-0.183$。

为了检验这个解能否提高预期收益率,我们把这个解用式(2-6-34)进行检验。式(2-6-34)左边等于

$0.1\times0.16+0.083\times0.2-0.183\times0.13=0.881\%$

由于 0.881%为正数,因此,我们可以通过卖出 274.5 万元的第三种股票(等于 $-0.183\times1\ 500$ 万元)同时买入 150 万元(等于 $0.1\times1\ 500$ 万元)第一种股票和 124.5 万元第二种股票(等于 $0.083\times1\ 500$ 万元),就能使投资组合的预期收益率提高 0.881%。

(3)套利定价模型

投资者的套利活动是通过买入收益率偏高的证券同时卖出收益率偏低的证券来实现

的,其结果是使收益率偏高的证券价格上升,其收益率将相应地回落;同时使收益率偏低的证券价格下降,其收益率相应地回升。这一过程将一直持续到各种证券的收益率同各种证券对各因素的敏感度保持适当的关系为止。下面我们就来推导这种关系。

①单因素模型的定价公式。投资者套利活动的目标是使其套利组合预期收益率最大化(因为根据套利组合的定义,无需投资,也没有风险)。而套利组合的预期收益率 $\bar{r}_p$ 为

$$\bar{r}_p = x_1\bar{r}_1 + x_2\bar{r}_2 + x_n\bar{r}_n$$

但套利活动要受到式(2－6－32)和式(2－6－33)两个条件的约束。根据拉格朗日定理,我们可建立如下函数

$$MaxL = (x_1\bar{r}_1 + x_2\bar{r}_2 + \cdots + x_n\bar{r}_n) - \lambda_0(x_1 + x_2 + \cdots + x_n) - \lambda_1(b_1x_1 + b_2x_2 + \cdots b_nx_n)$$

L 取最大值的一阶条件是上式对 x_i 和 λ 的偏导等于零,即

$$\frac{\partial L}{\partial x_1} = \bar{r}_1 - \lambda_0 - \lambda_1 b_1 = 0$$

$$\frac{\partial L}{\partial x_2} = \bar{r}_2 - \lambda_0 - \lambda_1 b_2 = 0$$

……

$$\frac{\partial L}{\partial x_n} = \bar{r}_n - \lambda_0 - \lambda_1 b_n = 0$$

$$\frac{\partial L}{\partial \lambda_0} = x_1 + x_2 + \cdots + x_n = 0$$

$$\frac{\partial L}{\partial \lambda_1} = b_1x_1 + b_2x_2 + \cdots b_nx_n = 0$$

由此我们可以得到在均衡状态下 $\bar{r}_i$ 和 b_i 的关系:

$$\bar{r}_i = \lambda_0 + \lambda_1 b_i \qquad (2－6－35)$$

这就是在单因素模型下 APT 的定价公式,其中,λ_0 和 λ_1 是常数。

从式(2－6－35)可以看出,$\bar{r}_i$ 和 b_i 必须保持线性关系,否则,投资者就可以通过套利活动来提高投资组合的预期收益率。式(2－6－35)可以用图 2－6－20 来表示。

图 2－6－20 APT 资产定价线

从图 2－6－20 可以看出,任何偏离 APT 资产定价线的证券,其定价都是错误的,从而

将给投资者提供组建套利组合的机会。以 B 点所代表的证券为例，该点位于 APT 资产定价线上方，意味着其预期收益率较高，投资者就可以通过卖出 S 点所表示的证券，同时买入相同金额的B证券，从而形成套利组合。由于买卖B和S证券的金额相同，因此，满足套利组合的条件1；由于证券B和S的因素敏感度相等，而买卖金额也相同，因此，满足条件2；由于证券B的预期收益率大于证券S，且两者在套利组合中的权数相等，因此，满足条件3。

由于投资者买入证券B，其价格将不断上升，预期收益率将随之下降，直至回到 APT 资产定价线为止。此时，证券价格处于均衡状态。

那么，式(2－6－35)中的 λ_0 和 λ_1 代表什么意思呢？我们知道，无风险资产的收益率等于无风险利率，即 $\bar{r_i}=r_f$。由于式(2－6－35)适用于所有证券包括无风险证券，而无风险证券的因素敏感度 $b_i=0$，因此，根据式(2－6－35)我们有 $\bar{r_i}=\lambda_0$。由此可见，式(2－6－35)中的 λ_0 一定等于 r_f，因此，式(2－6－35)可重新表示为：

$$\bar{r_i}=r_f+\lambda_1 b_i \qquad (2-6-36)$$

为了理解 λ_1 的含义，我们考虑一个纯因素组合(p^*)，其因素敏感度等于1，即 $b_{p^*}=1$，代入式(2－6－36)，我们有：

$$\bar{r}_{p^*}=r_f+\lambda_1$$

$$\lambda_1=\bar{r}_{p^*}-r_f \qquad (2-6-37)$$

由此可见，λ_1 代表因素风险报酬，即拥有单位因素敏感度的组合超过无风险利率部分的预期收益率。为了表达方便，我们令 $\delta_1=\bar{r}_{p^*}$，即 δ_1 表示单位因素敏感度组合的预期收益率，我们有：

$$\bar{r_i}=r_f+(\delta_1-r_f)b_i \qquad (2-6-38)$$

②两因素模型的定价公式。用同样的方法，我们可以求出两因素模型中的 APT 资产定价公式：

$$\bar{r_i}=\lambda_0+\lambda_1 b_{i1}+\lambda_2 b_{i2} \qquad (2-6-39)$$

由于无风险证券的收益率为 r_f，其对第一种和第二种因素的敏感度均为零，根据式(2－6－39)，其预期收益率一定为 λ_0。由此可知，λ_0 一定等于 r_f，即：

$$\bar{r_i}=r_f+\lambda_1 b_{i1}+\lambda_2 b_{i2} \qquad (2-6-40)$$

为了理解 λ_1 的含义，我们考虑一个充分多样化的组合，该组合对第一种因素的敏感度等于1，对第二种因素的敏感度等于0。从式(2－6－40)可知，该组合的预期收益率(δ_1)等于 $r_f+\lambda_1$，因此，$\lambda_1=\delta_1-r_f$。这样，式(2－6－40)变为：

$$\bar{r_i}=r_f+(\delta_1-r_f)b_{i1}+\lambda_2 b_{i2} \qquad (2-6-41)$$

为了理解 λ_2 的含义，我们考虑另一个充分多样化的组合，该组合对第一种因素的敏感度等于0，对第二种因素的敏感度等于1。从式(2－6－40)可知，该组合的预期收益率(δ_2)等于 $r_f+\lambda_2$，因此，$\lambda_2=\delta_2-r_f$。这样，式(2－6－41)变为：

$$\bar{r_i}=r_f+(\delta_1-r_f)b_{i1}+(\delta_2-r_f)b_{i2} \qquad (2-6-42)$$

③多因素模型的定价公式。同样道理，在多因素模型下，APT 资产的定价公式为：

$$\bar{r_i}=\lambda_0+\lambda_1 b_{i1}+\lambda_2 b_{i2}+\cdots+\lambda_k b_{ik} \qquad (2-6-43)$$

如果我们用 δ_j 表示对第 j 种因素的敏感度为1，而对其他因素的敏感度为0的证券组

合的预期收益率，我们可以得到

$$\bar{r}_i = r_f + (\delta_1 - r_f)b_{i1} + (\delta_2 - r_f)b_{i2} + \cdots + (\delta_k - r_f)b_{ik} \quad (2-6-44)$$

式(2－6－44)说明，一种证券的预期收益率等于无风险利率加上 k 个因素风险报酬。

真题回顾

（清华大学 2015）根据 *CAPM* 模型假定，市场的预期收益率为 15%，无风险利率为 8%；X 证券的预期收益率为 17%，X 的贝塔值为 1.25，以下哪项说法正确？（　　）

A. X 被高估　　　　B. X 正确定价

C. X 的 α 值为－0.25%　　　　D. X 的 α 值为 0.25%

参考答案：D。$R_i = 8\% + 1.25 \times (15\% - 8\%) = 16.75\%$；$\alpha = 17\% - 16.75\% = 0.25\%$。

三、投资基金和业绩评估

（一）投资基金的定义

证券投资基金（Securities Investment Fund）是一种利益共享、风险共担的集合证券投资方式，即通过发行基金单位集中投资者的资金，由基金托管人托管，由基金管理人管理和操作，从事股票、债券等金融工具投资，所得收益按出资比例由投资者分享的投资工具。

（二）证券投资基金的性质和特征

1. 证券投资基金的性质

证券投资基金属于金融信托的一种，反映了投资者与基金管理人、基金托管人之间的委托—代理关系。

2. 证券投资基金的特征

(1)证券投资基金是由专家运作管理并专门投资于证券市场的基金。

(2)证券投资基金具有组合投资分散风险的优势。

(3)证券投资基金是一种间接的证券投资方式。

(4)证券投资基金具有投资额小、费用低、流动性强、买卖手续简便的优点，可以满足中小投资者的需要。

（三）证券投资基金的类别

1. 按组织形式分

(1)公司型投资基金（Corporate Investment Fund）

它是依据公司法组成的以盈利为目的并投资于特定对象（如各种有价证券）的股份制投资公司。

(2)契约型投资基金（Contract Investment Fund）

又称信托型投资基金。它是根据一定的信托契约原理，由基金发起人和基金管理人、基金托管人订立契约而组建的投资基金。

公司型基金和契约型基金各有优点。公司型基金的优点主要在于它具有永久存续性，无须面临解散的压力，经营较为稳定；契约型基金的优点主要是基金存续期间可事先决定，基金无法人资格，可以免缴所得税。美国的投资基金多为公司型基金，而英国、日本、韩国和我国的香港、台湾地区多为契约型基金。

2. 按可否赎回分

(1)封闭型基金(Closed-end Fund)

它是指设立基金时限定基金的发行总额，在初次发行达到预定的发行计划后，基金宣告成立，并加以封闭，在一定时期内不再追加发行新基金单位的基金。

(2)开放型基金(Open-end Fund)

它是指基金发行总额不固定，在基金按规定成立后，投资者可以在规定的场所和开放的时间内向基金管理人申购或赎回基金单位的基金。

上述两类基金相比，开放型基金可随时按每股资产净值兑现，流动性强，投资风险小，安全、便利，收益较高。在证券市场比较发达、证券投资基金已有相当基础的国家和地区，如美国、中国香港等，开放型投资基金的数量远远超过封闭型投资基金。但在证券市场刚起步的发展中国家，由于各项金融制度和法规体系还不很完善，同时为了防止短期外来资金涌入或大量流出而对正在发展中的资本市场造成破坏，因此一般先发展封闭型基金。

3. 按投资收益风险目标分

(1)成长型基金

该类基金重视资金的长期成长，是投资基金中为数最多的一种。其主要目的仍是追求资本长期增值，也注重投资的经常收益。为实现长期成长目标，基金资产主要投资于信誉好、长期有稳定盈余的公司的普通股票，或是有长期升值潜力公司的普通股票。

(2)平衡型基金

其投资目标为追求基金资产净值的稳定、可观的经常收入和适度的长期成长。为兼顾以上三项目标，平衡型基金采取普通股票、优先股票、债券分散投资方式。

(3)收入型基金

它以获取最大的经常性收入为目标，投资对象通常为股息分配稳定的普通股票、优先股票、政府债券以及公司债券。

4. 按投资对象分

(1)股票基金

它是以股票为投资对象的证券投资基金，是投资基金的主要种类。

(2)债券基金

它是以债券为对象的证券投资基金，通常集中投资者的资金，对债券进行组合投资，寻求较为稳定的收益。

(3)货币市场基金

它是以货币市场上短期有价证券，如国库券、商业票据、可转让大面额定期存单、承兑汇票、同业拆借及回购协议为主要投资对象的投资基金。

(4)指数基金

它是20世纪70年代出现的新的基金品种，它的投资组合等同于证券市场上的某一股票价格指数，收益随股票价格指数而变动，使投资者获得与市场平均收益相近的投资回报，风险能被有效分散，受到稳健投资者的欢迎。

(5)贵金属基金

它是主要投资于黄金、白银及其他与贵金属有关的证券和黄金期货的投资基金,其中典型的是投资于生产成本低、开采期限长、管理较好的金矿公司的股票。

(6)房地产基金

它是主要投资于房地产或与房地产抵押有关公司股票的投资基金。按其是否直接投资于房地产又可分为两类:一类直接投资于房地产公司发行的股票;另一类通过投资房地产抵押市场而间接投资于房地产,又称房地产抵押基金。

(7)期货基金

它是以期货合约为主要投资对象的投资基金。

(8)期权基金

它是以期权作为主要投资对象的投资基金。

(9)认股权证基金

它是以认股权证作为主要投资对象的基金。基金通过对认股权证的买卖,以获取资本成长。

以上后三种基金都属于衍生工具基金,风险较大,但也有可能获得很高的投资回报。

5. 按资本来源和运用地域分

(1)国内基金

它是基金募集的资金来源于国内并投资于国内金融市场的投资基金。一般而言,国内基金在一国基金市场上应占主导地位。

(2)国际基金

它是基金资金来源于国内但投资于境外金融市场的投资基金。

(3)离岸基金

它是基金资金从国外筹集并投资于国外金融市场的基金。

(4)海外基金

它是指从国外筹集资金并投资于国内金融市场的基金。

(四)封闭式基金和开放式基金

1. 封闭式基金的内在价值

基金资产净值是指某一时点上某一投资基金每份基金单位实际代表的价值,是基金单位价格的内在价值。基金资产净值是衡量一个基金经营好坏的主要指标,也是基金单位交易价格的计算依据。

2. 封闭式基金的折价和溢价

封闭式基金的折价是指基金价格低于单位资产净值的现象;反之,则为溢价。

由封闭式基金的特点决定:在基金存续期间内,投资人不能自由地赎回所持有的基金股份,只能在二级市场上变现,从而实现投资收益。因此,封闭式基金的变现能力就受到一定的限制,这往往表现在基金的市场价格与其单位资产净值(*NAV*)之间存在不一致,我们通常将两者的比率定义为基金的折价率(或者溢价率,即负的折价率)。

3. 开放式基金的增长和变化

开放式基金由于经常不断地按客户的要求购回或者卖出基金单位,因此,开放式基金的价格分为两种,即申购价格和赎回价格。开放式基金的申购价格包括资产净值和一定的附加费用。开放式基金的赎回价格对于不收取任何费用的开放式基金来说，它等于基金资产净值；对收取费用来说，等于基金资产净值减去按一定赎回费率计算的赎回费用。

4. 开放式基金的投资成本

开放式基金的投资成本除了包括1份买基金1元的投资本金外，还包括一些需支付手续费等看得见的投资成本，也需支付管理费、托管费等间接成本。

在开放式基金销售和运作的过程中会发生一些费用，这些费用最终由基金投资人承担，用来支付基金管理人、基金托管人、销售机构和注册登记机构等提供的服务。开放式基金的费用主要分两大类：一是基金投资人直接负担的费用，二是基金运营费用。

(1)基金投资人直接负担的费用

该费用指投资人进行基金交易时一次性支付的费用，包括申购费、赎回费、再投资费、转换费等。开放式基金通常向投资人收取上述费用中的一部分。

(2)基金运营费用

基金运营费用是指基金在运作过程中发生的费用，主要包括管理费、托管费、其他费用等，这些费用直接从基金资产中扣除。

(五)基金业绩

基金业绩是指基金通过专家管理实现的收益。业绩基准是评价基金业绩的重要指标。基金的投资收益主要通过两个部分来体现：一是基金净值的增长情况，一是基金的分红情况。

(六)业绩评估的方法

1. 夏普指数及计算

夏普测度是用资产组合的长期平均超额收益除以这个时期收益的标准差。它测度了对总波动性权衡的回报。计算公式为：

$$S_i=\frac{R_i-R_f}{\sigma_i} \tag{2-6-45}$$

其中，S_i 为夏普绩效指标，σ_i 为基金 i 收益率的标准差，即基金投资组合所承担的总风险。

2. 特雷诺指数及计算

特雷诺测度给出了单位风险的超额收益，但该指标用的是系统风险而不是全部风险。计算公式为：

$$T_i=\frac{R_i-R_f}{\beta_i} \tag{2-6-46}$$

式中，T_i 为特雷诺绩效指标，R_i 为 i 基金在样本期内的平均收益率，R_f 为样本期内的平均无风险收益率，R_i-R_f 为 i 基金在样本期内的平均风险溢酬。

3. 詹森的 α 值

詹森测度是建立在 *CAPM* 测算基础上的资产组合的平均收益，它用到了资产组合的 β 值和平均市场收益，其结果为资产组合的 α 值。计算公式为：

$$\alpha_i=R_{it}-[R_{ft}+\beta_i(R_{mt}-R_{ft})] \tag{2-6-47}$$

式中，α_i 为詹森绩效指标；R_{mt} 为市场投资组合(或者基准投资组合)在 t 时期的收益率，R_{it} 为 i 基金在 t 时期的收益率，R_{ft} 为 t 时期的无风险收益率，β_i 为基金投资组合所承担的系统风险。詹森指数为绝对绩效指标，表示基金的投资组合收益率与相同系统风险水平下市场投资组合收益率之间的差异，当其值大于 0 时，表示基金的绩效优于市场投资组合绩效。当基金和基金之间比较时，詹森指数越大越好。

真题回顾

（复旦大学 2015）对股票 A 和股票 B 的两个（超额收益率）指数模型回归结果如下表。在这段时间内的无风险利率为 6%，市场平均收益率为 14%，对项目的超额收益用指数回归模型来测度。

项　目	股票 A	股票 B
指数回归模型估计	$1\%+1.2(r_M-r_f)$	$2\%+0.8(r_M-r_f)$
R^2	0.576	0.436
残差的标准差 $\sigma(e)$	10.3%	19.1%
超额收益的标准差	21.6%	24.9%

（1）计算每只股票的 α、信息比率、夏普测度、特雷诺测度；

（2）下列各种情况下投资者选择哪只股票最佳：

i. 这是投资者唯一持有的风险资产；

ii. 这只股票将与投资者的其他债券资产组合，是目前市场指数基金的一个独立组成部分；

iii. 这是投资者目前正在构建的积极管理型股票资产组合的众多股票中的一种。

参考答案：

（1）已知 $r_M=14\%$，$r_f=6\%$，

项　目	股票 A	股票 B
α＝回归截距	1.0%	2.0%
信息比率＝$\alpha_p/\sigma(e_p)$	0.097 1	0.104 7
夏普测度＝$(r_p-r_f)/\sigma_p$	0.490 7	0.337 3
特雷诺测度＝$(r_p-r_f)/\beta_p$	8.833	10.500

（2）i. 如果这是投资者唯一持有的风险资产，那么夏普测度是适用的测度，既然股票 A 的夏普系数大，股票 A 是最佳选择；

ii. 如果股票与市场指数基金相组合，那么对综合夏普测度的贡献由估值比率决定；因此，股票 B 是最佳选择；

iii. 如果股票是众多股票中的一种，那么特雷诺测度是适用的准则，并且股票 B 是最佳选择。

(七)经风险调整后的开放式基金业绩

我们对这几种评价基金业绩的风险调整方法进行一定的小结：

(1)夏普比率(Sharpe)：一个反映风险及回报的比率，测量组合回报的风险。将高于无风险回报的部分除以某一时间段内的标准差，得出的结果就是每一单位风险产生的超额回报。比率越高，调整风险后的回报越高。

(2)特雷诺指数(Treynor)：特雷诺指数是以基金收益的系统风险作为基金绩效调整的因子，反映基金承担单位系统风险所获得的超额收益。指数值越大，承担单位系统风险所获得的超额收益越高。

(3)詹森指数(Jensen)：詹森系数值源于基金收益率与证券市场线上相同风险值的投资组合的收益率之差，反映基金相对于市场组合(即平均收益水平)获得的超额收益率，指数值越大越好。

【本章参考习题】

1. 马科维茨投资组合理论的假设条件有(　　)。

A. 证券市场是有效的

B. 存在一种无风险资产，投资者可以不受限制地借入和贷出

C. 投资者都是风险规避的

D. 投资者在期望收益率和风险的基础上选择投资组合

2. 以下观点错误的有：(　　)。

A. 风险中性定价理论是指现实世界中投资者的风险态度是中性的

B. 利率期限结构反映了特定时刻市场上不同到期时间的零息票债券到期收益率

C. 弱式效率市场假说意味着股票未来价格与股票的历史价格无关，技术分析无效

D. 我国公司的融资偏好与公司财务理论中的融资偏好次序理论是相一致的

E. 证券的系统性风险可以用投资收益率的标准差来衡量

3. 以下关于证券市场线的说法中，正确的是(　　)。

A. 证券市场线上的任意一点都是有效证券组合，其他组合则落在证券市场线的下方

B. 证券市场线是某种证券和市场组合的协方差与该证券期望收益率之间的均衡关系

C. 证券市场线反映的是有效组合的预期收益率和标准差之间的关系

D. 证券市场线是资本资产定价模型的一种表现形式

4. 收入有很强的周期性以及营运有很高的杠杆性的公司很有可能具有(　　)。

A. 低的贝塔系数　　　　B. 高的贝塔系数

C. 负的贝塔系数　　　　D. 零贝塔系数

5. 股票价格已经反映了所有的历史信息，如价格的变化状况、交易量的变化状况等，因此，技术分析手段对了解股票价格未来变化没有帮助。这一市场是指(　　)。

A. 强有效市场　　　　B. 次强有效市场

C. 弱有效市场　　　　D. 无效市场

6. 假设证券市场处于 $CAPM$ 模型所描述的均衡状态。证券 A 的期望收益率为 6%，其中，β 系数为 0.5，市场组合的期望收益率为 9%，则无风险利率为(　　)。

A. 1.5%　　B. 2%　　C. 3%　　D. 4.5%

参考答案：

1. ACD；2. ADE；3. BD；4. B；5. C；6. C。

扫码听课

第七章　加权平均资本成本

考试要求

- 了解：资本成本的概念，个别资本成本的含义
- 掌握：贝塔的估计，加权平均成本的概念
- 熟练掌握：加权平均成本的计算与应用

本章知识点框架

- 加权平均资本成本
  - 资本成本概述
    - 资本成本含义
    - 必要收益率与资本成本
    - 财务政策和资本成本
  - 贝塔(β)的估计
    - 贝塔的估计
    - 贝塔的确定
  - 个别资本成本
    - 债务成本
    - 权益成本
  - 加权平均资本成本
    - 加权平均成本
    - 发行成本的影响
    - 影响资本成本的因素

考情提示

本章内容属于重点章，但其作用更多的是介绍概念，为公司理财核心章节资本结构作铺垫，另外，这里会介绍β的估计，关于该问题最重要的一点就是应当明白公司改变资本结构对资本成本是怎样影响的，以及公司的β与权益的β的相互影响和谁是真正的决定因素。

一、资本成本概述

(一)资本成本的含义

资本成本是指企业为筹集和使用资金而付出的代价。从广义上讲，企业筹集和使用任何资金，不论是短期的还是长期的，都要付出代价。狭义的资本成本仅指筹集和使用资金(包括自由资本和借入长期资金)的成本。

资本成本包括资金筹集费(与筹资活动相关)和占用费(与投资活动相关)两部分。资金筹集费是指在资金筹集过程中支付的各项费用，如发行股票、债券支付的印刷费、发行手续费、律师费、资信评估费、公证费、担保费、广告费。资金占用费是指占用资金支付的费用，如

股票的股息、银行借款和债券利息等。相比之下，资金占用费是筹资企业经常发生的，而资金筹集费通常在筹集资金时一次性发生，因此，在计算资本成本时可作为筹资金额的一项扣除。

所谓公司资本成本，就是公司的现有证券全体所有投资组合的期望收益，可以用来贴现与公司整体风险相似的项目现金流。公司资本成本具有以下特征：

(1)资本成本是公司取得资本使用权的代价；

(2)资本成本是公司投资人要求的最低报酬率；

(3)不同资本来源的资本成本不同；

(4)不同公司的筹资成本不同。

(二)必要收益率与资本成本

必要收益率是从投资者角度定义的，是投资者付出资金所要求的必要回报。因此，如果一项投资的必要收益率为8%，那么只有当该项投资的收益率大于8%时，这项投资才会有正的净现值。换句话说，企业必须在这项投资上获得8%的收益，才能够正好补偿投资者为该项目融资而付出的资本成本，即投资者所要求的必要收益率就是公司层面的资本成本。

然而，必须注意，并非融资方式或者说资金来源决定了资本成本的大小，而是资金的使用即投资项目本身的收益和风险决定了资本成本的大小。为了说明这个问题，假设公司进行的是无风险投资，那么投资者的必要收益率也只能是无风险利率；如果公司的投资是有风险的，那么投资者会根据公司投资项目(资金使用)风险的大小来确定自己的必要收益率。因此，必须强调，资本成本主要取决于资金的使用。

(三)财务政策和资本成本

公司的资本结构并非固定的，资本结构的变化会同时影响债务和权益的资本成本，因此，在讨论资本成本时必须关注资本结构的变化。

一个企业的整体资本成本将在总体上反映对企业整体资产的必要收益率。对于同时采用债务和股权融资的企业来讲，其整体资本成本将是足以满足其债权人和股东之要求的必要收益率，也就是说，一个企业的资本成本同时反映债务和股权融资成本。

真题回顾

【1】(华东师范大学2015)资金每增加一个单位而增加的成本称为(　)。

A. 综合资本成本　　B. 边际资本成本

C. 平均资本成本　　D. 权益资本成本

参考答案：B。边际资本成本率是指企业追加筹资的资本成本率，即企业新增1元资本所需负担的成本。

【2】(华东师范大学2015)中山公园向银行借款500万元，补偿性余额为8%，借款利率为7%，筹资费率为2%，所得税税率为33%，求该项银行借款成本率。

参考答案：资本成本率是指企业用资费用与有效筹资额之间的比率，通常用百分比来表示。用资费用是指企业在生产经营和对外投资活动中因使用资本而承付的费用，如向债权人支付的利息、向股东分配的股利等。筹资费用是指企业在筹集资本活动中为获得资本而付出的费用,如向银行支付的手续费,因发行股票、债券而支付的发行费用等,通常在筹资时一次性扣除。

本题中,筹资费用是500×2%,此外,有效筹资额(企业实际上能使用的资金)还应扣除补偿性余额500×8%,用资费用为500×2%。

$K=(500\times7\%)\times(1-33\%)\times100\%/(500-500\times8\%-500\times2\%)=5.21\%$

二、贝塔(β)的估计

(一)贝塔的估计

在实际工作中,贝塔是需要估计的。证券的贝塔是证券收益率与市场组合收益率的标准协方差与市场收益率方差之比。对于证券 i,贝塔的计算公式为:

$$\text{证券 } i \text{ 的贝塔}=\frac{cov(R_i,R_M)}{Var(R_M)}=\rho\times\frac{\sigma_i}{\sigma_M} \tag{2-7-1}$$

其中,$cov(R_i,R_M)$是股票收益与市场指数之间的协方差;σ_M 是市场指数的标准差;ρ 是二者的相关系数。

贝塔是证券收益率与市场收益率的协方差除以市场收益率的方差。有关协方差和方差的计算都已介绍过,因此,贝塔的计算没有涉及新的内容。

1. 现实中的贝塔系数

由所有股票组成的指数的贝塔是1,当然,这样并不意味着指数中的子集也是如此。因为贝塔是衡量在一个由大量的、分散的证券所构成的投资组合中单个证券的风险。

在确定计算贝塔值时,必须做出两项选择:

(1)选择有关预测期间的长度

公司风险特征无重大变化时,可以采用5年或更长的预测长度;如果公司风险特征发生重大变化,应当使用变化后的年份作为预测长度。

(2)选择收益计量的时间间隔

从事实践工作的人都知道,所用的观测值过少会影响贝塔系数的准确性。由于随着时间的推移,企业所从事的业务可能改变,若数据相隔时间太久也不合适。

2. 贝塔系数的稳定性

如果企业改变业务,贝塔系数可能随之改变。多数分析人士认为,一般情况下,当企业不改变业务时,其贝塔系数保持稳定。

然而,这并不是说,如果企业不改变业务,贝塔系数就永远不变。产品系列的变化、技术的变迁或者市场的变化都有可能影响贝塔系数,例如,解除对航空业的管制会使航空业的贝塔系数变大。另外,财务杠杆的提高也会使企业的贝塔系数增大。

3. 行业贝塔系数的运用

根据企业自身的历史数据来估算企业的贝塔系数是一种常用的方法,但有人提出,运用整个行业的贝塔系数可以更好地估算企业的贝塔系数。

至于如何选择正确的贝塔,这里无章可循,但是有一个简单的道理:如果认为企业的经营与所在行业其他企业的经营十分类似,不妨用行业贝塔,这样可以降低估计误差。但如果认为企业的经营与行业内其他企业的经营有着根本性差别,则应选择企业的贝塔。

（二）贝塔的确定

一只股票的贝塔不是与生俱来的，而是由其企业的特征决定的。β 值的驱动因素很多，但关键的因素只有三个：收入的周期性、经营杠杆和财务杠杆。

1. 收入的周期性

收入的周期性，是指一个公司的收入与整个经济周期状态的依赖性强弱。有些企业的收入具有明显的周期性，也就是说，这些企业在商业周期的扩张阶段经营得很好，而在商业周期的紧缩阶段则经营得很差。经验证据表明，高科技企业、零售企业和汽车企业随商业周期而波动，而公用事业、铁路、食品和航空类的企业则与商业周期相关不大。由于贝塔是股票收益率与市场收益率的标准协方差，所以周期性强的股票当然就有较高的贝塔值。

需要指出的是，周期性不等于变动性。比如一个电影制片厂，因为其未来是成功还是失败难以预测，所以收入的变动性大，但是，制片厂的收入取决于影片的发行质量，而非商业周期，所以电影公司的周期性并不强。也就是说，股票的标准差大，并不一定贝塔就高，这一点我们已经强调过。

2. 经营杠杆

前面我们将成本划分为固定成本和变动成本，并指出固定成本不随产量而变动，而变动成本则随产量（或销量）的增加而增加。在这种划分的基础上，可以计算经营杠杆。

【例 2—7—1】 某企业在生产某种产品时有两种技术可供选择：技术 A 和技术 B，二者的区别如下：

表 2—7—1　　A、B 两种技术的区别

技术 A	技术 B
固定成本：1 000 美元/年	固定成本：2 000 美元/年
变动成本：8 美元/单位	变动成本：6 美元/单位
单价：10 美元/单位	单价：10 美元/单位
边际贡献：2 美元（10 美元－8 美元）	边际贡献：4 美元（10 美元－6 美元）

技术 A 的固定成本低于技术 B 的固定成本，而变动成本高于技术 B 的固定成本。这可能是因为技术 B 的机械化程度较强，也可能是因为 A 的设备可以租赁，而 B 的设备则必须购买。或者，技术 A 所要求的雇员较少，但分包商较多，而技术 B 则只用熟练的雇员，但他们必须在困难时期能留下来，技术 B 有较低的变动成本和较高的固定成本，就可以说技术 B 的经营杠杆较高。

图 2—7—1 显示了两种技术的成本。对于每一种技术，总成本线的斜率代表其变动成本，A 的总成本线的斜率较大，表明 A 的变动成本较高。

两种技术用来生产同一种产品，因此二者的单价都是 10 美元。前面已经介绍过，边际贡献等于价格与变动成本之差，用于衡量每增加一个单位的产品所增加的利润。技术 B 的边际贡献较大，所以这种技术风险较大。销售意外地增加一个单位，在 A 技术下可增加 2 美元利润，在技术 B 下可增加 4 美元利润；同样，销售意外地减少一个单位，在技术 A 下减少 2 美元利润，在技术 B 下减少 4 美元利润，这从图 2—7—2 中可以看出来。图 2—7—2 反

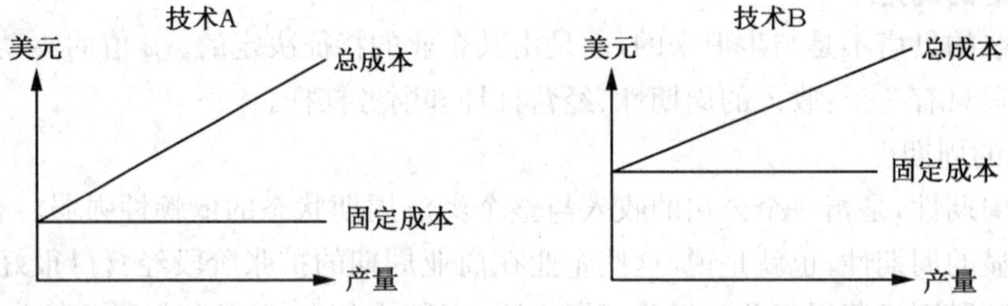

注:技术 A 的变动成本高于技术 B,固定成本低于技术 B,技术 B 的经营杠杆较高。

图 2—7—1　两种不同技术的图解

映了销售量的变动所引起的息税前利润的变动:右边的图中斜率较大,表明技术 B 的风险较大。

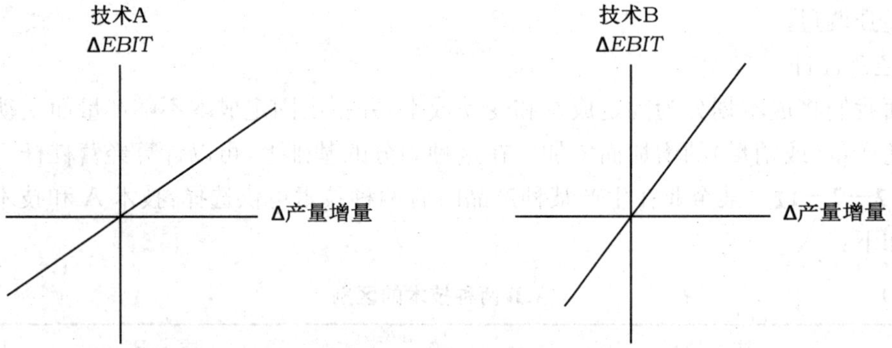

注:技术 B 的变动成本低于技术 A,说明技术 B 的边际贡献较高,在技术 B 下,企业的利润受销量的影响比在技术 A 下更大一些。

图 2—7—2　销量变动对 *EBIT* 变动的影响

企业收入的周期性对贝塔起决定性的作用,而经营杠杆又将这种作用放大。经营风险一般是指无财务杠杆情况下的企业风险,它取决于企业收入对商业周期的敏感程度和企业的经营杠杆。

以上讨论是针对企业的,实际上它们同样可以运用于项目:如果找不到其他方法估计项目的贝塔,可以分析项目的收入及经营杠杆。如果收入的周期性强且经营杠杆高,则贝塔值也高;反之,如果收入的周期性不明显且经营杠杆低,则贝塔值也低。令人遗憾的是,这是一种定性的方法,对于刚刚起步的项目,由于历史数据较少,无法定量地估计贝塔。

3. 财务杠杆与贝塔

顾名思义,财务杠杆与经营杠杆是类似的概念。经营杠杆与企业生产经营的固定成本有关,而财务杠杆则反映了企业对债务融资的依赖程度。杠杆企业是指资本结构中有负债的企业。杠杆企业不论其销售情况如何都要支付利息,所以财务杠杆与企业固定的财务费用有关。

而对一个杠杆企业,资产贝塔与权益贝塔是不同的:正如其名称所提示,资产贝塔是企业总资产的贝塔系数,除非完全依靠权益融资,否则不能把资产贝塔看作普通股的贝塔系数。

与任何其他组合一样,组合贝塔系数等于组合中每个单项的贝塔的加权平均,所以有:

$$\beta_{资产}=\frac{负债}{负债+权益}\times\beta_{负债}+\frac{权益}{负债+权益}\times\beta_{权益} \tag{2-7-2}$$

其中,$\beta_{权益}$是杠杆企业权益的贝塔。可以发现,式中负债的贝塔乘以负债在资本结构中的百分比,即负债/(负债+权益),同样,权益的贝塔乘以权益在资本结构中的百分比。这个组合包括企业的负债和权益,所以组合贝塔就是资产贝塔。如前所述,对于全部以权益融资的企业,资产贝塔可以看作普通股的贝塔。

在实际中,负债的贝塔很低,一般假设为零。若假设负债的贝塔为零,则

$$\beta_{资产}=\frac{权益}{负债+权益}\times\beta_{权益} \tag{2-7-3}$$

对于杠杆企业,权益/(负债+权益)一定小于1,所以$\beta_{资产}<\beta_{权益}$,将上式变形,有

$$\beta_{权益}=\beta_{资产}\times\left(1+\frac{负债}{权益}\right) \tag{2-7-4}$$

有财务杠杆的情况下,权益贝塔一定大于资产贝塔。

【例2-7-2】 考虑一家树苗栽培公司,公司目前是100%权益型,贝塔为0.8。公司已经决定将资本结构改为负债—权益比为1∶2。由于公司的行业不变,其资产的贝塔应保持不变,即0.8。但是,在假设负债的贝塔为零的情况下,公司权益的贝塔将变成

$$\beta_{权益}=\beta_{资产}\times\left(\frac{负债}{权益}\right)$$

如果公司的资本结构为1∶1的负债—权益比,那么权益的贝塔将等于

1.6=0.8×(1+1)

但是,只要公司的业务不变,公司资产的贝塔将保持0.8不变,财务杠杆的效应体现为权益贝塔的增加。

真题回顾

【1】(上海财经大学2013)H汽车公司有1 000万元资产,其中,200万元通过债务筹集,800万元通过去权益筹集,目前,β系数为1.2,所得税税率为40%,无杠杆β系数为(　　)。

A. 1.325 4　　B. 0.985 6　　C. 1.043 5　　D. 1.213 4

参考答案:C。

$$\beta_{权益}=\beta_{资产}\times\left(1+\frac{(1-t_c)负债}{权益}\right)$$

$$1.2=\beta_{资产}\times\left(1+\frac{0.6\times200}{800}\right)$$

$$\beta_{资产}=1.043\ 5$$

注:本题中所指的β为权益的β系数。

【2】(中国人民大学2012)股票A和市场组合的相关系数为0.4。股票A收益的标准差为40%。市场组合收益的标准差为20%。股票A的β系数为(　　)。

A. 0.8　　　　B. 1.0　　　　C. 0.4　　　　D. 0.2

参考答案：A。根据资产组合的相关理论 $\beta=\frac{cov(\sigma_A,\sigma_M)}{\sigma_M^2}=0.4\times\frac{0.4}{0.2}=0.8$。

【3】(中山大学2012)在以下关于β系数的表述中，错误的是(　　)。

A. β系数用来度量证券本身在不同时期收益变动的程度

B. β系数是用来测定一种证券的收益随整个证券市场收益变化程度的指标

C. β系数代表证券的系统风险

D. β系数度量证券收益相对于同一时期市场平均收益的变动程度

参考答案：A。β系数并不是衡量证券整体的收益变动情况，而只是衡量受系统因素影响的变动情况。

【4】(浙江大学2012)在过去10年中，A基金平均回报率为12.8%，β为0.9；B基金平均回报率为17.9%，β为1.3。同期的市场平均回报率为14%，无风险收益率为5%。你如何在上述两种投资基金中作选择？为什么？

参考答案：

根据 $CAPM$，A基金的预期收益率：

$r_\varepsilon=r_f+\beta(r_m-r_f)=0.05+0.9\times(0.14-0.05)=0.131$

B基金的预期收益率：

$r_\varepsilon=r_f+\beta(r_m-r_f)=0.05+1.3\times(0.14-0.05)=0.167$

可以看到，市场认为A基金的预期收益率13.1%，大于过去10年的平均回报率12.8%。因此，市场可能高估了A基金的预期收益率，从而价格也被高估。相反，B基金预期收益率16.7%小于过去10年的平均回报率，从而价格被低估，因此应该选择B基金。

三、个别资本成本

个别资本成本是指使用各种长期债务资金的成本，这又分为长期借款成本、债券成本、优先股成本、留存收益成本、普通股成本，前两种为债务资本成本，后三种为权益资本成本。为了说明一般方法，引进以下记号：

R_B：所得税前负债成分的成本，或指企业的新债务的成本，或指已存债务的成本。

$R_B(1-t_c)$：税后负债成本，其中，t_c 为公司所得税边际税率。

R_p：优先股成分的成本。

R_S：保留盈余(内部权益)成分的成本。

R_e：外部权益或新发普通股票成分的成本。

R_{WACC}：又记作 $WACC$(Weighted Average Cost of Capital)，资本的加权平均成本。

(一)债务成本

由于债务利息可在税前扣除，因此，政府部门承担了债务的部分成本，使得公司实际承担的债务成本小于债务的利息，使用税后债务成本的原因如下：首先，公司股票的价值取决于税后的现金流，由于利息的税盾作用，公司缴纳的税收减少，税后现金流增加；其次，债务的税后成本小于税前成本，税后成本才是公司实际承担的成本。

必须明确债务的成本是指新增债务的利息，而不是现存债务的利息，也就是说，所研究的应该是债务的边际成本。研究资本成本的目的是资本预算时用其判断项目的可行性，公司已有债务要支付的利息只与过去有关，与现在是否采取新的投资项目并无关系，不管公司是否采取新项目，已有的利息都必须如期支付。

1. 长期借款成本

长期借款成本是指借款利息和筹资费用。借款利息可以在税前扣除，可以抵税。因此，一次还本、分期还息借款的成本为：

$$R_L=\frac{I_1(1-t)}{L(1-F_1)} \qquad (2-7-5)$$

式中：R_L 为长期借款资本成本；I_1 为长期借款年利息；t 为所得税率；L 为长期借款筹资额（借款本金）；F_1 为长期借款筹资费用率。

上列公式也可以改为以下形式：

$$R_L=\frac{K_L(1-t)}{1-F_1} \qquad (2-7-6)$$

式中：K_L 为长期借款的利率。

当长期借款的筹资费（主要是借款的手续费）很小时，也可以忽略不计。

【例 2—7—3】 某企业取得 5 年期长期借款 100 万美元，年利率为 11%，每年付息一次，到期一次还本，筹资费用率为 0.5%，企业所得税率为 40%。该项长期借款的资本成本为：

$$R_L=\frac{100\times11\%\times(1-40\%)}{100\times(1-0.5\%)}=6.63\%$$

或

$$R_L=\frac{11\%\times(1-40\%)}{1-0.5\%}=6.63\%$$

上述计算长期借款资本成本的方法比较简单，但缺点在于没有考虑货币的时间价值，因而这种方法的计算结果不是十分精确。如果对资本成本计算结果的精确度要求较高，可先采用前面计算现金流量的办法确定长期借款的税前成本，然后再计算其税后成本。公式为：

$$L(1-F_1)=\sum_{t=1}^{n}\frac{I_1}{(1+R)^t}+\frac{P}{(1+R)^n}$$

$$R_L=R(1-t)$$

式中：P 为第 n 年末应偿还的本金；R 为所得税前的长期借款资本成本；R_L 为所得税后的长期借款资本成本。

第一个公式中的等号左边是借款的实际现金流，等号右边为借款引起的未来现金流出的现值总额，由各年利息支出的年金现值之和加上到期本金的复利现值而得。

按照这种办法，实际上是将长期借款的资本成本看作使这一借款的现金流入等于其现金流出现值的贴现率。运用时，先通过第一个公式，采用内插法求解借款的税前资本成本，再通过第二个公式将借款的税前资本成本调整为税后的资本成本。

【例 2—7—4】 沿用例 2—7—3 的资料，根据考虑货币时间价值的方法，该项借款的资本成本计算如下：

第一步，计算税前借款资本成本：

$$100\times(1-0.5\%)=\sum_{t=1}^{5}\frac{100\times11\%}{(1+R)^t}+\frac{100}{(1+R)^5}$$

可以计算出 $R=11.16\%$。

第二步，计算税后借款资本成本：

$R_L=R(1-t)=11.16\%\times(1-40\%)=6.696\%$

2. 长期债券成本

发行债券的成本主要指债券利息和筹资费用。债券利息的处理与长期借款利息的处理相同，应以税后的债务成本为计算依据。债券的筹资费用一般比较高，不可在计算资本成本时省略。按照一次还本、分期付息的方式，债券资本成本的计算公式为：

$$R_b=\frac{I_b(1-t)}{B(1-F_b)} \qquad (2-7-7)$$

式中，R_b 为债券资本成本；I_b 为债券年利息；t 为所得税率；B 为债券筹资额；F_b 为债券筹资费用率。

或者：

$$R_b=\frac{r(1-t)}{1-F_b}$$

式中，r 为债券利率。

【例 2—7—5】 某公司发行总面额为 200 万美元的 10 年期债券，票面利率为 12%，发行费用率为 5%，公司所得税率为 40%，则该债券的成本为：

$$R_b=\frac{200\times12\%\times(1-40\%)}{200\times(1-5\%)}=7.58\%$$

或者：

$$R_b=\frac{12\%\times(1-40\%)}{1-5\%}=7.58\%$$

若债券溢价或折价发行，为了更精确地计算资本成本，应以实际发行价格作为债券筹资额。

【例 2—7—6】 假定上述公司发行面额为 200 万美元的 10 年期债券，票面利率为 10%，发行费用率为 5%，发行价格为 240 万美元，公司所得税率为 40%，则该债券成本为：

$$R_b=\frac{200\times10\%\times(1-40\%)}{240\times(1-5\%)}=5.26\%$$

【例 2—7—7】 假定上述公司发行面额为 200 万美元的 10 年期债券，票面利率为 10%，发行费用率为 5%，发行价格为 160 万美元，公司所得税率为 40%，则该债券的成本为：

$$R_b=\frac{200\times10\%\times(1-40\%)}{160\times(1-5\%)}=7.89\%$$

上述计算债券成本的方法，比较简单易行。如果需要将债券资本成本计算得更为准确，则也应当先依据现金流量确定税前的债券成本，进而计算其税后成本。这样，债券成本的计算公式则为：

$$B(1-F_b)=\sum_{t=1}^{n}\frac{I_b}{(1+R)^t}+\frac{P}{(1+R)^n}$$

$$R_b = R(1-T)$$

式中，R 为所得税前的债券成本；R_b 为所得税后的债券成本。

【例 2—7—8】 沿用例 2—7—5 的资料，假设票面利率为 12%，其他不变，计算该债券的成本如下：

第一步，计算税前债券成本：

$$200\times(1-5\%)=\sum_{t=1}^{10}\frac{200\times 12\%}{(1+R)^t}+\frac{200}{(1+R)^{10}}$$

可得 $R=12.96\%$

第二步，计算税后债券成本：

$R_b=R(1-t)=12.96\%\times(1-40\%)=7.776\%$

如果债券溢价或折价发行，则应当以实际发行价格作为现金流入，计算债券的资本成本。

(二)权益成本

1. 优先股成本(R_p)

优先股的成本取决于投资者对优先股收益率的要求，优先股的成本确定相当直接，优先股每期有固定的股利支付率，所以优先股实际上是一种永续年金，其成本为：

$$R_p=\frac{D}{P_0} \tag{2—7—8}$$

式中，D 为固定股利，P_0 是优先股的当前价格。

2. 留存收益成本(R_S)

留存收益是企业缴纳所得税后形成的，其所有权属于股东。股东将一部分未分派的税后利润留存于企业，实质上是对企业追加投资。如果企业将留存收益用于再投资所获得的收益率低于股东自己进行另一项风险相似的投资的收益率，企业就不应该保留留存收益而应将其派给股东。留存收益成本的估算难于债务成本，这是因为很难对诸如企业未来发展前景及股东对未来风险所要求的风险溢价做出准确的测定。

公司的管理者有可能误认为留存收益是不存在成本的，是免费的，因为它们是支付股利后的剩余。尽管留存收益融资不存在任何直接融资成本，但是并非免费的，使用留存收益存在机会成本。公司的税后收益是属于股东的，债权人在税前取得了他们的利息收益，优先股股东获得了优先股股利，公司支付了利息、税收、优先股股利的剩余是属于股东的，这些剩余收益是对股东提供资本的报酬。公司可以把其以股利的形式返还给股东，或者作为留存收益用于再投资。如果用作留存收益，那么存在一种机会成本；如果公司把它返还给股东，股东可以用于购买股票等投资而获利。因此，留存收益的成本至少等于股东把其再投资所获得的收益。

如果股东自己投资，那么他们的期望收益率为多少呢？（假设股东自己投资与公司投资项目的风险相同）我们曾经讨论过，股票市场一般都会处于均衡状态，期望收益率和必要收益率相等，即 $\widehat{R}_S=R_S$。因此，如果公司保持这部分剩余收益用作再投资，其收益率至少为 R_S，否则还不如以股利的形式发放给股东，让股东自己去投资。

3. 普通股资本成本(R_e)

究竟是否需要包括发行成本存在争议，尽管发行成本很大，但是如果在投资项目存续期内加以分摊，那么每年的发行成本也就不是很大了。

这里的普通股指企业新发行的普通股，普通股成本可以按照前述股利增长模式的思路计算，但需调整发行新股时发生的筹资费用对资本成本的影响。普通股成本的计算公式为：

$$R_e=\frac{D_1}{P_0(1-F_c)}+G \qquad (2-7-9)$$

式中，R_e 为普通股成本；F_c 为普通股筹资费用率；G 为普通股利年增长率。

(1)资本资产定价模型法(*CAPM* 模型)

普通股定价的方法之一是使用 *CAPM* 模型，资本资产定价模型一般分为以下几个步骤：

①估计无风险利率 R_{RF}，无风险利率可以是国库券票面利率；

②估计该股票的 β 系数 β_i，用它来估计该公司的风险；

③估计该股票的预期市场收益率 R_M。

用 *CAPM* 定价模型计算出该普通股的必要收益率 R_S。

$$R_S=R_{PF}+(R_M-R_{RF})\beta_i \qquad (2-7-10)$$

资本资产定价模型存在以下问题：首先，股东资产投资多样化可能并不充分，因此，除了市场风险，股东可能还存在其他非系统风险，如果这样，公司实际的投资风险不能用 β 衡量，*CAPM* 模型有可能低估权益资本成本；其次，即使此模型是有效的，也很难准确地获得公式中一些因素的估计值：

①对无风险利率究竟是使用长期国库券的利率还是短期国库券的利率存在争议；

②很难估计公司未来的 β 值；

③很难估计市场风险升水。

(2)风险溢价法

根据某项投资“风险越大，要求的报酬率越高”的原理，普通股股东对企业的投资风险大于债券投资者，因而会在债券投资者要求的收益率上再要求一定的风险溢价。依照这一理论，留存收益的成本公式为：

$$R_s=R_b+RP_c \qquad (2-7-11)$$

式中，R_b 为债务成本；RP_c 为股东比债权人承担更大风险所要求的风险溢价。

债务成本(长期借款成本、债券成本等)比较容易计算，难点在于确定 RP_c，即风险溢价。风险溢价可以凭借经验估计。一般认为，某企业普通股风险溢价对其自己发行的债券来讲，在 3%－5%之间，当市场利率达到历史性高点时，风险溢价通常较低，在 3%左右；当市场利率处于历史性低点时，风险溢价通常较高，在 5%左右；而通常情况下，常常采用 4%的平均风险溢价。这样，留存收益成本则为：

$$R_s=R_b+4\%$$

例如，对于债券成本为 9%的企业来讲，其留存收益成本为：

$R_s=9\%+4\%=13\%$

而对于债券成本为 13%的另一家企业，其留存收益成本则为：

$R_s=13\%+4\%=17\%$

(3)股利增长模型法

股利增长模型法是依照股票投资的收益率不断提高的思路来计算留存收益成本。一般假定收益以固定的年增长率递增,则留存收益成本的计算公式为:

$$R_s=\frac{D_1}{P_0}+G \tag{2-7-12}$$

式中,R_s 为留存收益成本;D_1 为预期年股利额;P_0 为普通股市价;G 为普通股利年增长率。

【例 2-7-9】 某公司普通股目前市价为 56 美元,估计年增长率为 12%,本年发放股利 2 美元,则:

$D_1=2\times(1+12\%)=2.24$(美元)

留存收益成本为:

$$R_S=\frac{D_1}{P_0}+G=\frac{2.24}{56}+12\%=16\%$$

四、加权平均资本成本(*WACC*)

(一)加权平均资本成本概述

上述各项资本成本就是投资者所要求的必要收益率,各公司的风险不同,投资者所要求的必要收益率不同,资本成本也不同。企业往往不止一种资本来源,因此,在资本预算中或者在评估企业和项目的价值时,我们需要计算企业的加权平均资本成本。加权平均资本成本一般是以各种资本占全部资本的比重为权数,对个别资本成本进行加权平均确定的。加权平均资本成本一般按照其市场价值加权平均,其计算公式为:

$$R_{WACC}=\sum_{j=1}^{n}R_j\omega_j \tag{2-7-13}$$

式中:R_{WACC} 为加权平均资本成本;R_j 第 j 种个别资本成本;ω_j 为第 j 种个别资本占全部资本的比重(权数)。

有三种加权方案可供选择:账面价值加权、实际市场价值加权和目标资本结构加权。

1. 账面价值加权

账面价值加权是指根据企业资产负债表上显示的会计价值来衡量每种资本的比例。每年报告一次的资产负债表,提供了负债和权益的比例,计算时很方便。但是,账面结构反映的是历史的结构,不一定符合未来的状态;账面价值会歪曲资本成本,因为账面价值与市场价值有极大的差异。

2. 实际市场价值加权

实际市场价值加权是指根据当前负债和权益的市场价值比例衡量每种资本的比例。由于市场价值不断变动,负债和权益的比例也随之变动,计算出的加权平均资本成本数额也是转瞬即逝的。

3. 目标资本结构加权

目标资本结构加权,是指根据市场价值计量的目标资本结构衡量每种资本要素的比例。

管理层决定的目标资本结构,代表未来将如何筹资的最佳估计。如果企业向目标结构发展，目标加权是最有意义的。这种方法可以选用平均市场价格，回避证券市场价格变动频繁的不便；可以适用于企业筹措新资金，而不像账面价值权数和实际市场价值权数那样只反映过去和现在的资本结构。调查表明，目前大多数公司在计算资本成本时采用按平均市场价值计量的目标资本结构作为权重。

【例 2—7—10】 ABC 公司按平均市场价值计量的目标资本结构是：40％的长期债务、10％的优先股、50％的普通股。长期债务的税后成本是 3.90％，优先股的成本是 8.16％，普通股的成本是 11.80％。该公司的加权平均资本成本是：

$$R_{WACC}=(40\%\times3.9\%)+(10\%\times8.16\%)+(50\%\times11.80)$$
$$=1.5\%+0.816\%+5.9\%=8.276\%$$

加权平均资本成本是公司未来融资的加权平均成本，而不是过去所有资本的平均成本。其中，债务成本是发行新债务的成本，而不是已有债务的利率；权益成本是新筹集权益资本的成本，而不是过去的权益成本。加权平均资本成本 0.082 76 元是每 1 元新资金使用权的成本，它由 0.015 元的债务成本、0.008 16 元的优先股成本和 0.059 元的普通股成本组成。

真题回顾

【1】(上海财经大学 2013)B 公司目前全部用权益资本来满足其资金需求，权益资本成本为 12％。现公司打算以 8％的利率发行债券，在新的资本结构下，债券市场价值为公司价值的 45％，若公司所得税率为 25％，计算该公司新的权益资本成本和加权平均资本成本。

参考答案：

根据有税的 *MM* 理论：

$$R_s=R_0+\frac{B}{S}\times(R_0-R_B)\times(1-t_c)$$

新资本结构下的权益资本成本为：

$$R_S=12\%+\frac{0.45}{0.55}\times(12\%-8\%)\times(1-25\%)=14.45\%$$

加权平均资本成本为：

$$R_{WACC}=14.45\%\times0.55+8\%\times0.45\times(1-25\%)=9.8\%$$

【2】(中国人民大学 2012)X 公司正在研究如何调整公司的资本结构。目前，公司发行在外的股票为 4 亿股，每股价格为 20 元。(以市场价值计)负债—权益比为 0.25，公司权益的贝塔为 1.2，公司的债务评级为 AAA，对应的市场利率基本等于目前 8％的无风险利率水平，市场风险溢价为 5％，公司的所得税率为 25％。

(以下计算除问题中所列变化外，均假设公司其他情况保持不变，债务均为永续债务。)

(1)计算公司目前的加权平均资本成本。

(2)公司计划利用当前股票市场低迷的时机，发行新债 20 亿元用于回购股票。如果公司执行了股票回购计划，公司的股票价格将变为多少？

(3)(接第 2 问)但增加负债将直接导致公司的信用评级为 AA，对应的市场利率升为 9％。如果公司执行了这一计划，加权平均资本成本变为多少？

(4)公司也可通过其他选择来提高财务杠杆比率。按照公司现有的发展规划，明年的资本投资为 2 亿元，明年计划的股息率（即股利收益率）为 10%，如果公司完全通过举新债来解决明年的资本支出，预期明年底的股价、负债权益比将变为多少？（红利在明年底前已发放完毕。）

参考答案：

（1）根据 $CAPM$，公司的权益资本成本为：

$$R_E=r_f+(r_m-r_f)\times\beta=0.08+0.05\times1.2=0.14$$

公司的加权平均资本成本为：

$$WACC=W_ER_E+W_DR_D(1-T)=\frac{4}{5}\times0.14+\frac{1}{5}\times0.08\times(1-0.25)=0.124$$

（2）公司发债的同时，公司价值得到提升，提升的价值为税盾价值：

$$V_D=DT=2\ 000\ 000\ 000\times0.25=500\ 000\ 000(\text{元})$$

因此，股票价格将为：

$$P=20+\frac{500\ 000\ 000}{400\ 000\ 000}=21.25(\text{元})$$

（3）公司的价值在执行债务计划后变为：

$$V=D+E+VD=400\ 000\ 000\times20\times(1+0.25)+500\ 000\ 000=1\ 050\ 000\ 000(\text{元})$$

发债后公司的股权和债权比例为：

$$W_E=\frac{400\ 000\ 000\times20-2\ 000\ 000\ 000+500\ 000\ 000}{10\ 500\ 000\ 000}=0.619$$

$$W_D=0.381$$

公司发债后的加权平均资本成本为：

$$\begin{aligned}WACC&=W_ER_E+W_DR_D(1-T)\\&=0.619\times0.14+0.381\times0.09\times(1-0.25)\\&=0.112\ 4\end{aligned}$$

（4）按照第二问的分析，公司发债后的价值将提升税盾价值。股利发放 80 000 000 元。根据第三问的分析，公司权益价值为[800 000 000+50 000 000−80 000 000=]770 000 000 元。公司债务价值为[200 000 000+200 000 000=]400 000 000 元。因此明年的股价将变为：

$$\frac{770\ 000\ 000}{40\ 000\ 000}=19.25(\text{元})$$

（二）影响加权平均资本成本的因素

影响 *WACC* 的因素很多，我们分以下几类加以说明：

1. 外部因素

（1）利率

利率的大小反映了债权人所要求的必要报酬率，公司承担的只是税后资本成本，政府承担了另一部分。利率的大小不是公司能控制的，取决于货币的需求和供给，取决于投资项目的收益和风险。

（2）市场风险溢价

市场风险溢价由资本市场上的供求双方决定，个别公司无法控制。根据资本资产定价模型可以看出，市场风险溢价会影响股权成本。股权成本上升时，各公司会增加债权筹资，并推动债务成本上升。

(3)税率

税率对公司的加权平均资本成本造成很大的影响，在计算债务成本时要考虑税率的影响，并且税率还以其他一些不是很明显的方式影响着资本成本，如降低资本利得税等与普通股收益相关的税率会提高普通股的吸引力，从而使权益成本下降，加权平均资本成本也会下降，税率的变化还有可能改变公司的最优资本结构。

2. 内部因素

(1)资本结构政策

根据讨论，我们一致假设公司保持目标资本结构，在计算 *WACC* 时所使用的权重也是按照目标资本结构下的权重比例。然而，公司的资本结构是可以改变的，其改变会影响资本成本。债务的税后成本小于权益成本，如果公司决定使用更多的债务，这会降低 *WACC*，然而，过多债务的使用会增加公司的风险，从而增加权益资本成本。

(2)股利政策

我们讨论过，公司可以使用留存收益或者发行新股来进行股权融资，由于发行成本的存在，使用留存收益的成本比较低，因此，一般来说，公司只有在使用了所有的留存收益后才会考虑发行新股。股利政策会影响留存收益的多少，因为留存收益是本应该发放给股东的，因此，股利政策会影响股权成本的大小。如果股利支付比率较低，那么公司用于再投资的留存收益比较多，从而可以减少发行新股的融资量，降低权益资本成本；反之则相反。

(3)投资政策

公司的资本成本反映了现有资产的平均风险。如果公司向高于现有资产风险的新项目大量投资，公司资产的平均风险就会提高，并使得资本成本上升。因此，公司投资政策发生变化时资本成本就会发生变化。

【本章参考习题】

1. 某公司是一家无负债公司，其普通股票的 β 值为 0.8，问：

(1)若无风险收益率 R_f 为 6%，公司的权益资本成本是 10%，市场组合的期望收益率 $E(R_m)$ 是多少？

(2)如果公司普通股 β 值为 1.5，该公司是否应该接受一个期望收益率为 15%的投资项目？

2. 某公司债务为 5.3 万元，股票市值为 73.1 万元，公司为扩大生产将公司的资本结构调整后，负债权益比为 25%。调整前的权益成本为 12.6%，借款利率为 8%，所得税税率为 40%，求加权平均资本成本。

参考答案：

1.(1)根据资本资产定价模型，

公司的权益资本成本$=R_f+\beta\times[E(R_m)-R_f]$

$E(R_m)=(10\%-6\%)/0.8+6\%=11\%$

(2)普通股的资本成本＝6％＋1.5×(11％－6％)＝13.5％≤15％。

此时该项目的预期收益比资本成本要大，所以应该接受该项目。

2. 本题涉及 MM 定理的内容，详解如下：

$$R_S=R_0+\frac{B}{S}(R_0-R_B)(1-T_C)=12.6\%$$

$$R_0=12.41\%$$

$$R'_S=R_0+\frac{B'}{S'}(R_0-R_B)(1-T_C)=13.07\%$$

$$R_{WACC}=\frac{B'}{B'+S'}R_B(1-T_C)+\frac{S'}{B'+S'}R'_S=11.42\%$$

扫码听课

第八章　有效市场假说

考试要求

◆ 掌握：有效市场假说与投资组合理论的假设前提，有效资本市场的概念；市场有效性的三种形式；有效市场与公司财务

本章知识点框架

- 有效市场假说
  - 有效资本市场的概念
  - 有效市场的形式
    - 弱式有效
    - 半强式有效
    - 强式有效
  - 资本资产定价模型与有效市场假说
  - 业绩测定和战胜市场

考情提示

有效市场假说是属于与公司理财其他章节分割较大的章节，也就是说，单纯从考试来看，联系性并不强。所以考生首先应当明白有效市场假说的概念，然后再了解市场有效性会怎样影响公司的投资与融资就可以了，但是，该问题较为开放，需要考生有较强的综合能力。

一、有效市场假说

有效市场假说（Efficient Market Hypothesis，EMH）至少可以追溯到法国数学家巴契利尔（Bachelier）的开创性理论贡献和考利斯（Cowles）的实证研究。现代对效率市场的研究则始于萨缪尔森（Samuelson），后经法玛（Fama）、马尔基尔（Malkiel）等进一步发展和深化，逐步形成一个系统性、层次性的概念，并建立了一系列用于验证市场有效性的模型和方法。

（一）市场效率的基本理解

1. 信息效率

关于市场效率的定义，被采用最多的是法玛（Fama）的定义："价格总是'充分'反映可获得信息的市场是'有效'的"。后来，马尔基尔（Malkiel）给出了更明确的定义："如果一个资本市场在确定证券价格时充分、正确地反映了所有的相关信息，这个资本市场就是有效的。正式地说，该市场被称为相对于某个信息集是有效的……如果将该信息披露给所有参与者时证券价格不受影响的话，更进一步地说，相对于某个信息集有效……意味着根据（该信息

集)进行交易不可能赚取经济利润。”

马尔基尔第一句话的含义与法玛相同。第二句话意味着市场效率可通过向市场参与者披露信息并衡量证券价格的反应来检验。由于经济学与自然科学的一个重要区别就在于它的不可实验性,因此,这种检验在实践中是行不通的。第三句话意味着可通过衡量根据某个信息集进行交易所能赚取的经济利润来判断市场的效率。这句话正是几乎所有有关市场效率的实证分析的基础。

2. 相对效率

事实上,效率的概念不是一个非此即彼的概念。世界上没有一个绝对有效的市场,也没有一个绝对无效的市场,它们的差别只是度的问题。问题的关键不是某个市场是否有效,而是多有效。这就需要一个相对效率的概念,如期货市场相对于现货市场的效率、美国资本市场相对于中国资本市场的效率等。绝对效率只是为我们衡量相对效率提供了一个基准。

(二)效率市场假说的主要内容

效率市场假说认为,证券价格已经充分反映了所有相关的信息,资本市场相对于这个信息是及时、有效的,任何人根据这个信息集进行交易都无法获得经济利润。

根据对信息集大小的分类,效率市场假说又可以进一步分为以下 3 种:

1. 弱式有效

指当前证券价格已经充分反映了全部能从市场交易数据中获得的历史信息,这些信息包括过去的价格、成交量、未平仓合约等。因为当前市场价格已经反映了过去的交易信息,所以弱式效率市场意味着根据历史交易资料进行交易是无法获取经济利润的。这实际上等同宣判技术分析无法击败市场。

2. 半强式有效

指所有的公开信息都已经反映在证券价格中。这些公开信息包括证券价格、成交量、会计资料、竞争公司的经营情况、整个国民经济资料以及与公司价值有关的所有公开信息等。半强式效率市场意味着根据所有公开信息进行的分析,包括技术分析和基础分析都无法击败市场,即取得经济利润。因为每天都有成千上万的证券分析师在根据公开信息进行分析,发现价值被低估和高估的证券,他们一旦发现机会,就会立即进行买卖,从而使证券价格迅速地回到合理水平。

3. 强式有效

指所有信息都反映在股票价格中。这些信息不仅包括公开信息,还包括各种私人信息,即内幕消息。强式效率市场意味着所有分析都无法击败市场。因为只要有人得知了内幕消息,他就会立即行动,从而使证券价格迅速达到该内幕消息所反映的合理水平。这样,其他再获得该内幕消息的人就无法从中获利。

复习提示及知识补充

以上三个根据信息集不断扩大的假说非常重要,整理成表格就一目了然。

表 2—8—1　　有效市场假说表

假说类型	针对信息集(逐步扩大)	结论
弱式 EMH	历史信息	技术分析无效
半强式 EMH	公开信息(历史信息+基本面信息)	基本面分析也无效
强式 EMH	所有信息(历史信息+基本面信息+内幕交易)	内幕交易也无效

二、资本资产定价模型与有效市场假说

资产组合理论和资本资产定价模型及相关的“有效市场假说”构成了传统金融理论的标准范式,占据了金融理论研究领域的主导地位。

有效市场假说的地位非常重要,其创造了一种不存在市场摩擦的完美市场空间,在这样一个完全信息、零交易成本的前提下,资本资产定价模型才能简化,因而资本资产定价模型正是基于有效市场假说建立起来的。在 *CAPM* 的假设前提中包含市场有效性的假设。

但是也正是这样的假设,造成 *CAPM* 理论和现实分析存在一定的差距,也为后面许多金融定价理论的完善、发展指明了方向。

三、业绩测定和战胜市场

如果市场是无效的,那么获得充分信息的投资者就可以利用市场定价的失误构造能给其带来超额利润的投资组合;相反,如果市场是有效的,那么由于市场价格已经充分反映了所有信息,因此,获得充分信息的投资者与一般投资者一样,都只能获得正常的收益率。

强式效率市场假说认为股票价格已经充分反映了所有的信息,不管这些信息是公开信息还是内幕信息。在这一假设条件下,没有投资者可以通过获得内幕信息来获得超额利润。因此,对强式效率市场假说的检验主要从这方面入手,通过对公司内幕人员交易、股票交易所专家证券商、证券分析师、专业基金经理这些信息最灵通、最全面的专业人士能否获得超额利润进行实证验证,检验是否存在着战胜市场的可能性。

1. 公司内幕人员交易

内幕人员包括公司的高级职员、董事会成员和拥有公司任何股权类型的 10%以上的股份持有者。对这些内幕人员交易资料的分析结果通常表明公司内幕人员能持续地获得高出平均水平的利润,但也有许多研究表明非内幕人员利用这些内幕信息却无法获得超额利润。这些分析结果为市场有效假说提供的论据是不一样的。

2. 股票交易所专家

由于专家有独占的渠道获得有关未执行的指令的重要信息,因此,如果市场不是强式有效的,则这些专家证券商一般会从这些信息中赚取超额收益。分析资料也证实了这个结论。但最近的研究则表明:在引入了竞争性的费率和其他减少专家的收费标准的交易实践后,专家的资本收益率相对降低了许多。

3. 证券分析师

主要研究在证券分析师的推荐之后进行投资能否获得超额利润。研究表明,在考虑了交易成本之后,根据推荐所获信息进行投资无法获得超额利润。这些结果支持了强式效率

市场假说。

4. 专业基金经理

这项研究主要分析共同基金的业绩。大量的研究结果表明，大部分基金的业绩低于直接采取购买并持有策略所产生的业绩。考虑了经纪人佣金、基金佣金费和管理成本之后，约有 2/3 的共同基金的业绩不如整个市场的业绩。这些结果也支持了强式有效市场假说。

因此，对效率市场假说的实证验证还远没有形成一致的结论。目前，在成熟资本市场国家，一般认同的观点是市场已经基本达到了弱式有效，而半强式有效、强式有效还需要进行进一步的验证。

【本章参考习题】

1.（中国人民大学 2015）每次央行降息、降准，我国 A 股都受到强烈的冲击，这违反了以下哪个？（　　）

A. 强式有效　　　　B. 半强式有效

C. 弱式有效　　　　D. 以上所有

E. 以上都不选

2.（清华大学 2015）半强式有效市场假说认为股票价格（　　）。

A. 反映了过往的全部价格信息

B. 反映全部的公开信息

C. 反映了包括内幕信息在内的全部相关信息

D. 是可以预测的

3.（中国人民大学 2012）如果弱式有效市场成立，那么（　　）。

A. 技术分析无用　　　　B. 股票价格反映了历史价格中的信息

C. 股票价格是不可预测的　　　　D. 以上所有都是

4.（中国人民大学 2012）如果有效市场假说不成立，那么公司就可以（　　）。

A. 选择发行股票或债券的时机　　　　B. 选择不同会计方法提升股价

C. 收购被低估的其他公司　　　　D. 以上所有都是

5.（中山大学 2012）股票价格已经反映了所有的历史信息，如价格的变化状况、交易量的变化状况等，因此，技术分析手段对了解股票价格未来变化没有帮助。这一市场是指（　）。

A. 强有效市场　　　　B. 次强有效市场

C. 弱有效市场　　　　D. 无效市场

参考答案：1. B；2. B；3. D；4. D；5. C。

扫码听课

第九章 资本结构与公司价值

考试要求

- 了解：财务融资的概念
- 掌握：公司资本结构理论及其影响因素、决策方法
- 熟练掌握：*MM* 理论

本章知识点框架

- 资本结构与公司价值
  - 债务融资与股权融资
    - 债务融资
      - 负债筹资的特点
      - 长期借款筹资
      - 长期债券筹资
    - 普通股筹资
      - 股票的概念
      - 股票的种类
      - 普通股融资的特点
  - 资本结构
    - 无杠杆公司
    - 杠杆公司
    - 财务杠杆对风险和回报的影响
  - *MM* 定理
    - 无公司税的 *MM* 模型
    - 有税的 *MM* 模型
    - 风险和收益的权衡
  - 其他资本结构理论
    - 破产成本理论
    - 权衡理论
    - 代理理论
    - 优序融资理论
  - 资本结构决策
    - 资本结构的影响因素
    - 资本结构决策方法
      - 资本成本比较法
      - 每股收益无差别法
      - 企业价值比较法

考情提示

本章是公司理财中最核心的章节，主要内容就是叙述在有税和无税条件下改变公司的资本结构如何影响公司的价值，其基础就是建立在资本成本章节基础上的，另外，要求考生对“税盾”有深刻的了解。总的来说，该章节并没有太难的计算或是理论，都是按照一般的现

金流贴现的方法证明出来的，所以为了考生可以更好地理解该章内容，建议考生要对 *MM* 理论中的每一个命题都详细推导。

一、债务融资与股权融资

(一)债务融资

1. 负债筹资的特点

负债筹资是指通过负债筹集资金。负债是企业一项重要的资金来源，几乎没有一家企业是只靠自有资本，而不运用负债就能满足资金需要的。负债筹资的特点表现为：筹资的资金具有使用上的时间性，需到期偿还；不论企业经营好坏，需固定支付债务利息，从而形成企业固定的负担；其资本成本一般比普通股筹资成本低，且不会分散投资者对企业的控制权。按所筹资金可使用时间的长短，负债筹资可分为长期负债筹资和短期负债筹资两类。

长期负债是指期限超过一年的负债，长期负债筹资主要有长期借款和债券两种方式。

2. 长期借款筹资

(1)长期借款的种类

①按用途，分为固定资产投资借款、更新改造借款及科技开发和新品试制借款。

②按提供贷款的机构，分为政策性银行贷款、商业银行贷款等。

③按照有无担保，分为信用贷款和抵押贷款。信用贷款是指不需要企业提供抵押品，仅凭其信用或担保人信誉而发放的贷款。抵押贷款是指要求企业以抵押品作为担保的贷款。

(2)长期借款的成本(详见本篇第七章)

长期借款的利息率通常高于短期借款，但信誉好或抵押品流动性强的借款企业，仍然可以争取到较低的长期借款利率。长期借款利率有固定利率和浮动利率两种。浮动利率通常有最高和最低限，并在借款合同中明确。对于借款企业来讲，若预测市场利率将上升，应与银行签订固定利率合同；反之，则应签订浮动利率合同。

除利息之外，银行还会向借款企业收取其他费用，如实行周转信贷协定所收取的承诺费、要求借款企业在本银行中保持补偿余额所形成的间接费用。这些费用会增大长期借款的成本。

长期借款的偿还方式不一，包括：定期支付利息、到期一次性偿还本金的方式；如同短期借款那样的定期等额偿还方式；平时逐期偿还小额本金和利息、期末偿还余下的大额部分的方式。第一种偿还方式会加大企业借款到期时的还款压力，而定期等额偿还又会提高企业使用贷款的实际利率。

(3)长期借款筹资的特点

与其他长期负债筹资相比，长期借款筹资的优、缺点主要有：

①长期借款筹资的优点。

A. 筹资速度快。发行各种证券筹集长期资金所需时间一般较长。做好证券发行的准备以及证券的发行都需要一定的时间。而向金融机构借款与发行证券相比，一般借款所需时间较短，可以迅速地获取资金。

B. 借款弹性好。企业与金融机构可以直接接触，可通过直接商谈来确定借款的时间、数量、利息、偿付方式等条件。在借款期间，如果企业的情况发生了变化，也可与金融机构进行协商,修改借款合同。借款到期后,如有正当理由,还可延期归还。

②长期借款筹资的缺点。

A. 财务风险较大。企业举借长期借款,必须定期还本付息。在经营不利的情况下,可能会产生不能偿付的风险,甚至会导致破产。

B. 限制条款较多。企业与金融机构签订的借款合同中,一般都有较多的限制条款,这些条款可能会限制企业的经营活动。

3. 长期债券筹资

债券是发行人依照法定程序发行,约定在一定期限内还本付息的有价证券。债券的发行人是债务人,投资于债券的人是债权人。这里所说的债券,指的是期限超过 1 年的公司债券,其发行目的通常是为建设大型项目筹集大笔长期资金。

(1)债券的特征

债券与股票都属于有价证券,对于发行公司来说都是一种筹资手段,而对于购买者来说都是投资手段。与股票相比,债券主要有以下特征:

①债券是债务凭证,是对债权的证明;股票是所有权凭证,是对所有权的证明。债券持有人是债权人,股票持有人是所有者。债券持有者与发行公司只是一种借贷关系,而股票持有者则是发行公司经营的参与者。

②债券的收入为利息,利息的多少一般与发行公司的经营状况无关,是固定的;股票的收入是股息,股息的多少是由公司的盈利水平决定的,一般是不固定的。如果公司经营不善,发生亏损或者破产,投资者就得不到任何股息,甚至连本金也保不住。

③债券的风险较小,因为其利息收入基本是稳定的;股票的风险则较大。

④债券是有期限的,到期必还本付息;股票除非公司停业,一般不退还股本。

⑤债券属于公司的债务,它在公司停业进行财产分配时受偿权优于股票。

(2)债券的分类

①按债券是否记名分类。

按债券上是否记有持券人的姓名或名称,分为记名债券和无记名债券。这种分类类似于记名股票与无记名股票的划分。在公司债券上记载持券人姓名或名称的为记名公司债券;反之为无记名公司债券。两种债券在转让上的差别也与记名股票和无记名股票相似。

②按债券能否转换为股票分类。

按能否转换为公司股票,分为可转换债券和不可转换债券。若公司债券能转换为本公司股票,为可转换债券;反之,为不可转换债券。一般来讲,前种债券的利率要低于后种债券。

③按有无财产抵押分类。

按有无特定的财产担保,分为抵押债券和信用债券。发行公司以特定财产作为抵押品的债券为抵押债券;没有特定财产作为抵押,凭信用发行的债券为信用债券。抵押债券又分为:一般抵押债券,即以公司产业的全部作为抵押品而发行的债券;不动产抵押债券,即以公司的不动产为抵押而发行的债券;设备抵押债券,即以公司的机器设备为抵押而发行的债券;证券信托债券,即以公司持有的股票证券以及其他担保证书交付给信托公司作为抵押而发行的债券等。

④按是否参加公司盈余分配分类。

按是否参加公司盈余分配，分为参加公司债券和不参加公司债券。债权人除享有到期向公司请求还本付息的权利外，还有权按规定参加公司盈余分配的债券，为参加公司债券；反之，为不参加公司债券。

⑤按债券利率分类。

按利率的不同，分为固定利率债券和浮动利率债券。将利率明确记载于债券上，按这一固定利率向债权人支付利息的债券，为固定利率债券；债券上明确利率，发放利息时利率水平按某一标准（如政府债券利率、银行存款利率）的变化而同方向调整的债券，为浮动利率债券。

⑥按能否上市分类。

按能否上市，分为上市债券和非上市债券。可在证券交易所挂牌交易的债券为上市债券；反之，为非上市债券。上市债券信用度高，价值高，且变现速度快，故容易吸引投资者，但上市条件严格，并要承担上市费用。

⑦按偿还方式分类。

按照偿还方式，分为到期一次债券和分期债券。发行公司于债券到期日一次集中清偿本息的，为到期一次债券；一次发行而分期、分批偿还的债券为分期债券。分期债券的偿还又有不同的办法。

(3)债券筹资的优、缺点

与其他长期负债筹资相比，长期债券的优、缺点主要有：

①债券筹资的优点。

A. 筹资规模较大。债券属于直接融资，发行对象分布广泛，市场容量相对较大，且不受金融中介机构自身资产规模及风险管理的约束，可以筹集的资金数量也较多。

B. 具有长期性和稳定性的特点。债券的期限可以比较长，且债券的投资者一般不能在债券到期之前向企业索取本金，因而债券筹资方式具有长期性和稳定性的特点。金融机构对较长期限借款的比例往往会有一定的限制。

C. 有利于资源优化配置。由于债券是公开发行的，是否购买债券取决于市场上众多投资者自己的判断，并且投资者可以方便地交易并转让所持有的债券，有助于加速市场竞争，优化社会资金的资源配置效率。

②债券筹资的缺点。

A. 发行成本高。企业公开发行公司债券的程序复杂，需要聘请保荐人、会计师、律师、资产评估机构以及资信评级机构等中介，发行的成本较高。

B. 信息披露成本高。发行债券需要公开披露募集说明书及其引用的审计报告、资产评估报告、资信评级报告等多种文件。债券上市后也需要披露定期报告和临时报告，信息披露成本较高，同时也对保守企业的经营、财务等信息及其他商业机密不利。

C. 限制条件多。发行债券的契约书中的限制条款通常比优先股及短期债务更为严格，可能会影响企业的正常发展和以后的筹资能力。

(二)普通股筹资

权益资本融资构成了企业的原始资本，也是实现债务资本融资以及进行资产投资的基础。通过资本市场进行的权益资本筹集方式主要有普通股和优先股两种方式。普通股融资通常不需要归还本金且没有固定的股利负担,相对于债券和借款的固定性利息现金流支付所承担的财务风险而言,权益融资的成本较高。股权融资包括内部股权融资和外部股权融资,反映在资产负债表上,前者是指留存收益的增加,后者则体现为股本或实收资本的增加。

1. 股票的概念

股票是指股份有限公司发行的、表示股东按其持有的股份享有权益和承担义务的可转让凭证,它可以作为买卖对象和抵押品,是资本市场上主要的长期融资工具之一。股票具有两个方面的含义:

(1)股票是有价证券。股票之所以有价值,且可以在资本市场上自由转让、买卖流通、继承、赠送或是作为抵押品,是因为它代表着对一定经济利益的分配权和支配权,其持有者作为公司的股东拥有法律和公司章程规定的权利和义务。股票的转让实质上是股东权利和义务的转让。

(2)股票是代表股东权益的证券。股东权益是指股东作为公司的投资者,根据其投入的资本数额享有的权利。股票所代表的这种权利,只起到证明的作用,而股东权利并不依赖于股票存在。

2. 股票的种类

根据不同的标准,可以对股票进行不同的分类。

(1)按照股东权利的不同,分为普通股和优先股。普通股是最基本的一种股票形式,为了与优先股相区别,称之为普通股。它是指股份公司依法发行的具有表决权、股利不固定的一类股票。普通股具有股票的最一般特征,每一份股权包含对公司的财产享有平等的权利。优先股票简称优先股,是股份公司依法发行的具有一定优先权的股票,是一种特殊的权益形式。从法律上讲,企业对优先股不承担法定的还本义务,是企业自有资金的一部分。

(2)按股票有无记名,分为记名股和不记名股。记名股票是在股票上载有股东姓名或名称并将其记入公司股东名册的一种股票。记名股票要同时附有股权手册,只有同时具备股票和股权手册,才能领取股息和红利。记名股票的转让、继承都要办理过户手续。无记名股票是指在股票上不记载股东姓名或名称的股票。凡持有无记名股票,都可成为公司股东。无记名股票的转让、继承无需办理过户手续,只要将股票交给受让人,就可发生转让效力,移交股权。公司向发行人、国家授权投资的机构、法人发行的股票,应当为记名股票。对社会公众发行的股票,可以为记名股票,也可以为无记名股票。

(3)按股票是否标明金额分为面值股票和无面值股票。面值股票是在票面上标有一定金额的股票。持有这种股票的股东,对公司享有的权利和承担的义务大小,依其所持有的股票票面金额占公司发行在外股票总面值的比例而定。无面值股票是不在票面上标出金额,只载明所占公司股本总额的比例或股份数的股票。无面值股票的价值随公司财产的增减而变动,而股东对公司享有的权利和承担义务的大小,直接依股票标明的比例而定。目前,我国《公司法》不承认无面值股票,规定股票应记载股票的面额,并且其发行价格不得低于票面金额。

(4)按照发行时间的先后顺序,可分为始发股和增发股。所谓始发股,是公司设立时发行的股票。所谓增发股,是公司增资时发行的股票。始发股和增发股的发行条件、发行目的、发行价格都不尽相同，但股东的权利和义务却是一样的。

(5)按发行对象和上市地区的不同，可将股票分为A股、B股、H股和N股等。A股是供我国大陆地区个人或法人买卖的，以人民币标明票面金额并以人民币认购和交易的股票，此种股票在上海证券交易所和深圳证券交易所上市。B股、H股、N股和S股是专供外国和我国港、澳、台地区投资者买卖的，以人民币标明票面金额但以外币认购和交易的股票。其中，B股在上海、深圳两个证券交易所上市；H股在香港联合交易所上市；N股在纽约上市；S股在新加坡上市。

3. 普通股融资的特点

(1)普通股筹资的优点

与其他筹资方式相比，普通股筹措资本具有如下优点：

①没有固定利息负担。公司有盈余，并认为适合分配股利，就可以分给股东；公司盈余较少，或虽有盈余，但资金短缺或有更有利的投资机会，就可少支付或不支付股利。

②没有固定到期日。利用普通股筹集的是永久性的资金，除非公司清算才需偿还。它对保证企业最低的资金需求有重要意义。

③筹资风险小。由于普通股没有固定的到期日，不用支付固定的利息，因此风险小。

④能增加公司的信誉。普通股本与留存收益构成公司所借入一切债务的基础。有了较多的自有资金，就可为债权人提供较大的损失保障，因此，普通股筹资既可以提高公司的信用价值，同时也为使用更多的债务资金提供了强有力的支持。

⑤筹资限制较少。利用优先股或债券筹资，通常有许多限制，这些限制往往会影响公司经营的灵活性，而利用普通股筹资则没有这种限制。另外，由于普通股的预期收益较高并可在一定程度上抵消通货膨胀的影响(通常在通货膨胀期间，不动产升值时普通股也随之升值)，因此，普通股筹资容易吸收资金。

(2)普通股筹资的缺点

①普通股的资本成本较高。首先，从投资者的角度讲，投资于普通股风险较高，相应地要求有较高的投资报酬率。其次，对于筹资公司来讲，普通股股利从净利润中支付，不像债券利息那样作为费用从税前支付，因而不具有抵税作用。此外，普通股的发行费用一般也高于其他证券。

②以普通股筹资会增加新股东，这可能会分散公司的控制权，削弱原有股东对公司的控制权。

③如果公司股票上市，需要履行严格的信息披露制度，接受公众股东的监督，会带来较大的信息披露成本，也增加了公司保护商业秘密的难度。

④股票上市会增加公司被收购的风险。公司股票上市后，其经营状况会受到社会的广泛关注，一旦公司经营或是财务方面出现问题，可能面临被收购的风险。此外，新股东分享公司未发行新股前积累的盈余，会减少普通股的每股净收益，从而可能引起股价的下跌。

真题回顾

(上海财经大学 2017)某公司目前为非杠杆公司，价值50万美元，发行在外的股票20

万股,公司决定不久将借 20 万美元债务用于回购 20 万美元价值的股票。如果公司适用税率为 34%,那么有多少股票能被回购?

参考答案:

根据 MM 定理,举债将产生税盾价值:

$V_D = DT = 20 \times 0.34 = 6.8$(万美元)

因此,在回购股票之前,公司的价值为:

$V_L = V_D + V_U = 50 + 6.8 = 56.8$(万美元)

因此,每股价格 $= \frac{56.8}{20} = 2.84$(美元)

可以回购的股份数 $= \frac{20}{2.84} = 7.04225$(万股)$\approx 70\,422$(股)

二、资本结构

资本结构是指企业各种长期资本来源的构成和比例关系。在通常情况下,企业的资本由长期债务资本和权益资本构成,资本结构指的就是长期债务资本和权益资本各占多大比例。

公司发行在外的债务(包括尚未偿还的银行借款和流通的债务)、股权和其他证券的相对比例,构成了公司的资本结构。公司向外部投资者筹集资金时,必须要选择发行哪种类型的证券。最常见的选择是,单纯以股权融资,或者股权融资与债券融资相结合。

(一)无杠杆公司(单纯以出售股权为公司融资的情形)

考虑一个企业家投资某项目,项目初始投资 800 美元,预计明年产生的现金流量为 1 400 美元或 900 美元,分别取决于经济形势的强弱,如表 2—9—1 所示。

表 2—9—1

时期 0	时期 1	
	经济强劲	经济衰弱
−800	1 400	900

项目的现金流取决于总体的经济形势,因而含有市场风险。假设项目的资本成本为 15%,一年后的期望现金流为[1/2×1 400+1/2×900=]1 150 美元,我们有:

$$NPV = -800 + \frac{1\,150}{1.15} = -800 + 1\,000 = 200$$

如果项目单纯以股权融资,在无套利情形下,证券价格等于它所产生的现金流的现值。公司没有其他负债,项目在 1 期产生的现金流将全部归股东所有。

$$PV = \frac{1\,150}{1.15} = 1\,000$$

企业家通过出售公司的股权可以筹集 1 000 美元。企业家在支付了 800 美元的投资成本后,可以保留剩余的 200 美元(项目的净现值)作为利润。换言之,项目的净现值表示项目产生的归属于公司初始所有者的现值。

股东的现金流和回报率如表 2—9—2 所示。

表 2—9—2

	时期 0	时期 1:现金流		时期 2:回报率	
	初始价值	经济强劲	经济衰弱	经济强劲	经济衰弱
无杠杆股权	1 000	1 400	900	40%	−10%

假设经济形势为强或弱的概率相等,则无杠杆股权的期望回报率为 1/2×40%+1/2×(−10%)=15%。无杠杆股权的风险等于项目的风险,股东取得的回报恰好补偿了他们所承担的风险。

(二)杠杆公司(既有股权又有债务融资的情形)

假设企业家除了出售股权外,还决定在最初借入 500 美元的债务。项目产生的现金流总能满足债务的偿付,债务是无风险的。公司能够以 5%的无风险利率借入债务,1 年后将向债权人偿还(500×1.05)=525 美元,则表 2—9—3 给出了现金流、有杠杆股权的现金流以及公司的总现金流。

表 2—9—3

	时期 0	时期 1:现金流	
	初始价值	经济强劲	经济衰弱
债务	500	525	525
有杠杆股权	E=?	875	375
公司价值	1 000	1 400	900

对于企业家来说,有杠杆股权的出售价格应为多少?

根据莫迪利亚尼和米勒的理论,在完美资本市场中,公司的总价值不应该依赖于公司的资本结构,两者无关,其推导过程为:公司的总现金流仍然等于项目的现金流,因此,两者的现值相同。由于债务和股权的现金流之和等于项目的现金流,根据一价定律,债务和股权的价值之和必定等于 1 000 美元,如果债务价值为 500 美元,有杠杆股权的价值必定为[E=1 000−500=]500 美元。

有杠杆股权的现金流比无杠杆股权的要少,有杠杆股权势必要以较低的价格出售(无杠杆股权的价值为 1 000 美元,而有杠杆股权为 500 美元)。然而,有杠杆股权的价值较低并不意味着企业家状况的恶化。他既借款,又出售股权,仍可以筹集 1 000 美元,如同单纯以无杠杆股权融资一样,企业家并不在意两种资本结构的选择。

(三)财务杠杆对风险和回报的影响

表 2—9—4 将企业家选择无杠杆股权融资时的股权回报率,与借入 500 美元同时又额外发行股票筹集 500 美元情形下的股权回报率进行了比较。

表 2—9—4

	时期 0	时期 1:现金流		时期 1:回报率		
	初始价值	经济强劲	经济衰弱	经济强劲	经济衰弱	期望回报率
债务	500	525	525	5%	5%	5%
有杠杆股权	500	875	375	75%	−25%	25%
无杠杆股权	1 000	1 400	900	40%	−10%	15%

通过计算每种证券的回报率对经济中系统风险的敏感度,能够更明确地评价风险和回报之间的关系。表 2—9—5 列示了每种证券的回报率敏感度和风险溢价。在本例中,债务的回报没有承担系统风险,其风险溢价为 0,然而,在这个特殊的例子中,有杠杆股权的系统风险是无杠杆股权的两倍,因而有杠杆股权的所有者得到两倍的风险溢价。

表 2—9—5　　债务、无杠杆股权、有杠杆股权的系统风险和风险溢价

	回报率的敏感度(系统风险)	风险溢价
	$\Delta R=R$(强)$-R$(弱)	$E(R)-r_f$
债务	5%−5%=0%	5%−5%=0%
无杠杆股权	40%−(−10%)=50%	15%−5%=10%
有杠杆股权	75%−(−25%)=100%	25%−5%=20%

综上,在完美资本市场中,如果公司完全为股权融资,股东将要求 15%的期望回报率。如果融资的 50%为债务,50%为股权,那么债权人将收到较低的 5%的回报率,而有杠杆股权的持有者由于风险的增加,将要求 25%的期望回报率。本例表明,尽管公司没有违约风险,但财务杠杆的使用仍增加了股权的风险。虽然单独考虑债务融资时,它较便宜,但增加了股权的资本成本。同时考虑这两种资本来源,有杠杆公司的加权平均资本成本为 $1/2\times 5\%+1/2\times 25\%=15\%$,与无杠杆公司的加权平均资本成本相同。

回顾第一部分所述的馅饼模型,我们可以将公司的价值 V 写作:

$$V=B+S$$

若公司管理层的目标是使公司的价值增加,那么公司的管理者将面临两个问题:(1)改变公司的资本结构是否会增加公司的价值;(2)什么样的资本结构能使公司的价值最大。围绕着这两个问题下面讨论 *MM* 理论。

三、*MM* 定理

现代资本结构理论开始于 1958 年莫迪利亚尼(Modigliani)和米勒(Merton Miller)发表了财务史上最经典的一篇论文。在一系列严格的假设条件下,他们证明了一个公司的价值是与资本结构无关的(简称 *MM* 理论)。

(一)无税的 *MM* 模型

无税的 *MM* 理论表明,公司的融资方式是无关紧要的,因此,资本结构与公司价值是不相关的。然而,*MM* 理论是建立在一些不现实的假设基础上的,这些假设包括:

(1)不存在代理成本；

(2)没有税收；

(3)不存在破产成本；

(4)投资者，包括机构和个人，都可以以同一利率借款和贷款；

(5)对于公司未来的投资机会，所有的投资者和公司拥有相同的信息，不存在信息不对称；

(6)$EBIT$ 不受债务的影响，$EBIT$ 预期是等额永续年金；

(7)企业只发行无风险债券和风险权益；

(8)投资者在投资时不存在交易成本；

(9)企业的经营风险是可以度量的，经营风险相同，即认为风险相同。

无公司税的 MM 模型在这一系列假设条件下，得出了关于财务杠杆与资本成本和企业价值关系的两个命题。

1. 无税的 MM 理论命题Ⅰ

命题Ⅰ(MM Proposition Ⅰ)实为企业价值模型。它表示为：任何企业的市场价值与其资本结构无关，不管有无负债，企业的价值均等于预期息税前收益(Earnings before Interest and Tax，EBIT)除以适用其风险等级的报酬率。用公式表示如下：

$$V_L=V_U=\frac{EBIT}{R_0}=\frac{EBIT}{R_{WACC}} \tag{2—9—1}$$

式中，V_L 和 V_U 分别表示有负债和无负债的企业，R_{WACC} 和 R_0 分别表示有负债的加权平均资本成本和无债务的权益成本。由上式，命题Ⅰ的主要结论是：

(1)杠杆企业的价值等同于无杠杆企业的价值，企业的价值独立于其财务杠杆，即无论企业是否负债，企业的加权平均成本保持不变；

(2)有负债企业的加权平均资本成本等同于具有相同风险等级、无债务企业的权益成本；

(3)R_0 和 R_{WAC} 视企业的风险等级而定。

复习提示及知识补充一

自制杠杆：投资者在自己的投资组合中运用杠杆调整公司的杠杆选择，称为自制杠杆。

MM 定理表明公司价值不受资本结构选择的影响。若投资者偏好与公司资本结构不同的另一种资本结构，只要投资者能够以与公司相同的利率借入或贷出资金，自制杠杆就可以完全取代公司使用的财务杠杆。同时，通过自制杠杆原理，也可以证明式(2—9—1)成立。

利用自制杠杆原理通过无套利均衡思想证明无税 MM 理论。

假设公司 A 和 B 的风险等级相同且规模相同，两家公司的期望收益为 X，两家公司的财务信息如表 2—9—6 所示。

表 2—9—6　　两家公司的财务信息

	公司 A	公司 B
公司价值	V_A	V_B
债务价值	0	B_B
利率		R
股票价值	S_A	S_B
期望收益	X	X

公司 A 没有举债，它是无杠杆公司，公司 B 则是杠杆公司。假如某一投资者持有公司 B 发行在外普通股中的部分股票的比例为 α，那么，该投资者组合收益为：

$$Y_B=\alpha(X-rB_B)$$

假如该投资者出售其所持有的公司 B 股票 αS_B，同时，按和公司 B 一样的借款利率借入 αD_B。然后，购买公司 A 股票，金额为 $\alpha(S_B+B_B)$。显然，该投资者购买了公司 A 的股票，与此同时，他复制或模仿了公司 B 的资本结构或杠杆。此时，投资者新投资组合的收益为：

$$Y_A=\frac{\alpha(S_B+B_B)}{V_A}X-rB_B\alpha=\alpha\frac{V_B}{V_A}X-r\alpha B_B=\alpha\left(\frac{V_B}{V_A}X-rB_B\right)\qquad(2-9-2)$$

根据上式可以推断，如果 $V_B>V_A$，则有 $Y_A>Y_B$，投资者存在套利机会，他会出售其所持有的公司 B 的股票，改持公司 A 的股票。这样，公司 B 的股价和公司价值将由此下降，公司 A 的股价和公司价值将上升，并很快实现无套利均衡，杠杆公司价值和无杠杆公司价值相同，即 $V_B=V_A$。

2. 无税的 *MM* 理论命题Ⅱ

命题Ⅱ(*MM* Proposition Ⅱ)则为企业股本成本模型，表示为：负债企业的股本成本等于同一风险等级中某一无负债企业的股本成本加上根据无负债企业的股本成本和负债成本之差以及负债比率确定的风险报酬。其公式为：

$$R_S=R_0+RP=R_0+(R_0-R_B)\frac{B}{S}\qquad(2-9-3)$$

式中，B 为债务价值，S 为权益价值，R_S 为负债企业的股本成本，R_0 为无债务企业的股本成本，RP 为风险报酬率，R_B 为负债成本。从上式可以看出，随着负债的增加，有负债企业的股本成本上升。权益成本、债务成本和加权平均资本成本的关系如图 2—9—1 所示。

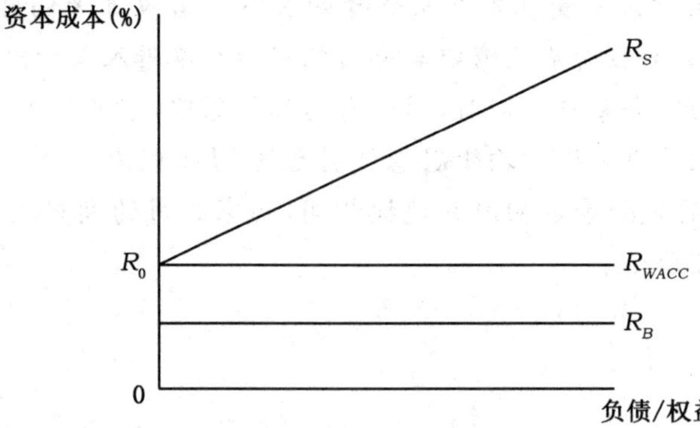

图 2—9—1　权益成本、债务成本和加权平均资本成本的关系

将以上两个命题联系起来看，由于债务资本的增加，剩余的权益资本增大了风险。随着风险的加大，权益资本的成本也随之增大。因此，低成本举债带来的利益恰好被股本成本的上升所抵消。因此，无债务企业的权益成本等于有债务企业的加权平均资本成本，由此可以从无公司税的 *MM* 模型所描述的内在逻辑关系中导出这样的结论：在无税情况下，企业资本结构的变化不会影响企业价值和资本成本。

米勒和莫迪利亚尼据此认为，经理人无法通过包装企业的证券来改变企业的价值。这个结论在 20 世纪 50 年代被认为是具有开创性的工作，*MM* 理论和套利证明检验从此广受赞誉。尽管无税模型具有深远的理论意义，但是，现实世界的企业管理者并没有就此漠视资本结构决策。相反，几乎所有的行业都有其所墨守的资本结构，而且企业管理者选择一定的财务杠杆是理性选择。正因为如此，金融经济学家包括米勒本人也承认，现实世界中的各种因素可能背离无公司税理论。

命题Ⅱ的推导：

在无税条件下，有：$R_{WACC}=R_0$，

已知：$R_{WACC}=\frac{S}{B+S}\times R_S+\frac{B}{B+S}\times R_B$，

则有：$\frac{S}{B+S}\times R_S+\frac{B}{B+S}\times R_B=R_0$，

化简后得：$R_S=R_0+(R_0-R_B)\times\frac{B}{S}$。

(二)有税的 *MM* 模型

1963 年，朗科·莫迪利亚尼和默顿·米勒在《公司所得税和资本成本：一个修正》一文中，对 1958 年《资本成本、公司财务和投资》一文的结论进行了修正，他们将公司所得税对资本结构的影响引入原来的分析中之后发现，负债会因为税盾效应而增加企业的价值，企业的负债率越高越好。这一研究结论与原来的结论恰好相反。有税的 *MM* 模型给出了两个命题。

1. 有税的 *MM* 理论命题Ⅰ

命题Ⅰ为企业价值模型。该模型表示，负债企业的价值等于同一风险等级中某一无负债企业的价值加上税盾效应的价值。其公式为：

$$V_L=\frac{EBIT(1-t_c)}{R_0}+\frac{t_c\times R_B\times B}{R_B}=V_U+t_c\times B \qquad (2-9-4)$$

式中，t_c 表示所得税税率；V_U 是无负债企业的价值，即无杠杆公司的价值；V_L 为有负债企业的价值，即杠杆公司的价值；B 为债务价值；R_0 为无债务企业的股本成本，R_B 为负债成本。

税盾效应(Tax Shield)即债务成本(利息)在税前支付，而股权成本(利润)在税后支付，因此，企业如果要向债权人和股东支付相同的回报，实际需要生产更多的利润。

一个杠杆公司的利息为：

$$利息=R_B\times B$$

由于所有利息都可免税，则公司税的减少额为 $t_c\times R_B\times B$。

注意，该减少额为年金值，这里可以通过利息率 R_B 进行贴现。假设现金流量是永续

的，税盾的现值为：

$$\frac{t_c \times R_B \times B}{R_B} = t_c \times B$$

命题Ⅰ的推导：

假设公司所得税率为 t_c，则杠杆公司每年的税后现金流量是

$$EBIT \times (1-t_c)$$

则无杠杆公司的价值是 $EBIT \times (1-t_c)$ 的现值，即：

$$V_U = \frac{EBIT(1-t_s)}{R_0}$$

杠杆公司通过税盾增加公司价值，永续债务的税盾为 $t_c \times B$，因此，可以得到杠杆公司的价值：

$$V_L = \frac{EBIT(1-t_c)}{R_0} + \frac{t_c \times R_B \times B}{R_B} = V_U + t_c \times B$$

2. 有税的 *MM* 理论命题Ⅱ

命题Ⅱ为企业权益资本成本模型。由于权益资本的风险随财务杠杆而增大，因此，期望收益率与财务杠杆之间存在正相关关系，即负债企业的权益资本成本等于相同风险等级的无负债企业的权益资本成本加上一笔风险报酬。其公式为：

$$R_S = R_0 + \frac{B}{S} \times (1-t_c) \times (R_0 - R_B) \qquad (2-9-5)$$

式中，R_0 为无杠杆企业的权益资本成本，R_S 为杠杆企业的权益资本成本。上式给出了这样的内在逻辑关系，企业的权益成本会随着债务资本的增大而增加，尽管股东由此面临着高财务风险，但是，由于式中的 $(1-t_c)$ 小于 1，税盾效应使权益资本成本上升的幅度低于无税时上升的幅度，所以，负债增加了企业的价值。

命题Ⅱ的推导：

无杠杆公司的价值仅是不含杠杆利益的资产价值。资产负债表表明了当增加债务 B 时，公司价值增加了 $t_c \times B$。资产负债表左边部分的期望现金流可写为：

$$V_U R_0 + t_c B R_B$$

由于资产具有风险性，故其期望收益率为 R_0。税盾具有与债务相同的风险，故其期望收益率为 R_B。

属于债权人和股东的期望现金合计为：

$$S R_S + B R_B$$

在无增长永续模型中，所有现金流量作为股利支付，流入公司的现金流量等于股东获得的现金流量。因此：

$$V_U R_0 + t_c B R_B = S R_S + B R_B$$

移项合并同类项后，得：

$$R_S = \frac{V_U}{S} \times R_0 - \frac{B}{S} \times (1-t_c) \times R_B$$

由于杠杆公司的价值 $V_L = V_U + t_c \times B = B + S$，则 $V_U = S + (1-t_c) \times R_B$，可得：

$$R_S=\frac{[S+(1-t_c)\times B]}{S}\times R_0-(1-t_c)\times\frac{B}{S}\times R_B$$

最终可得：

$$R_S=R_0+\frac{B}{S}\times(1-t_c)\times(R_0-R_B)$$

有税条件下的 *MM* 理论的两个命题如图 2—9—2 所示。

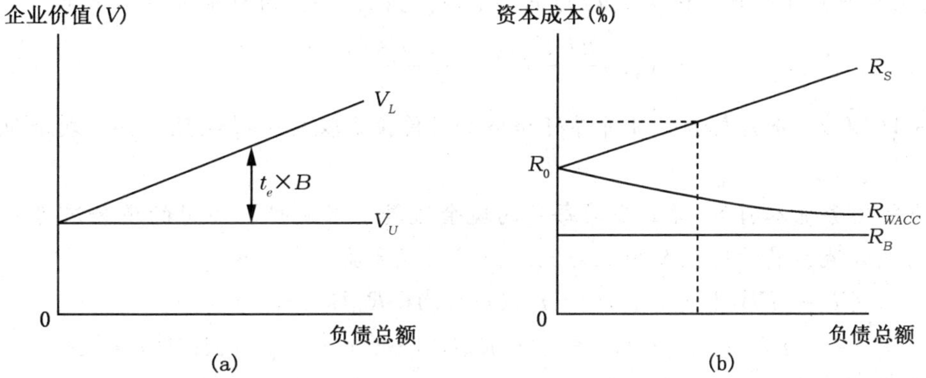

图 2—9—2　有税条件下 *MM* 理论的两个命题

在现实经济活动中，企业的资本成本在各部门或各行业间并不呈现随机分布，而是具有一定的规律性。有税 *MM* 理论和无税 *MM* 理论均具有逻辑上的合理性，但是，无税 *MM* 理论无法解释现实经济中资本结构的现象，因为资本结构和资本成本以及与企业价值具有现实相关性。相反，有税的 *MM* 理论则在实际经济活动中具有一定的解释功能，但这种解释功能比较有限。

真题回顾

【1】(上海财经大学 2013)假设甲公司的固定成本占总成本的比例高于乙公司的固定成本占总成本的比例，且两家公司的周期性、资本结构相似，下列正确的是(　　)。

A. 甲公司的贴现率＜乙公司的贴现率　B. 甲公司的贴现率＞乙公司的贴现率

C. 甲公司的贴现率＝乙公司的贴现率　D. 不确定

参考答案：B。

【2】(中山大学 2012)某公司债务对股权的比例为 1，债务成本是 12%，平均资本成本是 14%，在不考虑税收和其他因素的情况下，其股权资本成本是(　　)。

A. 13%　　B. 15%　　C. 16%　　D. 18%

参考答案：C。根据 *MM* 定理 2，$r_s=r_0+(r_0-r_b)\times\frac{D}{E}=0.14+(0.14-0.12)\times1=0.16$。

复习提示及知识补充二

米勒模型

米勒认为，个人所得税的存在会在某种程度上抵销债务的税盾效应，然而，在正常税率条件下，债务的税盾效应不会因此而完全消失。

如果其他假设条件与无税和有税模型相同，在考虑了公司所得税和个人所得税的情况下，公司每年所产生的现金流为税后的$EBIT$，则无杠杆企业的市场价值表示为：

$$V_u=\frac{EBIT\times(1-t_c)\times(1-t_p)}{R_0}$$

式中，t_c 和 t_p 分别表示公司所得税和个人股票投资收益所得税税率，R_0 表示税后期望收益率。

如果将债务资本引入，那么公司每年的现金流具有多元性。公司的现金流可以分成属于股东的现金流和属于债权人的现金流。公司的现金流可表示为：

$$\begin{aligned}CF&=(EBIT-R_BB)(1-t_c)(1-t_p)+R_BB(1-t_d)\\&=EBIT(1-t_c)(1-t_p)-R_BB(1-t_c)(1-t_p)+R_BB(1-t_d)\end{aligned}$$

由上式中的现金流具有永续年金的特征，假定公司经营期限是无限的，那么，杠杆公司的价值为：

$$\begin{aligned}V_L&=\frac{EBIT(1-t_c)(1-t_p)}{R_0}-\frac{R_BB(1-t_c)(1-t_p)}{R_B(1-t_d)}+\frac{R_BB(1-t_d)}{R_B}\\&=V_U+\frac{[(1-t_d)-(1-t_c)(1-t_p)]B}{1-t_d}\end{aligned}$$

上式为米勒模型的表达式，该模型更具一般性，无税和有税 MM 模型仅仅是米勒模型的两个特例而已：

(1)假定在无税环境下，所有的税率均为零，那么 $V_L=V_U$，此时的米勒模型就是无税 MM 模型的表达式。

(2)假定仅仅考虑公司所得税，即 $t_p=t_d=0$，则 $V_L=V_U+t_cB$。此时的米勒模型就是有税 MM 模型的表达式。

(3)假定个人股票投资收益所得税税率和利息收入所得税相同，即 $t_p=t_d$，那么，$V_L=V_U+t_cB$。此时的米勒模型也是有税的 MM 模型表达式。

(4)假定$(1-t_d)=(1-t_c)(1-t_p)$，那么，$V_L=V_U$。此时的米勒模型就是无税 MM 模型的表达式。

(5)当 $t_p<t_d$ 时，公司因财务杠杆而获得的收益减少。

图 2—9—3 描述了存在公司税和个人所得税时财务杠杆对公司价值的影响。

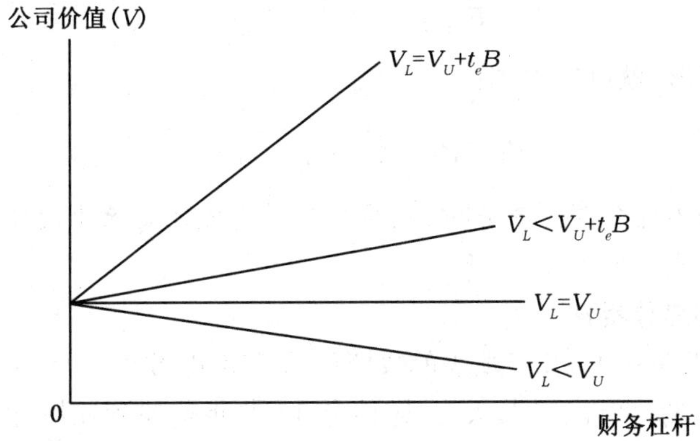

图 2—9—3　财务杠杆与企业价值的关系

(三)风险和收益的权衡

命题Ⅰ认为公司的财务杠杆对股东的财富没有影响;命题Ⅱ认为股东的预期收益率随着 B/S 的增加而增加。但存在一种现象即财务杠杆能够增加股东的预期收益,却对股价没有影响,股东对预期收益的上升毫无反映。原因是随着 B/S 的增加,公司的风险增加、股东的必要收益率也随之增加,就此完全抵消了预期收益率的增加。也就是说,收益和风险是同步增加了,增加的收益完全被增加的风险所抵消,从表 2—9—7 可以看出。

表 2—9—7　　**风险和收益的权衡**　　单位:美元

		经营收益	
		500	1 500
100%权益融资	每股收益	0.5	1.5
	收益率	5	15
50%债务	每股收益	0	2
	收益率	0	20

资本结构的改变对公司总价值的变化并没有影响,当公司的经营收益从 1 500 下降到 500 时,100%权益融资情况下,权益的收益额下降了[(1.5—0.5)×1 000=]1 000;第二种情况下,权益的收益额下降了[(2—0)×500=]1 000,因此,两种情况下,所有者权益收益额的下降是相等的。

然而,当公司资本结构中存在债务时,权益收益率的分布更加分散了,在 100%权益情况下,经营收益下降了 1 000,权益的收益率下降了 10%;而在第二种情况下,却下降了 20%。换句话说,50%债务比例的资本结构使权益的风险加倍了,其 β 系数是 100%权益融资下 β 系数的两倍。

正如公司资产的收益率是各类资产收益率的加权平均一样,公司资产的 β 也是各类资产 β 系数的加权平均。

总资产 β 系数=债务的比率×债务的 β 系数+权益的比率×权数的系数

$$\beta_A=\frac{B}{S+B}\times\beta_B+\frac{S}{S+B}\times\beta_S \tag{2-9-6}$$

对此公式进行变形，就可以得到：

$$\beta_D=\beta_A+\frac{B}{S}\times(\beta_A-\beta_B) \tag{2-9-7}$$

现在你就能理解为什么存在债务时，权益所有者为什么要求比较高的收益率了，这完全是为了与增加的风险相匹配。

(四)*MM* 理论的总体看法

一般认为，马科维茨在 1952 年发表的投资组合理论把数理工具引入金融研究，这可以看作现代金融学的发端。但也有人认为，应该是 1958 年莫迪利亚尼和米勒发表的 *MM* 理论，因为他们最先采用了“无套利理论”分析方法，使金融学的研究从方法论上与一般的经济学研究相分离，*MM* 理论成功地运用了数学模型，揭示了资本结构中负债的意义。

但是，在现实经济活动中，几乎没有一家企业会用 *MM* 理论作为决定其资本结构的理论依据。这是因为 *MM* 理论基于一系列严格的假设条件之上，而这些假设条件不能准确地反映实际市场的运行情况。因此，*MM* 理论的局限性也就源于该理论的诸多假设条件：

1. *MM* 理论假定公司债务和个人债务可以相互替代

一方面，西方公司借款具有规模效应，它们的借款利率会低于个人借款利率；另一方面，投资于举债公司比自己举债的风险小，股东仅仅负有限责任，他们损失的仅仅是股票价值，而对债务没有责任。个人则对负债承担全面责任。

2. *MM* 理论假定无交易费用

实际上，资金不能从高价位的企业向低价位的企业无成本地自由转移。经纪人费用和其他交易费用是客观存在的，这会阻碍套利交易的发生，因此，从高价位的企业向低价位的企业无成本地自由转移不能成为现实。

3. *MM* 理论假定 *EBIT* 具有稳定性

事实上，企业的利润具有多变性的特征。企业盈利时，企业的税盾效应增大，微利或无利时，企业的税盾效应很小或没有。因此，税盾对有些企业来说，其作用巨大，但是，对有些企业则无作用。

4. *MM* 假定个人和企业能以同等利率借款

在信贷市场中，就长期信贷的供给者而言，其提供信贷的类型和价格取决于接受贷款人的贷款目的和财务实力。作为长期信用接受者的企业和个人，他们的信用评价体系不同。因此，作为信用供给者，他们不可能将两者的贷款置于同一利率水平之上。企业和个人的债务成本不可能完全相同，这也阻碍了套利交易发生。

真题回顾

【1】(清华大学 2015)永新光电一周年后的公司总价值有 70%的概率为 5 000 万元，有 30%的概率为 2 000 万元。无风险利率为 5%，永新光电公司的资本成本为 10%。

(1)假如公司资本结构中没有债务，那么现在公司股权的总价值为多少？

(2)假如公司有一笔一年期债务，到期前不支付利息，一年到期后的本金利息总价值为

1 000 万元，根据 MM 理论，现在公司股权的总价值是多少？

(3)一年后公司可能实现的最低股权回报率在情况(1)和情况(2)下分别是多少？

参考答案：

(1)用无杠杆企业模型：

(0.7×5 000+0.3×2 000)/1.1=3 727.27(万元)

(2)用有杠杆企业模型：

1 000/1.05=952.38(万元)

股权价值+债权价值$=V_L=V_U=$3 727.27(万元)

由此可知股权价值=3 727.27−952.38=2 774.89(万元)

(3)最低的回报率为 30%概率的 2 000 万元

情况(1)股权回报率=2 000/3 727.27−1=−46.34%

情况(2)股权回报率=(2 000−1 000)/2 774.89−1=−63.96%

【2】(上海财经大学 2013)甲、乙、丙三人讨论债务结构，其中，甲认为：(1)一个公司的资本结构与财务杠杆没有太大关系，财务杠杆不改变公司向股东分配的权益；(2)完美市场假设是资本结构不影响公司价值的必要条件之一。乙认为：(1)根据 MM 理论，一个公司可以通过增加债券资本和提高企业财务杠杆比率来实现企业价值最大化；(2)只有公司价值增加时，资本结构的变化才能使股东受益。而丙认为：(1)财务杠杆系数越大，表明财务杠杆作用越大，财务风险也越大；(2)从一定意义上讲，最优资本结构在不降低经营企业的条件下使企业平均资金最低。观点不正确的是(　　)。

A. 甲(1)，乙(1)，丙(1)　　B. 甲(2)，乙(2)，丙(2)

C. 丙(1)，(2)　　D. 甲(1)，丙(1)

参考答案：D。甲(1)：财务杠杆会改变公司的资本结构，从而进一步改变公司向股东分配的权益，这句话是错的；甲(2)：完美市场假设是资本结构不影响公司价值的必要条件，所以是正确的；乙(1)：根据有税的 MM 理论命题Ⅰ，这句话是正确的；乙(2)：公司价值不变时，改变资本结构，缩小债务价值，是可以提高股东权益的，因此，这句话也存在问题；丙(1)：财务杠杆系数大，意味着财务风险大，该句话是对的；丙(2)：根据资本结构的定义，这句话是对的。

复习提示及知识补充三

财务杠杆原理

杠杆效应，是指固定成本提高公司期望收益，同时也增加公司风险的现象。经营杠杆是由与产品生产或提供劳务有关的固定性经营成本所引起的，而财务杠杆则是由债务利息等固定性融资成本所引起的。两种杠杆具有放大盈利波动性的作用，从而影响公司的风险与收益。

经营风险是指企业未使用债务时经营的内在风险。影响经营风险的常见因素有产品需求、产品售价、产品成本、调整价格的能力、固定成本的比重。经营杠杆本身并不是经营风险变化的来源，经营风险的来源是生产经营的不确定性。经营杠杆的存在会放大息税前利润的变动性，也就放大了企业的经营风险。

与产品生产或提供劳务有关的固定性经营成本是引发经营杠杆效应的根源；而经营杠杆放大了企业的经营风险。

经营杠杆系数度量了经营杠杆效应：

$$\text{经营杠杆系数}(DOL)=\frac{\text{息税前利润变化的百分比}}{\text{营业收入变化的百分比}}=\frac{\Delta EBIT/EBIT}{\Delta Q/Q}=\frac{(P-V)\Delta Q/EBIT}{\Delta Q/Q}=\frac{(P-V)Q}{EBIT}=\frac{EBIT+F}{EBIT} \quad (2-9-8)$$

财务风险是指由于企业运用了债务筹资方式而产生的丧失偿付能力的风险，而这种风险最终是由普通股股东承担的。影响经营风险的一个基本因素是债务利息或优先股股息这类固定性融资成本。

固定性融资成本是引发财务杠杆效应的根源，而财务杠杆会放大财务风险。

财务杠杆系数和经营杠杆系数度量了财务杠杆效应：

$$\text{财务杠杆系数}(DOL)=\frac{Q(P-V)-F}{Q(P-V)-F-I-PD/(1-T)}=\frac{\Delta EPS/EPS}{\Delta EBIT/EBIT}=\frac{EBIT}{EBIT-I-PD/(1-T)} \quad (2-9-9)$$

总杠杆考察了经营杠杆和财务杠杆的共同作用和连锁作用，直接考察了营业收入的变化对每股收益的影响程度。

$$\text{总杠杆系数}(DTL)=\frac{\text{每股收益变化的百分比}}{\text{营业收入变化的百分比}}=DOL\times DFL \quad (2-9-10)$$

其中，息税前利润($EBIT$)＝销售收入－变动成本－固定成本。

式中，F 为固定成本，V 为变动成本，Q 为销售数量，I 为债务利息，PD 为优先股股利，T 为所得税税率。

真题回顾

【1】(上海财经大学 2012)某公司财务杠杆系数等于 1，这表明该公司当期(　　)。

A. 利息与优先股股息为零　　B. 利息为零，而有无优先股股息不好确定

C. 利息与息税前利润为零　　D. 利息与固定成本为零

参考答案：A。财务杠杆系数$(DOL)=\frac{Q(P-V)-F}{Q(P-V)-F-I-PD/(1-T)}=1$，则可知 $I=0$，$PD=0$。

【2】(华东师范大学 2015)经营杠杆系数为 3，总杠杆系数为 4.5，则财务杠杆系数等于(　　)。

A. 3　　B. 0.5　　C. 1.5　　D. 3.5

参考答案:C。财务杠杆系数＝总杠杆系数／经营杠杆系数＝4.5/3＝1.5。

四、其他资本结构理论

(一)破产成本理论

1. 理论观点

尽管债务给公司带来了税收上的好处,然而,债务也给公司带来财务困境的风险。公司财务困境是指公司未能履行对债权人的承诺或者出现偿债困难。有时财务困境会导致公司破产,有时只是使公司的经营变得困难。

直接的财务困境成本:指公司在发生财务困境时的现金流量,包括法律成本和管理成本。由于股东的责任仅以其出资额为限,因此,一旦公司破产,股东仅仅损失其对股票的投资额而无须以个人财产补偿公司损失。因此,所有这些直接破产成本实际上转嫁给了债权人。

间接的财务困境成本:由于公司负债的增加和违约风险的提高,而导致公司发生财务困境的可能性增大。如公司顾客拒绝继续购买公司产品或服务产生的销售损失,供货商缩短收款期而增加的成本,以及资本市场上的融资困难。

2. 财务困境成本的确定

(1)发生财务困境的概率:财务困境发生的概率取决于企业将无力履行偿债义务因而违约的可能性。财务困境出现的概率随着企业负债的增加(相对于企业的资产)而增加,它还随企业现金流量和资产价值的波动而增加。

(2)企业遭遇财务困境的成本大小:财务困境成本的大小取决于这些成本来源的相对重要性,而且成本大小也因行业而异。例如,如果高科技企业陷入财务困境,由于潜在客户和核心员工的流失以及缺乏容易清算的有形资产,招致的财务困境成本可能会很高;相反,不动产密集性高的企业的财务困境成本可能会较低,因为企业价值大多来自相对容易出售和变现的资产。

3. 破产成本与资本结构的关系

破产成本对公司资本成本和公司价值都会造成影响。在添加破产成本因素后,资本成本和资本结构的关系如图 2－9－4 所示。

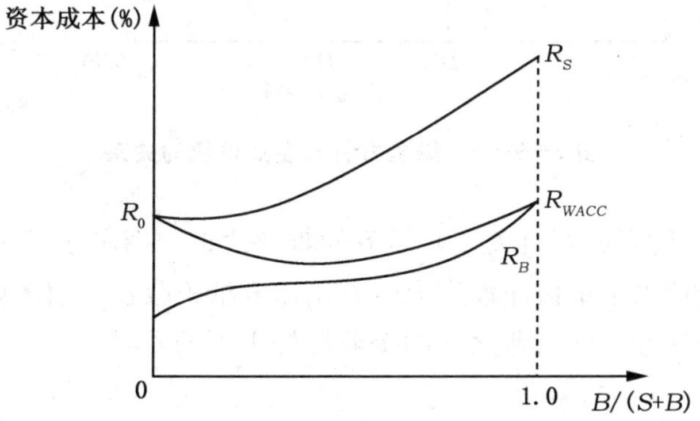

图 2－9－4　资本成本和资本结构的关系

假如公司无杠杆,加权平均资本成本就是同类风险无杠杆公司的期望收益率 R_0,公司权益资本成本 R_S 随着债务的增加而上升。随着公司资本结构中债务水平的上升,破产概率也增加。所以,债权人所要求的报酬率 R_B 随着杠杆的放大而逐渐增加,导致加权平均资本成本 R_{WACC} 呈现 U 型状态,加权平均资本成本一开始向下倾斜,随着债务的增加,加权平均资本成本慢慢向上爬升,当公司 100% 债务融资时,加权平均资本成本等于债务资本成本。

财务杠杆的增大并不意味着公司一定会面临破产,只有当举债融资使得公司面临的财务失败比无杠杆公司更加严峻时,融资者才需要避免使用财务杠杆。

(二)权衡理论

1. 理论观点

所谓权衡理论(trade-off theory),就是强调在平衡债务利息的抵税收益与财务困境成本的基础上,实现企业价值最大化时的最佳资本结构。此时所确定的债务比率是债务抵税收益的边际价值等于增加的财务困境成本的现值。

2. 权衡理论企业的价值

根据权衡理论,有负债企业的总价值等于无负债企业价值加上债务抵税收益的现值,再减去财务困境成本的现值:

$$V_L = V_U + PV(\text{利息抵税}) - PV(\text{财务困境成本}) \tag{2-9-11}$$

由于债务利息的抵税收益,负债增加会增加企业的价值。随着债务比率的增加,财务困境成本的现值也增加。财务杠杆与企业价值的关系可以用图 2—9—5 表示。

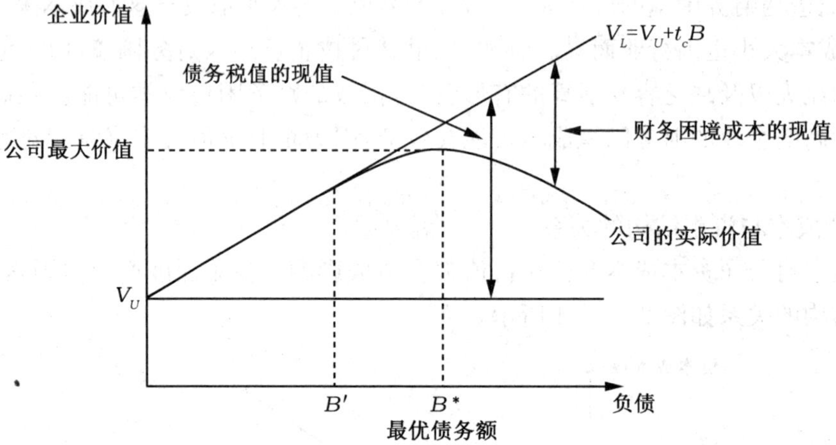

图 2—9—5　财务杠杆与企业价值的关系

注意:权衡理论有助于解释有关企业债务的难解之谜。财务困境成本的存在有助于解释为什么有的企业负债水平很低而没有充分利用债务抵税收益。财务困境成本的大小和现金流的波动性有助于解释不同行业之间的企业杠杆水平的差异。

(三)代理理论

1. 理论观点

代理成本理论认为,债务融资提升了财务杠杆,增加了破产成本,也增加了代理成本,一定程度上抑制了公司债务融资的冲动。因此，公司市场价值可以用下列公式表达：

$V_L = V_U + PV$(税盾效应现值)$-PV$(财务困境成本现值)$-PV$(代理成本现值)(2—9—12)

2. 代理成本

在资本结构决策中，不完全契约、信息不对称以及经理、股东与债权人之间的利益冲突将影响投资项目的选择，特别是在企业陷入财务困境时，更容易引起过度投资问题与投资不足的问题，导致发生债务代理成本。债务代理成本损害了债权人的利益，降低了企业价值，最终将由股东承担这种损失。

(1)代理成本问题1——过度投资问题

①过度投资问题的含义。因企业投资于不盈利项目或高风险项目(净现值为负)而产生的损害股东以及债权人的利益并降低企业价值的现象。

②过度投资方式1。当企业经理与股东之间存在利益冲突时，经理的自利行为产生的过度投资问题(经理为扩大管理控制权多花、乱花钱，但是损害股东利益)。

前提：经理与股东之间的利益冲突会表现为经理的机会主义行为；企业的自由现金流相对富裕。

表现：经理为扩大管理控制权多花、乱花钱，但是损害股东利益。

即使在企业缺乏可以获利的投资项目和成长机会时，经理也会倾向于通过扩大企业规模实现扩大自身对企业资源的管理控制权，表现为随意支配企业自由现金流量投资于净现值甚至为负的投资项目，而不是向股东分配股利。有时经理也会过分乐观，并自信认为其行为是有助于提升股东价值的，如在并非真正意识到项目的投资风险与价值的情况下进行投资，也会导致产生过度投资行为。

防止措施：增加债务，从而债务利息固定性支出减少了可以自主支配的现金流。

企业经理这种随意支配自由现金流的行为是以损失股东利益为代价的，为抵制这种过度投资带来的对股东利益以致最终对企业价值的损害，通过提高债务筹资的比例，增加了债务利息固定性支出在自由现金流中的比例，实现对经理的自利性机会主义行为的制约。

③过度投资方式2(又叫资产替代问题)。当企业股东与债权人之间存在利益冲突时，经理代表股东利益采纳成本率低甚至净现值为负的高风险项目产生的过度投资问题(严重亏损时，高风险导致亏损全由债权人承担，大量盈利的情况下，股东能够获得好处)。

前提：当经理代表股东利益时；当企业遇到财务困境时。

表现：严重亏损时，高风险导致亏损全由债权人承担，大量盈利的情况下，股东能够获得好处。

即使投资项目的净现值为负，股东仍有动机投资于净现值为负的高风险项目。这是因为企业股东与债权人之间存在潜在的利益冲突，表现为在信息不对称条件下，股东可能会把资金投资于一个风险程度超过债权人对债务资金原有预期水平的项目上。如果这一高风险项目最终成功了，股东将获得全部剩余收益；但如果该项目失败了，由于股东只承担有限责任，主要损失将由债权人承担。显然，企业股东凭借选择高风险项目提高了债务资金的实际风险水平，降低了债务价值，这种通过高风险项目的过度投资实现把债权人的财富转移到股东手中的现象也被称为“资产替代问题”。

(2)代理成本问题2——投资不足问题

①投资不足问题的含义。企业放弃净现值为正的投资项目而使债权人的利益受损并进而降低企业价值的现象。

②投资不足问题产生的前提。企业陷入财务困境且有比例较高的债务时(即企业具有风险债务)。

③投资不足问题的表现。当债务价值的增加超过权益价值的增加时,即从企业整体角度而言是净现值为正的新项目,而对股东而言则成为净现值为负的项目,投资新项目后将会发生财富从股东转移至债权人。因此,如果股东事先预见到投资新项目后的大部分收益将由债权人获得,并导致自身价值下降,就会拒绝净现值为正的新项目投资。

④投资不足问题产生的原因。企业面临财务困境时,股东追加的投资以及产生的收益只能够用来偿还债务,不能够给股东带来价值。

(3)过度投资问题和投资不足问题导致的债务代理成本

过度投资问题和投资不足问题都是以债权人的损失为代价的,但是这种债务代理成本最终还是要由股东来承担。

(4)债务的代理收益

债务的代理收益将有利于减少企业的价值损失或增加企业价值,具体表现为债权人保护条款引入、对经理提升企业业绩的激励措施以及对经理随意支配现金流、浪费企业资源的约束等。

①债权人保护条款引入避免使企业价值受损的潜在风险。当债权人意识到发生债务代理成本所可能产生的对自身价值的损失时,会采取必要的措施保护自身的利益,通常是在债务合同中加入一些限制性条款,如提出较高的利率要求以及对资产担保能力的要求。此外,法律以及资本市场相关规定也会出于保护债权人的利益对发行债务做出一些限制性规定。这些保护债权人利益的措施有效地抑制了债务代理成本,如企业发行新债务时,理性的投资者会谨慎地关注企业的资信状况、盈利能力、财务政策、成长机会以及投资的预期收益与风险。新投资者与现有债权人和股东均会对新发债务的预期收益以及对原有债务的影响做出合理判断,以避免使企业价值受损的潜在风险。

②债务利息支付是经理提升企业业绩的激励措施。债务利息支付的约束性特征有利于激励企业经理尽力实现营业现金流的稳定性,保证履行偿付义务,在此基础上进一步提高企业创造现金流的能力,提高债权人与股东的价值,维护自身的职业声誉。

③债务利息支付对经理随意支配现金流、浪费企业资源的约束,提高了债务现金流的支付比率,约束了经理的随意支配企业自由现金流的浪费性投资与在职消费的行为,抑制了以损害股东利益为代价的机会主义行为所引发的企业价值下降。

(5)债务代理成本与收益的权衡(代理理论下企业的价值)

在考虑了企业债务的代理成本与代理收益后,资本结构的权衡理论模型可以扩展为如下形式:

$$V_L=V_U+PV(\text{利息抵税})-PV(\text{财务困境成本})-PV(\text{债务代理成本})+PV(\text{债务代理收益}) \tag{2-9-13}$$

(四)优序融资理论

1. 理论观点

优序融资理论(pecking order theory)内容是当企业存在融资需求时,首先是选择内源融资,其次选择债务融资,最后选择股权融资。

2. 优序融资理论的理由

(1)信息不对称下行为信号传递

信息不对称,是指企业内部管理层通常要比外部投资者拥有更多更准的关于企业的信息。在这种情况下,企业管理层的许多决策,如筹资方式选择、股利分配等,不仅具有财务上的意义,而且向市场和外部投资者传递着信号。外部投资者只能通过管理层的这些决策所传递出的信息了解企业对未来收益的预期和投资风险,间接地评价企业价值。企业债务比例或资本结构就是一种把内部信息传递给市场的工具。

(2)信息不对称下筹资方式传递的信号

在信息不对称的条件下,如果外部投资者掌握的关于企业资产价值的信息比企业管理层的少,那么企业权益的市场价值就可能被错误地定价。当企业股票价值被低估时,管理层将避免增发新股,而采取其他的融资方式筹集资金,如内部融资或发行债券;而在企业股票价值被高估的情况下,管理层将尽量通过增发新股为新项目融资,让新的股东分担投资风险。

信息不对称下的逆向选择,企业管理者筹资顺序的确立。

外部投资者会产生逆向选择的心理,认为当企业预期业绩好并且确定性程度较高时,经理人员才会选择债务方式筹资,以增加每股收益,提高企业价值;而一旦经理人员对外宣称企业拟发行新股,实际上是在向市场传递其未来投资收益并非有把握实现经理人员预期目标的信号,是经理在企业价值被高估条件下的行为。于是,这种信号传递的结果降低了投资者在企业发行股票时对企业价值的预期,导致股票市价下跌。

既然投资者担心企业在发行股票或债券时其价值被高估,经理人员在筹资时为摆脱利用价值被高估进行外部融资的嫌疑,尽量以内源融资的方式从留存收益中筹措项目资金。如果留存收益的资金不能满足项目资金需求,有必要进行外部融资时,在外部债务融资和股权融资之间总是优先考虑债务融资,这是因为投资者认为企业股票被高估的可能性超过了债券。因此,企业在筹集资本的过程中,遵循着先内源融资后外源融资的基本顺序。在需要外源融资时,按照风险程序差异,优先考虑债权融资(先普通债券后可转换债券),不足时再考虑权益融资。

五、资本结构决策

(一)资本结构的影响因素

1. 影响因素

内部因素:营业收入、成长性、资产结构、盈利能力、管理层偏好、财务灵活性、股权结构等。

外部因素:税率、利率、资本市场、行业特征等。

2. 主要因素影响资本结构的一般规律

(1)收益和现金流量波动较大的企业要比现金流量较稳定类似企业的负债水平低;

(2)成长性很好的企业因其快速发展,对外部资金需求比较大,要比成长性差的类似企业的负债水平高；

(3)盈利能力强的企业因其内源融资的满足率较高，要比盈利能力较弱的类似企业的负债水平低；

(4)一般性用途资产比例比较高的企业因其资产作为债务抵押的可能性较大，要比具有特殊用途资产比例高的类似企业的负债水平高；

(5)财务灵活性大的企业比财务灵活性小的类似企业的负债能力强。

这里的财务灵活性，是指企业利用闲置资金和剩余的负债能力以应付可能发生的偶然情况和把握未预见机会(新的好项目)的能力。

3. 最佳资本结构标准

企业实际资本结构往往是受企业自身状况与政策条件及市场环境多种因素的共同影响，并同时伴随着企业管理层偏好于主观判断，从而使资本结构决策难以形成统一的原则与模式。

企业资本决策时权衡债务的授予与风险，实现合理的目标资本结构，实现企业价值最大化、加权平均资本成本最低。

(二)资本结构的决策方法

1. 资本成本比较法

在不考虑各种融资方式在数量与比例上的约束以及财务风险的差异时，通过计算各种基于市场价值的长期融资组合方案的加权平均资本成本，并根据计算结果选择加权平均资本成本最小的融资方案，确定为相对最优的资本结构。优点在于测算简单，缺点是难以区别不同融资方案之间的财务风险因素差异，在实际计算中有时也难以确定各种融资方式的资本成本。

2. 每股收益无差别点法

(1)定义

在计算不同融资方案下企业的每股收益相等时所对应的盈利水平($EBIT$)的基础上，通过比较在企业预期盈利水平下的不同融资方案的每股收益，进而选择每股收益最大的融资方案。

(2)基本原理

能够提高每股收益的资本结构是合理的资本结构。按照每股收益大小判断资本结构的优劣，从而选择每股收益(或净利润)最大的融资方案。有时考试中会特指用销售收入来表示，则此时每股收益无差别点，是指每股收益不受融资方式影响的销售水平。

(3)每股收益的无差别点的计算公式

$$EPS=\frac{(EBIT-I_1)(1-T)-PD_1}{N_1}=\frac{(EBIT-I_2)(1-T)-PD_2}{N_2} \quad (2-9-14)$$

(4)决策原则

当息税前盈余大于每股收益无差别点的息税前盈余时，运用负债筹资可获得较高的每股收益；反之，运用权益筹资可获得较高的每股收益，如图 2—9—6 所示。

(5)缺点

未考虑风险因素。

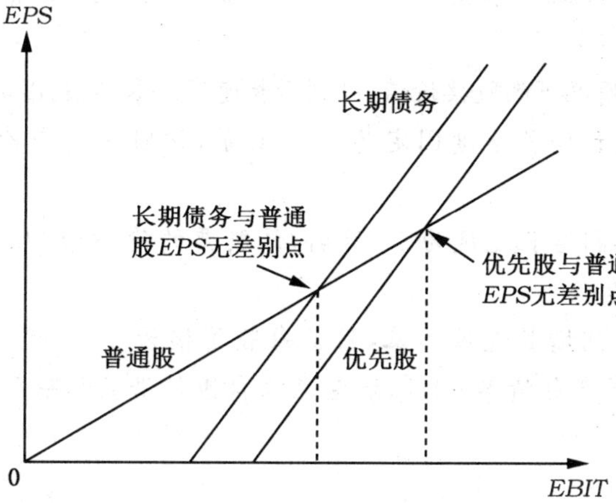

图 2—9—6　每股收益无差别点法

3. 企业价值比较法

(1)理论依据

每股收益法没有考虑风险因素,公司的最佳资本结构应当是可使公司的总价值最高,而不一定是每股收益最大的资本结构。同时,在公司总价值最大的资本结构下公司的资本成本也一定是最低的。

(2)判断标准

最佳资本结构是可使公司的总价值最大,而不一定是每股收益最大的资本结构。同时,在公司总价值最大的资本结构下,公司的资本成本也是最低的。

(3)确定方法

①企业的市场价值(V)=股票的市场价值+长期债务的价值$=S+B$。

②假定公司的经营利润是永续的,股东要求的回报率不变,则股票的市场价值可表示为:

$$S=\frac{(EBIT-I)(1-t)-PD}{R_S} \tag{2—9—15}$$

其中,$R_S=R_f+\beta(R_M-R_f)$,$R_{WACC}=R_B(1-T)\times\frac{B}{V}+R_S\times\frac{S}{V}$。

③长期债务的价值通常采用简化做法,按账面价值确定。

④企业价值最大的资本结构为最佳资本结构。

【本章参考习题】

1. 已知某公司的负债权益比为 1∶2,债务的成本为每年 8%。一年期国库券的收益率为 3%,且下一年市场投资组合的期望收益率为 10%。该公司权益的 β 系数为 1.5。公司由于产业振兴,政策不支付税金。

(1)公司加权平均资本成本是多少?

(2)同样情况下的完全权益公司的资本成本是多少?

2. 已知某企业股票在上年末支付的股利为每股 1.61 元，股票投资的必要报酬率为 7%。分别求解下列问题：

(1)分别计算在下列情况下的股票价值：股利增长速度为零；股利固定增长，增长速度为 2%。

(2)假设该股票的股利增长速度固定为 2%，目前，该股票的市价为 40 元，作为投资者是否应该购买？

(3)假设该股票的股利增长速度为零，目前，该股票的价格为 26.5 元，则该股票的必要收益率是多少？

(4)假设该股票的股利增长速度为零，目前每股价格为 26.5 元，银行借款利率为 5%，适用所得税税率 30%，资产负债率 60%，资金只来自银行借款和股票，则该企业的平均资本成本是多少？

参考答案：

1. 解：(1)公司的加权平均资本成本

$$R_{WACC}=\frac{B}{B+S}\times R_B+\frac{S}{B+S}\times R_S$$

无税条件下，根据资本资产定价模型 $CAPM$ 可知：

$R_S=R_f+\beta_S[E(R_m)-R_f]=3\%+1.5\times(10\%-3\%)=13.5\%$，负债成本为 8%，因此加权平均资本成本为：

$$R_{WACC}=\frac{10}{30}\times 0.08+\frac{20}{30}\times 0.135=11.67\%$$

(2)根据 MM 命题Ⅱ(无税)，$R_S=R_0+\frac{B}{S}(R_0-R_B)$。其中，$R_0$ 是完全权益公司的资本成本；R_S 是杠杆公司的权益成本；R_B 是负债成本。因此，$0.135=R_0+(1/2)(R_0-0.08)$。

求得：$R_0=0.116\ 7$。

所以，同样情况下的完全权益公司的资本成本为 11.67%。

2. 解：(1)股利增长速度为零时：$P_0=\frac{D}{r}=\frac{1.61}{7\%}=23$(元)

股利固定增长，增长速度为 2%时：$P_0=\frac{D(1+g)}{(r-g)}=1.61\times\frac{1+2\%}{7\%-2\%}=32.84$(元)

(2)不会购买的。

当股利的增长速度固定为 2%时，该股票的价值为 32.84 元，小于其市场价值 40 元，作为理性的投资者是不会购买的。

(3)股票的必要收益率

$$r=\frac{\text{股利}(D)}{\text{市价}(P)}=\frac{1.61}{26.5}=6.08\%$$

(4)由(3)可知，股票的资本成本=6.08%；

税后债务成本=银行借款利率×(1−所得税税率)=5%×(1−30%)=3.5%

平均资本成本=股票的资本成本×(1−资产负债率)+税后债务成本×资产负债率

=6.08%×(1−60%)+3.5%×60%=4.53%

第十章　公司价值评估

扫码听课

考试要求

- 了解：公司价值评估的方法概述
- 掌握：三种公司价值评估方法的应用和比较
- 熟练掌握：修正现值法，权益现金流量法，加权平均资本成本法

本章知识点框架

- 公司价值评估
  - 公司价值评估的主要方法
    - *APV* 法
    - *FTE* 法
    - *WACC* 法
  - *APV* 法、*FTE* 法和 *WACC* 法的比较

考情提示

本章属于对公司理财前面章节的融会贯通，由于公司理财的最终目标就是企业价值最大化，所以如何计算公司价值至关重要。由于三种计算方式的结果一样，所以建议考生通过这种性质自己详细用三种方式对企业进行估值，同时也有助于对前面内容的深入理解。

价值评估，目的是分析和衡量一个企业或一个经营单位的公平市场价值，并提供有关信息，以帮助投资人和管理当局改善决策。

一、公司价值评估的主要方法

(一)修正现值法

修正现值(adjusted-present-value，*APV*)法可用下面的式子描述：

$$APV = NPV + NPVF \qquad (2-10-1)$$

即一个杠杆企业的项目价值(*APV*)等于一个无杠杆企业的项目价值(*NPV*)加上筹资方式的附带影响的净现值，一般考虑以下四个方面的影响：

(1)债务的税收收益。一笔永久债务的税收收益额是 $t_C B$，其中，t_C 是公司所得税税率；B 是负债的价值。

(2)新债券的发行成本。企业公开发行公司债，要有投资银行的参与，对于投资银行所付出的时间和努力，企业要给予补偿。这就是发行成本，它降低了项目的价值。

(3)财务困境成本。随着债务融资的增加，企业产生财务困境，甚至陷入破产的可能性

也增加。财务困境会增加企业的成本，从而降低其价值。

(4)债务融资的贴息。由于政府发行的债券的利息是免税的，免税债券的利率大大低于应税债券的利率。市政当局可以按较低的免税利率筹得资金，因此，企业从市政当局借得的款项通常利率也较低。这种借款利率上的优惠会使项目或企业的价值增加。

以上四个方面的影响都很重要，但其中债务的税收收益在实际中影响最大，因此，以下举例中暂且撇开其余三个方面，仅考虑税收收益这一点。

考虑S公司的一个项目，已知条件有：

现金流入：每年500 000元的永续年金

付现成本：销售收入的72%

初始投资：475 000元

$t_c=34\%$，$R_o=20\%$，其中，R_o 是全权益企业的项目的资本成本。

如果该项目和该企业所需的资金全部采用权益融资，则项目的现金流量如表2－10－1所示。

表2－10－1　　项目的现金流量　　单位：元

现金流入	500 000
付现成本	－360 000
经营利润	140 000
所得税(税率34%)	－47 600
无杠杆的现金流量(*UCF*)	92 400

已知 $R_0=20\%$，项目的现值是：$\frac{92\ 400}{0.20}=462\ 000$(元)

项目的净现值(*NPV*)，即全权益企业的项目的价值是[462 000－475 000＝]－13 000(元)。

由于 *NPV* 为负，所以对于全权益企业来说，这个项目应予淘汰。现在我们假设企业在为该项目融资时借款126 229.50元，其余348 770.50元(475 000－126 229.50)来自权益。那么，有杠杆情况下项目的“净”现值，即我们所说的 *APV*，是

$$APV=NPV+t_c\times B \qquad (2-10-2)$$

$29\ 918=-13\ 000+0.34\times126\ 229.50$

也就是说，运用杠杆融资的项目价值等于全权益融资的项目价值加上债务的税收收益，因其为正，所以该项目可行。

在本例中，负债是项目现值的一定比例，而不是初始投资475 000元的一定比例。这与现实中的目标负债—市场价值比一致。例如，商业银行向房地产商贷款时，其数额为项目市场价值的一个固定百分比，而不是项目初始投资的固定百分比。

(二)权益现金流量法

权益现金流量(flow-to-equity，*FTE*)法是资本预算的另一种方法，这种方法只对杠杆企业项目所产生的属于权益所有者的现金流量进行折现，折现率为权益资本成本 R_S。对于

一项永续性的现金流入，计算公式为：

$$\frac{\text{有杠杆企业项目的权益现金流量}}{R_S}$$

权益现金流量法分三个步骤进行计算：

第一步：计算有杠杆现金流量(*LCF*)。

若贷款利率为 10%，在以上的例子中，永续性的权益现金流量如表 2—10—2 所示。

表 2—10—2　　**永续性的权益现金流量**　　单位：元

现金流量	500 000.00
付现成本	−360 000.00
利息(10%×12 622.95)	−12 622.95
息后利润	127 377.05
所得税(税率为 0.34)	−43 308.20
有杠杆的现金流量	84 068.85

另外，也可以直接由无杠杆现金流量计算有杠杆现金流量(*LCF*)。权益所有者的现金流量在无杠杆和有杠杆这两种情况下的差异关键在于税后的利息支付(本例中为无期债务，不涉及本金偿还的问题)。用代数式表达如下：

$$UCF-LCF=(1-t_c)R_BB \qquad (2—10—3)$$

表达式的右边就是税后的利息支付。由于无杠杆权益现金流量(*UCF*)是 92 400 元，税后利息支付额是 8 331.15 元(0.66×0.10×126 229.50)，所以，有杠杆权益现金流量(*LCF*)是 92 400−8 331.15=84 068.85(元)。

这个结果正好等于我们用前面一种方法计算的结果。

第二步：计算 R_S。

接着要计算的是折现率 R_S。

$$R_S=R_o+\frac{B}{S}(1-t_c)(R_o-R_B) \qquad (2—10—4)$$

我们已经假设无杠杆权益的折现率 R_o 为 0.20，目标负债—价值比为 1/4，即目标负债—权益比为 1/3，所以在本例中，有

$$R_S=0.20+\frac{1}{3}\times 0.66\times(0.20-0.10)=0.222$$

第三步：确定项目价值。

有杠杆企业项目的权益现金流量(*LCF*)的现值是

$$\frac{LCF}{R_s}=\frac{84\ 068.85}{0.222}=378\ 688.50(\text{美元})$$

由于初始投资是 475 000 元，借款是 126 229.50 元，企业必须自己投入 348 770.50 元(475 000−126 229.50)。项目的“净”现值就是其有杠杆权益现金流量(*LCF*)的现值减去初始投资中来自权益的部分。所以，*NPV* 等于

378 688.50−348 770.50=29 918(元)

这与用 APV 法计算所得的结果一致。

(三)加权平均资本成本法

评估项目的价值还有一种方法是“加权平均资本成本”(weighted average cost of capital,$WACC$)。之所以要用加权平均资本成本法,是因为杠杆企业项目既有债务融资又有权益融资,其融资成本是债务资本成本和权益资本成本的加权平均数。已知权益资本成本是 R_S,在不考虑税收的情况下,债务资本成本就是借款利率 R_B,若考虑税收,债务资本成本应是 $(1-t_c)R_B$,即税后债务资本成本。加权平均资本成本 R_{WACC} 的计算公式是:

$$R_{WACC}=\frac{S}{S+B}\times R_S+\frac{B}{S+B}\times R_B\times(1-t_c) \qquad (2-10-5)$$

其中,权益的权重 $\frac{S}{S+B}$ 和负债的权重 $\frac{B}{S+B}$ 就是目标比率。目标比率一般要按市场价值而非会计价值(又称账面价值)来表示。这种方法是对项目无杠杆现金流量(UCF)按加权平均资本成本 R_{WACC} 折现,项目的净现值的计算公式是:

$$\sum_{t=1}^{\infty}\frac{UCF_t}{(1+R_{WACC})^t}-\text{初始投资额} \qquad (2-10-6)$$

若项目是无限期的,其净现值是

$$\frac{UCF}{R_{WACC}}-\text{初始投资额} \qquad (2-10-7)$$

前面已经说过,项目的目标负债—价值比是 1/4,公司所得税税率是 0.34,所以加权平均资本成本是:

$$R_{WACC}=\frac{3}{4}\times 0.222+\frac{1}{4}\times 0.10\times 0.66=0.183$$

R_{WACC} 是 0.183,低于全权益企业的权益资本成本 0.20,这是因为一般情况下,债务融资享有税收上的好处,从而降低了平均资本成本。

项目的 UCF 是 92 400 元,因此,项目的现值为:

92 400÷0.183=504 918(元)

而初始投资是 475 000 元,所以项目的 NPV 为:

504 918−475 000=29 918(元)

可见,在所举的这个例子中,三种方法得出一致的结论。

二、APV 法、FTE 法和 WACC 法的比较

在前面的章节里我们介绍了适用于全权益企业的资本预算方法,之后阐明了负债因其税收收益而增加企业的价值,同时又因其增大破产的可能性和与之相关的成本而降低企业的价值,因此,杠杆企业的资本预算方法要考虑负债的这些影响。

本章介绍了三种适用于杠杆企业的资本预算方法。修正现值(APV)法先是在全权益情况下对项目进行估价,即在计算公式中,分子为全权益融资项目的税后现金流量(UCF),分母为全权益情况影响下的折现率,这一步与前面章节的计算完全相同。然后在这一结果上加上负债影响的净现值,负债的净现值应是税收收益、发行成本、破产成本和利息补贴四者之和。

权益现金流量(FTE)法是对有杠杆企业项目的税后现金流量中属于权益所有者的部分(LCF)进行折现。LCF 是扣除利息后的权益所有者的剩余现金流量,折现率是杠杆企业的权益资金成本。因为杠杆的提高导致权益所有者的风险增大,所以杠杆企业的权益资本成本 R_S 大于无杠杆企业的权益资本成本 R_o。

最后一种方法是加权平均资本成本($WACC$)法,在其计算公式中,分子是在假定全权益融资情况下项目的税后现金流量(UCF),分母是权益资本成本和债务资本成本的加权平均数(R_{WACC})。债务的影响没有反映在分子上,而是体现在分母上,分母中债务资本成本是税后的,反映了负债的税收收益。

这三种方法都是为了解决同一个问题,即存在债务融资的情况下如何估价的问题,但三者在计算方法上又完全不同,所以有必要强调以下两点:

1. APV 法与 $WACC$ 法

APV 法和 $WACC$ 法都运用无杠杆现金流量(UCF)。APV 法将 UCF 按 R_o 折现,得到无杠杆项目的价值,然后加上负债的节税现值,得到有杠杆情况下的项目价值;$WACC$ 法则将 UCF 按 R_{WACC} 折现,R_{WACC} 低于 R_o。这两种方法殊途同归,所确定的价值相同,都大于无杠杆情况下的项目价值,只是 APV 法是通过加上节税现值,而 $WACC$ 法是使分母小于 R_o。

2. 估价的主体

在 APV 法和 $WACC$ 法中,要将初始投资(本例中 475 000 元)从现金流量现值中减去,而在 FTE 法中,则只将初始投资中企业自身投入的那一部分(本例中是 348 770.50 元=475 000-126 229.50)减去,这是因为 FTE 法下的现金流量仅包括属于权益所有者的那一部分。由于在未来的现金流量中已经扣减了利息支付,相应地,在初始投资中也应扣减债务融资的部分。

有杠杆情况下的三种资本预算方法总结如下:

1. 修正现值法(APV)法

$$\sum_{t=1}^{\infty}\frac{UCF_t}{(1+R_0)^t}+\text{负债的连带影响}-\text{初始投资额} \qquad (2-10-8)$$

式中,UCF_t 为无杠杆企业项目第 t 期流向权益所得者的现金流量,R_0 为无杠杆企业项目的资本成本。

2. 权益现金流量(FTE)法

$$\sum_{t=1}^{\infty}\frac{LCF_t}{(1+R_S)^t}+\text{借入款项}-\text{初始投资额} \qquad (2-10-9)$$

式中,LCF_t 为杠杆企业项目第 t 期流向权益所得者的现金流量,R_S 为杠杆企业项目的资本成本。

3. 加权平均资本成本($WACC$)法

$$\sum_{t=1}^{\infty}\frac{UCF_t}{(1+R_{WACC})^t}-\text{初始投资额} \qquad (2-10-10)$$

式中,R_{WACC} 为杠杆企业项目的资本成本。

注意:

(1)在 APV 法的计算公式中,中间一项的存在表明有杠杆项目的价值大于无杠杆项目的价值；在 WACC 法计算公式中，由于 $R_{WACC}<R_0$，使有杠杆项目的价值大于无杠杆项目的价值。二者用不同的方法达到相同的结果。

(2)在 FTE 法中，用的是扣除利息后的现金流量(LCF)，所以初始投资额中也应扣除借入的款项。

在我们所举的例子中，三种方法计算的净现值正好相等，从理论上说也应如此，但在实践中，特定的条件下总是有某一种方法更便于计算，有时候有些方法则根本无法计算。

首先，我们来看一下什么时候用 WACC 法和 FTE 法比较合适。如果某项目的风险在其整个寿命期内保持不变的话，我们可以假设 R_0 保持不变(这种情况多数时候比较符合现实)。另外，如果负债—价值比在项目整个寿命期内也保持不变的话，则 R_S 和 R_{WACC} 也将保持不变。在这种情况下，不论是 FTE 法还是 WACC 法都很容易计算。但如果负债—价值比逐年变化，则 R_S 和 R_{WACC} 也会逐年变化。也就是说，FTE 法和 WACC 法中的分母要每年发生变动，这就使计算变得十分繁杂，误差也随之增大。所以，当负债—价值比随时间的推移而不断变动时，FTE 法和 WACC 法的计算就很困难。

APV 法的计算是以未来各期的负债水平为基础的。当未来各期的负债水平能准确地被知道时，APV 法很容易计算，但当未来各期的负债水平不确定时，这种方法就会出现问题。比如，在负债—价值比一定的情况下，负债水平随项目价值的变化而变化，而未来一年中项目的价值是难以预测的，因此未来的负债水平也难以预测。

这里，我们提出以下建议：若企业的目标负债—价值比适用于项目的整个寿命期，用 WACC 法或 FTE 法；若项目寿命期内其负债水平已知，用 APV 法。

在很多情况下用 APV 法是比较好的，比如，在杠杆收购中，企业开始有大量的负债，但数年后很快清偿，而早在安排杠杆收购时，企业就拟好了债务清偿的时间表，所以很容易预测未来年份的税收收益，便于计算 APV。而在这种情况下，由于负债—价值比不固定，所以就难以运用 WACC 法和 FTE 法，另外，在涉及利息补贴和发行成本的情况下，运用 APV 法处理会更容易。最后还要提到一点，在制定租赁或购买的决策时，APV 法也比 FTE 法和 WACC 法要方便得多。

以上所举的都是特例，对一般的资本预算，要决定哪一种方法更合适，就得回答以下这个问题：管理者制定负债政策的目标是想使负债水平保持不变呢，还是想使负债—权益比保持不变呢？尽管这只是一个经验性问题，没有人对此作过精确的调查研究，但我们认为管理者应当从建立最优的负债—权益比这一点去考虑。如果一个项目比预期运行得好，其价值和举债能力都将提高，一个精明的财务人员应善于利用增加债务的好处；反之，若项目的价值下跌，则企业应减少债务。当然，筹资活动要耗费一定的时间，企业不可能逐日或逐月调整负债水平，但从长期来看，这种调整是必需的。根据以上分析，在现实工作中的多数时候，建议采用 WACC 法或 FTE 法，而不是 APV 法。WACC 法是迄今在实践中运用得最广泛的一种方法。除上面提到的几种特殊情形之外，APV 法是一种相对次要的资本预算方法。

复习提示及知识补充

企业的评估对象

价值评估的一般对象是企业整体的经济价值。企业整体的经济价值是指企业作为一个整体的公平市场价值。

经济价值是指一项资产的公平市场价值，通常用该资产所产生的未来现金流量的现值来计量。在这里需要区分企业的会计价值和市场价值。会计价值是指资产、负债和所有者权益的账面价值。现行市场价值是指按现行市场价格计量的资产价值，它可能是公平的，也可能是不公平的。公平的市场价值是指在公平的交易中，熟悉情况的双方，自愿进行资产交换或债务清偿的金额。资产被定义为未来的经济利益。所谓“经济利益”，其实是现金流入。

企业的整体价值可以分为实体价值和股权价值、持续经营价值和清算价值、少数股权价值和控股权价值等类别。

企业的实体价值：企业全部资产的总体价值，企业的实体价值是股权价值与净债务价值之和。

企业的股权价值：股权价值在这里不是指所有者权益的会计价值（账面价值），而是股权的公平市场价值。净债务价值也不是指他们的会计价值（账面价值），而是债务的公平市场价值。

持续经营价值：由营业所产生的未来现金流量的现值。

清算价值：停止经营，出售资产产生的现金流。

一个企业的公平市场价值应是其持续经营价值与清算价值中较高的，如图 2—10—1 所示。

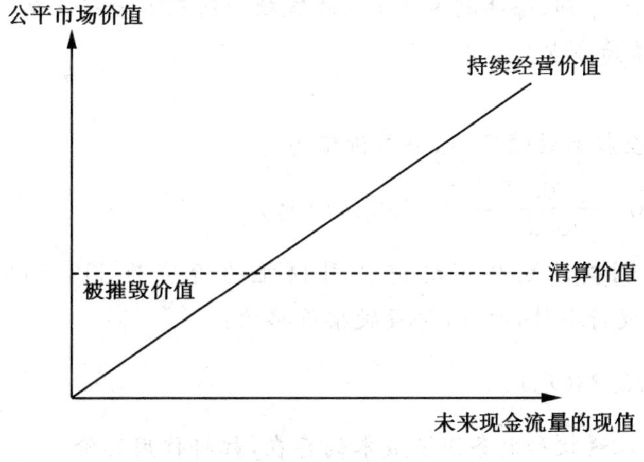

图 2—10—1

一个企业持续经营的基本条件，是其持续经营价值超过清算价值。当未来现金流的现值大于清算价值时，投资者会选择持续经营。如果现金流量下降，或者资本成本提高，使得未来现金流量现值低于清算价值，则投资人会选择清算。

少数股权价值：在股票市场上交易的只是少数股权，大多数股票并没有参加交易。掌握控股权的股东，不参加日常的交易。平时看到的股价通常是少数已经交易的股票价值，衡量的只是少数股权价值。

控股权价值：在收购交易中，一旦控股权参加交易，股价会迅速飙升，甚至达到少数股权价值的数倍，它被理解为企业进行重组，改进管理和经营战略后可以为投资人带来的未来现金流的现值。其与少数股权价值的差值为控股权溢价。

【本章参考习题】

1. 某公司是一家无杠杆公司，其预期有永续的税前收益，每年 3 500 万元。目前，该公司权益的必要报酬率是 20%。该公司每年年末均把所有收益作为鼓励发放。公司在外发行的普通股股数为 150 万股。公司税税率为 35%。公司正在计划调整资本结构，按该计划其将发行 4 000 万元，利率永远为 9%的债务，并用这些钱回购股票。

(1)计算资本结构调整计划公告前公司的价值。此时权益的价值是多少？公司每股价格是多少？

(2)使用 APV 法计算公司资本结构调整计划后公司的价值。此时权益的价值是多少？公司每股价格是多少？

(3)多少股票将被赎回？回购完成后，权益的价值是多少？公司每股价格是多少？

(4)使用权益现金流法计算公司资本结构调整后公司权益的价值。

2. 某公司准备投资一个新兴项目。该项目设备的初始投资是 2 500 万元。该设备的全部支出可在其 5 年的生命周期内按直线折旧法进行折旧。从第 i 年末起 20 年内，预计每年可以带来息税和折旧前盈余 340 万元。公司税率是 35%。在全权益的情况下，项目的必要收益率是 13%。该企业债券的税前成本是 8.5%。根据新项目发展的政策，政府将为该项目提供 1 500 万元，15 年期，每年利率为 5%的贷款。所有本金将在第 15 年末一次性支付。该项目的调整净现值为多少？

参考答案：

1. 解：(1)在完全权益的情况下，公司价值为：

$$V_U = 35\ 000\ 000 \times \frac{1-0.35}{0.2} = 113\ 750\ 000(\text{元})$$

已知资本结构调整计划公布之前公司权益的价值为 113 750 000 元。又已知有 1 500 000 股普通股发行在外，所以，每股股票价格为：

$$\frac{113\ 750\ 000}{1\ 500\ 000} = 75.83(\text{元})$$

(2)由于没有个人税收和财务困境成本的存在，杠杆作用的价值为：

$t_cB = 0.35 \times 40\ 000\ 000 = 14\ 000\ 000(\text{元})$

因此，资本结构调整计划公布之后，该公司的价值为：

$113\ 750\ 000 + 14\ 000\ 000 = 127\ 750\ 000(\text{元})$

此时，由于公司还没有发行债券，因此，公司权益的价值仍然等于公司的价值，即 127 750 000 元。因此，股票的价格为每股：

$$\frac{127\ 750\ 000}{1\ 500\ 000} = 85.17(\text{元})$$

(3)①在每股85.17元的价格下，来自债券发行的40 000 000元可以使该公司回购的股票数为：

$$\frac{40\ 000\ 000}{85.17}=469\ 649(\text{股})$$

②发行债务使得公司价值增加，新的权益的价值等于新资本结构下公司的总价值减去债务的总价值：

新的权益价值＝127 750 000－40 000 000＝87 750 000(元)

③由于还有1 030 333(1 500 000－469 667)股仍然发行在外：

$$\text{每股价格}=\frac{127\ 750\ 000-40\ 000\ 000}{1\ 030\ 333}=85.17(\text{元})$$

(4)为了运用权益现金流法计算评估公司权益价值，需要计算权益资本成本r_S。根据MM命题Ⅱ(含公司税情况)，可得：

$$r_S=r_0+\frac{B}{S}(r_0-r_B)(1-t_c)=0.232\ 6$$

永续的权益现金流量

息税前利润(*EBIT*)	35 000 000
利息	3 600 000
税前利润	31 400 000
所得税	10 990 000
税后利润	20 410 000

$$\text{因此，公司资本结构调整后的权益}=\frac{20\ 410\ 000}{0.232\ 6}=87\ 750\ 000(\text{元})$$

2. 解：项目的调整净现值等于完全权益下的净现值与筹资方式连带效应的净现值之和。在多种收入的情况下，筹资方式连带效应的净现值等于税后净收益的净现值。

$$APV=NPV(\text{完全权益})+NPVE(\text{筹资效应})$$

NPV(完全权益)＝－初始投资＋$PV[(1-T_c)(EBIT)]$＋PV(折旧节税)

$$=-25\ 000\ 000+(1-0.35)\times3\ 400\ 000\times A_{0.13}^{20}+0.35\times\frac{25\ 000\ 000}{5}\times A^5 0.13$$

＝－3 320 144.30(元)

NPV(筹资效应)＝借入款项－税后利息现值－本金偿还现值

$$=-15\ 000\ 000-(1-0.35)\times0.05\times15\ 000\ 000\times A_{0.085}^{15}-\frac{15\ 000\ 000}{1.085^{15}}$$

＝6 539 586.30(元)

$APV=NPV$(完全权益)＋$NPVF$(筹资效应)

＝－3 320 144.30＋6 539 586.30

＝3 219 442(元)

该项目的调整净现值为3 219 442元。

(注：A_i^n是年金现值系数的一种表示方法，$A_{0.13}^{20}$就是指20年，每年13%的年金现值系数。)

扫码听课

补充章节一　股利政策

本部分知识点框架

- 股利政策
  - 股利政策的含义
  - 股利的支付方式
    - 现金股利
    - 股票股利
    - 股票分割
    - 股票回购
  - 股利政策决定
    - 完美市场环境中的股利政策
    - 不完美市场环境中的股利政策
  - 传统股利政策的重要理论
    - “一鸟在手”理论
    - *MM* 股利无关论
    - 税差理论
  - 现代股利政策理论
    - 追随者效应理论
    - 股利政策的代理成本理论
    - 股利政策的信号传递模型
    - 行为学派
  - 股利分配的方式
    - 剩余股利政策
    - 固定或持续增长股利政策
    - 固定股利支付率政策

一、股利政策的含义

(一)股利

股利(dividend)一般是指从利润中分配给股东的现金。如果分配的来源不是当期利润或累计的留存收益,则通常使用分配(distribution),而不用“股利”一词。人们普遍认为利润的分配为股利,而资本的分配为清算性股利(liquidating dividend)。

最常见的股利形式是现金股利,另一种股利形式是以股票形式发放的股利,即股票股利。

当公司宣布股票拆细,同样会增加流通在外的股票数量。由于拆细后每股代表的现金流量相应地减少,股票价格也将下降。

(二)股利政策

股利政策是指一个公司选择是否支付给股东现金股利,以及按什么样的标准及频率进行支付的策略。股利政策作为公司的三大财务政策之一,与公司投资政策、融资政策密切相关。一旦上市公司通过经营活动取得了现金流量,就会面临一些问题:是将现金流量重新投入生产经营活动还是将其作为股利分配给股东。若分配股利,应采取哪种股利支付方式更有利于公司的发展;最佳的股利支付率;最佳的股利发放时间;股利政策对公司价值的影响。

股利政策事实上是一种分配选择,即公司的税后利润如何在股利支付和留存收益之间进行选择。股利政策包括股利支付比率和支付方式的选择。前者是指留存收益和现金支付之间的选择,后者是指股利支付和股票回购之间的选择。

二、股利的支付方式

(一)现金股利

现金股利是以现金支付的股利,它是股利支付的主要方式。公司支付现金股利除了要有累计盈余(特殊情况下可用弥补亏损后的盈余公积金支付)外,还要有足够的现金,因此,公司在支付股利前需筹备足够的现金。现金股利一般又可以分为以下几种形式:

(1)正常的现金股利;

(2)正常的现金股利加额外股利;

(3)特别股利(一次性发放的股利);

(4)清偿股利(一种特殊形式的股利,是破产企业以耗竭储备金来分配股利,作为已缴股本的退还)。

现金股利的支付将减少公司的未分配利润,从而相应地减少股东权益。在股本不变的前提下,现金股利的支付会直接降低每股净资产,提高净资产收益率。

(二)股票股利

股票股利是股份公司以本公司的股票作为股利发放给股东的一种股利发放方式。该方法一般存在两种情况,即利用“可分配利润”转增“股本”,或是利用“资本公积金”或“盈余公积金”转增“股本”。

公司发放股票股利的原因有两个:

(1)公司管理层发放股票股利可以保存现金。

(2)公司通过派发股票股利,可以增加发行在外的股票数量,从而在一定程度上避免因高股价阻碍小额投资者进入的问题。

股票股利的支付仅仅是增加了发行在外的股票数量,而对股东权益总额没有影响,其结果是公司的股价收益下降,净资产收益率不变。

(三)股票分割

股票分割是指将一张面值较大的股票换成几张面值较小的股票。它不会改变现有股东的所有权比例,仅仅改变流通股票的数量,因而不会改变公司的现金流量,也不会改变股东权益总额。但是,股票价格会随着股票数量的增加而下降。

(四)股票回购

股票回购是指股份公司直接从股东手中赎回本公司已经发行的股票。其常用方式有三种:

(1)溢价收购股票回购;

(2)公开市场购买;

(3)私下磋商股票回购。

复习提示及知识补充一

(一)现金股利与股票回购

现金股利与股票回购从理论上讲是等价的。然而,对于股东而言,现金股利和通过股票回购派发股利还是有区别的。其原因在于:

首先,两种股利方式的税负不一样。现金股利方式是直接获得现金收入,并需支付所得税;而股票回购方式是通过出售股票以资本利得的方式获得现金收入,因而可以免税或只支付极低的税赋。

其次,采用股票回购,对于股东而言有一个选择的机会,即选择出售股票或者保留股票;而支付现金股利只能被动地接受并要付税。

最后,公司实施股票回购,对于股东而言还存在信息不对称的问题。因为回购价格由公司管理层确定,股东只能被动地接受回购价格,或者拒绝出售股票。

另外,股票回购可以作为一种防御敌意收购的措施,而且还可以起到提高资金利用效率的作用。但由于股票回购不可避免地会引起股票价格的波动,并涉及内幕交易,许多国家对上市公司回购股份都规定了十分严格的条件。我国《公司法》规定,公司不得收购本公司股份,但是,有下列情形之一的除外:(1)减少公司注册资本;(2)与持有本公司股份的其他公司合并;(3)将股份奖励给本公司的职工;(4)股东因对股东大会作出的公司合并、分立决议持异议,要求公司收购其股份的。

(二)股利的信息意义

投资者虽然无法掌握公司经营的真实情况,但可以通过公司经营者的行为去获悉。因为他们知道,报告业绩的优良,而且支付大量的现金股利,这样的公司才真正具有很强的营利性。

当然,短期内公司可以夸大利润,并挤出现金发放大量的股利,但这种行为很难长期持续下去,因为公司没有实现真正的盈利,就不可能有足够的资金来发放现金股利。如果一家公司选择高股利的政策,但没有足够的现金来支持,公司最终将不得不削减投资计划,或者进行新的债务或权益融资,其结果都是要付出代价的。因此,如果公司没有很强的营利性,没有足够的现金流,经营者就不会支付很高的现金股利。

既然公司具有较高的盈利水平,而现金股利支付在一定程度上使投资者相信这种盈利的真实性,那么,对投资者来说,增加现金股利是好消息,将会引起股价的上升;而削减现金股利则是坏消息,会引起股价的下跌。但值得注意的是,投资者并不是因为公司的现金股利水平而兴奋,他们关心的是现金股利的变化,而现金股利的变化被视为公司未来盈利水平变动的真实标志。

与现金股利一样,股票回购也是一种以现金形式支付的股利方式。但不同的是,股票回购往往只是一次性事件。因此,公司宣布回购计划并不表示它承担了一个增加盈利,以支付更多现金的长期义务,这样,股票回购计划的公布与支付现金股利就有可能包含着不同的信息。

公司进行股票回购，可能因为积累了大量的自由现金流量，或者是想提高其负债水平，这两种情况本身都不是好消息，但投资者宁愿公司返还自由现金流量，也不愿意公司把资金浪费在一些无利可图的投资上。同时，投资者也知道有大量负债的公司也不大可能去浪费现金。因此，股票回购也可能传递积极的信号，反映公司经营者对未来的信心。

三、股利政策的决定

(一)完善市场环境中的股利政策(股利无关论)

发放股利可以视作一种财富转移。假如公司的资本预算和资本结构政策保持不变，在完善的资本市场中，只要这种财富转移通过公平交易完成，那么股利政策不会影响公司价值或股东财富。

(1)在公司有足够的现金来支付股利的情况下，股利支付是可以理解为仅仅通过减少公司现金账户的金额来实现。

(2)在公司没有足够的现金流的情况下，公司需要通过发行新股来增加资金，然后据此支付股利。

(3)自制股利。公司现有股东将其拥有的部分股份出售给新的股东来换取现金，现有股东让渡的是其一部分权益，包括已经宣布发放的股利。只要这种交易在完善市场环境中进行公平市场交易，新股东没有损失，现有股东没有资本利得，公司的价值就不受影响。

(二)不完美市场环境中的股利政策

影响股利政策的主要因素有：

1. 税差效应

如果股利和资本利得使用的税率存在差异，那么，为了减轻税负，股东会在股利和资本利得之间进行选择。

2. 委托人效应

不同的投资者根据自身的纳税条件来选择高股利政策还是低股利政策，某一公司的股利政策只能吸引特定的纳税委托人。因此，委托人效应使得股利政策的税差效应部分甚至全部失效。

3. 交易成本效应

如果公司通过发行股票来支付现金股利，发行成本就是股利政策的交易成本。如果股东可以自制股利或将其所得股利进行再投资，那么，交易中发生的经济人佣金也是股利政策的交易成本。因此，纯粹从交易成本的角度看，股东持有股票比获得股利更有利。

4. 股利政策的追随者效应

不同的投资者是根据其纳税条件来选择股利政策的。如果40%的投资者偏好高股利政策，60%的投资者偏好低股利政策，而市场上执行高股利政策的公司供应不足，只有20%的公司采用高股利政策。那么，受供需影响，高股利公司的股价将上扬，而低股利公司的股价将下跌。由于存在高股利政策的追随者，股利政策追随者的需求没有得到满足，因此，预计有足够的低股利公司将采用高股利政策。一旦40%的公司发放高股利，则没有公司能够从改变股利政策中受益，也无法通过改变股利政策来影响市场价值。

根据追随者效应，股利政策是中性的。可见，在不完美市场中，公司股利政策还是可能与公司价值无关的。

5. 股利政策的信号传递效应

见股利的信息意义。

四、传统股利政策的重要理论

股利分配的核心问题是如何衡量公司股利支付决策与未来长期增长之间的关系，以实现公司价值最大化的财务管理目标。

(一)"一鸟在手"理论(BIH)(威廉斯、林特勒、华特、戈登)

该理论认为，股票价格波动太大，未来具有很大的不确定性，投资者被认为是风险厌恶型，因此，在投资者看来，股利比留存收益再投资带来的资本利得更为可靠。投资者将偏好股利而非资本利得。

"一鸟在手"理论有两个重要结论：

(1)股票价格与股利支付率成正比；

(2)权益资本成本与股利支付率成反比。公司在制定股利政策时，必须采用高股利政策，使公司价值最大化。

不足：该理论很难解释投资者在收到现金股利后又购买公司新发行的普通股的现象。该观点是建立在高风险投资政策与低市场价值之间的因果关系上，事实上混淆了投资决策和股利政策对股票价格的影响。

(二)*MM* 股利无关论(米勒、莫迪利亚尼)

该理论认为在严格假设条件下，股利政策不会对公司价值产生影响，同时，公司的权益资本成本与股利政策无关。

[注意假设：(1)完美市场假设；(2)理性行为假设；(3)完全的确定性假设。*MM* 理论具有开创性的意义，该理论严格假设条件成为后续研究的主要内容和线索，研究重点转移到考察和放松假设条件后的不完全市场中的股利政策理论。]

(三)税差理论(*TD*)(法勒、塞尔文)

由于 *MM* 理论的假设有悖于现实生活，该理论首先选择释放无税假设。由于股利在税后列支，因此，公司税与股利政策无关。当引入个人所得税后，情况发生变化。由于股利收入和资本利得适用不同的税率，因此，投资者可以通过股利政策的选择来实现其税后收益最大化。

结论：(1)股票价格与股利支付比率成反比；(2)权益资本成本与股利支付率成正比。

因此，按照税差理论，公司在制定股利政策时，必须采取低股利政策，才能使公司价值最大化。但是，该理论没有办法解决现实生活中公司为什么大量发放股利，随后的追随者效应理论对此作出了很好的解释。

五、现代股利政策理论

(一)追随者效应理论

追随者效应理论属于税差学派，该理论从股东边际所得税出发，认为每个投资者所处的税收等级不同，有的适用高边际税率，而有的适用低边际税率。他们对待股利的态度就会不一样，处于高税级的股东偏好低股利政策，处于低税级的股东偏好高股利政策。当市场上喜欢高股利政策的投资者比例高于发放高股利的公司比例时，则支付高股利的公司股票处于短缺状态，按照供求理论，他们的股价会上扬，直到两者的比例相等，市场会达到一个动态的平衡。达到均衡后，高股利政策的股票将吸引一类追随者，这些追随者处于低税级；低股利政策的股票将吸引另外一类投资者，他们处于高税级。

(二)股利政策的代理成本理论

在 *MM* 理论中，有一个重要的假设，即公司管理者与股东之间的利益完全一致，但在现实经济中，情况完全不是如此。代理成本理论是释放了 *MM* 理论的关于管理者和股东利益一致假设的基础上发展起来的。公司股东、债权人以及公司管理者这三个群体各自的动机以及它们之间的冲突是股利政策代理成本理论的基础和出发点。代理成本理论在两个方面具有极强的解释力：(1)股利存在的原因；(2)为何股利政策具有多样性。

(三)股利政策的信号传递模型

股利信号理论释放了股利无税 *MM* 理论中信号对称假设，认为信息是不对称的，公司内部人比公司外部人更了解公司。股利政策是一种信号，当公司有良好的预期时，公司就会通过增发股利将这一信息向外部投资者传递；反之，则减少股利支付。

(四)行为学派

1. 理性预期理论

该理论认为，无论何种决策、无论市场对管理层行为作出何种反映，都不只取决于行为本身，更取决于投资者对管理层决策的未来绩效的预期。股利宣布之后，投资者通常会根据对公司内部若干因素以及外界宏观经济环境、行业景气程度、政府政策可能的变化等因素的分析，来对股利支付水平和支付方式做出种种预测。

当股利政策真正宣布时，投资者会将它与预期进行比较。如果两者相同，那么，即便宣布的股利高于前些年，股价也不会由此发生变化。如果宣布的股利高于或低于预期水平，那么，投资者会重新估计公司股票价值，审查股利异常变动的含义，投资者可能会把异常的、超乎寻常的股利政策作为预测公司未来收益变动的线索，股票价格很可能由此发生变化。

2. 自我控制论

该理论认为，人类的行为不可能是完全理性的，明知某些行为会造成不良后果，人们还是不能自我控制。一方面，人们对未来有长期规划；另一方面，又有着实现当前需求的渴望。这种冲突要求他们能通过自我控制对当前的短期行为进行自我否定，以符合长期发展需要。

3. 后厌恶理论

该理论认为，在不确定条件下，投资者在做出决策时，会将现时的情形和他们过去遇到过的但尚未选择的情形进行比较。如果投资者认为不同的选择会使其处于更好的境地，他就会后悔；相反，如果从现时选择中得到了最好的结果，他就会有一种满足感。

六、股利分配的方式

(一)剩余股利政策

股利分配与公司的资本结构相关，而资本结构又是由投资所需资金构成，因此，实际上股利政策要受到投资机会及其资本成本的双重影响。剩余股利政策就是公司有着良好的投资机会时，根据一定的目标资本结构，测算出投资所需的权益资本，先从盈余当中留用，然后将剩余的盈余作为股利予以分配。

优点：奉行剩余股利政策，意味着公司只将剩余的盈余用于发放股利。这样做的根本理由是为了保持理想的资本结构，使加权平均资本成本最低。

(二)固定或持续增长股利政策

这一股利政策是将每年发放的股利固定在某一相对稳定的水平上并在较长的时期内不变，只有当公司认为未来盈余会显著地、不可逆转地增长时，才提高年度的股利发放额。

1. 优点

(1)稳定的股利向市场传递着公司正在发展的信息，有利于树立公司良好的形象，增强投资者对公司的信心，稳定股票的价格。

(2)稳定股利额有利于投资者安排股利收入和支出，特别是对那些对股利有着很高依赖性的股东更是如此。而股利忽高忽低的股票，则不会受这些股东的欢迎，股票价格会因此而下降。

(3)稳定的股利政策可能会不符合剩余股利理论，但考虑到股票市场会受到多种因素的影响，其中包括股东的心理状态和其他要求，因此，为了使股利维持在稳定的水平上，即使推迟某些投资方案或者暂时偏离目标资本结构，也可能要比降低股利或降低股利增长率更为有利。

2. 缺点

股利的支付与盈利相脱节。当盈利较低时仍要支付固定的股利，这可能导致资金短缺，财务状况恶化，同时不能像剩余股利政策那样保持较低的资本成本。

(三)固定股利支付率政策

该股利政策是公司确定一个股利占盈余的比率，长期按此比率支付股利的政策。在这一股利政策下，各年股利额随公司经营的好坏而上下波动，获得较多盈余的年份股利额高，获得盈余少的年份股利额就低。

1. 优点

该股利政策能使股利与公司盈余紧密地配合，以体现多盈多分、少盈少分、无盈不分的原则，才算真正公平地对待每一位股东。

2. 缺点

在这种政策下各年的股利变动较大，极易造成公司不稳定的感觉，对于稳定股票价格不利。

(四)低正常股利加额外股利政策

低正常股利加额外股利政策，是公司一般情况下每年只支付固定的、数额较低的股利，在盈余多的年份，再根据实际情况向股东发放额外股利。但额外股利并不固定化，不意味着公司永久地提高了规定的股利率。

优点：该股利政策使公司具有较大的灵活性，并且可以使那些依靠股利度日的股东每年至少可以得到虽然较低但比较稳定的股利收入，从而吸引这部分股东。

【本章参考习题】

1. 一般而言，适合采用固定或持续增长股利政策的公司是(　　)。

A. 财务杠杆较高的公司　　　　　B. 盈利比较稳定的公司
C. 盈利波动较大的公司　　　　　D. 盈利较高但投资机会较多的公司

2. 某公司2013年的税后利润是1 500万元，2014年年初讨论分配股利的数额。预计2014年公司需要增加投资200万元，公司目前的资本结构是权益资本占70%，债务资本占30%，未来计划继续保持该资本结构。按法律规定，至少提取10%的公积金，假如公司采用剩余股利政策，公司应分配(　　)万元股利。

A. 1 350　　B. 1 250　　C. 1 160　　D. 1 300

3. 下列股票回购方式中，在回购价格方面给予公司更大的灵活性的是(　　)。

A. 场内公开收购　　　　　B. 举债回购
C. 固定价格要约回购　　　　　D. 荷兰式拍卖回购

4."股利支付率越高，股票价值越大"，这种观点符合下列理论的是(　　)。

A. 税差理论　　　　　B. 客户效应理论
C."一鸟在手"理论　　　　　D. 代理理论

5. 下列股利政策中，股利的支付与盈余相脱节的是(　　)。

A. 剩余股利政策　　　　　B. 固定或持续增长的股利政策
C. 固定股利支付率政策　　　　　D. 低正常股利加额外股利政策

参考答案：

1. B；2. A；3. D；4. C；5. B。

扫码听课

补充章节二　营运资本管理

本部分知识点框架

- 营运资本管理
  - 营运资本的有关概念
    - 营运资本概述
    - 短期财务政策
    - 短期融资
  - 流动资产管理
    - 现金流量管理
    - 现金存量管理
    - 信用管理(应收账款管理)

一、营运资本的有关概念

(一)营运资本概述

营运资本是指对流动资产的投资额,流动资产主要是由现金、应收账款和存货构成。净营运资本是指流动资产减去流动负债(主要包括应付账款和短期借款)后的余额,或者说是公司对流动资产的净投资。营运资本政策是指公司对其所持有的流动资产的态度及其相关的融资政策。

营运资本的缺陷:

(1)无法将营运资本结构变动后有意义的信息传递出来,对正常经营的公司而言,营运资本总量的变化很小,但营运资本的构成变化会很大。

(2)信息使用者可能误读被高估的营运资本。

真题回顾

(中国人民大学 2012)以下哪项将减少公司的净营运资本?(　　)

A. 应付账款减少　　B. 固定资产减少

C. 应收账款减少　　D. 银行存款增加

参考答案:C。应收账款减少造成流动资产减少,从而使净营运资本减少。

(二)短期财务政策

1. 经营周期与现金周期

短期财务涉及公司的短期经营活动。一个典型的制造性公司的短期经营活动包括以下一系列事件和现金流。如图 2—12—1 所示,现金流入和流出之间的缺口要求进行短期财务决策。该缺口与经营周期和应付账款周期的长度有关。公司可以通过借款或持有由有价证券充当的流动性储备来填补该缺口。改变存货周期、应收账款周期和应付账款周期可以缩小该缺口。

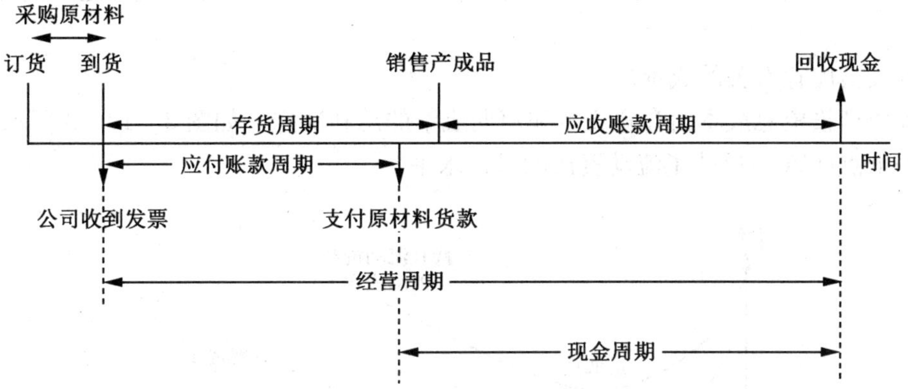

图 2—12—1　典型的制造公司的现金流量和短期经营活动

经营周期:从存货到达至应收账款收现这段时间间隔。经营周期长度等于存货周期和应收账款周期长度之和。存货周期是接受订单、生产和销售产品所需时间的长度。应收账款周期是回收现金款所需时间的长度。

现金周期:始于原材料货款付现,结束于应收账款收现。现金周期是指现金支出至现金回收的这段时间,可以把它看成经营周期减去应付账款周期,即

现金周转期＝经营周期－应付账款周转期

应付账款周转期是公司在购买各种资源(如工资和原材料)的过程中能够延期支付的时间长度。

2. 短期财务政策的组成要素

(1)公司在流动资产上的投资规模

①稳健型短期财务政策。

A. 持有大量的现金余额和短期债券;

B. 大规模的存货投资;

C. 放宽信用条件,从而持有高水平的应收账款。

②激进型短期财务政策。

A. 保持低水平的现金余额,不投资于短缺证券;

B. 小规模的存货投资;

C. 不允许赊销,没有应收账款。

流动资产管理可被认为是在随投资水平上升而上升的成本和随投资水平上升而下降的成本之间进行权衡的问题。

存置成本(carrying costs)是随流动资产投资水平上升而上升的成本。

短缺成本(shortage costs)是随流动资产投资水平上升而下降的成本。

存置成本的分类:

①持有流动资产的机会成本,该流动资产的回报率低。

②维持该资产经济价值而花费的成本。

短缺成本的分类：

①交易或订购成本。交易成本是将资产转化成现金的成本；订购成本是订购存货的成本。

②与安全库存有关的成本。

流动资产投资总成本由存置成本和短期成本的总和决定。如图 2—12—2 所示，总成本曲线的最低点(CA*)反映了流动资产的最优水平。

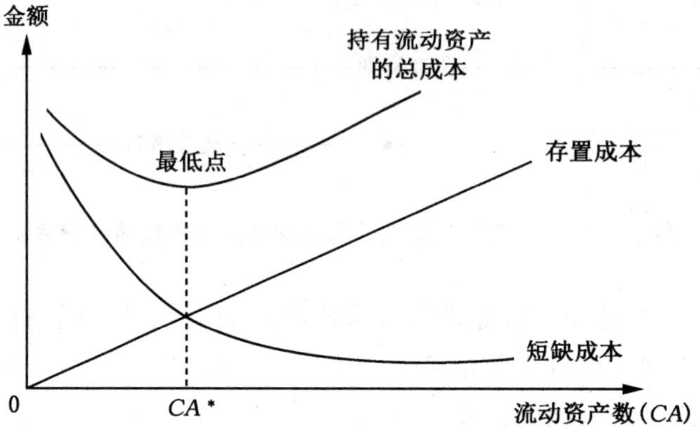

图 2—12—2　流动资产的最优水平

如果存置成本低和短缺成本高，最优的政策要求持有大量的流动资产，这时最优的政策就是稳健型政策，如图 2—12—3 所示。

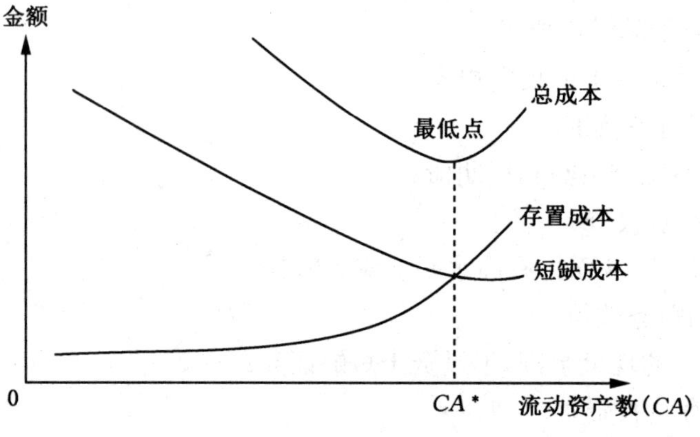

图 2—12—3　稳健型政策

如果存置成本高和短缺成本低，最优的政策要求持有适量的流动资产，这时最优的政策就是激进型政策，如图 2—12—4 所示。

(2)流动资产的融资结构

流动资产的融资结构可以用短期负债与长期负债的比例来衡量。

①理想模型。

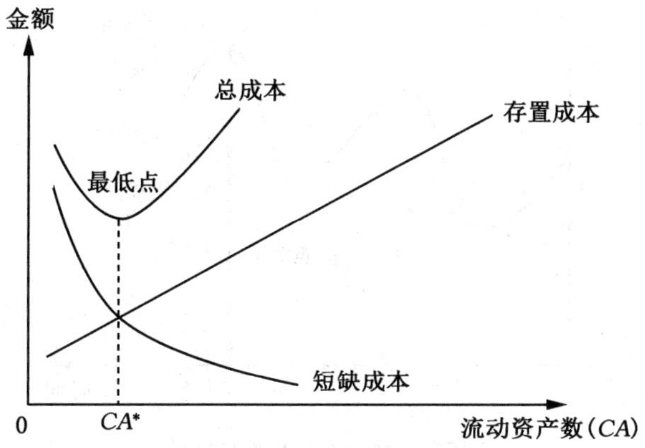

图 2－12－4　激进型政策

在一个理想的环境里，短期资产总是可以用短期负债来筹措资金；长期资产可以用长期负债和所有者权益来筹措资金。在理想模型环境里，净营运资本总为零。

②流动资产融资的不同策略。

在现实世界里，由于销售水平的长期上升趋势会导致某些对流动资产的永久性投资，因此，不能做到流动资产会降为零。可以认为，一家成长性公司对流动资产和长期资产都有永久性的需求。总资产需求随着时间的推移会表现出：A. 一种长期的趋势；B. 围绕这种趋势的季节性波动；C. 不可预测的逐日、逐月波动。

③稳健型策略。

稳健型策略即使在季节性高峰期长期资金来源也超过总资产需求的策略，当总资产需求从波峰下降时，公司有过多的现金，这些现金可用于有价证券投资。该政策意味着一直存在短期现金剩余和大量的净营运资本投资，见图 2－12－5。

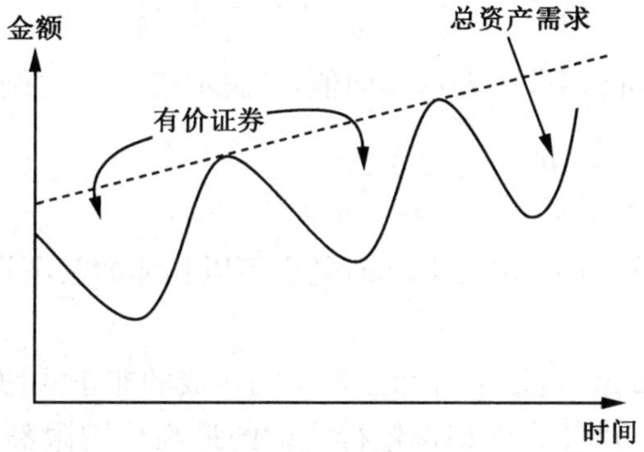

图 2－12－5　稳健型策略

④激进型策略。

激进型策略是指当长期资金来源不能满足总资产需求时，公司就必须借入短期资金以弥补资金不足，见图 2－12－6。

短期借款的最适量取决于以下多种因素：现金储备、期限匹配、期限结构。

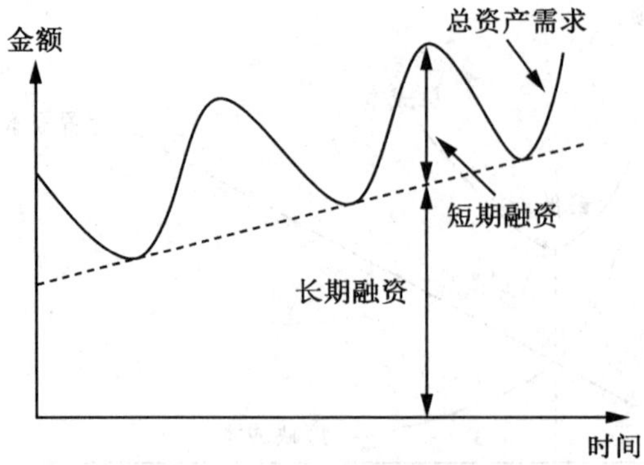

图 2—12—6　激进型策略

(三)短期融资

1. 自发融资

自发融资主要是指一家公司接受另一家公司所提供的商业信用，公司通过购置产品和劳务来接受供应商提供的商业信用，接受信用者可以在给定的商业信用期限内占用供应商的资金。

商业信用年成本为：

$$APR=\frac{\text{折扣比率}}{100\%-\text{折扣比率}}\times\frac{365}{\text{总信用期限}-\text{现金折扣期}} \qquad (2-12-1)$$

2. 商业票据

商业票据(commercial paper，CP)是指一些规模较大、信誉良好的工商企业和金融企业在货币市场上进行的一种借款方式，是一种无违约风险、高度变现的短期期票。

商业票据的实际年成本为：

$$APR=\left(\frac{rPf}{P-rPf}\right)\times\left(\frac{1}{f}\right)=\frac{r}{1-rf} \qquad (2-12-2)$$

式中，r 表示票据票面利率，P 表示票面值，f 表示按一年比例表示的借款期限，即 $f=\frac{\quad}{365}$。

3. 无担保短期银行贷款

无担保短期银行贷款(unsecured loans)是指不以具体的某项资产作为担保的短期银行借款。

信用期限(line of credit)是指银行和公司之间达成的非正式协议，协议规定了在未来约定的一段时间内银行赋予借款人无担保银行贷款的最高信用限额，借款人可以在双方约定的时间内，在约定的最高限额下随时向银行借款。

周转信贷协议(revolving credit agreement)是指银行和公司之间达成的正式协议，即银行在未来约定的一段时间内给予公司的最高信用限额是正式的、法律上的承诺，并且，该信用限额是可循环的或可周转的。

(1)无担保短期银行借款的成本

贷款利率：

$$APR=\left(\frac{借款利息}{借款取得的可用利息}\right)\times\left(\frac{1}{f}\right) \quad (2-12-3)$$

式中，f 表示按一年比例表示的借款期限，$f=\frac{n}{365}$。

(2)补偿性存款余额要求

补偿性存款余额(compensating balance)要求是指商业银行要求借款者在银行中保持最低的无息存款余额。补偿性存款余额用公式可以表示为：

$$B=\frac{C\times 360}{i\times n} \quad (2-12-4)$$

式中，B 表示补偿性存款余额，C 表示银行经营客户贷款需要付出的所有成本，i 表示银行贷款的年利率，n 表示贷款期限。

考虑了补偿性存款余额后的年借款成本为：

$$APR=\left(\frac{i\times P}{P-B}\right)\times\left(\frac{1}{f}\right) \quad (2-12-5)$$

(3)承诺费

在周转信贷协议中，承诺费是一笔经常发生的融资成本。

考虑了承诺费之后，年借款成本为：

$$APR=\left(\frac{i\times P-r\times B}{P-B}\right)\times\left(\frac{1}{f}\right)+\frac{c\times f}{P-B}\left(\frac{1}{t}\right) \quad (2-12-6)$$

式中，c 表示承诺费率，f 表示未使用的信用限额部分，t 为未使用的信用限额的期限与1年相比的比例。

4. 有担保短期银行信贷

(1)应收账款融资

应收账款融资(accounts receivable financing)，应收账款可以转让也可以保理。采用应收账款转让的方式，贷款方不仅对应收账款具有置留权，而且对借款方也有追索权。应收账款保理涉及应收账款出售。购买人，也称保理人，必须对应收账款进行收账。保理人承担坏账的全部违约风险。

(2)存货贷款

存货贷款(inventory loan)是以存货为抵押品。存货贷款的一般类型为：

①整体存货置留权。整体存货置留权将借款方所有存货的置留权赋予贷款方。

②信托收据。在这种安排下，借款方以接受贷款方信托的名义持有存货。载明贷款的文件叫信托收据。存货出售的收入要立即送交贷款方。

③现场仓储融资。在现场仓储融资中，公共仓储公司为贷款人监督存货。

5. 短期融资原则

(1)成本性原则

用最小的成本获得短期资金是短期融资的重要原则。

(2)可行性原则

指短期融资的可得性，这是融资选择的约束条件。

(3)灵活性原则

如果公司的盈利能力强,则公司创造现金流量的能力强,其支付能力也强。

二、流动资产管理

(一)现金流量管理

现金流量管理(现金收支管理):指公司如何有效地利用现金,包括如何设法加速现金回笼以及如何尽可能长地占用交易对手的商业信用。

1. 收款管理

收款流程:应收账款到期日至客户欠款被收回的过程。以支票结算方式为例,收账流程包括邮寄支票、公司收到支票后内部处理支票和银行系统清算支票三个环节,如图 2—12—7 所示。

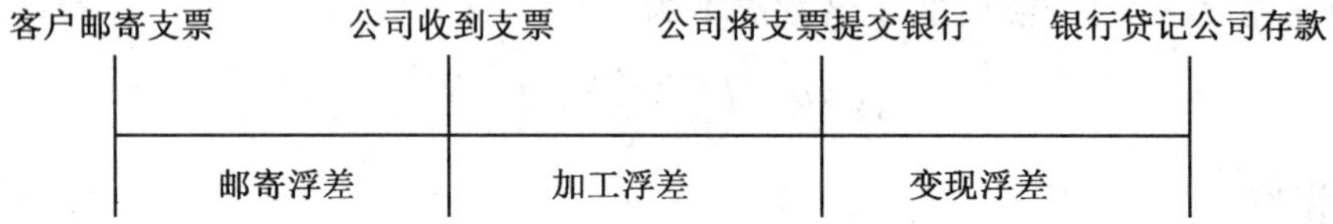

图 2—12—7　收款流程

浮差(float)又称为浮存,是指企业财务报表上报告的现金余额与企业银行账户显示的存款余额是不同的两个数额之间的差额。

浮差对公司的影响是否积极,取决于公司取得的是浮差收益还是浮差损失。当公司是收款人时,由于它处于整个收款浮差的末端,因此,在款项未真正收到之前无法使用这笔结算资金,收款人将承担浮差成本。浮差成本主要包括机会成本和借款成本,前者是指由于收款浮差引发的机会成本,后者是指公司在应收账款变现日之前举借短期资金的成本。收款浮差的时间跨度越大,收款公司所承受的浮差成本也就越大;反之,当公司为付款人时,它在开出支票之后至款项结清之前实际占用了这笔结算资金,此时它获得了浮差收益。因此,收款管理就是尽可能地缩短收款流程的时间,使收款公司尽早使用资金并获益。缩短邮寄浮差和加工浮差的传统方法有两种:①银行专用信箱(锁箱法),减少加工浮差;②集中银行制(缩短邮寄浮差和加工浮差)。

2. 付款管理

付款管理的目标是在不违约的前提下尽可能地延迟现金支付,也就是说,尽可能将支付时间往后移或者尽量减少现金现值的时间,具体可采用如下三种方法:

(1)用足净浮差;

(2)选择合理的结算方式;

(3)零余额账户。

(二)现金存量管理

目标现金余额的确定需要在持有过多现金产生的机会成本与持有过少现金而带来的交易成本之间进行权衡。如图 2—12—8 所示,如一个保持过低现金持有量的企业将发现,比起持有较高的现金余额,它将更频繁地出售有价证券。也就是说,随着现金余额的增加,交易成本将随之下降;相反,随着现金持有量的增加,持有现金的机会成本也将随之升高。C^*点是由两种成本之和所绘出的总成本曲线的最低点。这就是目标现金余额或是最佳现金持有量。

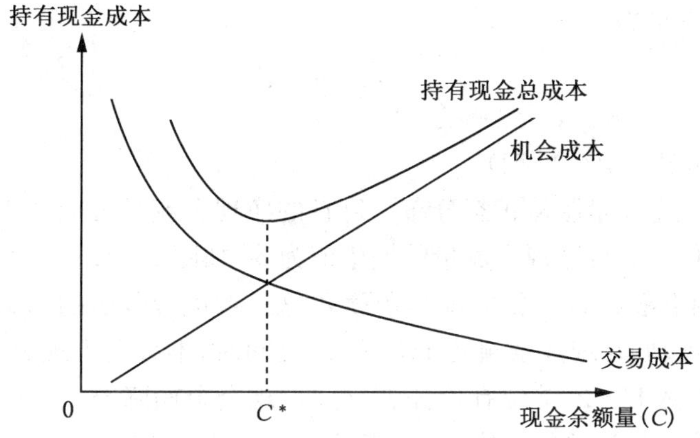

图 2—12—8　目标现金余额

1. 存货模型(鲍莫尔模型)

假设:

(1)公司未来现金需求是确定的,且现金支出非常稳定。

(2)公司将多余的现金全部投资于有价证券,一旦需要现金,则将有价证券变现加以补充。有价证券预期收益率以及每次出售证券的交易成本是固定的。

假定公司未来一年中现金总需求量(T)是已知的,公司首先出售价值为 C 的有价证券,将所有现金作为其活期存款。随着公司将现金逐步投入使用,现金余额逐渐趋向于零,此时,公司通过再次出售价值为 C 的有价证券补足所需现金,如此循环往复。因此,存货模型下的现金余额呈锯齿状,如图 2—12—9 所示。

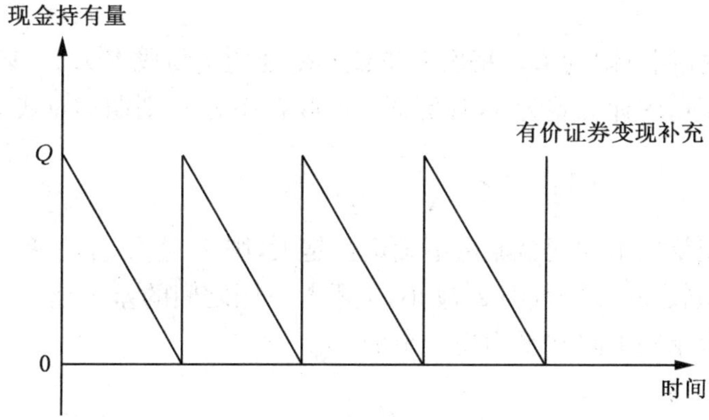

图 2—12—9　存货模型下的锯齿余额

根据图 2—12—9 可知,公司年均现金持有量为 $Q/2$,利率为 i,每次变现成本为 b,则可知持有现金的成本为:

$$持有现金的成本=\frac{Q}{2}\times i+\frac{T}{Q}\times b$$

为了使 TC 最小，使$\frac{\partial TC}{\partial C}=0$，

得最佳现金持有量为：

$$Q=\sqrt{\frac{2\times b\times T}{i}}$$

2. 随机模型(米勒—奥尔模型)

模型假设日净现金流量服从正态分布。每日的净现金流量可能等于其期望值，也可能高于或低于其期望值。假设净现金流量的期望值为零，如图 2—12—10 所示，该模型建立在对控制上限 U、控制下限 L 以及目标现金余额 Z 这三者进行分析的基础上，企业的现金余额在上下限间随机波动，在现金余额处于 U 和 L 之间时，不会发生现金交易。当现金余额升至 U 时，则企业购入 $U-Z$ 单位有价证券，此时，现金余额降至 Z。同理，当现金余额降至 L 时，企业就出售 $Z-L$ 单位有价证券，使现金余额回升到 Z。

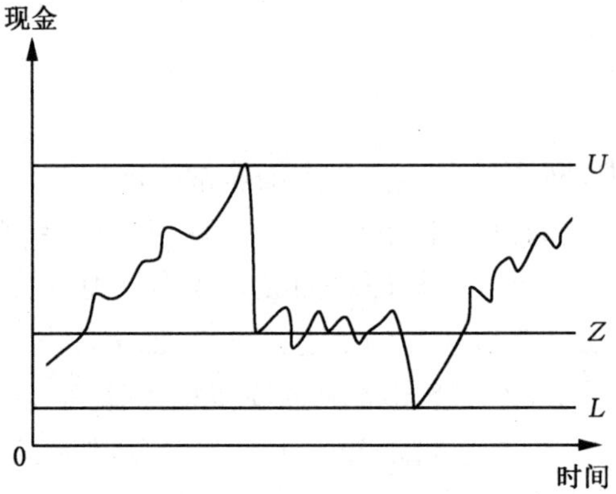

图 2—12—10　随机模型

假设给定公司控制下限为 L。每次有价证券变现的交易成本为 F，某一单位时间(通常为 1 天)内净现金流量的标准差为 σ，有价证券的收益率为 i，则期望总成本最小时的 Z 为：

$$Z=\sqrt[3]{\frac{3\times F\times \sigma^2}{4i}}+L$$

由上式可知，交易成本和现金流量不确定性越大，则 Z 越大，上限和下限之间的差异越大，而有价证券期望收益率越大，则 Z 越小，上限与下限之间的差异越小。在 Z 值确认的前提下，可以得到现金余额上限和平均现金余额。

现金余额上限 U：

$$U=3Z-2L$$

平均现金余额：

$$平均现金金额=\frac{4Z-L}{3}$$

(三)信用管理(应收账款管理)

在赊销方式下,公司在向购买者销售商品或提供劳务时,同时向购买者提供了信用。公司向其他公司提供商业信用,向消费者提供消费信用(由于商业信用所占比例较大,在此不讨论消费信用),公司一旦向其他公司提供商业信用,其账面上便形成了应收账款,因此,商业信用管理就是应收账款管理。公司应收账款由商业信用政策决定,商业信用政策有四个内容,即销售条款、信用分析、应收账款监督和收账政策。

1. 销售条款

销售条款(terms of the sale):是指公司提供的商业信用条件,包括信用期限、现金折扣等。例如,某客户被授予的信用条件是"2/10,n/30",这表明客户要在30天内付款,如果客户是在10天内付款,就能享受销售价格的2%的现金折扣。

(1)信用期限(credit period)是公司为客户规定的最长的付款期限。如上例中的30天,公司在设置商业信用期限时,必须考虑以下几个因素:

①客户违约的概率;②金额的大小;③商品容易腐坏的程度;④购买者议价能力的大小;⑤市场信用环境的好坏。

(2)现金折扣(cash discount)是客户在折扣期限内付款可以得到的价格优惠。如上例中的"2%"。现金折扣可以加速应收账款的回收速度,但是,授信方采用现金折扣进行交易时,一定要慎重权衡折扣成本。只有加速收回应收账款所获得的收益超过折扣成本时,现金折扣才是加速应收账款回收的有效政策。

(3)折扣期限(discount period)是公司为客户规定的可以享受现金折扣的付款期限。如上例中的10天。

【例2-12-1】 A公司向外提供的信用条件是"n/30",目前的年赊销收入为1 200万元,销售利润率为20%。应收账款坏账率为1%(按年末应收账款余额计算),固定成本为500万元。现拟放松信用条件,将信用条件该为"n/60",此举预计销售收入增加10%,假设新增销售,不增加固定成本,坏账率保持不变,投资期望收益率为10%,则A公司是否应该改变信用条件?

答:

$$\text{公司现有应收账款的周转率}=\frac{360}{30}=12(\text{次/年})$$

$$\text{公司目前年均应收账款}=\frac{1\ 200}{12}=100(\text{万元})$$

$$\text{公司放松信用条件后应收账款周转率}=\frac{360}{60}=6(\text{次/年})$$

$$\text{公司放松信用条件后年均应收账款}=\frac{1\ 200+1\ 200\times 10\%}{6}=220(\text{万元})$$

是否改变信用条件可以运用增量分析法来确定,放松信用条件后的增量成本和增量收益见表2-12-1。

表 2—12—1　　增量分析表　　单位:万元

项　目	金额和计算过程
销售收入增量	1 200×10%=120
利润增量	120×61.7%=74
应收账款增量	220−100=120
机会成本	(200×80%+20×38.3%−100×80%)×10%=8.8
坏账增量	220×1%−100×1%=1.2

根据销售收入预计增长率10%,公司销售收入预计共增长120万元。新增销售不增加固定成本,因此,新增销售仅增加变动成本,变动成本率为80%。

2. 信用分析

(1)公司在评价客户信用时通常用到的信息

①财务报表。公司要求客户提供财务报表,并据此计算出财务比率,然后根据简单原则进行决策。

②客户与其他的公司间付款历史的信用报告。

③银行。当商业客户向银行要求获得关于其他公司的信用信息时,银行一般会提供一些帮助。

④客户与本公司间的付款历史。

(2)信用评分(信用5C分析)

①品德(Character):客户履行债务的意愿。

②能力(Capacity):客户以经营现金流量来偿还债务的能力。

③资本(Capital):客户拥有的金融资产储备。

④担保(Collateral):客户违约时的保护性资产。

⑤条件(Conditions):一般性的经营条件。

3. 应收账款监督

(1)应收账款周转天数

应收账款周转天数就是公司收回销售款的平均天数。公司可通过将应收账款周转天数与信用条件中规定的支付政策进行比较,以判断信用政策的有效性。如果信用条款规定为"n/30",而应收账款周转天数为50天,那么公司就可断定,平均而言,客户逾期付款达20天。

(2)账龄分析表

账龄分析表以账龄为序将对应收账款加以列表。在表2—12—2中,75%的应收账款是在信用期限内,但是有相当大比例的应收账款超出60天,这表明一些客户拖欠款项。

表 2—12—2　　账龄分析表

应收账款账龄	应收账款总额百分比
0—20天	50%

续表

应收账款账龄	应收账款总额百分比
21—60 天	25%
61—80 天	20%
81 天以上	5%
	100%

如果账龄分析表出现“底重”现象，也就是说，账龄分析表的下半部分中的百分比开始增加，公司就很可能需要重新审查其信用政策。有时候，账龄分析表还附有对支付模式的分析，以提供关于每月销售额中于当月即可收回的百分比的信息。通过分析过去的数据，某公司可能会发现，公司的每月销售额通常有 10%在当月收到，下个月收回 40%，售后两个月后收回 25%，3 个月后收回 20%，4 个月后收回 5%。管理者可将这一常规的支付模式与公司客户当前的支付模式进行比较。了解有关支付模式的知识，对于预测公司的营运资本需求也是有用的。

4. 收账政策

(1)一般的收账方式

①给客户寄信，通知客户其应付账款逾期情况；

②给客户打电话；

③利用收账代理机构；

④采取法律手段。

(2)保理业务

保理业务(factoring)是指公司把应收账款出售给被称为保理公司的金融机构。公司和保理公司对每一客户的基本信息条件达成一致。客户直接把所欠款项付给保理公司，并由保理公司承担客户不付款的风险。保理公司折价购入应收账款，折价比例通常是发票金额的 0.35%—4%。

(3)商业信用融资方式

除无抵押债务工具(本部分前已经谈及)外，为应收账款进行融资还有三种常用方法：抵押债务、附属财务公司以及资产证券化。

抵押债务通常是指基于资产的可回收融资方式，它是应收账款融资的主要形式。对于具有明显的不确定性和很低资产净值的公司，许多贷款人在没有抵押的情况下不会贷款给公司。在抵押债务下，一旦借款人陷入财务困境，贷款人就能占有抵押资产，并将其以公允的市价出售。

许多高信用等级的大公司成立附属财务公司。附属财务公司是母公司的下属子公司。由于附属财务公司的债权人对其资产，也就是母公司的应收账款，具有索取权。因此，使用附属财务公司与使用抵押债务有点类似。在规模经济很重要且能保证有限负债下属子公司的独立性时，成立一家附属财务公司有其吸引力。

资产证券化是指销售方将其应收账款出售给金融机构，而金融机构将该笔应收账款与其他应收账款打包，并发行证券进行融资。

【本章参考习题】

1. 下列关于营运资本的计算公式中，不正确的是(　　)。

A. 营运资本=流动资产-流动负债　　B. 营运资本=长期筹资-长期资产

C. 营运资本=长期筹资净值　　D. 营运资本=长期资本-流动负债

2. 某公司2018年年初有流动资产380万元，流动负债210万元，年末流动资产410万元，流动负债250万元，请问公司的净营运资本变动额是多少？(　　)。

A. -30万元　　B. -10万元　　C. 30万元　　D. 10万元

3. 下列不会影响总流动资产投资需求的是(　　)。

A. 现金周转天数　　B. 存货周转天数

C. 应收账款周转天数　　D. 预收账款周转天数

4. 下列各项中，属于适中的流动资产投资政策的特点的是(　　)。

A. 是在预期因素确定的情况下流动资产的最优投资规模

B. 承担较大的流动资产持有成本，但短缺成本较小

C. 节约流动资产的持有成本，但公司要承担较大的短缺成本

D. 表现为安排较高的流动资产/收入比率

5. 某公司采用存货模式确定最佳现金持有量。如果在其他条件保持不变的情况下，资本市场的投资回报率从5%上涨为20%，那么企业在现金管理方面应采取的对策是(　　)。

A. 将最佳现金持有量提高30%　　B. 将最佳现金持有量降低30%

C. 将最佳现金持有量提高50%　　D. 将最佳现金持有量降低50%

参考答案：1. D；2. B；3. D；4. A；5. D。